Michael Jäckel (Hrsg.)

Mediensoziologie

Michael Jäckel (Hrsg.)

Medien-
soziologie

Grundfragen
und Forschungsfelder

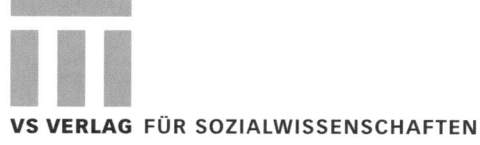

VS VERLAG FÜR SOZIALWISSENSCHAFTEN

Bibliografische Information Der Deutschen Bibliothek
Die Deutsche Bibliothek verzeichnet diese Publikation in der Deutschen Nationalbibliografie;
detaillierte bibliografische Daten sind im Internet über <http://dnb.ddb.de> abrufbar.

1. Auflage November 2005

Lektorat: Barbara Emig-Roller

Der VS Verlag für Sozialwissenschaften ist ein Unternehmen von Springer Science+Business Media.
www.vs-verlag.de

Umschlaggestaltung: KünkelLopka Medienentwicklung, Heidelberg
Druck und buchbinderische Verarbeitung: Krips bv, Meppel
Gedruckt auf säurefreiem und chlorfrei gebleichtem Papier
Printed in the Netherlands

ISBN 3-531-14483-9

Inhalt

Vorbemerkung

Die Idee für das vorliegende Buch entstand im Laufe des Jahres 2004, die Gesamtkonzeption nahm Ende desselben Jahres konkrete Formen an. Dass der Band innerhalb eines Zeitraums von weniger als zwölf Monaten realisiert werden konnte, ist zunächst der großen Disziplin der beteiligten Autorinnen und Autoren zuzuschreiben, denen hier an erster Stelle mein herzlichster Dank gilt. Ebenso danke ich Frau Emig-Roller vom Verlag für Sozialwissenschaften für die Aufnahme des Buchs in das Verlagsprogramm und die gute Zusammenarbeit.

Bei Projekten dieser Art sind in der redaktionellen Phase viele inhaltliche Detailfragen zu klären, die Nicole Zillien, Thomas Grund und Thomas Lenz in akribischer und vorbildlicher Weise gelöst haben. Ich möchte deren Engagement an dieser Stelle besonders hervorheben. Dank auch an Sabine Wollscheid, Tobias Schlömer und Christian Gerhards, die insbesondere in der Schlussphase dem Herausgeber mit Rat und Tat zur Seite standen.

Trier, im Oktober 2005   Michael Jäckel

Einleitung – zur Zielsetzung des Buches

Michael Jäckel

Wer den Diskurs über die moderne Gesellschaft aufmerksam beobachtet, wird zunächst feststellen, dass diese ein Problem mit ihrer Selbstbeschreibung hat. Jeder der mittlerweile zahlreichen Vorschläge (vgl. die Beiträge in Schimank/Volkmann 2000) kann sich skeptischer Einwände sicher sein. Nun sind zusammengesetzte Gesellschaftsbegriffe wie ‚Informationsgesellschaft', ‚Risikogesellschaft' und auch ‚Mediengesellschaft' in erster Linie in bestimmten (zumeist wissenschaftlichen) Kontexten entstandene Hervorhebungen bestimmter Beobachtungen, die notgedrungen verkürzen, weil sie im Zuge des Hervorhebens bestimmter Merkmale andere vernachlässigen. Die Aufforderung zu differenzieren ist in der Regel das Resultat einer überzeichneten Verallgemeinerung bestimmter Verhältnisse. Wer auf Gemeinsamkeiten oder dominante Strukturmerkmale hinweist, muss den Hinweis auf die Unterschiede einkalkulieren; wer der Differenzierung allzu große Bedeutung zuschreibt, wird mit Fragen nach der Integration konfrontiert oder aufgefordert, die Grenzen von Individualisierungsschüben zu benennen. Schimank weist im Rahmen seiner Einführung zu Theorien gesellschaftlicher Differenzierung darauf hin, dass die Entstehung von Rollenvielfalt sowohl die Konsequenz als auch die weitere Voraussetzung von gesellschaftlicher Vielfalt gewesen ist. Vor dem Hintergrund dieser Entwicklung wird nicht erst in den letzten Jahren auf Folgen hingewiesen, die als Ergebnis eines institutionalisierten Individualismus nicht von allen gewollt waren, beispielsweise: „Immer mehr Gesellschaftsmitglieder schlagen sich mit immer beschränkteren ‚Tunnelblicken' durchs Leben; und wer hat dann eigentlich noch den Überblick über die Ordnung des gesellschaftlichen Ganzen?" (Schimank 2000, 11)

Naturwissenschaftler und Sozialwissenschaftler betonen, dass Leben bzw. Gesellschaft viel zu komplex ist, um als Einheit überhaupt wahrnehmbar zu sein. Eine Pluralität der analytischen Vorgehensweise ist insofern nur konsequent. Die Geschichte der Soziologie zeigt ebenfalls, dass es eine einheitliche Perspektive auf die wissenschaftlichen Grundlagen der Disziplin einerseits und ihren Beobachtungsgegenstand andererseits nie gegeben hat. Daher ist eher von einem „Kult der Einheitswissenschaft" (Münch 2002, S. 9) zu sprechen. Dem Paradigmenstreit in den Sozialwissenschaften hält Münch entgegen: „Jeder dieser Versuche bedeutet letzten Endes immer, dass eine spezifische Sicht auf die soziale Welt fälschlicherweise für das Ganze gehalten wird [...]." (ebenda, S. 9)

Als René König seinen Vorschlag einer Soziologie als Einzelwissenschaft präsentierte, wählte er eine Formulierung, die bis heute neugierig macht: Es sollte eine Soziologie sichtbar werden, „die nichts als Soziologie ist" (König 1967, S. 8), weil sie sich als empirische Einzelwissenschaft konstituieren solle. Dies ermögliche „die wissenschaftlich-systematische Behandlung der allgemeinen Ordnungen des Gesellschaftslebens, ihrer Bewegungs- und Entwicklungsgesetze, ihrer Beziehungen zur natürlichen Umwelt, zur Kultur im allgemeinen und zu den Einzelgebieten des Lebens und schließlich zur sozial-kulturellen Person des Menschen." (ebenda, S. 8) Heute neigt man dazu, die darin angelegte Vielfalt der Aufgaben einer Mikro-, Meso- und Makroebene zuzuordnen, was nicht unbedingt zu einer höheren Transparenz des Beobachtungsgegenstands beiträgt. Wie auch immer ein solch umfassendes Programm beschrieben wird – ein gelegentliches Wildern in Randgebieten und Nachbardisziplinen wird sich kaum vermeiden lassen. Für die hier darzustellende Bindestrich-Soziologie gilt dies auch. Es gibt, so könnte man überspitzt formulieren, nicht nur eine Vielfalt der Beobachtungen, sondern auch eine Pluralität der Auffassungen, wie man jene Wissenschaftler nennen soll, die diese Beobachtungen machen: Medienwissenschaftler, Kommunikationsforscher, Wirkungsforscher usw. Eine weitere Besonderheit resultiert daraus, dass den Medien eine Doppelfunktion zukommt: Sie werden nicht nur als gesellschaftliche Einrichtung analysiert, sie liefern quasi selbst tagtäglich Beschreibungen von Gesellschaft, die mit sozialwissenschaftlichen Diagnosen konkurrieren.

Der hier gewählte Weg ist dennoch kein Kompromiss, sondern der konsequente Versuch, die Zusammenführung von Medien + Gesellschaft analytisch unter Vorgabe des Verbindungsglieds zu beschreiben. Das ist in manchen Fällen auf der begrifflichen Ebene leicht realisierbar (z.B. Medien und soziale Konflikte), in anderen Fällen ist die Verknüpfung weniger evident (z.B. Medien und Kritik). Dennoch wird dieser Weg hier beschritten: eine Einbindung von Medien in eine soziologische Perspektive. Der zugrunde gelegte Medien-Begriff ist dabei nicht der umfassende, auch alle symbolisch generalisierten Medien (z.B. Geld, Sprache, Macht) einschließende, sondern jener, der auch intuitiv damit assoziiert wird: auf technische Verbreitungsmittel, die ein disperses Publikum erreichen können, bezogen.

Die Zusammenführung von Medien + Gesellschaft soll zunächst nur betonen, dass die Verfasstheit moderner Gesellschaften mit der Existenz von Massenmedien und -kommunikation eng verflochten ist. Wenn Joas die Aufgabe der Soziologie darin sieht, die „Arten und Weisen, wie das menschliche Leben sozial organisiert wird" (2001, S. 14), zu untersuchen, dann kann dies im vorliegenden Zusammenhang als Aufforderung verstanden werden, nach Strukturmerkmalen zu suchen, die dem Vorhandensein von über Massenmedien verbreiteten Angeboten zuzuschreiben sind. Das kann auf der Mikroebene die Allokation von Zeit, die (kollektive) Suche nach Vorbildern oder die Bezugnahme auf Themen sein, deren (wenn auch nur rudimentäre) Kenntnis Kommunikation unter Fremden leicht möglich macht; auf der Makroebene können geteilte Wirklichkeitsvorstellungen, „Einheits"suggestionen wie öffentliche Meinung oder als dysfunktional eingestufte Phänomene wie Wissensillusionen durch Informationsüberlastung genannt werden.

Andererseits erzeugt die Existenz von Massenmedien, das Stattfinden von Massenkommunikation, Bedingungen, die eine spezifische Strukturiertheit von Gesellschaft ermöglichen. Sozialwissenschaftliche Stichworte sind hier z.b. Nationalstaatlichkeit, Demokratie, funktionale Ausdifferenzierung oder Globalisierung.

Der vorliegende Band präsentiert Überblicksbeiträge, die sich an der gerade formulierten Zielsetzung orientieren: Grundbegriffe der Soziologie werden in Verbindung mit dem Medien-Begriff (und das heißt: als unabhängige, abhängige oder intervenierende Größe) erörtert. Jedem Beitrag ist eine Zusammenfassung vorangestellt, so dass im Folgenden nur wenige Hinweise auf den Inhalt gegeben werden.

Dass die Notwendigkeit der hier verfolgten Verbindung von Medien und Gesellschaft bereits in den Anfängen der Soziologie gesehen wurde, zeigen Michael Jäckel und Thomas Grund anhand einer Spurensuche unter den Klassikern des Fachs, bevor sich Jan D. Reinhardt der Diskussion einer sehr zentralen Aufgabe widmet: dem Zusammenhang von Medien und Identität, der offensichtlich aus einem komplexen Mixtum von Selbst- und Fremdthematisierungen hervorgeht. Ebenso komplex ist das Verhältnis der Medien zu ihren Nutzern und umgekehrt geworden. Thomas Döbler fokussiert dabei insbesondere die Notwendigkeit sozialer Differenzierungen und macht damit gleichsam auf einer spezifischen Ebene deutlich, dass von Einheit keine Rede sein kann. Das gilt vice versa auch für das Reden über Medien und das Reden in Medien. Joachim Höflich zeigt, wie sehr Medien und interpersonale Kommunikation miteinander verwoben sind und in vielfältiger Weise über den Bereich der Massenkommunikation hinausweisen und neue Interaktionskontexte generieren. Ungeachtet dessen ist die in den Medien „gespiegelte" Wirklichkeit das am häufigsten thematisierte Wirkungspotenzial, das Angela Keppler unter Rückgriff auf eine nahe liegende Tradition der Wissenssoziologie behandelt. An diese Thematik schließt sich Herbert Willems nahtlos an, in dem er Medien als ein weites Feld von Inszenierungen sozialer Rollen beschreibt, zugleich aber ein dialektisches Verhältnis zu den von Publika generierten Kulturen identifiziert. Es sind aber nicht nur diese gegenseitigen Konstruktionen von Wirklichkeit, die eine bestimmte Form von Medieneinfluss hervorbringen, sondern gerade auch die zahlreichen Formen abweichenden Verhaltens, die wesentlich mit zu einem Unbehagen an der Moderne beitragen. Waldemar Vogelgesang macht dies unter anderem an spektakulären Einzelfällen deutlich, löst sich aber von den klassischen Erklärungsansätzen, insbesondere in Bezug auf den Zusammenhang von Medien und Gewalt.

Dass Massenmedien sukzessive eine neue symbolische Umwelt mit vielfältigen Anschlussmöglichkeiten geschaffen haben, hat auch zu der Frage geführt, welche Kultur damit auf Dauer gestellt wird. Dieses Thema ist sehr eng mit dem Diskurs um die Moderne verknüpft und wird von Rainer Winter gerade auch im Kontext von Modernisierungstheorien veranschaulicht. Überlagert wurde diese Debatte stets von einer Medienkritik, die sich letztlich als spezielle Variante einer Gesellschafts-kritik beschreiben lässt. Hier knüpft Udo Göttlich mit seinem Beitrag an und skiz-ziert, wie Medien nicht nur Anlass für Kritik, sondern mehr und mehr Forum und Reflexionsinstanz dieser Kritik werden.

Die bis hierhin dargestellten Beiträge verdeutlichen bereits die Notwendigkeit einer dynamischen Betrachtungsweise. Besonders hervorgehoben wird diese Per-spektive durch Hans-Jürgen Bucher und Amelie Duckwitz, die für eine engere Ver-zahnung von Medientheorien und soziologischen Konflikttheorien plädieren, weil soziale Konflikte in zunehmendem Maße ohne die Zwischenschaltung von Medien kaum noch vorstellbar sind. Dies gilt auch für den Zusammenhang von Medien und sozialem Wandel, den Richard Münch und Jan Schmidt im Sinne einer Dynamik der Kommunikationsgesellschaft wechselseitig induziert betrachten.

Eine Mediensoziologie, die ihre Verbindung zu Phänomenen sozialer Un-gleichheit nicht unterstreicht, würde eine Lücke hinterlassen. Die so genannte Knowledge Gap-Hypothese ist eine Kluft, die auf unterschiedliche Formen der Mediennutzung zurückgeführt wird. Nicole Zillien und Thomas Lenz greifen diese Diskussion auf und führen die Ungleichheitsdebatte mit Blick auf Medien bis in die Gegenwart fort. Dagegen wirkt die Kontroverse um die gesellschaftliche Integrati-onsleistung der Medien teilweise von Leitvorstellungen dominiert, die auf Grund dieser Heterogenität den Medien permanent als dringlicher Auftrag mitgegeben wird. Michael Jäckel zeichnet nach, wie diese Integrationsleistung gesehen und beur-teilt wird. Manfred Mai zeigt ebenfalls, dass das gegenwärtige Mediensystem sowohl durch ökonomische als auch durch normative Leitbilder gekennzeichnet ist und da-durch einem permanenten Zielkonflikt unterliegt.

Für dieses Mediensystem ist in historischer Perspektive wesentlich, dass es sich gegenüber dem politischen System emanzipiert und über die Installation einer Dau-erbeobachtung unterschiedlichster Teilbereiche der Gesellschaft zu einem Struk-turwandel der Öffentlichkeit beigetragen hat. Der Beitrag von Kurt Imhof stellt die-se Veränderungen dar. Michael Jäckel diskutiert im Anschluss die Frage, wie ange-sichts der heutigen Bedeutung von Medien für moderne Gesellschaften deren Rela-tion zu Macht eingeordnet werden kann. Zum Strukturwandel des Mediensystems gehört auch die Ausdifferenzierung auf technischer Ebene. Die damit verbundenen Herausforderungen werden von Christian Stegbauer zunächst im Kontext der Dis-kussion um soziale Netzwerke aufgegriffen, dann aber mit Bezug auf ‚vernetzte' Medienstrukturen betrachtet. Noch weiter gehen die Überlegungen von Udo Thie-deke, der über die Darstellung von computerbasierten Interaktionsmedien die Kon-turen einer neuen sozio-technischen Umwelt skizziert. Diese Umwelt kann sich ü-ber neue Informations- und Kommunikationstechnologien, aber auch auf dem Hin-tergrund ‚klassischer' Verbreitungsmedien entwickeln. Unter der Überschrift „Me-dien und Transnationalisierung" beschreiben Tanjev Schultz und Hartmut Weßler soziale Erscheinungsformen, die sich aus der Tatsache weltumspannender Medienangebote ergeben können und betten in diese Erörterung eine kritische Reflexion der Globalisierungsdebatte ein.den Sammelband schließt ein Beitrag von Cornelia Bohn ab, die sich weniger den Herausforderungen einer Vielfalt des Mediensystems, sondern eher den damit einhergehenden begrifflichen Mehrdeutigkeiten des ,Medien'-Begriffs widmet.

Mit dieser Konzeption einer ,Mediensoziologie' soll dokumentiert werden, dass die Erforschung einer Gesellschaft, die nolens volens heute zu einem guten Teil um diese Institutionen der Beobachtung und Vermittlung ,gebaut' ist, eine lohnende und ernst zu nehmende Herausforderung darstellt. Ebenso gilt, dass dies nicht aus einer bestimmten Perspektive erfolgen muss, sondern ganz im Sinne der Tradition des Faches Soziologie aus einem „Netzwerk unterschiedlicher Paradigmen" (Münch 2002, S. 11). Schließlich soll auf diese Weise auch dokumentiert werden, dass Max Webers Hinweise auf ein „erst in den Elementen bebautes Gebiet soziologischer Arbeit" zwar mit Blick auf das Pressewesen und seine Macht formuliert wurden, aber doch in einer generelleren Form zutreffend sind. Daher sei eine leichte Abwandlung einer Weberschen Aussage aus dem Jahr 1910 an dieser Stelle erlaubt: „Denken Sie sich die [Medien] einmal fort, was dann das moderne Leben wäre, ohne diejenige Art der Publizität, die die [Medien] schaff[en]." (in Anlehnung an Weber 1999 [zuerst 1911], S. 148)

Literatur

Joas, Hans (2001): Die soziologische Perspektive. In: Joas, Hans (Hrsg.): Lehrbuch der Soziologie. Frankfurt am Main, S. 11-38.

König, René (1967): Einleitung. In: König, René (Hrsg.): Soziologie. Umgearbeitete und erweiterte Neuausgabe. Frankfurt am Main, S. 8-14.

Münch, Richard (2002): Soziologische Theorie. Band 1: Grundlegung durch die Klassiker. Frankfurt am Main, New York.

Schimank, Uwe (2000): Theorien gesellschaftlicher Differenzierung. 2. Auflage. Opladen.

Schimank, Uwe; Volkmann, Ute (Hrsg.) (2000): Soziologische Gegenwartsdiagnosen I. Eine Bestandsaufnahme. Opladen.

Weber, Max (1999): Zu einer Soziologie des Zeitungswesens. [Zuerst 1911]. In: Gottschlich, Maximilian; Langenbucher, Wolfgang R. (Hrsg.): Publizistik- und Kommunikationswissenschaft. Ein Textbuch zur Einführung. Wien. (Studienbücher zur Publizistik- und Kommunikationswissenschaft, Band 1), S. 148-154.

Eine Mediensoziologie – aus der Sicht der Klassiker

Michael Jäckel und Thomas Grund

Zusammenfassung: Üblicherweise gelten die 40er Jahre des 20. Jahrhunderts als die Geburtsstunde von Massenkommunikationsforschung im weitesten Sinne. Der vorliegende Beitrag fasst die Ergebnisse einer Spurensuche zusammen, die die Zeit vor einer curricularen Verankerung dieses Themas an Universitäten betrachtet. Dabei werden unter Rückgriff auf ausgewählte Klassiker der Soziologie drei Leitthemen identifiziert: Medien und der Prozess gesellschaftlicher Differenzierung, Medien und sozialer Wandel sowie Medien und öffentliche Meinung. Es wird gezeigt, dass die Bedeutung der Massenmedien und der Kommunikation für moderne Gesellschaften jenseits der Orientierung an bestimmten Wirkungsmodellen z.T. bereits um 1900 ambitioniert und aufschlussreich analysiert wurde.

1   Spurensuche

Der vorliegende Beitrag geht auf die Suche nach frühen Spuren mediensoziologischen Denkens. Dies erfolgt nicht mit dem Ziel einer „Vollerhebung". Sinnvoller erscheint uns die Herausarbeitung wiederkehrender und deshalb offensichtlich zentraler Fragestellungen zu sein, die sich in Auseinandersetzung mit Veränderungen der Informations- und Kommunikationsstruktur von Gesellschaften ergeben. Eine solche Spurensuche könnte eine umfassende historische Betrachtung notwendig machen, wenn man den Medien-Begriff in einem grundsätzlichen Sinne für alle Mittel der Kommunikation einsetzt. Beispiele für die Umsetzung dieser Perspektive sind unter anderem in den Texten zur Medientheorie zu finden, die Helmes und Köster (2002) herausgegeben haben. Es geht jedoch nicht um Platons Diskurs über die Konsequenzen der Schrift und auch nicht um das Bilderverbot des Alten Testaments. Hier wird die Aufmerksamkeit auf Arbeiten gelenkt, die eine signifikante Veränderung der Wahrnehmung von Gesellschaft durch medienvermittelte Erfahrung thematisieren. Der Fokus liegt auf Massenmedien und Hinweisen auf die Bedeutung dieser Verbreitungsmedien für gesellschaftliche Veränderungen. Nach unserer Auffassung kristallisieren sich dabei drei zentrale Fragen heraus:

- Welche Rolle kommt Verbreitungsmedien im Zuge eines Prozesses gesellschaftlicher Differenzierung zu? Dies bedeutet im engeren Sinne die Suche nach der Rolle von Medien für die Integration von Gesellschaften.

- Welche Bedeutung kommt Verbreitungsmedien im Kontext von Prozessen sozialen Wandels zu?
- Wie kann man Entstehung und Wirkung von öffentlicher Meinung erklären?

Man wird sofort einwenden können, dass diese Fragen Kernbereiche der Medienwirkungsforschung betreffen, wie sie sich in der ersten Hälfte des 20. Jahrhunderts zu konstituieren begann. Gerade diese Übereinstimmung dürfte aber verdeutlichen, dass die genannten Fragen bereits gestellt wurden, als es die entsprechenden Spezialdisziplinen noch nicht gab. Es soll im Folgenden am Beispiel einiger Klassiker der Soziologie und des sozialtheoretischen Denkens gezeigt werden, dass eine Auseinandersetzung mit der gesellschaftlichen Bedeutung der Massenmedien den Prozess der Modernisierung begleitet hat. Dabei legen wir Wert auf die Fundstellen, die entsprechend ausführlich wiedergegeben werden.

2   ‚Was hält die Gesellschaft zusammen?': Medien und soziale Differenzierung

Zu den zentralen Fragen der Soziologie gehört: Wie ist Gesellschaft überhaupt möglich? Wie ist zu erklären, dass sich Individuen zusammengehörig fühlen? Warum finden wir uns in Gruppen, Gemeinschaften und Gesellschaften zusammen? Über diese grundsätzlichen Fragen fanden einige der hier zu Worte kommenden Klassiker einen ersten Zugang zum Stellenwert der Medien.

Unsere Spurensuche führt uns zunächst zu dem französischen Soziologen Émile Durkheim (1858-1917), der sich zwar nicht direkt mit den Medien beschäftigte, in seinen Überlegungen zur gesellschaftlichen Funktion der Arbeitsteilung jedoch die Notwendigkeit von sozialer Integration herausstellte. Durkheim betrachtet den Wandel seiner Zeit und findet auf die Frage, warum sich Arbeitsteilung entwickelt hat, folgende Antwort: „Dank [ihr] [...] brauchen sich die Rivalen nicht gegenseitig beseitigen, sie können im Gegenteil nebeneinander existieren." (Durkheim 2001 [zuerst 1893], S. 142) Infolge der Arbeitsteilung ist eine Spezialisierung möglich, durch die im wirtschaftlichen und sozialen Leben „Trennwände" entstehen. Diese „Trennwände" führen zu einer Abschwächung des Konkurrenzkampfs unter den Individuen. Sie bewirken aber auch einen schwindenden Zusammenhalt der Individuen untereinander, wie in folgendem Zitat zum Ausdruck kommt: „In dem Maße, wie sich die Gesellschaft ausweitet und konzentriert, umschließt sie das Individuum weniger eng und kann folglich weniger gut die auseinanderstrebenden Tendenzen bändigen, die nun auftauchen." (Durkheim 2001 [zuerst 1893], S. 146) Die „mechanische Solidarität", die in kleinen Kreisen (Familien, Stämmen, segmentären Gesellschaften usw.) gegeben ist, nimmt ab. An deren Stelle treten andere Formen der sozialen Integration, die Durkheim mit dem Begriff der „organischen Solidarität" umschreibt, die allerdings nur entstehen kann, wenn sich die Menschen ihrer gegenseitigen Abhängigkeit bewusst werden. An diesem Punkt lässt sich an eine Interpretation von Pöttker anschließen (2001a, S. 137), der eine Brücke von Durkheim zur hier verfolgten Zielsetzung schlägt. So zeige Durkheim mit seinen Überlegungen auf, wozu „Öffentlichkeit und Journalismus in dieser Gesellschaft gebraucht werden: Damit jedes ihrer Mitglieder etwas über die Institutionen und besonderen Milieus erfahre, die es nicht aus unmittelbarer Anschauung kennt, und sich so bei allen ein Bewusstsein von Angewiesensein auf alle anderen entwickeln kann." (Pöttker 2001a, S. 136) Die Medien machen daher trotz Differenzierung eine Beobachtung des weiteren sozialen Umfelds möglich. Dies kann als ein Beitrag zur sozialen Integration betrachtet werden.

Von der organischen Solidarität ist die von dem Briten Herbert Spencer (1820-1903) eingebrachte Analogie von Gesellschaft und einem biologischen Organismus gar nicht so weit entfernt. Auch Spencer geht von einer wechselseitigen Angewiesenheit der Teile im sozialen Ganzen aus.[1] Während Durkheim vor allem nach der Funktion sozialer Erscheinungen fragt, betont Spencer eher die evolutionäre Perspektive und skizziert die Voraussetzungen für den Fortbestand von Gesellschaften. Spencer unterscheidet im heuristischen Sinne drei funktional bestimmte Systeme, die in jeder Gesellschaft, aber auch kleineren sozialen Gruppen vorkommen und deren Erhalt sichern: das Ernährungssystem, das Verteilungssystem und das regulierende System. Im Ernährungssystem geht es um die Herstellung von Wohlstand und die Versorgung einer sozialen Einheit. Darunter fallen dann auch z.B. Bauernhöfe, Mühlen oder Ölraffinerien. Für die Einheit Familie manifestiert sich das Ernährungssystem im Einkommensbezieher, der mit seiner Arbeit den Unterhalt der Familie sichert. Mit dem Verteilungssystem sind all jene sozialen Organe gemeint, die den Austausch von Gütern und Personen in einer Gesellschaft möglich machen. Als Beispiel können hier Straßen oder Eisenbahnlinien angeführt werden. Das regulierende System hat nun die Aufgabe, die Aktivitäten der beiden anderen Systeme zu koordinieren und eine Ordnung herzustellen (vgl. hierzu Kunczik 2000). Spencers Einfluss auf die amerikanische Soziologie (siehe hierzu auch Kapitel 4 des vorliegenden Beitrags) liefert in diesem Falle eine Verbindungslinie zum gesellschaftlichen Stellenwert der Medien. Zu diesem regulierenden System zählt der amerikanische Soziologe Albion Woodbury Small (1854-1926) auch eine Kommunikationsinfrastruktur. Seine Überlegungen sollen im Folgenden dargelegt werden.

Small ist ein Pionier der amerikanischen Soziologie, der 1892 das erste Department für Soziologie an der University of Chicago gründete und die Soziologie als wissenschaftliche Disziplin an der Universität einführte. An der Entstehung des

---

[1] Die Analogie von Gesellschaft und Organismus ist ein vielfach gewählter Kontrast in der Pionierphase der Soziologie (vgl. Small/Vincent 1894). Abrams geht soweit zu sagen, dass sich die britische Soziologie erst in einer Gegenposition zu Spencer entwickelt hat (vgl. 1968, S. 67).

American Journal of Sociology und der American Sociological Society (später Association)[2] war er maßgeblich beteiligt. Small veröffentlichte 1894 zusammen mit George Edgar Vincent[3] das erste in den USA erschienene Einführungsbuch zur Soziologie: „An Introduction to the Study of Society". Für die Mediensoziologie ist nun von Bedeutung, dass Small und Vincent ein ganzes Kapitel ihres Einführungsbuches den Medien, genauer gesagt dem „communicating apparatus", widmeten (siehe Small/Vincent 1894, Book III, Ch. IV). Wenn man sich aus heutiger Perspektive diesem Kapitel bei Small und Vincent nähert, findet man dort eine Beschreibung der Medien, die heute kaum zutreffender formuliert werden könnte:

> „A communicating system penetrates the whole social organism [...] ramifying throughout society to its minutest subdivisions, and, as a whole bringing into more or less complete psychical contact all these parts of the organism" (Small/Vincent 1894, S. 215).

Den Medien schreiben sie die Aufgabe zu, alle Teile der Gesellschaft miteinander zu verbinden und Ordnung herzustellen. Am Beispiel von Büchern und der Druckerpresse machen sie deutlich, dass die Gesellschaft durch technische Verbesserungen der Medien noch weiter durchdrungen werden kann:

> „[...] every book helps to form a channel of communication between author and reader. The rapid multiplication of volumes which are thereby made available to a correspondingly large number of readers, is, in the light of our dissection an increase of communicating channels, or a higher nervous organization, in society." (Small/Vincent 1894, S. 222)

In ihrer Analyse bilden die Medien das Rückgrat der sozialen Kommunikation. Sie werden als „social nervous system" zusammengefasst und als essentieller Bestandteil des regulierenden Systems umschrieben (vgl. Small/Vincent 1894, S. 215). Die Kanäle der sozialen Kommunikation durchziehen die gesamte Gesellschaft. Anhand der Presse stellen Small und Vincent heraus, dass die Ströme der Kommunikation keineswegs planlos verlaufen, sondern eine gewisse Struktur erkennen lassen. „We discover a convergence of psycho-physical channels toward a center, where there are devices for making symbols, which are distributed by various means of transportation among larger or smaller individuals." (Small/Vincent 1894, S. 224) Im Zentrum einer solchen Anordnung stehen im Falle der Presse z.B. internationale Nachrichtenagenturen, die Neuigkeiten an große Zeitungen weiterleiten, die wiederum von kleineren Journalen zitiert werden. Mit der Beschreibung von besonders bedeutenden „Nervenzellen" für die Kommunikation in einer Gesellschaft spre-

---

[2] Die Dominanz der University of Chicago in der amerikanischen Soziologie zu Beginn des 20. Jahrhunderts drückt sich zum Beispiel auch darin aus, dass zu Beginn des Zweiten Weltkrieges nahezu die Hälfte aller in den USA promovierten Soziologen ihren Titel in Chicago erworben hatten (siehe hierzu Faris 1970).

[3] Vincent wurde 1916 ebenso wie Small (1912-1913) zum Präsidenten der American Sociological Society gewählt.

chen Small und Vincent also durchaus schon Aspekte an, die die „News Diffusi-on"- und Meinungsführerforschung beschäftigen. (Small/Vincent 1894, S. 224f.).

Wenn man wie Small und Vincent die Medien als Bestandteil des regulierenden Systems betrachtet, dann verleihen diese der Gesellschaft Ordnung. John Dewey (1859-1952), der unter anderem auch an der University of Chicago lehrte, erkannte eine damit verwandte Eigenschaft der Medien: Sie bieten den Individuen Halt und Austausch. Für ihn liegt die Bedeutung der Kommunikation darin, dass sie Indivi-duen hilft, sich in einer Welt voller Impulse zurechtzufinden und den Zusammen-halt von Gesellschaft möglich macht. Die Industrialisierung und das schnelle Wachstum der Wirtschaft sind seiner Ansicht nach die Auslöser für ein Auseinan-derdriften der Gesellschaft. In dem von ihm so genannten „Machine Age" ist eine Öffentlichkeit entstanden, die irritiert und unfähig ist, sich selbst Identität zu verlei-hen (Dewey 1954, S. 26f.). Der Zusammenhalt der Menschen könne nur ermöglicht werden, wenn den ehemals kleinen dörflichen Gemeinschaften, die im Zeitalter der Maschinen zerfielen, eine „Great Society" folgt. Damit ist gegenseitiges Mitfühlen gemeint, welches schon von Adam Smith in seinen „Moral Sentiments" (vgl. Jäckel 1997) der Rationalisierung als notwendiger Ausgleich gegenüber gestellt wurde. Für Dewey spielen bei der Herstellung dieses Mitgefühls die Kommunikationstechnolo-gien, wie z.B. Telefon oder Radio, eine wichtige Rolle. Seiner Ansicht nach können die Medien dazu beitragen, unter den Menschen Sympathie zu erzeugen. Gleichzei-tig sind sie in der Lage, eine „rationale öffentliche Meinung" zu bilden, durch wel-che Klassen- und regionale Grenzen überwunden werden können. Dewey hält ins-besondere zwei Überlegungen für grundlegend. Zum einen ist Kommunikation (und damit die Medien) wichtig für den Zusammenhalt einer Gesellschaft. Er be-hauptet weiter, dass Gesellschaft sich erst in der Kommunikation manifestiert: „So-ciety not only continues to exist *by* transmission, *by* communication, but it may fairly be said to exist *in* transmission, *in* communication. There is more than a verbal tie between the words common, community, and communication." (Dewey 1980 [zu-erst 1916], S. 7) Kommunikation schafft Gemeinsamkeiten und macht dadurch Ge-sellschaft möglich. „What they must have in common in order to form a commu-nity or society are aims, beliefs, aspirations, knowledge – a common understanding […]. Such things cannot be passed physically from one to another [...]." (Dewey 1980 [zuerst 1916.], S. 7). Zum anderen sieht Dewey in der Kommunikation eine notwendige Voraussetzung für eine funktionierende Demokratie (Dewey 1925, S. 169), weist aber auch 1939, in Anbetracht des Kriegsausbruchs in Europa, auf die Gefahren hin, welche die Medien als Machtinstrument in sich bergen:

„The spread of literacy, the immense extension of the influence of press in books, newspapers, periodicals, make the issue peculiarly urgent for a democracy. The very agencies that a century and a half ago were looked upon as those that were sure to ad-vance the cause of democratic freedom, are those which now make it possible to create pseudo-public opinion and to undermine democracy from within." (Dewey 1988 [zu-erst 1939], S. 168)

Demgemäß ist eine der zentralen Aussagen in Deweys Werk "Freedom and Culture" (Dewey 1988 [zuerst 1939]), dass die Menschen immer stärkeren medialen Kräften ausgesetzt sind, die sie immer weniger kontrollieren und verstehen können (siehe zu Dewey auch den Beitrag von Schultz 2002). Inwieweit hier Potenzial für Missbrauch besteht, hat wenig später der aus Deutschland stammende Louis Wirth (1897-1952) noch einmal deutlich gemacht. Er fand ebenfalls seine Heimat an der University of Chicago. Dort wurde er, wie schon Small zuvor, im Jahre 1947 Präsident der American Sociological Association. Auch bei Wirth steht die Frage im Vordergrund: Was hält die Gesellschaft zusammen? Genauer gesagt: Wie können Individuen eine gemeinsame Basis entwickeln? Für Wirth liegt die Antwort im Konsens der Mitglieder einer sozialen Einheit über gemeinsame Ziele, Werte und Normen. Wie Wirth zeigt, kann Konsens auf unterschiedliche Art und Weise erzeugt werden:

> „Consensus is supported and maintained not merely by the ties of interdependence and by a common cultural base, by a set of institutions embodying the settled traditions of the people, and the norms and standards that they imply and impose, not merely by the living together and dealing with one another, but also, and not least important, by the continuing currents of mass communication, which in turn rest for their meaningfulness and effectiveness upon the pre-existence of some sort of a society, which hold that society together and mobilize it for continuous concerted action" (Wirth 1948, S. 10)

Die Bedeutung, die er den Massenmedien für den Zusammenhalt der Gesellschaft zuspricht, wird in folgendem Zitat noch deutlicher: „It is upon these mass media, however, that to an ever increasing degree the human race depends to hold it together. Mass communication is rapidly becoming, if it is not already, the main framework of the web of social life." (Wirth 1948, S. 10). Aus diesem Grund soll sich, so Wirth, insbesondere die Soziologie mit den Massenmedien beschäftigen: „Since the mass media of communication are capable of providing the picture of social reality and the symbolic framework of thought and fantasy and the incentives for human action on an enormous scale, the knowledge of their effective use should become the most important quest of social science, and particularly of sociology." (Wirth 1948, S. 14f.) Eine besondere Eigenschaft der Massenmedien, die Joshua Meyrowitz in seiner „Fernsehgesellschaft" betrachtet (vgl. Meyrowitz 1990b, S. 145ff.), wird ebenso bereits von Wirth vorweggenommen: Mit zunehmender Reichweite der Medien wird es vor einem bestimmten Publikum, z.B. Arbeitern, in politischen Ansprachen schier unmöglich, konkrete Aussagen zu treffen, ohne dabei das Missfallen einer anderen Interessengruppe auf sich zu ziehen. Meyrowitz' Beispiel des Black Power-Anwalts Stokely Carmichael beschreibt beispielsweise die Konsequenzen eines „gemischten Forum[s] der elektronischen Medien" (Meyrowitz 1990a, S. 100). Als Lösung dieses Dilemmas wird in den Medien der größte gemeinsame Nenner gesucht, um möglichst niemanden zu enttäuschen. Folglich werden die Aussagen in den Medien zunehmend unspezifisch: „The symbols and slogans that formerly were characteristic of one party become mingled with those of others in order to woo more effectively the greatest number of adherents." (Wirth 1948, S. 7) Der Mangel an Spezifizität findet sich nach Wirth nicht nur in politischen Reden. Vielmehr wird es zur allgemeinen Strategie der Massenmedien, ein möglichst breites Publikum anzusprechen und dabei auf konkrete Stellungnahmen zu verzichten:

> „To reach their mass audiences they [the mass media] are constantly tempted to reduce their content, whether it be that of entertainment, enlightment or appeal to action, to the lowest common denominator, to what is believed will interest the greatest number, if not everybody." (Wirth 1948, S. 10)

Wie Dewey wies auch Wirth auf die Gefahren hin, die in den Massenmedien angelegt sein können. In seiner Antrittsrede zur Präsidentschaft der American Sociological Association im Dezember des Jahres 1947 betonte er, auch in Erinnerung an nationalsozialistische Propaganda, die Macht der Medien: „In mass communication we have unlocked a new social force of as yet incalculable magnitude." (Wirth 1948, S. 12) Die eigentliche Stärke der Massenmedien sei die, dass sie einerseits Konsens fördern, andererseits aber auch verhindern können. Neben der Integration von Individuen können Massenmedien also auch das Gegenteil bewirken: „mass communication does […] open the door to the disintegration of all existing social solidarities, while it creates new ones." (Wirth 1948, S. 12).

3 ‚Wohin verändert sich die Welt?': Medien und sozialer Wandel

Auch für den deutschen Soziologen Max Weber (1864-1920) war die zunehmende Macht der Medien Anlass, sich für das Zeitungswesen als Forschungsfeld zu interessieren. Auf dem Ersten Deutschen Soziologentag in Frankfurt (1910) stellte er fest: „Das erste Thema, welches die Gesellschaft als geeignet zu einer rein wissenschaftlichen Behandlung befunden hat, ist eine Soziologie des Zeitungswesens." (Weber 1997 [zuerst 1911], S. 138)[4] Seiner Ansicht nach sollte die Deutsche Gesell-

---

[4] Max Webers Vorgänger in Heidelberg, Karl Knies, hat sich 1857 mit den Medien in seinem Werk der „Telegraph als Verkehrsmittel" beschäftigt (Knies 1996 [zuerst 1857]). Jedenfalls lässt sich das wissenschaftliche Interesse von Max Weber an der Bedeutung der Presse und an ihrem Einfluss auf den sozialen und politischen Wandel bereits vor 1910 belegen (siehe hierzu Kutsch 1988, S. 6f.). Bereits der von ihm 1892 mitbetreute Fragebogen der Landarbeiter-Enquête des evangelisch-sozialen Kongresses fragte die Arbeiter nach ihrer Zeitungslektüre. In der Industriearbeiter-Enquête von 1908 wollte Max Weber die „Geistige und ästhetische Interessenrichtung und -betätigung nach Maß und Art (Lektüre)" (Weber 1908, S. 55) untersuchen. Arnulf Kutsch zeigt auf, dass ebenfalls schon 1908 Max Webers „Disposition für die Bearbeitung einer soziologischen Untersuchung des Zeitungswesens" entstand (vgl. Kutsch 1988, S. 6f.), die vermutlich als Grundlage des undatierten „Vorbericht[s] über eine vor-

schaft für Soziologie (DGS) eine groß angelegte Untersuchung zum Zeitungswesen einleiten, die er in einem „Vorbericht über eine vorgeschlagene Erhebung über die Soziologie des Zeitungswesens" (Weber 2001 [zuerst 1910]) bereits skizziert hatte. In diesem Vorbericht gibt Weber zu bedenken, dass sowohl der Einfluss der Presse auf die Kultur als auch umgekehrt der Kultur auf die Presse betrachtet werden müsse. Eine Erhebung über das Zeitungswesen sollte daher insbesondere zwei Aspekte näher beleuchten. Erstens die Untersuchung der „Art der Bildung jenes Apparats von psychischen Suggestionsmitteln (vgl. hierzu auch Theodor Geigers frühe Arbeit zur Reklame, Geiger 1987 [zuerst 1932]), durch welche die moderne Gesellschaft kontinuierlich den einzelnen sich einzufügen und anzupassen trachtet: die Presse als eins der Mittel zur Prägung der *subjektiven* Eigenart des modernen *Menschen*." (Weber 2001 [zuerst 1910], S. 316). Neben der Frage, wie die Presse auf den einzelnen Menschen wirkt, sollte zweitens die Wirkung der Presse auf die Kultur betrachtet werden. Vor allem sollten die „durch die öffentliche Meinung [...] geschaffenen Bedingungen für die Entstehung, Erhaltung, Untergrabung, Umbildung von künstlerischen, wissenschaftlichen, ethischen, religiösen, politischen, sozialen, ökonomischen Kulturbestandteilen [untersucht werden]: die Presse als Komponente der *objektiven* Eigenart der modernen *Kultur*." (Weber 2001 [zuerst 1910], S. 316). Weber entwirft somit ein umfassendes Forschungsprogramm, das von der Analyse der Inhalte, Wirkung und Struktur der Presse bis hin zur Situation der Redakteure reicht. Dabei interessiert ihn nicht nur die heutige Publizität, sondern auch die Veränderung der Publizität im Laufe der Zeit. (vgl. Weber 2001 [zuerst 1910], S. 317ff. und Weber 1997 [zuerst 1911], S. 138f.) Obwohl Weber bereits vier Fünftel der seiner Einschätzung nach notwendigen Mittel zur Durchführung der Zeitungs-Enquête aus verschiedenen Quellen beschafft hatte (die damals beachtliche Summe von 20.000 Mark), geriet das Projekt ins Stocken, bevor es richtig beginnen konnte. Für das Scheitern der Zeitungs-Enquête werden insbesondere zwei Gründe genannt. Zum einen soll der Ausbruch des Ersten Weltkrieges die Arbeiten unterbrochen haben (siehe hierzu Eberhard 1963, S. 436ff.). Zum anderen wird die Position vertreten, dass Webers Verwicklung in einen Presseprozess das Verhältnis der Deutschen Gesellschaft für Soziologie zur Presse derart belastet war, dass die Erhebung deshalb und aus persönlichen Motiven nicht mehr zustande kam (siehe hierzu Obst 1986)[5].

---

geschlagene Erhebung über die Soziologie des Zeitungswesens" (Weber 2001 [zuerst 1910]) anzusehen ist.

[5] Die Lektüre der Vorgeschichte dieses Presseprozesses von 1912, der auch als Heidelberger Professorenprozess bezeichnet wird, lohnt sich (siehe Obst 1986). In einem Kommentar der ‚Dresdener Neuesten Nachrichten' wurde zunächst Marianne Webers Engagement für die Frauenbewegung belächelt und wenig später in einem anderen Kommentar Max Weber persönlich in beleidigender Weise angegriffen. Dieser wollte die Identität des anonymen Kommentarschreibers aufdecken und wurde daraufhin wegen Verletzung des Redaktionsgeheimnisses angeklagt.

Neben dieser weithin bekannten Spur findet sich fast zeitgleich eine weniger beachteten Sicht auf die moderne Kommunikation, die zu Charles Horton Cooley (1864-1929) führt.

Er stellte bereits 1909 in seinem Werk „Social Organization" fest: „[...] when we come to the modern era, [...] we can understand nothing rightly unless we perceive the manner in which the revolution in communication has made a new world for us." (Cooley 1962 [zuerst 1909], S. 65) In seinen Überlegungen zum modernen Zeitalter der Massenkommunikation macht er deutlich, dass ein veränderter Umgang der Menschen nicht zuletzt auf die veränderten Formen der Kommunikation zurückzuführen ist:

> „The changes that have taken place since the beginning of the nineteenth century are such as to constitute a new epoch in communication, and in the whole system of society. They deserve, therefore, careful consideration, not so much in their mechanical aspect, which is familiar to every one, as in their operation upon the larger mind." (Cooley 1962 [zuerst 1909], S.80)

Der Einfluss der Medien auf das kooperative Bewusstsein, welches Cooley als „larger mind" umschreibt, führt er auf vier Eigenschaften der modernen Massenkommunikation zurück: 1. Expressiveness, 2. Permanence, 3. Swiftness und 4. Diffusion. Mit der ersten ist die Vielfalt der Inhalte und Emotionen gemeint, die transportiert werden können. Permanence drückt die Überbrückung von Zeit, Swiftness die Überwindung von Raum und Diffusion den Zugang zu den unterschiedlichsten Gruppen von Menschen aus (vgl. Cooley 1962 [zuerst 1909], S.80). Den wesentlichen Charakter des gesellschaftlichen Wandels, der von den Medien mitgetragen wird, beschreibt er als „enlargement". Zum einen kommen die Menschen mit anderen in Kontakt, die sie zuvor nicht kannten. Es wird um einiges einfacher, andere Menschen mit ähnlichen Vorlieben zu finden, Interessensgemeinschaften zu bilden und sich selbst zu entfalten. Zum anderen führt die Ausweitung der Kommunikation nach Cooley aber auch zum Verlust von Vielfältigkeit: „Each locality [...] had formerly its peculiar accent and mode of dress; while now dialects are disappearing and almost the same fashions prevail throughout the civilized world." (Cooley 1962 [zuerst 1909], S. 92f.) Mit dem Aufkommen der Massenkommunikation wird es für den Einzelnen immer schwieriger, seine Aufmerksamkeit gleichermaßen auf seine Umwelt zu verteilen. Als Folge dieser Schwierigkeit, mit den neuen Kommunikationsformen umzugehen, etabliert sich nach Cooley eine Oberflächlichkeit und Gleichförmigkeit „in every sphere of thought and feeling" (Cooley 1962 [zuerst 1909] S. 85). Nach Cooley verstärkt diese Oberflächlichkeit individuelle und gesellschaftliche Probleme, wie z.B. Drogenkonsum, psychische Störungen oder Selbstmord, die seiner Ansicht nach vor allem in Räumen mit verdichteter Kommunikation, z.B. städtischen Zentren, auftreten.

Eine explizite Beschäftigung mit den Folgen von verdichteter Kommunikation in Städten findet sich bei Robert Ezra Park (1864-1944). Zugleich hat er, wie Weber, die Zeitung als Forschungsfeld entdeckt. Bevor er, wie Small, Dewey oder Wirth, an die University of Chicago gekommen war und dort die „Chicago School" mitbegründete, lebte er als Zeitungsreporter in den großen Städten Amerikas und entwickelte dort sein Interesse an der wissenschaftlichen Erforschung von urbanen Zentren: „Mein Programm bestand darin, mir das anzusehen und das zu erkennen, was man »das Leben« nennt. […] Im wesentlichen widmete ich mich […] der Erkundung und Beschreibung des Lebens in der Stadt." (Park, zit. nach Baker 1981)[6] Dieses Leben war nicht statisch, sondern unterlag einem stetigen Wandel.

> „[With] the growth of great cities, with the vast division of labor which has come in with machine industry, and with movement and change that have come about with the multiplication of the means of transportation and communication, the old forms of social control represented by the family, the neighborhood, and the local community have been diminished and their influence greatly diminished." (Park 1968 [zuerst 1925], S. 106f.)

Mit dem Wandel der Großstädte um 1900 veränderte sich auch die Zeitung, wie Park in seiner „Natural History of the Newspaper" deutlich macht (siehe hierzu Park 2001a [zuerst 1923]). Die wissenschaftliche Betrachtung derselben lag ihm von Anfang an am Herzen: „Offensichtlich ist die Zeitung eine Institution, die noch nicht ganz verstanden worden ist. Was sie ist oder zu sein scheint, ist für jeden von uns zu jeder beliebigen Zeit bestimmt durch unsere unterschiedlichen Sichtweisen. Tatsächlich wissen wir nicht viel über die Zeitung. Sie ist nie untersucht worden." (Park 2001a [zuerst 1923], S. 283) Seit seiner Dissertation „Masse und Publikum" (1904) versuchte Park „einen Standpunkt zu formulieren, der es […] [ihm] ermöglichte, die Zeitung als Quelle eines gesellschaftlichen Phänomens zu betrachten und zweitens, eine Sprache zu finden, in der […][er] sie in objektiver und verallgemeinerter Form als Institution beschreiben konnte." (Park, zit. nach Baker 1981, S. 262) Park geht davon aus, dass Individuen in einer wechselseitigen Beziehung zueinander stehen. Allgegenwärtig ist in dieser Beziehung die Konkurrenz der Menschen, in der Park, wie Durkheim, die Entstehung der Arbeitsteilung begründet sieht:

> „Competition among human beings has brought about […] not merely a territorial, but an occupational distribution of races and people. Incidentally, it has brought about that inevitable division of labor which is fundamental to every permanent form of society from the family to the nation." (Park 1938, S. 193).

Die Konkurrenz ist Ausgangspunkt von zwei verschiedenen Prozessen. Erstens gelangt ein Individuum vom psychologischen Standpunkt aus durch Konkurrenz zu

---

[6] Baker veröffentlichte die autobiographische Lebensgeschichte von Park aus dem Nachlass von Luther L. Bernard. Dieser schrieb im Jahre 1927 alle großen Soziologen der Gründungszeit in Amerika an und bat sie, die Geschichte der Gründung und Entwicklung ihrer Lehrstühle und Departments aus erster Hand zu erzählen. Neben 256 anderen Soziologen antwortete auch Park auf diese Anfrage. Zu einer Veröffentlichung der Autobiographien durch Bernard kam es jedoch nie (siehe hierzu Baker 1981).

Selbstbewusstsein. Und zweitens bringt aus soziologischer Perspektive die Konkurrenz die Menschen in eine Beziehung zu Anderen, durch die sie ihre eigene Stellung innerhalb der Gesamtheit der Gesellschaft erfahren (vgl. Park 2001 [zuerst 1904, S. 262). Überall, wo diese „Beziehung der sozialen Opposition" (Park 2001 [zuerst 1904], S. 262) eine dauernde und systematische Form annimmt, entwickeln sich sozialpsychologische Erscheinungen als Folge dieser Wechselbeziehung. Als Beispiel nennt Park den Preis als Produkt der Wechselwirkung von Käufer und Verkäufer. Auch die öffentliche Meinung ist seinem Verständnis nach „als Produkt des kritischen Verhaltens verschiedener sich einander gegenüberstehenden Individuen oder Gruppen zu betrachten" (Park 2001b [zuerst 1904], S. 263). Mit der Ausbreitung der Zeitung und anderen neuen Kommunikationsmitteln wie Radio oder Telefon verändert sich nun die Konkurrenzbeziehung zwischen den Individuen:

> „[When] new forms of communication have brought about more intimate associations among individuals or peoples who have been culturally isolated, the first consequence may be to intensify competition. Furthermore, under the influence of communication, competition tends to assume a new character. It becomes conflict. In that case the struggle for existence is likely to be intensified by fears, animosities, and jealousies, which the presence of the competitor and the knowledge of his purpose arouse. Under such circumstances a competitor becomes an enemy." (Park 1938, S. 195)

Die neuen Kommunikationsmittel verstärken jedoch nicht nur Konkurrenz und Konflikt, sondern ermöglichen auch Anpassung und Assimilation. Am Beispiel der Immigranten in amerikanischen Großstädten macht Park deutlich, dass die Zeitung ein Fenster bildet, „das hinausführt zur großen Welt außerhalb des engen Kreises der Einwanderergemeinschaft" (Park 2001a [zuerst 1923], S. 281; siehe hierzu auch Park 1922). Dadurch wird die Zeitung zum Spiegel von Erfahrungen, die mit der eigenen Herkunft nicht in Zusammenhang stehen. Somit entsteht das Fundament für eine eigene Kultur (vgl. Park/Burgess 1966 [zuerst 1921], S. 729ff.).

Ernest Watson Burgess (1886-1966), ein anderes Mitglied der „Chicago School" und Vertrauter von Robert Ezra Park, beschäftigte sich ebenso mit den gesellschaftlichen Veränderungen, die durch die neuen Kommunikationsmittel eingeleitet wurden. Hierzu schrieb er in den Jahren 1928, 1929 und 1930 Artikel im American Journal of Sociology, dessen Herausgeber sich dazu veranlasst sahen, den wichtigsten gesellschaftlichen Veränderungen der vorangegangenen Jahre eine eigene Serie zu widmen. Darunter waren Themen wie Bevölkerung, Vereinigungen, aber auch Kommunikation. Bereits in den einleitenden Worten seiner Betrachtungen zur Kommunikation stellt Burgess fest: „Modern society is being formed through communication; therefore changes in the facilities and in the use of the means of communication should afford indices of social change." (Burgess 1928, S. 117) In allen drei von ihm verfassten Artikeln betrachtet er unterschiedliche Formen des Transports und der Kommunikation (Eisenbahn, Flugverkehr, Automobile, aber auch Telegraphie, Bücher und Pamphlete, Radio, Zeitungen, Werbung) und setzt die hier anhand empirischer Daten zu beobachtenden Veränderungen seit 1900 in Beziehung zum Wachstum der Gesamtbevölkerung der USA in derselben Zeitspanne. Er stellt eine Zunahme des Gebrauchs von Kommunikations- und Transportmitteln fest und behauptet, dass dadurch das Tempo des sozialen Wandels beschleunigt wird.

Burgess proklamiert einen Zusammenhang zwischen Kommunikation und sozialer Ordnung: „If, as John Dewey states, society 'may fairly be said to exist *in* communication', any changes in the means of communication should have tremendous effects upon the social order." (Burgess 1928, S. 128) So habe z.B. die Ausbreitung der Eisenbahn wesentliche Voraussetzungen geschaffen für die Entstehung einer städtischen Kultur. Genauso setzen Kinofilme im Bereich der Mode Trends. Zudem behauptet er, dass sich der „process of civilization" eines Landes oder einer Region in der dominierenden Art des Transports und der Kommunikation widerspiegele. Die daran anknüpfende methodologische These lautet:

> „It follows, then, that it should be possible to measure for any country, region, or community, not only the rapidity of social change, but the process of civilization and the resulting stage of social organization, by the construction of an index number of communication which would give due weight to its different techniques." (Burgess 1928, S. 129)

4   ‚Was bewegt die Menschen?': Medien und öffentliche Meinung

Einen weiteren Zugang zu den Medien fanden einige der hier behandelten Klassiker über die Analyse der öffentlichen Meinung. Dieses Phänomen ist häufig Anlass für die Verknüpfung von Medien- und Gesellschaftsentwicklung gewesen (vgl. den historischen Überblick bei Hölscher 1978). In seiner „Kritik der öffentlichen Meinung" (1922) versucht der deutsche Soziologe Ferdinand Tönnies (1855-1936) die Konstitution der öffentlichen Meinung zu systematisieren und ihr den Status eines „Begriffs" zu verleihen. Außerdem wollte er die bis dato veröffentlichten Werke und Theorien zur öffentlichen Meinung seiner Zeit zusammenfassen, entschied sich aber aufgrund deren Fülle dafür, dies in einem „besonderen Werke, das als Anhang des gegenwärtigen ihm bald folgen soll" (Tönnies 1922, S. VI) zu tun. Leider ist ein solcher Anhang nie erschienen. Das Anliegen unterstreicht gleichwohl die Bedeutung dieses Phänomens vor dem Aufkommen der Moderne. Die insbesondere von Noelle-Neumann initiierte Spurensuche belegt dies ebenfalls nachdrücklich (vgl. Noelle-Neumann 1996).

Auch im vorliegenden Zusammenhang muss aus der Fülle an Veröffentlichungen zu diesem Thema eine Auswahl getroffen werden. Die Suche führt erneut zu Herbert Spencer (1820-1903), in dessen „Principles of Sociology" (1966a [zuerst 1879]) eine frühe Konzeption der Meinungsführerschaft entdeckt werden kann.

Spencer hatte, wie bereits angedeutet, einen maßgeblichen Einfluss auf das Verständnis der Soziologie gegen Ende des 19. Jahrhunderts (siehe hierzu Small/Vincent 1894, S. 23ff.). Allein in den USA sind bis zum Ende des Jahres 1903 insgesamt 386.755 Exemplare seiner Werke verkauft worden (Hofstadter 1944, S. 21), nachdem es zunächst 14 Jahre dauerte, bis die ersten 750 Exemplare seines Werkes „Social Statics" (1851) Abnehmer fanden (vgl. Spencer 1966b [zuerst 1897], S. 18). Mit den Medien beschäftigte sich Spencer weniger wissenschaftlich als vielmehr pragmatisch. So äußert er sich in den bereits zitierten „Various Fragments" (vgl. Spencer 1966b [zuerst 1897]) zum optimalen Buchpreis, schlägt ein System der effektiveren Distribution von Büchern vor und beschreibt die Situation von Autoren wissenschaftlicher Bücher. Die öffentliche Meinung betrachtet Spencer dagegen ein wenig versteckt im Kapitel „Political Forms and Forces" des zweiten Bandes seines Werkes „Principles of Sociology" (1966a [zuerst 1879]). Dort legt er dar, dass die öffentliche Meinung lange besteht, bevor sich politische Strukturen entwickeln: „In brief, then, before any definite agency for social control is developed, there exists a control arising partly from the public opinion of the living, and more largely from the public opinion of the dead." (Spencer1966a [zuerst 1879], S. 323) Die Macht der öffentlichen Meinung besteht nach Spencer in der Kontrolle, die sie über die Mitglieder einer Gesellschaft ausübt. Dies kommt auch im folgenden Zitat zum Ausdruck: „[..] the feeling manifested as public opinion controls political conduct, just as it controls the conduct distinguished as ceremonial and religious." (Spencer 1966a [zuerst 1879], S. 325) Unter Hinweis auf eine Vielzahl ethnologischer und historischer Beispiele untersucht Spencer die Beeinflussbarkeit von Menschen und die damit verbundene Möglichkeit zur Ausbildung von politischer Macht. Seiner Ansicht nach lassen sich die Menschen in einem politischen Gefüge in drei verschiedene Gruppen unterteilen: in die große Masse der Zuhörer, die einflussreichen Redner und den politischen Herrscher, der über die beiden anderen Gruppen erhaben ist:

> „There is habitually the great body of the less distinguished, forming the audience, whose share in the proceedings consists in expressing approval or disapproval, and saying aye or no to the resolutions proposed. There is the smaller part, occupying the platform – the men whose wealth, rank, or capacity, give them influence – the local chiefs, by whom the discussions are carried on. And there is the chosen head, commonly the man of greatest mark to be obtained, who exercises a recognized power over speakers and audience – the temporary king." (Spencer 1966b [zuerst 1879], S. 328)

Auch wenn Spencer keinen eindeutigen Bezug zu den Medien herstellt, enthalten seine Überlegungen deutliche Parallelen zum Konzept der Meinungsführerschaft, z.B. zu Weimanns Unterscheidung zwischen „Marginals", „Others" und „Centrals" (Weimann 1982, S. 768ff.).

Der französische Soziologe Gabriel Tarde (1843-1904) beschäftigte sich, ebenso wie Spencer, mit der Kontrolle, die von der öffentlichen Meinung ausgeht. Die

Menschen haben seiner Ansicht nach das Bedürfnis, mit der öffentlichen Meinung
übereinzustimmen. Für Tarde ist die öffentliche Meinung das Ergebnis der gemeinsamen und gleichzeitigen Reaktionen in einer Gesellschaft auf die Meldung eines
Ereignisses. Eine Gefühlswelle kann durch eine Menschenmenge fluten und eine
nahezu reine Reflexhandlung auslösen, wie dies z.b. der Fall ist, wenn eine Zuhö-
rerschaft in Beifall ausbricht. Die daran beteiligten Individuen ahmen sich gegenseitig in ihrem Verhalten nach. Diese Übereinstimmung wird durch die Reichweite,
aber auch durch eine einheitliche Berichterstattung der Medien forciert. So sieht
Tarde z.B. in der Zeitung eine ungeheure Macht,

> „one that can only increase, because the need to agree with the public of which one is a
> part, to think and act in agreement with opinion, becomes all the more strong and irres-
> tible as the public becomes more numerous, the opinion more imposing, and the need
> itself more often satisfied." (Tarde 1969 [zuerst 1898], S. 318)

Die scheinbare Schwäche der Individuen, einfach „mitschwingen" zu wollen und
die dargebotene Meinung zu übernehmen, führt Tarde jedoch weniger darauf zurück, dass die Charaktere eben schwächer geworden sind (Tarde 1969 [zuerst 1898],
S. 318), sondern vielmehr darauf, dass die Zeitung einen immer stärkeren Druck auf
die Menschen ausübt. Zentral ist bei Tarde der Begriff der Nachahmung, der von
Franklin Henry Giddings (1855-1931) ebenfalls aufgegriffen wird. Giddings sieht in
der Nachahmung die einfachste Form der Integration von Individuen.

Giddings zählt, wie Small, zu den Gründervätern der amerikanischen Soziologie. Seit 1894 bekleidete er den Lehrstuhl für Soziologie an der Columbia University. In seinem Hauptwerk „Principles of Sociology" (1911 [zuerst 1896], S. 120ff.)
beschäftigte sich Giddings unter anderem mit der öffentlichen Meinung und widmete dieser wenig später in seinem Werk „Elements of Sociology" ein eigenes Kapitel (1912 [zuerst 1898], Ch. 15). Für Giddings ist das Phänomen der öffentlichen
Meinung ein Ausdruck des „sozialen Bewußtseins", das dann entsteht, wenn sich
Menschen gegenseitig beeinflussen. Seiner Ansicht nach sind für das Zustandekommen der öffentlichen Meinung die „intellektuelle Berührung" und der „Gedankenaustausch" (Giddings 1911 [zuerst 1896, S. 125]) der Menschen notwendig. Orte
der Berührung können z.B. Kirchen oder Wahlversammlungen sein, aber auch in
der Zeitung ist ein Gedankenaustausch möglich.

> „Werden [...] die Erfahrungen verglichen und beginnt jedermann alles zu wissen, was
> seine Nebenmenschen über den betreffenden Punkt wissen und denken, dann schwin-
> det die Verwirrung, und der Gegensatz tritt klar als Gegenstand der Erkenntnis vor das
> soziale Bewußtsein. Dies ist die Entstehung einer wahren öffentlichen Meinung, die als
> das Urteil einer ihrer selbst bewußten Gemeinschaft über einen Gegenstand von allge-
> meinem Interesse definiert werden kann." (Giddings 1911 [zuerst 1896], S. 125).

Die öffentliche Meinung ist das Ergebnis von „vernunftgemäßer Diskussion", die
eine „Integration der Elemente des sozialen Bewußtseins und eine komplizierte Organisation des sozialen Geistes" (Giddings 1911 [zuerst 1896], S. 124) möglich

macht. Das „Selbstbewußtsein" einer Gemeinschaft, welches in der öffentlichen Meinung ihren Ausdruck findet, ist allerdings nur ein „momentanes Band" (Giddings 1911 [zuerst 1896, S. 127) des Zusammenhalts. Erst in der Verbindung mit Traditionen kann ein „soziales Bewußtsein" dauerhaft bestehen. In den Traditionen werden die Beziehungen, die Ideen und die Gebräuche, die unbewusst entstanden sind und sich wegen ihrer inneren Nützlichkeit erhalten haben, im Gedächtnis aufbewahrt. Aus der Verbindung von traditionellen Vorstellungen und der herrschenden Meinung entstehen nach Giddings Produkte, wie z.B. Maßstäbe, Gesetzbücher, Ideale, Geschmacksrichtungen, Glaubensbekenntnisse usw. (siehe hierzu Giddings 1911 [zuerst 1896], S. 131). Medien sind demnach, genau wie andere Berührungspunkte der Individuen (z.B. Kirchen, politische Reden), Ausgangspunkt eines sozialen Prozesses, in dem öffentliche Meinung entsteht und soziales Bewusstsein dauerhaft gesichert wird.

5   Fazit

Die hier präsentierte Auswahl an Beispielen zeigt, dass die europäische und amerikanische Soziologie die Auseinandersetzung mit der gesellschaftlichen Bedeutung der Medien früh gesucht hat. Wie einleitend bereits erläutert, konnten im vorliegenden Rahmen nur Hinweise auf Spuren frühen mediensoziologischen Denkens gegeben werden. Es soll damit gleichsam die Aufforderung verbunden werden, die Zeit vor dem eigentlichen Aufkommen einer „media effects research" intensiver zu beobachten. Ein letztes Beispiel soll zeigen, dass Versuche der Periodisierung von Medienwirkungsforschung (z.B. das Modell von McQuail) ohne Zweifel hilfreich sind, aber nicht das gesamte Spektrum an wissenschaftlichen Analysen abdecken können. Marshall D. Beuick äußerte sich Ende der 1920er Jahre zu der Frage, ob sich mit dem signifikanten Anstieg des Hörfunks in den USA eine soziale Revolution ankündige. Im American Journal of Sociology erschienen seine Überlegungen unter dem Titel "The limited social effect of broadcasting". Darin stellt er fest: "Broadcasting can never really stimulate a consciousness of kind." (1927/28, S. 622) Diese Aussage wird zu einer Zeit formuliert, die McQuail als „all-powerful media" bezeichnet hat (vgl. McQuail 2000, S. 417ff.).

Je intensiver man sich mit der frühen Phase medienbezogener Forschung auseinandersetzt, desto deutlicher wird, dass das Fehlen expliziter Forschungstraditionen (z.B. Agenda-Setting, Uses-and-Gratifications) einen zunächst allgemeineren Umgang mit den jeweils brennenden Fragen der Zeit mit sich brachte. Kennzeichnend ist auch, dass das Reservoir der Fragen unendlich scheint. Daher ist die hier vorgeschlagene Dreiteilung der identifizierbaren Themen ein Dach für viele mehr oder weniger präzise formulierte Fragestellungen. Zwanzig Jahre nach dem Erscheinen des Beitrags von Beuick bemerkten auch Lazarsfeld und Merton, dass die

Frage nach den gesellschaftlichen Wirkungen der Medien ein schlecht definiertes Forschungsfeld vorgibt (vgl. Lazarsfeld/Merton 1973 [zuerst 1948], S. 450). Seitdem hat zwar eine Spezialisierung stattgefunden, die gelegentlich als eine Verengung der Perspektive empfunden wird, gleichzeitig aber auch eine Verfestigung der Sorge, dass mit dem Aufkommen einer Mediengesellschaft eine neue Realität entstehe, die sich kontinuierlich aus Illusionen aufbaue (vgl. hierzu Gabler 1999, S. 11f.). Auch dieses letzte Beispiel zeigt, dass thematische Eingrenzungen nicht nur schwierig waren, sondern schwierig bleiben.

6 Literatur

Abrams, Philip (1968): The Origins of British Sociology. Chicago.

Baker, Paul J. (1981): Die Lebensgeschichten von W.I. Thomas und Robert E. Park. [Aus dem Amerik.]. In: Lepenies, Wolf (Hrsg.): Geschichte er Soziologie, Bd. 1, S. 244-270. Zuerst veröffentlicht in: American Journal of Sociology 79 (1973), S. 243-260.

Beuick, Marshall D. (1927/28): The limited social Effect of Broadcastiing. In: American Journal of Sociology, Vol. XXXII, S. 615-622.

Burgess, Ernest W. (1928): Communication. In: American Journal of Sociology, Vol. XXXIV, Nr. 1, S. 117-129.

Burgess, Ernest W. (1929): Communication. In: American Journal of Sociology, Vol. XXXIV, Nr. 6, S. 957-1080.

Burgess, Ernest W. (1930): Communication. In: American Journal of Sociology, Vol. XXXV, Nr. 6, S. 991-1001.

Cooley, Charles Horton (1962): Social Organization. A Study of the Larger Mind. [zuerst 1909]. New York.

Dewey, John (1954): The Public and ist Problems. Chicago.

Dewey, John (1980 [zuerst 1916]): Democracy and Education. In: John Dewey, The Middle Works, 1899-1924, Vol. 9. London, Amsterdam.

Dewey, John (1925): Nature, Communication, and Meaning. In: Experience and Nature, S. 138-170.

Dewey, John (1988 [zuerst 1939]): Freedom and Culture. In: John Dewey, The Later Works, 1925-1953, Vol. 13, S.63-251.

Durkheim, Emile (2001): Über die Teilung der sozialen Arbeit. [zuerst 1893]. In: Pöttker, Horst (Hrsg.): Öffentlichkeit als gesellschaftlicher Auftrag. Klassiker der Sozialwissenschaft über Journalismus und Medien. Konstanz, S. 138-157.

Eberhard, Fritz (1963): Franz Adam Löffler und Max Weber – Zwei Pioniere der Publizistikwissenschaft. In: Publizistik, Jg. 8, 1963, Nr. 5, S. 436-441.

Faris, Robert E. L. (1970). Chicago Sociology. 1920-1932. Chicago, London.

Gabler, Neal (1999): Das Leben, ein Film. Die Eroberung der Wirklichkeit durch das Entertainment. [Aus dem Amerik.]. Berlin

Geiger, Theodor (1987): Kritik der Reklame – Wesen, Wirkungsprinzip, Publikum. [zuerst 1932]. In: Soziale Welt 38, Heft 4, S. 471-492.

Giddings, Franklin Henry (1911): Prinzipien der Soziologie. [Aus dem Amerik., zuerst 1896]. Leipzig.

Giddings, Franklin Henry (1912): Elements of Sociology. [zuerst 1898]. New York, London.

Hofstadter, Richard (1944): Social Darwinism in American thought: 1860-1915. Philadelphia.

Hölscher, Lucian (1978): Artikel "Öffentlichkeit". In: Brunner, Otto (Hrsg.): Geschichtliche Grundbegrifffe. Historisches Lexikon zur politisch-sozialen Sprache in Deutschland. Stuttgart, S. 413-467.

Jäckel, Michael (1997): Zur Bedeutung der Begriffe Selbstinteresse und Sympathie in der Sozialtheorie von Adam Smith. In: Sociologia Internationalis 35, S. 87-103.

Knies, Karl (1996): Der Telegraph als Verkehrsmittel. Über den Nachrichtenverkehr überhaupt. [zuerst 1857]. München.

Kunczik, Michael (2000): Herbert Spencer. In: Kaesler, Dirk (2000): Klassiker der Soziologie. 2., durchges. Aufl., Bd. 1, S. 74-93.

Kutsch, Arnulf (1988): Max Webers Anregung zur empirischen Journalismusforschung. Die Zeitungsenquête und eine Redakteurs-Umfrage. In: Publizistik. Vierteljahrschrift für Kommunikationsforschung, Jg. 33, Nr. 1, S. 5-31.

Lazarsfeld, Paul F.; Merton, Robert K. (1973): Massenkommunikation, Publikumsgeschmack und organisiertes Sozialverhalten. [zuerst 1948]. In: Aufermann, Jörg u.a. (Hrsg.): Gesellschaftliche Kommunikation und Information. Forschungsrichtungen und Problemstellungen. Ein Arbeitsbuch zur Massenkommunikation. Frankfurt am Main, S. 447-470.

McQuail, Denis (2000): Mass Communication Theory, 4th ed. London u.a.

Meyrowitz, Joshua (1990a): Überall und nirgends dabei. Die Fernsehgesellschaft I. [Aus d. Amerik.] Weinheim, Basel.

Meyrowitz, Joshua (1990b): Wie Medien unsere Welt verändern. Die Fernseh-Gesellschaft II. [Aus dem Amerik.]. Weinheim, Basel.

Noelle-Neumann, Elisabeth (1996): Öffentliche Meinung. Die Entdeckung der Schweigespirale. Erweiterte Ausgabe. Frankfurt/Main, Berlin.

Obst, Bernhard (1986): Das Ende der Presse-Enquete Max Webers. Der Heidelberger Professorenprozeß von 1912 und seine Auswirkungen auf die deutsche Zeitungswissenschaft. In: vom Bruch, Rüdiger; Roegele, Otto B. (Hrsg.): Von der Zeitungskunde zur Publizistik. Biographisch-institutionelle Stationen der deutschen Zeitungswissenschaft in der ersten Hälfte des 20. Jahrhunderts. Frankfurt am Main, S. 45-62.

Park, Robert Ezra (2001a): Eine Naturgeschichte der Zeitung. [Aus dem Amerik., zuerst 1923]. In: Pöttker, Horst (Hrsg.): Öffentlichkeit als gesellschaftlicher Auftrag. Klassiker der Sozialwissenschaft über Journalismus und Medien. Konstanz, S. 280-296.

Park, Robert Ezra (2001b): Masse und Publikum. [zuerst 1904]. In: Pöttker, Horst (Hrsg.): Öffentlichkeit als gesellschaftlicher Auftrag. Klassiker der Sozialwissenschaft über Journalismus und Medien. Konstanz, S. 256-275.

Park, Robert Ezra (1922): The immigrant press and its control. New York

Park, Robert Ezra (1938): Reflections on Communication and Culture. In: American Journal of Sociology, Vol. XLIV, Nr. 2, S. 187-205.

Park, Robert Ezra; Burgess, Ernest Watson (1966): Introduction to the Science of Sociology. [zuerst 1921], 3rd ed. Chicago.

Park, Robert Ezra (1968): Community Organization and Juvenile Delinquency [zuerst 1925]. In: Park, Robert Ezra et. al. (eds.) : The City, 5th ed. Chicago u.a., S. 99-112.

Pöttker, Horst (2001a): Emile Durkheim. Arbeitsteilung, organische Solidarität und Öffentlichkeit. In: ders. (Hrsg.): Öffentlichkeit als gesellschaftlicher Auftrag. Klassiker der Sozialwissenschaft über Journalismus und Medien. Konstanz, S. 135-137.

Pöttker, Horst (2001b): Robert Ezra Park. Journalismus und soziale Integration. In: ders. (Hrsg.): Öffentlichkeit als gesellschaftlicher Auftrag. Klassiker der Sozialwissenschaft über Journalismus und Medien. Konstanz, S. 277-279.

Schultz, Tanjev (2002): Große Gemeinschaft und Kunst der Kommunikation. Zur Sozialphilosophie von John Dewey und ihrem Revival im Public Journalism. In: Imhof, Kurt u.a. (Hrsg.): Integration und Medien. Wiesbaden. (Mediensymposium Luzern, Band 7), S. 36-55.

Small, Albion Woodbury.; Vincent, George Edgar (1894): An Introduction to to the Study of Society. New York usw.

Spencer, Herbert (1851): Social Statics. The conditions essential to human happiness specified and the first of them developed. London.

Spencer, Herbert (1966b): Various Fragments. [zuerst 1897]. Nachdruck der Ausgabe von 1907. Osnabrück.

Spencer, Herbert (1966a): The Principles of Sociology, Vol. II. [zuerst 1879]. Nachdruck der Ausgabe von 1902. Osnabrück.

Tarde, Gabriel (1969): Opinion and Conversation [Aus dem Franz., zuerst 1898]. In Clark, Terry (ed.): Gabriel Tarde on Communication and Social Influence. Selected Papers. Chicago, London, Ch. 17.

Tönnies, Ferdinand (1922): Kritik der öffentlichen Meinung. Berlin.

Weber, Max (1908): Methodologische Einleitung für die Erhebungen des Vereins für Sozialpolitik über Auslese und Anpassung (Berufswahl und Berufsschicksal) der Arbeiterschaft der geschlossenen Großindustrie. In: Weber, Max (1924): Gesammelte Aufsätze zur Soziologie und Sozialpolitik. Tübingen, S. 1-60.

Weber, Max (1997): Zu einer Soziologie des Zeitungswesens. [zuerst 1911]. In: Gottschlich, Maximilian; Langenbucher, Wolfgang R. (Hrsg.): Publizistik- und Kommunikationswissenschaft. Ein Textbuch zur Einführung. Wien, S. 138-144.

Weber (2001): Vorbericht über eine vorgeschlagene Erhebung über die Soziologie des Zeitungswesens. [zuerst ca. 1910]. In: Pöttker, Horst (Hrsg.): Öffentlichkeit als gesellschaftlicher Auftrag. Klassiker der Sozialwissenschaft über Journalismus und Medien. Konstanz, S. 316-325.

Weimann, Gabriel (1982): On the Importance of Marginality. One More Step into the Two-Step Flow of Communication. In: American Sociological Review 47, S. 764-773.

Wirth, Louis (1948): Consensus and Mass Communication. In: American Sociological Review, Vol. 13, Nr. 1, S. 1-15.

Empfehlungen zum Weiterlesen:

Cooley, Charles Horton (1962): Social Organization. A Study of the Larger Mind. [zuerst 1909]. New York, insb. Part II: Communication.

Pöttker, Horst (Hrsg.) (2001): Öffentlichkeit als gesellschaftlicher Auftrag. Klassiker der Sozialwissenschaft über Journalismus und Medien. Konstanz.

Wright, Charles (1986): Mass Communication Rediscovered. In: Ball-Rokeach, Sandra J; Cantor, Muriel G. (eds.): Media, Audience and Social Structure. Beverly Hills, S. 22-33.

Medien und Identität

Jan D. Reinhardt

Zusammenfassung: Der Beitrag befasst sich mit dem Zusammenspiel von personalen Identitätsbildungs- und Kommunikationsprozessen unter besonderer Berücksichtigung der Massenmedien. Dabei wird davon ausgegangen, dass personale Identität ein Sinnphänomen darstellt, das nicht per se existiert, sondern gleichsam erst mit Hilfe von kulturellen Sinnressourcen konstruiert werden muss. Der Autor führt hier zunächst vor, wie Selbstvorstellungen von Bewusstsein und kommunikative Thematisierungen von Personen wechselseitig aufeinander angewiesen sind. Es wird vor diesem Hintergrund sodann behandelt, wie Massenmedien die moderne Identitätsproblematik aufgreifen, Horizonte für Personenbeschreibungen erweitern, Voraussetzungen für soziales Rollenspiel modifizieren und als Biographiegeneratoren fungieren können. Auch wird deutlich, dass die Nutzung von Massenmedien selbst eine wichtige moderne Ressource für die kommunikative Selbst- und Fremdthematisierung darstellt.

1 Einleitung

Prozesse der Massenkommunikation und der personalen sowie kollektiven Identitätsbildung in anderen kommunikativen Kontexten und ebenso in Bewusstseinsvorgängen sind auf sehr vielen verschiedenen Ebenen miteinander verflochten. Daher kann hier nur ein holzschnittartiger Überblick über die Thematik gegeben werden (eine umfassende Auseinandersetzung bietet Reinhardt 2005a).

Dies soll nach der grundlegenden Darlegung von Identität als Sinnphänomen und der Klärung einiger Grundbegriffe in verschiedenen Thesen geschehen. Dabei wird zunächst gezeigt, dass Kommunikationsprozesse in einem ganz allgemeinen Sinne auf Vorstellungen der Identität von Personen und des Selbst angewiesen sind, dass aber auch umgekehrt Personalität und Selbstvorstellungen ohne Kommunikation undenkbar sind. Im nächsten Schritt wird ein Massenkommunikationsbegriff eingeführt, der zu allererst deutlich macht, dass Massenmedien in der Moderne wichtige, wenn nicht gar die wichtigsten Instanzen für die Erzeugung kollektiver Identitätsunterstellungen sind. Daraufhin soll vorgeführt werden, wie durch Massenkommunikation erweiterte Sinnressourcen für die Selbstbeobachtung des Bewusstseins und die Beobachtung von (anderen) Personen verfügbar werden. Es wird behauptet, dass Massenmedien eigentümliche Spiegelungsflächen für Individuen darstellen. Ebenso werden Überlegungen angestellt, die dahin gehen, dass Massenmedien einerseits Konsistenznormen für Personsein liefern, andererseits aber durch die Verschiedenartigkeit des medialen Materials auch Ambivalenz produziert wird. Es wird die These aufgestellt, dass Massenkommunikation auf diese Weise Ambiguitätstoleranz fördert, die für die multiple Rollenerfüllung von Individuen in einer funktional differenzierten Gesellschaft außerordentliche Bedeutung besitzt. Schließlich wird gezeigt, warum die Massenkommunikation in modern strukturierten Gesellschaften einen der wichtigsten Biographiegeneratoren stellt. Beginnen wir mit einigen grundsätzlichen Überlegungen zu Identität und Sinn, die zugleich einige wichtige Grundbegriffe klarstellen mögen.

2   Identität als Sinnphänomen

In der Sphäre des Lebendigen gibt es in einem strengen mathematisch-logischen Sinne überhaupt keine Identität. Zumindest bei sexueller Fortpflanzung ist kein lebendiges Individuum identisch mit einem anderen (vgl. Mayr 2001), kein organischer Zustand eines beliebigen biologischen Individuums ist einem anderen eben dieses Individuums völlig gleich. Ebensolches gilt für das äußere Erscheinungsbild. Dass wir als Säuglinge anders aussahen als als Kinder und schließlich als Erwachsene und dass wir auch in Zukunft anders aussehen werden als heute, ist uns selbstverständlich. Trotzdem glauben wir in unserem abendländischen Kulturkreis in der Regel daran, gewisse Kontinuitäten in unserer äußeren Erscheinung und in unserem Denken festmachen zu können, die es uns gestatten, uns für ein Selbst, ein Selbiges zu halten, wie wir auch vermeinen, dass es anderen möglich sein wird in uns trotz allen intraindividuellen und interindividuellen Wandels dieselbe Person zu erkennen. Wie ist dies möglich, obwohl diesem Phänomen weder eine biologische Notwendigkeit noch eine biologische Verfasstheit von Individuen entspricht?

Offenbar ist die Identität der Person oder des Selbst eine Unterstellung, die möglich wird, weil im Falle der Gattung homo die biologische Evolution auf Sinn- und Kulturevolution umgestellt wird. Diese Umstellung ist es, die die Evolution der Art homo sapiens mit ihrer enormen Durchsetzungsfähigkeit gegenüber allen anderen Arten überhaupt möglich werden lässt. Erst das Auftauchen von Sinn erzeugt das mannigfaltige Erlebnis- und Erfindungsfeld, das die philosophische Anthropologie als Weltoffenheit (vgl. Scheler 1991 [zuerst 1928]; Gehlen 2004 [zuerst 1940]) bezeichnet hat, und zugleich die Notwendigkeit der Auswahl aus einem damit schier unendlichen Möglichkeitshorizont. Wie es zu der Emergenz (Auftauchen von etwas qualitativ Neuem) von Sinn kommt, ist äußerst kompliziert und kann hier nur sehr flüchtig behandelt werden (siehe 2.). Nichtsdestoweniger sei festgehalten, dass unter Sinn ein Differenzphänomen zu verstehen ist (vgl. z.B. Luhmann 1996a, S. 92ff). Es geht immer um die Differenz eines aktuell Gegebenen zu anderen Möglichkeiten, die in dem Denken und den Mitteilungen der Anderen (Sozialdimension von Sinn),

in der immer mitgeführten Verschiedenartigkeit der möglichen Gegenstände von
Denken und Kommunikation (Sachdimension) realisiert sind und sich in dem zeitli-
chen Wechsel derselben plötzlich als Aktualitäten manifestieren und damit zuvor
Aktuelles in einen Möglichkeitshorizont verschieben. Wäre dem nicht so, glichen
Kommunikation und Denken einer Tafel, die immer neu beschrieben würde, ohne
dass man sie zuvor abwischte, so dass bald überhaupt nichts mehr lesbar wäre (vgl.
Hahn 2004, S. 43). Sinn ist also die Differenz von Aktualität und Horizont, die in
Denken und Kommunikation ständig repräsentiert ist und sich in ihrem zeitlichen
Ablauf ständig realisiert, indem Potentialität aktualisiert und Aktualität potentiali-
siert wird. Sinn ist Differenzerfahrung und Differenzproduktion. In Kommunikati-
onsgemeinschaften kann dies nicht beliebig geschehen, soll Verständigung möglich
werden und bleiben. Es bedarf der Zusammenschweißung von Sinnmöglichkeiten
zu Sinnkomplexen (Themen) und der Vorstrukturierung von Anschlussmöglichkeiten im Wechsel von Sinnaktualitäten. Dies geschieht im Medium Kultur (vgl. Hahn
2004, Reinhardt 2005b).

Behauptungen der Identität von Personen bzw. Vorstellungen der Identität
von Selbsten sind solche Sinn- und Kulturphänomene. Denn personale Identität ist
nur vor dem Hintergrund einer Differenz zu anderen Sinnebenen und anderen personalen Identitätsmöglichkeiten zu haben. Einer Person (vgl. Luhmann 1995 [zuerst
1991]) werden Eigenschaften zugeschrieben, indem diese von anderen Eigenschaften unterschieden werden, die sie aktuell nicht hat, die ihr aber auch zugeschrieben werden könnten. Klug zu sein heißt zugleich nicht dumm zu sein, schön
zu sein nicht hässlich zu sein usw. Solche personensemantische Unterscheidungen
konstituieren einen Möglichkeitshorizont des Gruppe-, Person- oder Selbstseins,
der Identitätsfeststellungen erst ermöglicht. Gleichzeitig sind andere Eigenschafts-
kombinationen in anderen Gruppen oder Individuen realisiert, so dass sich ein
Wirklichkeitshorizont anderer Personen und Personengruppen auftut, von denen
ein beliebiger Ego sich unterscheiden kann bzw. als alter Ego (Person) unterschieden wird. Möglichkeits- und Wirklichkeitshorizont der Person bzw. des Selbst sollen hier gemeinsam als Kontingenzhorizont von Personalität bezeichnet werden.
Dieser unmittelbare Kontingenzhof von Personalität kann ferner wie in einem Feld
konzentrischer Kreise von einem weiteren Sinnhorizont abgegrenzt werden, der alle
anderen nicht personal interpretierbaren Sinnmöglichkeiten umgreift. Die Abgrenzung solcher Sinnhorizonte und die darin enthaltenen Sinnmöglichkeiten werden
dabei einerseits historisch und andererseits interkulturell stark variieren, so dass die
Möglichkeiten zur Wahrnehmung und Beschreibung von Personen sowie für
Selbstwahrnehmungen von historischer Epoche zu historischer Epoche und von
Kultur zu Kultur höchst unterschiedlich sein werden (vgl. z.B. Mauss 1997 [zuerst
1938]; Read 1955; Shweder & Bourne 1984).

Das gilt ebenso für die Identitätsproblematik. Dass ein menschliches Individuum trotz mannigfaltiger Veränderungen sein ganzes Leben lang dasselbe bleibt,

wird in vielen (einfachen) Kulturen ganz und gar nicht vorgesehen. Oft genug sind
z.B. vor dem Hintergrund des Wechsels von Altersrollen auch Namensänderungen
vorgesehen (vgl. Mauss 1997 [zuerst 1938]). Ebenso gilt, dass die Problematisierung
und Reflektierung von Identität im abendländischen Kulturraum ein modernes
Phänomen ist. Kein antiker oder mittelalterlicher Philosoph ist hier auf die Idee gekommen, sich weitere Gedanken zu machen. Die Person war eine Einheit, ein Individuum (im wörtlichen Sinne), weil die rationale Substanz der Seele als unteilbare
Einheit zu denken war. Diese weitgehend unhinterfragte Identitätsunterstellung war
zudem dadurch gedeckt, dass einer Person in der Gesellschaft genau ein Platz zugeschrieben werden konnte, da die unterschiedlichen Gruppenzugehörigkeiten von
Personen in Form konzentrischer Kreise angeordnet waren (vgl. Simmel 1992 [zu-
erst 1890]). Indem man Mitglied einer Familie war, war man Mitglied eines Standes,
evtl. eines Berufes, eines Reiches usw. Überschneidungen solcher Kreise waren
nicht vorgesehen, sondern im Gegenteil wurde peinlichst vermieden, dass Solidari-
tätsverpflichtungen, Rollen- und Personenerwartungen sich widersprechen konnten.
Aus verschiedenen Gründen, die hier nicht betrachtet werden können, kommt es in
der Neuzeit zu einer Unterhöhlung dieser Standesordnung und zu einer Umstellung
der gesellschaftlichen Organisation auf funktionale Differenzierung. Es bilden sich
soziale Sonderbereiche wie Wirtschaft, Politik, Religion, Recht, Liebe usw. heraus,
die nach je eigenen Logiken ablaufen, und in denen die Individuen nun unterschiedliche und teils widersprüchliche Rollen übernehmen müssen. Das erfordert es, in je
einem Funktionskontext von den Rollen der je anderen Funktionskontexte abzuse-
hen bzw. zu abstrahieren. Aus den konzentrischen Kreisen sind sich nur noch tan-
gierende Kreise geworden, die sich nun lediglich im Individuum überschneiden (vgl.
ebd.). Das vormoderne Inklusionsindividuum ist zu einem Exklusionsindividuum
geworden, d.h. es ist als Ganzes als Einheit seiner verschiedenen Rollen nicht mehr
sozial repräsentiert. Gleichzeitig führen Veränderungen in der Genie- und Subjekt-
semantik (vgl. Bohn 2003) dazu, dass Individualität nunmehr als steigerbar begriffen
wird (vgl. insgesamt: Luhmann 1998 [zuerst 1989]). Man kann und soll jetzt individueller sein als die anderen, muss seine Individualität aus sich heraus erzeugen und
dies in der Kommunikation präsentieren und inszenieren. Individuen werden damit
einer unstrukturierten Reflexionslast ausgesetzt. Es verwundert nicht, dass Identität
erst vor dem Hintergrund dieser, sich freilich Jahrhunderte hinziehenden, Entwicklung zuerst bei Shakespeare (vgl. Assmann 2003) zum literarischen und später zunächst bei John Locke (1976 [zuerst 1690]) zum philosophischen Problem wird.

   Was hat dies nun alles mit Massenkommunikation zu tun? Bevor wir zu diesem eigentlichen Thema des Beitrags kommen, muss noch ein weiterer Schritt vor-
geschaltet werden, in dem darauf hingewiesen wird, dass Kommunikationsprozesse
und Prozesse der Herausbildung von Selbstvorstellungen und Personenunterstellun-
gen generell untrennbar miteinander verflochten sind.

3 Die Dreieinigkeit von Selbst, Person und Kommunikation

Sinnemergenz ist das Resultat einer Co-Evolution von Kommunikation und Bewusstsein, d.h. Kommunikation und Bewusstsein können nur gemeinsam entstehen und sind in ihren Sinnproduktionen aufeinander angewiesen (vgl. Luhmann 1996a, S. 92). Um einzusehen, was damit gemeint ist, muss man sich zunächst klarmachen, was unter Bewusstsein und Kommunikation zu verstehen ist.

Bewusstsein soll hier eine besondere Form der Wahrnehmung heißen, nämlich eine Wahrnehmung, die sich selbst beobachten kann, also wahrnimmt, dass sie wahrnimmt. Das kann, so die hier vertretene These, nur dann der Fall sein, wenn zugleich wahrgenommen wird, dass man von Anderen wahrgenommen wird. In Kommunikationsprozessen wird dann ein einfacher Analogieschluss möglich, der es erlaubt, sich sodann als Objekt der eigenen Wahrnehmung selbst zu haben.

Unter Kommunikation soll hier eine Realitätsebene verstanden sein, die entsteht, wenn ein Ego im Verhalten eines Alter eine Differenz von Mitteilungsabsicht und mitgeteilter Information versteht (vgl. ebd., Kap. 4). Es geht also nicht, wie im klassischen Transmissionsmodell, darum, dass ein Sender einem Empfänger Informationen wie Pakete zuschickt, deren Empfang nur durch äußere Einflüsse (noise) gestört werden kann. Stattdessen wird Kommunikation als Einheit von Verstehen, Mitteilung und Information gefasst, wobei der Prozess seinen Anfang beim Verstehen von Mitteilungs-Informations-Differenzen nimmt. So kann man bspw. auch die Kommunikation mit Göttern, Geistern und Dämonen in das Kommunikationsmodell integrieren. Das Verstehen zeigt sich dann in der Anschlusskommunikation bzw. Alters Verstehen einer erneuten Mitteilungs-Informations-Differenz in Egos Anschlussverhalten. Da Egos und Alters verstehendes Bewusstsein einander nicht einsichtig bzw. operativ geschlossen sind und niemals miteinander identisch sein werden, ist Missverstehen der Normalfall. Das fällt in der Regel nicht auf, da die Kommunikation zumeist trotz differenter Bewusstseinskonnotationen plausibel weiterlaufen kann. Nur gelegentlich fällt das Missverstehen in der Kommunikation selbst auf, so dass die Kommunikation unterbrochen oder Bedarf für Metakommunikation entsteht. Missverständnisse kann man in diesem Zusammenhang auch als Grund von Sinnevolution sowie Anlass für Kulturemergenz und dann Kulturevolution ansehen. Man kann sie in etwa analog zu Genfluss, Gendrift und Mutation in der biologischen Evolution (vgl. Mayr 2001) auffassen.

Kommunikation kann jedenfalls ohne wie auch immer rudimentäre Selbst- und Personenvorstellungen der Bewusstseine nicht passieren. Denn um Mitteilungs-Informations-Differenzen verstehen zu können, muss Ego sich Alter als alter Ego vorstellen, dessen Wahrnehmungsobjekt Ego ist. Es kommt zu einer abgeleiteten Selbstvorstellung im Modus alter Ego. George H. Mead (1993 [zuerst 1934]) hatte dies ME genannt. Für das Zustandekommen von empirischen Mitteilungsmotivationen gilt das Nämliche. Ex post kann ein mitteilender Ego dann nicht nur Alter als

Person und sich selbst als Objekt von Alters Wahrnehmung, sondern sich auch als Mitteilungssubjekt auffassen (in der Meadschen Terminologie wäre dies das sog. I). Ego kann dann auch beobachten, wahrgenommen zu haben. Das I ist jedenfalls eine abgeleitete Vorstellung aus den in Kommunikation sich einspielenden ME-Vorstellungen, die zugleich Kommunikation erst ermöglichen (vgl. ebd., S. 218).

Charles Horton Cooley:

„Social consciousness, or awareness of society, is inseparable from self-consciousness, because we can hardly think of ourselves excepting with reference to a social group of some sort, or of the group except with reference to ourselves [...] In general, then, most of our reflective consciousness, of our wide-awake state of mind, is social consciousness, because a sense of our relation to other persons, or of other persons to one another, can hardly fail to be a part of it. Self and society are twin-born, we know one as immediately as we know the other, and the notion of a separate and independent ego is an illusion" (Cooley 1956a [zuerst 1909], S. 5).

Hinzu kommt, dass Personen nicht nur Adressen, sondern ab einem hier nicht näher bestimmbaren Stadium von Kulturevolution auch Themen von Kommunikation sind. So kann Bewusstsein Kommunikation auch hinsichtlich der Verwendung von Personensemantiken für Personenbeschreibungen beobachten und mit diesen Semantiken die Komplexität der Selbstbeobachtung (im Modus ME) steigern, indem zugleich ein Kontingenzhorizont des Selbst- und Personseins entsteht, von dem oben bereits gehandelt wurde. So sind Selbsterfahrungen, Personenvorstellungen und Kommunikation nur in dieser Dreiheit vorstellbar. Wenn man annimmt, dass Kommunikationsprozesse die Grundeinheiten von Gesellschaft darstellen, können Selbst und Gesellschaft als Zwillingsgeburt aufgefasst werden (siehe Textbeispiel auf dieser Seite).

4   Massenkommunikation und kollektive Identität

Massenkommunikation ist Kommunikation, die massenhaft stattfindet. Durch die Zwischenschaltung von Technik wird die Erreichbarkeit von Empfängern von Kommunikation in sozialer, räumlicher und zeitlicher Hinsicht drastisch gesteigert (vgl. Luhmann 1988). Diese einfache Bemerkung deckt sich mit der klassischen Definition nach Maletzke (1963, S. 32). Demnach ist Massenkommunikation

„eine Form der Kommunikation, bei der Aussagen öffentlich (also ohne [prinzipiell] begrenzte und personell definierte Empfängerschaft) durch technische Verbreitungsmitel (Medien) indirekt (also bei räumlicher oder zeitlicher oder raumzeitlicher Distanz zwischen den Kommunikationspartnern) und einseitig (also ohne Rollenwechsel zwischen Aussagendem und Aufnehmenden) an ein disperses Publikum [...] vermittelt werden."

Die Organisationen der Massenmedien wählen in diesem Zusammenhang die Informationen, die sie senden, immer im Hinblick auf ihren Informationswert für bestimmte Publika aus, so dass man sagen kann, dass sich ein System der Massenmedien bildet, das einen Code benutzt, der zwischen Information und Nicht-Information für ein Publikum (vgl. Luhmann 1996b) bzw. zwischen Publikationswürdigkeit und Nicht-Publikationswürdigkeit (vgl. Reinhardt 2005a [zuerst 2003]) unterscheidet. Die Zuordnung zu den Codewerten geschieht dabei über unterschiedliche Programme, die je eigene Kriterien anlegen. Luhmann (1996) hat hier eine grobe Unterteilung in Nachrichten/Berichte, Unterhaltung und Werbung vorgeschlagen, die auch hier genügen soll.

Wichtig ist des Weiteren, dass das Mediensystem – wie bereits angedeutet – segmentär in Organisationen der Massenkommunikation wie Fernsehsender, Zeitungen usw. untergliedert ist, die sich an je eigene Publika (vgl. allgemein Stäheli 2004) wenden, die oft regional oder national beschränkt sind.

Für diese Publika wird aus einer unendlichen Fülle von möglichen Umweltbeobachtungen bzw. Beobachtungen von Beobachtungen der Medienorganisationen und ihrer Rollenträger publikationswürdiges Material ausgewählt. Allein dieser Selektionsbedarf von Realitätsausschnitten macht es plausibel, von Realitätskonstruktionen der Massenmedien zu sprechen.

Obgleich dem Publikum dies bekannt ist, und die Massenmedien so unter generalisierten Manipulationsverdacht gestellt sind, weiß man im Publikum ebenso, dass diese Realitätskonstruktionen evtl. innerhalb geographischer oder Sprach-Grenzen massenhaft rezipiert werden und so als Realitätsbasis für Anschlusskommunikation außerhalb und innerhalb des Mediensystems zur Verfügung stehen. Man weiß, dass andere dasselbe gesehen haben wie man selbst und dasselbe sehen werden. Man kann voraussetzen, dass weltweit bekannt ist, dass Papst Johannes Paul II. gestorben ist, man kann voraussetzen, dass deutschlandweit bekannt ist, dass Gerhard Schröder Bundeskanzler ist und Thomas Gottschalk ‚Wetten dass...' moderiert sowie Werbung für Haribo macht. So entstehen im Medienpublikum abgestufte Unterstellungen kollektiver Gedächtnisse als Annahmen mit bestimmten Merkmalsgruppen geteilten Realitätswissens (vgl. Reinhardt/Jäckel 2005) und damit kollektive Identitätsunterstellungen. Diese werden dann von den Medien erneut aufgegriffen und in nationalen oder regionalen Selektionslogiken berücksichtigt. Es werden die Länderspiele Deutschlands übertragen, die Russlands aber nur in Sonderfällen, man erfährt, wie viele Deutsche bei einem Flugzeugabsturz ums Leben kamen, aber nicht die Zahl der Taiwanesen, man titelt (so gesehen in der Münchner

Abendzeitung) mit der Zahl der am Vortag der Olympiade errungen bayrischen Goldmedaillen und feuert so kollektive Identitätsbildungsprozesse weiter an.

Dieser Nebeneffekt ergibt sich überall dort, wo Massenkommunikation stattfindet, und nicht zuletzt haben Massenmedien so zur Entstehung von Nationalismus und der Herausbildung nationaler Identitäten beigetragen (vgl. für Deutschland z.B. Wehler 1995). Es lässt sich mit Fug und Recht behaupten, dass Massenmedien Generatoren und Garanten kollektiver Identität sind. Aber wie steht es mit personaler Identität? Diesem Problem gehen die weiteren Ausführungen nach.

5   Massenmedien im und als Spiegel der Person[1]

Charles H. Cooley hat in seiner berühmten Theorie vom „looking glass self", die dann von George H. Mead weiter systematisiert wurde, festgestellt:

> „In a very large and interesting class of cases the social reference takes the form of a somewhat definite imagination of how one's self – that is any idea he appropriates – appears in a particular mind, and the kind of self-feeling one has is determined by the attitude toward this attributed to that other mind. A social self of this sort might be called the reflected or looking glass self" (Cooley 1956 [zuerst 1902], S. 183f).

Was hat dies mit Massenmedien zu tun? Man kann hier viele verschiedene Aspekte anführen, von denen hier nur einige angedeutet werden können.

Zum einen sind Medienvorlieben selbst wichtige Personensemantiken in modernen Gesellschaften, so dass sich unsere Medienpräferenzen auf das Bild, das wir im Spiegel der Anderen erzeugen werden, auswirken, nach dem Muster: ‚Sage mir, was Du liest, siehst, hörst, und ich sage Dir, wer Du bist.' „Spiegelleser wissen mehr" und „Hinter der FAZ steckt immer ein kluger Kopf", wie wir aus der Werbung wissen. Vor allem bei Jugendlichen lassen sich in diesem Zusammenhang auch Muster der kollektiven Mediennutzung beobachten, die wiederum kollektive Identitätsbildungsprozesse anstoßen (vgl. Vogelgesang 1997). Besonders kann aber auch über die mehr oder weniger expressive Nicht-Nutzung bestimmter Medien und Medienformate Identität kommunikativ markiert werden. Man erweitert so den Sinnhorizont eigener Personalität, bestimmt und individualisiert sich, indem man sich von der „Masse" unterscheidet (vgl. für die Nicht-Fernseher z.B. Sicking 1998). Dass Individualisierung durch Abweichung selbst wieder ein Kopiephänomen ist, fällt dabei wohl selten genug auf.

---

[1] Ein Beitrag des Verfassers mit diesem Titel erscheint in Kürze in einem Sammelband von Günter Burkart (Hrsg.) zu der Ad-Hoc-Gruppe „Selbstthematisierung" im Rahmen des 32. Kongresses für Soziologie an der Universität München 2004.

Woher wissen wir um derartige Phänomene und ihre Wirkung auf die Wahrnehmung unserer Personen durch andere und damit auf unsere Identitäten? Die Antwort wurde mit obigen Werbezitaten bereits gegeben: aus den Medien.
Zum anderen werden in der Massenkommunikation nämlich permanent Personen thematisiert. Der wichtigste thematische Inklusionsmodus scheint hierbei die
Prominenz zu sein (vgl. Wenzel 2000, Koppetsch 2004). Die Prominenten müssen
dabei möglichst vorteilhaft oder auch möglichst unvorteilhaft (z.b. in sog. Skanda-
len) von ihrem Publikum gespiegelt werden, um im Gespräch bzw. prominent zu
bleiben. Offenbar scheint Prominenz in der Moderne ein so wichtiger Individuali-
sierungsmodus zu sein, dass die Massenmedien einerseits mit spezifischen Medien-
formaten zur Erzeugung (z.b. Deutschland sucht den Superstar, Big Brother) oder
Aufrechterhaltung von Prominenz (z.b. Dschungelcamp) reagieren, während andererseits aus dem Publikum massenhaft Bewerbungen für diese Formate erfolgen.
Aber nicht nur die Prominenten werden gespiegelt. Auch die „normalen" Zuschauer spiegeln sich indirekt in den mehr oder weniger prominenten „realen" und
fiktionalen Personen, die von der Massenkommunikation thematisiert werden. Insbesondere zeigen uns diese Personendarstellungen nämlich, wie wir nicht sind, aber
sein könnten, wenn wir anders wären. So kommt es in Folge der medialen Personenthematisierung zu einer massiven Erweiterung personaler Kontingenzhorizonte
und verfügbarer Personensemantiken für individuelle Selbstbeobachtungen, Selbst-
abgrenzungen und korrespondierende Identitätsunterstellungen. Zugleich werden
gesellschaftliche Identitätswerte (vgl. Goffman 1975 [zuerst 1963]), unter denen soziale Vorstellungen des idealen Personseins zu verstehen sind, permanent (re-) produziert und modifiziert. So mögen die massenmedial erweiterten personalen Kontingenzhorizonte dann auch zu Ausflügen auf die andere Seite, zur Aktualisierung
von durch sie eröffneter Potentialität einladen, zur Kopie von individuellen Aspekten der Medienfiguren. Für Moden aller Art, von Kleidungs- bis zu Sprachmoden,
wird jedenfalls ein modernes Paradox sichtbar, das durch die Massenkommunikation freigesetzt wird: Individualisierung durch Kopie (vgl. Luhmann 1998 [zuerst
1989])!

6   Rollenspiel und Ambiguitätstoleranz

Wie bereits erwähnt, nehmen Individuen in modern strukturierten Gesellschaften
synchron die verschiedensten sozialen Positionen in den unterschiedlichsten Son-
derbereichen wie wirtschaftlichen Organisationen, Liebesbeziehungen usw. ein. Einerseits sind diese Positionsinhaberschaften wichtige Identitätsmarker. Denn sie eröffnen uns Möglichkeiten der Teilhabe an den verschiedenartigsten kommunikativen Geschehen (Inklusion). Alois Hahn (2000a [zuerst 1997]) hat in diesem Zusammenhang von partizipativen Identitäten gesprochen. Andererseits können die

den Positionen korrespondierenden Rollenerwartungen einander aber so stark widersprechen, dass es zu sog. Inter-Rollenkonflikten (vgl. Stouffer 1949) kommt. Selbst wenn diese Rollenkonflikte nun z.b. durch zeitliche oder räumliche Segregation der Rollenkontexte abgemildert werden, ist angesichts moderner Identitätspostulate und Konsistenzforderungen eine gewisse Ambiguitätstoleranz (vgl. Krappmann 2000 [zuerst 1969]) für die Aufrechterhaltung von Identitätsbewusstsein und die Vermeidung von Identitätsdiffusion (vgl. Erikson 1973 [zuerst 1956]), aber auch für zuverlässige Rollenperformanz, unabdingbar.

Welche Rolle spielen die Massenmedien im Falle dieser Problematik? Einerseits handeln insbesondere die fiktionalen Geschichten der Massenmedien häufig genug von Rollenkonflikten, die Medienfiguren werden in ménages à trois zwischen zwei möglichen Partnern hin- und hergerissen, sie müssen sich zwischen Karriere und Liebe entscheiden, sie zweifeln, ob sie ihr geregeltes Leben zum Wohl anderer oder z.b. der Nation aufs Spiel setzen sollen usw. Die Geschichten zeigen dann in ihrem Fortgang Lösungsstrategien für Rollenkonflikte auf, die z.b. über die Hierarchisierung von Rollenerwartungen zur Aufgabe bestimmter Rollen zu Gunsten anderer führen. Natürlich entscheiden sich die Protagonisten des Hollywood-Kinos nach langem Hin und Her für die Liebe und nicht fürs Geld. Aber die Werbung suggeriert wieder, dass uns erst materielle Produkte die Aufmerksamkeit potentieller Partner sichern, während die Nachrichten und Berichte darauf hindeuten, dass diese Angelegenheiten doch ein wenig komplexer und brüchiger sein können.

Kurz und gut: Die Medien sind durch die Vielfältigkeit ihres Materials, die Unterschiedlichkeit ihrer Genres und den ihrer Eigenlogik eingehauchten Neuheitsfetischismus (was bereits publiziert wurde, ist nicht mehr publikationswürdig) Garanten für Ambivalenzproduktion in der Kommunikation. Damit leisten sie einen nicht zu unterschätzenden Beitrag für die Förderung von Ambiguitätstoleranz, die für modernes Rollenspiel so wichtig ist. Außerdem legen sie in ihrer Personenthematisierung mehr Wert auf das Herausarbeiten von Individualität denn auf nahtlos ablaufendes rollentypisches Verhalten. Sie zeigen ihre Figuren in humorvoller, ironischer oder konfliktträchtiger Distanz zu den von ihnen eingenommenen Rollen und machen so Möglichkeiten des Ausdrucks von Rollendistanz (vgl. Goffman 1973 [zuerst 1961]) sichtbar. Sie legen eine Haltung des ‚als ob' im Rollenspiel nahe, die zugleich das Aufblitzen von Individualität möglich bleiben lässt.

7   Massenmedien als Biographiegeneratoren

Biographien sind Selektionen aus der ungreifbaren Vielfalt der Ereignisse eines empirischen Lebensverlaufs. Was biographierelevant ist, ergibt sich nicht aus dem Leben selbst, sondern kulturelle Instanzen liefern Selektionskriterien, mit denen es möglich wird, Lebensverläufe auf Biographien zu reduzieren. Solche Institutionen sind von Alois Hahn (2000b [zuerst 1988]) als Biographiegeneratoren bezeichnet worden.

Sieht man m.E. einmal von den in der Generalbeichte nach der französischen Gegenreformation zu Tage tretenden Sündenbiographien (vgl. Hahn 1982) sowie von Liebesbeziehungen ab, so lässt sich sagen, dass die Verdichtung von Lebensereignissen zu Biographien und die dies ermöglichenden Kriterien vor allem massenmedial zu Tage treten. Es beginnt mit dem modernen Roman, der das Leben seiner (fiktiven) Figuren – evtl. sogar eingebettet in die Lebensschilderung von Vorgänger- und Folgegenerationen (z.B. in Manns Buddenbrooks) – entlang einer Reihe von Selektionen in seinem Ablauf von der Geburt bis zum Tode erzählt. Auch die moderne Autobiographie ist im Gegensatz zum vormodernen Tagebuch für die Veröffentlichung bestimmt. Ebenfalls zu nennen sind die Biographien sog. historischer Persönlichkeiten von Alexander dem Großen bis zu Prince Charles. Die sog. Prominenten und Stars veröffentlichen heutzutage meist schon zu Lebzeiten Autobiographien und Memoiren und scheinen in unserer gegenwärtigen Gesellschaft doch von Biographen umzingelt, die es gerade darauf anlegen, das herauszubekommen, was in deren Memoiren aus Rücksicht auf Dritte oder zum Zwecke der vorteilhaften Darstellung allenfalls zwischen den Zeilen zu lesen ist. Ähnliches gilt für die Nachrichten und Berichte in Hörfunk und Fernsehen, für Filme, Fernsehserien usw. Neuerdings gibt es sogar Tendenzen zur Selbsterzeugung von Prominenz durch das öffentliche Führen von Tagebüchern im Internet (das sog. Blogging).

Alle diese Phänomene tragen dazu bei, ihren Publika Relevanz- und Selektionskriterien für die Beobachtung des eigenen Lebens als Biographie angedeihen zu lassen, die dann auch die Selektion ganz individueller Erinnerungen anleiten mögen. Nicht zuletzt werden dabei – z.B. unterstützt durch psychoanalytische bzw. psychologische Deutungsrichtlinien – auch Kausalabhängigkeiten zwischen Biographieereignissen konstruiert, die Wirkung von Schicksalsschlägen, Erweckungserlebnissen usw. thematisiert. So werden auch abhängig von in der Vergangenheit ausgemachten biographischen Vorfällen biographische Zukunftserwartungen erzeugt, die geneigt sein mögen, „self fulfilling prophecies" in das individuelle Leben ihrer Zuschauer einzufügen. In all diesen Beziehungen – und vielen anderen – sind Massenmedien bedeutsame Biographiegeneratoren der Moderne.

Alles in allem leistet die Massenkommunikation in der modernen Gesellschaft einen wichtigen, wenn nicht gar – wegen ihrer weitgehenden Verfügbarkeit – den wichtigsten Beitrag zur Strukturierung und Erweiterung sozialer (z.B. Personalitätshorizonte), sachlicher (z.B. Rollenvereinbarkeiten) und zeitlicher (z.B. Biographiezusammenhänge) Grenzen des Sinns von personaler Identität und entsprechenden Selbstvorstellungen.

8 Literatur

Assmann, Aleida (2003): Identität und Authentizität in Shakespeares Hamlet. Konstanz.

Bohn, Cornelia (2003): Individuen und Personen. Vom Inklusionsindividuum zum Exklusionsindividuum. In: Huber, Jörg (Hrsg.): Interventionen 12: Person/Schauplatz. Zürich usw. S. 161-181.

Cooley, Charles Horton (1956a): Social Organization. [Zuerst 1909]. In: The Two Major Works of Charles H. Cooley. Glencoe.

Cooley, Charles Horton (1956b): Human Nature and the Social Order. [Zuerst 1902]. In: The Two Major Works of Charles H. Cooley. Glencoe.

Erikson, Erik H. (1973): Das Problem der Ich-Identität. [Zuerst 1956]. In: Ders.: Identität und Lebenszyklus. Frankfurt am Main, S. 123-211.

Gehlen, Arnold (2004): Der Mensch. Seine Natur und seine Stellung in der Welt [zuerst 1940]. Wiebelsheim.

Goffman, Erving (1973): Interaktion: Spaß am Spiel; Rollendistanz. [Zuerst 1961]. München.

Goffman, Erving (1975): Stigma. Über Techniken der Bewältigung beschädigter Identität. [Zuerst 1963]. Frankfurt am Main.

Hahn, Alois (1982): Zur Soziologie der Beichte und anderer Formen institutionalisierter Bekenntnisse: Selbstthematisierung und Zivilisationsprozeß. In: Kölner Zeitschrift für Soziologie und Sozialpsychologie 34, S. 408-434.

Hahn, Alois (2000a): Partizipative Identitäten. [Zuerst 1997]. In: Ders.: Konstruktionen des Selbst, der Welt und der Geschichte. Aufsätze zur Kultursoziologie. Frankfurt am Main, S. 13-80.

Hahn, Alois (2000b): Biographie und Lebenslauf. [Zuerst 1988]. In: Ders.: Konstruktionen des Selbst, der Welt und der Geschichte. Aufsätze zur Kultursoziologie. Frankfurt am Main, S. 97-115.

Hahn, Alois (2004): Ist Kultur ein Medium? In: Burkart, Günter; Runkel, Gunter (Hrsg..): Luhmann und die Kulturtheorie. Frankfurt am Main, S. 40-57.

Koppetsch, Cornelia (2004): Öffentlichkeitseliten und Wandel von Expertenkulturen. Überlegungen zu Luhmanns Theorie der Massenmedien: In Burkart, Günter; Runkel, Gunter (Hrsg.): Luhmann und die Kulturtheorie. Frankfurt am Main, S. 189-212.

Krappmann, Lothar (2000): Soziologische Dimensionen der Identität. Strukturelle Bedingungen für die Teilnahme an Interaktionsprozessen. [Zuerst 1969]. Neunte, in der Ausstattung veränderte Auflage. Stuttgart.

Locke, John (1976): An Essay Concerning Human Understanding. [Zuerst 1690]. Abridged and edited with an introduction of John W. Yolton. Four Books. London, New York.

Luhmann, Niklas (1988): Was ist Kommunikation? In: Simon, Fritz B. (Hrsg.): Lebende Systeme. Wirklichkeitskonstruktionen in der Systemischen Therapie. Berlin usw., S 10-18.

Luhmann, Niklas (1995): Die Form „Person". [Zuerst 1991]. In: Ders.: Soziologische Aufklärung 6. Die Soziologie und der Mensch. Opladen, S. 142-154.

Luhmann, Niklas (1996a): Soziale Systeme. Grundriß einer allgemeinen Theorie, 6. Auflage. Frankfurt am Main.

Luhmann, Niklas (1996b): Die Realität der Massenmedien, 2., erw. Auflage. Opladen.

Luhmann, Niklas (1998): Individuum, Individualität, Individualismus. [Zuerst 1989]. In: Ders.: Gesellschaftsstruktur und Semantik. Band 3: Studien zur Wissenssoziologie der modernen Gesellschaft. Frankfurt am Main. S. 149-258.

Mauss, Marcel (1997): Eine Kategorie des menschlichen Geistes. Der Begriff der Person und des ,Ich'. [Zuerst 1938]. In: Ders.: Soziologie und Anthropologie 2. Frankfurt am Main, S. 223-252

Mayr, Ernst (2001): What Evolution is. New York.

Mead, George Herbert (1993): Geist, Identität und Gesellschaft. Aus Sicht des Sozialbehaviourismus. [Zuerst 1934]. Frankfurt am Main.

Read, Kenneth E. (1955): Morality and the Concept of the Person among the Guaka-Gama. In: Oceania XXV, No. 4, June. S. 233-282.

Reinhardt, Jan D. (2005a): Identität, Kommunikation und Massenmedien. Würzburg.

Reinhardt, Jan D. (2005b): Niklas Luhmanns Systemtheorie interkulturell gelesen. Nordhausen.

Reinhardt, Jan D.; Jäckel, Michael (2005): Massenmedien als Gedächtnis- und Erinnerungs›generatoren‹ - Mythos und Realität einer ›Mediengesellschaft‹. In: Rössler, Patrick; Krotz, Friedrich (Hrsg.): Mythen der Mediengesellschaft – The Media Society and its Myths. Konstanz, S. 93-112.

Scheler, Max (1991): Die Stellung des Menschen im Kosmos. [Zuerst 1928]. Bonn.

Shweder, Richard A.; Edmund J. Bourne (1984): Does the Concept of the Person vary cross-culturally? In: Shweder, Richard A.; LeVine, Robert A.: Culture Theory. Essays on Mind Self and Emotion. Cambridge usw., S. 158-199.

Sicking, Peter (1998): Leben ohne Fernsehen. Eine qualitative Nichtfernseherstudie. Wiesbaden.

Simmel, Georg (1992): Die Kreuzung sozialer Kreise. [Zuerst 1890]. In: Ders.: Soziologie. Untersuchung über die Formen der Vergesellschaftung. Gesamtausgabe Band 11, S. 456-511.

Stäheli, Urs (2004): Das Populäre in der Systemtheorie. In: Burkart, Günter; Runkel, Gunter (Hrsg.): Luhmann und die Kulturtheorie. Frankfurt am Main, S. 169-188.

Stouffer, Samuel A. (1949): An Analysis of Conflicting Social Norms. In: American Sociological Review XIV, S. 707-717.

Vogelgesang, Waldemar (1997): Jugend, Medien, Szenen. Opladen.

Wehler, Hans-Ulrich (1995): Der deutsche Nationalismus bis 1871. In: Ders. (Hrsg.): Scheidewege der deutschen Geschichte. München. S. 116-130.

Wenzel, Harald (2000): Obertanen. Zur soziologischen Bedeutung von Prominenz. In: Leviathan 28, S. 452-476.

Empfehlungen zum Weiterlesen:

Cooley, Charles Horton (1956): Human Nature and the Social Order. [Zuerst 1902]. In: The Two Major Works of Charles H. Cooley. Glencoe.

Luhmann, Niklas (1995): Die Form „Person". [Zuerst 1991]. In: Ders. Soziologische Aufklärung 6. Die Soziologie und der Mensch. Opladen, S. 142-154.

Reinhardt, Jan D. (2005a): Identität, Kommunikation und Massenmedien. Würzburg.

Medien und ihre Nutzer

Thomas Döbler

Zusammenfassung: Die Nutzung von Medien ist in vielfältiger Weise von sozialen Differenzierungen durchdrungen, in denen sich neben Geschlechts- und Generationseffekten auch Milieudimensionen überlagern. Soziodemographische Betrachtungsweisen besitzen nachweislich Erklärungskraft bezüglich der Mediennutzung von Menschen, sie sind jedoch - wie auch die nicht speziell für die Analyse der Mediennutzung entwickelten Milieumodelle - bei spezifischen Fragestellungen, etwa einer trennscharfen Unterscheidung der Leser von Nachrichtenmagazinen, überfordert. Ohne den umfassenden Geltungsanspruch von Milieuanalysen zu erheben, vermögen speziell für den Medienkonsum entworfene Konzepte angemessenere Unterscheidungen zu liefern.

1 Mediennutzung - Eine Einleitung

In Zeiten einer schnelllebigen Medienwelt und einer überbordenden Medienlandschaft gewinnt die Frage nach den Nutzern und der Nutzung von Medien eine gesteigerte Bedeutung und Berechtigung. Nicht nur die Markt- und Mediaforschung ist in der Pflicht, ihren Auftraggebern aktuelle Mediennutzungsdaten zuverlässig zu liefern. Auch die Pädagogik, die Literaturwissenschaft, die Kommunikationswissenschaft, die Politikwissenschaft und die Soziologie haben jeweils originäre disziplinäre Interessen, Nutzer und Nutzung von Medien und deren Wandel zu beschreiben und zu erklären sowie Wirkungen auf Subjekte, auf die Gesellschaft bzw. gesellschaftliche Teilsysteme – nicht zuletzt auch auf die Medien selber – aufzuzeigen: Ersetzen und verdrängen neue Medien u.U. etablierte? Welche Konsequenzen haben jeweils spezifische Mediennutzungen auf politische und gesellschaftliche Partizipation oder die Stabilität gesellschaftlicher Institutionen? In welchen Zeiten mit welchen Funktionen werden welche Medien genutzt und welche Folgen hat das auf die direkte Kommunikation und Interaktion, welche auf Arbeits- und Freizeitverhalten, auf Denken und Lernen, auf die Generierung von Welterfahrung? Von besonderem Interesse war in der Vergangenheit dabei durchgängig die Wirkung der Mediennutzung auf Kinder und Jugendliche. Nicht zufällig nimmt innerhalb der Medienwirkungsforschung das Studium des Medienkonsums von Heranwachsenden bis heute eine überragende Stellung ein. Ebenso beherrschte über Jahrzehnte hinweg die Frage nach den sozialen Folgen von medial dargestellter Gewalt die wissenschaftliche Diskussion.

Dass Mediennutzungen stets im Kontext gesellschaftlich geteilter Wertorientierungen und der zu einem bestimmten Zeitpunkt jeweils verfügbaren Medien diskutiert werden, belegt schon ein flüchtiger Blick auf die unterschiedlichen kulturellen und historischen Beschränkungen der Nutzung gewalthaltiger oder religiöser Inhalte. Im Grunde wurden durch die ganze Mediengeschichte regelmäßig gesellschaftspolitisch abgeleitete Überlegungen und teils massive Forderungen debattiert, spezifische Mediennutzungen, meist allerdings nur für bestimmte Nutzergruppen, einzuschränken und zu reglementieren: So erhob sich etwa im letzten Drittel des 18. Jahrhunderts, angeregt durch die beginnende Verbreitung der Romanlektüre, eine „Lesesucht-Debatte", in deren Mittelpunkt die Frauen[1] des Bürgertums, Mädchen, Jungen, aber auch Dienstboten und die unteren sozialen Schichten standen (vgl. Schön 1993, S. 39). Die Lesesucht-Kritik beanstandete besonders Romane, deren Lektüre erst gestattet werden sollte, wenn genügend Kenntnisse der Welt und der Menschen vorhanden seien. In diesem Sinne sollten z.b. jugendliche Leser erst nach der Adoleszenz an ernsthafte Lesestoffe herangeführt werden. Diese frühe, aber keinesfalls erste Diskussion um die Kontrolle und Begrenzung spezifischer Mediennutzungen, die durchaus strukturelle Parallelen zur aktuellen über gewisse, etwa gewalthaltige Computerspiele oder zu bestimmten Formen der Internetnutzung aufweist, hat nicht zuletzt zur Entstehung einer spezifischen Kinder- und Jugendliteratur geführt.

Neben pädagogisch begründeten Warnungen werden insbesondere die Verbreitung eines neuen Mediums oder auch neuer Darstellungsformen immer wieder auch von kulturkritischen oder gar -pessimistischen Prognosen begleitet. Wenige Jahre nach der Etablierung des Fernsehens prophezeite etwa Marshall McLuhan (McLuhan 1968) dass die elektronischen Medien die Lesekultur beenden und eine nachliterarische Epoche der Kommunikation provozieren würden. Er befürchtete ein Verschwinden der linear geordneten rationalen Strukturen der Schriftsprache durch das Fernsehen, in dessen Folge eine neue ganzheitliche Wahrnehmung durch die elektronischen Medien über die schriftliche Kulturvermittlung triumphieren und letztlich an den Zuständen vorliterarischer Epochen anknüpfen würde (vgl. auch Postman 1995). Ganz ähnliche Befürchtungen wurden und werden mit der jeweils zunehmenden Nutzung von Radio, PC, Internet oder Computerspielen geäußert. Gleichzeitig finden sich jedoch ebenso regelmäßig einseitig unkritische und positiv überhöhte Wirkungen formuliert, die mit der breiten Nutzung neuer Medien auf gesellschaftliche Strukturen und Prozesse oder das Individuum einhergehen sollen: So wurde beispielsweise vor allem in den USA Fernsehen als der große Gleichmacher gesehen. Jenseits von Schichten oder Klassen schienen vor dem Fernsehen alle gleich, was zu der Annahme führte, dass Fernsehen zur Nivellierung der Gesellschaft beitrüge (vgl. Bogart 1972, S. 5). Diese anfängliche Faszination des Mediums, die eine kritische Reflexion über sozial unterschiedliche Nutzung offensichtlich

---

[1]   Für Frauen galten Abenteuer- und Ritterromane als unschickliche und verderbliche Lektüre.

mitunter überstrahlt[2], die schon beim Fernsehen nicht neu war, wiederholte sich partiell bei Computer und Internet.

Dass moderne Gesellschaften – auch – Mediengesellschaften sind, ist ein vielfach strapazierter Allgemeinplatz, der im Gegensatz dazu steht, dass hierzu vergleichsweise Weniges an ausdifferenzierten Theorien vorliegt und die Diskussion darüber eher disparat und wenig systematisch geführt wird (vgl. Kübler 2005, S. 27). Jarren (2001, S. 11) charakterisiert als ein typisches Merkmal einer Mediengesellschaft u.a., dass sich die großen Publika angesichts der Vielfalt der technischen und inhaltlichen Angebote zunehmend diversifizieren – bis hin zur Individualisierung und Aufhebung der traditionellen Aufteilung in Sender und Empfänger bei der Online-Kommunikation; so wie hier jeder zugleich Rezipient und Produzent sein kann, erodieren daneben auch andere gewohnte kategoriale Trennungen, etwa die zwischen beruflicher und privater Kommunikation oder die zwischen Unterhaltung und Information (vgl. Kübler 2005, S. 175). Obwohl dies ein globales Phänomen darstellt und gewisse Standardisierungs- und Nivellierungstendenzen erkennbar sind, ist Nutzung von Medien und Medienangeboten doch jeweils in die vorhandene Kultur eingebettet: Kulturelle Normen, Traditionen, Praxen und Symbole, Bildungsstandards, Sprachen, Lesefähigkeit, natürlich auch die objektiven Voraussetzungen der Versorgung und Ausstattung mit Kommunikationstechnologien und Medien sowie deren rechtlich-politische Verfasstheit beeinflussen die Mediennutzung (vgl. Hasebrink/Herzog 2004, S. 136).

Werden Mediennutzungen und ihre Veränderungen aus einer Makroperspektive analysiert, treten z.B. die gesellschaftliche Organisation der Bildung und Politik und vor allem auch der Wirtschaft in den Vordergrund. Wenn im Folgenden Mediennutzung ausgehend vom handelnden Individuum in den Mittelpunkt gestellt wird, darf dies nicht als ein prinzipielles Ausblenden einer gesellschaftlichen Makroperspektive verstanden werden.

Dass jüngere Menschen tendenziell weniger und auch anders lesen als ältere, könnte als Ausdruck unterschiedlicher biografischer Phasen interpretiert werden. Wahrscheinlicher ist jedoch, dass sich hierin ein sozialer Wandel wiederspiegelt – beispielsweise ein Wandel der gesellschaftlich geteilten Wertorientierungen oder ein Wandel gesellschaftlicher Institutionen wie Familie und Schule oder auch Machtverschiebungen zwischen gesellschaftlichen Teilsystemen, etwa von der Politik zur Wirtschaft.

Im Folgenden wird Mediennutzung als in Alltagshandeln eingebettet betrachtet, in ein Alltagshandeln, das durch Alter und Geschlecht, durch Bildung und öko-

---

[2] Auch mit Kategorien wie „Publikum", „Zuschauer", „Rezipient" oder, wenn es sich um näher bestimmte soziale Gruppen handelt, „Jugendliche" oder „Ältere", wird von der konkreten gesellschaftlichen Struktur und ihren Ungleichheiten weitgehend abstrahiert. Das Gemeinsame wird betont, während das Trennende, nämlich dass die Handlung völlig unterschiedliche Bedeutung aufweisen kann, der Subsumation anheim fällt (vgl. ähnlich Bonfadelli 1985, S. 69).

nomische Rahmenbedingungen restringiert und beeinflusst, aber auch entlang dieser Merkmale und Dimensionen sinnhaft gestaltet und erlebt wird. Um Mediennutzung adäquat beschreiben zu können, erweist es sich als notwendig, diejenigen sozialen Modalitäten zu erfassen, die für die Aneignung neuer Medien wie auch die Nutzung alter Medien von Bedeutung sind; grundlegend sind hier sicherlich soziodemografische Merkmale, die ja für jeweils spezifische lebensbiografische Begrenzungen und Möglichkeiten stehen, darüber hinaus aber auch soziale, kulturelle und ökonomische Ressourcen, wie sie in den verschiedenen Milieu- und Lebensstilkonzepten integrativ verknüpft werden.

2   Mediennutzung und Soziodemografie

Zur Differenzierung der Nutzergruppen eignen sich zunächst „klassische" soziodemografische Merkmale wie Alter, Bildung oder Geschlecht. Diese Merkmale stehen nicht nur im Fokus der Markt- und Mediaforschung und deren Zielgruppendefinitionen, sondern sind insbesondere auch von hohem soziologischen Interesse, da sich über soziodemografische Merkmale Wandlungsprozesse in gesellschaftlichen Teilsystemen auf Mikro-, Meso- und Makroebene ableiten lassen.

Besonderes kritisch werden im Kontext der Mediennutzung empirische Veränderungen in einer der zentralen Kulturtechniken, nämlich dem Lesen (vgl. hierzu Meyer 1975, S. 204) behandelt und analysiert; weitgehend unumstritten ist mittlerweile, dass eine kompetente, eine souveräne Nutzung von Medien, auch und gerade der neuen Technologien, ohne hoch entwickelte Lesefähigkeit und gut trainierte Lesefertigkeit kaum möglich scheint, die alte Kulturtechnik Lesen also die Nutzungsart und -qualität anderer Medien entscheidend beeinflusst, wenn nicht sogar determiniert (vgl. Catenhusen 2002, S. 11f.). Quantitative und qualitative Änderungen im Leseverhalten, wie sie sich vor allem bei den jüngeren Altersgruppen nachweisen lassen, haben aber nicht nur Implikationen auf die gesamte Mediennutzung, sondern damit auch auf gesellschaftliche Partizipationsfähigkeit (vgl. OECD 2002).

2.1   Lesen und Leser

Übereinstimmend zeigen alle Studien der letzten Jahre, dass der Anteil junger Leser bei den Tageszeitungen, bei Magazinen zum Zeitgeschehen, aber auch bei 14-täglichen Frauenzeitschriften und selbst bei den 14-täglichen Programmzeitschriften überproportional zur demografischen Entwicklung sinkt. Das bedeutet, dass die Leserschaft vieler Printangebote schneller altert als die Gesellschaft. Diese Entwicklung, die bereits Ende der 1970er Jahre einsetzte, wird insbesondere dadurch genährt, dass die unter 30-Jährigen in immer geringerem Anteil regelmäßige Zeitungsleser werden, ein Trend übrigens, der nach der deutschen Wiedervereinigung die neuen Bundesländer zwar verzögert, dafür in noch dramatischerem Tempo erfasst hat: Innerhalb der letzten zehn Jahre ist dort der Anteil der regelmäßigen Tageszeitungsleser bei den 14- bis 29-Jährigen um über 20 Prozentpunkte auf mittlerweile nur noch die Hälfte gesunken (vgl. Schulz/Schneller 2004, S.1). Erstmals wird in der AWA 2001 (Allensbacher Markt- und Werbeträger-Analyse) auch aufgezeigt, dass junge Menschen in weitaus geringerem Maße als ältere auf gründliche Information Wert legen und es ihnen vor allem auch weniger wichtig scheint, beim Zeitgeschehen immer auf dem Laufenden zu sein.

Parallel zum Abbröckeln der Zeitungsleser am unteren Altersrand nahm der Fernsehkonsum junger Menschen überdurchschnittlich zu. Sahen noch 1992 ein Drittel der 14- bis 19-Jährigen drei Stunden oder länger pro Tag fern, sind es heute schon rund die Hälfte.[3] Daneben hat sich vor allem das Internet für die Jugendlichen und jungen Erwachsenen zu einer attraktiven und vollwertigen Medienalternative entwickelt. Nach einer Veröffentlichung des Statistischen Bundesamtes (2005) haben praktisch alle deutschen Schüler, Auszubildende und Studenten im Jahr 2004 das Internet nicht nur regelmäßig genutzt, sondern das Medium findet sich weitestgehend in den Lebensalltag integriert, wobei der Informationsrecherche[4], allerdings weniger über das gesellschaftliche Zeitgeschehen als vielmehr über Produkte und Dienstleistungen, sowie der persönlichen Kommunikation (E-Mail) die größte Bedeutung zukommt.

Bereits die AWA 2001 belegte, dass die „nachwachsende" Internetnutzerschaft weniger Informationsinteressen hat als die Internetpioniere, welche – überwiegend männlich, mit höherer Schulbildung und einem überdurchschnittlichen Interesse an Politik, aber auch an Geld- und Kapitalanlagen – die Tageszeitung und das Internet noch komplementär nutzten. Gleichzeitig nutzen Personen mit höheren Bildungsgraden, also etwa Studenten, in steigendem Maße das Internet als das zentrale Informationsmedium, während andere tagesaktuelle Medienangebote, insbesondere die Printpublikationen, für sie an Bedeutung verlieren. Damit zeichnet sich zumindest für diese Gruppierung immer stärker eine substitutive statt eine komplementäre Nutzung des gedruckten Tageszeitungsmediums ab.

Eine zunehmende Habitualisierung der Internetnutzung bei Jugendlichen und jungen Erwachsenen (vgl. u.a. Eimeren/Frees 2001 und 2003 sowie Oehmichen/Schröter 2002) geht dabei einher mit einer wachsenden wahrgenommenen Glaubwürdigkeit des Mediums: So halten rund drei Fünftel der Zwölf- bis 21-Jährigen ei-

---

[3] Repräsentative Vergleichsdaten finden sich hierzu beispielsweise in der JIM-Studie, die seit 1998 das Thema Jugendliche und Medien untersucht (vgl. hierzu Feierabend/Klingler 2002, S. 153ff.).

[4] Für sie ist das Internet heute - nach Gesprächen in der Familie, mit Freunden oder Bekannten - das zweitwichtigste Recherche-Medium, noch vor Berichten im Fernsehen, in Zeitschriften oder Zeitungen. Junge Menschen ohne Internetanschluss sind im Vergleich zu denen mit Internetanschluss sehr viel stärker fernseh- und unterhaltungsorientiert.

ner Untersuchung des Münchener Instituts für Jugendforschung zufolge das Internet für das glaubwürdigste Medium (vgl. ARD/ZDF-Online Studie 2001).

Insgesamt ist es empirisch gut abgesichert, dass das Internet tendenziell die Nutzung insbesondere tagesaktueller Printangebote bei den unter 30-Jährigen ersetzt; ebenso richtig scheint aber, dass hier das Lesen lediglich von der gedruckten Zeitung auf Online-Angebote verlagert wird – freilich mit Konsequenzen auf die Art und Qualität des Lesens. Ob und inwieweit derartige Zusammenhänge und Wirkungen beim Lesen von Büchern angenommen werden müssen, ist derzeit noch nicht entschieden. Aktuellere Studien belegen zunächst, dass neue Medien wie der Computer oder das Internet nicht in Konkurrenz zum Buch stehen (vgl. Stiftung Lesen, 2001, S. 169). Zwar stagniert der Bevölkerungsanteil der Buchleser in Deutschland seit Anfang der 90er Jahre, wofür unter anderem immer kürzer werdende Abstände der Nutzung verschiedener Medien sowie das steigende Angebot an nichtmedialen Freizeitaktivitäten als Ursache genannt werden (vgl Stiftung Lesen, 2001, S. 85), doch das „alte" Medium Buch scheint sich neben den „neuen", digitalen Medien zu behaupten und komplementär genutzt zu werden; ja es zeigt sich sogar, dass PC- und Internetnutzung eher in einem positiven Zusammenhang zum Buchlesen stehen (vgl. z.B. Reiter 2002, S. 75f.), d.h. Personen, die PC und Internet nutzen, lesen überdurchschnittlich viel. Fraglich ist allerdings, wie stabil dieser positive Zusammenhang ist, zumindest wenn man etwa Ergebnisse von Schüleruntersuchungen berücksichtigt, nach denen hohe PC- bzw. Internetnutzung in der Altersstufe der unter 20-Jährigen negativ mit der durchschnittlichen Leseintensität korreliert (vgl. Döbler/Stark 2004, S. 187ff.); da hier jedoch das Leseverhalten und die PC-/Internetnutzung gleichzeitig stark von Geschlechtsspezifika überlagert werden, ist ein eindeutiger Wirkungszusammenhang der einen Mediennutzung auf die andere nicht nachweisbar.

Gleichwohl zeigen sich auch beim Buchlesen etliche Veränderungen und Besonderheiten. Schon Ende der 1980er Jahre haben Baacke u.a. (vgl. Baacke/Sander/ Vollbrecht 1990) in Interviews mit Jugendlichen festgestellt, dass der früher so verbreitete Typus der „Leseratte" im Aussterben begriffen ist, während der Typus des flexiblen und multiplen Mediennutzers stark anwächst. Zugleich scheint das Verhältnis Jugendlicher zum Buch von einer „Nüchternheit" geprägt zu sein, im Rahmen derer es ihnen eher als Instrument der Informationsbeschaffung dient und weniger als Medium der Phantasiestimulation.

Dass diese Trends, die auf eine qualitative Veränderung des Lesens hindeuten, sich in den 1990er Jahren fortgesetzt haben, lässt sich auch aus einer Reihe anderer Erkenntnisse zum Leseverhalten ableiten: So vermindert sich auf der einen Seite die Lesehäufigkeit, während auf der anderen Seite die Anzahl der jährlich gelesenen Bücher steigt. Die Studie der Stiftung Lesen konnte nachweisen, dass gegenüber 1992 der Anteil der Gruppe mit einem Lesepensum von 6 bis 20 gelesenen Büchern pro Jahr um 5 Prozent zugenommen hat. Dies ist vor allem auf Zuwachsraten von über

50 Prozent im Ratgeber- und Sachbuchbereich[5] zurückzuführen. Doch obwohl immer mehr Bücher gelesen werden, geht gleichzeitig die absolute Lesemenge zurück (vgl. Stiftung Lesen 2001, S. 12f.).

Diese zunächst widersprüchlich erscheinenden Entwicklungen lassen sich mit dem damit einhergehenden Wandel von Funktion, Art und Qualität des Lesens[6] erklären: Parallel zur ausschnitthaften Fernsehnutzung nehmen nämlich nach den Erkenntnissen der Studie der Stiftung Lesen (vgl. Ring 2001) auch ‚Lesezapping und Portionslektüre' (vgl. Franzmann 2001, S. 90) bei jungen Menschen deutlich zu.

Eine stark habitualisierte audiovisuelle Medienrezeption scheint die Nutzungsqualität anderer Medien – auch und vor allem die des Buches – zu beeinflussen, was sich in teils deutlichen Veränderungen des Leseverhaltens bezüglich Lesestrategien und -techniken niederschlägt. Nahezu die Hälfte aller Befragten in der Studie der Stiftung Lesen gibt an, zwar bei einem angefangenen Buch zu bleiben, aber oft auch längere Lesepausen einzulegen. Dies ist eine Strategie, die noch zu Beginn der 1990er Jahre von weniger als einem Fünftel der Leser verfolgt wurde. Auch die Tendenz zum Überfliegen von Lektüre zeigt eine klare Steigerung und dies in besonderem Maße bei der Gruppe der unter 20-Jährigen. Das veränderte Leseverhalten ist weiterhin durch einen auffälligen Trend zum so genannten Parallel-Lesen charakterisiert; so hat sich der Anteil derer, die oft in mehreren Büchern parallel lesen, in den 90iger Jahren von unter 10 Prozent auf nun 20 Prozent mehr als verdoppelt (vgl. Stiftung Lesen, 2001, S. 18f.). Diese teils starken Veränderungen, die im Umgang mit dem Buch auszumachen sind, können mit einer Tendenz zum „Lesezapping" umschrieben werden. Die Strategien des kurzzeitigen Lesens mit langen Pausen und des Überfliegens von Texten mit oft nur oberflächlicher Rezeption der Inhalte korrespondieren auffallend stark mit dem heutigen Fernsehverhalten. „Häppchenkultur und Zapping-Mentalität sind also keine Trends, die auf die Fernsehnutzung beschränkt sind, sondern finden sich auch im Leseverhalten der Buchnutzer verstärkt wieder" (Stiftung Lesen, 2001, S. 95).

Nicht zuletzt vor dem Hintergrund solcher, auch in früheren Studien schon gemachter Beobachtungen, leitet sich die Besorgnis über einen Zerfall der Buchkultur ab – und das trotz der zahlenmäßigen Konstanz an Buchlesenden: Weniger also weil das Fernsehen ehemals kommunikative Funktionen des Buches übernimmt, sondern weil das Leseverhalten sich dem Fernsehverhalten angleicht, wird ein Ver-

---

[5] Diese Zunahme der zweckorientierten Informationsleser ist auch ein Grund dafür, dass der Anteil gelegentlicher Leser gestiegen ist.

[6] Da es keine einheitliche Definition für den Lesevorgang als solchen gibt, müssen Versuche, das Lesen als Tätigkeit zu definieren, mehrgleisig angelegt werden. Das Lesen von Texten hat viele Facetten: Man kann blättern, überfliegen, anlesen, etwas partiell oder im Ganzen lesen. In gesellschaftlicher Hinsicht erweist sich Lesen als ambivalente Tätigkeit. Im Augenblick des Lesens sondert es den Leser mit dem Erleben ab, integriert ihn aber andererseits auf intellektueller Ebene in einen größeren sozialen Zusammenhang (vgl. Fritz 1987, S.18 und Fritz 1990, S.102f.).

kümmern von Lernfähigkeit, Abstraktionsvermögen und Phantasie befürchtet.[7] Allerdings scheint dieser Spill-over auf das Buchlesen – bislang zumindest – exklusiv vom Medium Fernsehen auszugehen; inwieweit das insbesondere durch das Internet „trainierte" verlinkte Lesen sich auch auf das Lesen von Büchern, gemeint sind hier vor allem belletristische Bücher, die anders als Sach- und Fachbücher linear von vorne nach hinten gelesen werden, auswirken wird, ist derzeit noch keineswegs entschieden.

Auch wenn nicht unwahrscheinlich ist, dass mit den nachwachsenden jüngeren Generationen aufgrund deren zunehmend habitualisierter Internetnutzung das lineare Lesen an Bedeutung verlieren wird, ist zudem zu berücksichtigen, dass Mediennutzungen sich auch noch im Lebenslauf verändern und sich im Laufe der persönlichen Biographie unter gewandelten gesellschaftlichen Kontexten neu ausgestalten: Das Lesen in der Kindheit und Jugend weist andere Funktionen, Qualitäten und Schwerpunkte auf als das Lesen in der Lebensmitte oder im Alter (vgl. Barthelmes 2001, S. 84ff.). Darüber hinaus beeinflussen auch die verfügbaren Zeitbudgets und die jeweilige Lebensorganisation die Mediennutzung. Nicht nur die Medien konkurrieren untereinander um die Zeit und Aufmerksamkeit von Nutzern, sondern auch und vor allem andere Lebensbereiche: Bildung, Arbeit oder Familie stehen dabei aber nur oberflächlich in einem Wettbewerb um die begrenzte Zeit und Aufmerksamkeit der Mediennutzer, tiefer liegen die jeweils damit verbundenen Sinnstrukturen, die selbst wiederum diese oder jene Mediennutzung begünstigen. Nicht zu vergessen ist schließlich, dass auch die Funktionsfähigkeit der menschlichen Sinnesorgane altersabhängig variiert und so das Mediennutzungsverhalten und auch das Lesen beeinflusst.

Eine Studie von Limmroth-Kranz (1997) zum Lesen im Lebenslauf dreier Lesegenerationen zeigt, dass je nach Lebenslaufphase sich die eine oder andere Präferenz in der Nutzung verdichtet und sich stärker ausprägt und dem Lesen als sozialem Handeln in den einzelnen Lebensphasen eine unterschiedliche Gewichtung zukommt. Innerhalb der großen Vielfalt des Lesens im Lebenslauf ergeben sich generationsspezifische Besonderheiten, aber auch generationsübergreifende Phänomene. Diese lassen darauf schließen, dass Art und Intensität des individuellen Leseverhaltens sowohl von persönlichen als auch gesellschaftlichen Einflüssen bestimmt sind. Lesen wird im Lebenslauf zweckorientiert eingesetzt und praktiziert und steht dabei in enger Verbindung mit den persönlichen Lebenssituationen – Motivation, Art und

---

[7] Allein in den Vereinigten Staaten wird die Zahl der funktionalen Analphabeten auf mittlerweile über 35 Millionen geschätzt; für die Bundesrepublik ging die UNESCO noch vor der „Wende" von etwa drei Millionen aus. Diese Zahlen veranlassten Neil Postman, seine bekannten kulturpessimistischen Warnungen vor dem Fernsehen anlässlich einer Tagung in Mainz 1992 zu wiederholen „(...) es (das Fernsehen) ziehe alles, auch die Nachrichten, auf das Niveau von Unterhaltung herab. Das Fernsehen zerstöre daher die geistigen Bedingungen, unter denen das Lesen möglich sei: Es schwäche die Kraft zur Analyse, verhindere kritische Distanz" (1995, S. 220).

Häufigkeit des Lesens sowie die Auswahl des Lesestoffs sind damit interdependent. Deutlich zeigt sich auch in dieser Studie, dass für eine differenzierte Beschreibung und Analyse des Mediennutzungsverhaltens oder auch nur des Leseverhaltens eine rein altersbezogene Unterscheidung zu kurz greift[8]; zu heterogen sind die Altersgruppen in sich und machen zumindest weitere Unterscheidungen nach Geschlecht und Bildung erforderlich.

2.2 Mediennutzertypen

2.2.1 Eine Lesertypologie

Eine integrative Verknüpfung der Dimensionen Alter, Geschlecht und Bildung erfolgt oftmals über Typisierungen bzw. die Bildung von Typen[9], welche dann weiterhin noch um psychografische Merkmale erweitert werden können. Gerade zur Unterscheidung und Klassifizierung von Lesern und Leserverhalten finden sich erste Lesertypologien[10] bereits im 19. Jahrhundert[11]. Erst sehr viel später bemühte man sich in der Media-Werbeträger-Forschung um die definitorische Zuordnung eines Rezeptionsverhaltens zu einem „Lesertyp". Allerdings bezieht sich diese Typenbildung in der Regel auf die Leser von Zeitschriften und Zeitungen, die, was das Lesen betrifft, an anderen Kriterien – etwa das Erreichen spezifischer Werbezielgruppen – gemessen werden als die Leser von Büchern.

Eine aktuelle Buchlesertypologie stammt von der Stiftung Lesen, die im Rahmen der Auswertung ihrer repräsentativen Studie erarbeitet wurde: Die deutsche Leselandschaft wird hier in die vier Typen Vielleser, Durchschnittsleser, Wenigleser und Kaumleser eingeteilt (vgl. Tullius 2001, S. 61ff.). Die Vielleser, die ein knappes Drittel der Bevölkerung ausmachen, sind stärker unterhaltungs- und bildungs- als informationsorientiert, wobei gleichzeitig hohe Erwartungen hinsichtlich spezifisch

---

[8] Limmroth-Kranz (1997) verweist selbst darauf, dass etwa die Funktionen des Lesens weniger generationsabhängig als vielmehr geschlechtspezifisch variieren.

[9] Typologien sind eine Möglichkeit unter anderen Arten von Hilfssystemen, um den Überblick und die Einordnung von Phänomenen zu erleichtern. Damit Typologien allerdings nicht zu realitätsverstellenden Stereotypen geraten, sollte im Zusammenhang mit den auf Individuen bezogenen typologischen Systemen „(...) nicht zu früh mit der typisierenden Klassifikation begonnen werden, denn erst nach anschaulicher Beschreibung der zum Typ gehörenden Besonderheiten, Generalisierungen und Gleichförmigkeiten könnte gewährleistet sein, dass menschliches Leben auch tatsächlich aus den Systematisierungen heraus erkennbar wird" (vgl. Beinlich 1974, S. 211.).

[10] Die ersten Bemühungen, Leser anhand einer Typologie zu unterscheiden, galten der Gruppe der jugendlichen Leser. Vertreter der Psychologie, Literatursoziologie oder Literaturpsychologie versuchten sich später auch an einer Lesertypenbeschreibung erwachsener Leser.

[11] Die historisch wohl erste Typenbeschreibung jugendlicher Leser findet sich in der Vorrede zu Christian Felix Weißes (1726-1804) "Kinderfreund". Weiße präsentierte jugendliche Lesertypen, indem er über lesende Kinder in erzählender Form berichtete und durch jedes Kind einen Lesertyp symbolisierte.

ästhetischer Dimensionen bestehen. Frauen sind hier deutlich in der Überzahl, fast zwei Drittel sind in den Altersstufen zwischen 14 und 49 Jahren zu finden. Vielleser zeichnen sich im Besonderen durch ihre hohe Bildung aus, so dass sich das Bild der Vielleser als Angehörige einer Bildungselite verstärkt: „Bildung erscheint als wichtige Voraussetzung, ein Vielleser zu werden. Gleichzeitig erreicht man eine höhere Bildung auch nicht ohne jede Lektüre. Bildung ist eine Folge des Lesens" (Tullius 2001, S. 62). Während die Durchschnittsleser, für die die Leseinteressen schon deutlich weniger vielfältig ausgeprägt sind als bei den Viel,lesern und Lesen durchaus schon eine Pflicht, teilweise sogar anstrengend ist, sich durch keine besonderen soziodemografischen Merkmale ausweisen - sie stellen eine Art Mittelwert der lesenden Bevölkerung dar - fällt zu den Weniglesern und dann noch stärker zu den Kaumlesern das Bildungsniveau deutlich ab, zugleich werden die Lesertypen „männlicher".[12] Damit bestätigt sich auch hier ein Ergebnis, das sich regelmäßig auch in anderen Mediennutzungsstudien ergibt, nämlich dass neben der Bildung vor allem das Geschlecht das Mediennutzungsverhalten und im besonderen das Buchleseverhalten (vgl. hierzu u.a. den Sammelband von Mühlen Achs/Schorb (Hrsg.) 1995; Reiter 2002, S. 73f.; siehe auch den Datenreport 2004, S. 547ff.) maßgeblich beeinflusst.

Die vier hier unterschiedenen Typen werden zwar ausgehend von ihrem Buchleseverhalten entwickelt, werden jedoch auch auf andere Mediennutzungen bezogen[13]; dieser Typenbildung liegt implizit die Annahme zugrunde, dass Lesen als basale Kulturtechnik auch die anderen Mediennutzungen nachhaltig beeinflusst. Andere Typologien stellen das Lesen weit weniger in den Vordergrund, erfassen diese Mediennutzung nur als eine unter einer Reihe anderer oder blenden es sogar weitgehend aus.

2.2.2   Eine Typologie audiovisueller Mediennutzer

Ein sehr populär gewordenes Beispiel für eine Typologie, die die Nutzung elektronischer Medien, später noch erweitert um die Online-Nutzung, in den Mittelpunkt stellt, ist die Mediennutzertypologie der ARD (vgl. Oehmichen/Ridder (Hrsg.) 2003). Diese Typologie, Ende der 1990er Jahre als ein Instrument der strategischen und operativen Programmplanung in Rundfunkanstalten entwickelt, soll explizit einer klareren Positionierung und Profilierung der Angebote und Programme und einer Verfeinerung der Programmsteuerung dienen. Auch wenn in die Typenbildung

---

[12] Das Themeninteresse des Lesertyps Wenigleser ist einseitig, sie lesen kaum unterhaltungsorientiert, sondern interessieren sich verstärkt für Ratgeber, ansonsten lesen sie, wenn sie etwa durch berufliche Gründe dazu verpflichtet sind. Wenigleser pflegen gehäuft einen selektiven Lesestil. Das Themeninteresse der Kaumleser ist noch eingeschränkter, sie bevorzugen eher tagesaktuelle Berichterstattung. Beide Lesertypen bevorzugen andere Medien, insb. das Fernsehen.

[13] So sind beispielsweise die Vielleser auch ansonsten intensive Mediennutzer.

der neun differenzierten Nutzergruppen unterschiedliche Lebensstil- und Geschmackspräferenzen sowie kulturelle Orientierungen integriert werden (vgl. Hartmann/Tebert 2003, S. 19ff.), erfolgt die Typenbildung doch unverkennbar eng entlang von soziodemografischen Merkmalen, insbesondere dabei der des Alters.

Die MedienNutzertypologie[14]

Junge Wilde: Sie sind im Durchschnitt knapp über 20 Jahre alt und ziehen das Fernsehen dem Hörfunk vor, präferiert werden hierbei vor allem die kommerziellen Sender. Die so genannte Hochkultur ist ihnen nicht nur in Theater oder Konzertsaal fremd, auch entsprechende Kulturangebote im Hörfunk und Fernsehen (Arte, Kulturmagazine) werden kaum genutzt. Dieser mehrheitlich von Männern besetzte Typus bevorzugt stark aktions- und spannungsorientierte Reize, etwa spezifische Events der Szenekultur.

Erlebnisorientierte sind durchschnittlich ca. 30 Jahre alt und haben ein leicht männliches Übergewicht. Sie nutzen stärker Radio als Fernsehen. Beim Fernsehen bevorzugen sie die privatwirtschaftlichen Sender und weisen trotz einer guten formalen Bildung ebenfalls eine erhebliche Distanz zur etablierten Hochkultur auf; ungeachtet einer schon großen beruflichen Orientierung werden in der Mediennutzung Spaß und Action gesucht.

Leistungsorientierte: Angehörige dieses Typus sind im Durchschnitt Mitte bis Ende 30 und weisen ein überdurchschnittlich hohes Bildungsniveau auf. Sie hören eher Radio, nutzen aber sowohl Hörfunk als auch Fernsehen, wobei hier dann die öffentlich-rechtlichen Sender bevorzugt werden, eher unterdurchschnittlich. Ein differenzierter Musikgeschmack, der sowohl Pop- und Rockmusik als auch E-Musik oder Jazz umfasst, geht einher mit Theater- oder den Konzertbesuchen. Ihr guter soziökonomischer Statuts korrespondiert mit einem breiten Interesse an Politik, Wissenschaft, Technik und Kultur.

Neue Kulturorientierte sind Anfang 40 und nutzen Radio und Fernsehen ebenfalls eher unterdurchschnittlich. Ihre Rezeptionsbereitschaft bezieht sich auf ein sehr breites Kulturspektrum, angefangen von klassischer Kultur bis hin zu avantgardistischen kulturellen Formen. Ihre formale Bildung ist hoch.

Unauffällige: Auch sie Anfang 40, zeigen sie sich aber vor allem für leichte, teils auch ausgesprochen trivialkulturelle Unterhaltungsangebote offen. Soziökonomisch eher unterdurchschnittlich ausgestattet, zählen sie zu den Vielnutzern von Radio und Fernsehen, wobei hier die kommerziellen Fernsehsender eindeutig bevorzugt werden. In diesem Typus, in dem die Frauen leicht überwiegen, ist das Bildungsniveau geringer als im Durchschnitt der Bevölkerung.

---

[14] Die Entwicklung dieser Typologie geht zurück auf das Jahr 1998 und ist im wesentlichen von Medienforschungsabteilungen der ARD konzipiert worden.

Aufgeschlossene sind durchschnittlich Ende 40, Anfang 50, mit einem leichten Übergewicht an Männern; Kultur steht bei ihnen nicht im Vordergrund, der Hörfunk ist ihnen wichtiger als das Fernsehen. Öffentlich-rechtliche und kommerzielle Programme halten sich dabei die Waage.

Häusliche: Dieser Typus ist Anfang 60 nutzt Radio und Fernsehen überdurchschnittlich stark, wobei das Fernsehen überwiegt. Bevorzugt werden hierbei Programme der öffentlich-rechtlichen Sender, hochkulturelle Sendungen jedoch kaum angeschaut. Frauen überwiegen in diesem Typus, dessen durchschnittliches Bildungsniveau eher gering ist, etwas.

Klassisch Kulturorientierte mit einem Durchschnittsalter Mitte 60 sind durch ein hohes Interesse an etablierter Hochkultur gekennzeichnet, neueren Kulturformen wird jedoch eher mit Skepsis begegnet. Fernsehen und Hörfunk sind gleichermaßen bedeutsam, werden aber unterdurchschnittlich genutzt; bevorzugt werden die öffentlich-rechtlichen Sender. Dieser Typus wird von Frauen dominiert.

Zurückgezogene: Dieser Typus ist Mitte bis Ende 60 Jahre alt und besteht zu zwei Drittel aus Frauen. Radio und Fernsehen bestimmen in stark habitualisierter Form den Alltag, wobei das Fernsehen eindeutig Vorrang hat und überdurchschnittlich genutzt wird. Die öffentlich-rechtlichen Anbieter sind wesentlich beliebter als die kommerziellen. Das formale Bildungsniveau ist gering.

Quelle: Oehmichen 2003, S. 34ff.; eigene Darstellung.

Derartige Typisierungen nach soziodemografischen, mehr und mehr gepaart mit Verhaltensmerkmalen, gehören mittlerweile zum Standardrepertoire in der Mediaforschung. Ausgehend von dem Ziel, Marktsegmente möglichst exakt abzubilden, werden beispielsweise, wie in der Verbraucheranalyse (VA), Kaufverhalten und Mediennutzung integriert erhoben. Mit der verzahnten Datengewinnung zum Käufer- und Med_ennutzungsverhalten aus einer Quelle („single source") sollen insbesondere der Mediaplanung wichtige Hinweise an die Hand gegeben werden. Um psychografische Merkmale erweitert, werden Verwender oder Rezipienten nach qualitativen Merkmalen segmentiert und Personen zu Gruppen zusammengefasst, die sich jeweils in ihren typischen Interessen und Einstellungen gleichen. Ein frühes Beispiel sind die so genannten, durch die Marktforschungsabteilung von Gruner + Jahr entwickelten „Brigitte"-Typologien. Sie zeigen u.a. unterschiedliche Frauentypen auf, die sich in ihren Einstellungen zu Mode, Kosmetik und Verwenderverhalten unterscheiden. Eine Vielzahl von Interessen und Einstellungen werden z.B. auch in der „Typologie der Wünsche" ermittelt, um sie für die Typenbildung zu nutzen.

3   Mediennutzung und Soziale Milieus

Eine Fortentwicklung dieser und anderer Typologien versuchen Ansätze, die Zusammenhänge zwischen der Nutzung von Medien und dem sozialen Kontext, in dem sich diese Nutzung vollzieht, zu erstellen. Unter Rückgriff auf soziologische Konzepte der Milieu- und Lebensstilforschung werden hier soziodemografische Merkmale und spezifische Verhaltensweisen mit Wertvorstellungen, Lebensauffassungen und -grundsätzen sowie den Alltagsästhetiken verknüpft.

Der Begriff des Milieus - ganz ähnlich auch der des Lebensstils - hat in den letzten zwei bis drei Jahrzehnten eine Renaissance ungeahnten Ausmaßes erlebt. Reichen die Ursprünge des Begriffs bis in die französische Aufklärung hinein und beinhaltete der Milieubegriff in seiner weiteren Ausformulierung im Zuge der Industrialisierung schon damals die Verschmelzung von objektiven und subjektiven Faktoren, geriet er im 20. Jahrhundert und insbesondere nach dem 2. Weltkrieg mehr und mehr in den Hintergrund und wurde zunächst von Klassen-, später von Schichtmodellen abgelöst (vgl. Hradil 1992). Die Wiederentdeckung des Milieukonzepts in den 80er Jahren des 20. Jahrhunderts begründet sich insbesondere in der abnehmenden Aussagekraft der herkömmlichen Klassen- und Schichtkonzepte, die sich auf die vertikalen, durch Beruf, Bildung und Einkommen bedingten Unterschiede konzentrieren. Die durch Werteveränderungen und Lockerungen der klassenkulturellen, regionalen und familialen Bindungen stattfindende Pluralisierung der Lebensstile erforderte eine Erweiterung und Ergänzung der auf sozialstrukturellen Indikatoren beruhende Schichtung der Gesellschaft (vgl. Vester u.a. 2001 [1993]). Soziale Milieus versuchen Menschen mit jeweils charakteristischen Einstellungen und Lebensorientierungen zu beschreiben. Vereinfacht gesagt, fassen sie soziale Gruppen zusammen, deren Wertorientierungen, Lebensziele, Lebensstile und letztlich auch deren Konsummuster ähnlich sind (Hartmann 1999, 70f.) – damit wurde die Milieuforschung auch für das Marketing, das mehr und mehr nach Konzepten verlangte, um das durch objektive Lebensbedingungen nur noch bedingt erklärbare und vorhersehbare Konsumverhalten der Verbraucher besser in den Griff zu bekommen, interessant. Darüber hinaus erwies sich der an der umfassenden Ästhetisierung der Alltagswelt ansetzende Milieuansatz auch und gerade für die Erfassung der Mediennutzung als äußerst fruchtbar, etwa indem aufgezeigt werden kann, wie Medien und deren Nutzung in den „Gesamtaufbau" spezifischer Lebensweisen eingebettet sind.

Wenn nun die individuellen Nutzungen der Medien mit bestimmten Lebensstilen und -weisen korrespondieren, liegt die Frage nahe, ob umgekehrt auch Menschen rein über ihr Mediennutzungsverhalten unterschiedlichen sozialen Milieus zugeordnet werden können. Ein Großteil der Mediennutzungsanalysen, die auf soziale Milieus rekurrieren, versuchen denn auch aufzuzeigen, wie sich Publika bestimmter Medien und Medieninhalte hinsichtlich ihrer Nutzung in den verschiedenen Milieus unterscheiden und welche Medien in welchem Umfang, integriert in ein milieuspezifisches Alltagshandeln mit ganz bestimmten Sinnzusammenhängen, genutzt werden. Etliche Milieu-, vor allem aber Lebensstiltypologien sind in den letzten rund 25 Jahren entstanden, viele davon allerdings ohne theoretische Fundierung, manche zudem noch mit intransparenter Methode, so dass damit eine Beschreibung gesellschaftlicher Realität zwar im besten Fall plausibel scheinen mag, seriösen wissenschaftlichen Ansprüchen aber nicht genügt.

Große Beachtung und breite Anwendung in der Markt-, in den letzten Jahren vermehrt auch in der Mediaforschung haben die so genannten Sinus-Milieus[15] erfahren (vgl. TDW Intermedia 2004). Ohne an dieser Stelle detailliert auf die einzelnen Sinus-Milieus einzugehen, lässt sich verkürzt sagen, dass sie zwei Dimensionen, nämlich grundsätzliche Orientierungen und soziale Lage, verknüpfen. Die möglichen Grundorientierungen (horizontale Werteachse) bewegen sich zwischen konservativen Einstellungen, materiellen Einstellungen über Hedonismus bis hin zu postmateriellen und postmodernen Orientierungen. Die soziale Lage (vertikale Schichtachse) ist durch ein Kontinuum zwischen Unterschicht und Oberschicht, determiniert durch Einkommen, Beruf, Bildung, gekennzeichnet. Je höher dabei das entsprechende Milieu entlang der Schichtachse angeordnet ist, desto gehobener sind Bildung, Einkommen und Berufsgruppe; je weiter es sich nach rechts auf der Werteachse erstreckt, desto moderner ist die Grundorientierung des jeweiligen Milieus. Die einzelnen Milieutypen, von denen aktuell zehn unterschieden werden und die sich z.T. überlappen, variieren zwischen konservativen Milieus (z. B. traditionelles Arbeitermilieu, kleinbürgerliches Milieu, konservativ-technokratisches Milieu) bis hin zu postmaterialistischen und postmodernen Milieus (z.B. intellektuelles Milieu, hedonistisches Milieu, modernes Milieu, modernes Arbeitnehmermilieu, adaptives Milieu bzw. postmodernes Milieu).[16] Die Sozialen Milieus bilden also Gruppen oder besser Cluster von Menschen, die aufgrund ihrer ähnlichen sozialen Lage einerseits und ähnlichen Werthaltungen andererseits auch ähnliche Lebensauffassungen und Lebensweisen, Lebensstile und ästhetische Präferenzen aufweisen – und sich damit eben auch hinsichtlich ihrer Mediennutzung ähneln.

Die Mediennutzung einzelner Milieus wird dabei nicht nur quantitativ charakterisiert, sondern auch noch inhaltlich ausdifferenziert und darüber hinaus mit der

---

[15] Die Sinus-Milieus werden schon seit über 20 Jahren in der Marktforschung im Rahmen der Produktentwicklung, Markenführung, Marketingstrategien oder Kommunikationsplanung eingesetzt. Seit einigen Jahren sind die Milieus von Sinus auch im AGF/GfK Fernsehpanel auswertbar.

[16] Dies sind die Milieubezeichnungen der früheren Jahre, die hier ihrer anschaulicheren Metaphorik wegen verwendet werden. Die aktuellen Milieubezeichnungen von 2004 sind mit Buchstaben und Ziffern gekennzeichnet, damit aber weit weniger selbsterklärend. Ohnehin sind die fast jährlichen Milieuumbenennungen durch Sinus problematisch. Auch die regelmäßig stattfindenden Neuclusterungen der Milieus, die unter Vermarktungsgesichtspunkten vorteilhaft sein mögen, lassen an der wissenschaftlichen Ausgereiftheit der zudem methodisch nur sehr allgemein nachvollziehbaren Milieukonstruktion gewisse Zweifel laut werden.

Lebenswelt der Milieuangehörigen verknüpft, so dass ein möglichst umfassendes Bild entsteht.

So werden sozioökonomische Kontexte beispielsweise mit kulturästhetischen Interessen und Vorlieben zusammengeführt und mit Konsummustern und Verhaltensweisen in Freizeit, Familie und Mediennutzung verknüpft. Die Stimmigkeit und Eleganz der Sinus-Milieus sowie ihre hohe Akzeptanz in der Marktforschung, in Unternehmen und darüber hinaus verstellt allerdings etwas den Blick, dass sowohl die theoretische Ableitung als auch die methodische Generierung der Milieucluster[17] nur wenig transparent ist – eine kritische Auseinandersetzung damit fällt deshalb schwer.

Gleichsam das wissenschaftliche Alternativmodell zu den Sinus-Milieus spielt das Milieumodell von Schulze, das zwar in der Marktforschung eine geringere Rolle aufweist, aber auch dort und in der Mediaforschung[18] eine gewisse Referenzfunktion inne hat (vgl. etwa Hölscher 1998). Schulzes „Erlebnisgesellschaft" (vgl. Schulze 1992) will mit diesem Typus strukturelle, wenn nicht säkulare Trends markieren und versteht sich als Paradigma für die postindustrielle Gesellschaft. Der von ihm seit Mitte der 1970er Jahre diagnostizierte kulturgeschichtliche Wandel macht sich vor allem in einer fast vollständigen Ästhetisierung des Alltagslebens bemerkbar. Überlagert, wenn nicht bereits abgelöst, ist die überkomme vertikale Schichtung durch eine horizontal angelegte, die Schulze in sozialen Milieus und Szenen erkennt. Fünf Milieus typisiert Schulze. Charakterisiert werden sie einerseits vom Bildungsgrad ihrer Mitglieder sowie von deren Altersstruktur, andererseits von alltagsästhetischen Schemata, den Lebensstilen und vom sozialen Habitus, ihrer Wahrnehmung der objektiven Umwelt und ihrem individuellen Selbstbild - damit werden auch Kategorien Bourdieus aufgegriffen. Für die Messung der Schemata entwickelte Schulze Skalen, mittels derer er in quantifizierender Form die Personen in einem Raum verorten und einem Milieu zuordnen kann. Es zeigte sich, dass das nach ästhetischen Kriterien gebildete Milieumodell dann eine „Einfachstruktur" realisiert, das heißt, dass sich die Milieugrenzen anhand einer Altersgrenze (unter/über 40 Jahre) und anhand von Bildungsstufen ergeben.

---

[17] Bekannt ist, dass die anfängliche Datengrundlage für das erste Sinus-Modell Ende der 1970er Jahre ein Pool von mehr als tausend narrativen Interviews war; diese bildeten die Basis für die inhaltlichen Milieubeschreibungen. Anfang der 1980er Jahre wurde dann ein standardisiertes Set von 45 Fragen entwickelt („Milieuindikator"), um die wichtigsten Milieumerkmale zu erheben. Um schließlich die Zuordnung von Personen zu bestimmten Milieus durchzuführen, werden spezielle Formen der Clusteranalyse eingesetzt. Soziodemografische Daten werden als „passive Variablen" zur Validierung und Beschreibung eines sozialen Milieus herangezogen. (Sinus Sociovision 2002, S.8)

[18] Seit 1998 beinhaltet die VerbraucherAnalyse (VA) die Zuordnung der Befragten zu den fünf von Schulze herausgearbeiteten Erlebnismilieus.

Abbildung 1: Einfachstruktur der Schulze-Milieus

Bildung	Alter	
	unter 40	*über 40*
hoch	Selbstverwirklichungs-milieu	Niveaumilieu
mittel		Integrationsmilieu
	Unterhaltungs-milieu	
niedrig		Harmoniemilieu

Quelle: Schulze 1992, S. 384

Bei den alltagsästhetischen Schemata differenziert Schulze drei aus, nämlich das Hochkulturschema, das Trivialschema und das Spannungsschema. Die Schemata sind dabei Ausdruck verschiedener Bedeutungsebenen, die durch die Begriffe ‚Genuss' (persönlicher Stil als Ausdruck der Suche nach dem schönen Leben), ‚Distinktion' (persönlicher Stil als Ausdruck der Unterscheidung) und ‚Lebensphilosophie' (persönlicher Stil als Ausdruck persönlicher Handlungsorientierungen) ausgefüllt werden. Das Hochkulturschema umfasst Merkmale des elitären Konsums, das sich dann auch in einer bevorzugten Mediennutzung von klassischer und ernster Musik, in der Lektüre von Literatur, von der Wochenzeitung ‚Die Zeit' oder dem Magazin ‚Der Spiegel' sowie in regelmäßigen Besuchen von Museum- und Theaterbesuchen niederschlägt. Das Trivialschema ist in seiner Mediennutzung dagegen gekennzeichnet durch eine Vorliebe für deutschen Schlager und Heimatmusik sowie einem Interesse an Heimatfilmen und Quizsendungen; der Lesefokus ist auf die Lektüre von Heimatromanen sowie auf Zeitschriftentitel der Yellow Press konzentriert. Das stark actionorientierte Spannungsschema ist durch Außerhausaktivitäten gekennzeichnet: Häufige Kinobesuche sind u.a. für dieses Alltagsschema typisch; daneben bestehen hohe Vorlieben für Rock- und Popmusik und ein Interesse für Krimis.

Verknüpft man nun die unterschiedliche Nähe bzw. Distanz der einzelnen Milieus zu den Schemata sowie mit Alter und Bildung können milieuspezifische Mediennutzungsmuster abgeleitet werden: Auf Basis einer Befragung von 874 Interviews in Münster hat Kombüchen die Schulze-Milieus auf ihren Medienkonsum empirisch überprüft. Die nachfolgende Übersicht gibt einen stark komprimierten und verkürzten Einblick in diese Ergebnisse (vgl. Kombüchen 1999, S. 101 ff.):

- **Unterhaltungsmilieu** (niedrige bis mittlere Bildung, unter 40 Jahre, steht dem Spannungsschema nahe und distanziert sich von Hochkultur- und Trivialschema): Bevorzugt werden die privaten TV-Sender genutzt, wobei eine Präferenz auf Actionfilme und Science-Fiction liegt. Gelesen werden Boulevard- und Jugendzeitschriften, Focus und Programmzeitschriften; Personen dieses Milieus gehen gern ins Kino.

- **Selbstverwirklichungsmilieu** (mittlere bis hohe Bildung, unter 40 Jahre, weist eine Nähe zu Hochkultur- und Spannungsschema auf, Distanz zum Trivialschema): Öffentlich-rechtliche Fernsehsender werden präferiert, allerdings wird viel gezappt; gelesen werden ,Die Zeit', ,Der Spiegel', überregionale Tageszeitungen und Comics. Internet und PC werden intensiv genutzt.

- **Harmoniemilieu** (niedrige Bildung, über 40 Jahre, ist mit dem Trivialschema, nicht jedoch mit Hochkultur- oder Spannungsschema verbunden): Hier handelt es sich um Vielseher, wobei die öffentlich-rechtlichen Sender, vor allem Talkshows, Volksmusik und Gameshows, bevorzugt werden. Gelesen werden Boulevardzeitungen und Frauenzeitschriften. Bücher werden eher selten gelesen. Neue Medien werden zögerlich und zurückhaltend genutzt.

- **Integrationsmilieu** (mittlere Bildung, über 40 Jahre, steht Trivial- und Hochkulturschema nahe bei Distanz zum Spannungsschema): Angehörige dieses Milieus zeigen Sympathie sowohl für Inhalte der Information als auch für Inhalte der seichten Unterhaltung; es wird die Tageszeitung gelesen, daneben aber auch gerne Bücher.

- **Niveaumilieu** (hohe Bildung, über 40 Jahre, steht dem Hochkulturschema nahe und distanziert sich von Trivial- und Spannungsschema): Das starke Informationsbedürfnis wird vor allem durch die Printmedien gestillt, Lesen, sowohl von Zeitungen/Zeitschriften als auch von Büchern zählt zu den bevorzugten Freizeitaktivitäten. Ferngesehen wird im Grunde nur, wenn die Sendung Qualität aufweist.

Auch die Schulze-Milieus sind nicht frei von inhaltlicher und methodischer Kritik geblieben, etwa dass wichtige, z.B. berufliche oder regional bedingte Faktoren keine Aufnahme in das Konzept gefunden haben. Doch ungeachtet der vielfach berechtigten Kritik liefert Schulze unter dem Aspekt kultursoziologischer Betrachtung der Alltagsästhetik eine Analyse der bundesdeutschen Gesellschaft, deren soziologische Relevanz fortbesteht. Darüber hinaus haben sich seine Milieus auch für die Markt- und Mediaforschung als außerordentlich fruchtbar erwiesen.

4 Zusammenfassende Bewertung

Welche Bedeutung Medien für Menschen haben, ergibt sich nicht aus dem technischen Artefakt und auch nicht aus dem individuellen Akt des Konsums bzw. der Rezeption, entscheidend ist ihr sozialer Gebrauch. Greift man auf die Debatte über Milieus bzw. Lebensstile in Deutschland zurück, dann bestätigt sich dieses Bild und differenziert sich weiter aus: Sowohl in den Sinus-Milieus als auch bei Schulze sind die für gut bzw. schlecht befundenen Präferenzen sehr deutlich verschiedenen Rängen im sozialen Raum zugewiesen. Der Vergleich der Mediennutzungsgewohnheiten mit Präferenzen in anderen Bereichen des kulturellen Alltagslebens macht zudem sehr deutlich, dass die verschiedenen Praxen strukturell homolog sind: Ein besonderes Interesse an Kulturmagazinen und Klassikprogrammen, an der Bildzeitung und Volksmusik oder an Sportübertragungen und Actionfilmen korrespondiert jeweils mit entsprechenden Vorlieben bei außerhäuslichen kulturellen Aktivitäten bis hin zur Wohnungseinrichtung. Schulze zeigt zudem, dass sich die Milieus ausdrücklich von spezifischen alltagsästhetischen Schemata, denen andere Milieus nahe stehen, zu distanzieren suchen.

Die Nutzung von Medien ist in vielfältiger Weise von sozialen Auseinandersetzungen durchdrungen, in denen sich Milieu-, aber auch Geschlechts- und Generationseffekte überlagern. Insofern bieten auch rein soziodemografische Betrachtungsweisen Trennschärfe und Erklärungskraft bezüglich der Mediennutzung von Menschen. Diese wie auch die nicht speziell für die Analyse der Mediennutzung entwickelten Milieumodelle sind allerdings bei spezifischen Fragestellungen, beispielsweise einer trennscharfen Unterscheidung der Leser von Nachrichtenmagazinen, überfordert; speziell für den Medienkonsum entworfene Konzeptionen, z.B. im Bereich der audiovisuellen Medien die ARD-MedienNutzerTypologie, liefern hier erfolgreichere Differenzierungen. Diese Typologien vermögen jedoch umgekehrt nicht den umfassenden Geltungsanspruch von Milieuanalysen zu erheben.

5   Literatur

Baacke, Dieter u.a. (1990): Lebenswelten Jugendlicher, Band 1 u.2. Opladen.

Barthelmes, Jürgen (2001): Funktionen von Medien im Prozess des Heranwachsens. In: Media Perspektiven, Nr. 2, S. 84-89.

Beinlich, Alexander (1974): Zu einer Typologie des Lesers. In: Baumgärtner, Alfred C. (Hrsg.): Lesen - Ein Handbuch. Hamburg, S. 211-230.

Bogart, Leo (1972): The Age of Television. New York.

Bonfadelli, Heinz (1985): Die Wissenskluft-Konzeption. Stand und Perspektiven der Forschung In: Saxer, Ulrich (Hrsg.): Gleichheit oder Ungleichheit der Massenmedien? München, S. 65-86.

Burke, Peter (2002): Papier und Marktgeschrei - Die Geburt der Wissensgesellschaft. Berlin.

Catenhusen, Wolf-Michael (2002): „Grußwort". In: Stiftung Lesen (Hrsg.): Gutenbergs Folgen. Baden-Baden, S. 11-12.

Döbler, Thomas; Stark, Birgit (2004): Digitale Spaltung - Die Schule als Nivellierungsinstanz? In: Bonfadelli, Heinz u.a.: (Hrsg.): Medienkompetenz und Medienleistungen in der Informationsgesellschaft. Zürich, S. 186-192.

Eimeren, Birgit van; Frees, Beate (2001): ARD/ZDF-Online-Studie 2001: Internetnutzung stark zweckgebunden. In: Media Perspektiven, Nr. 8, S. 382-397.

Eimeren, Birgit van; Frees, Beate (2003): Internetverbreitung Deutschland: Unerwartet hoher Zuwachs. In: Media Perspektiven, Nr. 8, S. 338-358.

Eimeren, Birgit van; Heinz, Gerhard; Frees, Beate (2004): Internetverbreitung in Deutschland: Potenzial vorerst ausgeschöpft? ARD/ZDF-Onlien-Studie 2004. In: Media Perspektiven, Nr. 8, S. 350-370.

Feierabend, Sabine; Klingler, Walter (2002): Medienzugänge von Heranwachsenden unter dem Schwerpunkt Medienverbund. In: Theunert, Helga; Wagner, Ulrike (Hrsg.): Medienkonvergenz: Angebot und Nutzung. (BLM-Schriftenreihe Band 70) München, S. 153-170.

Franzmann, Bodo (2001): Lesezapping und Portionslektüre. Veränderungen des Leseverhaltens, besonders bei Jugendlichen. In: Media Perspektiven, Nr. 2, S. 90-98.

Fritz, Angela (1987): Was ist Lesen? Orientierungsstudie zur Analyse des Leseverhaltens in Österreich. Wien.

Fritz, Angela (1990): Leseforschung in Österreich. In: Lesen im internationalen Vergleich. Ein Forschungsgutachten der Stiftung Lesen für das Bundesministerium für Bildung und Wissenschaft. Mainz, S. 102-120.

Gerhards, Maria; Mende, Annette (2005): Die Offliner - eine homogene Gruppe der Internetverweiger? In: Media Perspektiven, Nr. 3, S. 115-124.

Hartmann, Peter H. (1999): Lebensstilforschung - Darstellung, Kritik und Weiterentwicklung, Opladen.

Hartmann, Peter H.; Tebert, Miriam (2003): Wie funktioniert die MedienNutzerTypologie? In: Oehmichen, Ekkehardt; Ridder, Christa-Maria (Hrsg.) (2003): Die MedienNutzer-Typologie. Ein neuer Ansatz der Publikumsanalyse. Baden-Baden (Schriftenreihe Media Perspektiven Band 17), S. 17-31.

Hasebrink, Uwe; Herzog, Anja (2004): Mediennutzung im internationalen Vergleich. In: Hans-Bredow-Institut (Hrsg.): Internationales Handbuch Medien 2004/2005. Baden-Baden, S. 136-158.

Hölscher, Barbara (1998): Lebensstile durch Werbung? Zur Soziologie der Life-Style-Werbung. Opladen.

Hradil, Stefan (1992): Alte Begriffe und neue Strukturen. Die Milieu-, Subkultur- und Lebensstilforschung der 80er Jahre. In: Hradil, Stefan (Hrsg.): Zwischen Bewußtsein und Sein. Opladen, S. 15-55.

Jarren, Otfried (2001): „Mediengesellschaft" – Risiken für die politische Kommunikation. In: Aus Politik und Zeitgeschichte, Beilage zur Wochenzeitung „Das Parlament", Nr. B 41-42, S. 10-19.

Klingler Walter; Neuwöhner Ulrich (2003): Kultur in Fernsehen und Hörfunk. In: Media Perspektiven Nr. 7, S. 310-319

Kombüchen, Stefan (1999): Von der Erlebnisgesellschaft zur Mediengesellschaft. Die Evolution der Kommunikation und ihre Folgen für den sozialen Wandel. Münster.

Kübler, Hans-Dieter (2005): Mythos Wissensgesellschaft. Gesellschaftlicher Wandel zwischen Information, Medien und Wissen. Wiesbaden.

Limmroth-Kranz, Susanne (1997): Lesen im Lebenslauf - Lesesozialisation und Leseverhalten 1930 bis 1996 im Spiegel lebensgeschichtlicher Erinnerungen. Internetquelle: http://www.sub.uni-hamburg.de/opus/volltexte/1997/18, geprüft am 03.08.2005.

McLuhan, Marshall (1968): Die Gutenberg-Galaxis. Das Ende des Buchzeitalters.[Aus dem Amerik.]. Düsseldorf.

Meyer, Ruth (1975): Lesen als Mittel der Welterfahrung. In: Lesen und Leben. Frankfurt am Main, S. 193-204.

Mühlen Achs, Gitta; Schorb Bernd (Hrsg.) (1995): Geschlecht und Medien, München.

Oehmichen, Ekkehardt; Ridder, Christa-Maria (2000): Fernsehen, Hörfunk, Internet: Konkurrenz, Konvergenz oder Komplement? In: Media Perspektiven, Nr. 8, S. 359-368.

Oehmichen, Ekkehardt; Schröter, Christian (2001): Information: Stellenwert des Internets im Kontext klassischer Medien. In: Media Perspektiven, Nr. 8, S. 410-421.

Oehmichen, Ekkehardt; Schröter, Christian (2002): Zur Habitualisierung der OnLnenutzung. In: Media Perspektiven, Nr. 8, S. 376-388.

Oehmichen, Ekkehardt (2003): Zur Charakteristik der einzelnen MedienNutzerTypen. In: Oehmichen, Ekkehardt; Ridder, Christa-Maria (Hrsg.) (2003): Die MedienNutzerTypologie. Ein neuer Ansatz der Publikumsanalyse. Baden-Baden (Schriftenreihe Media Perspektiven Band 17), S. 32-42.

Organisation für wirtschaftliche Zusammenarbeit und Entwicklung (OECD) (2002): Education Policy Analysis. Paris.

Postman, Neil (1995): Die Bedrohung des Lesens durch die elektronischen Medien - und was die Verleger dagegen tun können. [Aus dem Amerik.]. In: Franzmann, Bodo (Hrsg.): Auf den Schultern von Gutenberg. Berlin, München, S. 220-228.

Reiter, Claudia (2002): Leseratte und Computerfreak - ein Widerspruch? In: Wallner-Paschon, Christiana; Haider Günter (Hrsg.): PISA Plus 2000. Thematische Analysen nationaler Projekte. Innsbruck, S. 73-76.

Ring, Klaus (2001): Lesen im Jahr 2000. In: Stiftung Lesen (Hrsg.): Leseverhalten in Deutschland im neuen Jahrtausend. Mainz, S. 147-155.

Schön, Erich (1993): Der Verlust der Sinnlichkeit oder Die Verwandlung des Lesers - Mentalitätswandel um 1800. Stuttgart.

Schulz, Rüdiger; Schneller Johannes (2004): Neue Muster der Mediennutzung in der jungen Generation. Internetquelle: http://www.awa-online.de/pdf/mediennutzung.pdf, geprüft am 03.08.2003.

Schulze, Gerhard (1992): Die Erlebnisgesellschaft. Kultursoziologie der Gegenwart. Frankfurt.

SevenOne Media (Hrsg.) (2004): Die Sinus-Milieu 2003/04 Lebensstil und TV-Nutzung. Unterföhring.

Sinus Sociovision GmbH (2002): Informationen zu den Sinus-Milieus 2002. Heidelberg.

Statistisches Bundesamt (2005): Internetnutzung älterer Menschen nimmt überdurchschnittlich zu. Pressemitteilung vom 18. April 2005.

Stiftung Lesen (Hrsg.) (2001): Leseverhalten in Deutschland im neuen Jahrtausend. Mainz.

TdW Intermedia GmbH & Co. KG (Hrsg.) (2004): Typologie der Wünsche 2003/04.

Tullius Christiane (2001): Typologien der Leser und Mediennutzer", In: Stiftung Lesen (Hrsg.) (2001): Leseverhalten in Deutschland im neuen Jahrtausend. Mainz, S. 61-83.

Vester, Michael; Oertzen, Peter von; Geiling, Heiko; Hermann, Thomas; Müller, Dagmar (2001 [1993]):Soziale Milieus im gesellschaftlichen Strukturwandel. Köln.

Empfehlungen zum Weiterlesen:

Berg, Klaus; Ridder, Christa-Maria (Hrsg.) (2002): Massenkommunikation. Band: 6, 1964 - 2000 (Media-Perspektiven / Schriftenreihe). Baden-Baden.

Hasebrink, Uwe u.a. (Hrsg.) (2004): Mediennutzung in konvergierenden Medienumgebungen. München.

Meyen, Michael (2004): Mediennutzung - Mediaforschung, Medienfunktionen, Nutzungs- muster, 2. überarb. Auflage Konstanz.

Medien und interpersonale Kommunikation

Joachim R. Höflich

Zusammenfassung: Interpersonale Kommunikation stand bislang nicht im Zentrum einer vor allem an den Massenmedien und deren Wirkungen ausgerichteten Kommunikationswissenschaft. Gleichwohl gilt die Studie „The People's Choice" als ein Meilenstein in der Erforschung von Medien und ihrer Bezüge zur interpersonalen Kommunikation. Doch eigentlich ist in dieser Studie interpersonale Kommunikation gar nicht erforscht worden. Medien sind indessen Kontext der interpersonalen Kommunikation und interpersonale Kommunikation bildet den Kontext der Mediennutzung. Um so mehr gilt es, die jeweiligen Kontexte näher zu betrachten – angefangen von der familiären Rezeptionssituation bis hin zur Mediennutzung im öffentlichen Raum. Eine solche Betrachtung der interpersonalen Kommunikation über verschiedene Medien hinweg eröffnet dabei eine Perspektive, die eben nicht bei den Massenmedien halt macht.

1   Medien und interpersonale Kommunikation – erste Annäherungen

Kommunikation zwischen Menschen ist die Grundvoraussetzung menschlichen Daseins und persönlicher Identität – die Grundlage der Konstitution des Sozialen überhaupt. Hierbei ist die Vis-á-vis-Situation nicht nur die fundamentale Erfahrung des Anderen, sie gilt als der „Prototyp aller gesellschaftlichen Interaktion" (Berger/ Luckmann 1970, S. 31) und damit als eine Bezugsgröße für andere Kommunikationsformen. Mediales Handeln wäre so verstanden ein Derivat einer idealisierten Face-to-Face-Kommunikation. Die Menschen haben aber immer schon Medien verwendet, um sich anderen über Distanz mitzuteilen, mit anderen in Kontakt zu treten und diese Kontakte über die Zeit hinweg aufrecht zu erhalten. Doch hat der Stellenwert, den Medien im Alltag der Menschen einnehmen, markant zugenommen. Die Konstitution von Gesellschaft wird so gesehen immer mehr medial getragen. Allen Medien gemein ist, dass sie die raum-zeitlichen Bindungen und Bedingtheiten der Kommunikation von Angesicht zu Angesicht überwinden. Mit derartigen medialen Möglichkeiten sind indessen immer auch Grenzen verbunden. Da Ort und Situation des Senders nicht identisch mit dem Ort und der Situation des Empfängers sind, ist das Herstellen einer gemeinsamen Situation aufgrund medialer Restriktionen verglichen mit einer alle Sinne umfassenden Präsenzkommunikation mit einem, von Medium zu Medium unterschiedlichen, zusätzlichen Aufwand und je unterschiedlichen Arrangements verbunden. Das Gefüge der interpersonalen Kommunikation ist dabei nachhaltig betroffen, in dem die Medien – vom Brief bis zum Mobiltelefon, von der Zeitung bis zum Fernsehen – einerseits den Kontext – den Rahmen – der interpersonalen Kommunikation prägen und zugleich die interpersonale Kommunikation einen Kontext für mediale Kommunikation darstellt. Diesen Momenten des Verhältnisses von Medien und interpersonaler Kommunikation widmet sich dieser Beitrag.

Ohne die Sache unnötig zu komplizieren, ließe sich interpersonale Kommunikation als eine Kommunikation zwischen Personen verstehen. Eine solche begriffliche Festlegung ist indessen so allgemein, dass die besonderen Beziehungen zwischen den Personen ausgeblendet werden. Bezieht man die Entwicklung der Beziehungen zwischen den Personen mit ein, dann lassen sich gleichwohl unterschiedliche Ebenen der Beziehung – und zwar eine kulturelle, soziologische und eine psychologische Ebene – unterscheiden (vgl. Miller/Steinberg 1975, S. 12ff.). Kommunikation erfolgt – mal mehr, mal weniger – unter dem Vorzeichen von Unsicherheit/Kontingenz. Treffen zwei Menschen aufeinander, dann bleibt immer ein Moment der Ungewissheit, oder wie dies Alfred Schütz (1974, S. 16) formuliert: „Dem handelnden Ich und dem deutenden Beobachter präsentiert sich nicht nur eine einzelne sinnhafte Handlung und ihr Sinnzusammenhang, sondern auch das Ganze der Sozialwelt in völlig verschiedener Perspektive." Je nach der Beziehungsebene und damit nach dem Stand der Entwicklung der interpersonalen Beziehung hat man hierbei unterschiedliche Referenzen zur Hand. Allgemein und bei einer ersten Kontaktnahme sind dies die Werte und Normen der Gesellschaft respektive die generalisierten Regeln einer Kultur. Wenn ich schon über den Anderen nichts Näheres weiß, so sind damit zumindest erste Ausgangspunkte für nicht weiter spezifizierte Alltagskontakte gegeben. Meist werden sie jedoch durch Rollen- und Statusmerkmale ergänzt, sofern sie in der jeweiligen Situation überhaupt erkennbar und mit Blick auf ein darauf eingestimmtes Handeln deutbar sind. Bei Ungewissheiten über die Rolle und den Status des Gegenüber wird, wenn ein Interesse an einer weitergehenden Interaktion besteht, eine Verortung von dessen Rolle und Status vorgenommen, sei es durch explizite Nachfrage oder durch Rollen- und Statushinweise von beiden Kommunikationspartnern (etwa, indem beiläufig auf einen Zeitdruck und anfällige Geschäftstermine hingewiesen wird oder indem demonstrativ der Schlüssel für den Mercedes an den Tresen einer Bar gelegt wird). Mit einer zunehmenden Dauer der Beziehung treten jedoch kulturelle Muster sowie Rollen- und Statusmerkmale als beziehungsbestimmende Elemente zurück zugunsten persönlicher, ja gar intimer Momente der Beziehung. Man tritt dem Anderen nicht mehr (allein) als Rollenträger gegenüber, sondern als Individuum – als einzigartige Person. Vor einem solchen Hintergrund wäre interpersonale Kommunikation genau genommen Kommunikation im letztgenannten Sinne, eine Kommunikation auf der Basis länger andauernder und tieferer Beziehungen und nicht zwischen Fremden, Status- und Rollenträgern. Im Weiteren soll interpersonale Kommunikation indessen nicht so eng und durchaus in einem weiten Sinne als Kommunikation zwischen Personen verstanden werden, allerdings unter dem Vorzeichen, dass je nach Beziehung und Situation (Kontext) unterschiedliche Ebenen der Bezugnahme virulent werden. Entsprechend sind dann auch je unterschiedliche Regelbereiche, an denen sich die Kommunikationspartner orientieren, handlungsrelevant – seien dies im jeweiligen Falle Regeln einer Kultur oder sozialer Segmente bis hin zu idiosynkratischen „Regeln" (genauer: Habitualisierungen) häuslicher Kommunikation oder von Zweierbeziehungen (vgl. auch: Höflich 1996, S. 50ff.).

Je nachdem, welche Ebene der interpersonalen Kommunikation von Relevanz ist, ergeben sich für den Zusammenhang von Medien und interpersonaler Kommunikation je unterschiedliche kontextuelle Rahmen. Mit anderen Worten: Interpersonale Kommunikation stellt, in Abhängigkeit von ihren verschiedenen Dimensionalierungen, unterschiedliche Kontexte der Mediennutzung dar (Beispiel: Gespräche während der Mediennutzung im privaten Umfeld versus Mediennutzung im öffentlichen Raum) und Mediennutzung wiederum ist mit Blick auf die interpersonale Kommunikation als Kontext je unterschiedlich von Belang (Gespräche über die Mediennutzung in verschiedenen sozialen Zusammenhängen, Formen mediatisierter interpersonaler Kommunikation). Geht man davon aus, dass jedwedes soziales Handeln und damit auch jedwede Mediennutzung in einem (mehr oder weniger klar umrissenen) sozialen Rahmen stattfindet, der vorgibt, „was in der jeweiligen Situation vor sich geht" (Goffman 1980, S. 16), und damit Verhaltensvorgaben wie Deutungsmuster einschließt (als Rahmen und Rahmung, als Struktur und Prozess), dann impliziert die jeweilige Kontextualisierung, in Abhängigkeit von den Beziehungen der Interaktionspartner, je unterschiedliche Rahmenbedingungen, sprich: je unterschiedliche Einbindungen in jeweilige Medienrahmen sowie je unterschiedliche Einbindungen in die jeweiligen Rahmen der interpersonalen Kommunikation, aber ebenso die Möglichkeiten, mit mehr oder weniger Aufwand, die jeweiligen Rahmen zu wechseln oder aber auch in der Schnittstelle unterschiedlicher Rahmen zu handeln. Die Frage nach den „Wirkungen" von Medien ist vor einem solchen Hintergrund nur im Zusammenhang mit einer solchen Interdependenz der Rahmen zu beantworten. Das eine „wirkt" auf das eine und umgekehrt – Momente der Rahmung der Mediennutzung lassen solche der interpersonalen Kommunikation nicht unberührt und umgekehrt.

2   Massenkommunikation und interpersonale Kommunikation

Tagein, tagaus kommunizieren die Menschen – im näheren und weiteren sozialen Umfeld – mit anderen. Erstaunlich ist es deshalb, dass diese Tatsache bei der Suche nach Wirkungen der Massenmedien nicht von Anfang an im Mittelpunkt gestanden ist. Ganz im Gegenteil: Der Blick war auf das Individuum gerichtet, das den

„Reizen" der Massenmedien ausgesetzt ist und darauf geradezu mechanisch „reagiert". Die Wirkung der Massenmedien respektive deren Inhalte erschien so, wie wenn eine Nadel direkt unter die Haut des Rezipienten den „Wirkstoff" einführen würde – so dass in der Folge von einem „Hypodermic-Needle-Modell" der Medienwirkungen gesprochen wurde. Die Nutzerinnen und Nutzer der Massenmedien gelten als „disperses Publikum" (Maletzke 1963, S. 28), dessen Glieder nichts miteinander zu tun haben. Mit anderen Worten: Dass das Publikum gleichwohl mit anderen zu tun hat, d.h. sozial eingebunden ist, stand erst einmal zurück. Die Vorstellung omnipotenter Medien ging mit der Idee (und das machte zugleich deren Omnipotenz aus) einher, dass das Publikum aus atomisierten Teilen besteht, die völlig losgelöst voneinander sind. So war denn die Persuasionsforschung beispielsweise stärker daran interessiert, wie die Gestaltung der massenmedialen Inhalte zu welchen Effekten führt oder welche Persönlichkeitsmerkmale die mediale Wirkung erleichtern oder erschweren,[1] statt die soziale Seite gebührend zu würdigen.

Die Entwicklung der Medienwirkungsforschung ist ein sukzessives Erkunden der Bedingungen von Wirkung oder Nicht-Wirkung der Massenmedien. Dabei wurde aufgezeigt, dass Wirkungen von einer Reihe mitwirkender Kräfte, von so genannten „intervenierenden Variablen", vermittelt werden, die zwischen einen massenmedialen Stimulus und eine Publikumsreaktion treten. Dazu gehören zum einen psychologische Variablen, wie etwa die erwähnten Persönlichkeitsvariablen, mitsamt den Einstellungen der Rezipienten und deren darauf gründendes Selektionsverhalten. Schon hier wurde klar, dass man es nicht mit einem gefügigen, sondern vielmehr mit einem „widerspenstigen Publikum" (Bauer 1973) zu tun hat und dass der Kommunikations- und Einflussprozess als wechselseitiger Vorgang (als ein Transaktionismus) zu sehen ist. Soziologische Variablen wiederum verweisen auf die Einbettung der Mediennutzung in soziale Gruppen und im weitesten Sinne in soziale Netzwerke, denen die Nutzerinnen und Nutzer angehören. Denn: „Individuelle Meinungen und Einstellungen existieren nicht gleichsam autonom im Individuum, sondern sind in sozialen Gruppen, generell im sozialen Beziehungsgeflecht des Individuums verankert. Der individualistische und vorwiegend psychologisch orientierte Bezugsrahmen der Kommunikationsforschung konnte deshalb nicht länger aufrecht erhalten werden" (Naschold 1973, S. 93f.).

Einen diesbezüglichen Meilenstein in der Forschung und zugleich ein Schlüsselwerk der Kommunikationswissenschaft (Holtz-Bacha/Kutsch 2002 und hier der Beitrag von Vowe 2002, S. 255ff.) stellt die im Jahre 1940 durchgeführte und vier Jahre später publizierte Studie „The People's Choice" von Lazarsfeld, Berelson und Gaudet dar. Auf diese Studie werden das Meinungsführerkonzept sowie der Two-Step-Flow of Communication zurückgeführt, die geradezu als Inbegriff der Thema-

---

[1] Im Detail wird dies beispielsweise nachgezeichnet bei Schenk (2000, S. 307ff.).

tisierung von Massenmedien und interpersonaler Kommunikation gelten (vgl. z.B.
Schenk 2002) und von keinem Lehrbuch ausgelassen werden (vgl. exemplarisch Jäckel 2005a). Doch was war nun, gerade eingedenk des Verhältnisses von Massenmedien und interpersonaler Kommunikation, die so nachhaltig wirkende und schon
nahezu rituell zitierte Erkenntnis dieser Studie? Ihr Bezugspunkt war die Präsident-
schaftswahl in den USA von 1940 mit der Entscheidung zwischen Franklin D. Roo-
sevelt und Wendell L. Wilkie. Und die Frage, der sich die Studie stellte, war die nach
der Wirkung von Rundfunk und Presse auf politisches Verhalten und Meinungsbildung – konkret: der Wirkung von Kommunikationsstimuli auf das Verhalten der
Wähler. Kurz gesagt:

> „Anfänglich ging Lazarsfeld dabei von den soziologischen Annahmen der Theorie der
> Massengesellschaft aus, die eine direkte und sozial unterschiedslose Wirkung der Mas-
> senmedien auf das Verhalten der Wähler postuliert. Diese Annahmen konnten im Ver-
> lauf der Untersuchung nicht aufrechterhalten werden, da sich ergab, daß soziale Fakto-
> ren als intervenierende Variable zwischen Stimulus und Reaktion einen starken Einfluss
> auf das Wahlverhalten ausübten... Als im weiteren Verlauf der Untersuchung versucht
> wurde, den Entscheidungsprozeß der Versuchspersonen zu rekonstruieren, konnte
> festgestellt werden, daß die Massenmedien einen geringen und zudem nur selten einen
> direkten Einfluß auf die Wähler ausübten. Beide Ergebnisse konnten durch die Hypo-
> these erklärt werden, daß die interpersonale Einflußnahme auf die Entscheidung der
> Wähler weit häufiger und vor allem wirkungsvoller war als die über die Massenmedien,
> dass die wichtigsten Einflußquellen meist enge Bekannte des Wählers waren und dass
> die Massenmedien überwiegend dann eine Wirkung erzielen konnten, wenn der Inhalt
> der Kommunikation mit den jeweiligen Gruppennormen übereinstimmte" (Naschold
> 1973, S. 95).

Die zentrale Funktion eines Meinungsführers (opinion leader) im Gefüge der sozialen Beziehungen wurde über die Methode der Selbsteinschätzung der Befragten ermittelt. Die befragte Person sollte sich dahingehend selbst einschätzen, ob sie versucht hat, jemanden von ihrer politischen Ansicht zu überzeugen oder ob die Person von jemand in letzter Zeit um Rat bezüglich politischer Fragen gebeten worden
ist. Wurde ein Aspekt mit Ja beantwortet, dann galt die Person als Meinungsführer.
Sieht man von dieser eher unterkomplexen Art der Annäherung ab, dann gründet
die „Entdeckung" des Two-Step-Flow auf einem noch schwächeren empirischen
Fundament. Der durchaus plausible Kerngedanke ist, dass Ideen nicht direkt von
den Massenmedien zum Publikum, sondern vermittelt über eine Zwischenstufe, den
Meinungsführer, übermittelt werden. Die Bedeutung der Meinungsführer im Netzwerk der personalen Beziehungen ergibt sich dadurch, dass sie den Medien stärker
ausgesetzt und zugleich wiederum Quellen für andere sind. Erstaunlich lapidar ist
gleichwohl die formulierte Erkenntnis: „This suggests that ideas often flow from
radio and print to the opinion leader and from them to the less active sections of
the population" (Lazarsfeld u.a. 1944, S. 151). Menschen reden miteinander, verstärken sich gegenseitig in ihren Meinungen oder ändern sie im Laufe alltäglicher

Gespräche. Dabei gibt es eben Personen, die eine besondere Bedeutung spielen und die schon dadurch mehr Einfluss haben, weil man Gesprächen, anders als den massenmedialen Angeboten, nicht so leicht entkommen kann.[2]

Diese Studie hat die Forschung nachhaltig stimuliert, allerdings unter dem besonderen Vorzeichen, dass nämlich der Zwei-Stufenfluss und damit interpersonale Einflussprozesse eigentlich gar nicht untersucht worden sind. Untersucht wurde nämlich nicht ein Two-step-Flow, sondern vielmehr die Abwesenheit eines One-Step-Flow (vgl. auch Renckstorf 1977, S. 100). Elihu Katz (1957, S. 63) hat dies wie folgt formuliert: „Of all the ideas in The People's Choice, however, the two-step-flow hypothesis is probably the one that was least well documented by empirical data. And the reason is clear: the design of the study did not anticipate the importance which interpersonal relations would assume in the analysis of the data. Given the image of the atomized audience which characterized so much of mass media research, the surprising thing is that interpersonal influence attracted the attention of the researcher at all." Die Bedeutung der interpersonalen Kommunikation wurde damit zwar festgehalten, aber nicht empirisch unterlegt. Und so wie sie hier zunächst als empirische Marginalie in Erscheinung tritt, so ist sie ferner eine theoretische Marginalie geblieben. In der Tat hatten Folgestudien nicht einen Zwei-Stufenfluss im Zentrum ihres Interesses, sondern eine Analyse persönlicher Einflussprozesse und der Merkmale von Meinungsführern. Wie die Erie County Studie aus dem Jahre 1940 werden die Folgestudien nach dem Ort ihrer Durchführung benannt – man spricht von der Rovere-Studie, der Decatur-Studie und der Elmira-Studie. Eine weitere Untersuchung galt der Verbreitung eines neuen Medikamentes (meist als Drug-Studie bezeichnet). Auch diese Studien sind fester Bestandteil von Lehrbüchern und müssen hier nicht genauer erörtert werden – auch schon deshalb, weil, wie gesagt, die interpersonale Kommunikation kaum weiter beleuchtet worden ist (vgl. weiter z.B. Jäckel 2005a, S. 104ff., Schenk 2002, S. 322ff.). Klar ist, dass die einfache Konzeption eines Two-Step-Flow die Prozesse interpersonaler Kommunikation im Kontext von Medienwirkungen nur unzureichend erfasst, so wie sich auch das Konzept des Meinungsführers nicht in der einfachen Konstruktion wie in der The People's Choice Studie halten lässt (vgl. weiter: Jäckel 2005b). Nimmt man den ‚Schritt' zwischen massenmedialen Aussagen und Wirkungen metaphorisch dafür, dass etwas dazwischen ‚geschieht', dann ist es mit dieser Studie zumindest ge-

---

[2] „One can avoid newspaper stories and radio speeches simply by making a slight effort, but as the campaign mounts and discussion intensifies, it is hard to avoid some talk of politics. Personal influence is more pervasive and less self-selective than the formal media. In short, politics gets through, especially to the indifferent, much more easily through personal contacts than in any other way, simply because it comes up unexpectedly as a sideline or marginal topic in a casual conversation" (Lazarsfeld u.a. 1944, S. 152).

lungen, auf die Bedeutung der interpersonalen Kommunikation im Prozess massenmedialer Kommunikation hinzuweisen.

Zu einem vertiefenden Verständnis der Einbindung von Rezipienten in soziale Netzwerke hat die Netzwerkanalyse gravierend weiter geholfen. Sie ermöglicht es mit ihrem Instrumentarium, die soziale Verwobenheit der Menschen mit ihren jeweiligen Positionierungen in sozialen Netzen empirisch zugänglich zu machen. So zeigt sich hierbei, dass Meinungsführer multipel in Kommunikationsnetze eingebunden und nicht nur durch eine „einfache" Struktur des Nachgefragt-Werdens gekennzeichnet sind. Zudem weisen Kommunikationsnetzwerke starke wie auch schwache Verbindungen auf, wobei Letztere im Gegensatz zu den „strong ties" flüchtige, weniger intensive Kontakte mit entfernten Bekannten darstellen (vgl. Granovetter 1973). Doch sind diese, entgegen einer vorschnellen Annahme, nicht belanglos, sondern stellen mitunter Verbindungen (Brücken) zwischen unterschiedlichen interpersonellen Netzwerken her. Netzwerke stehen indessen nicht nur für eine Struktur der interpersonalen Kommunikationsbeziehungen. Sie sind immer auch bedeutungstragende Netze – kurz: „semantische Netzwerke" (vgl. Höflich 1992a). Wenn Menschen beständig miteinander zu tun haben, relativ eng miteinander kommunikativ verknüpft sind, dann passen sich auch deren Sichtweisen an, es bildet sich also das, was Tamutsu Shibutani als gemeinsame „soziale Welten" bezeichnet (Shibutani 1978, S. 112). Dies verweist auf einen Aspekt, der gerade mit Blick auf interpersonale Kommunikation von Belang ist: die kommunikativ getragene Konstitution gemeinsamer Bedeutungswelten und interpretativer Gemeinschaften. Nachgerade mit Blick auf die Massenkommunikation und deren Rezeption ist dies von Belang, d.h. wie Massenmedien und deren Inhalte in diese Welten „eindringen" bzw. von diesen aufgenommen respektive angeeignet werden. Dies geschieht gerade eben nicht losgelöst vom alltäglichen Kommunizieren der Menschen und deren interpersonalen Beziehungen.

Die Tatsache, dass Kommunikationsnetze immer auch bedeutungsvolle soziale Welten darstellen, hat sich nicht zuletzt auch im Zusammenhang mit der Diffusionsforschung als wichtig erwiesen. Denn wenn eine Innovation übernommen werden soll, dann muss sie zugleich als bedeutungsvoller Bestandteil in das Alltagsrepertoire der Menschen aufgenommen werden. Die Diffusionsforschung zeigt im Übrigen auch, das allein eine quantitative Bestimmung des Stellenwerts von interpersonaler Kommunikation (hier im Prozess der Übernahme von Innovationen) nur einen Aspekt des Gesamtphänomens beleuchtet. Gezeigt wurde beispielsweise, dass die Massenmedien insbesondere frühe Nutzer erreichen und dann in der Folge die interpersonale Kommunikation eine größere Rolle spielt (vgl. Rogers 1995, S. 197). Aber auch noch diese Erkenntnis wird relativiert. So stellt Jäckel (2005a, S. 119) resümierend fest: „Insgesamt zeigen die Ergebnisse der Diffusionsforschung, dass die interpersonale Kommunikation für die Vermittlung massenmedial verbreiteter Nachrichten nur eine geringe Bedeutung besitzt." Zu einer solchen Gewichtung der interpersonalen Kommunikation gelangt man indessen dann, wenn man Massen- und interpersonale Kommunikation als ein Gegensatzpaar versteht, das gewissermaßen in einem Konkurrenzverhältnis steht; die Massenkommunikation gilt als öffentlich, die interpersonale Kommunikation als privat. Im Rahmen einer Mainstream-Kommunikationswissenschaft wird die interpersonale Kommunikation schon deshalb marginalisiert, weil sie sich a priori der massenmedialen öffentlichen Kommunikation verpflichtet sieht. Die interpersonale Kommunikation bleibt so gesehen eine Residualkategorie, zu der Beniger (1987, S. 261) vermerkt: „So accustomed (bezogen auf eine Dichotomie von interpersonaler und Massenkommunikation; d.V.) have communication scholars become to thinking of the interpersonal-mass distinction as inherent in objective features of communication that many texts no longer define the two terms at all, but merely enumerate the various forms of mass communication, implicitly leaving interpersonal as the residual category for all other forms of communication (a term more likely to be defined explicitly)." So bleibt denn auch die interpersonale Kommunikation eine Residualgröße, wenn es um die Erklärung der Wirksamkeit oder Nichtwirksamkeit der Massenmedien geht. Entsprechend vermerken Chaffee und Mutz:

> „Mass communication researchers in particular put little effort into measurement of interpersonal communication; instead, it is mostly assumed to exist in some considerable measure, and to account for whatever cannot be attributed to measured media influences." Eine Elaboration der interpersonalen Kommunikation wird dergestalt nicht vorgenommen. The People's choice ist hierbei geradezu paradigmatisch! Dazu Chaffee und Mutz weiter (S. 24): „Although there was little evidence on the effects of interpersonal contacts, the investigators attributed the power of influence to interpersonal communication, because mass communication did not have the strong effects they had anticipated. Subsequent scholars often parroted this conclusion, citing The People's Choice as if it had itself become 'evidence'" (Chaffee/Mutz 1988, S. 24).

Der vermeintlichen Beweiskraft von People's Choice steht – und dies immer noch – eine weitgehende Marginalisierung der interpersonalen Kommunikation gegenüber.

3   Interpersonale Kommunikation und Massenkommunikation

Eine medienzentrierte Sicht und damit eine Perspektive von den Medien zur interpersonalen Kommunikation hin bringt schon deren Marginalisierung mit sich. Dreht man die Thematik – „Massenmedien und interpersonale Kommunikation" – indessen um, hin zum Thema „interpersonale Kommunikation und Massenmedien", dann stellt sich weniger die Frage nach dem Anteil oder Stellenwert der interpersonalen Kommunikation als eine intervenierende Variable, sondern danach, welche Bedeutung die Medien im Kontext der interpersonalen Kommunikation haben, wie, mit anderen Worten, sie in den Alltag der Menschen und in Alltagskommunikationen einer „geschwätzigen Gesellschaft" (Knoblauch 1996) einbezogen werden. Die Menschen sind den Medien nicht in einem trivialen Sinne ausgesetzt. Vielmehr sind Medien Teil des Gesamts der kommunikativen Aktivitäten, seien diese medienvermittelt oder von Angesicht zu Angesicht. Der Begriff der Rezeption verdeckt gerade, dass es sich um mehr handelt, als nur um ein schieres Rezipieren (sprich: Aufnehmen). Schließlich geschieht immer auch noch etwas vor, während und nach der Mediennutzung.

Analog zur Unterscheidung von Publikumsaktivitäten in eine präkommunikative, kommunikative, postkommunikative Phase, wie sie Levy und Windahl (1985, S. 113) vorgenommen haben, lassen sich drei Phasen unterscheiden, in denen interpersonale Kommunikation je unterschiedlich als Kontext wie auch Kontextualisiertes virulent wird, von Gesprächen, die zur Mediennutzung führen bis zur Stimulation von Kommunikation nach der Mediennutzung. Die prämediale Phase bezieht sich auf all jene Kommunikationen, bei denen die interpersonale Kommunikation hin zur Mediennutzung führt und diese in einem weitesten Sinne kontextualisiert. Dies relativiert zugleich, dass es sich bei der Wahl eines Mediums und von Medieninhalten um rein individuelle Angelegenheiten handelt, wobei gerade im Falle besonderer Medienereignisse eine interpersonale Kommunikation als prämediales Phänomen besonders hervorsticht. Um den Rahmen dieser Darstellung nicht zu sprengen, sollen im Weiteren nur die mediale und die postmediale Phase in der gebotenen Kürze näher betrachtet werden.

3.1 Mediale Phase

Die mediale Phase meint, kurz gesagt, die Situation oder die Verkettung von Situationen, in der die Mediennutzung stattfindet (vgl. z.B. Fritz 1984). Allerdings gehört dazu nicht nur die Situation, in der sich der Rezipient (gegebenenfalls zusammen mit Anderen) befindet, sondern auch die Situation im Medium, mit der er (in seiner jeweiligen Situation des Hier und Jetzt) konfrontiert wird. In einem solchen Fall hat man es nicht mit einer „wirklichen" interpersonalen Kommunikation zu tun, sondern, in der Terminologie von Horton und Wohl (1956), mit einer „parasozialen Interaktion". Interpersonale Kommunikation meint eine (reziproke) Bezugnahme und Interaktion der Kommunikationspartner. Mit einer parasozialen Interaktion wiederum ist die Imagination persönlicher Interaktion oder sogar von Beziehungen mit Medienakteuren gemeint, wobei die „Last" des sich Arrangierens als eines „Sich-Einlassens" (Aufmerksamkeitsleistungen, Aufbringen empathischer Energie) der Rezipient trägt (vgl. als Überblick: Vorderer 1996). In diesem Sinne ist die Mediennutzung, wie jedes intendierte menschliche Tun, eine Form sozialen Handelns, allerdings unter dem Vorzeichen, dass man auf nicht-anwesende Medienakteure Bezug nimmt, ohne dass sie diesen Bezug auf die konkrete Person hin erwidern. Eine solches ‚Als-ob-Handeln' hat eine durchaus handlungsökonomisch entlastende Funktion, schon weil man nicht Gefahr läuft, für sein eigenes Handeln einem Medienakteur gegenüber in die Pflicht genommen zu werden. Beschimpfe ich Thomas Gottschalk vor dem Bildschirm, dann bleibt dies ohne Folgen. Mit der Zunahme interaktiver Medien werden indessen die Spielweisen parasozialer Bezugnahmen und Beziehungen vielfältiger, ebenso die damit abverlangten Imaginationsleistungen. Ist die Medienperson Thomas Gottschalk (noch) real, aber gleichsam abwesend und nimmt sie mich damit nicht zur Kenntnis, so ist eine mediale Konstruktion als virtuelle Kreatur (nehmen wir an, es wäre die Protagonistin des Computerspiels Lara Croft) zwar nicht aus Fleisch und Blut, aber sie vermag unser Tun (so wie dies jede Software tut) zu erwidern. Parasoziale Interaktionen sind keine pathologischen Erscheinungen, auch wenn sie Momente eines Interaktionssubstituts in sich bergen, so wie genau genommen jede mediale Kommunikation in einem gewissen Konkurrenzverhältnis zur Face-to-Face-Kommunikation steht. Dies umschreibt auch im Kern die Defizitannahme des Uses-and-Gratifications-Ansatzes: Medien konkurrieren mit persönlichen Kommunikationsbeziehungen. Mehr noch: Sie haben, wie Katz, Gurevitch und Haas (1973, S. 180)[3] feststellen, sogar als Ganzes gesehen ein höheres Gratifikationspotential als mediale Alternativen. Die Hinwendung zum Fernseher erfolgt so gesehen dann, wenn keine gratifikationsversprechenden Alternativen zur Verfügung stehen. Doch hier zeigt sich gleichwohl, dass ein Uses- and Gratifications-Ansatz mit der Dichotomisierung von medialer versus interpersonaler Kommunikation immer noch stark medienzentriert ausgerichtet ist.

Das, was im Medium geschieht, muss wiederum arrangiert werden mit dem, was sich um die Mediennutzung herum ereignet und umgekehrt. So kann eine anstößige Szene im Fernsehen das Geschehen vor dem Fernseher beeinflussen, ebenso wie beispielsweise eine familiäre Auseinandersetzung die Fernsehnutzung bestimmt. Das Medium ist, wie schon gesagt, Rahmen und wird zugleich gerahmt. Auch in einer Gesellschaft mit immer mehr Alleinlebenden und Singles bleibt das Fernsehen häufig eine familiäre Angelegenheit. So hängt dessen Gebrauch (wer nutzt das Medium wann zu welchem Zweck?) von Anderen (den Familienmitgliedern) und den dem Gebrauch zu Grunde liegenden (familiären) Regeln bzw. in deren Grenzen verlaufenden oder die Regeln verändernden intrafamiliären Aushandlungsprozessen ab (vgl. weiter: Höflich 1992b). Der familiäre Kontext und die damit assoziierten interpersonalen Kommunikationen liefern indessen nicht nur den unmittelbaren Rahmen der Rezeption (und sei es, dass sich dieser Rahmen vor allem durch Schweigen als Kommunikationsform auszeichnet), sondern auch für das Nachfeld der Rezeption.

---

[3]   Sie vermerken: „For all needs examined, the non-media sources (combined) were deemed more gratifying than the mass media. Friends, holidays, lectures and work were often said to be more important
    sources of gratification."

3.2 Postmediale Phase

Um nochmals dem Uses- and Gratifications-Ansatz zu folgen: Eine weitere Gratifikation der Medien besteht diesem Ansatz zufolge darin, dass die Medien als Themenlieferanten fungierten; sie liefern den Stoff, der dazu dient, mitreden zu können. Und gemäß der Agenda-Setting-Theorie bestimmen die Medien, wenn schon nicht, „was wir denken", so doch, „worüber wir denken" (vgl. Rössler 1997, S. 17) – und somit auch, worüber wir sprechen (was ja dann wieder das Denken über etwas beeinflusst). Ein Reden über Medien und Medieninhalte nimmt einen nicht zu unterschätzenden Anteil an den Alltagskommunikationen ein. Folgt man beispielsweise der aktuellen „JIM-Studie 2004 – Jugend, Information und (Multi-)Media" dann stehen das Fernsehen und Fernsehprogramme an der Spitze der Alltagsthemen Jugendlicher (Medienpädagogischer Forschungsverbund Südwest 2004, S. 59). Eine besonders anregende Untersuchung stammt von Angela Keppler (1994), die, neben anderem, in ihren „Tischgesprächen" auch und gerade die Medien(-inhalte) als Themen untersucht hat.

> „Die modernen Medien – und besonders exemplarisch das Fernsehen – ermöglichen Fernerfahrungen im Nahbereich. Erfahrungen jedoch, die den Mitgliedern einer Familiengemeinschaft wiederum nicht so nahe gehen und nicht so nahe liegen, wie dies ihre unmittelbaren ‚persönlichen' Erfahrungen tun. Durch diese Zwischenzone zwischen der Ferne der anonymen Welt und der Nähe des eigenen Hauses, die sich durch den Umgang mit den Medien innerhalb des familiären Haushalts auftut, stellen die Medien und ihre Themen eine kommunikative Ressource ganz eigener Art dar. Die Medien liefern ein Spektrum interessanter Themen, die jedoch zugleich, da sie nicht direkt unter den Gesprächspartnern relevant werden, sondern allein vermittelt über das (Gespräch über das) jeweilige Medium wenig Anlaß für eine allzu divergente oder kontroverse Behandlung bieten. Ihre Zwischenstellung zwischen großer und kleiner Welt entspricht einer Zwischenstellung zwischen einem neutralen und einem brisanten Gesprächsstoff. Die Medienthemen, auf die man im Gespräch kommt, sind meist auf die eine oder andere Art aktuell, jedoch fast niemals brisant in dem Sinn, dass es hierüber ans ‚Eingemachte' des familiären Weltbildes oder der familiären Machtverteilung gehen könnte" (Keppler 1994, S. 264).

Medien sind Lieferanten von Themen und sorgen damit dafür, dass eine Kommunikation mit Anderen in Gang gebracht oder im Laufen gehalten wird. Doch überdies haben Gespräche über Medien und Medieninhalte eine wesentliche Bedeutung, was deren Aneignung anbelangt (vgl. z.B. Hepp 2004, S. 376), und sie „wirken" dergestalt wieder in einem rekursiven Sinne auf die Medien zurück.

Interpersonale Kommunikation erschien bisher in der Tat als in einem engeren Sinne verstandene Kommunikation zwischen Personen – und zwar zwischen Personen aus dem nahen sozialen Umfeld, die sich gut kennen, zwischen Familienmitgliedern, Freunden und Bekannten. Fälle, in denen Fremde vor, während und nach der Mediennutzung von irgendeinem Belang sind, gehören zur seltenen Ausnahme.

Anders ist dies indessen in einem Nutzungskontext, der nicht mehr zu diesem gewohnten Rahmen gehört: die Nutzung von Medien im öffentlichen Raum.

4   Neue Kontexte: Mediennutzung im öffentlichen Raum

Die Nutzung von Medien im öffentlichen Raum war bislang eine Marginalie. Doch es scheint sich die Tendenz zu verstärken, dass Medien, die das ehemals Öffentliche (von der Musik bis zum Film oder Theater) in das Private transportiert haben, nun (wieder) den Weg zurück vom Privaten in das Öffentliche machen. Dazu gehören die Fernsehnutzung im öffentlichen Raum, der Walkman, der neuerdings in Gestalt des iPod von Apple wieder an Aktualität gewinnt (das so genannte „Kofferradio", also das tragbare Radiogerät, ist ja mittlerweile Geschichte, der"Ghetto-Blaster", als weitere mediale Erscheinung im öffentlichen Raum, taucht kaum noch im Alltag auf), Internetcafés, der tragbare Computer mit mobilem Internetzugang bis hin zum mobilen Telefon, das längst mehr als nur ein Telefon ist (und eingedenk der Digitalisierung zu einem mobilen Fernseher werden kann). Gerade eingedenk der medialen Konvergenz wird das Phänomen der Mediennutzung im öffentlichen Raum an Bedeutung gewinnen. Damit ändert sich jedoch der Nutzungskontext markant: Statt von der Familie und vertrauten Personen ist man nun von Fremden umgeben. Allemal hat man damit einen besonderen Rahmen der interpersonalen Kommunikation, in einem interaktionsermöglichenden wie auch -hemmenden Sinne. Hier zeigen sich sowohl Gemeinsamkeiten als auch Differenzen von Medien in dem Maße, wie sie eine öffentliche Kommunikationsordnung tangieren. Allemal eröffnet dieses Phänomen spannende Lektionen mit Blick auf Nutzungsdimensionen von Medien und damit einhergehenden sozialen Arrangiertheiten über die Familie hinaus – von dem Erzeugen von Störungen einer öffentlichen Kommunikationsordnung bis hin zur Eröffnung neuer Kommunikationen. Das Phänomen ist indessen nicht neu. Man denke an eine Zeitungs- oder Buchlektüre im öffentlichen Raum, an die Fernsehstuben in den frühen Jahren des Fernsehens (vgl. Winkler 1996) bis zu aktuellen gemeinschaftlichen Nutzungen von Fernsehen oder Video in nicht-industrialisierten Gesellschaften.[4] Bezogen auf das Fernsehen hat man es so gesehen mit einem Wiedererscheinen dieses Mediums im öffentlichen Raum zu tun (Krotz/Eastman 1999, S. 5).

---

[4] Dazu gehören beispielsweise die so genannten „video parlors" in ländlichen Gebieten Indiens, wo gegen Eintritt in einem öffentlichen Wohnzimmer gemeinsam Videos, auch solche mit softpornographischem Inhalt, angesehen werden (vgl. Johnson 2000, S. 159ff.). Dabei kommt es nicht zuletzt zu Interaktion zwischen Personen, die ansonsten keinen Kontakt gefunden hätten. Hier wird jedoch ein Thema angeschnitten, das auszuführen weit über den Rahmen der Arbeit hinausgehen würde.

4.1 Fernsehen auf öffentlichen Plätzen

Eine der wenigen Studien auf diesem Terrain stammt von Lemish (1982), die insbesondere hervorhebt, dass, ähnlich wie beim häuslichen Fernsehen im Kontext des Familienlebens, die persönlichen Beziehungen und die häuslichen Kommunikationsmuster in einem solchen Nutzungskontext untersucht werden müssen (vgl. Lemish 1982, S. 785). Nachgerade geht es darum, ob und wie sich das Medium bzw. dessen Nutzung in die Kommunikationsordnung des öffentlichen Raums und seiner Regeln einfügt – oder Widerstände erzeugt. Lemish geht davon aus, dass Ersteres der Fall ist: „Viewers were expected to fit in, not to be too obtrusive, or too noticeable" (Lemish 1982, S. 763). Die wird auch empirisch bestätigt. Eine neuere Studie (Krotz 2002; Krotz/Eastman 1999) bestätigt eine solche Passung zwischen der Nutzung des Fernsehens auf öffentlichen Plätzen und der öffentlichen Kommunikationsordnung: „Bei der Nutzung wird die Priorität des sozialen Ortes gewahrt. Fernsehen wird meist einfach nur zur Kenntnis genommen, die Besucher der entsprechenden Orte wählen die Möbelstück-Option. Die Orientierungsoption, also orientierende Blicke sind neben dem Ignorieren die am häufigsten beobachtbaren Verhaltensweisen. Meistens ziehen nur besondere Events Blicke auf sich und führen zu einer Nutzungsoption. Selbst wenn die Leute das Fernsehen beachten, dann tun sie dies in einer Weise, die sich an die Gegebenheiten des Ortes anpasst" (Krotz 2002, S. 159).

Doch es gibt nicht nur eine Anpassung an die öffentliche Kommunikationsordnung. Der Mediengebrauch hat in einem rekursiven Sinne Einfluss auf die öffentliche Kommunikationsordnung. An sich gehört es sich nicht, andere einfach anzusprechen. Dies ist bei einer öffentlichen Nutzung des Fernsehens anders. Das Fernsehen fungiert als ein interaktionsstimulierendes Medium (Lemish 1982, S. 778).[5] In diesem Sinne ändert sich die Natur öffentlicher Plätze. Orte, die an sich dafür gedacht sind, um etwas zu verkaufen und einzukaufen, um zu essen oder zu trinken, werden nun zu Fernseh- und Gesprächsorten („viewing-television-and-talking places"). Und statt einer gewissen Zurückhaltung Fremden gegenüber gibt es eine gewisse Offenheit für Interaktion und soziales Engagement. „In this manner, television transformed not only the range of accepted behaviours in a public location, but its social order as well" (Lemish 1982, S. 778f.).

4.2 Der Walkman

Als ein Massenphänomen trat der Walkman auf, den Sony 1979 als erstes persönliches Stereogerät und als erste wirkliche mobile Konsumententechnologie (vgl. Bull 2000, S. 1) auf den Markt brachte. Zwar hat der Walkman an Bedeutung verloren,

---

5   Vgl. weiter auch den Hinweis in Fußnote 4.

mobiles Musikhören wiederum scheint nach wie vor (oder erst recht wieder) in Gestalt des MP3-Players und, als deren Steigerung, des iPods von Apple aktuell. Bereits mit dem Walkman begann ein Diskurs um die durch ihn verursachte öffentliche Eruption, gerade weil damit das privatisierte Vergnügen in die Öffentlichkeit gelangt ist und die öffentliche Kommunikationsordnung durcheinander gebracht wird.[6] Dem nicht unähnlich sind Fragen zur Nutzung des Mobiltelefons. Das bezieht sich auch auf die Grenzziehung zwischen dem Öffentlichen und Privaten, die sich durch den Walkman ein weiteres mal verschoben hat, scheint doch der Walkman im „falschen" Kontext lokalisiert. Er zeigt sich deshalb als Störenfried, weil er das private Hören nun in den öffentlichen Raum hineinträgt und damit in etwas hineinragt, das bislang materiell wie symbolisch nicht davon betroffen war. Konsequenz: „...the Walkman created something of a 'moral panic' when it appeared, precisely of its transgression of established boundaries" (Gay, du u.a. 2003, S. 116). Und nicht zuletzt symbolisiert der Walkman einen Rückzug aus dem Öffentlichen, schon dadurch, dass einer öffentlichen Stimmung eine eigene Stimmungslage (quasi eine eigene musikalische Begleitung zum Film des Lebens da draußen) entgegengehalten wird. Der Walkman demonstriert klar einen Entzug von Engagement – man will von Anderen nichts wissen und will (und kann) von Anderen nicht angesprochen werden (vgl. auch Bull 2001, S. 189). Öffnet also das Fernsehen im öffentlichen Raum eine Kommunikationsordnung hin zur einer legitimierten Ansprache anderer, so schließt dies der Walkman aus. Die beiden Medien machen das Spektrum deutlich, in dem sich Medien in den öffentlichen Raum einfügen, Kommunikationen eröffnen oder blockieren. Beiden ist indessen gemein, dass andere bei der Rezeption anwesend sind – und dass zumindest prinzipiell mit ihnen zu rechnen ist.[7] Ganz offenkundig wird so etwas auch und gerade mit Blick auf das Mobiltelefon virulent.

5   Mediatisierte interpersonale Kommunikation und ihre Kontexte

Das Verhältnis von Massenkommunikation und interpersonaler Kommunikation wurde nun immer als eines von mediatisierter und nicht-mediatisierter Kommunika-

---

[6] So vermerken Du Gay u.a. (2003, S. 113): „The fear soon arose that if everyone was doing their own thing in the public sphere, to what extent was that sphere any longer public? What would those people share with another? Wouldn't society be reduced to little more than the aggregate of atomized individuals living in a particular geographical space?"

[7] Auch wenn dies der einzelne Nutzer zunächst so nicht wahrnimmt. In der Zeit, als dieser Beitrag verfasst worden ist, ereignete sich Folgendes: Gerade auf dem Weg zur Arbeitsstätte ging der Autor (noch) guten Mutes voran. Plötzlich durchzuckte ihn ein Schmerz: Ein von Hinten sich auf dem Gehweg annähernder Fahrradfahrer fuhr geradewegs und ohne Vorwarnung in dessen Beine. Der Fahrradfahrer hatte ihn, mit laufendem MP3-Player und die Kopfhörer noch am Ohr, bis zum Aufprall gar nicht zur Kenntnis genommen – dann aber schon...

tion verstanden.[8] Doch die Menschen benutzen (und dies immer mehr) Medien, um mit anderen sowie auch mit den Medien in Kontakt zu treten. Gerade unter dem Vorzeichen der Konvergenz heißt dies, dass dazu nicht mehr das Medium gewechselt werden muss. Das Internet ist das herausragende Exempel hierfür. Mediatisierte interpersonale Kommunikation ist (zumindest derzeit) gleichwohl keine Konkurrenz zu den Funktionalitäten der Massenkommunikation (vgl. Schönhagen 2004), zumal mit Blick auf die Konstitution einer öffentlichen Meinung. Wenn auch Ausnahmen, in denen interpersonale Kommunikation via elektronische Netze die Medienagenda beeinflusst, die Regel bestätigen (Jäckel 2005b, S. 85). Doch ist die ‚massenmediale Effektivität' der Netze nur die eine Seite. Nach überhöhten Visionen einer zukünftigen Netzgesellschaft und deren partizipatorischem Potenzial – Stichwort: virtuelle Gemeinschaften (vgl. auch Castells 2005) – ist eine gewisse Normalität der Netze eingekehrt. Nicht in der Konkurrenz, sondern im Neben- und Ineinander von Medien der Massenkommunikation und der interpersonalen Kommunikation (Cross Media und intermediale Konvergenz) ist ein Kommunikationspotenzial zu sehen. Es wäre genauer zu prüfen, unter welchen Bedingungen sich dies entfaltet. Empirische Studien sind hier noch rar. Doch gibt es eine Reihe von Hinweisen auf besondere Umstände, wo sogar ein nachhaltiger Ergänzungseffekt auftritt. Ein Beispiel liefert das schreckliche Attentat im März 2004 in Madrid, wo das Mobiltelefon aufgrund der Überlastung der telefonischen Festnetzleitungen zur Organisation von Hilfeleistungen herangezogen wurde wie auch zur Mobilisierung gegen die Regierung Aznar (Lorente 2005). Ein weiteres Beispiel für eine über die Massenmedien hinausgehende Mobilisierung ist der politisch motivierte Einsatz des Mobiltelefons und des Short Message Service (SMS), mit denen nicht zuletzt im Jahre 2001 der Sturz des Präsidenten Estrada verbunden wird (vgl. Paragas 2003). Womöglich machen neue Medien hierbei gar nicht so viel Neues, doch scheinen sie zumindest die Effektivität bisheriger Kommunikationswege zu erhöhen. Gerade weil sich unter dem Vorzeichen der Konvergenz eine Verbindung von massenmedialer und interpersonaler Kommunikation in einem Medium ergibt, wird es sich eine an der öffentlichen Kommunikation orientierte Kommunikationswissenschaft kaum leisten können, ihre weitgehend vorhandene Abstinenz bezüglich der Medien interpersonaler Kommunikation beizubehalten.

Dabei ist es nicht nur wichtig, das Verhältnis von Medien und interpersonaler Kommunikation dahingehend zu befragen, was es denn „bedeutet", wenn die Menschen ein Medium benutzen, wie die Kommunikation und die kommunikativen Beziehungen dadurch verändert werden. Hierauf kann im Weiteren, so wichtig das Thema auch ist, nicht genauer eingegangen werden (vgl. z.B. Höflich 1996). Eine weitere zentrale Frage bezieht sich auf die jeweilige, mit dem Gebrauch eines Mediums einhergehende soziale Arrangiertheit. Es eröffnet sich damit ein Themenfeld,

---

[8] Die Analyse von Leserbriefen mag hier eine Ausnahme sein.

das sich auf Gemeinsamkeiten und Differenzen der Nutzung von Medien bezieht. Schließlich wird damit darauf aufmerksam gemacht, dass es nicht um eine Differenzierung von Massenmedien hier und Medien der interpersonalen Kommunikation dort geht, sondern um gemeinsame Problemlagen von Aneignung und Gebrauch unter Vielmedienbedingungen. Hierbei ist die Nutzung von Medien im öffentlichen Raum ein herausragendes Testfeld.

Was ehemals im Privaten stattfand, findet sich nun im öffentlichen Raum wieder. Was ehemals im vertrauten Kreis von Verwandten, Freunden und Bekannten geschah, ereignet sich nun (meist) bei Anwesenheit Fremder. Aktuell wie exemplarisch hierfür ist das mobile Telefon. Es handelt sich momentan vor allem noch um ein Medium der (mündlichen wie schriftlichen) Kommunikation – aber schon längst ist es mehr als nur ein Telefon und eingedenk medialer Entwicklungen mutiert es zu einem weiteren Hybridmedium, das massenmediale und interpersonale Kommunikation in einem Medium vereint. Auch das Telefon beschreitet, wie andere Medien auch, einen Weg von der häuslichen zur außerhäuslichen Kommunikation. Doch im Vergleich zur Nutzung der Massenmedien, wo doch der (familiäre) Kontext als zentraler situativer Rahmen untersucht worden ist, blieb hier der Kontext meist außen vor. Dritte, also all jene, die bei einer kommunikativen Verbindung zwischen medial verbundenen Kommunikationspartnern anwesend sind, sind eigentlich beim häuslichen Telefon nicht mitgedacht. So konnte sich denn auch das Telefon als ein Medium der privaten, ja intimen Kommunikation formieren. Ausgeprägter ist dies noch beim Online-Chat, wo andere nicht einmal als akustisches Hintergrundrauschen wahrnehmbar sind. Indem das bisher private Telefonieren öffentlich wird, hat sich die Situation markant geändert. Dritte sind integraler, von den Kommunikationspartnern immer mitzudenkender Bestandteil der Kommunikation. Immer ist also damit zu rechnen, dass sich andere durch die Mediennutzung gestört fühlen oder andere die eigene Nutzung stören (vgl. im Folgenden insbesondere Höflich 2005).

Wie mit Blick auf das Fernsehen auf öffentlichen Plätzen und den Walkman demonstriert, erfolgt die Aneignung zwischen Anpassung und Eruption. Das Mobiltelefon bringt nicht unähnlich dem Walkman stärker Eruptionen mit sich und erweist sich so verstanden als ein Störfaktor einer öffentlichen Kommunikation. Wiewohl sich das Fernsehen im öffentlichen Raum in eine Kommunikationsordnung einzufügen scheint, erzeugt es doch auch Irritationen bei Anwesenden. Das nachfolgende Zitat bezieht sich auf das Fernsehen. Es zeigt eine bestechende Analogie zur Problematik der Nutzung des Mobiltelefons.

> „When two people sit at a table facing each other, with TV-screens positioned behind each person's head, the arrangements afford an opportunity for easy switching between two roles – conversationalist and spectator – often requiring no more than a redirection of the gaze, not even a repositioning of the body. The effect of this impolite triangulation of conversation, making interlocutors compete with the image for each other's attention, is often a disconcerting split focus between distant spectacle and intimate talk in which neither experience is very satisfactory. We watch each other watching the

screen as we converse, and we watch each other struggling not to watch; if the screens are in synch, then we are virtually mirror images of each other's spectatorship, participant-observers in the production and consumption of a spectacle of distraction. … Serial spectacles on overhead screens both symbolically join spaces together in long-distance communication and fragment the social atmosphere of their immediate environments. The connotations of public address that come with the convention of overhead screen placement suture the conversing spectator into (at least) two places at once. We hesitate between two modes of spatiality – distance and proximity – so that mediated images can see more „live" than the person with whom we are sitting. As a result the intertwining of conversation and spectatorship in bars, restaurants, and other places with multiple monitors confuses and conflates the multiple meanings of individuality in Habermas's public sphere. On the other hand, the subject is intervowen with image-based networks of long-distance exchange and information transmission, on the other he or she is a rational, discursive, copresent citizien of a space, of a conversation, of a social relationship. If spectatorship is a subject position that offers a kind of „virtual mobility", then the paradoxical effect of the multiscreen apparatus is to anchor us in place, making us unable to take off. The triangulation of spectatorship and conversation produces a sense of distraction that stems less form the „privatisation" of the space via the screen than from the incompleteness of this privatization process" (McCarthy 2001, S. 124).

Ähnliches lässt sich unschwer mit Blick auf das Mobiltelefon finden.[9] So demonstriert das Beispiel der Nutzung des Fernsehens im öffentlichen Raum durchaus, dass es bei der Nutzung des Mobiltelefons um ähnliche Problemlagen geht. Die Aufgabe einer Kommunikationswissenschaft wäre nun, gerade hier anzusetzen, statt sich von einem Bereich vorschnell zu verabschieden, nur weil er nicht der öffentlichen Kommunikation zugerechnet wird. Jede Mediennutzung erfordert soziale Arrangements, um eine mediale Kommunikation zu ermöglichen sowie um das Interaktionsgeschehen des sozialen Umfeldes nicht zu (zer-)stören (vgl. auch: Höflich 2003, 2004, 2005). Dies zeigt sich in komplexester Form im Falle mobiler Kommunikation. Während eine massenmediale Kommunikation nur Arrangements zwischen Nutzer und Anwesenden verlangt, so ist nun das Ganze in einer triadischen Relation zwischen Ego (als dem Empfänger/Angerufenen), Alter (als dem Sender/Anrufer) und anwesenden Dritten zu betrachten. Das Nutzungsfeld der mobilen Kommunikation macht dergestalt darauf aufmerksam, das interpersonale Umfeld der Mediennutzung – und dann über verschiedene Medien hinweg – genauer und vergleichend zu untersuchen. Der interpersonale Kontext als Rahmen der Mediennutzung allgemein wird so verstanden zu einem besonderen Gegenstand der For-

---

[9] Beispielsweise sei Rich Ling (2004, S. 143) angeführt, der vermerkt: "Mobile telephony has the ability to disrupt the structure of social interaction at several levels. At the broadest level, the device challenges the decorum of established social settings, such as those in restaurants. At a more microscopical level, there is a range of disturbing elements in the way that we manage interpersonal interaction vis-á-vis the mobile telephone. Finally, for the individual actor in a social situation there is turbulence caused by issues such as forced eavesdropping."

schung; das Thema Medien und interpersonale Kommunikation wird so zu einem
Thema von Medien und sozial arrangierter Rahmung der Mediennutzung. Und indem man diesen Weg beschreitet, geht man zugleich einen Schritt weiter hin zu einer integrativen Theorie der Kommunikation, die sich nicht mit einer dichotomi-
schen Trennung von (massen-)medialer und interpersonaler Kommunikation be-
gnügen mag.

6   Schlussbemerkungen: Medien und interpersonale Kommunikation – hin zu einer integrativen Perspektive

Das Thema „Medien und interpersonale Kommunikation" wird vorwiegend unter
dem Vorzeichen von „Massenkommunikation und interpersonaler Kommunikation" behandelt, wobei der interpersonalen Kommunikation ein eher marginaler
Stellenwert zugeschrieben wird. Erst recht gilt dies für die mediatisierte interpersonale Kommunikation. Interpersonale Kommunikation wird von der Mediennutzung kontextualisiert und kontextualisiert diese zugleich. Die interpersonale
Kontextualisierung oder Rahmung des Mediengebrauchs und die damit einhergehenden sozialen Arrangements stellen eine theoretische Klammer dar, um Mediennutzung in einem umfassenden Sinne – und über die Massenmedien hinaus – verstehen zu können. Ein besonderer Testfall ist hierbei die Mediennutzung im öffentlichen Raum und hier wiederum die mobile Kommunikation. Dabei zeigt sich, dass
Arrangements nicht nur zwischen dem Sender und Empfänger, sondern auch und
gerade zwischen diesen und den Anwesenden notwendig sind. Unterschiedliche
Medien haben dabei gewisse Arrangements gemein, doch ebenso unterscheiden sie
sich durch besondere Arrangiertheiten. Vor einem solchen Hintergrund ist es nahe
liegend, nach einer integrativen Perspektive Ausschau zu halten, nach einer Perspektive, bei der es darum geht, von medialen Gemeinsamkeiten und Differenzen auszugehen. Hier bietet sich die so genannte Mediumtheorie an, so wie sie nachgerade
von Joshua Meyrowitz weiterentwickelt worden ist (vgl. Meyrowitz 1987, 1995,
1998). Kurz gesagt zielt sie gemäß Meyrowitz (1998, S. 106) auf einen expliziten o-
der impliziten Vergleich eines Kommunikationsmediums mit einem anderen oder
mit nicht-mediatisierter Kommunikation, wobei der Einfluss eines Mediums nicht
einfach auf den Inhalt einer Botschaft zu reduzieren ist. Dergestalt lenkt eine derartige Mediumanalyse die Aufmerksamkeit auf jene relativ invarianten Merkmale eines
jeweiligen Mediums (oder eines generellen Medientyps), um es als ein einzigartiges
Mediensetting zu beschreiben und von anderen Medien sowie der Face-to-Face-
Kommunikation abzugrenzen. In den Worten von Meyrowitz (1994, S. 50):

> „Medium theory focuses on the particular characteristics of each individual medium or
> of each particular type of media. Broadly speaking, medium theorists ask: What are the
> relatively fixed features of each means of communicating and how do these features

make the mediums physically, psychologically, and socially different from other media and from face-to-face interaction" (Meyrowitz 1994, S. 50).

Medien sind nicht nur einfache Kanäle zur Übermittlung von Information zwischen zwei oder mehr Umwelten, sondern sie sind „shapers of a new social environment themselves" (Meyrowitz 1994, S. 51), wobei, so Meyrowitz (1989, S. 106) an anderer Stelle, die Bedeutung der Umwelt eines Mediums ironischerweise mit dessen wachsendem Einfluss weniger gewahr wird. Medien sind nachgerade durch eine interpersonale Rahmung je unterschiedlich kontextualisiert – Umwelten des Gebrauchs sind immer auch soziale Umwelten, und damit ist verbunden, dass man sich (mehr oder weniger) auf Dritte einlassen muss. Mit einer solchen Perspektive auf die soziale Rahmung des Gebrauchs wird zugleich einer bei Meyrowitz vorherrschenden Medienzentriertheit ein Gegengewicht gegeben, indem auch und gerade die (interpersonale) Bedeutungswelt der Nutzer einbezogen wird.

7 Literatur

Bauer, Raymond A. (1973): Das widerspenstige Publikum. Der Einflussprozess aus der Sicht sozialer Kommunikation. [Aus dem Amerik.]. In: Prokop, Dieter (Hrsg.): Massenkommunikation. Band 2: Konsumtion. Frankfurt, S. 152-166.

Beniger, James R. (1987): Personalization of Mass Media and the Growth of Pseudo-Community. In: Communication Research, 14, No. 3, S. 325-371.

Berger, Peter L.; Luckmann, Thomas (1970): Die gesellschaftliche Konstruktion der Wirklichkeit. Eine Theorie der Wissenssoziologie, 5. Auflage. Frankfurt am Main.

Bull, Michael (2001): The World According to Sound. Investigating the World of Walkman Users. In: mew media & society, Vol. 5, S. 179-197.

Bull, Michael (2000): Sounding out the City. Personal Stereos and the Management of Everyday Life. Oxford, New York.

Castells, Manuel (2005): Die Internet-Galaxie: Internet, Wirtschaft und Gesellschaft. [Aus dem Amerik.]. Wiesbaden.

Chaffee, Steven H.; Mutz, Diana C. (1988): Comparing Mediated and Interpersonal Communication Data. In: Hawkins, Robert u.a. (Hrsg.): Advancing Communication Science: Merging Mass and Interpersonal Processes. Newbury Park usw., S. 19-43.

Fritz, Angela (1984): Die Familie in der Rezeptionssituation. Grundlage zu einem Situationskonzept für die Fernseh- und Familienforschung. München.

Gay, du Paul u.a. (2003): Doing Cultural Studies. The Story of the Sony Walkman. Reprint [first published 1997]. London usw.

Goffman, Erving (1974): Das Individuum im öffentlichen Austausch. Mikrostudien zur öffentlichen Ordnung. Frankfurt am Main.

Goffman, Erving (1980): Rahmen-Analyse. Ein Versuch über die Organisation von Alltagserfahrung. Franfurt am Main.

Granovetter, Mark S. (1973): The Strength of Weak Ties. In: American Journal of Sociology, 68, S. 1360-1380.

Hepp, Andreas (2004): Netzwerke der Medien. Medienkulturen und Globalisierung. Wiesbaden.

Holtz-Bacha, Christina; Kutsch, Arnulf (Hrsg.) (2002): Schlüsselwerke für die Kommunikationswissenschaft. Wiesbaden.

Höflich, Joachim R. (1992a): Kommunikationstechnologien, Kommunikationsnetze und die Diffusion von Bedeutung. Eine Forschungsskizze. In: Communications, 17, S. 311-330.

Höflich, Joachim R. (1992b): Fernsehen als regelgeleitetes soziales Geschehen. Zum Beitrag einer „regelorientierten Kommunikationsperspektive" bei der Analyse der Rezeptionssituation. In: Publizistik, 37, S. 166-182.

Höflich, Joachim R. (1996): Technisch vermittelte interpersonale Kommunikation. Grundlagen, organisatorische Medienverwendung, Konstitution ,elektronischer Gemeinschaften. Opladen.

Höflich, Joachim R. (2003). Part of Two Frames. Mobile Communication and the Situational Arrangement of Communicative Behaviour. In: Nyíri, Kristóf (ed.): Mobile Democracy: Essays on Society, Self and Politics. Vienna, S. 33-51.

Höflich, Joachim R. (2004): Kommunikation im Cyberspace und der Wandel von Vermittlungskulturen: Zur Veränderung sozialer Arrangements mediatisierter Alltagskommunikation. In: Thiedeke, Udo (Hrsg.): Soziologie des Cyberspace. Medien, Strukturen und Semantiken. Wiesbaden, S. 144-169.

Höflich, Joachim R. (2005): An mehreren Orten zugleich. Mobile Kommunikation und soziale Arrangements. In: Höflich, Jochim R.; Gebhardt, Julian (Hrsg.): Mobile Kommunikation. Perspektiven und Forschungsfelder. Frankfurt am Main, S. 19-41.

Horton, Donald; Wohl, R. Richard (1956): Mass Communication and Para-Social Interaction. In: Psychiatry, 10, S. 215-179.

Jäckel, Michael (2005a): Medienwirkungen. Ein Studienbuch zur Einführung. 3., vollständig überarbeitete und erweiterte Auflage. Wiesbaden.

Jäckel, Michael (2005b): „Oprah's Pick", Meinungsführer und das aktive Publikum. In: Media Perspektiven, 2, S. 76-90.

Johnson, Kirk (2000): Television and Social Change in Rural India. New Delhi, Thousand Oaks, London.

Katz, Elihu (1957): The Two-Step Flow of Communication: An Up-to-Date Report on a Hypothesis. In: Public Opinion Quarterly, 21, S. 61-78.

Katz, Elihu u.a. (1973): On the Use of the Mass Media for Important Things. In: American Sociological Review, 38, S. 164-181.

Keppler, Angela (1994): Tischgespräche. Über Formen kommunikativer Vergemeinschaftung am Beispiel der Konversation in der Familie. Frankfurt am Main.

Knoblauch, Hubert (Hrsg.) (1996): Kommunikative Lebenswelten. Zur Ethnographie einer geschwätzigen Gesellschaft. Konstanz.

Krotz, Friedrich (2001): Die Mediatisierung kommunikativen Handelns. Der Wandel von Alltag und sozialen Beziehungen, Kultur und Gesellschaft durch die Medien. Wiesbaden

Krotz, Friedrich; Eastman, Susan Tyler (1999): Orientations Toward Television Outside the Home. In: Journal of Communication, 49, S. 5-27.

Lazarsfeld, Paul F. u.a. (1944): The Peoples Choice. How the Voter Makes Up His Mind in a Presidential Campaign. New York.

Lemish, Dafna (1982): The Rules of Viewing Television in Public Places. In: Journal of Broadcasting, 26, No. 1, S. 757-781.

Levy, Mark; Windahl, Sven (1985): The Concept of Audience Activity. In: Rosengren, Karl E. u.a. (Hrsg.): Gratifications Research. Current Perspectives. Beverly Hills, London, New Delhi 1985, S. 109-122.

Lorente, Santiago (1995): The Unexpected Role of Mobile Phones on March 11th 2004 Terrorist Attacks in Madrid. Vortrag im Rahmen des Workshop „An Ethnographic view on Mobile Communication" an der Universität Erfurt, 2.-3. Dezember 2004.

Maletzke, Gerhard (1963): Psychologie der Massenkommunikation. Theorie und Systematik. Hamburg.

McCarthy, Anna (2001): Ambient Television. Visual Culture and Public Space. Durham, London.

Medienpädagogischer Forschungsverbund Südwest (2004): JIM-Studie 2004. Jugend, Information, (Multi-)Media. Basisuntersuchung zum Medienumgang 12- bis 19-Jähriger. Stuttgart.

Meyrowitz, Joshua (1987): Die Fernsehgesellschaft. Wirklichkeit und Identität im Medienzeitalter. Weinheim, Basel.

Meyrowitz, Joshua (1994): Medium Theory. In: Crowley, David; Mitchell, David L. (Hrsg.): Communication Theory today. Cambridge, S. 50-77.

Meyrowitz, Joshua (1998): Multiple Media Literacies. In: Communication, Vol, 48, No. 1, S. 96-108.

Miller, Gerald; Steinberg, Mark (1975): Between People. A New Analysis of Interpersonal Communication. Chicago usw.

Naschold, Frieder (1972): Systemsteuerung. 3. Auflage. Stuttgart.

Paragas, Fernando (2003): Dramatextism. Mobile Telephony and People Power in the Philipines. In: Nyíry, Kristóf (ed.): Mobile Democracy. Essays on Society, Self and Politics. Vienna, S. 259-283.

Renckstorf, Karsten (1977): Neue Perspektiven in der Massenkommunikationsforschung. Beiträge zur Begründung eines alternativen Forschungsansatzes. Berlin.

Rogers, Everett M. (1995): Diffusion of Innovations. 4. Auflage. New York u.a.

Rössler, Patrick (1997): Agenda-Setting. Theoretische Annahmen und empirische Evidenzen einer Medienwirkungshypothese. Opladen.

Schenk, Michael (2002): Medienwirkungsforschung. 2. Auflage. Tübingen.

Schönhagen, Philomen (2004): Soziale Kommunikation im Internet. Zur Theorie und Systematik computervermittelter Kommunikation vor dem Hintergrund der Kommunikationsgeschichte. Bern usw.

Schütz, Alfred (1974): Der sinnhafte Aufbau der sozialen Welt. Eine Einleitung in die verstehende Soziologie. Frankfurt am Main.

Shibutani, Tamutsu (1978): Reference Groups as Perspectives. In: Manis, Jerome G.; Meltzer, Bernard N. (Hrsg.): Symbolic Interaction. A Reader in Social Psychology. 3. Auflage. Boston, S. 108-188.

Vorderer, Peter (Hrsg.) (1996): Fernsehen als „Beziehungskiste. Parasoziale Beziehungen und Interaktionen mit TV-Personen. Opladen.

Vowe, Gerhard (2002): Paul F. Lazarsfeld / Bernard Berelson / Gaudet, Hazel (1944): The people's choice. In: Holz-Bacha, Christina; Kutsch, Arnulf (Hrsg.): Schlüsselwerke für die Kommunikationswissenschaft. Wiesbaden, S. 255-259.

Winkler, Klaus (1996): Fernsehen unterm Hakenkreuz. Organisation, Programme, Personal. 2. aktualisierte Auflage Köln usw.

Empfehlungen zum Weiterlesen:

Höflich, Joachim R. (1996): Technisch vermittelte interpersonale Kommunikation. Grundlagen, organisatorische Medienverwendung, Konstitution ‚elektronischer Gemeinschaften. Opladen.

Jäckel, Michael (2005): Medienwirkungen. Ein Studienbuch zur Einführung. 3., vollständig überarbeitete und erweiterte Auflage. Wiesbaden.

Ling, Rich (2004): Mobile Connection. The Cell Phone's Impact on Society. Amsterdam usw.

Medien und soziale Wirklichkeit

Angela Keppler

Zusammenfassung: In welchem Sinn prägen die modernen Kommunikationsmedien die Verfassung der gegenwärtigen Lebenswirklichkeit? Zur Beantwortung dieser Frage wird zunächst der Begriff der sozialen Realität geklärt. Dies geschieht unter Rückgriff auf die Theorien der Soziologen Alfred Schütz, Peter Berger und Thomas Luckmann. Die Bedeutung der Medien, so wird anschließend dargelegt, kann soziologisch nur erforscht werden, wenn die Funktion der technischen Kommunikationsmedien in ihrer Stellung innerhalb der sozialen Welt betrachtet wird. Die Konstruktion der sozialen Wirklichkeit wird heute von der tagtäglichen subjektiven wie intersubjektiven Aneignung des medialen Angebots getragen.

1 Einleitung

Seit es Medien der Weltdarstellung und Weltherstellung gibt, die gegenüber den unauffälligen alten als auffällige neue Medien in Erscheinung treten, stellt sich den Menschen, die mit diesen Medien Umgang haben, die Frage, wie sich denn Medialität und Realität überhaupt zueinander verhalten. Alle einfachen Antworten erweisen sich in diesem Zusammenhang rasch als verfehlt. Denn es ist nicht so, dass die Medien entweder die Realität verfälschen oder aber die Realität ein Erzeugnis medialer Prozesse ist. Solche Auskünfte lassen sich nur geben, so lange man glaubt, „Medialität" und „Realität" säuberlich voneinander trennen zu können. Nach der Wirklichkeit von etwas zu fragen, bedeutet jedoch immer, nach seiner – und nach der Art seiner – Zugänglichkeit als Wirklichkeit zu fragen. Diese Zugänglichkeit ist stets von Möglichkeiten des Umgangs geprägt, in denen dem Menschen etwas als Wirklichkeit seines Lebens begegnet. Die Formen der technisch vermittelten Kommunikation stellen eine Art eines solchen Umgangs und damit: eine Art der Gewinnung sozialer und kultureller Wirklichkeit dar. Dies ist nicht irgendeine Art, denn – wie jeder weiß – ohne die Realität der Medien lebten wir in einer anderen Realität. Den Medien der technisch vermittelten Kommunikation kommt für die Verfassung der gegenwärtigen Gesellschaften eine tragende Bedeutung zu.

In welchem Sinn, so lautet die Frage, der ich im Folgenden nachgehen werde, prägen die modernen Kommunikationsmedien die Verfassung der gegenwärtigen Lebenswirklichkeit? Diese Frage aber lässt sich nicht beantworten, ohne eine weitere zu stellen: In welchem Sinn ist von „Wirklichkeit" die Rede, wenn von der wirk-

lichkeitsbildenden Macht dieser Medien die Rede ist? Ich werde diese Frage in fünf
Schritten beantworten. Ich benenne zunächst einige sozialtheoretische Voraussetzungen einer angemessenen Medienanalyse. Sodann stelle ich den soziologischen
Konstruktivismus von Peter Berger und Thomas Luckmann vor. Dies führt drittens
zu einer Bestimmung der medialen Lebensverhältnisse, die für heutige Gesellschaften kennzeichnend sind. Der vierte Abschnitt kommentiert im Anschluss an Niklas
Luhmann eine herausragende Leistung der modernen Kommunikationstechniken –
die Herstellung einer den Nutzern dieser Techniken gemeinsamen Gegenwart.

2   Voraussetzungen

Dass die modernen Massenmedien – allen voran Radio und Fernsehen – ein integraler Teil der modernen Gesellschaft und Kultur sind, war in der Diskussion, die
ihr Entstehen begleitet hat, alles andere als selbstverständlich. Auf breiter Front
wurde in der soziologischen, philosophischen und kulturkritischen Zeitdiagnose das
Gegenteil vertreten: Film, Radio und Fernsehen – mitsamt ihrer kommerziellen
Nutzung –, so der Haupttenor früher soziologischer und philosophischer Studien
zu diesem Thema, stellen eine Bedrohung eigenbestimmter gesellschaftlicher Entwicklung dar. In Beiträgen, die weit über ihr Erscheinungsdatum hinaus einfluss-
reich blieben, haben Autoren wie Max Horkheimer und Theodor W. Adorno,
Günther Anders oder Arnold Gehlen die zu ihrer Zeit neuen Medien nicht nur als
eine Bedrohung der demokratischen Gesellschaft, sondern auch der Möglichkeiten
ihrer künftigen Entwicklung gedeutet (vgl. Horkheimer/Adorno 1986 [zuerst 1947],
S. 173ff.; Anders 1968, S. 104ff.; Gehlen 1957, S. 44ff.). Dieser ästhetischen, moralischen und politischen Kritik der durch die Medien entstandenen „Massenkultur"
standen auf der anderen Seite entschiedene Apologien gegenüber, allen voran die
klassischen Beiträge von Walter Benjamin aus den dreißiger und von Marshall Mc-
Luhan aus den sechziger Jahren (vgl. Benjamin 1972 [zuerst 1936]; McLuhan 1992
[zuerst 1964]). Hier wurden die neuen Medien als Chancen einer umwälzenden
Entwicklung begriffen, die in die Aufhebung eines entfremdeten oder vereinseitigten Gesellschafts- und Kulturzustands münden würde oder wenigstens münden
könnte. Das Auftreten der neuen Kommunikationsmedien wurde auf diese Weise
als Zeichen entweder eines Endes oder aber eines Anfangs einer freien ästhetischen
und politischen Kultur gedeutet.[1]
    Damit aber wurden irreführende Alternativen errichtet, die bis zum heutigen
Tag die soziologische Diskussion über den historischen Rang der technisch vermit-

---

[1] Eine informative Übersicht über die Argumente beider Seiten gibt Carroll (1998); kritische Fallstudien
zur Kulturindustrie-These der „Dialektik der Aufklärung" bieten Keppler; Seel (1991) und Steinert
(1998).

telten medialen Kommunikation behindern. Die Bedeutung der Medien kann soziologisch nur erforscht werden, wenn die Funktion der technischen Kommunikationsmedien in ihrer Stellung innerhalb der sozialen Welt betrachtet wird. Sie sind ein bestimmender Teil dieser Welt. Wie sie diese Welt bestimmen, kann nur geklärt werden auf der Basis eines eindeutigen Begriffs dieser Welt. Ohne ein angemessenes Verständnis sozialer Realität kann es kein angemessenes Verständnis medialer Realität geben.

Anders als die Welt der Natur, die wir mit Hilfe unserer wissenschaftlichen Konstruktionen erschließen, ist die soziale Welt eine durch die Praktiken sozialen Handelns erst erzeugte Welt. Sie ist durch menschliche Praxis entstanden, und dies wiederum in einer Weise, in der sich das Erzeugende – die Arten gesellschaftlicher Praxis – zusammen mit seinen Erzeugungen – den Verfestigungen dieser Praxis – herausbildet und verändert. In seinem Aufsatz „Begriffs- und Theoriebildung in den Sozialwissenschaften" aus dem Jahr 1954 stellt Alfred Schütz die Grundlagen der Sozialwissenschaften denjenigen der Naturwissenschaften gegenüber: „Es bleibt dem Naturwissenschaftler und nur ihm allein vorbehalten, sein Beobachtungsfeld in Übereinstimmung mit den Verfahrensregeln seiner Wissenschaft zu definieren, er bestimmt damit in diesem Feld die Tatsachen, Daten und Ereignisse, die für sein vorliegendes Problem und seine verfügbaren wissenschaftlichen Ziele relevant sind. Diese Tatsachen und Ereignisse sind nicht bereits vorher ausgesucht, und ebenso wenig ist das Beobachtungsfeld im Voraus interpretiert. Die in der Weise des Naturwissenschaftlers erforschte Welt der Natur 'bedeutet' den Molekülen, Atomen und Elektronen gar nichts. Das Beobachtungsfeld des Sozialwissenschaftlers, also die soziale Wirklichkeit, hat dagegen eine besondere Bedeutung und Relevanzstruktur für die in ihr lebenden, handelnden und denkenden Menschen. Sie haben diese Welt, in der sie die Wirklichkeit ihres täglichen Lebens erfahren, in der Folge von Konstruktionen des Alltagsverstands bereits vorher ausgesucht und interpretiert. Diese ihre eigenen gedanklichen Gegenstände bestimmen ihr Verhalten, indem sie es motivieren. Um diese soziale Wirklichkeit zu erfassen, müssen die vom Sozialwissenschaftler konstruierten gedanklichen Gegenstände auf denen aufbauen, die im Alltagsverstand des Menschen konstruiert werden, der sein tägliches Leben in der Sozialwelt erlebt. Daher sind die Konstruktionen der Sozialwissenschaften sozusagen Konstruktionen zweiten Grades, das heißt Konstruktionen von Konstruktionen jener Handelnden im Sozialfeld, deren Verhalten der Sozialwissenschaftler beobachten und erklären muß, und zwar in Übereinstimmung mit den Verfahrensregeln seiner Wissenschaft." (Schütz 1971, S. 67f.)

Aufgabe dieser „Konstruktionen zweiten Grades", auf die eine sozialwissenschaftliche Forschung zielt, ist demnach eine Explikation derjenigen „Konstruktionen ersten Grades" – Gedanken, Verständnisse, Normen, Wissensformen – die für die historischen Lebenswelten des menschlichen Handelns und Erlebens maßgebend sind. Entscheidend ist hierbei überdies die Relevanz, die Orientierungen und

Verhaltensweisen im sozialen Leben zugewiesen wird, denn aus ihr eigentlich entsteht das, was unter den gegebenen historischen und kulturellen Umständen als primäre Wirklichkeit des sozialen Lebens gilt (vgl. Schütz 1971a).

3 Die gesellschaftliche Konstruktion der sozialen Realität

Die soziokulturelle Welt, bedeutet dies, ist nicht aus vereinzelten Absichten heraus erdacht und gemacht worden, sie ist mit der kollektiven Herausbildung bestimmter Tätigkeiten und Tätigkeitsfelder so entstanden, dass sie unabhängig von diesen Tätigkeiten und ihren Verfestigungen gar nicht existiert. Sie besteht nur im Zusammenhang der für sie konstitutiven Praktiken, ja: sie ist dieser Zusammenhang. Das, was sich so herausbildet und erhält – Verhältnisse wie Sprache, Ehe, Geld, Recht, Wissenschaft, Ökonomie, Politik, Kunst, Medien usw. – gibt es nur im Zusammenhang dieser Praktiken. Diese Interdependenz macht die Realität sozialer Verhältnisse aus. Weil sie nur in der Verschränkung von Praktiken und ihren Produkten, Vollzügen und ihren Medien besteht, ist eine deterministische Deutung von vornherein verfehlt. Es gibt keine – medialen oder sonstigen – sozialen Verhältnisse, die das Verhalten in diesen Verhältnissen so kanalisieren würden, dass ihnen im Handeln nur noch blind gefolgt werden könnte. Vielmehr sind diese Verhältnisse durch Spielräume des Verhaltens gekennzeichnet, in denen soziale und kulturelle Prozesse ihre Wirklichkeit haben. Um die Besonderheiten dieser Realität zu betonen, haben Peter Berger und Thomas Luckmann 1966 von einer „gesellschaftlichen Konstruktion der Wirklichkeit" und hat John Searle dreißig Jahre später von einer „Konstruktion der gesellschaftlichen Wirklichkeit" gesprochen (vgl. Berger/Luckmann 1970; Searle 1997). Diese beiden Wendungen gehören im Grunde zusammen. Denn zusammen stellen sie die Interdependenz von Gesellschaft und ihren konstitutiven Praktiken heraus.

Die Abhandlung von Berger/Luckmann ist für eine sozialwissenschaftliche Erforschung des Zusammenhangs von sozialer Wirklichkeit und medialer Wirklichkeit ein bis heute paradigmatisches Buch. Der Kommunikationswissenschaftler Winfried Schulz stellt unter Bezugnahme auf die Theorie von Berger/Luckmann fest, dass die Frage danach, was „wirklich geschah" bzw. welches das absolut gesehen „richtige" Bild der Realität sei, nicht mehr als eine „metaphysische Frage" sei, über die niemand Auskunft geben könne. Die Vorstellung, Realität existiere unabhängig von Beobachtern, bezeichnet Schulz daher als „naiv" (vgl. Schulz 1989). Die Fragestellung der Kommunikationswissenschaft könne demzufolge auch nicht mehr lauten: Wie gut oder schlecht bilden die Medien die Wirklichkeit ab, sondern sie müsse lauten: Mit welchen Merkmalen ist beispielsweise die von den Nachrichtenmedien konstituierte Welt ausgezeichnet, woran unterscheidet sich hier das, was tatsächlich von dem, was nicht oder nur vermeintlich vorgefallen ist? Welches sind die

Kriterien der Selektion, Interpretation und Sinngebung von Realität? (vgl. Schulz 1990, S. 28). Es gelte demzufolge Massenmedien grundsätzlich als Instanzen der Sinngebung zu betrachten, die aktiv an der Konstruktion von Wirklichkeit beteiligt sind. Im Unterschied zu einer Tradition in der Kommunikationswissenschaft, die von einer grundsätzlichen Gegenüberstellung medialer Wirklichkeit und gesellschaftlicher Wirklichkeit ausgeht und die Aufgabe der Medien darin sieht, als Übermittler einer von ihnen unabhängigen äußeren Realität zu fungieren, werden die Medien in allen „konstruktivistischen" Modellen als ein integraler Bestandteil von Gesellschaft, als ein aktives Element im sozialen Prozess betrachtet, aus dem die Realität sozialer Verhältnisse erst hervorgeht.

Dies sind kommunikations- und mediensoziologische ebenso wie kommunikationswissenschaftliche Ansätze, die auf pragmatistischen und phänomenologischen Ansätzen der Philosophie und der Soziologie aufbauen. Die auf Grundannahmen von Soziologen wie Alfred Schütz, Max Weber, George Herbert Mead und Herbert Blumer zurückgreifende Abhandlung von Berger/Luckmann stellt nicht nur für die deutsche Medien- und Kommunikationssoziologie, sondern auch für viele kommunikationswissenschaftliche Ansätze zu diesem Thema einen entscheidenden Ausgangspunkt dar. Sie ist die Basis für verschiedene Varianten des Konstruktivismus in der Medien- und Kommunikationswissenschaft geworden[2], denen gemeinsam ist, dass sie das Verhältnis von Wirklichkeit und Medien-Wirklichkeit nicht als „Abbildmechanismus", sondern als einen eigenständigen Prozess der „Wirklichkeitskonstruktion" bestimmen – einer fortwährenden Herausbildung und Differenzierung von Verständnissen dessen, was im gesellschaftlichen Kontext als real und irreal, relevant und irrelevant gilt.

Soziale Wirklichkeit, so die zentrale These des Buches von Berger/Luckmann, muss immer doppelt gefasst werden: als objektives Faktum und subjektiv gemeinter Sinn. Sie knüpfen dabei an die Auffassung von Alfred Schütz an, dass das Verständnis der in einer Gesellschaft Handelnden die Grundlage dafür bildet, was die objektive, von den Intentionen einzelner unabhängige Wirklichkeit dieses Handelns ausmacht. Soziale Wirklichkeit gilt hier zunächst einmal grundsätzlich als Konstruktion, die sich zusammensetzt aus subjektiven Wahrnehmungen, intersubjektiven Bedeutungszuschreibungen und gesellschaftlichen Bedingungen. Die Basis unseres Handelns ist die Wirklichkeit der Alltagswelt.

„Die Wirklichkeit der Alltagswelt wird als Wirklichkeit hingenommen. Über ihre einfache Präsenz hinaus bedarf sie keiner zusätzlichen Verifizierung. Sie ist einfach da - als

---

[2] Auf das Konzept von Berger/Luckmann beziehen sich verschiedene Autoren in den Kommunikationswissenschaften (z.B. Winfried Schulz, Siegfried J. Schmidt), ebenso wie Vertreter der handlungstheoretischen (z.B. Klaus Neumann-Braun, Michael Charlton), ethnomethodologischen (z.B. James Lull, Gaye Tuchman) und konversationsanalytischen (z.B. Angela Keppler, Ruth Ayaß) Medien- und Rezeptionsforschung ebenso wie zahlreiche Autoren im Rahmen der Cultural Studies (Stuart Hall, Friedrich Krotz).

selbstverständliche, zwingende Faktizität. Ich weiß, daß sie wirklich ist. […] Nicht alle Wirklichkeitsaspekte sind jedoch gleich unproblematisch. Die Alltagswelt ist in Ausschnitte eingeteilt, deren einige ich routinemäßig begreife, andere stellen mir Probleme dieser oder jener Art." (Berger/Luckmann 1970, S. 26)

Dabei wird davon ausgegangen, dass wir einen Großteil unserer Erfahrungen routinemäßig – in Übereinstimmung mit unserem Alltagswelt-Wissen – machen, dass wir also Ereignisse als unproblematisch wahrnehmen, wenn sie mit unserem vorhandenen Wissen übereinstimmen. Wir arbeiten dabei mit Typisierungen und Rezeptwissen, das es uns ermöglicht, dass wir nicht in jeder Situation erneut überlegen müssen, wie wir etwas einordnen, interpretieren, mit Bedeutung versehen sollen. Entscheidend dabei ist der Aspekt, dass die „Alltagswelt nicht nur als wirklicher Hintergrund subjektiv sinnhafter Lebensführung von jedermann hingenommen wird, sondern daß sie jedermanns Gedanken und Taten ihr Vorhandensein und ihren Bestand verdankt." (Berger/Luckmann 1970, S. 22) Von entscheidender Bedeutung für den Wirklichkeitscharakter ist die Erfahrung der Intersubjektivität: „Die Wirklichkeit der Alltagswelt stellt sich mir ferner als eine intersubjektive Welt dar, die ich mit anderen teile. Ihre Intersubjektivität trennt die Alltagswelt scharf von anderen Wirklichkeiten. Ich bin allein in der Welt meiner Träume. Aber ich weiß, daß die Alltagswelt für andere ebenso wirklich ist wie für mich." (Berger/Luckmann 1970, S. 25) Dieses Verhältnis: Alltagswelt als „Wirklichkeit par excellence" zu erleben und das gleichzeitige Wissen um das Vorhandensein von Zonen, die „außerhalb meiner Reichweite" existieren, ist nun im Hinblick auf das Verhältnis von lebensweltlicher und medialer Wirklichkeit von zentraler Bedeutung.

Soziale Realität ist demnach eine Konstruktion, die auf subjektiven Sinngebungs- und Interpretationsleistungen beruht, die aber nicht von jedem einzelnen gesellschaftlichen Subjekt in beliebiger Weise vorgenommen werden. Unsere Wirklichkeit wird bestimmt durch einen „gesellschaftlichen Wissensvorrat", den wir mit unseren Mit-Menschen teilen, und der zu einem großen Teil aus routinemäßigen Verfahren besteht, die unser Handeln im Alltag erleichtern. Dieser Wissensvorrat ist ein Produkt menschlicher Anstrengungen und menschlichen Bewusstseins. Er besteht zu einem wesentlichen Teil aus „Rezepten zur Lösung von Routineproblemen". Er liefert die

> „Typisierungen, die für die Hauptroutinen der Alltagswelt nötig sind – […] Typisierungen für alle Sorten von Ereignissen und Erfahrungen: gesellschaftlichen und persönlichen. […] Die Gültigkeit meines Wissens in der und über die Alltagswelt garantiere ich selbst, und garantieren andere sich und mir nur bis auf weiteres, das heißt bis zu dem Augenblick, in dem ein Problem auftaucht, welches nicht im ‚gültigen' Sinne gelöst werden kann." (Berger/Luckmann 1970, S. 44f.)

Dann, so könnte man anfügen, interpretieren die Handelnden jede Situation jedes Ereignis neu und konstruieren damit die Wirklichkeit des Ereignisses durch einen

Rückgriff auf vorhandenes Wissen durch neue Interpretationen und Sinnzuschreibungen.

Die Rolle der Medien wird in dem Werk von Berger/Luckmann nicht explizit thematisiert, wohl nicht zuletzt deshalb, weil Mitte der 60er Jahre des vorigen Jahrhunderts, als das Buch in den USA entstanden ist, die Rolle der Medien noch nicht den heutigen Stellenwert erreicht hatte. Allerdings wurde die Beschäftigung mit Formen der Kommunikation zu einem bestimmenden Faktor der späteren Arbeiten von Thomas Luckmann (vgl. z.B. Luckmann 1986). Vor dem Hintergrund dieser älteren und jüngeren Forschungen kann die Frage nach dem Verhältnis von Alltags-Wirklichkeit und Medienwirklichkeit aber nicht mehr lauten, wie sich Realität und ihre mediale Wiedergabe oder Verarbeitung zueinander verhalten, sondern sie muss sich darauf beziehen, welche Rolle die Medien und die durch sie vermittelte Kommunikation für unser Wirklichkeitsverständnis spielen. Wie und auf welche Weise greift mediale Kommunikation in die gesellschaftliche Konstruktion der Wirklichkeit ein? Es ist dies sowohl die Frage nach der Konstruktion von Wirklichkeit in den Medien als auch im Anschluss an die Medien. Sie betrifft nicht allein das Problem der Auswahl von Ereignissen durch mediale Präsentationen (auf die sich die erwähnte Untersuchung von Winfried Schulz beschränkt); sie betrifft ebenso die Art und Weise der audiovisuellen Präsentation medialer Produkte und deren Einfluss auf die Vorgänge der Rezeption. Dies – die durch die Machart medialer Produkte gelenkte, ihr gegenüber aber auch eigensinnige Aneignung durch die Rezipienten – ist der zweite grundlegende Fokus einer angemessenen Mediensoziologie. Denn es reicht bei weitem nicht aus, hier einen passiven Übernahmeprozess anzunehmen. Die Ausgangsüberlegung muss vielmehr sein, dass die Konstruktion medialer Wirklichkeit sowohl auf Seiten der Produzenten wie der Rezipienten ein aktiver Vorgang ist.

4   Mediale Lebensverhältnisse

Das Zur-Verfügung-Stehen von Techniken und Effekten der technisch vermittelten Kommunikation bildet einen zentralen Teil der alltäglichen Wirklichkeit des gegenwärtigen Lebens. Der Gebrauch dieser Medien gehört zu den selbstverständlichen Vollzügen des Alltags wie der Gebrauch vieler anderer Geräte und die Kommunikation mit leibhaftig anwesenden Anderen. Zusammen bilden diese Praktiken den lebensweltlichen Alltag aus, in dem viele der über „die Medien" bezogenen Deutungsmuster zunächst oft ebenso wenig problematisiert werden wie die Kompetenzen und Mitteilungen von Verwandten und Arbeitskollegen. Dass vieles zunächst nicht problematisiert wird, bedeutet jedoch nicht, dass es nicht problematisiert werden kann. Im alltäglichen Handeln wird stillschweigend überprüft und großteils bestätigt, was in (oft zugleich) faktischer wie normativer Bedeutung „Sache ist". Ob es

sich um Verkehrsregeln und die Sanktionierung ihrer Übertretung, um Verwandtschaftsbeziehungen, Gehaltszahlungen oder die Sendezeit und die Choreografie einer Fernsehserie handelt – dergleichen sind soziale und kulturelle Tatsachen, weil
man hierauf im alltäglichen Handeln zählen und gemeinsam immer wieder zurück-
kommen kann. Dies ist gerade dann der Fall, wenn unsere soziale Wirklichkeit
durch einen „gesellschaftlichen Wissensvorrat" bestimmt wird, den wir mit unseren
Mitmenschen teilen, und dieser zu einem großen Teil aus routinemäßigen Verfahren
besteht, die unser Handeln im Alltag erleichtern. Trotzdem ist in modernen Gesellschaften die Erfahrung unausweichlich, dass diese Hintergrundorientierungen jederzeit brüchig werden können. Wenn dies geschieht, können die im bisherigen Alltag
gewonnenen Sicherheiten auch auf verschiedene Weise in Zweifel gezogen werden
– obwohl es auch hierzu weiterer, vorerst nicht angetasteter Gewissheiten bedarf,
die nicht zur selben Zeit in Zweifel stehen können. Wenn „ein Problem auftaucht,
welches nicht im ‚gültigen' Sinne gelöst werden kann" (Berger/ Luckmann 1970 , S.
45), dann interpretieren die Handelnden die jeweilige Situation bzw. das jeweilige
Ereignis neu und gewinnen so im Rückgriff auf vorhandenes Wissen eine revidierte
Einschätzung ihrer Wirklichkeit.

Diese alltägliche Wirklichkeit hängt entscheidend von ihrer Kommunizierbar-
keit ab. Wie vor allem Niklas Luhmann betont hat, erhält sich eine gemeinsame soziale Welt wesentlich über die Möglichkeit anschlussfähiger Kommunikationen (vgl.
Luhmann 1995). Die Wiedergabe und Weitergabe, die Ausformung und Umformung von Wissen und Orientierung sind gesellschaftsbildende Prozesse der Kommunikation, an denen die durch technische Medien vermittelte Kommunikation einen stetig wachsenden Anteil hat. Diese sind ein konstitutiver Bestandteil der heutigen Lebenswelt, ganz zu schweigen von ihrer Rolle in Ökonomie, Politik und Ver-
waltung. Weil das so ist, kann man mit gutem Recht sagen, dass die heutigen gesellschaftlichen Verhältnisse mediale Lebensverhältnisse sind. Nur muss auch das richtig verstanden werden. Es bedeutet: Es gibt keine Bereiche des sozialen Lebens, die
in ihrer Wirklichkeit nicht durch Prozesse der medialen Kommunikation geprägt
wären. Diese stellt eine conditio sine qua non des modernen Lebens dar: ohne sie
geht es nicht. Das bedeutet aber andererseits nicht, dass die soziale Wirklichkeit
nichts weiter als eine Konstruktion oder ein Effekt „der Medien" wäre.[3] Sie haben
ihre weitreichende Wirkung nur, weil sie ein integraler Teil der sozialen und kulturellen Praxis geworden sind, in der mittelbare und unmittelbare Kommunikation
einander wechselseitig bedingen.

Die Begegnung mit Situationen, in denen sie nie waren und nie sein werden, ist
für die heutigen Menschen vor allem Dank der „Massenmedien" Radio und Fern-

---

[3] Vgl. die postmodernen und poststrukturalistischen Medien-Theorien etwa von Jean Baudrillard, Paul
     Virilio über Wolfgang Welsch und Norbert Bolz bis hin zu Friedrich Kittler, auf die ich hier nicht nä-
     her eingehe; vgl. dazu Keppler (1994).

sehen zu einem höchst alltäglichen Ereignis geworden. Die Situation, die erfahren wird, ist bei der Verfolgung einer Kriegsberichterstattung oder eines Fußballspiels im Fernsehen, aber auch bei einem Telefongespräch oder einer Video-Konferenz eine gänzlich andere als die, in der erfahren wird. Hier ist die „Situation der Erfahrung" nicht länger deckungsgleich mit der „erfahrenen Situation". Dieses Verhältnis ist charakteristisch für das, was gegenüber traditionellen Formen des Wissenserwerbs mediale Erfahrung genannt werden kann. Diese ist Erfahrung einer (momentan oder dauerhaft) unerreichbaren Welt in der erreichbaren Welt und zugleich eines permanenten Hineinreichens der einen in die andere.

Jüngere konstruktivistische Forschungsansätze versuchen dieser Situation zu entsprechen. Massenmedien, so die Ausgangsthese des „radikalen Konstruktivismus", sind in unserer Gesellschaft zu „Instrumenten der Wirklichkeitskonstruktion" geworden. Allen voran spielt das Fernsehen für unsere Sozialisation, unsere Gefühle und Erfahrungen, unser Wissen, unsere Kommunikation, für Politik und Wirtschaft usw. eine entscheidende Rolle. In seinem Buch „Die Zähmung des Blicks" bezieht sich beispielsweise Siegfried J. Schmidt explizit auf die Diskussionen im Hinblick auf das Verhältnis bzw. die Unterscheidung zwischen Realität und Medienrealität. „Im Unterschied zu dieser Debatte, die sich vor allem auf die Frage nach dem (korrekten!) Verhältnis zwischen ‚Realität' und ‚Medienrealität' kapriziert, kann diese Unterscheidung im hier angebotenen Diskussionsrahmen auf eine andere Differenz umgepolt werden, nämlich auf die Differenz Konstruktion vs. Nutzung." (Schmidt 1998, S. 118) Er resümiert gleich darauf: „Zunächst ist also festzuhalten, dass in ‚den Medien', also z.B. im Fernsehen Wirklichkeiten erzeugt (und nicht abgebildet) werden gemäß den Konstruktionsbedingungen der jeweiligen Medien, also als Korrelat medienspezifischer Operationen." (Schmidt 1998, S. 120) In den Organisationen, die für Produktion und Distribution zuständig sind, werden also Medienangebote hergestellt, „die als Kopplungsangebote für kognitive und kommunikative Systeme zur Verfügung gestellt werden. Mit anderen Worten: andere Systeme können diese Medienangebote gemäß ihren spezifischen Systembedingungen zu ihrer eigenen Wirklichkeitskonstruktion nutzen." (Schmidt 1998, S. 120)[4] Was jedoch die Seite der „Nutzung" und der Integration dieser Medienwirklichkeiten in die soziale Wirklichkeit der Menschen betrifft, so finden wir hier nur die lapidare Auskunft:

> „Angesichts der Fülle der nutzbaren und genutzten Medienangebote kommen dem normalen Mediennutzer nur selten Zweifel an deren ‚Objektivität' – wie sollte man auch den ‚Wahrheitsgehalt' jedes Angebots überprüfen? [...] Man verläßt sich auf seine erprobten gesellschaftlich sanktionierten Wirklichkeitskriterien und vertraut im Übrigen darauf, dass die Medien sich gegenseitig kontrollieren, Widerstand gegen sich selbst er-

---

[4] Empirische Studien zu diesen Zusammenhängen liegen bislang in erster Linie im Bereich der Journalismusforschung vor. Vgl. z.B. Weischenberg (1995) und Haller (1994).

zeugen, der dann qua Manipulationsverdacht unter Wirklichkeitsaspekten beurteilt werden kann." (Schmidt 1998, S. 120)

Die Rezipienten bilden, so die weiteren Annahmen der Vertreter dieses Ansatzes, Medienschemata bzw. Mediengattungen aus, die ihren Umgang mit den Medienangeboten steuern. Diese Medienschemata sind rein kognitive Vorstellungen, die Handelnde beim Umgang mit Medienprodukten haben; sie werden nicht als Aneignungen des kommunikativen Gehalts dieser Produkte und ihres Genrecharakters verstanden, sondern lediglich als Effekte auf Seiten der individuellen Adressaten.[5] Auf diese Weise aber geht eine wesentliche Dimension dessen verloren, was die durch die modernen Kommunikationsmedien hergestellte Öffentlichkeit ausmacht: die Möglichkeit nämlich einer variierenden Interpretation der Verständnisse und Sichtweisen (und eines kommunikativen Austauschs über sie), die durch die spezifische Machart der medialen Produkte angeboten werden.

Im Unterschied zu einer reduzierten Konzeption des Prozesses der Medienrezeption geht der Ansatz der Mediengattungen, wie er im Rahmen des wissenssoziologischen Konzepts der sozialen Wirklichkeit entwickelt wurde, davon aus, dass es sich bei Gattungen um kommunikative Handlungsformen handelt, die auf spezifischem Wissen sowohl von Produzenten als auch von Rezipienten beruhen. Hier stehen sowohl die kommunikativen Angebote der Medienprodukte als auch die kommunikativen Vorgänge, die die konkrete Medienaneignung begleiten, im Zentrum der Analysen. Anders als beim radikal-konstruktivistischen Konzept der 'Mediengattungen/Medienschemata' werden hier nicht lediglich Annahmen über kognitive Vorgänge gemacht, die die Rezeption vermeintlich oder tatsächlich steuern, sondern die Medienrezeption wird empirisch in ihrer Formenvielfalt und konkreten Ausprägung im Zusammenhang mit einer Analyse der medialen Produkte selbst untersucht (vgl. Keppler 1994; Keppler 2005; Ayaß 2004).

Wie der radikale Konstruktivismus geht auch die Theorie Niklas Luhmanns davon aus, dass der Mensch keinen unmittelbaren Zugang zur physikalischen Welt hat und es daher nur den Weg der „gedanklichen Konstruktion" gibt. Luhmann schreibt: „Was mit ‚Realität' gemeint ist, kann deshalb nur ein internes Korrelat von Systemoperationen sein - und nicht etwa eine Eigenschaft, die den Gegenständen der Erkenntnis zusätzlich zu dem, was sie nach Individualität oder Gattung auszeichnet, außerdem noch zukommt. [...] Realität wird systemintern durch Sinngebung (besser im Englischen: sensemaking) erarbeitet." (Luhmann 1995, S. 19) Dies betrifft zunächst die erkenntnistheoretischen und epistemologischen Probleme des Erkennens von Wirklichkeit überhaupt. Luhmann plädiert in diesem Zusammenhang für einen „operativen Konstruktivismus". Er betont, dass auch der „operative

---

[5]   Vgl. dazu z.B. Rusch (1993). Ruschs Untersuchung ist im Wesentlichen eine quantitative Erfassung der im Bewusstsein von Medienhandelnden verankerten Genres.

Konstruktivismus" der Systemtheorie von der Grundannahme des Konstruktivismus ausgehe:

> „Die primäre Realität liegt [...] nicht in ‚der Welt draußen', sondern in den kognitiven Operationen selbst [...] Der operative Konstruktivismus bezweifelt keineswegs, daß es eine Umwelt gibt ... Die These des operativen Konstruktivismus führt also nicht zu einem ‚Weltverlust', sie bestreitet nicht, daß es Realität gibt. Aber sie setzt Welt nicht als Gegenstand, sondern im Sinne der Phänomenologie als Horizont voraus. Also als unerreichbar. Und deshalb bleibt keine andere Möglichkeit als: Realität zu konstruieren und eventuell: Beobachter zu beobachten, wie sie die Realität konstruieren." (Luhmann 1995, S. 18f.)

5 Eine Herstellung von Gegenwart

Wie Luhmann jedoch gleichzeitig betont, erhält sich eine gemeinsame soziale Welt wesentlich über die Möglichkeit anschlussfähiger Kommunikationen. Die Wiedergabe und Weitergabe, die Ausformung und Umformung von Wissen und Orientierung sind gesellschaftsbildende Prozesse der Kommunikation, an denen die durch technische Medien vermittelte Kommunikation einen stetig wachsenden Anteil hat. In seinem Buch über „Die Realität der Massenmedien" stellt Luhmann die zentrale Frage, was die alten und neuen Massenmedien zum Erhalt moderner Gesellschaften beisteuern. „Sie leisten einen Beitrag zur Realitätskonstruktion der Gesellschaft" (Luhmann 1995, S. 183), lautet die Antwort. Damit jedoch stehen sie nicht allein. Denn die Massenmedien haben „keinen Exklusivanspruch auf Realitätskonstruktion. Schließlich trägt jede Kommunikation in dem, was sie aufgreift und in dem, was sie dem Vergessen überlässt, zur Realitätskonstruktion bei. Unentbehrlich ist jedoch die Mitwirkung von Massenmedien, wenn es um die weite Verbreitung, um die Möglichkeit anonymer und damit unvorhersehbarer Kenntnisnahme geht." (Luhmann 1995, S. 183)

Diese „weite", „anonyme" und eben darin „unvorhersehbare" Verbreitung von Information ist auch für Luhmann wegen einer Leistung unentbehrlich, die in komplexen Gesellschaften durch kein anderes soziales System erbracht werden könnte: Sie stellt für die Mitglieder einer Gesellschaft eine gemeinsame Gegenwart her. Die Massenmedien machen einen Bereich von Objekten, Ereignissen und Problemen allgemein zugänglich, indem sie ihnen eine vorübergehende Aktualität verleihen, durch die sie von allem Vergangenen ebenso unterschieden sind wie von den noch gar nicht konturierten Ereignissen der Zukunft. Was Joshua Meyrowitz in seiner einflussreichen Abhandlung unter dem Stichwort „no sense of place", als ein Zurückgehen territorialer sozialer Abgrenzungen, Ordnungen und Differenzierungen verbucht (vgl. Meyrowitz 1985), lässt sich aus dieser Perspektive als Gewinn eines „new sense of time" verstehen.

Dieser Sinn für Aktualität wird generiert, indem die Medien, wie Luhmann sagt, „Irritationen" erzeugen, die eine schnelle „Bearbeitung" erfordern. Indem die Massenmedien nun allgemeine Irritationen erzeugen, versorgen sie die Gesellschaft zugleich mit einer gemeinsamen Lage, die von ihren Angehörigen je verschieden bewältigt werden muss. Denn je nach der Position, die jemand aufgrund seines Alters, seines Geschlechts, seiner Gruppenzugehörigkeit, seines Berufs usw. einnimmt, treffen die massenmedial erzeugten Aktualitäten auf einen anderen Erfahrungshorizont, so dass bei der Erneuerung der sozialen Orientierung jeweils andere Interpretationsleistungen verlangt sind. „Where the global meets the local", um einen bekannten Aufsatztitel von David Morley zu zitieren (vgl. Morley 1999), dort ist die individuelle Aneignung einer kollektiven Situation verlangt. Die Massenmedien schaffen diese Möglichkeit, so bemerkt Luhmann unter kritischem Hinweis auf Habermas, nicht durch eine riskante, letztlich destabilisierende Herbeiführung brüchiger Konsense, sondern, sehr viel elementarer, durch eine Bereitstellung von „Objekten", auf die sich alle beziehen können. „Daß es solche Objekte ‚gibt', verdankt die moderne Gesellschaft dem System der Massenmedien, und es wäre kaum vorstellbar, wie eine weit über individuelle Erfahrungshorizonte hinausgreifende Gesellschaft kommunikativer Operationen funktionieren könnte, wäre diese unerläßliche Bedingung nicht durch den Kommunikationsprozeß selbst gesichert." (Luhmann 1995, S. 178)

Auch Luhmann hebt hervor, dass ein gemeinsames gesellschaftliches Feld von Bezügen nur dadurch zustande kommen kann, dass die medial generierten und generalisierten Zeithorizonte in die jeweils speziellen Zeitökonomien von Einzelnen oder gesellschaftlichen Gruppen integriert werden. Die nach Vergangenheit und Gegenwart hin offene allgemeine Gegenwart einer Gesellschaft existiert nur in einer permanenten Verschränkung mit den partikularen, aus lokalen Erfahrungen gespeisten Zeithorizonten individueller gesellschaftlicher Praxisformen, seien es solche von Einzelnen oder von Gruppen. Diese Verschränkung ist nichts, was einfach besteht, sie ist eine Verbindung sozialer Orientierungen, die stets von neuem – in der Verarbeitung immer neuer „Irritationen" – geleistet werden muss. Die Konstruktion einer sozialen Wirklichkeit wird so auch von der tagtäglichen subjektiven wie intersubjektiven Aneignung des medialen Angebots getragen.

Die Wahrnehmung von Situationen jenseits der eigenen leiblich-praktischen Situation kann und muss von dem Subjekt dieser mittelbaren Wahrnehmung gleichwohl auf die eigene Situation bezogen werden. Die Situation der medialen Wahrnehmung ist also immer eine Situation der Aneignung der medialen Präsentationen. Durch diese Aneignung sind mediale und reale Situation miteinander verzahnt. Diese Aneignung verleiht dem Wahrgenommenen eine Bedeutung im Kontext der übrigen Lebenssituationen. Sie vollzieht sich als interpretative und kommunikative Handlung innerhalb der alltäglichen Situation. Dennoch ist die mediale Erfahrung hierbei nicht länger nur eine Vor- oder Nachbereitung der existentiellen Erfahrung. Sie ist ein eigener Typus der Erfahrung, durch den entfernte oder fiktive Wirklichkeiten erschlossen werden, denen die Subjekte dieser Erfahrung eine Bedeutung für ihren Lebensvollzug zuweisen können. Mediale Erfahrung, in diesem Verständnis, ist eine Erfahrung von Situationen außerhalb der Reichweite des eigenen Handelns, in Reichweite der eigenen lebensweltlichen Situation.

Diese Erläuterung allerdings greift noch zu kurz. Empirische Forschungen zur medialen Praxis zeigen, dass sich die Dynamik der heutigen, vielfach medial geprägten Erfahrungen nur zusammen mit der intersubjektiven Aktualität dieser Erfahrungen zu verstehen ist (vgl. Keppler 2000). Denn die Veränderung der Reichweite der Erfahrung betrifft nicht allein räumliche Distanzen, sie betrifft auch das zeitliche Verhältnis, in dem die Lebenserfahrungen einzelner Individuen sowie einzelner sozialer Gruppen zueinander stehen. Die modernen technischen Medien machen es möglich, dass sich Menschen in räumlich und sozial getrennten Situationen gleichwohl in einer geteilten Situation befinden. Sie befinden sich an verschiedenen Orten in einer gemeinsamen Zeit. Und sie erfahren sich als Akteure, die trotz unterschiedlicher Positionen in einer Gegenwart leben.

Wir dürfen nicht vergessen, dass die Sendungen des Fernsehens, dass Filme und Videos, dass Webseiten und Computerspiele nicht allein höchst unterschiedliche Präsentationen, sondern dass sie selbst Ereignisse sind, die als ein alltäglicher Bestandteil des eigenen Lebens erfahren werden. Wer sich eine Sportübertragung ansieht, nimmt an einem Ereignis teil, das weit mehr als nur die Wiedergabe eines wirklichen Ereignisses ist: die Dramaturgie der Übertragung im Fernsehen erzeugt vielmehr eine eigene Art der Präsenz dieses Ereignisses. Auf diese Weise stellen die neuen technischen Medien tatsächlich eine neue Einheit von erfahrener Situation und Situation der Erfahrung her. Nur darf diese Einheit nicht räumlich, sie muss zeitlich gedacht werden. Die mediale Kommunikation schafft eine zeitliche Nähe, die keinerlei räumliche und nicht einmal eine soziale Nähe zur Voraussetzung hat. Alle, die diese Medien gebrauchen, sind immer bereits über die Situation ihrer leiblichen Anwesenheit hinaus: sie haben Teil an einer überindividuellen Gegenwart, in der sich die Zeit ihres eigenen Lebens abspielt.

6   Schlussbemerkung

Verstehen und Deuten der Auffassungen und Handlungen anderer sind die Voraussetzung dafür, dass wir mit anderen Menschen in einer geteilten Welt handeln und kommunizieren können. Im Sinn der anfangs vorgestellten Überlegungen von Alfred Schütz ist eine Explikation dieser Prozesse das Ziel einer interpretativen Sozialwissenschaft – auch und gerade dann, wenn sie die mediale Kommunikation in ihrem komplexen Verhältnis zur unmittelbaren Alltagskommunikation zum Thema hat. Wenn wir den Beitrag erkunden wollen, den die Medien zur Konstruktion der sozialen Welt leisten, müssen wir die kulturellen Praktiken erkunden, durch die im Gebrauch dieser Medien wirklichkeitsrelevantes Orientierungswissen hervorgebracht wird.

Die für eine qualitativ verfahrende empirische Mediensoziologie zentrale Frage lautet, wie in und durch die Medien soziale Realität konstruiert und konturiert wird. Durch welche sprachlichen, filmischen, dramaturgischen Mittel werden Ereignisse, Sachverhalte dargestellt und aufbereitet, fiktional und experimentell imaginiert? Welche Mitteilungsformen, Konventionen, Gattungen der Berichterstattung und Narration werden dabei eingesetzt? Wie haben sich diese historisch entwickelt? Wie kann man sie beschreiben? Welche inhaltliche Selektion findet dabei statt? Im Weiteren stellen sich die Fragen: Wie werden die medialen Angebote genutzt, welche Wirklichkeitskonstruktionen werden bei den Rezipienten in Gang gesetzt? Wie werden also Medienangebote verarbeitet und angeeignet? Welche Wirklichkeiten produzieren Mediennutzer anhand der Medienwirklichkeiten? Kurzum: Welche Rolle spielen die Massenmedien im Alltag der Menschen? Wie tragen sie zur Bildung und Umbildung der Relevanzen bei, die für die soziale Wirklichkeit in einer globalisierten Welt leitend sind?

Vor dem Hintergrund eines Verständnisses von Medienrealität als einer sozialen Konstruktion sind interpretative Methoden der empirischen Sozialforschung für die Untersuchung dieser Medienrealität unbedingt notwendig. Gerade was die audiovisuellen Medien betrifft, kann dies nicht ohne eine Berücksichtigung der technischen Voraussetzungen und formalen Möglichkeiten der audiovisuellen Gestaltung geschehen. Denn diese bringen je eigene Gesetze und Konventionen hervor. Diese lassen sich nicht untersuchen, wenn man sich in der Forschung rein auf die verbalen Inhalte oder den dramatischen Plot beschränkt und die Darstellungsmodi außer Acht lässt. Die Bilder des Fernsehens sind auch innerhalb dokumentarischer Formate keine Abbilder der Realität, denn sie sind selbst eine hergestellte Realität, in dem Sinn, dass bei der Entstehung eines audiovisuellen Produkts von der Recherche über die Aufnahme bis zu Schnitt, Montage und Vertonung, professionelle und technische Standards und Konventionen eine konstitutive Rolle spielen. Die Frage nach der „Wirklichkeit der Medien" kann dementsprechend nicht einfach lauten, wie es in der Kommunikationswissenschaft häufig geschieht, ob das Bild der Welt, das die Medien liefern, ein richtiges oder verzerrtes Abbild gesellschaftlicher Wirklichkeit sei. Sie muss vielmehr lauten: Welches sind die Kriterien, Mechanismen und Konventionen, die die Konstruktion von Realität in den jeweiligen Medien bestimmen? Welche unterschiedlichen Arten des fiktiven und faktischen Wirklichkeitsbezugs spielen in der unterschiedlichen Rhetorik und Ästhetik der fraglichen Sendungen und Formate eine Rolle? Welches sind die Prozeduren, in denen die medialen Gehalte auf Seiten der Rezipienten angeeignet werden? Welche Spielräume der Interpretation und Kritik eröffnen sich ihnen und wie werden sie in jeweiligen gesellschaftlichen Kontexten genutzt? Dieses Wie der „medialen Konstruktion von Wirklichkeit" im Detail zu beschreiben und dabei Methoden einzusetzen, die der Vielschichtigkeit der dabei ablaufenden Prozesse gerecht werden – dies ist das Ziel einer soziologischen Medien- und Kommunikationsanalyse.[6]

7   Literatur

Anders, Günther (1968): Die Antiquiertheit des Menschen. München.

Ayaß, Ruth (2004): Konversationsanalytische Medienforschung. In: Medien und Kommunikation, 51, 1, S. 6-29.

Benjamin, Walter (1972): Das Kunstwerk im Zeitalter seiner technischen Reproduzierbarkeit. Drei Studien zur Kunstsoziologie. [Zuerst 1936]. Frankfurt am Main.

Berger, Peter L.; Luckmann, Thomas (1970): Die gesellschaftliche Konstruktion der Wirklichkeit. Frankfurt am Main.

Carroll, Noel (1998): A Philosophy of Mass Art. Oxford.

Gehlen, Arnold (1957): Die Seele im technischen Zeitalter. Hamburg.

Haller, Michael (1994): Recherche und Nachrichtenproduktion als Konstruktionsprozesse. In: Merten, Klaus u.a. (Hrsg.): Die Wirklichkeit der Medien. Opladen, S.277-290.

Horkheimer, Max; Adorno, Theodor W. (1986): Dialektik der Aufklärung. [Zuerst 1947]. Frankfurt am Main.

Keppler, Angela (1994): Tischgespräche. Über Formen kommunikativer Vergemeinschaftung am Beispiel der Konversation in Familien. Frankfurt am Main.

Keppler, Angela (2000): Verschränkte Gegenwarten. Medien- und Kommunikationsforschung als Untersuchung kultureller Transformationen. In: Münch, Richard u.a. (Hrsg.): Soziologie 2000. Kritische Bestandsaufnahmen zu einer Soziologie für das 21. Jahrhundert. Sonderheft 5 der Soziologischen Revue. München, S. 140-152.

Keppler, Angela (2005): Von der Konversationsanalyse zu einer Analyse medialer Gattungen. In: Ayaß, Ruth; Bergmann, Jörg (Hrsg.): Qualitative Methoden der Medienforschung. Hamburg (im Erscheinen).

Keppler, Angela (2006): Mediale Gegenwart. Eine Theorie des Fernsehens am Beispiel der Gewalt. Frankfurt am Main (im Erscheinen).

Keppler, Angela; Seel, Martin (1991): Zwischen Vereinnahmung und Distanzierung. Vier Fallstudien zur Massenkultur. In: Merkur 45, S. 877-889.

Luckmann, Thomas (1986): Grundformen der gesellschaftlichen Vermittlung des Wissens. Kommunikative Gattungen. In: Neidhardt, Friedhelm u.a. (Hrsg.): Kultur und Gesellschaft. René König, dem Begründer der Sonderhefte zum 80. Geburtstag gewidmet. Opladen, S. 191-211.

Luhmann, Niklas (1995): Die Realität der Massenmedien. Opladen.

McLuhan, Marshall (1992): Die magischen Kanäle. Understanding Media. [Aus dem Amerik., zuerst 1964]. Düsseldorf usw.

Meyrowitz (1985): No sense of place. New York

---

[6]   Dieses Projekt verfolgt Keppler (2006).

Morley, David (1999): Wo das Globale auf das Lokale trifft. Zur Politik des Alltags. In: Hörning, Karl H.; Winter, Rainer (Hrsg.): Widerspenstige Kulturen. Die Cultural Studies als Herausforderung. Frankfurt am Main, S. 442-475.

Rusch, Gebhard (1993): Fernsehgattungen in der Bundesrepublik Deutschland. Kognitive Strukturen im Handeln mit Medien. In: Hickethier, Knut (Hrsg.): Geschichte des Fernsehens in der Bundesrepublik Deutschland. Band 1. Institution, Technik und Programm. Rahmenaspekte der Programmgeschichte des Fernsehens. München, S. 289-321.

Schmidt, Siegfried J.(1998): Die Zähmung des Blicks. Konstruktivismus - Empirie - Wissenschaft. Frankfurt am Main.

Schulz, Winfried (1989): Massenmedien und Realität. Die „ptolemäische und die „kopernikanische" Auffassung. In: Kaase, Max; Schulz, Winfried (Hrsg.): Massenkommunikation. Theorien, Methoden, Befunde. Opladen, S.135-149.

Schulz, Winfried (1990): Die Konstruktion von Realität in den Nachrichtenmedien. Analyse der aktuellen Berichterstattung. Freiburg, München.

Schütz, Alfred (1971a): Begriffs- und Theoriebildung in den Sozialwissenschaften. In: Ders.: Gesammelte Ausätze 1. Das Problem der sozialen Wirklichkeit. Den Haag, S. 55-76.

Schütz, Alfred (1971b): Das Problem der Relevanz. Frankfurt am Main.

Searle, John R. (1997): Die Konstruktion der gesellschaftlichen Wirklichkeit. Zur Ontologie sozialer Tatsachen. Reinbek.

Steinert, Heinz (1998): Kulturindustrie. Münster.

Weischenberg, Siegfried (1995): Journalistik. Theorie und Praxis aktueller Medienkommunikation. Band 2. Medientechnik, Medienfunktionen, Medienakteure. Opladen.

Empfehlungen zum Weiterlesen:

Berger, Peter; Luckmann, Thomas (1970): Die gesellschaftliche Konstruktion der Wirklichkeit. Frankfurt am Main.

Luhmann, Niklas (1995): Die Realität der Massenmedien. Opladen.

Adelmann, Ralf u.a. (Hrsg.) (2001): Grundlagentexte zur Fernsehwissenschaft. Theorie - Geschichte – Analyse. Konstanz.

Medien und die Inszenierung sozialer Rollen

Herbert Willems

Zusammenfassung: Die „gesellschaftliche Konstruktion der Wirklichkeit" ist heute eine wesentlich massenmediale Konstruktion. Aus den nachfolgend präsentierten Überlegungen ergibt sich die Feststellung einer strukturell bivalenten und ambivalenten Kultur- und Wirklichkeitsbedeutung der diversen Medienerzeugnisse. Einerseits sind diese Reproduktionen von Publikumskultur. Andererseits stellen die Medienerzeugnisse feldbestimmte Inszenierungen dar, die einen eigenen Sinn, einen eigenen Spielraum und eine eigene Wirklichkeit „haben" und dadurch einen eigenen Sinn und eine eigene Wirklichkeit der Publikumskultur für das Publikum hervorbringen. Die mediale Sinnvermittlung spielt sich auf allen ihren Feldern zunehmend im Sinne einer Entwicklungslogik ab, die als Theatralisierung gefasst wird. Sie entfaltet sich in dialektischen Verhältnissen zwischen Medien-Feld und Publikumskultur. Es wird im Folgenden davon ausgegangen, dass der Versuch, den Status und die mediale (De-)Konstruktion dieser Wirklichkeit(en) zu untersuchen, von einem feld- und habitustheoretisch erweiterten Theatermodell besonders profitieren kann.

1 Publika, Medien-Bühnen und Medien-Akteure

Der hier zugrunde gelegte Ansatz, in den Medien eine Art Theater zu sehen, ist nicht neu. Einen maßgeblichen Ausgangs- und Anschlusspunkt bieten die fernsehtheoretischen Überlegungen von Newcomb und Hirsch (1986), die mit dem Konzept des „kulturellen Forums" (1986, S. 177ff.) arbeiten[1]. Es beinhaltet und unterstreicht vor allem zweierlei: zum einen die Kulturbezogenheit und kulturelle Reflexivität der massenmedialen bzw. televisionalen Kommunikationsformen. Diese bzw. ihre Produzenten müssen mit anderen Worten auf vorhandene (kulturelle) Sinnbestände des Publikums als operative Ressourcen zurückgreifen. Zum anderen geht es in diesem konzeptuellen Rahmen darum, die Massenmedien als eigensinnige und eigengesetzliche Plattformen, Schau- und Marktplätze zu betrachten, auf denen jene ‚real existierenden' Sinnbestände (Kultur) nicht oder nicht nur ‚gespiegelt', sondern auch in immer neuen Variationen transformiert und abgewandelt werden. In diesem zweiten Sinn meint Forum auch besondere Spielräume und Freiräume, mit vorhandenen kulturellen Sinnbeständen – wie im Theater – konstruktiv und destruktiv „umzugehen".

---

[1] Wie andere Medienbeobachter betrachten Newcomb und Hirsch das Fernsehen als das gegenwärtig gesellschaftszentrale „kulturelle Forum".

Newcomb und Hirsch greifen in diesem Zusammenhang Victor Turners Konzept des „rituellen Grenzbereichs" („liminal stage") auf und nehmen im Hinblick auf das Fernsehen generell an:

> „ [...] es gibt eine Art Niemandsland, in dem man sich weder ganz außerhalb der Gesellschaft noch wirklich innerhalb ihrer Grenzen befindet, einen Freiraum, in dem Regeln strapaziert oder gar gebrochen werden können, in dem sich Rollen umkehren und Kategorien umstoßen lassen. Für Turner ist das Entscheidende die Freisetzung von üblichen Zwängen, die die Demontage der ‚uninteressanten' Interpretationen des sogenannten gesunden Menschenverstandes und der ‚Sinnfälligkeiten des Alltagslebens' ermöglicht" (Newcomb/Hirsch 1986, S. 180).

Man könnte sagen: Massenmedien haben den ambivalenten Charakter des Theaters. Einerseits brauchen sie das Publikum und das Wissen des Publikums, um die Wahrnehmung, Verständlichkeit und Attraktivität ihrer Produkte mit hinreichender Wahrscheinlichkeit herbeizuführen. Andererseits etablieren sie mehr oder weniger weitgehende Freiheiten der inszenatorischen Sinnverarbeitung und Sinnerarbeitung: der Sinndestruktion, Sinnumwandlung und Sinnproduktion. Diese Freiheiten müssen jedoch genutzt werden, um das Publikum auf der Basis dessen und jenseits dessen, was es immer schon weiß, positiv zu irritieren, zu interessieren und zu binden. Auch die Freiheiten der medialen Sinnkonstruktion finden also eine Grenze im Publikum, in der Kultur des Publikums. Sie limitiert als Rezeptions- und Erfolgsbedingung der medialen Kommunikation deren Spielräume ebenso wie sie den produktiven Medienakteuren Dispositionen, „Erfolgsrezepte" und Strategien nahelegt.

Die Medien-Publika und die medialen Inszenierungspotentiale bilden funktionale und operative „Pole", zwischen denen professionelle Medienakteure unter Marktbedingungen, d.h. mit Blick auf den „Absatz" ihrer Produkte, zu operieren haben. Im Anschluss an Sahlins (1976, S. 217) sprechen Newcomb und Hirsch von „Symbolverkäufer" und meinen damit professionelle Akteure wie Journalisten, Entertainer, Schriftsteller oder Werber, die auf verschiedenen Feldern verschiedene Klassen von Medienprodukten her- bzw. darstellen.

> „Sie [die medialen ‚Symbolverkäufer', H. W.] sind kulturelle Sinnproduzenten (‚bricoleurs'), die durch die Kombination von sehr unterschiedlichen, bedeutungsgeladenen Kulturelementen neue Sinngehalte aufspüren und schaffen. Sie reagieren mit hoher Sensibilität auf konkrete Ereignisse, auf den Wandel gesellschaftlicher Strukturen bzw. Organisationsformen oder auf Veränderungen in Einstellungen und Wertvorstellungen. Auch technologische Innovationen wie die Einführung von Kabelkommunikation oder die Nutzung von Videorecordern sind für sie wichtige Anstöße. Wir schließen Fernsehproduzenten in Sahlins' Katalog von ‚Symbolverkäufern' ein, denn auch sie verfahren nach demselben Grundrezept, übrigens genauso wie Fernsehautoren und, in geringerem Maße, Regisseure bzw. Schauspieler. Gleiches gilt für Programmplaner und Anstaltsleitungen, die über den Ankauf, die Herstellung und die Ausstrahlung von Pro-

grammen zu entscheiden haben. Sie alle fungieren in den verschiedenen Phasen dieses komplexen Prozesses als Sinnvermittler" (Newcomb/Hirsch 1986, S. 180)[2.]

Die medialen Symbolverkäufer sind also in gewisser Weise selbst Medien oder Mediatoren, indem sie Elemente der Publikumskultur beobachten, selektiv aufgreifen, (kreativ) verarbeiten und in neuen inszenatorischen Sinnsynthesen dem Publikum offerieren. Der Kreislauf des Wissens, in dem diese Akteure stecken und den sie mitkonstituieren, hat seine schwerpunktmäßige „Polung" in der Rezeption des jeweiligen Publikums. Ob es den professionellen Medienakteuren hauptsächlich darum geht zu unterhalten, „Informationserlebnisse" zu erzeugen oder aber zu werben, die adressierten Publika sind in jedem Fall eine Art Autorität, der sie sich im inhaltlichen und formalen „Design' ihrer Produkte (Kommunikationen) zu unterwerfen haben (vgl. Fiske/Hartley 1978, S. 86)[3.]

Die medialen Sinnproduzenten müssen also, gerade wenn sie und in dem Maß wie sie unter konkurrenzbestimmtem Erfolgsdruck stehen, gleichsam und buchstäblich die Sprache des jeweiligen Publikums sprechen, dessen generelles und individuelles Wissen, seine Kenntnisse, Überzeugungen, Symbole, Rituale, Stile, Images usw. zur Formulierungsgrundlage ihrer Kommunikationen machen. Man kann daher in Analogie zum „recipient design" der unmittelbaren Interaktion von einem „medialen recipient design" (Ayaß 2001) sprechen.

Dieses Design hat als zentralen Halte- und Ankerpunkt die den Medienprodukten korrespondierenden Habitus des Publikums. Denn (auch) die Rezeption des Medienpublikums hängt, wie Bourdieu betont, primär von dessen habituellen „Wahrnehmungs-, Denk- und Handlungskategorien [...] ab, so dass in einer hochdifferenzierten Gesellschaft eine enge Beziehung zwischen der Natur und Qualität der ausgesandten Information und der Struktur des Publikums besteht. Ihre Lesbarkeit und Durchschlagskraft sind umso größer, je direkter sie auf implizite oder explizite Erwartungen antworten, die die Rezipienten prinzipiell ihrer Erziehung durch das Elternhaus und ihren sozialen Bindungen [...] verdanken" (Bourdieu 1991, S. 169)[4.] Das als Habitusensemble spezifisch „gebildete" Publikum ist also ei-

---

[2]   Tenbruck (1989) sieht „Kulturproduzenten" (S. 53) bzw. „Kulturintelligenz" (S. 17) am Werk und weist auf einen durch die „berufsmäßige Vermehrung der Kulturintelligenz und deren Allgegenwart in den Massenmedien" forcierten „Ideenpluralismus" (S. 56) hin.

[3]   Fiske/Hartley konstruieren die kulturelle Funktion des Fernsehens daher analog zu der Rolle des Barden in mittelalterlichen Gesellschaften: „The real authority for both bardic and television messages is the audiences in whose language they are encoded" (Fiske/Hartley 1978, S. 86).

[4]   In diesem Zusammenhang spielt die literarisch-künstlerische Produktion eine Sonderrolle. Die Dispositionen, die die Wahrnehmung und Bewertung von Literatur, der man ‚Kunstwerkcharakter' zuschreibt, anleiten, werden in hohem Maße durch das Bildungssystem vermittelt. Dagegen ist die Rezeption vieler anderer medialer Gattungen (z.B. des Unterhaltungsbereichs oder der Werbung) vom Bildungsstand der Rezipienten nahezu unabhängig (vgl. Bourdieu 2001, S. 237). Für die Produzenten ‚hoher Literatur' gilt entsprechend, dass sie stark vom Bildungssystem abhängen – wenn sie auch nicht müde werden, sich von ihm zu distanzieren. Ihm verdanken sie nicht nur ihre Rezipienten, sondern

ne „Tiefenrealität", die die aktuelle „Realität der Massenmedien" spezifisch bedingt und moduliert. So sehr die Massenmedien die aktuelle Informationswirklichkeit des Publikums bestimmen, so sehr bestimmt die Habitusausstattung des Publikums, was und wie mit welchen Effekten und Erfolgsaussichten medial kommuniziert werden kann. Journalisten, Werber oder Unterhalter sind daher – bei allem, was sie sonst noch sind – notwendig „Funktionäre" der Publikumshabitus, deren „Sinnladung" sie sozusagen in ihre Medienprodukte transferieren. In allen Medienerzeugnisklassen stecken mit anderen Worten immer auch Sinnstrukturen des Publikums – (habituelle) Weltbilder und Ideologien eingeschlossen.

Die Kultur und die Wirklichkeit des Publikums sind umgekehrt und unter dieser (primären) Voraussetzung auch Funktionen der medialen Produktionsapparate und Kommunikationen („Informationsindustrie"). Bourdieu sieht im Fernsehen sogar eine „Bildungsinstanz" ersten Ranges – für die „Massen": „Das Fernsehen hat eine Art faktisches Monopol bei der Bildung der Hirne eines Großteils der Menschen" (Bourdieu 1998, S. 23). Es fungiert mit anderen Worten nicht nur als Habituskopierer, Habitusreproduzent und Habitusstabilisator, sondern auch als Habitusgenerator.

Die Sinnermittlung und Sinnvermittlung der Symbolverkäufer hat aber zunächst und primär mit den habituellen Sinnstrukturen, den selbstverständlichen „Weltbildern" und Deutungsmustern des Publikums zu tun. Weil sich das Sein oder Nichtsein und das „Mehr-oder-Weniger-Erfolgreichsein" der Medienprodukte an diesen Kulturformen entscheidet, müssen sie der zentrale Stoff sein, aus dem die Medienakteure ihre Sinnangebote bilden. Der Zwang zur zielgenauen Verwendung und Umsetzung dieses „Stoffs" hat sich historisch zunehmend verallgemeinert und verschärft. Die Gründe dafür liegen in offensichtlichen Prozessen der Differenzierung und Expansion von Märkten und Konkurrenzen. Die Medienproduktion muss sich aus diesen Gründen tendenziell immer intensiver, bewusster und gezielter auf ihre Publika einstellen und deren Erwartungen und Wahrnehmungen im Sinne einer Logik des „kleinsten gemeinsamen Nenners" zur Produktionsmaxime machen. Das wie eine Währung generalisierte Erfolgskriterium ist dabei jener sich immer mehr verfeinernde Typ von Messung, der als „Einschaltquote" bekannt ist. In dieser Quantifizierung spiegelt sich analog zur Präsenz und zum Applaus des Theaterpublikums Zuschauerinteresse und damit nicht zuletzt auch in Geld konvertierbare Werberelevanz. Dementsprechend tendieren die kulturellen Foren der Massenmedien zu einer mit thematischen und symbolischen Privilegierungen einhergehenden „Zensur, die ebenso wirksam ist wie die einer zentralen Bürokratie, eines förmlichen politischen Eingriffs, ja wirksamer noch, weil unauffälliger" (Bourdieu 1998, S. 34). Unauffälliger ist diese Art von Zensur, weil sie nicht einer Herrschafts- oder Ge-

---

auch zum großen Teil die eigenen habituellen Dispositionen, die sie zu einem erfolgversprechenden Handeln befähigen.

waltlogik, sondern einer Marktlogik der Nachfrage und des Gefallens folgt. Erlaubt und geboten ist, was gefällt. Das real oder vermutlich Nicht-Gefällige wird als solches ausgeschlossen. Diese systematische Exklusion von Inhalten und (z.B. Reflexions-)Formen und die entsprechende Inklusion resultieren „operativ" immer auch aus einer professionellen Kunst, nämlich der habituellen Kunst, dem Publikum zu gefallen. Im Ergebnis kommt es zu einer Reproduktion der Grammatikalität der Publikumskultur, die in Oberflächenvariationen gleichsam in die Medienerzeugnisse hineingelegt (enkodiert) wird, damit sie von dem entsprechend adressierten Publikum herausgeholt (dekodiert) werde[5].

2   Medien-Felder: Journalismus, Unterhaltung und Werbung

Im Folgenden will ich mich eingehender mit den Eigenlogiken der zentralen Medien-Felder befassen. Das sind der Journalismus (Nachrichten und Berichte), die Unterhaltung (Entertainment) und die Werbung.

Journalisten, Entertainer und Werber sind in sich differenzierte Klassen von professionellen Medienakteuren (Symbolverkäufern), die jeweils auf einem besonderen Feld bzw. Feldsegment operieren, auf dem sie im Rahmen bestimmter (z.B. Kapital-)Bedingungen und in einer spezifischen „Polung" mit anderen Akteuren innerhalb und außerhalb ihres Feldes in Abhängigkeits-, Macht- und Konkurrenzbeziehungen verflochten sind. Bourdieu definiert den Begriff des Feldes im Medienzusammenhang zunächst als eine besondere und autonome Sinnwelt. Er sieht „Mikrokosmen mit eigenen Gesetzen" (Bourdieu 1998, S. 55). Jeder dieser Mikrokosmen, z.B. der Journalismus, „ist definiert durch seine Stellung in einem umfassenden Ganzen und durch die Anziehung und Abstoßung, die andere Mikrokosmen auf ihn ausüben. Er ist autonom, folgt seinem eigenen Gesetz, das heißt: Was in ihm vor sich geht, kann nicht direkt von äußeren Faktoren erschlossen werden" (Bourdieu 1998, S. 55). Feld oder Feldsegment (im Falle des Journalismus z.B. Boulevardjournalismus) heißt auch, dass von bestimmten „Spielern" ein bestimmtes „Spiel" (mit bestimmten Spielregeln, Einsätzen, Gewinnen und Verlusten usw.) gespielt wird. Das „Spiel" der Journalisten z.B. ist ein unter spezifischen Marktbedingungen stattfindendes und zunehmend Marktzwängen unterworfenes Kommunikationsspiel um die Aufmerksamkeit, das Interesse, die Anerkennung und das (z.B.

---

[5]   In der Medienkommunikation verlaufen Prozesse der ‚Enkodierung' und ‚Dekodierung' demnach – gerade unter Konkurrenzbedingungen der Medienproduzenten und d.h. angesichts von Selektionschancen des Medienpublikums – keineswegs, wie insbesondere in der Tradition der „Cultural Studies" behauptet wird, unabhängig voneinander. Sie sind vielmehr systematisch, systemisch und strategisch miteinander verquickt. Die Habitus der Produzenten, speziell diejenigen, die sie mit ihren Publika teilen, spielen dabei insofern eine maßgebende Rolle als sie das der Medienproduktion und den Medienprodukten zugrunde liegende ‚Lesen' des ‚Publikumslesens' anleiten.

Kauf-)Handeln bestimmter Publika. Die Zuschauer, Zuhörer, Leser (Zahler, Käufer), aber auch die Fachkollegen, Vorgesetzten, (z.B. preisverleihenden) Kritiker usw. sind mehr oder weniger relevante Publika der professionellen Medienakteure, deren Erfolge und Misserfolge sich letztlich in feldspezifischen Karrieren und d.h. in diversen Kapitalformen – von Geld und Prestige bis hin zu „sozialem Kapital" – niederschlagen. Professionelle Medienakteure können also als besondere Spieler betrachtet werden, für die Besonderes auf dem Spiel steht und die um Besonderes spielen – als Spieler auch, die sich bei mehr oder weniger vorteilhafter Kapitalausstattung in besonderen Konkurrenzkämpfen befinden, z. B. als Journalisten um die (besonders „publikumswirksame") „Exklusivmeldung" (vgl. Bourdieu 1998, S. 57f.).

Der feldinternen Positioniertheit und Relationiertheit jedes professionellen Medienakteurs entspricht seine systematische Bezogenheit auf die Logiken und Situationen nicht nur seines feldspezifischen Publikums, sondern auch anderer Felder. Die journalistische Praxis z.B. ist sowohl von anderen Feldern und entsprechenden Akteuren abhängig als auch diese Felder beeinflussend. Am offensichtlichsten ist dies vielleicht im Kontext der Politik, deren Gegebenheiten und Ereignisse die Journalisten im Prinzip ebenso brauchen wie die Politiker die journalistische Nachricht und Berichterstattung[6]. Akteure aller Felder (Wirtschaft, Religion, Kunst, Wissenschaft usw.) stehen sozusagen in einer symbiotischen Beziehung zu den Medien, die sich immer auch durch die diversen Informationswerte und thematischen Verwertbarkeiten ihrer Feld-Umwelten gleichsam am Leben halten und zugleich „Lebenschancen" für die Akteure und Identitäten ihrer Feld-Umwelten bereitstellen. Solche „Lebenschancen" bestehen z.B. in Chancen der Imagearbeit, die Künstler, Gewerkschafter, Kleriker oder Wirtschaftsführer auf verschiedenen Medien-Bühnen (etwa Talk-Shows) haben.

3   Habitus der Symbolverkäufer

Die besagte Mentalität und die Handlungskunst der medialen Symbolverkäufer sind Resultate feld- und berufsspezifischer Habitus. Professionelle Medienakteure aktualisieren und benutzen in ihrer beruflichen Praxis aber immer auch ihre Jedermanns-Habitus. In Verbindung mit dieser „Innenausstattung" und im permanenten Bezug auf sie verfügen sie über ihre professionsspezifischen Fähigkeiten, insbesondere eine berufspraktisch geschulte Sensibilität in Sachen Publikum. Dieser Kompetenz-

---

[6] Allerdings zeigt sich, wie Bourdieu betont, dass die Eigenlogik und die Entwicklung des journalistischen Feldes von größerer Bedeutung für das politische Feld sind als umgekehrt. Medienvermittelte und mediengenerierte Images und Meinungen stellen heute mit das wichtigste (symbolische) Kapital oder aber eine Art Hypothek der politischen Akteure dar. Als öffentliche Angelegenheit ist Politik längst eine wesentlich im ‚Medium' des Journalismus ablaufende Image- und Werbeveranstaltung, die die Medien zu Bühnen und Arenen macht.

ausstattung verdankt sich ihr sozusagen parasoziologisches Operieren. D.h.: Symbolverkäufer rekonstruieren permanent „zielführende" Wirklichkeitskonstruktionen, z.b. Plausibilitäts- oder Geschmacksurteile, ihres aktuellen oder virtuellen Publikums, um diese Konstruktionen erwarten und dann angemessen dramaturgisch (re-) agieren zu können[7]. Dieser strategische Perspektivenwechsel erfolgt selbst in so rationalisierten und durchorganisierten Feldern wie der Werbung in höchstem Maße intuitiv, d.h. auf der Basis fungierender Habitus.[8]

Der kognitive Habitus der Medienproduzenten ist aber nicht nur direkt durch ihre „abnehmenden" Publika am Markt der Medienerzeugnisse ausgerichtet. Privilegierter Gegenstand der strategischen Dauerbeobachtung sind vielmehr auch – in der Konkurrenz um „abnehmende" Publika – die Marktkonkurrenten. Bourdieu stellt sie ähnlich vor wie Elias die von ihm fokussierten Strategen auf dem (Spiel-)Feld der höfischen Gesellschaft. Demnach verbringen z.B. Journalisten in ihren Redaktionskonferenzen „beträchtlich viel Zeit damit, von anderen Zeitungen zu sprechen, besonders von dem, „was sie gemacht haben und wir nicht' („das haben wir verschlafen') und was man – selbstverständlich – hätte machen müssen, da die anderen es gemacht haben" (Bourdieu 1998, S. 32). Die Konkurrenz drängt und zwingt „dazu, die Tätigkeit der Konkurrenten permanent zu überwachen (was bis zu gegenseitigem Ausspionieren gehen kann), um ihr Scheitern zu nutzen, ihre Fehler zu vermeiden, ihre Erfolge zu konterkarieren, wobei versucht wird, die Instrumente zu entlehnen, von denen angenommen wird, dass sie zum Erfolg führten […]" (Bourdieu 1998, S. 111). Unter Marktbedingungen operierende Medienprofessionelle sind also als besondere Strategen bzw. als Beobachtungs- und Inszenierungsspezialisten zu verstehen, die aus einer systematisch reflexiven Distanz zu den Gegebenheiten ihres Feldes denken und handeln.

4   Feldspezifische Kulturproduktion und Reproduktion von Publikumskultur

Das Wissen und kulturproduktive Handeln der Symbolverkäufer korrespondiert dem jeweiligen Medien-Feld, auf dem sie sich bewegen und durch das sie – immer auch in ihrer Publikumsfixierung – „gepolt" sind. Die Felder, um die es hier geht, implizieren mit ihrer Eigensinnigkeit und Eigengesetzlichkeit also auch eine je eigene Referenz ihrer Akteure auf die Kultur des Publikums, die entsprechend selektiv und überformt das Licht der medialen Welt (wieder-)erblickt. Die feldspezifische

---

[7]   Das bedeutet natürlich nicht zwangsläufig, dass die jeweilige Beobachtungsbemühung zu einem realistischen Realitätsbild führt.

[8]   Professionelle Medien-Akteure aktivieren zudem und auf dieser Basis ein technisches ‚Lehrbuchwissen', etwa über Formen der Textgestaltung.

Handlungslogik der medialen Kulturproduktion bedeutet mit anderen Worten eine entsprechend spezifische Verarbeitung der Publikumskultur.

Was das heißt, kann am Beispiel der Werbung skizzenhaft verdeutlicht werden: Zur Logik der Werbung – im Sinne von Reklame – gehört immer auch und in gewisser Weise als Erstes die Evozierung und Fokussierung der Aufmerksamkeit des Publikums. Sie ist für die Werbung und die Werber nicht alles, aber die Voraussetzung von allem anderen. Die Werber müssen daher stets diejenigen Aspekte der Publikumskultur privilegiert adressieren und dramaturgisch aufgreifen, mit deren Hilfe es möglich scheint, zielführende Publikumsaufmerksamkeit zu begünstigen oder zu generieren. Dazu gehören z.b. bestimmte erotische Motive und symbolische Grenzirritationen bis hin zu Grenzverletzungen. Mit der Funktion der Aufmerksamkeitserzeugung ist notwendigerweise an irgendeinem Punkt ein wiederum wissens- und sinnträchtiger „sachlicher" Hinweis verbunden: Werbung identifiziert mindestens „einen bestimmten Anlaß als ein für ihren Rezipienten handlungsrelevantes und deshalb wissensrelevantes Objekt. Innerhalb der Vielzahl möglicher Kognitions- und Handlungsobjekte des Alltags leistet die Werbung also immer die kommunikative Fokussierung auf einen bestimmten Anlaß, den sie als für ihre Rezipienten handlungsrelevant deklariert" (Krallmann u.a. 1997, S. 208). Damit reduziert die Werbung Kontingenz, und zugleich produziert sie Kontingenz und Kontingenzbewusstsein, insofern sie überhaupt erst mit Möglichkeiten bekannt macht. Diese Möglichkeiten werden jenseits eines diffus-generalisierten Gewinnversprechens als für das Publikum spezifisch nützlich vorgeführt. Werbung verspricht dem Rezipienten „immer einen ganz bestimmten Nutzen, verspricht Vorteile oder – dies jedoch deutlich seltener – weist auf eventuell anfallende Opportunitätskosten für den Fall eines Teilnahmeverzichts hin" (Zurstiege 1998, S. 105). Operative Basis der Werbung sind auch darüber hinaus „Eindrücke", die aus der antizipierten Sicht der zu Beeinflussenden „gut" sind. Für sich, einen anderen oder/und eine Sache zu werben heißt in jedem Fall zu versuchen, „gute Eindrücke" zu machen und entsprechend positive Bewertungen zu bewirken. Krallmann u.a. (1997) betonen zu Recht, dass Werbung mit dem Moment einer „spezifischen Anlasspräsentation das Moment einer positiven Bewertung dieses Anlasses verbindet. Der in einer Werbung fokussierte Anlass wird also immer auch in einen bestimmten Wissens- und Sinnkontext gestellt, innerhalb dessen er auf die eine oder andere Weise positiv bewertet werden kann" (Krallmann u.a. 1997, S. 208). Das impliziert ein Verbergen (eindrucks-)"destruktiver Informationen" (Goffman 1969), wenn diese nicht bereits bekannt sind und damit eine „offensive" Reaktion erfordern, und ein Demonstrieren von wahren oder unwahren Informationen, die den Werbungsgegenstand „konstruktiv" (im Sinne des gewünschten Eindrucks) qualifizieren. Mit dieser Eindruckspolitik und mit dem Rahmen der Werbung als solchem stellen sich gleichzeitig dramaturgisch-praktische Fragen der Glaubwürdigkeit und der Überzeugung. Die Besonderheit professioneller Werbung besteht in diesem Zusammenhang darin,

dass sie ihre Idealisierungen (im Gegensatz etwa zu den „Imagepflegern" des Alltagslebens) perfektionieren kann, aber eben deswegen auch unter verschärftem Manipulationsverdacht steht. Ihm begegnet die Werbung im Medium des Publikums-
wissens von Glaubwürdigkeit, z.B. mit Referenz auf Images von Wissenschaft und
anderer Expertise. Indem die Werbung versucht, ihr Objekt durch entsprechende
Sinnkontextierung in das „beste Licht" zu rücken, und zwar in das beste Licht aus
der Sicht derer, die beeinflusst werden sollen, bezweckt sie eine ebenso optimale
wie spezifisch zielführende Motivierung ihres Publikums. Motiviert werden soll die
Annahme (Kauf, Wahl usw.) des beworbenen Objekts, indem dieses als Repräsentant oder Vermittler des jeweils idealisierten Sinnkontextes erscheint.

Die medialen Symbolverkäufer müssen sich – immer auch im Bezug auf ihre
Publikumskultur – zuallererst der hier exemplarisch skizzierten Eigenlogik ihrer
Handlungssphäre und den konkreten Strukturbedingungen ihres Feldes unterwerfen. Letztere schließen insbesondere die Eigengesetzlichkeiten der vorhandenen
medienkommunikativen Gattungen ein, in denen und durch die der jeweils relevante Sinn sozusagen enggeführt wird. Der Kommentar im Feld des Journalismus oder
der Spot im Feld der Werbung sind Beispiele für medienkommunikative Gattungen,
die aufgrund ihrer je eigenen Strukturen die feldspezifische Verarbeitung von Kultur bzw. Publikumskultur regulieren und zuspitzen.

Der symbolisch-gestalterische Spielraum der medialen Symbolverkäufer ist also
in verschiedenen Dimensionen systematisch begrenzt. Die Medien-Felder und Me-
dien-Gattungen sind keine bloßen „Freiräume", in denen mit Symbolen und Bedeutungen beliebig gespielt werden könnte. Zwar muss mit Symbolen, Bedeutungen
und Ideen immer auch „gespielt" werden, um das Publikum positiv zu irritieren, zu
überraschen, zu vergnügen. Aber dieses „Spielen" ist die Konsequenz von Strukturen und Funktionen, aus denen sich auch seine Grenzen und seine Regeln ergeben.
Es muss als Bedingung seiner Möglichkeit und seines Erfolgs im Rahmen sowohl
der medienkommunikativen „Produktionsverhältnisse" als auch der Kultur des adressierten Publikums stattfinden. Sie ist typischerweise nicht nur die Randbedingung
des Erfolgs, sondern auch sozusagen das Annahme-Medium der medialen Sinnangebote, die Grundlage ihres Wirkens, Überzeugens, Verlockens usw.

Selbst der relativ große „kreative' Spielraum der medialen Unterhaltung ist in
diesem Sinne systematisch begrenzt und strukturiert. Eine „Demontage der ‚uninte-
ressanten' Interpretationen des sogenannten gesunden Menschenverstandes und der
‚Sinnfälligkeiten des Alltagslebens'‚ kann auch auf dem Inszenierungsfeld der Unterhaltung normalerweise höchstens oberflächlich stattfinden. Unterhaltungsforma-
te inszenieren zwar gerne das „Außergewöhnliche", aber sie tun es, wie Bourdieu
feststellt, gewöhnlich „in seiner gewöhnlichsten Definition"; sie beschreiben z.B.
„den gewohnten Rahmen sprengende Situationen und Personen", aber „nach der
Logik des gewöhnlichen Menschenverstandes und in der alltäglichen Sprache, die

sie vertraut erscheinen läßt" (Bourdieu 2001, S. 160f.)[9]. Häufig und immer häufiger geht es um Außergewöhnlichkeiten, deren Selektivität für sich selbst spricht und deren Unterhaltungswert im „gewöhnlichen" Bruch von Normen und Normalitäten besteht. Diese Sinntatsachen werden dann weniger widerlegt als genutzt, indiziert und demonstriert. Zwei Beispiele dafür:

1. In bestimmten „Talk Shows" werden gewöhnliche Außergewöhnlichkeiten und außergewöhnliche Gewöhnlichkeiten durch (Selbst-)Enthüllungen inszeniert, die eine Art (auto-)biographische Obszönität darstellen. Im Wesentlichen geht es um das reflexive Hervorzerren von devianten Intimitäten und von Anormalitäten (Perversionen, Verbrechen, Absurditäten, Scheußlichkeiten der verschiedensten Art) an das breiteste und gleißendste Licht der Öffentlichkeit. Ihr gegenüber werden in Bekenntnissen und anderen Exhibitionen systematisch normierte und normale Scham- und Peinlichkeitsgrenzen überschritten, sei es durch die Art der mitgeteilten Information oder durch die Mitteilung selbst. Gegenstand der von einem „Moderator" provozierten und regulierten (Selbst-) Enthüllungen sind in diesem Kontext Informationen, die mit dem Geltungsanspruch verbunden sind, wahr zu sein und einem gelebten Leben zu entstammen. Die Unterhaltungswerte für das Publikum liegen dabei häufig nicht nur oder nicht so sehr in den mitgeteilten Informationen als in den scheinbar ungewollten und impliziten Selbstenthüllungen, die mit dem „Auftritt" als solchem verbunden sind. Was das Publikum erlebt, sind Menschen, die sich symbolischen Degradierungen, Risiken und Zumutungen aussetzen – Menschen, die sich und Andere im Was und Dass ihrer (Selbst-)Darstellungen und Mitteilungen typischerweise rituell verletzen.

2. Eine andere Art von inszenierter „Außergewöhnlichkeit" im Dienste der Unterhaltung stellt gleichfalls durch einen Komplex von Enthüllungstypen die symbolische Identität von Personen aufs Spiel. In mancher Hinsicht handelt es sich dabei um den vorläufigen Höhepunkt medialer Obszönisierung diesseits von Porno- und Horrorfilmen: das vor einigen Jahren in Holland erfundene Genre „Big Brother". Es liegt in der Nachbarschaft der mittlerweile vielfältigen Intimitätsgenres, die durch nicht-fiktionale Information über das intime Leben

---

[9] Eine dem entgegengesetzte ‚reine' Literatur, die sich selbst von der Funktion der Unterhaltung distanziert und die Demontage gewohnter Denk- und Wahrnehmungsmuster regelrecht zum Programm erhebt, sowie ein entsprechendes Publikum bildet sich seit dem 18. Jahrhundert heraus. Auf diese Literatur trifft das Konzept des rituellen Grenzbereichs genau zu. Eine prinzipielle Grenze zwischen dieser Literatur und Texten, die der ‚bloßen Unterhaltung' dienen, lässt sich freilich im Sinne des Turnerschen Konzepts nicht ziehen. Denn natürlich kommt es vor, dass auch Texte der Unterhaltung, z.B. der Genre-Literatur, Grenzen berühren, Regeln brechen, Rollen umkehren und Kategorien umstoßen. Das gilt sogar für Tendenzliteratur. Und umgekehrt fordert man heute auch von der ‚hohen' Literatur, dass sie ‚Geschichten erzählen' und unterhalten soll.

von Menschen der Unterhaltung dienen wollen[10]. „Reality"-Formate wie „Big Brother" indizieren eine generelle Tendenz: Im sich verschärfenden Kampf um die Aufmerksamkeit des Publikums wird auf Reizverstärkungen, Sensationen und, wenn (noch) möglich, Grenzüberschreitungen gesetzt, die auf ganz gewöhnliche Habitushintergründe (mit entsprechenden Emotionen (Schadenfreude, Neugier usw.) verweisen.

Am wenigsten trifft die Vorstellung von einem rituellen Grenzbereich die Realität der Werbung[11]. Zwar hat und nutzt auch sie erhebliche und expandierende Spielräume der Ideenproduktion und Gestaltung, aber sie fungiert ihrem ganzen Wesen nach im Sinne eines kulturellen Zentralbereichs als Forum. Als ein solcher Bereich ist sie kosmologisch „programmiert' und zelebriert sie geradezu existierende symbolische (Grund-)Ordnungen, die sie als Unterbau und bewegenden Inhalt ihrer Inszenierungen benötigt und verarbeitet. Das heißt nicht, dass die Werbung nicht auch mit Sinnstrukturen spielen kann und tatsächlich spielt. Es kommt vor, dass sie Grenzen berührt, Regeln bricht, Rollen umkehrt und Kategorien umstößt. Aber wenn dies geschieht, dann geschieht es nur ausnahmsweise und aus „guten' strategischen Gründen[12], die mit der Logik der Werbung als Feld und Gattung zu tun haben. Auch in diesem Fall, z.B. dann, wenn es um Aufmerksamkeitserzeugung durch Erwartungsenttäuschung geht, wird die Kosmologie des Publikums vorausgesetzt und instrumentiert[13].

Das Wissen ihrer Zielgruppen konditioniert schon die Möglichkeiten der Werbungsdramaturgen, im Werbungsrahmen überhaupt etwas zu verstehen zu geben[14].

---

[10] Die sich verschärfende Konkurrenz auf diesem Feld und das nachlassende Interesse an herkömmlichen Formaten sind wichtige strukturelle Randbedingungen der Erfindung und des Anfangserfolgs von „Big Brother".

[11] Von ihr sprechen Newcomb und Hirsch in ihrem richtungweisenden Aufsatz bezeichnenderweise überhaupt nicht.

[12] Allerdings gibt es auch sozusagen systemimmanente und historische Variationszwänge der Werbung. Diese ist im Prinzip ebenso wie andere medienkommunikative Gattungen zunehmend „darauf angewiesen, neue Einfälle in die stereotypen Darstellungsmuster zu bringen" (Newcomb/Hirsch 1986, S. 184).

[13] Werbung kann auch kulturell innovativ, trendsetzend oder trenddynamisierend sein. Aber dies ist sie höchstens sekundär und immer bedingt durch das Bemühen um möglichst effektive Beeinflussung des Publikums, das für Innovationen mindestens disponiert erscheinen muss. So konnte die Mode- und Parfüm-Werbung ein von herkömmlichen Klischees abweichendes (‚femininisiertes') Männerbild entwickeln, weil entsprechende ‚Typen' und Tendenzen schon ansatzweise vorhanden und erkennbar waren.

[14] Das Grundproblem des Sich-verständlich-Machens haben die Subjekte der Werbungsproduktion mit anderen Klassen von Medienakteuren gemeinsam. Und auch die Verschärfung dieses Problems ist keineswegs auf die Werbung beschränkt, was sich z.B. an der Entwicklung des journalistischen Feldes zeigen lässt. Hier stellt sich Bourdieu zufolge mit der Konsequenz einer Inflation von Gemeinplätzen immer dringlicher die Frage: „Verfügt der Hörer über den Kode, mit dem er dekodieren kann, was ich

Werbung muss generelles und spezielles Publikumswissen aber auch und vor allem aus Motivierungsgründen berücksichtigen und in ihren Inszenierungen gezielt aufgreifen (vgl. Schmidt/Spieß 1997, S. 44f.; Bergler 1989, S. 30ff.). Im Normalfall entfernt sich die Werbung daher nicht im Geringsten von herrschenden Werten, Normen und Normalitäten. In den allermeisten Fällen ist sie vielmehr der Inbegriff dessen, was Bourdieu dem Fernsehen generell zu sein unterstellt: „ein phantastisches Instrument zur Aufrechterhaltung der symbolischen Ordnung" (1998, S. 20). Werbung fungiert typischerweise als eine geradezu poetische Verdichtung alltagskultureller (Sinn-)Muster, die sie in einer eigenen Art von Theatralik und Hyper-Zeichenhaftigkeit aufhebt[15].Vier Beispiele seien hier kurz angesprochen:

1.   Werbung verdoppelt und dramatisiert kollektiv-habituelle Ideale, Normen und Werte. Typischerweise ist Werbung eine Inszenierung, „aus der alle Vorgänge und Bedeutungen, in denen das Ideal nicht präsent ist, fortgelassen – gewissermaßen aus dem Sichtbargemachten herausredigiert – wurden" (Goffman 1981, S. 327)[16]. So haben die Frauen, die in der Reklame posieren, „ebenmäßigere Zähne und sind schlanker, jünger, größer und ‚besser aussehend' als die Frauen, wie wir sie in den meisten Szenen, auch in den realen Szenen erleben, die sich an höchst stilisierten Schauplätzen abspielen mögen" (Goffman 1981, S. 87). Auch auf anderen Norm- und Wertebenen ist die Werbung weniger eine Scheinwelt als eine Hyperwelt[17], in der sich vielfältigste Wahrnehmungen des materialen Status quo manifestieren. Das schließt Referenzen auf Wertwandlungen und Wertgenesen mit ein. Aktuelle Beispiele sind die Werte Um-

---

sage? Wenn Sie einen ‚Gemeinplatz' von sich geben, ist das Problem von vornherein gelöst. Die Kommunikation gelingt augenblicklich, weil sie in gewisser Hinsicht gar nicht stattfindet. Oder nur zum Schein. Der Austausch von Gemeinplätzen ist eine Kommunikation ohne anderen Inhalt als eben den der Kommunikation. Die ‚Gemeinplätze', die im alltäglichen Gespräch eine enorme Rolle spielen, haben den Vorteil, daß jedermann sie aufnimmt und augenblicklich versteht: Aufgrund ihrer Banalität sind sie dem Sender wie dem Empfänger gemeinsam" (Bourdieu 1998, S. 39).

15   Auch im Punkt der ‚Theatralik' bildet die Werbung keinen Einzelfall in der Reihe der medialen Gattungen. Auch z.B. die journalistische Realitätsverarbeitung ist ihrem Wesen nach, wenngleich in anderer Weise und Hinsicht als die Werbung, theatralisch. Bourdieu bemerkt dazu mit Blick auf das Fernsehen treffend: „Das Auswahlprinzip ist die Suche nach dem Sensationellen, dem Spektakulären. Das Fernsehen verlangt die Dramatisierung, und zwar im doppelten Sinn: Es setzt ein Ereignis in Bilder um, und es übertreibt seine Bedeutung, seinen Stellenwert, seinen dramatischen, tragischen Charakter" (Bourdieu 1998, S. 25).

16   Bei einem sehr erheblichen Teil dieser Ideale handelt es sich um ‚Ich-Ideale', speziell um solche, die den Körper betreffen. Deren permanente Vorführung im (Werbe-)Medium impliziert Orientierungswerte der Selbstidentifizierung, Fremdidentifizierung und Identitätsbildung. Zurstiege spricht zu Recht davon, dass Werbung einen „normativen Erwartungsstil" präferiert. Werbung interessiert sich demnach „nicht für die Dinge, wie sie sind, sondern dafür, wie sie sein sollen" (Zurstiege 1998, S. 104).

17   Ähnlich wie eine ganze Reihe von (Selbst-)Beobachtern der Werbung (vgl. z.B. Schmidt/Spieß 1997, S. 44ff.; Nickel 1997) spricht Bergler (1989, S. 31) daher von ihrem „Symptomwert".

weltschutz, Multikulturalismus und Natur/Natürlichkeit (vgl. Sander 1993, S. 265)[18]. Sie wurden im direkten Gefolge ihrer Etablierung in den politisch-moralischen Diskursen zu Dauerthemen und argumentativen Basen der Werbung (für Automobile, Zigaretten, Waschmittel usw.)[19]. Deutlich wird in diesem Zusammenhang auch, dass und inwiefern Werbung einen „präexistente" Wirklichkeiten forcierenden und stabilisierenden Charakter hat. So ist nicht zu übersehen, dass sie sich zu einer Art „Wertpfleger" in Sachen Umweltschutz entwickelt hat[20]. Die permanente und massenhafte Beschwörung entsprechender „Botschaften" dürfte erhebliche Sozialisationseffekte mit großer sozialer Reichweite haben.

2. Auch auf der Ebene ritueller Zeichen stellt die Werbung zwar keinen „Kultur-Spiegel", aber so etwas wie eine „Kultur-Bühne" dar. Eine in diesem Kontext besonders wichtige Zeichenklasse ist die der Geschlechterinteraktion. Goffman (1981) hat mit dem Begriff der Hyper-Ritualisierung darauf hingewiesen, dass die Werbung die lebenspraktische „Choreographie" der rituellen Geschlechterinteraktion gleichsam nachzeichnet und überzeichnet. In der Werbung sind auch andere Teile der alltäglichen „Ordnung der Rituale" (Soeffner 1995) Gegenstand derartiger Modulation, z.B. Formen von Höflichkeit oder religiöse Rituale.

3. Die Werbung reproduziert in stilisierender Weise auch Alltagswissen vom Fremden (von Nationen, Rassen usw.) sowie von jenen anderen, die im Rahmen eines „Eigenen" (z.B. der Nation) mehr oder weniger profilierte Minderheiten darstellen. Solche Minderheiten sind z.B. Landsmannschaften, wie in Deutschland die Schwaben oder die Ostfriesen, von denen „man" bezüglich Aussehen, Kleidung, Trinkgewohnheiten, Sprache usw. gewisse Vorstellungen hat. Derartige stereotype Vorstellungen, deren Reservoir sich wesentlich aus ihrerseits bereits klischeehaften Realitäten der Massenmedien speist, werden in der Werbung nach dem selben Prinzip wie die Rituale der Alltagsinteraktion

---

[18] Interessant ist in diesem Zusammenhang auch die Werbungsreaktion auf die Durchsetzung der Political Correctness. Ihr hat sich die Werbung sehr weitgehend gebeugt. Manifester Sexismus oder Rassismus z.B. ist in heutiger Werbung kaum mehr zu finden.

[19] Mit dem so genannten Öko-Sponsoring hat die Werbung eine eigene strategische Variante entwickelt, die den Wert Umweltschutz dramaturgisch in Dienst nimmt und ihm zugleich eine Bühne verschafft.

[20] In ähnlicher Weise und mit ähnlichen Effekten referiert die Werbung auch in vielen anderen Punkten auf den ‚Wertehimmel' und Wertewandel. Gesundheit, Selbstverwirklichung, Freundschaft, Gemeinschaft, Elternschaft, Bildung (vgl. Sander 1993, S. 265), Individualismus, Erlebnis und andere Werte mehr haben in der neueren Werbung einen großen Stellenwert (vgl. Spitzer 1996, S. 44f.; Roth 1996, S. 99). Zu den Referenzen und Reaktionen der Fernsehwerbung auf den Wertewandel vgl. Schmidt/Spieß (1997).

erneut stereotypisiert[21]. Hauptsächlich im „Werbefernsehen werden in höchst komprimierter Form die populären Lebensentwürfe, Mythologien, Sitten und Gebräuche, Traditionen und ethischen Postulate verschiedener Völker und Kulturen zitiert [...], die den ZuschauerInnen u.a. von ihren eigenen Erfahrungen, Träumen und Wunschvorstellungen sowie vom übrigen Programm her bekannt sind" (Spieß 1995, S. 79). Diese „Zitation" erfolgt vor allem in Visualisierungen, die jedermann blitzschnelle und im Sinne der Werber zutreffende Verständnisse erlauben. Im Vordergrund stehen „visuelle Stereotypen wie tropische Tiere, Pflanzen und Landschaften ebenso wie exotische Menschen (vom Edlen Wilden bis hin zum schwarzen Hoffnungsträger einer Come-together-Vision) [...]. Daneben wird mit Lifestyle-Stereotypen für Standardszenarios wie Urlaub (paradiesische Welten), Südfrüchte, Kaffee- bzw. Teegenuß (exotische Anbaugebiete, lächelnde ErntearbeiterInnen), Zigaretten (Abenteuer und authentische Naturerfahrung), Körperpflege (Trivialmythen und Riten) u.a. operiert" (Spieß 1995, S. 81). Diese Stereotypen haben die Form von „Vorurteilen", sind aber inhaltlich weit davon entfernt, ihre Objekte zu disqualifizieren. Vielmehr werden diese im Sinne öffentlich herrschender Moralvorstellungen mindestens „positiv" attribuiert, wenn nicht sogar ein Kult (z.B. ein Multi-Kulti-Kult) inszeniert wird. Weil es „passt", präsentiert man (sich) heute z.B. gerne als „Botschafter" in Sachen Multikulturalität (vgl. Spieß 1995, S. 84).

4.   Werbung muss immer auch bemüht sein, publikumsspezifisch relevanten Ereignissen und Ereignisläufen zu folgen. Das gilt z.B. für die jährliche Sequenz der Feiertage. Deren jeweiliges Nahen findet in der Werbung stets seinen Niederschlag.[22] Auch die Jahreszeiten, die Urlaubszeiten und jedermanns Großereignisse wie die Fußballweltmeisterschaft oder die Olympischen Spiele werden in der Werbung zutreffend repräsentiert. Derartige Realitätsnähe steht natürlich im Zusammenhang mit dem Zweck und dem Objekt der Werbung. So läuft eine Eiscremewerbung je nach Jahreszeit unter dem Titel „So schmilzt der Winter" oder „So schmeckt der Sommer".

Insgesamt lässt sich feststellen, dass die Werbung auf die verschiedensten kulturellen Kontexte und Sinnelemente als Ressourcen ihrer Inszenierungen referiert. Sie vereinnahmt und verbindet eine Vielzahl unterschiedlicher Themen, symbolischer Motive und Diskurse. Sie bezieht sich auf die Kunst, die Literatur, die Berichterstattung der Massenmedien und sogar auf sich selbst (vgl. Zurstiege 1998, S. 108). Man

---

[21] Auch bestimmte Berufsgruppen, wie z.B. Professoren (der ‚sonderbare Professor'), werden in der Werbung im Sinne dieser Reflexivität repräsentiert. Ihr Alltagsimage wird zum Hyper-Image.

[22] Die Werbung tendiert auch in diesem Punkt zur Übertreibung. Weihnachten z.B. naht in mancher Werbung schon Ende Oktober.

kann also von einer systematischen und weitreichenden Intertextualität der Werbung sprechen, die ihre Form aus dem Funktionssinn ihres Sinngebrauchs bezieht.

5   Theatralisierung der Medienkultur

So offensichtlich und offensichtlich notwendig es ist, dass die medialen Kommunikationsbereiche Nachrichten/Berichte, Unterhaltung und Werbung unterscheidbar sind und (damit) eine strukturelle Identität besitzen, so unübersehbar sind gewisse übergreifende Entwicklungstendenzen bzw. Homogenisierungen der medialen Produktuniversen. Als generelle Tendenz zu beobachten ist eine wiederum bereichsspezifisch ausfallende Theatralisierung, z.B. eine Tendenz zur spektakulären Eventisierung in der Werbung und zur Dramatisierung im (journalistischen) Feld der Nachrichten und Berichte. Das impliziert eine sich verschärfende „Jagd nach dem Sensationellen, dem Spektakulären, dem Ungewöhnlichen" (1998, S. 72). Im Bereich der Unterhaltung zeigen sich entsprechende, mindestens graduelle Verschiebungen in historisch beispiellosen Formatinnovationen wie „Big Brother", „Ich bin ein Star …", „Das Geständnis" usw. Hier manifestiert sich eine Logik und Dynamik der Theatralisierung z.B. in inszenierten Grenzüberschreitungen, Tabuverletzungen und Rahmenbrüchen.

Hinter derartigen Entwicklungen, seien sie qualitativ oder graduell neu, stehen Transformationen sowohl auf der Ebene der Publikumskultur (der Schicklichkeitsgrenzen, der emotionalen Reizbarkeiten, der Sinnbedürfnisse etc.) als auch auf der Ebene der Medien-Felder. Hier schreitet mit Kultureffekten insbesondere der Prozess der Vermarktlichung immer weiter und tiefgreifender voran. Das bedeutet heute schon beinahe überall eine geradezu kategorische Orientierung der medialen Kulturproduktion an der Publikumsquantität, und d.h. in letzter Konsequenz: die Unterordnung unter den Geschmack und die „Erwartungen des anspruchslosesten Publikums" (1998, S. 72). Bourdieu bringt diese Ausrichtung auf die Begriffe des „Marketings" (1998, S. 113) und der „Einschaltquotenmentalität" (1998, S. 74). Ihr gilt als „Maßstab der Verkaufserfolg [...] der Markt mehr und mehr als Legitimationsinstanz" (Bourdieu 1998, S. 36). Diese „Instanz" (Legitimation durch Absatz) wirkt und entfaltet sich keineswegs nur in den klassischen kommerziellen oder kommerznahen Bereichen der Unterhaltung und der Werbung, sondern auch in dem traditionell moralgeladenen und ethosbezogenen Medien-Feld des Journalismus. Heute existiert offensichtlich eine geradezu habituelle Neigung von Journalisten, „das ‚Kriterium Einschaltquote' in ihrer Produktion (‚einfach darstellen', ‚sich kurz fassen' usw.) oder in der Bewertung von Produkten und sogar Produzenten (‚kommt gut an', ‚verkauft sich gut' usw.)" (1998, S. 109) zum wesentlichen oder ausschließlichen Maßstab zu machen. So hat sich unter „der Sanktion durch den Markt, durch das Plebiszit" (Bourdieu 1998, S. 75) „tendenziell ein bestimmtes

Konzept von Nachricht, wie es bislang der dem Sport und Vermischten gewidmeten sogenannten Sensationspresse vorbehalten war, des gesamten journalistischen Feldes bemächtigt" (Bourdieu 1998, S. 72)[23]. Theatralisierung steht hier also für eine ebenso gravierende wie umfassende Kulturevolution, deren generative Mechanismen nicht allein mit dem Theatermodell zu erfassen sind.

6   Schluss und Ausblick

Aus den dargestellten Überlegungen ergibt sich die Feststellung einer strukturell bivalenten und ambivalenten Kultur- und Wirklichkeitsbedeutung der diversen Medienerzeugnisse. Einerseits sind diese vermittelte und vermittelnde Reproduktionen von Publikumskultur. Andererseits stellen die Medienerzeugnisse feldbestimmte Inszenierungen dar, die einen eigenen Sinn, einen eigenen Spielraum und eine eigene Wirklichkeit „haben" und dadurch einen eigenen Sinn und eine eigene Wirklichkeit der Publikumskultur für das Publikum hervorbringen: bestimmte Versionen von der „Welt", ihrer Realität, Normalität, Idealität, Normativität. Medienakteure wie die Werber, die Journalisten und die Entertainer sind also besondere und kosmologisch besonders wichtige Klassen von Sinnvermittlern.

Die mediale Sinnvermittlung spielt sich auf allen ihren Feldern zunehmend im Sinne einer Entwicklungslogik ab, die als Theatralisierung gefasst wurde. Sie entfaltet sich in dialektischen Verhältnissen zwischen Medien-Feld und Publikumskultur. Auf der Ebene des Medien-Feldes spielt die medientechnische Entwicklung eine zentrale Rolle als Theatralisierungsfaktor. Mit der medientechnischen Evolution ergeben sich immer neue Möglichkeiten und Formen, denen spezifische Theatralisierungsprozesse korrespondieren. Überdeutlich ist dies im Bezug auf das (neueste) Medium bzw. den Medienverbund des Internets (Chatkommunikation, Ebay, Homecams usw.). Von Theatralisierung kann in diesem Zusammenhang nicht nur insofern die Rede sein, als eine quantitative und qualitative Steigerung von Medienbühnen und entsprechenden Nutzern und Nutzungsmotiven vorliegt. Theatralisierung heißt hier vielmehr auch, dass sich neue Logiken und Optionen der Inszenierung und Selbstinszenierung etablieren, die die älteren Formen überbieten. Mit der Chat-Kommunikation z.B. entsteht eine beispiellose Potenz der theatralen und theatralischen Selbsterfindung personaler Images.

---

[23] Nachrichten sind demnach in gewisser Weise zu einem Spezialfall von Unterhaltung geworden. Dessen Besonderheit (die Besonderheit der Nachrichtenunterhaltung) liegt zum einen in der beanspruchten Wahrheit der mitgeteilten Informationen und zum anderen in der *Art* dieser Informationen. In der generellen Erfolgslogik des ‚Infotainments' sind potentiell (publikums-)unterhaltsame Informationen diejenigen, die einen ‚sachlich' dramatischen Inhalt haben, d.h. im allgemeinsten Sinne mit Abweichung von Erwartung und Normalität zu tun haben.

Mit der (formalen und inhaltlichen) Medientheatralisierung hängen wiederum Theatralisierungen auf allen „subsystemischen" Feldern von der Politik über die Wirtschaft und die Wissenschaft bis hin zur Kunst zusammen. Diese gesellschaftsweite Theatralisierung hat ihre Basis und ihren Grund im kommunikativen Potential der Massenmedien. Massenmedien sind ja „mehr" als nur ein Feld (von Feldern) unter anderen Feldern: Sie sind sozusagen ein gesellschaftliches Über-Feld, das in Interdependenzverhältnissen zu allen anderen sozialen Feldern steht. Deren (Spezial-)Kultur und deren kommunikative Praxis haben heute einen, wenn nicht ihren zentralen Ort und ihren zentralen „Spiegel" in den Medien. Die mit ihrer inneren Theatralisierung beschriebene „Polung" der Massenmedien ist also nur die eine Seite der Medaille. Die andere Seite besteht in der umgekehrten Ausrichtung der verschiedensten sozialen Praxen und Akteure an den Medien, ihren Inszenierungsmöglichkeiten und tatsächlichen Inszenierungen. So wie professionelle Medienakteure, etwa Journalisten, im Rückgriff auf und in Abhängigkeit von der Kultur des Medienpublikums handeln und die Publikumskultur sozusagen als Medium (der Medien) bedienen, so beachten und benutzen die diversen Feld-Akteure in der Umwelt des Medien-Feldes (Politiker, Künstler, Kleriker, Wissenschaftler usw.) die medialen Resonanzbedingungen. Worum es hier geht, ist die Theatralisierung verschiedener Lebenspraxen, „Lebenswelten", Interaktionskontexte durch ihre Bezogenheit und ihr Bezogenwerden auf mediale Kommunikationen bzw. Inszenierungen. Beispiele dafür können überall leicht gefunden werden: Die großen Versammlungen der großen Organisationen z.B. (Parteitage, Kirchentage, Gewerkschaftstage usw.) wurden und werden zwangsläufig mehr und mehr (und mehr und mehr offensichtlich) in Form von Inszenierungen an medialen Resonanzbedingungen, d.h. an antizipierten Publikumswahrnehmungen, orientiert. Damit ist auch eine der wichtigsten Varianten von Theatralität und Theatralisierung angesprochen, die durch Medialisierung in höchstem Maße bedingt und beeinflusst wird: die Werbung und die quantitativ und qualitativ dynamisch voranschreitende Verwerblichung aller sozialen Felder (vgl. Willems 2002; Willems/Kautt 2003).

7   Literatur

Ayaß, Ruth (2001): Fernsehgattungen in der Aneignung. In: Holly, Werner u.a. (Hrsg.): Der sprechende Zuschauer: wie wir uns Fernsehen kommunikativ aneignen. Wiesbaden, S. 143-152.

Bergler, Reinhold (1989):Werbung im Spiegel der Gesellschaft. In: Edition ZAW: Kulturfaktor Werbung, S. 17-52.

Bourdieu, Pierre (1991): Soziologie der symbolischen Formen. [Aus dem Franz.]. Frankfurt am Main.

Bourdieu, Pierre (1998): Über das Fernsehen. [Aus dem Franz.]. Frankfurt am Main.

Bourdieu, Pierre (2001): Die Regeln der Kunst: Genese und Struktur des literarischen Feldes. [Aus dem Franz.]. Frankfurt am Main.

Fiske, John; Hartley, John (1978): Reading television. London usw.

Goffman, Erving (1969): Wir alle spielen Theater. Die Selbstdarstellung im Alltag München.

Goffman, Erving (1981): Geschlecht und Werbung. Frankfurt am Main.

Hickethier, Knut (1991): Die Fernsehserie und das Serielle des Fernsehens. Lüneburg.

Krallmann, Dieter u.a. (1997): Werbung als kommunikative Gattung. In: Sociologia Internationalis 14, Heft 2, S. 195-216.

Newcomb, Horace; Hirsch, Paul (1986): Fernsehen als kulturelles Forum. Neue Perspektiven für die Medienforschung. [Aus dem Amerik.]. In: Rundfunk und Fernsehen. Zeitschrift für Medien- und Kommunikationswissenschaften 34, Nr. 2, S. 177-190.

Nickel, Volker (1997): Werbung unverblümt. Zeitansichten zu einer anhaltenden Debatte. Bonn.

Roth, Joachim (1996): Wertewandel im Spiegel der Automobilwerbung. Eine inhaltsanalytische Untersuchung am Beispiel der Anzeigenwerbung des „Spiegel" (Dissertation Universität Trier).

Sahlins, Marshall (1976): Culture and Practical Reason. Chicago.

Sander, Michael (1993): Der Planungsprozeß der Werbung. In: Berndt, R.alph u.a. (Hrsg.): Handbuch Marketing-Kommunikation. Wiesbaden, S. 261-284.

Schmidt; Siegfried J.; Spieß, Brigitte (1997): Die Kommerzialisierung der Kommunikation. Fernsehwerbung und sozialer Wandel 1956-1989. Frankfurt am Main.

Spieß, Brigitte (1995): Ohne Fremdes nichts Eigenes. Das Fremde in der Werbung: Bilder aus der Dritten Welt als Projektionsfläche für Sehnsüchte und Träume industrieller Gesellschaften. In: Schmidt, Siegfried J.; Spieß, Brigitte (Hrsg.): Werbung, Medien und Kultur. Frankfurt am Main, S. 79-84.

Spitzer, Georg (1996): Sonderwerbeformen im TV. Kommunikationskooperationen zwischen Fernsehen und Wirtschaft. Wiesbaden.

Tenbruck, Friedrich H. (1989): Die kulturellen Grundlagen der Gesellschaft: der Fall der Moderne. Opladen.

Willems; Herbert (Hrsg.) (2002): Die Gesellschaft der Werbung. Wiesbaden.

Willems, Herbert; Kautt, York (2003): Theatralität der Werbung. Theorie und Analyse massenmedialer Wirklichkeit: Zur kulturellen Konstruktion von Identitäten. Berlin, New York.

Zurstiege, Guido (1998): Mannsbilder – Männlichkeit in der Werbung. Eine Untersuchung zur Darstellung von Männern in der Anzeigenwerbung der 50er, 70er und 90er Jahre. Opladen.

Empfehlungen zum Weiterlesen:

Newcomb, Horace; Hirsch, Paul (1986): Fernsehen als kulturelles Forum. Neue Perspektiven für die Medienforschung. [Aus dem Amerik.]. In: Rundfunk und Fernsehen. Zeitschrift für Medien- und Kommunikationswissenschaften 34, Nr. 2, S. 177-190.

Bourdieu, Pierre (1998): Über das Fernsehen. [Aus dem Franz.]. Frankfurt am Main.

Willems, Herbert; Kautt, York (2003): Theatralität der Werbung. Theorie und Analyse massenmedialer Wirklichkeit: Zur kulturellen Konstruktion von Identitäten. Berlin, New York.

Medien und abweichendes Verhalten

Waldemar Vogelgesang

Zusammenfassung: Obwohl es kaum einen anderen Bereich der Medienwirkungsforschung gibt, zu dem mehr Studien vorliegen, ist die Thematik Medien und Abweichung auch in der Gegenwart noch von großer Aktualität und die Publikationsflut ungebrochen. Ein Blick in die Geschichte als auch in die heutige Forschungslandschaft zeigt, dass es zwar einen Dauerstreit darüber gibt, welche Wirkungen von medialen Gewaltdarstellungen ausgehen können, aber simplifizierende Thesen sind höchst differenzierten Erklärungen gewichen, auch wenn diese zu durchaus unterschiedlichen Schlussfolgerungen führen können. Vor allem die Jugendszenenforschung hat gezeigt, dass die Aneignung von gewalthaltigen Medieninhalten in der Regel eingebunden ist in eine gruppengebundene Stilsprache und Distinktionspraxis. Aber es gibt auch Umstände, unter denen Mediengewalt aggressive Handlungen stimulieren und verstärken kann, und dies vor allem dann, wenn die gezeigte Gewalt im Alltag der Jugendlichen an deren Skripts von Eifersucht, Ehre oder Heldentum anschließbar ist. Dies bedeutet, dass in erster Linie durch die Hinwendung zur subjektiven Wahrnehmung des gewalthaltigen Medienangebots, zu situationalen Rahmenbedingungen und rezipientenspezifischen Gebrauchsmustern, konstruktive wie destruktive Aneignungen aufgezeigt werden können.

1 Vorbemerkung

„Media violence is one of the most widely discussed yet least understood issues of our time" (Trend 2003, S. 285). Gewalt, Devianz und Medien – diese Trias genießt eine Daueraktualität in der soziologischen und medienwissenschaftlichen Kultur- und Kommunikationsforschung. Schätzungen zufolge liegen inzwischen über 5.000 Untersuchungen zu diesem Gegenstands- und Diskursfeld vor, wobei die Quantität jedoch wenig über die Qualität der Forschungsergebnisse aussagt. Unverkennbar hat aber die Theorie- und Methodenentwicklung in den Sozial- und Kommunikationswissenschaften auch zu Erkenntnisfortschritten in der Wirkungsforschung geführt und damit auch zu einer differenzierten Betrachtung des Zusammenhangs zwischen Gewalt- und Verbrechensdarstellungen in den Medien und ihren Auswirkungen auf Kinder und Jugendliche beigetragen. Auffällig ist jedoch, dass in der Öffentlichkeit die wissenschaftlichen Erkenntnisgewinne fast beharrlich ignoriert werden und ein überkommenes Ursache-Wirkungs-Denken eine ungebrochen hohe Popularität besitzt. Vor allem angesichts dramatischer Gewaltakte und Verbrechen kommt es immer wieder zu „(ver)öffentlich(t)en Erregungszyklen", die in den Medien einen benennbaren und dingfest zu machenden Verursacher sehen. So verständlich die Suche nach Erklärungen für Gewalt und Devianz ist, tangiert sie doch die Grundfeste sozialer Ordnung und menschlichen Zusammenlebens, im Kontext der Mediendebatte führt sie auf wahrlich vermintes Gelände. Denn sie bewegt sich – um eine Anleihe in der griechischen Mythologie zu machen – zwischen Szylla und Charybdis. So ist einerseits der Komplexität des wissenschaftlichen Forschungsstandes Rechnung zu tragen, während andererseits die Simplizität der in der Öffentlichkeit propagierten Wirkungsvorstellung zwar ernst zu nehmen ist, aber vor dem Hintergrund vorliegender Erkenntnisse in ihrer Fixierung auf Kollektivängste und Trivialmythen auch einer kritischen Betrachtung unterzogen werden muss. Letztlich ist es das Anliegen dieses Beitrags, die von Ambivalenzen und Emotionen bestimmte Medien-Gewalt-Debatte in etwas ruhigeres Fahrwasser zu lenken.

2   Zur Aktualität des Themas

Vor etwas mehr als zwei Jahrzehnten stellte der Medienpädagoge Hans Dieter Kübler (1984, S. 79) die bange Frage: „Müssen wir bei anhaltendem Videoboom eine Generation gewärtigen, die ihre Weltbilder und Verhaltensnormen aus einer gänzlich brutalisierten und lebenszerstörerischen Videowirklichkeit bezieht, (...) eine Bevölkerung von videotisierten Analphabeten und seelischen Krüppeln, von Monstern, Gestörten und Abnormen?" Nimmt man die in diesem Zeitraum noch aufkommende Begeisterung für „violent video games" (vgl. Griffiths 1999), „violence in music videos" (vgl. Smith/Boyson 2002) und den „Unflat online" (vgl. Krempl 1999) mit in den Blick, dann gipfelt die pädagogische Besorgnis in der Befürchtung, dass die in den Medien dargestellte Gewalt verursachend oder verstärkend auf gewaltförmiges Verhalten von Kindern und Jugendlichen wirkt.

Spektakuläre Einzelfälle werden dabei als makabre Beweise für die Stichhaltigkeit dieser Befürchtung angesehen. Von einem Kindermord in Liverpool im Jahre 1993 über das Massaker, das zwei Schüler im April 1999 an der Columbine High School in Littleton, Colorado, angerichtet haben bis zur Amoktat eines Schülers in einem Erfurter Gymnasium im Jahr 2002 spannt sich der Bogen von Tötungsdelikten, die ursächlich mit brutalen Filmen und Spielen in Zusammenhang gebracht werden, die die Täter kannten. In dieser Sichtweise sind Gewaltmedien eine Art von Blaupause für reale Gewalthandlungen. Besonders markant ist in diesem Zusammenhang der so genannte „Passau-Fall" – und dies nicht zuletzt deshalb, weil er Rechtsgeschichte geschrieben hat. Um das öffentliche Interesse an diesem Fall besser einordnen zu können, sollen zunächst Tathergang und -umstände sowie deren rechtliche Bewertung kurz geschildert werden.

Am 2. März 1996 schlug ein damals 14-jähriger Schüler in Verkleidung des Horror-film-Helden „Jason" mit einem Beil auf eine 69-jährige Nachbarin und seine 10-jährige Cousine ein. Vor allem das Mädchen erlitt dabei lebensgefährliche Kopfver-letzungen. Wie sich später herausstellte, hatte sich der Jugendliche seit seinem neun-ten Lebensjahr Horrorfilme – darunter auch indizierte und beschlagnahmte Filme – angesehen, die ihm sein Onkel überlassen hatte. Zu seinen Lieblingsfilmen zählte dabei die „Freitag der 13."-Serie, zu seinen Lieblingshelden die Zombie-Figur „Ja-son" aus dieser Filmreihe. Mit ihr identifizierte er sich zunehmend, wie es gleichlau-tend in zwei psychologisch-psychiatrischen Gutachten heißt. Das Gericht verurteilte den Jungen als vermindert schuldfähig zu zwei Jahren Jugendstrafe auf Bewährung und überwies ihn in ein Heim mit der Auflage, dass er sich nie wieder mit Horror-filmen beschäftigen darf. Der zuständige Richter stellte in der Urteilsbegründung fest:

> „Die Fehlentwicklung der Persönlichkeit eines Kindes aufgrund suchtartigen Konsums
> von gewaltdarstellenden Horror-Videos bei gleichzeitigem schweren Erziehungsversa-
> gen der Eltern und unverständlichem Verhalten anderer Mitglieder der Großfamilie
> führte zu einer schweren seelischen Abartigkeit und begründet für die Gewalttat des
> jetzt 15-jährigen Jugendlichen eine erheblich verminderte Schuldfähigkeit" (Huber
> 1996, S. 601).

Auch wenn damit dem Videohorror erstmals auch von rechtlicher Seite eine gewisse Mitverantwortung an der Gewalttat des Jugendlichen zugebilligt wurde und es un-bestreitbar in der Vergangenheit zur Nachahmung von in den Massenmedien ge-zeigten Gewalt- und Tötungshandlungen gekommen ist, handelt es sich dabei um Einzelfälle, die zwangsläufig die Frage der Verallgemeinerbarkeit aufwerfen. Denn was in der öffentlichen Mediengewalt-Diskussion leicht übersehen wird, ist der un-spektakuläre Normalfall, also die Tatsache, dass fast die Gesamtheit der Rezipienten keinerlei Neigung verspürt, die massenmedial angebotenen devianten Modelle in ir-gendeiner Form nachzuahmen. Spektakuläre Einzelfälle sind zwar anschaulich und suggestiv, sie verhindern aber eine gesellschaftlich angemessene Herangehensweise an das Problem Mediengewalt. Wissenschaftlich seriös sind im Unterschied dazu nur Aussagen von einer gewissen Allgemeinheit; und die ist bei Einzelfall-betrachtungen nicht gewährleistet. Selbst wenn man nachweisen könnte, dass die jugendlichen Amokläufer von Littleton und Erfurt aufgrund des Konsums ganz be-stimmter Gewaltvideos und Gewaltspiele und nur deshalb zu Serientätern wurden – eine Unterstellung, die im Übrigen den tatsächlichen Motivlagen der Täter auch nicht einmal annähernd gerecht wird (vgl. etwa zum „Täterprofil" des Todesschüt-zen von Erfurt Heitmeyer 2002, Geipel 2004) –, wäre völlig offen, ob sich dies in Zukunft noch einmal wiederholt.

Mit Nachdruck ist an dieser Stelle festzuhalten: Zwischen gewaltdisponierten Jugendlichen resp. gewaltbereiten Gruppierungen und den jugendkulturellen Me-dienszenen – vor allem den hier näher untersuchten Computerspielern – liegen

Welten. Diese Differenz zu ignorieren kann gefährliche Kurzschlüsse nach sich ziehen und zu wirklichkeitsfremden Zuschreibungen und schlimmen Diskriminierun-
gen führen. Auch die Amoktat von Erfurt ist vor diesem Hintergrund sehr differenziert zu betrachten: „Eines ist unmissverständlich festzustellen: Ego-Shooter-Spiele
generieren per se keine Amokläufer. Welche Macht- oder Ohnmachtsphantasien
man auch immer am Bildschirm ausagiert haben mag, für das, was in der Realität
passiert, sind die Gründe auch zuallererst in der Realität zu suchen" (Theunert u.a.
2002, S. 142).

In der Medienberichterstattung werden solche Gefahren gerne übertrieben
und Zusammenhänge simplifiziert. Durch Schlagzeilen in der Boulevardpresse wie
„Nach Horrorvideo: Schüler erstach 14jährige" (Kölner Express v. 28.2.1989) oder
„Computerspiele: Blutrausch im Kinderzimmer" (Hamburger Abendblatt v.
29.4.2002) wird der Eindruck direkter und relativ eindeutig feststehender Kausalbe-
ziehungen unterstellt. Berichte von vielen Journalisten sind offensichtlich darauf
angelegt, Ängste in der Öffentlichkeit zu schüren. Ausgewogenere Bewertungen,
wie sie zur Versachlichung des öffentlichen Diskurses über Mediengewalt notwendig wären, sind dagegen eher selten:

> „Es ist ein alter Streit, ob die Darstellung von Gewalt in den Medien Gewalt verhindern
> hilft (Abschreckung, Ventil für Aggressionen) oder ob sie Gewalt provoziert. Für beide
> Auffassungen gibt es empirische Beweise zuhauf. Beide scheinen daher zuzutreffen; es
> fragt sich nur, auf wen und unter welchen Umständen" (Reumann 1999, S. 1).

3   Historische Bezüge oder Medien und Devianz – eine unendliche
Geschichte

Ambivalenzen und Antagonismen werden auch in der Rückschau deutlich, denn die
Frage nach den Wirkungen von Gewaltdarstellungen besitzt eine lange, aber höchst
uneinheitliche Tradition. Schon in der griechischen Antike begegnen wir den beiden
Auffassungen, die bis in die Gegenwart Bestand haben. Da ist einerseits die Vorstellung Platons, dass Menschen vor Inhalten geschützt werden müssten, die schädliche
Einflüsse auf ihre Persönlichkeit nehmen. Insbesondere Kinder und Jugendliche
seien vor Märchen und Sagen zu bewahren, die ihrem Reifungsgrad nicht entsprechen. Aber bereits Aristoteles kritisierte die Auffassung seines Lehrers und formulierte eine Gegenposition in Form der Katharsisthese. Danach bewirke das Betrachten gewalttätiger Szenen im Theater oder bei Gladiatorenkämpfen einen Abbau des
Aggressionspotenzials beim Zuschauer.

Wer hat nun Recht? Platon oder Aristoteles – oder vielleicht beide? Unbestreitbar ist zunächst: Die Frage der Gewaltdarstellungen und ihrer Effekte bewegt
die Menschen, seit es Medien gibt. Mit dem Aufkommen der Massenmedien nimmt
sie jedoch an Dramatik zu. So finden sich in den ausgangs des 16. Jahrhunderts in

Deutschland weit verbreiteten „Newen Zeitungen" so realistische Beschreibungen von Gewalttaten und Grausamkeiten, dass kritische Stimmen bereits damals sehr eindringlich vor gefährlichen Wirkungen auf die Leserschaft warnten. Im Jahr 1695, also vor über 300 Jahren, schreibt bspw. Kasper Stieler in seiner Arbeit „Zeitungs Lust und Nutz" dazu folgendes:

> „In den Zeitungen wird nicht allein von Ehebruch, Hurerey, Kindermord, Diebstahl, Totschlag, Verräterey, und wie dies alles vollbracht wurde, gemeldet: Es wird drinnen oft von einem Bubenstücke berichtet und die Art und Weise, wie solches angefangen und vollendet sei, so genau beschrieben, dass, wer zum Bösen geneigt, daraus völligen Unterricht haben kann, dergleichen auch vorzunehmen" (zit. nach Kunczik 1987, S. 2).

Mit der massenhaften Verbreitung der so genannten Trivialliteratur in der zweiten Hälfte des 19. Jahrhunderts und dem Aufschwung der Kinematographie Anfang dieses Jahrhunderts verschärft sich die Diskussion ein weiteres Mal. In einschlägigen Traktaten wie Schultzes „Schundliteratur" von 1909, Hellwigs Arbeit über „Schundfilme" von 1911 oder Morecks „Sittengeschichte des Kinos" von 1926 wird ein schier endloser Gefahrenkatalog prophezeit; so z.B. sexuelle Desorientierung und Verführung, Anstiftung zu Verbrechen, Phantasieüberreizung, Senkung des kulturellen Niveaus, um nur die einschneidendsten Gefährdungen zu nennen, die durch den ständig steigenden Konsum von Kolportageromanen, Serienheften und nicht zuletzt schlechten Kinofilmen für möglich gehalten werden.

So problematisch eine literatur- und filmwissenschaftlich exakte Definition von Trivialliteratur und schlechten Kinofilmen auch ist, dies ändert nichts daran, dass in dieser Zeit eine breite Ablehnung gegen bestimmte Literatur- und Filmformen entsteht. Beinahe einmütig wird von Pädagogen, Staat, Kirche und Presse der Eindruck propagiert, die „Heftchen" und der „Kintopp" seien das Laster schlechthin, eine neue Geißel der Menschheit, der nur mit einschneidender Zensur und Kontrolle Einhalt geboten werden könne.

> „Es entsteht eine breite Front aus Sittlichkeitsvereinen, Lehrervereinen, Bünden für Jugendpflege und Volkswohl sowie zahlreichen gemeinnützigen und bildungsorientierten Zusammenschlüssen, die unter den neuen Schlagworten ‚Schmutz' und ‚Schund' gegen bestimmte Literatur- und Filmgenres zu Felde ziehen. Beide Schlagworte, deren Gehalt sich schwer gegeneinander abgrenzen lässt, werden ab 1900 zu alltagssprachlichem Gemeingut (...) und finden 1926 auch eine rechtliche Kodifizierung in Form des ‚Gesetzes zur Bewahrung der Jugend vor Schund- und Schmutzschriften'" (Hausmanninger 1993, S. 83f.).

Seither sind in schöner Regelmäßigkeit ähnliche Aufklärungsfeldzüge zu beobachten: In den fünfziger Jahren gegen Rock'n' Roll, in den Sechzigern gegen Comics, in den Siebzigern gegen Zeichentrickfilme, in den Achtzigern gegen Horror- und Splatterfilme und in der letzten Zeit verstärkt gegen bestimmte Typen von Computerspielen (Stichwort: Ego-Shooter). Letztlich ist die Geschichte der Medien immer auch eine Geschichte der Medienkritik, bis in die Gegenwart geprägt von Misstrau-

en und Ressentiments gegen jedwede technische, inhaltliche und dramaturgische
Neuerung. Gewiss haben viele dieser Befürchtungen rückblickend keine empirische
Bestätigung gefunden. Trotzdem bleibt das darin sichtbar werdende Erschrecken
bestimmter gesellschaftlicher Gruppen ein erklärungsbedürftiger Tatbestand.[1]

4   Forschungsstand – eine Synopse ‚klassischer' Gewaltwirkungsthesen

Aber nicht nur in der öffentlichen Debatte, sondern auch in der wissenschaftlichen
gibt es eine Art Dauerstreit über die Frage, welche Wirkungen von Gewaltdarstellungen ausgehen können. Dabei lassen sich folgende Thesen unterscheiden, die beanspruchen, die Folgen medial inszenierter und präsentierter Gewalt zu erklären.

Auf der Grundlage einer triebtheoretischen Orientierung gehen die Anhänger
der Katharsisthese davon aus, dass das Betrachten filmischer Gewalthandlungen
zum Abbau von aggressiven Emotionen und Verhaltenstendenzen führt. Die angenommene „reinigende" Wirkung soll es dem Zuschauer ermöglichen, seine inner-
lich aufgestaute Aggression in der Phantasie abzureagieren. Dieses Konzept, das
sich bis auf Aristoteles zurückführen lässt und heute noch in der Psychotherapie
benutzt wird, übernahmen Feshbach und Singer (1971) in ihrer Hypothese der
symbolischen Aggressionskatharsis. Allerdings hat Feshbach (1989, S. 71) in einer
späteren Neubewertung seiner Forschungsergebnisse eine deutliche Relativierung
der ursprünglichen Interpretation vorgenommen: „Die Ergebnisse zeigen mir, dass
die Bedingungen, unter denen eine Katharsis auftreten kann, nicht alltäglich sind,
während die aggressionsfördernden Bedingungen sehr viel häufiger vorkommen."
Allerdings lassen sich trotz der erheblichen Zweifel, die auch von anderen Medien-
wissenschaftlern gegenüber der Katharsisthese geäußert wurden, einzelne Studien
anführen (vgl. Scheff 1980, Grimm 1996, Vogelgesang 2000a), in denen zumindest
von einer kurzfristigen Aggressionsminderung als Folge der Rezeption gewalthaltiger Filme oder Spiele ausgegangen wird. Merten (2003, S. 162) verweist in diesem
Zusammenhang aber auch auf eine „forschungslogische Asymmetrie, wonach sehr
viel über die negativen, aber sehr wenig über die positiven (kathartischen) Wirkun-

---

[1] Wie stark auch heute noch der öffentliche Gewaltdiskurs von Empörung und Irrationalität bestimmt
ist und welche wahrnehmungsbeeinflussende Rolle die mediale Berichterstattung in diesem Zusammenhang spielt, zeigt eine Inhaltsanalyse, die Klaus Merten (1999, S. 228) im Zeitraum von 1991 bis
1995 vorgenommen hat, und deren Fazit lautet: „Das berichtende Medium (die Frankfurter Rund-
schau) bevorzugt (...) eindeutig die negative Berichterstattung, wirkt damit als maßgeblicher Kritiker
und erzeugt so eine Wirklichkeit, die viel bedrohlicher erscheint (...) als die, die auf der Basis wissenschaftlicher Befunde zur Mediengewaltforschung gezeichnet werden kann." Dass dies in besonderer
Weise auch auf die Medienberichterstattung über (inter)nationalen Terrorismus und Amokläufe zutrifft, ist die Quintessenz der Studie „Framing Violence" (vgl. Fahr/Scheufele 2005), die aus vergleichender Perspektive zeigt, wie Massenmedien Terror- und Amoktaten rahmen, indem sie den Akteuren bestimmte Rollen, Absichten und Effekterwartungen zuschreiben.

gen von Gewalt geforscht wird und daher der kathartische Aspekt in der wissenschaftlichen und außerwissenschaftlichen Diskussion untergeht."

Ein Ungleichgewicht im Forschungsvolumen ist auch für die Inhibitionsthese
zu konstatieren. Bei diesem Ansatz handelt es sich um eine alternative Erklärung
zur Aggressionsabsenkung, der zufolge durch die Beobachtung gewalttätiger Verhaltensweisen und deren Konsequenzen beim Rezipienten Angst hervorgerufen
wird, die die Bereitschaft mindert, selbst aggressiv zu werden. Eine durch Aggressi-
onsangst ausgelöste Hemmungsverstärkung konnten erstmals Berkowitz u.a. (1963)
in einer experimentell angelegten Untersuchung belegen. Allerdings weisen die Autoren einschränkend darauf hin, dass die Aggressionsblockierung nur unter sehr
spezifischen Umständen, die in der Realität eher selten kumulativ resp. synchron
vorkommen, möglich ist. So muss bspw. der Rezipient aggressiv aktiviert sein, das
filmische Gewalthandeln als gerechtfertigt angesehen werden und die Gewaltdarstellung besonders realistisch sein, d.h. es muss eine Stimulusähnlichkeit der filmisch inszenierten Opfer mit potentiellen Aggressionsobjekten gegeben sein. Insgesamt findet die Inhibitionsthese aber nicht nur aufgrund ihrer geringen Anzahl von
empirischen Belegen nur wenig Beachtung, sondern vor allem auch durch ihre The-
oriedefizite.[2]

Ein weiterer Erklärungsansatz, die Habitualisierungsthese, geht davon aus, dass
der fortwährende Konsum von Mediengewalt die Sensibilität gegenüber realer Gewalt mindert. Als Beleg werden experimentelle Untersuchungen etwa von Berger
(1962), Pillard u.a. (1967) und Rabinowitsch et al (1972) angeführt, die experimentell
nachweisen konnten, dass die emotionalen Reaktionen der Zuschauer durch wie-
derholtes Betrachten gewaltsamer Filmszenen schwächer werden. Allerdings konnte
weder in einer aufwändigen Langzeitstudie von Belson (1978) noch in einer umfangreichen Meta-Analyse von insgesamt 30 Studien (vgl. Fröhlich u.a. 1993) dieser
Zusammenhang bestätigt werden. Was bei der Durchsicht der Forschungsbefunde
jedoch auffällt, ist die Uneindeutigkeit des verwendeten Gewöhnungsbegriffs. Denn
vielfach werden durch Gewaltbilder ausgelöste Habitualisierungseffekte gleichermaßen auf mediale und reale Kontexte bezogen – eine Interferenz, die gerade im ju-

---

[2] Verwandt im Ansatz, aber diametral entgegengesetzt in den Schlussfolgerungen sind die Studien zur
Kriminalitätsfurcht als Folge der Thematisierung von Gewalt und Verbrechen in den Medien. Der ursprünglich von G. Gerbner (1978) in die Mediengewaltforschung eingebrachte Befund, dass TV-
Vielseher aufgrund des hohen Gewaltanteils im Fernsehen ihre Umwelt signifikant häufiger als furcht-
erregend und gefährlich wahrnehmen als die Wenigseher, ist zwar nicht unwidersprochen geblieben
(vgl. Hirsch 1970, Burdach 1981, Groebel 1982), allerdings ist die neuere devianzsoziologische Forschung zur Kriminalitätsfurcht (vgl. Mansel 2001, Kreuter 2002) in der Medienwirkungsforschung
kaum rezipiert worden. Dieses Desiderat sollte umgehend aufgearbeitet und für den Wirkungsdis-
kurs fruchtbar gemacht werden, denn wie in einem von M. Walter u.a. (2004) herausgegebenen Sammelband zu „Alltagsvorstellungen von Kriminalität" in mehreren Beiträgen sehr anschaulich und ü-
berzeugend dargelegt wird, prägen Kriminalitätsdarstellungen in den Medien das Alltagsverständnis
von Kriminalität in vielfältiger Weise.

gendlichen Medienhabitus in aller Regel eindeutig als Differenz markiert ist. Dies schließt nicht aus, dass die mediale Affektstimulation und vielfach auch Lust an Schockbildern, die vor allem von Horror-Fans regelrecht als mediale Mutproben und Grenzerfahrungen gesucht – und in dem Grusel- und Splattermovies eines B. de Palma, G. Romero oder J. Carpenter auch gefunden – werden, sich im Laufe der Zeit verbrauchen und es gleichsam zu einer Veralltäglichung der Schockreizung kommt (vgl. Vogelgesang 2002). Die Desensibilisierung gegenüber filmisch inszenierten Gewaltexzessen bleibt aber auf den medialen Raum beschränkt. Übertragungen auf die reale Lebenssituation sind – außer, wie noch zu zeigen sein wird, in bestimmten devianten Gruppen – nicht zu erwarten. Im Gegenteil, entsprechende Differenzmarkierungen sind nachgerade konstitutiv für die jugendliche Medienkompetenz.[3]

Eine andere, in ihrer ursprünglichen Fassung sehr kausalistisch ausgerichtete Erklärung ist die Suggestionsthese, die einen fast zwangsläufigen Zusammenhang zwischen Mediengewalt und einer sich direkt anschließenden Nachahmungstat angenommen hat und in ihrem Wirkungsverständnis an die Propaganda- und Kampagnenforschung der 1920er Jahre erinnert. Wenn die Medienforschung in ihrer fast einhundertjährigen Geschichte aber eine Art Basiserkenntnis gewonnen hat, dann diese: „Simplifizierende Vorstellungen vom Wirkungsprozess der Medien (sind) längst überholt" (Sander/Vollbrecht 2000, S. 229). Diese Feststellung schließt aber nicht aus, dass es Umstände und Situationen gibt, in denen auch kurzfristige Reiz-Reaktions-Ketten vorkommen. So konnte in einer Reihe von Studien das Konzept der suggestiven Medienbeeinflussung dahingehend bestätigt werden, dass für bestimmte Rezipientengruppen unter bestimmten Bedingungen unmittelbare Effekte des Konsums von Mediengewalt nachweisbar sind. Als empirisch gesichert gelten einzelne, medieninduzierte Nachahmungstaten aufgrund von Enthemmung, Imitation und Überidentifikation (vgl. Brosius/Esser 1995). Das bisweilen lebensbedrohliche Gefahrenpotenzial, das dabei realen wie fiktionalen Modellen zukommen kann, ist als „Werther-Effekt"[4] bezeichnet worden. Vor allem der ausführlichen Be-

---

[3] Charakteristisch für das Medienhandeln Jugendlicher ist der spielerische Umgang mit der Differenz zwischen Medialität und Realität. Sie zeigen sich als kompetente Pendler und Grenzgänger zwischen primären (physischen) und sekundären (medialen, virtuellen) Räumen. Ob „Star-Trek'-Fans oder die Anhänger der Black Metal-Szene, ob Computerhacker oder Cyberpunks, ob Spielefreaks oder Online-Rollenspieler, was sie jenseits aller stilistischen Besonderheiten eint, sind performative Off- und Online-Wechsel zwischen Phantasie- und Alltagswelt. Die entsprechende Differenzwahrnehmung ist ein zentrales Element ihres Medienhabitus und wird auch sehr gezielt eingesetzt, um Inszenierungsstrategien und Ich-Entwürfe auszutesten (vgl. Vogelgesang 1999; 2000b).

[4] Bei dieser Form des imitativen Selbstmords wird historisch immer wieder Bezug genommen auf Goethes Jugendwerk „Die Leiden des jungen Werther", das er als 25-Jähriger 1774 veröffentlichte, und dessen „Todesspur" sehr anschaulich dokumentiert ist. Denn die jugendlichen Nachahmungstäter kleideten sich damals nicht nur wie Werther in Stulpenstiefeln zu blauem Frack und gelber Weste, sondern setzten ihrem Leben meist auch durch die Imitation der Art des Selbstmords (Pistolenschuss) ein Ende (vgl. Engel 1986). Unter dem Druck von Theologen, Pädagogen und Moralisten, die einen

richterstattung und detailgetreuen Darstellung von Suizidhandlungen in Literatur, Film und Presse wird ein Nachahmungspotenzial unterstellt. So konnte etwa Phillips (1974; 1982) zeigen, dass die Selbstmordziffer nach Berichten sowohl über reale Selbsttötungen (z.b. Marilyn Monroe) als auch über fiktive Selbstmorde in Soap Operas in den USA statistisch signifikant angestiegen ist. Auch für Deutschland ist ein Anstieg der Suizidrate unter Jugendlichen nach der Ausstrahlung der sechsteiligen Fernsehserie „Tod eines Schülers" belegt (vgl. Schmidtke/Häfner 1986). Ähnliche Suggestionswirkungen wurden auch unter den Grunge-Fans befürchtet, nachdem sich ihr Idol, Kurt Cobain, am 8. April 1994 erschoss. Aufgrund einer in der Geschichte der Popmusik einmaligen Fanbetreuung ist es nur vereinzelt zu Nachfolgeselbstmorden gekommen. Allerdings hat bei zahlreichen Anhängern, wie in einer biographisch ausgerichteten Fanstudie gezeigt werden konnte, der Tod ihres Idols Formen der Trauer hervorgerufen, wie sie üblicherweise in unserem Kulturkreis nur beim Tod von Familienmitgliedern oder nahen Verwandten vorkommen (vgl. Maßmann 1995). Auch wenn aus der Perspektive der klassischen Suizidforschung immer wieder auf den Einwand Emile Durkheims (1973, S. 146ff.) rekurriert wird, dass es sich bei den Imitationssuiziden lediglich um die Vorverlagerung des Zeitpunkts einer ohnehin beschlossenen Selbsttötung handelt, so ändert dies nichts an der in Einzelfällen überaus problematischen identifikativen Suggestionswirkung von medienvermittelten Vorbildern und Inszenierungen.

Zum Spektrum der Gewaltwirkungserklärungen gehört auch die Erregungsthese, die an eine lange Tradition von psychologischen Aktivations- und Arousal-Konzepten anschließt, und in dem Excitation-Transfer-Modell durch die US-amerikanischen Psychologen Tannenbaum (1972) und Zillmann (1979) auf die Medienrezeptionsforschung übertragen wurde. Die Grundannahme ist dabei, dass bestimmte Medieninhalte – und hier insbesondere Gewalt und Erotik – in der Lage sind, unspezifische emotionale Erregungszustände beim Rezipienten auszulösen, die auch in aggressives Verhalten münden können. Allerdings korrespondiert der Entdifferenzierung der Erregungs- resp. Aktivierungsenergie eine relative Unbestimmtheit in der Reaktion, d.h. die medial erzeugten Gefühle der Anspannung und des Ärgers müssen nicht zwangsläufig zu Gewalthandlungen führen, sondern können auch Katharsiswirkungen, Übertragungen oder verschiedene Formen der Sublimation nach sich ziehen. Welches Verhalten auf die Medienreaktion folgt, ist also in ho-

---

wahren Feldzug gegen den „Werther" veranstalteten, wurde der Roman in Preußen sogar kurzzeitig verboten. Goethe selbst hat rückblickend aufgrund des grassierenden „Werther-Fiebers", das sich gleichermaßen in Nachahmungstaten zeigte wie in einer öffentlichen Anti-Werther-Kampagne, die im Übrigen alle Züge von durch Medien hervorgerufene „moral panics" (vgl. Thompson 1998) aufwies, sein Jugendwerk verglichen mit einem „geringen Zündkraut", das eine „gewaltige Mine" zur Explosion brachte (zit. nach Brosius 1995, S. 56). In einer zweiten Fassung, die 1787 erschien, hat Goethe ergänzende Textstellen in den Briefroman eingearbeitet, die dem Leser die „Werthersche Krankheit" verständlicher machen und ihn vor allem davon abhalten sollte, den Freitod Werthers zu imitieren.

hem Maße situations- und rezipientenabhängig. Die Entkoppelung des post-
medialen Verhaltens von den zuvor rezipierten Darstellungsinhalten hat in den
Nachfolgestudien zum einen zu einer erheblichen Komplexitätssteigerung in der
Wirkungserklärung geführt. Beispielhaft ist hier die Studie von Grimm (1999) zur
„Fernsehgewalt" zu nennen, in der physiologische, kognitionstheoretische, dramaturgische und soziale Faktoren zur Erklärung von Zuwendungsattraktivität, Erre-
gungsverläufen und Handlungseffekten in einem mehrphasigen Forschungsdesign
untersucht und in einem differenzierten Theoriemodell zusammengefasst wurden.
Zum anderen hat die Frage der medieninduzierten „Kultivierung von Emotionen"
(Winterhoff-Spurk 2004, S. 82) in der Rezeptions- und Wirkungsforschung an Stellenwert gewonnen. Dabei ist auch eine inhaltliche Bedeutungsverschiebung festzustellen. Denn während lange Zeit eine Fokussierung auf Entlastungs-, Regressions-
und Fluchtmotive erfolgte, werden heute Medien in einem sehr viel umfassenderen
Sinn als Gefühlsgeneratoren diskutiert.[5]

5   Lernen am Modell als aktive Medienaneignung

Gegenwärtig den höchsten Kurswert haben lerntheoretische Erklärungen. Danach
übernehmen bestimmte Medieninhalte die Rolle von Stimulatoren oder Verstärkern.
Man spricht hier auch vom „Lernen am Modell". Als klassisch gelten die lernexpe-
rimentellen Untersuchungen von Albert Bandura und seinen Mitarbeitern (1963a;
1963b), und hier insbesondere das „Bobo-doll-Experiment", das mit Vorschulkin-

---

[5] Exemplarisch sei in diesem Zusammenhang auf einige Studien mit gleichsam sprechenden Titeln ver-
    wiesen wie etwa „Mediengefühlskultur" (vgl. Saxer/Märki-Koepp 1992), „Fernsehen fühlen" (vgl.
    Krotz 1993), „Affektfernsehen" (vgl. Bente/Fromm 1997), „Emotion und Präsentation in den Me-
    dien" (vgl. Sturm 1998), „Ich hab' einfach nur geheult." Zur emotionalen Aneignung des Medien-
    Events *Titanic"* (vgl. Hepp/Vogelgesang 1999), „Mood Management durch Musik" (vgl. Schramm
    2004) oder „Emotionen – Medien – Gemeinschaft" (vgl. Döveling 2005). Dass Medien möglicherwei-
    se aber nicht nur eine wichtige Funktion bei der Genese von Emotionen zukommt, sondern auch bei
    deren Formierung und situationsangepassten Ausrichtung, müsste noch näher untersucht werden.
    Hier wären soziologische Gegenwartsdiagnosen, wonach unter spätmodernen Lebensbedingungen
    und Daseinsverhältnissen die affektuelle Integration sich immer weniger gesamtgesellschaftlich als
    vielmehr in Spezialkulturen und angegrenzten Raumzonen vollzieht, genauso in die Überlegungen mit
    einzubeziehen, wie Erkenntnisse der Emotionspsychologie, die sich auf die individuellen Bewälti-
    gungsmöglichkeiten, Handlungsressourcen und Copingstrategien für unterschiedlichste Gefühlslagen
    beziehen. Dann könnte sich vielleicht zeigen, dass bestimmte serielle Reality-, Talk- und Unterhal-
    tungsformate nicht nur ganz allgemein „Lehrstücke fürs Leben in Fortsetzung" (vgl. Theunert/Gebel
    2000) sind, sondern in Anlehnung an das Konzept der „feeling rules" (Hochschild 1990) auch Re-
    geln und Verhaltensstile für situationsadäquate Gefühlsexpressionen bereitstellen. Durch Medien ge-
    nerierte Gefühlslagen und -wahrnehmungen stehen zwar im Zusammenhang mit physiologischen
    Vorgängen, aber sowohl die Art und Intensität der Empfindungen wie auch ihre Auslöser sind kultu-
    rell überformt. „Gefühle haben sich von jeher," so Roland Eckert (1990, S. 8), „nicht nur einfach ein-
    gestellt, sondern sind immer auch hergestellt worden."

dern durchgeführt wurde. Den Kernpunkt der Versuchsanordnung bildete ein Vergleichsgruppendesign, wobei Gruppe A einen Erwachsenen beobachtete, der eine Gummipuppe („Bobo-doll") aggressiv attackierte, der Gruppe B die gleiche Szene filmisch dargeboten wurde, in der Gruppe C das Menschen-Modell durch eine Zeichentrickfigur, die ebenfalls sehr rabiat mit der Puppe umging, ersetzt wurde und die Gruppe D sich einen nicht-aggressiven Filminhalt ansah. Als ein Hauptergebnis wurde dabei ermittelt, dass Kinder auch aggressiven Filmpersonen den Status eines vorbildhaften Modells zuschreiben, dem sie nacheiferten.

Obwohl die Lerntheorie zwischen der Aneignung und der Ausführung einer Handlung eine Vielzahl von intervenierenden Faktoren – und zwar von der Ähnlichkeit der Situation bis zum Vorhandensein entsprechender Mittel zur Imitation – in ihrem Konzept berücksichtigt, wurden ihre Mediengewaltbefunde in der amerikanischen Öffentlichkeit regelrecht vereinnahmt und in den Kontext einer „medialen Allmachtsideologie" gestellt. Die nach den Morden an John F. Kennedy, seinem Bruder Robert und dem schwarzen Bürgerrechtler Martin Luther King ausgebrochene „Gewalt-Hysterie" sah in den Medien einen dingfest zu machenden Verursacher – und zwar ganz in dem Sinne, wie es Gordon Allport (1954) in „The Nature of Prejudice" herausstellt: Bei schwierigen und unübersichtlichen Problemlagen neigen Menschen dazu, stereotype Schemata zu akzeptieren. Der reflexhafte Rückgriff auf die in der Medienwirkungsforschung[6] längst als obsolet geltende „Kanonentheorie der Medien" ist ein Indiz dafür. Sie scheint letztlich auch wie eine Immunisierungsstrategie gegen neue wissenschaftliche Erkenntnisse zu wirken. Denn bereits Anfang der 1960er Jahre haben Schramm und seine Mitarbeiter (1961, S. 298) das Ergebnis ihrer zahlreichen Fernsehrezeptionsuntersuchungen auf die immer wieder zitierte Formel gebracht:

> „For some children, under some conditions, some television is harmful. For other children under the same conditions, or for the same children under other conditions it may be beneficial. For most children, under most conditions, most television is probably neither harmful nor particular beneficial."

---

[6] Zur Geschichte und Differenzierung der Medienwirkungsforschung vgl. Schenk (2002), Jäckel (2005), Rösler (2004). Versucht man ihre Entwicklung auf eine sehr allgemeine Formel zu bringen, dann hat sich ein Übergang von einem monistischen zu einem holistischen Wirkungsverständnis vollzogen. Denn unter Rückgriff auf interaktionistische, handlungs- und alltagstheoretische Annahmen steht (seit Mitte der 1970er Jahre) nicht mehr ein restringierter, das Individuum zur Passivität verurteilender Begriff von Wirkung im Mittelpunkt der fachwissenschaftlichen Diskussion, sondern die verstehende Interpretation des eigenaktiven Umgangs mit Medien. Nicht mehr die Fetische Inhalt und Wirkung und ihre kausalistische Beziehung bilden den Untersuchungsschwerpunkt, sondern die Betonung des Rezeptionsvorgangs und die in ihm vollzogenen Prozesse der Interpretation, Sinngebung und Konstruktion der Realität. Ein solches Verständnis der Medienaneignung zielt nicht mehr auf eine kausalanalytische Deutung, vielmehr geht es um die Rekonstruktionen jener Sinn- und Sozialsysteme, in denen Medien für die Rezipienten bedeutsam werden.

Der lerntheoretische Ansatz bei der Erforschung medieninduzierter Gewalt lenkt den Blick nachdrücklich auf eine differenzierte Wirkungsbetrachtung – eine Perspektive, die in zahlreichen Nachfolgestudien ihren Niederschlag gefunden hat. Als eine entscheidende Größe hinsichtlich potenziell negativer Effekte von Mediengewalt auf Kinder und Jugendliche wird die familiale Situation angesehen (vgl. Petermann 1994; Selg 1997; Hopf 2001). Mediale Gewaltdarstellungen können offenbar dann eine Verstärkerwirkung haben, wenn reale Gewalterfahrungen in der Familie sowie ein liebloser und auf Zwang basierender Erziehungsstil das Sozialisationsgeschehen bestimmen. Bei Kindern aus einem problemfreien Elternhaus und ohne Auffälligkeiten konnte – gleichsam im Umkehrschluss – nachgewiesen werden, dass Gewaltfilme einen präventiven Effekt erzielen und die Friedfertigkeit steigern (vgl. Kleiter 1994). Auch andere Aspekte wie etwa Alter, Geschlecht, Intelligenz, Wertesystem, Aggressionsneigung, situative Bedingungen, Gruppenzugehörigkeit und nicht zuletzt rezeptionsspezifische Faktoren wie Nutzungsdauer, Aufmerksamkeit, Erregungsniveau, Wahrnehmungskapazitäten, Erfahrungswerte und Verarbeitungskompetenzen haben sich als maßgebliche, aber in ihren Effekten durchaus unterschiedliche Moderatoren der medialen Gewaltwirkung herausgestellt (vgl. zusammenfassend Kunczik/Zipfel 2002).

Was hier sichtbar wird, ist in der neueren (Gewalt-)Wirkungsforschung ein immer wieder bestätigter Befund: Unterschiedliche Rezipienten nehmen identische Inhalte verschieden wahr. Werner Frühs und Klaus Schönbachs (1982) „dynamisch-transaktionaler Ansatz" oder Stuart Halls (1980) „Encoding-Decoding-Modell", um nur zwei Konzepte zu nennen, sehen Medienwirkung immer als das Resultat einer Wechselwirkung von Medienbotschaft und Publikumswahrnehmung. Eine im transaktionalen und publikumstypisierenden Sinne aufschlussreiche – und wegweisende – empirische Untersuchung zu individuell unterschiedlichen Aneignungsstrategien von Mediengewalt wurde von M. Charlton u.a. (1996) durchgeführt. Die Autoren konnten dabei vier Rezeptionstypen nachweisen: Die „Realisten" berichteten über die gewalttätigen Szenen entsprechend deren Bedeutung im Film. Die „Abschwächer" spielten das Ausmaß der Gewalt herunter. Weiter gab es einen „Metatypus", der sich eher reflektierend mit der filmischen Gewalt auseinandersetzte, und einen „Mischtypus", der keine speziellen Rezeptions- und Verarbeitungspräferenzen ausbildete.[7] Insgesamt wird deutlich, wie groß die Bandbreite von kognitiven, biographischen und sozialen Strategien ist, die Jugendliche bei der Rezeption von Gewaltfilmen einsetzen. Des Weiteren ist die Tatsache, dass keine Zusammenhänge mit realer Aggressionsbereitschaft aufgefunden wurden, ein starker Indikator für eine elaborierte jugendliche Medienkompetenz, die die Ängste und Befürchtungen vieler

---

[7] Auch deutliche geschlechtsspezifische Unterschiede konnten nachgewiesen werden: So war der Erregungs- und Betroffenheitsgrad der Mädchen sehr viel höher als derjenige der Jungen – ein Befund, den R. Luca (1993) in einer forschungsmethodisch wegweisenden Untersuchung bereits für das kindliche Rezeptionsverhalten von Mediengewalt nachgewiesen hat.

Medienkritiker (vgl. Glogauer 1991, Grossman/DeGaetano 1999, Pfeiffer 2003a) als unbegründet erscheinen lässt. „Es scheint so zu sein," schlussfolgern auch Michael Kunczik und Astrid Zipfel (2002, S. 157), „dass Gewaltdarstellungen auf die Mehrheit der Betrachter keine oder nur schwache Effekte haben."

Aber es sind vor allem die drastischen Tötungsinzenierungen in Horror- und Splatterfilmen, die immer wieder Besorgnis hervorrufen. Während Jugendliche Gruselspannung als angenehm empfinden und die Horrorsessions zum ritualisierten Rahmen für Grenzerfahrungen, Selbstinszenierungen und zur Aggressionsbewältigung umfunktionieren (vgl. Vogelgesang 1991, Pette/Charlton 1997, Jervlev 2002), verharren viele Eltern und Pädagogen vor den Filmen wie das Kaninchen vor der Schlange. Es sind dabei vor allem die jugendlichen Szeneveteranen, die ihre Medienkompetenz auch sehr prononciert als Konfrontations- und Abgrenzungsstrategie gegenüber Erwachsenen einsetzen. In spielerisch-aufreizender Lässigkeit demonstrieren sie die ungleiche Verteilung von Medienkompetenzen. Gerade ihre Leichtigkeit und Virtuosität in der visuellen Wahrnehmung – und zwar von den Bilderspektakeln der Musikclips bis zu den Horror-Szenarien in den Video-Grusicals – verdeutlichen, dass die medialen Dechiffriercodes und Aneignungsweisen sich immer weiter auseinander entwickeln, denn selbst aufgeschlossene und wohlmeinende Erwachsene können diese medialen Produkte nicht in ihre alltagsästhetischen Schemata transponieren; Ratlosigkeit, Verwirrung und Empörung sind dann nicht selten die Folge. Die Anzeichen mehren sich, dass sich der Generationen-Konflikt zukünftig viel stärker als Medien-Konflikt zeigen wird (vgl. Vogelgesang 2000c).

6 Mediale Gefährdungspotenziale

Daraus nun aber den Schluss zu ziehen, Horror- und Gewaltdarstellungen hätten prinzipiell keinen Einfluss auf reale Gewalthandlungen, ist jedoch unzulässig. Denn sowohl in Einzelfällen – vor allem bei einer bestimmten (devianten) Persönlichkeitsstruktur – als auch in bestimmten Jugendgruppierungen sind Stimulationswirkungen und Nachahmungseffekte nicht auszuschließen. Gerade in gewaltzentrierten Jugendgruppierungen, wie etwa den Skinheads, können Gewaltfilme zur Legitimierung von diffusen Weltanschauungen und aggressiven Handlungsmustern verwandt werden (vgl. Eckert 1993). Cliquen- und Gangstudien[8] bestätigen diesen Sachver-

---

[8] Neben quantitativ-repräsentativen Befragungen (seit Mitte der 1990er Jahre) sind in den vergangenen Jahren verstärkt auch qualitativ ausgerichtete Studien von der interdisziplinär zusammengesetzten „Forschungsgruppe Jugend, Medien und Kultur" durchgeführt worden. Thematisch wurden dabei – vielfach im Stile von Ethnologen – neben medialen Aneignungsformen und Fangemeinschaften von Jugendlichen auch subkulturelle Vergemeinschaftungen näher untersucht: Die wichtigsten Forschungsbefunde sind veröffentlicht in Schulze-Krüdener/Vogelgesang (2001), Hepp/Vogelgesang (2003) und Vogelgesang (2005).

halt. Beobachtungen in einer Street Gang in Berlin zeigten, dass hier eine bestimmte Spielart von Actionfilmen, die die Großstadt als Ort der Unberechenbarkeit und Gewalt zum Thema hat, hoch im Kurs standen. Ihre Rezeption glich einem Ritual, in dem man sich der eigenen Ausgegrenztheit aber auch Stärke versicherte. Als Kämpfer, Stadtsoldat oder bindungsloser Outlaw werden die Filmmodelle in Beziehung gesetzt zur persönlichen Lebenssituation und Handlungsmotivation. Dass dabei auch ein cineastisch anspruchsvoller Film wie Martin Scorseses „Taxi Driver" der eigenen Ideologie entsprechend rezipiert wird resp. die Rezeption sich daraufhin verengt, zeigt ein Detail in Form einer Posteraufschrift aus dem Film, die von den Bandenmitgliedern immer wieder genannt und gleichsam zur Leitidee stilisiert wurde: „One of these days I'm gonna be desorganized!"

Auch in einer anderen Jugendszene, den sogenannten Fascho-Cliquen, traten Formen medialer Verstärkung und Rechtfertigung auf. Hier waren es insbesondere Kriegsfilme, in denen zum Mythos gewordene Soldatentugenden und Heimatideale zum rechtsradikalen Menschen- und Weltbild der Gruppenmitglieder in Beziehung gesetzt wurden. Aber der Kämpfer „Rambo" oder der Soldat „Steiner" dürften in aller Regel nur dann relevante Modelle sein, wenn sie an die Lebenssituation und Sinnwelt der Jugendlichen und ihrer Szenen anschließbar sind.[9] Dies wird auch durch einen anderen Befund deutlich: die Selbstaufwertung durch mediale Berichterstattung. Mit Blick auf die Eskalation von fremdenfeindlicher Gewalt, stellt dies Helmut Willems (1993, S. 232f.) mit Nachdruck heraus: „Die Medien stellen eine Art ,Aufmerksamkeitsprämie' für Gewaltanwendung bereit (...) und erzeugen ein Gefühl kollektiver Bedeutsamkeit und eine entsprechende Aufwertung vom Schläger zum Kämpfer zum Helden."

Zahlreiche Nachahmungstaten im Kontext der Gewalt an Schulen dürften ähnlich motiviert sein. Denn auffällig ist, dass die spektakulären Gewaltaktionen in Littleton und Meißen zu einer regelrechten Tatserie im schulischen Bereich geführt haben. Die Vermutung liegt nahe, dass der detaillierten Berichterstattung auch hier eine Auslöserfunktion zukommt und von einem bestimmten Tätertypus als individuelle Anerkennung wahrgenommen wird. Das bedeutet: Die Medien geraten in die unfreiwillige Rolle des Helfershelfers, die die Täter zu negativen Helden stilisieren. Allerdings lassen sich Medienproduzenten auch bisweilen regelrecht instrumen-

---

[9]　Die Beobachtung, dass insbesondere anschlussfähige mediale Gewaltdarstellungen soziale Risiken in der Art bergen, dass eine „dispositionelle" Gewaltbereitschaft bei Kindern und Jugendlichen verstärkt werden kann, macht deutlich, dass künftig vor allem Problemgruppen zum Forschungsgegenstand gemacht werden müssen. Die Gewaltwirkungsforschung sollte dabei auch auf Erkenntnisse der lebensweltbezogenen und ethnographisch ausgerichteten Jugend(sub)kulturforschung zurückgreifen (vgl. Bohnsack u.a. 1995, Neumann-Braun/Deppermann 1998, Eckert u.a. 2000). Aus einer eher gruppenpsychologischen Perspektive hat E.F. Kleiter (1997) einen sehr komplexer Ansatz („Modell der moderiert-intervenierten und sozial-kognitiv gesteuerten Aggression") entwickelt, der sowohl dem Problemgruppenbezug Rechnung trägt als auch eine Verstärkungs- resp. Aufschaukelungsspirale berücksichtigt.

talisieren, denn im täglichen Kampf um Aufmerksamkeit schwankt die Berichterstattung ständig zwischen Seriosität und Sensation. Nicht nur die Fakes von Michael Born, sondern – und in erster Linie – die unaufhaltsame Entwicklung im Journalismus zum „Emotainment" (vgl. Jogschies 2001) leistet der Trittbrettfahrermentalität Vorschub.

Auf eine weitere Form abweichender Mediennutzung gilt es noch aufmerksam zu machen: der Verbreitung von fremdenfeindlichem und rechtsextremistischem Gedankengut im Internet. Netze stellen eine neue öffentliche Plattform für (rechts-) extreme Ideologien und abweichende Gruppen dar und bieten aufgrund ihrer Anonymität eine optimale Infrastruktur, um konspirativ tätig zu werden (vgl. Vogelgesang u.a. 1995). Dass angesichts der wachsenden Zahl so genannter „dirty sites" die Internetgemeinde manchmal Gegenattacken in Form von „E-mail-bombing" startet, um den entsprechenden Server zum Absturz zu bringen, ist eine bekannte, selbst reinigende Strategie im Internet.

Wie verbreitet solche korrektiven Netzaktivitäten[10] unter den Jugendlichen sind, ist schwer zu sagen. In der Hacker-Szene sind sie indes fester Bestandteil ihres Selbstverständnisses. Vor allem in der politisch orientierten Fraktion werden „Hacks" als Instrument der Aufklärung angesehen. Allerdings überschreiten solche Aktionen nicht nur den Rahmen der Legalität, sie können auch „aus dem Ruder laufen und zu einem virtuellen Pranger werden," wie ein Mitglied eines bekannten deutschen Computerclubs an mehreren „spektakulären Hacks von Porno-Mailinglisten" sehr anschaulich zu schildern wusste. Ein besonders gravierendes Beispiel ist in diesem Zusammenhang die Veröffentlichung von E-Mail-Adressen, die einen Newsletter militanter Islamisten abonniert hatten und deren Namen kurze Zeit nach dem Terroranschlag auf das World Trade Center am 11. September 2001 in New York in einem schweizerischen Internet-Forum veröffentlicht wurden (vgl. Patalong 2002). Die Beispiele zeigen: Das Hacken von als bedrohlich eingestuften Internet-Seiten – inklusive ihrer Entfernung, Umgestaltung oder Veröffentlichung – kann leicht zum Gesinnungsterror entarten. Der Übergang zur Crasher-Szene,

---

[10] Auch für die weltweit größte Jugendszene der Computerspieler ist das Internet zu einer Plattform für Protestinszenierungen geworden. Nachdem die Fangemeinde erstmals nach den Amoktaten von Littleton und Erfurt durch spektakuläre E-Mail-Aktionen gegen bestimmte Pressehäuser auf sich aufmerksam gemacht hat, setzt sie sich in der jüngsten Vergangenheit verstärkt gegen einen Werbefeldzug der us-amerikanischen Streitkräfte zur Wehr. Diese bieten im Internet kostenlos Kriegssimulationen (wie etwa das Spiel „America's Army") an, verbunden mit einer massiven Image- und Appell-Kampagne, die zum Eintritt in die Armee bewegen sollen. „Vielen Computerspielern," so hat K. Kohlenberg (2005, S. 21) recherchiert, „ist diese Rekrutierungsstrategie der Armee zuwider. Ihre Antwort auf den Versuch des Militärs, die Spiele für die eigenen Zwecke zu instrumentalisieren: Sie manipulieren die Programme, installieren kleine Botschaften an den Wänden der virtuellen Kampfgebiete. „Graphische Interventionen" nennt eine Gruppe amerikanischer Counterstrike-Spieler namens Velvet Strike diese Graffiti."

deren Mitglieder vorsätzlich Daten oder Systeme (etwa durch Virenangriffe) zerstören, und zu Computerkriminellen ist dann fließend. Weitere Problemfelder und Devianzformen ließen sich – gerade im Umgang mit dem Internet – nennen.[11] Hinzuweisen ist z.b. auf Pornographie und Pädophilie, extreme Darstellungen von Gewalt und Körperzerstörungen und Urheberrechtsverletzungen, wie sie im Cracken von Computerspielen[12] oder beim Herunterladen von Musik- und Filmdateien schon beinahe zu einer Art Hobby für jugendliche Computer- und Internetnutzer geworden sind. An manchen Schulen floriert bereits ein regelrechter Handel mit selbst gebrannten Spiele- und Musik-CDs[13].

7   Fazit und Ausblick

Abschließend ist zu fragen, ob nicht viele Medienkritiker letztlich ein sehr normatives Medienverständnis haben. Denn ihre erbitterten Reaktionen auf den jugendlichen Gewaltkonsum erinnern bisweilen an Kassandrarufe, deren Lautstärke, so legt die Vorurteilsforschung nahe, die eigenen Ängste und Inkompetenzen im Umgang mit bestimmten medialen Formen der Gewaltdarstellung und medienvermittelten Jugendkulturen offensichtlich überdecken sollen.[14] Mit Nachdruck ist deshalb an

---

[11] Obwohl das Internet ganz neue Formen der Devianz und des Tabubruchs ermöglicht – der „Erste Periodische Sicherheitsbericht" (BMI/BMJ 2001, S. 204f.) gibt einen guten Einblick in die neuen Formen und Felder der Internetkriminalität –, ist dieser Themenkomplex in der „Soziologie des Cyberspace" (vgl. Thiedeke 2004) bisher noch nicht systematisch untersucht worden.

[12] Ungeachtet – und offensichtlich auch wenig beeindruckt – von einer äußerst kontroversen Diskussion, haben sich Computerspiele zu einem riesigen Markt entwickelt. Allein im Jahr 2004 sorgten sie weltweit für einen Umsatz von fast 19 Mrd. Euro und waren damit wirtschaftlich erfolgreicher als die internationale Musik- und Filmindustrie. Im Zuge dieses Umsatz- und Computerspielebooms – rd. 18.000 Spiele gibt es mittlerweile und jedes Jahr kommen 1.800 hinzu –, ist es zu einem globalen, und in der Geschichte der Medienforschung in dieser Dimension einmaligen, „Forschungs-Hype" gekommen, der sich in mehreren hundert Studien ausdrückt, die allein seit der Millenniums-Wende zum expandierenden Spielemarkt und der exorbitant gestiegenen Nutzerzahl durchgeführt wurden. Für den deutschsprachigen Raum sind u.a. die Untersuchungen zu nennen – und wegen ihres überzeugenden Forschungsdesigns auch zu empfehlen – von Bühl (2000), Ladas (2002), Schlütz (2002), Fromm (2003), Bausch/Jörissen (2004). Über die Entstehung, Entwicklung und Ausdifferenzierung der Computerspiele informieren Gieselmann (2002), Lischka (2002).

[13] Vgl. zur grassierenden Musik- und Filmpiraterie gerade unter Jugendlichen und den damit verbundenen Urheberrechtsfragen Haug/Weber (2002), Eisenbürger/Vogelgesang (2003), Groß (2003).

[14] Allerdings dürften auch andere Gründe und Begründungen für die seit der Antike bis in die Gegenwart mit unverminderter Schärfe vorgetragene Kritik an Gewaltdarstellungen eine Rolle spielen. So hat der Mediensoziologe Alphons Silbermann (1974) schon in den 1970er Jahren nachdrücklich davor gewarnt, Medien in eine Sündenbockrolle zu drängen, um für tatsächlich vorhandene Missstände und Konflikte einen „benennbaren" Verursacher dingfest zu machen. Barbara Sichtermann (1991) sieht in den überzogenen Moral- und Kontrollkampagnen einen hilflosen – und letztlich untauglichen – Versuch, heile Kindheits- und Jugendwelten mit der Zensurschere zu retten. Lothar Mikos (1993) zeigt im

dieser Stelle darauf hinzuweisen, dass Heranwachsende in aller Regel keine Medien-opfer sind, sondern mit Medien und ihren (auch gewalthaltigen) Inhalten höchst ei-genständig – und bisweilen auch eigenwillig – umgehen. Weder amüsiert sich die junge Generation medial zu Tode, wie der amerikanische Medienkritiker Neil Postman (1985) in den 1980er Jahren behauptet hat, noch droht ihr auf breiter Front eine „mediale Verwahrlosung", wie Christian Pfeiffer (2003b) knapp zwei Jahrzehnte später befürchtet.

Auch wenn solche Pauschaldiagnosen in der öffentlichen Diskussion immer wieder auf eine breite Zustimmung stoßen und vor allem angesichts spektakulärer Verbrechen gleichsam eine zyklische Konjunktur erleben, so ändert dies nichts dar-an, dass es sich dabei aus mediensoziologischer Sicht um höchst problematische Simplifizierungen handelt. Dies ist auch das einhellige Ergebnis des Berichts einer Enquete-Kommission der Deutschen Forschungsgemeinschaft (vgl. DFG 1986), einer Grundlagenarbeit, die in der Öffentlichkeit viel zu wenig Beachtung fand. Darin wird herausgestellt, dass die Erklärungen von Medienwirkungen viel zu ein-seitig vorgenommen werden. Sie beruhen häufig, so die Kritik des Berichts, auf der deterministischen Annahme, dass mediale Darstellungen gleichsam voraussetzungs-los und direkt in individuelle Verhaltensmuster und Weltbilder überführt werden. Dabei wird nicht (oder nicht hinreichend) berücksichtigt, dass Medienwirkungen nur als Bedingungsgeflecht einigermaßen wirklichkeitsnah beschrieben werden können. Das heißt, es sind immer auch biographische, soziale, situationale, kulturel-le und kommerzielle Aspekte mit zu untersuchen.

Damit wird nicht bestritten, dass für die heutigen Kinder und Jugendlichen die Massenmedien eine außerordentlich wichtige Quelle von sozialisations- und alltags-relevantem Material bilden. Aber es ist im Einzelfall ungemein schwierig, eine nach-haltige Wirkung ihrer unterschiedlichen Rollen- und Normofferten auf Wahrneh-mung, Fühlen, Denken und Handeln empirisch nachzuzeichnen, denn zu viel-schichtig ist – gerade im Medienzeitalter – das Sozialisationsgeschehen, als dass ein-zelne Wirkfaktoren eindeutig ausgrenzbar wären. Viele Medienforscher nehmen an-gesichts der Komplexität des Gegenstandes Zuflucht bei Kann-Formulierungen. Es drängt sich bisweilen der Eindruck auf, dass die Gewaltwirkungsforschung zu einer Art Konjunktiv-Disziplin werde. Einflüsse werden für möglich gehalten, aber ...; zwei Beispiele hierzu. „Exzessiver Medienkonsum," so Bründel und Hurrelmann (1994, S. 7),

> „ob es sich um Fernsehen, Videofilme oder musikalische Videoclips handelt, kann in
> Interaktion mit sozialen und persönlichen Faktoren beim Zustandekommen von Angst,
> Aggression und Gewalttätigkeit gegen sich selbst und andere eine wichtige Rolle spie-

---

Blick auf die Kultur- und Gesellschaftsgeschichte, dass Gewalt- und Horrorfilme vor allem in Krisen-zeiten als Repräsentanzen kollektiver, sozialer Ängste angesehen werden können. Für Thomas Hausmanninger (1993) ist die Bewahrethik eine gegenmoderne Strömung, deren konservative Aus-richtung bildungsbürgerliche Kulturgüter um jeden Preis schützen möchte.

len, kann Verhaltensmuster anbieten, den Gebrauch von Aggressionen als selbstverständlich oder gar legitim erscheinen lassen und eine feindliche Weltsicht erzeugen. Bei
ständigem Konsum kann es zu einer Fixierung auf ein niedriges moralisches Niveau, zu
einer unbewussten Identifikation und Übernahme der in den Texten angesprochenen
Hass- und Wutgefühle sowie zu einer scheinbar gerechtfertigten antisozialen Einstellung kommen."

Auch Winterhoff-Spurk (2004, S. 134) argumentiert in ähnlicher Weise:

> „Fernsehen und Videospiele liefern also vor allem die Muster, in denen sich reale Ag-
> gression unter bestimmten Bedingungen zeigen kann – aber nicht muss. Man könnte
> Gewalt in audiovisuellen Medien somit als eine Art ‚Sozialemission' betrachten, die von
> vielen Zuschauern folgenlos, von vorbelasteten Gruppen aber eben nicht ohne Folgen
> vertragen wird."

Niemand wird heute die in den 1960er Jahren vertretene These von der Wirkungs-
losigkeit der Massenmedien noch ernsthaft diskutieren. Es ist im Gegenteil gerade
die Vielzahl von Wirkungen – zutreffender formuliert wäre wohl: der höchst unterschiedliche Gebrauch – der Medien, welche die mediale Spurensuche sowohl theoretisch als auch empirisch zu einem außerordentlich schwierigen Geschäft machen.
Divergierende Auffassungen liegen gleichsam in der Natur der Sache. Ein weiteres
Problem liegt darin, zu verallgemeinerbaren, nicht aber zu pauschalisierenden Aussagen zu kommen. Das bedeutet: Eine wissenschaftlich fundierte Medienwirkungsforschung muss die Individualisierungsfalle genauso umgehen wie die in der herkömmlichen Mediengewaltforschung bestehende Neigung zu „All-Aussagen". Es
gibt keinen Königsweg aus diesem Dilemma. Ein wichtiger Schritt könnte aber sein,
die Forschungspraxis stärker als bisher auf die lebensweltlichen und biographischen
Kontexte der Jugendlichen sowie deren Medienkarriere und -kompetenz auszurichten. Wenn man verstehen möchte, worin die besondere Attraktivität von Affekt-
Medien liegt, ist es zwar unerlässlich, sich auch mit den Medien und ihren Inhalten
zu beschäftigen, aber in noch stärkerem Maße muss die Art und Weise, wie Jugendliche damit umgehen, Untersuchungsziel sein. Hier ist in den letzten Jahren eine
Menge Kärrnerarbeit geleistet worden, durch die produktive wie destruktive Wir-
kungsweisen von medialen Gewaltdarstellungen offen gelegt werden konnten.

Allerdings ist dabei eine eklatante Forschungsasymmetrie zu beobachten, denn
die Medien- und Gewaltwirkungsforschung ist nach wie vor affiziert von einer in
weiten Teilen der Öffentlichkeit grassierenden Urfurcht vor den Medien. Nur langsam dringt die Perspektive des „produktiven Zuschauers" (vgl. Winter 1995) auch
in die ‚Gewalt-in-den-Medien-Forschung' ein. Dort, wo es gelingt, geraten ganz andere Aspekte des jugendlichen Medienhandelns in den Blick. Denn Medien eröffnen für junge Menschen nicht nur Fenster zu anderen Lebensweisen, zu realen und
imaginären Alternativen der Lebensgestaltung, sondern sie generieren auch neue
Formen und Orte der Gefühlsarbeit und der Affekttransformation. So deutet die
Intensität und Faszination, mit der Heranwachsende emotions- und actiongeladene

Medien-Spektakel goutieren, darauf hin, dass in bestimmten Gruppen und Situationen das fortlebt, was Zivilisation und Gesellschaft domestizieren und disziplinieren wollten. Mithin ist die Begeisterung für die schrillen Töne des Black und Death Metal, die harten und aufwühlenden Bilder der Splattermovies und die fiktiven Kämpfe und Schlachten einiger Videospiele nicht per se als jugendgefährdend oder gar pathologisch einzustufen, sondern sie sind – von den genannten Gewaltgruppierungen und Problemgruppen abgesehen – eingelagert in einen jugend- und populärkulturellen Prozess der erlebnismäßigen Spezialisierung. Im Sinne der neueren Zivilisationstheorie handelt es sich dabei um einen Vorgang der Kultivierung und Kanalisierung von Emotionen (vgl. Wouters 1999), also um eine Form des Affektmanagements, die untrennbar mit den Gegebenheiten in den unterschiedlichsten jugendlichen Szenen und Gruppierungen verbunden ist. Was heute zählt, ist situationsangepasstes Emotionsmanagement. „Rahmung" und „Modulation" im Sinne Goffmans (1977) bestimmen jeweils, was zulässig und/oder gefordert ist. An die Stelle genereller Affektkontrollen tritt das Erlernen von Situationsdefinitionen und Trennregeln. Damit überkommene „Wirkungs-Bastionen" nicht weiterhin transportiert werden, nicht neuerlich alter Wein in neue Schläuche abgefüllt wird, sollte die künftige Medien(wirkungs)forschung eine Prämisse beherzigen, die Alois Hahn (1987, S. 157) jedweder sozialwissenschaftlicher Forschung und Theoriebildung ins Stammbuch geschrieben hat: „Es kommt auf die Trennung der Ebenen an."

8   Literatur

Adler, Martin u.a. (2005): ‚Do-It-Yourself': Aneignungspraktiken in der Hardcore-Szene. In: Tully, Claus J. (Hrsg.): Lernen in flexibilisierten Welten. Weinheim, München (im Erscheinen).

Allport, Gorden W. (1954): The Nature of Prejudice. Reading.

Bandura, Albert u.a. (1963a): Imitation of Film-mediated Aggressive Models. In: Journal of Abnormal and Social Psychology. Nr. 1, S. 3-11.

Bandura, Albert at al. (1963b): Vicarious Reinforcement and Imitative Learning. In: Journal of Abnormal and Social Psychology. Nr. 6, S. 601-607.

Bausch, Constanze; Jörissen, Benjamin (2004): Erspielte Rituale, Kampf und Gemeinschaftsbildung. In: Wulf, Christoph u.a. (Hrsg.): Bildung im Ritual. Schule, Familien, Jugend, Medien. Wiesbaden, S. 303-357.

Belson, William A. (1978): Television Violence and the Adolescent Boy. Farnborough.

Bente, Gary; Fromm, Bettina (1997): Affektfernsehen. Opladen.

Berger, Steven M. (1962): Conditioning through Vicarious Investigation. In: Psychological Review 62, S. 450-466.

Berkowitz, Leonard u.a. (1963): Film Violence and Subsequent Aggressive Tendencies. In: Public Opinion Quarterly 37, S. 217-229.

BMI/BMJ (=Bundesministerium des Innern/Bundesministerium der Justiz) (Hrsg.) (2001): Erster Periodischer Sicherheitsbericht. Berlin.

Bohnsack, Ralf u.a. (1995): Die Suche nach Gemeinsamkeit und die Gewalt der Gruppe. Opladen.

Brosius, Bernd; Esser, Frank (1995): Eskalation durch Berichterstattung? Opladen

Bründel, Hans; Hurrelmann, Klaus (1994): Zunehmende Gewaltbereitschaft von Kindern und Jugendlichen. In: Aus Politik und Zeitgeschichte 38, S. 3-9.

Bühl, Achim (2000) (Hrsg.): Cyberkids. Empirische Untersuchungen zur Wirkung von Computerspielen. Münster.

Burdach, Konrad J. (1980): Methodische Probleme der Vielseherforschung aus psychologischer Sicht. Zur Kontroverse Gerbner/Hirsch. In: Fernsehen und Bildung 15, Nr. 1-3, S. 99-113.

Charlton. Michael u.a. (1996): Zugänge zur Mediengewalt. Untersuchungen zu individuellen Strategien der Rezeption von Gewaltdarstellungen im frühen Jugendalter. Villingen-Schwenningen.

DFG (=Deutsche Forschungsgemeinschaft) (1986): Medienwirkungsforschung in der Bundesrepublik Deutschland. 2 Bde. Bonn.

Döveling, Katrin (2005): Emotion – Medien – Gemeinschaft. Wiesbaden.

Durkheim, Emile (1973): Der Selbstmord. [Aus dem Franz.]. Neuwied.

Eckert, Roland (1990): Technik der Gefühle. Trier (Manuskript).

Eckert, Roland (1993): Gesellschaft und Gewalt – ein Aufriss. In: Soziale Welt 44, Nr. 3, S. 358-374.

Eckert, Roland u.a. (2000): ‚Ich will halt anders sein wie die anderen'. Abgrenzung, Gewalt und Kreativität bei Gruppen Jugendlicher. Opladen.

Eisenbürger, Iris; Vogelgesang, Waldemar (2003): Jukebox Internet. Ein Beitrag zum Tauschverhalten und Rechtsbewusstsein studentischer MP3-NutzerInnen. In: Bug, Judith; Karmasin; Matthias (Hrsg): Telekommunikation und Jugendkultur. Wiesbaden, S. 145-166.

Engel, Ingrid (1986): Werther und die Wertheriaden: Ein Beitrag zur Wirkungsgeschichte. St. Ingbert.

Fahr, Andreas; Scheufele, Bertram (2005) (Hrsg.): Framing Violence. Wie Massenmedien Gewalt vermitteln. Wiesbaden.

Feshbach, Seymour (1989): Fernsehen und antisoziales Verhalten. In: Groebel, Jo; Winterhoff-Spurk, Peter (Hrsg.): Empirische Medienpsychologie. München, S. 65-75.

Feshbach, Seymour; Singer, Robert D. (1971): Television and Aggression: An Experimental Field Study. San Francisco.

Fröhlich, Walter u.a. (1993): Habituation an Mediengewalt – Eine Meta-Analyse. Mainz (unveröff. Forschungsbericht).

Fromm, Rainer (2003): Digital spielen – real morden? Shooter, Clans und Fragger – Videospiele in der Jugendszene.2. Auflage. Marburg.

Früh, Werner; Schönbach, Klaus (1982): Der dynamisch-transaktionale Ansatz In: Publizistik. Nr. 1, S. 74-88.

Geipel, Ines (2004): „Für heute reicht's". Amok in Erfurt. Berlin.

Gieselmann, Hartmut (2002): Der virtuelle Krieg. Zwischen Schein und Wirklichkeit im Computerspiel. Hannover.

Gerbner, George (1978): Über die Ängstlichkeit von Vielsehern. In: Fernsehen und Bildung. Nr. 12, S. 48-58.

Glogauer, Werner (1991): Kriminalisierung von Kindern und Jugendlichen durch Medien. Baden-Baden.

Goffman, Erving (1977): Rahmen-Analyse. Frankfurt am Main.

Griffiths, Mark (1999): Violent Video Games and Aggression: A Review of the Literature. In: Aggression and Violent Behavior 4, Nr. 2, S. 203-212.

Grimm, Jürgen (1996): Das Verhältnis von Gewalt und Medien. In: Bundesministerium des Innern (Hrsg.): Medien und Gewalt. Bonn, S. 36-149.

Grimm, Jürgen (1999): Fernsehgewalt. Opladen; Wiesbaden.

Groebel, Jo (1982): ‚Macht' das Fernsehen die Umwelt bedrohlich? In: Publizistik. Nr. 1-2, S. 152-165.

Groß, Thomas (2003): ‚Desire to be Wired!' Napster und die Folgen. In: Neumann-Braun, Klaus u.a. (Hrsg.): Popvisionen. Frankfurt am Main, S. 23-37.

Grossman, Dave; DeGaetano, Gloria (1999): Stop Teaching our Kids to Kill: A Call to Action against TV, Movie, and Video Games. New York.

Hahn, Alois (1987): Sinn und Sinnlosigkeit. In: Haferkamp, Hans; Schmid, Michael (Hrsg.): Sinn, Kommunikation und soziale Differenzierung. Frankfurt am Main, S. 155-164.

Hall, Stuart (1980): Encoding/Decoding. In: Ders. u.a. (Hrsg.): Culture, Media, Language. London, S. 128-138.

Haug, Sonja; Weber, Karsten (2002): Kaufen, Tauschen, Teilen. Musik aus dem Internet. Frankfurt am Main.

Hausmanniger, Thomas (1993): Kritik der medienethischen Vernunft. München.

Heitmeyer, Wilhelm (2002): Süchtig nach Anerkennung. In: Die Zeit 19, 2. Mai, S. 4.

Hellwig, Albert (1911): Schundfilms. Halle.

Hepp, Andreas; Vogelgesang, Waldemar (1999): ‚Ich hab' einfach nur geheult'. Zur emotionalen Rezeption des Medien-Events ‚Titanic' aus Rezipierendenperspektive. In: Texte. Sonderheft der Zeitschrift Medien Praktisch. Nr. 2, S. 30-40.

Hepp, Andreas; Vogelgesang, Waldemar (2003) (Hrsg.): Populäre Events. Opladen.

Hirsch, Paul M. (1970): The ‚Scary World' of the Nonviewer and other Anomalies: A Reanalysis of Gerbner's Findings on the Cultivation Hypothesis. In: Communication Research. Nr. 7, S. 403-456.

Hochschild, Arie (1990): Das gekaufte Herz. Frankfurt am Main.

Hopf, Christel (2001): Gewalt, Biographie, Medien. In: Zeitschrift für Soziologie der Erziehung und Sozialisation. Nr. 1, S. 150-171.

Huber, Michael (1996): Verminderte Schuldfähigkeit und Konsum von Horror-Videos. In: Neue Strafzeitschrift. Nr. 12, S. 601-602.

Jäckel, Michael (2004): Medienwirkungen. 3. erw. Auflage. Wiesbaden.

Jäckel, Michael (2005): ‚Oprah's Pick', Meinungsführer und das aktive Publikum. In: Media Perspektiven. Nr. 2, S. 76-90.

Jervlev, Anne (2002): A Group Viewing of a Horror Movie: A Positive Adolescent Ritual. In: Inchiesta. 32, Nr. 1, S. 23-26.

Jogschies, Rainer (2001): Emotainment – Journalismus am Scheideweg. Der Fall Sebnitz und die Folgen. Münster.

Kleiter, Ekkehard F. (1994): Aggression und Gewalt in Filmen und aggressiv-gewalttätiges Verhalten von Schülern. In: Empirische Pädagogik 8, Nr. 1, S. 3-57.

Kleiter, Ekkehard F. (1997): Film und Aggression – Aggressionspsychologie. Weinheim.

Kohlenberg, Kerstin (2005): Schlachten in der Cyber-Welt. In: Die Zeit 12, S. 17-21.

Krempl, Stefan (1999): Unflat online. In: Die Zeit 31, 29. Juli, S. 30.

Kreuter, Frauke (2002): Kriminalitätsfurcht: Messung und methodische Probleme. Opladen.

Krotz, Friedrich (1993): Fernsehen fühlen. In: Rundfunk und Fernsehen 41, Nr. 4, S. 477-496.

Kübler, Hans Dieter (1984): Angstlust vor dem Bildschirm? Aspekte der Gewaltproblematik bei Video. In: Hüther, Jürgen; Schorb, Bernd (Hrsg.): Gewalt im Fernsehen – Gewalt des Fernsehens. Sindelfingen, S. 77-96.

Kunczik, Michael (1987): Gewalt und Medien. Köln, Wien.

Kunczik, Michael; Zipfel, Astrid (2002): Wirkungsforschung I: Ein Bericht zur Forschungslage. In: Hausmanninger, Thomas; Bohrmann, Thomas (Hrsg.): Mediale Gewalt. München 2002, S. 149-159.

Ladas, Manuel (2002): Brutale(r) Spiele(r)? Wirkung und Nutzung von Gewalt in Computerspielen. Frankfurt am Main.

Lischka, Konrad (2002): Spielplatz Computer. Kultur, Geschichte und Ästhetik des Computerspiels. Heidelberg.

Luca, Renate (1993): Zwischen Ohnmacht und Allmacht: Unterschiede im Erleben medialer Gewalt von Mädchen und Jungen. Frankfurt am Main; New York.

Mansel, Jürgen (2001): Angst vor Gewalt. Weinheim; München.

Maßmann, Stefan (1995): ‚Live fast – die young'. Wie die Nirvana-Fans auf den Tod von Kurt Cobain reagierten. Trier (Diplomarbeit).

Merten, Klaus (1999): Gewalt durch Gewalt im Fernsehen. Opladen.

Merten, Klaus (2003): Gewalt aus Medien? Fakt oder Fiktion? In: Unsere Jugend. Nr. 4, S. 157-170.

Mikos, Lothar (1993): Gewalt und Horror als Erzählung im Prozess symbolischer Vermittlung und sozialer Kommunikation. In: GMK-Rundbrief 35, S. 51-56.

Moreck, Curt (1926): Sittengeschichte des Kinos. Dresden.

Neumann-Braun, Klaus; Deppermann, Arnulf (1998): Ethnografie der Kommunikationskulturen Jugendlicher. In: Zeitschrift für Soziologie 27, Nr. 4, S. 239-255.

Patalong, Frank (2002): Verschlüsselte Botschaften im Newsletter. Spiegel Online, Zugriff am 20.10.2002.

Pillard, Robert C. u.a. (1967): The Effect of Different Preparations of Film-induced Anxiety. In: Psychological Record 17, S. 35-41.

Petermann, Franz (1994): Aggression und Gewalt bei Kindern. Sind die Medien schuld? In: Universitas 49, Nr. 5, S. 434-443.

Pette, Corinna; Charlton, Michael (1997): Videosessions – ritualisierter Rahmen zur Konstruktion von Gefühlen. In: Charlton, Michael; Schneider, Silvia (Hrsg.): Rezeptionsforschung. Opladen, S. 219-240.

Pfeiffer, Christian (2003a): Bunt flimmert das Verderben. In: Die Zeit. 39, 18. September, S. 12.

Pfeiffer, Christian (2003b): Zwei Jahre nach Erfurt: ‚Ein Drittel der Jungen droht abzurutschen'. In: Spiegel Online, Zugriff am 27.04.2003.

Phillips, David P. (1974): The Influences of Suggestion on Suicide: Substantive and Theoretical Implications of the Werther Effect. In: American Sociological Review 39, S. 340-354.

Phillips, David P. (1982): The Impact of Fictional Television Stories on U.S. Adult Fatalities: New Evidence on the Effect on the Mass Media on Violence. In: American Journal of Sociology 87, S. 1340-1359.

Postman, Neil (1985): Wir amüsieren uns zu Tode.[Aus dem Amerik.]. Frankfurt am Main.

Rabinowitch, Michael S. u.a. (1972): Children's Violence Perception as a Function of Television Violence. In: Comstock, George A. u.a. (Hrsg.): Television and Social Behavior. Washington, S. 231-252.

Reumann, Kurt (1999): Brutale Bilder. In: Frankfurter Allgemeine Zeitung. 274, 24 November, S. 1.

Rösler, Carsten (2004): Medien-Wirkungen. Münster.

Sander, Uwe; Vollbrecht, Ralf (2000): Medienforschung im Spannungsfeld zwischen Theorie und Praxis. In: Dewe, Bernd; Kurtz, Thomas (Hrsg.): Reflexionsbedarf und Forschungsperspektiven moderner Pädagogik. Opladen, S. 225-254.

Saxer, Ulrich; Märki-Koepp, Martina (1992): Mediengefühlskultur. Zielgruppenspezifische Gefühlsdramaturgie als journalistische Produktionstechnik. München.

Scheff, Thomas J. (1980): Catharsis in Healing, Ritual and Drama. Berkley.

Schenk, Michael (2002): Medienwirkungsforschung. 2., vollständig überarbeitete Auflage. Tübingen.

Schlütz, Daniela (2002): Bildschirmspiele und ihre Faszination. München.

Schmidtke, A.; Häfner, H. (1986): Die Vermittlung von Selbstmordmotivation und Selbstmordhandlung durch fiktive Modelle. In: Der Nervenarzt 57, S. 502-510.

Schramm, Holger (2004): Mood Management durch Musik. Köln.

Schramm, Wilbur u.a. (1961): Television in the Lives of our Children. Palo Alto.

Schultze, Ernst (1909): Die Schundliteratur. Halle.

Schulze-Krüdener, Jörgen; Vogelgesang, Waldemar (2001): Kulturelle Praxisformen Jugendlicher. In: Merkens, Hans; Zinnecker, Jürgen (Hrsg.): Jahrbuch Jugendforschung. Bd.1. Opladen, S. 39-73.

Selg, Herbert (1997): Gewalt in Medien – Möglichkeiten von Eltern zur Vermeidung negativer Auswirkungen. In: Kindheit und Entwicklung. Nr. 6, S. 79-83.

Sichtermann, Barbara (1991): Die Symbolik des Kriegsspiels: Kinder durchschauen die Wirklichkeit. In: Die Zeit 44, S. 106.

Silbermann: Alfons (1974): Das Fernsehen im Sozialisationsprozess des Kindes. In: Ders. (Hrsg.): Aggression und Fernsehen – Gefährdet das Fernsehen die Kinder? Tübingen, S. 9-24.

Smith, Stacy L.; Boyson, Aaron, R. (2002): Violence in Music Videos: Examining the Prevalence and Context of Physical Aggression. In: Journal of Communication 52, Nr. 1, S. 61-83.

Sturm, Hertha (1998): Emotion und Präsentation in den Medien. Stuttgart.

Theunert, Helga; Gebel, Christa (2000): Lehrstücke fürs Leben in Fortsetzung: Serienrezeption zwischen Kindheit und Jugend. München.

Thiedecke, Udo (2004) (Hrsg.): Soziologie des Cyberspace. Wiesbaden.

Thompson, Kenneth (1998): Moral Panics. New York.

Tannenbaum, Phillip H. (1972): Studies in Film- and Television-mediated Arousal and Aggression: A Progress Report. In: Comstock, George u.a. (Hrsg.): Television and Social Behavior. Vol. 5. Rockville.

Theunert, Helga u.a. (2002): Vom Ego-Shooter zum Amokläufer? In: Medien und Erziehung. Nr. 3, S. 138-142.

Trend, David (2003): Merchants of Death: Media Violence and American Empire. In: Havard Educational Review 73, Nr. 3, S. 285-308.

Vogelgesang, Waldemar (1991): Jugendliche Video-Cliquen. Action- und Horrorvideos als Kristallisationspunkte einer neuen Fankultur. Opladen.

Vogelgesang, Waldemar u.a. (1995): Öffentliche und verborgene Kommunikation in Computernetzwerken. Dargestellt am Beispiel der Verbreitung rechter Ideologien. In: Rundfunk und Fernsehen 43, Nr. 4, S. 538-548.

Vogelgesang, Waldemar (1999): Kompetentes und selbstbestimmtes Medienhandeln in Jugendszenen. In: Schell, Fred u.a. (Hrsg.): Medienkompetenz. München, S. 237-243.

Vogelgesang, Waldemar (2000a): Jugendliches Medienhandeln in Gruppen. Ein Forschungsbeitrag zur differentiellen Aneignung von Gewaltdarstellungen. In: Bergmann, Susanne (Hrsg.): Mediale Gewalt – Eine reale Bedrohung für Kinder. Bielefeld, S. 152-163.

Vogelgesang, Waldemar (2000b): ,Ich bin, wen ich spiele'. Ludische Identitäten im Netz. In: Thimm, Caja (Hrsg.): Soziales im Netz. Wiesbaden, S. 240-259.

Vogelgesang, Waldemar (2000c): Asymmetrische Wahrnehmungsstile. Wie Jugendliche mit neuen Medien umgehen und warum Erwachsene sie so schwer verstehen. In: Zeitschrift für Soziologie der Erziehung und Sozialisation 20, Nr. 2, S. 181-202.

Vogelgesang, Waldemar (2002): Publikumskulturen: Medienkompetenz von unten. In: Hausmanninger; Thomas; Bohrmann, Thomas (Hrsg.): Mediale Gewalt – interdisziplinäre und ethische Perspektiven. München, S. 177-191.

Vogelgesang, Waldemar (2005): Jugend, Alltag und Kultur. Eine Forschungsbilanz. Wiesbaden (im Erscheinen).

Walter, Michael u.a. (2005) (Hrsg.): Alltagsvorstellungen von Kriminalität. Münster.

Willems, Helmut (1993): Fremdenfeindliche Gewalt. Opladen.

Winter, Rainer (1995): Der produktive Zuschauer. München.

Winterhoff-Spurk, Peter (2004): Medienpsychologie. 2. Auflage. Stuttgart.

Wouters, Cas (1999): Informalisierung. Opladen; Wiesbaden.

Zillmann, Dolf (1979): Hostility and Aggression. Hillsdale.

Empfehlungen zum Weiterlesen:

Friedrichsen, Mike; Vowe, Gerhard (1995) (Hrsg.): Gewaltdarstellungen in den Medien. Opladen.

Hausmanninger, Thomas; Bohrmann, Thomas (2002) (Hrsg.): Mediale Gewalt. München.

Kunczik, Michael (1987): Medien und Gewalt. Köln, Wien.

Wierth-Heining, Mathias (2000): Filmgewalt und Lebensphase Jugend. München.

Internet-Portal: Mediengewalt, www.mediengewalt.de

Medien und Kultur

Rainer Winter

Zusammenfassung: Der Beitrag untersucht in einer kulturtheoretischen Perspektive die Rolle von Medien in der Transformation und Differenzierung gesellschaftlicher Prozesse. Hierzu ist es zum einen erforderlich, die Bedeutungsdimension von Medien angemessen zu berücksichtigen, zum anderen müssen die Kontextualisierung und der soziale Gebrauch von Medien erforscht werden. Am Beispiel von drei Bereichen werden wesentliche Elemente einer solchen Betrachtungsweise vermittelt und deutlich gemacht, warum sie ein tieferes Verständnis sozialer Prozesse moderner Gesellschaften ermöglicht: 1.) die Rolle der Tradition; 2.) die Aneignung von Medien und die Konstitution des Selbst und 3.) die mediale Transformation der Öffentlichkeit.

1 Das Verhältnis von Soziologie und (Massen-)Kultur

Es wird niemand bestreiten, dass zu Beginn des 21. Jahrhunderts Medien eine zentrale Rolle in der Organisation und Gestaltung gesellschaftlicher Prozesse zukommt. Von der Druckerpresse im 15. Jahrhundert bis zur Entwicklung globaler Kommunikationsnetzwerke haben sie die räumliche wie zeitliche Konstitution des sozialen und kulturellen Lebens transformiert sowie neue Handlungs- und Interaktionsstrukturen geschaffen, die nicht mehr an einen gemeinsamen lokalen Kontext gebunden sind. Die Folgen dieser Transformationsprozesse sind weitreichend. Sie betreffen intime Aspekte, wie unsere Lebensgestaltung, in der mediatisierte Erfahrungen eine immer wichtigere Rolle einnehmen, die Gestaltung und die Form unserer persönlichen Beziehungen, ebenso wie die Machtverhältnisse, die öffentlichen Bereiche des sozialen Lebens und auch das Verhältnis von Öffentlichkeit und Privatheit. Obwohl die Entwicklung moderner Gesellschaften eng und auf komplexe Weise mit der Evolution von Kommunikationsmedien verbunden ist, fällt auf, dass ihnen in den Werken vieler Gesellschaftstheoretiker und Soziologen oft nicht die nötige Aufmerksamkeit geschenkt wird. Die Ursachen hierfür sind vielfältig und können an dieser Stelle nicht erschöpfend behandelt werden. Einige Hinweise seien aber gegeben.

Die Bereiche der Massenkommunikation und der Massenkultur wurden lange Zeit als oberflächlich, vergänglich und substanzlos, als Arenen affirmativen Vergnügens und sozialer Kontrolle betrachtet, was exemplarisch in der Theorie der Kulturindustrie von Theodor W. Adorno und Max Horkheimer (1969) zum Ausdruck kommt. In dieser kritischen Sichtweise, die von vielen Vertretern des westlichen Marxismus geteilt wird (vgl. Stevenson 1995), tragen Medien zur Reproduktion des Status quo bei. Auch in den klassischen Gesellschaftstheorien kommt den Kommunikationsmedien keine zentrale Rolle zu. Es sind die Prozesse der Rationalisierung und der Säkularisierung, des Kapitalismus und der Industrialisierung, die die radikale Entwicklung und Dynamik der modernen Gesellschaft bestimmen. Trotzdem sind Soziologie und Massenkultur eng miteinander verbunden. Beide sind wichtige Bestandteile der Moderne, wie Patricia Cormack in ihrer Studie „Sociology and Mass Culture. Durkheim, Mills and Baudrillard" (2002) darlegt. Sie geht davon aus, dass das Soziale, in der Sprache von Durkheim (1981 [zuerst 1912]) eine „kollektive Repräsentation", eine „soziale Tatsache" ist bzw., so ihre Argumentation, im Laufe der Zeit dazu geworden ist. Es ist Teil des kollektiven Imaginären der Moderne, das vor allem durch Kommunikationsmedien verbreitet wird. In ihrer eingehenden Analyse kann Cormack dann zeigen, dass die Soziologie nicht nur ein intrinsischer Aspekt des modernen kulturellen Bewusstseins ist, wie es bei Durkheim zum Ausdruck kommt, sondern auch eng mit der Massenkultur verknüpft ist, zu ihr Stellung nimmt und versucht, Einfluss auf sie auszuüben.

Deutlich wird dies z.B. bei Charles Wright Mills Ende der 50er/Anfang der 60er Jahre, der die Frage nach der kulturellen Relevanz der Soziologie bereits im Kontext der amerikanischen Massenkultur stellt, die selbst vielfältige Deutungen der menschlichen Existenz entwerfe und eine „second-hand" Welt von Bedeutungen schaffe, die den unmittelbaren Zugang zur Wirklichkeit verstelle (vgl. Mills 1973). Dem stellt Mills die Erzeugung soziologischen Wissens als eine reflexive kulturelle Praktik gegenüber. Dabei soll sich der Forscher seine notwendige Spezialisierung nicht von akademischen Erwartungen und Karriereoptionen vorgeben lassen, sondern er soll die jeweilig aktuelle gesellschaftliche Problemlage berücksichtigen und ins Zentrum seiner Analyse stellen (vgl. Mills 1973, S. 187). In seiner Arbeit soll er nicht dazu beitragen, alltägliche Erzählungen durch standardisierte Muster zu homogenisieren und zu normalisieren, was nach Auffassung von Mills die Massenmedien praktizieren, sondern so zu fördern und (mit-) zu gestalten, dass die Individuen ihre eigenen Probleme als gesellschaftlich bestimmte und verursachte erkennen und in einem zweiten Schritt ihre Handlungsmächtigkeit erweitern können.

Ende der 70er Jahre nimmt dann Jean Baudrillard (1979) mit seiner Diagnose vom „Verschwinden des Sozialen" angesichts der medial durchdrungenen und gesättigten Gesellschaft eine Erschöpfung soziologischen Denkens wahr, das er auf dessen seiner Ansicht nach historisch kontingente Logik zurückführt. Das Soziale sei ein Effekt von Massenproduktion und Klassenbeziehungen. Es verschwinde mit dem Aufkommen und der Verbreitung digitalisierter Formen von Simulation sowie der medial intensivierten Zirkulation von Zeichen und Codes.

Cormack versucht am Beispiel dieser drei Gesellschaftstheoretiker zu zeigen, dass die Soziologie in die massenkulturellen Bedingungen, die sie untersucht, eingebunden ist. Historisch gesehen begleitet sie den durch Kommunikationsmedien vermittelten Aufstieg der Massenkultur, gestaltet diese mit und kann, so die optimistische Schlussfolgerung der Autorin, auch deren selbstbewusste Reflexionsinstanz sein. Dabei ist die Massenkultur selbst eine, wenn auch hoch kommerzialisierte und rationalisierte Version kollektiver Repräsentation und Reflexion, zu der auch die Texte von Soziologen gehören, wenn sie als Bücher oder Artikel zirkulieren.

Diese Nähe und Konkurrenz in Bezug auf die Deutung der menschlichen Existenz erklärt sicherlich zum Teil die Schwierigkeit bzw. das Versäumnis vieler soziologischer Ansätze, die konstitutive Rolle von Kommunikationsmedien, die tief greifenden Veränderungen in der symbolischen Produktion und im Austausch in der modernen Welt sowie die Rolle der Massenkultur angemessen zu analysieren. Dagegen wurde in der Tradition der Cultural Studies von Anfang an eine Konzeption von Kommunikation entwickelt, die diese als sozialen Prozess betrachtet, der eng mit der Schaffung einer gemeinsamen Kultur verbunden ist (Winter 2001, S. 59ff.). „Since our way of seeing things is literally our way of living, the process of communication is in fact the process of community: the sharing of common meanings and their common activities and purposes" (Williams 1965, S. 55). Wie Raymond Williams in „Culture and Society" (1972) zeigt, erklärt sich die oft beklagte Mehrdeutigkeit des Kulturbegriffs gerade dadurch, dass mit ihm zum einen die massiven Veränderungen des sozialen Lebens im Zuge der Modernisierung beschrieben werden, zum anderen wird er verwendet, um Kriterien der Bewertung dieser Prozesse zu entwickeln.

> „Die Begriffsgeschichte des Wortes Kultur ist ein Dokument unserer Gefühls- und Denkreaktionen auf die veränderten allgemeinen Lebensverhältnisse. Unser Verständnis von Kultur stellt eine Erwiderung auf die Ereignisse dar, die ganz offensichtlich unser Verständnis von Industrie und Demokratie bestimmen. [...] Die Kulturidee ist eine allgemeine Reaktion auf eine umfassende und große Veränderung unserer Lebensverhältnisse. Ihr Grundelement ist das Streben nach totaler qualitativer Bewertung" (Williams 1972, S. 353).

Darüber hinaus stellt Williams fest, dass das Fundament kultureller Aktivitäten im gewöhnlichen Alltagsleben zu finden ist. In den routinierten Prozessen des Sprechens, der Schaffung von Sinn, der Interpretation und der Kommunikation wird Kultur, ein geteilter Raum von Bedeutungen, geschaffen. Dieses kulturelle Modell von Kommunikation ist nicht linear angelegt, wie es beim Sender-Empfänger-Modell der Fall ist, sondern geht davon aus, dass Menschen immer schon in einer Welt gemeinsam geteilter Bedeutungen leben (vgl. Grossberg u.a. 1998, S. 20). So werden mediale Texte vor dem Hintergrund bereits vorhandener interpretativer Rahmen wahrgenommen und verstanden. Medienkommunikation kann so geteilte Bedeutungen und Werte verstärken, auf der anderen Seite aber auch in Frage stellen. Daher wird im kulturellen Modell Kommunikation als gesellschaftliche Konstruktion von Wirklichkeit betrachtet.

Im Folgenden möchte ich nun zeigen, dass sich die Transformations- und Differenzierungsprozesse der modernen Gesellschaft nur dann hinreichend verstehen lassen, wenn die zentrale Rolle der Entwicklung der Kommunikationsmedien und ihr Einfluss in einer kulturellen Perspektive betrachtet werden. Hierzu ist es zunächst erforderlich, sich von der durch das lineare Kommunikationsmodell vertrauten Auffassung zu verabschieden, Medien würden primär Inhalte vermitteln und verbreiten, die sozialen Strukturen und Beziehungen, die kulturellen Muster und Formen von Gemeinschaft blieben aber unverändert. Insbesondere historische Studien zum Mediengebrauch in der frühen Neuzeit (vgl. Chartier 1990) und die Arbeiten der Cultural Studies im Anschluss an Williams (vgl. Hörning/Winter 1999; Winter 2001) legen eine kulturtheoretisch orientierte Betrachtungsweise nahe, in der zum einen die Bedeutungsdimension von Medien, zum anderen ihre soziale Kontextualisierung und ihr Gebrauch untersucht werden. Dadurch wird ihre transformierende Kraft sichtbar. Beispiele hierfür sind in der frühen Neuzeit die Herausbildung einer durch den Druck getragenen Öffentlichkeit, in der Gegenwart die Fabrikation des Populären (vgl. Winter/Mikos 2001) und die Bildung von Spezialkulturen (wie z.B. Fankulturen) (vgl. Winter/Eckert 1990), sowie die Entstehung von Gegenöffentlichkeiten im Kontext neuer Medien. Im Anschluss an Clifford Geertz (1983) oder Alois Hahn (2000) könnte man sagen, dass Menschen Medien als Sinngeneratoren nutzen, um gemeinsam geteilte Bedeutungsgewebe für sich zu fabrizieren.

Dabei sind Formen mediatisierter Kommunikation immer in soziale Kontexte eingebettet, die auf unterschiedliche Weise strukturiert sind und einen strukturierenden Einfluss auf die sich ereignende Kommunikation haben. Eine kulturtheoretisch orientierte mediensoziologische Betrachtungsweise zeichnet sich gerade dadurch aus, dass sie die sozialen Bedingungen der Produktion, Zirkulation, Rezeption und Aneignung medialer Botschaften zum Thema macht und ihre Bedeutungsdimension angemessen analysiert (vgl. Kellner 1995; Winter 2005). Darüber hinaus zeigt sie, wie mediatisierte Formen der Kommunikation integraler Bestandteil sozialen Lebens sind und nur in diesem umfassenderen kommunikativen und kulturellen Kontext angemessen verstanden werden können.

Am Beispiel von drei Bereichen möchte ich wesentliche Elemente einer solchen Betrachtungsweise vermitteln und deutlich machen, warum sie ein tieferes Verständnis sozialer Prozesse moderner Gesellschaften ermöglicht: 1) die Rolle der Tradition; 2) die Aneignung von Medien und die Konstitution des Selbst; 3) die mediale Transformation der Öffentlichkeit. Abschließend werde ich die Diskussion zusammenfassen.

2   Tradition, Enttraditionalisierung und Medien

Ein zentrales Thema der Modernisierungstheorien der 50er und 60er Jahre war der soziale Wandel von einer traditionellen zu einer modernen Gesellschaft, wie ihn z. B. David Lerner in „The Passing of Traditional Society" (1958) in Bezug auf den Mittleren Osten untersucht hat. Im Gegensatz zur klassischen Sozialtheorie spielen die Medien in seiner Analyse der kulturellen Transformationen die wichtige Rolle eines Katalysators. Sie ermöglichen stellvertretend die Erfahrung von Ereignissen, die sich an entfernten Orten abspielen, und regen dazu an, sich Alternativen zu den lokal verankerten Lebensformen vorzustellen. Auch die Konstitution des Selbst ist weniger durch Traditionen, sondern eher durch mediale Interaktionen bestimmt, die das Experiment mit neuen Lebensstilen ermöglichen. Für Lerner ist der allmähliche Übergang von einem traditionellen zu einem modernen Lebensstil unausweichlich und nicht umkehrbar. Heute wissen wir, dass die Geschichte ihn widerlegt hat.

Zum einen wird der Alltag in vielen nicht-westlichen Ländern in der Regel durch hybride Mischungen aus traditionellen und neuen konsumorientierten Lebensstilen bestimmt (vgl. Nederveen Pieterse 1995). Zum anderen war z.B. die iranische Revolution von 1979 durch eine „Re-Islamisierung von unten" gekennzeichnet. Traditionelle islamische Glaubensvorstellungen wurden mittels Audiokassetten und Druckerzeugnissen in informellen Kommunikationsnetzwerken verbreitet und unterminierten die westliche Ausrichtung des monarchistischen Schah-Regimes (vgl. Sreberny-Mohammadi/Mohammadi 1994). Auf lokaler Ebene wurde eine religiöse Identität neu gebildet, die ein Gefühl der Zugehörigkeit vermittelte. Wie eine Feldstudie zeigt, wurde jedoch anschließend in der post-revolutionären Periode westlichen Kulturprodukten in bestimmten sozialen Kontexten eine ganz andere Bedeutung verliehen. Madonna-Videos, Westernfilme und westliche Popmusik eröffneten eine populärkulturelle Gegenöffentlichkeit, die eine subversive Abgrenzung vom Khomeini-Regime ausdrückten. In lokalen, kontextspezifischen Praktiken der Aneignung können mediale Texte also ihre Bedeutung verändern. Wie das Beispiel Iran zeigt, können Kommunikationsmedien sowohl dazu genutzt werden, traditionelle Glaubensvorstellungen wieder zu beleben, zu konsolidieren und zu verbreiten, als auch dazu, traditionelle Lebensstile subversiv in Frage zu stellen.

Einen weiteren wichtigen Einblick in das Verhältnis von „Tradition, Moderne und Medien" bietet die ethnographische Feldstudie von Marie Gillespie (1995), die sie in einem dicht besiedelten, multi-ethnischen Vorort in West-London durchführte. Die meisten Einwohner sind Punjabis, daneben gibt es Minderheiten mit englischem, irischem oder afro-karibischem Hintergrund. Besondere Aufmerksamkeit schenkt sie in ihrer Studie der Rezeption und der Aneignung der australischen Seifenoper *Neighbours*, die unter den jugendlichen Punjabis sehr populär ist. Die Fernsehserie ist ein kultureller Text, den die Jugendlichen gewählt haben. In der medialen Quasi-Interaktion mit ihm und vor allem im kommunikativen Austausch mit der

Gemeinschaft der Gleichaltrigen bestimmen und handeln sie ihre Identität aus. Gillespie kann mittels einer qualitativen Analyse der Kommunikation der Jugendlichen zeigen, dass *Neighbours* Teil ihrer gemeinsamen Kultur ist und ihnen erlaubt, Ereignisse und Charaktere in der Serie mit ähnlichen in ihrer alltäglichen Realität zu vergleichen. Für viele bedeutet *die Serie* auch eine Erweiterung ihrer unmittelbaren sozialen Erfahrung, insbesondere für Mädchen, deren Kontakte ansonsten auf ihre Verwandtschaft und ihre Freundschaften beschränkt blieben. So vergleichen sie nachbarschaftliche Beziehungen in ihrem Viertel mit denen in *Neighbours* und kritisieren in Auseinandersetzung mit dem Familienleben in der Serie ihr eigenes traditionell orientiertes Familienleben. Vielen gefällt die Serie, weil die in ihr gezeigten Mädchen mehr Freiheiten haben sowie ihre Bedürfnisse behaupten und durchsetzen können. Gillespie (1995, S. 170f.) kommt zu dem Ergebnis, „dass die Jugendlichen die Fernsehfamilien dazu verwenden, ihre eigenen, sich entwickelnden Normen und Werte zu artikulieren, um auf diese Weise indirekt ihr eigenes Familienleben zu kommentieren".

Während die Jugendlichen elterliche Traditionen in Frage stellen und Werte lokal neu aushandeln, halten ihre Eltern durch den Konsum von Videokassetten aus ihrer „Heimat" Kontakt mit den vertrauten Traditionen und Lebensformen. Auf diese Weise macht ihre Studie deutlich, dass in der Migration das Fortbestehen von Traditionen nicht mehr hauptsächlich an „face-to-face"-Interaktionen gebunden ist, sondern auf mediatisierten Formen von Kommunikation beruhen kann. Darüber hinaus arbeitet Gillespie heraus, dass die lokale Aneignung von Medien zur Problematisierung kultureller Traditionen und zur Herausbildung einer „neuen Ethnizität" in der Migration führen kann. Die in der Zwischenzeit umfangreichen empirischen Studien zu Prozessen der Hybridisierung und Kreolisierung im Bereich der populären Musik (vgl. Winter 2003), der Kunst oder der Mode veranschaulichen, welche neue kreativen Formen im Austausch und der Verknüpfung von Traditionen unter den Bedingungen globaler Kommunikation entstehen können. Traditionen sind nicht verschwunden, können sich aber immer schwerer abkapseln und können jederzeit transformiert werden.

Weiterführend weist Giddens (1996) darauf hin, dass Traditionen diskursiv artikuliert bzw. verteidigt werden müssen, da sie mit einer Vielzahl anderer Werte und Sinnwelten konkurrieren. Geschieht dies nicht, erstarrt die Tradition im Fundamentalismus, der unter den Bedingungen radikalen Zweifels formelhafte Wahrheiten (notfalls) auch mit Gewalt durchsetzen möchte. Wir können also festhalten, dass Kommunikationsmedien dazu beitragen, dass Traditionen ihre primäre Verankerung in spezifischen lokalen Kontexten des Alltagslebens verlieren, dass sie zunehmend delokalisiert werden, was nicht bedeutet, dass sie nun frei flottieren. Ihr zeitliches Fortbestehen hängt davon ab, dass sie in neuen Kontexten relokalisiert werden. Dabei wird der symbolische Inhalt von kulturellen Traditionen immer mehr durch Medienprodukte artikuliert, was nicht heißt, dass es an dieser Stelle Sinn machen würde, mit der Differenz „authentisch/nicht authentisch" zu arbeiten.

3   Die Aneignung von Medien und der Prozess der Selbstbildung

Die Konstitution des Selbst in der Moderne stützt sich auch zum Teil auf symbolisches Material, das durch die expandierenden Netzwerke mediatisierter Kommunikation vermittelt wird, also auf „nicht-lokales" Wissen. Dabei kommt es jedoch nicht zu einer Entkoppelung von lokalen Kontexten der Erfahrung, denn das medial vermittelte Wissen wird auf lokal spezifische Weise angeeignet, freilich sind die Verbindungen gelockert. Da die Selbstbildung in der in der reflexiven Moderne bzw. Postmoderne zunehmend ein offenes symbolisches und reflexives Projekt darstellt (vgl. Bauman 2003), weil der Einzelne auf eigene Ressourcen, die er ausgewählt und sich angeeignet hat, zurückgreifen muss, um eine plausible Erzählung der eigenen Ich-Identität zu konstruieren, wird sie durch die Vielzahl an Kommunikationsmedien bereichert, aber auch transformiert.

> „The self is a symbolic project that the individual actively constructs. It is a project that the individual constructs out of the symbolic materials which are available to him or her, materials which the individual weaves into a coherent account of who he or she is, a narrative of self-identity" (Thompson 1995, S. 210).

So müssen nicht mehr Begegnungen der zentrale Ort von Erfahrungen sein. Die räumlich-zeitlichen Kontexte der „face-to-face"-Interaktion werden durch mediatisierte Erfahrungen ergänzt, die oft „face-to-face" nicht möglich gewesen wären. Vor der Entwicklung des modernen Kommunikationssystems griffen Individuen vorwiegend auf symbolische Ressourcen aus lokalen Kontexten zurück. Durch die Entwicklung des Drucks und später der elektronischen Medien wird das lokale Wissen zunehmend ergänzt und später auch durch neue Formen nicht-lokalen Wissens ersetzt, die materiell fixiert, technisch reproduziert und medial vermittelt werden. Hier entstehen aber nicht nur neue Möglichkeiten, der Einzelne wird auch zunehmend abhängig von den komplexen Mediensystemen, über die er keine Kontrolle hat, die ihm aber die materiellen und symbolischen Mittel für die Konstruktion von Lebensprojekten zur Verfügung stellen. Dieses Wechselverhältnis von Reflexivität und Abhängigkeit, von Individualisierung und Institutionalisierung, ist natürlich nicht auf den Bereich der Medien beschränkt.

Zudem argumentieren manche Autoren, dass das Selbst durch seine zunehmende Offenheit gegenüber mediatisierten Botschaften keine Einheit und Kohärenz mehr erlangen kann, sondern „zerstreut" und „fragmentiert" ist (vgl. Bauman 2003). Ergänzend diagnostizieren Sozialpsychologen eine „Übersättigung des Selbst" (vgl. Gergen 1996) mit medialen Botschaften, die zur Desorientierung führen kann, da nicht alle wirksam und kohärent assimiliert werden können. Wenn wir uns den Prozess der Aneignung von Medien etwas genauer anschauen, zeigt sich jedoch, dass die gelebte, nicht medial vermittelte Erfahrung weiterhin von Bedeutung ist, auch wenn ihr Charakter als Reservoir „primärer Rahmen" im Sinne Erving Goffmans (1977) zunehmend in Frage gestellt wird.

Die bisherige Forschung macht deutlich, dass die Formen der Rezeption und Aneignung medialer Produkte nur dann angemessen erforscht werden können, wenn sie als situierte Praktiken in räumlich, zeitlich und sozial spezifischen Kontexten analysiert werden (vgl. Winter 1995; Thompson 1995). Das Lesen eines Buches (vgl. Chartier 1990), das Hören von Musik oder Fernsehen sind komplexe Aktivitäten, die auf der Anwendung eines erworbenen Wissens, eingeübter Kompetenzen beruhen und auf vielfache Weise mit anderen alltäglichen Praktiken verbunden sind. Daher lassen sich die empirisch vorfindbaren Rezeptionspraktiken nicht von den Medienbotschaften ableiten, wie es leider bisweilen gemacht wird. Vielmehr muss zum einen ihre Bedeutung für die Individuen analysiert werden, für die sie z.B. Formen der Entspannung oder des Teilens von Erfahrungen darstellen, zum anderen muss – in Bezug auf die reflexive Konstitution des Selbst – untersucht werden, welchen Sinn sie für die rezipierenden Individuen im Kontext ihres Alltagslebens gewinnen. Tragen sie z. B. zur Ermächtigung, zu einer Erweiterung der Handlungsmöglichkeiten, bei? Werden in der Interaktion mit medialen Texten subversive oder oppositionelle Bedeutungen produziert, die dominante Vorstellungen, Normalitätserwartungen, zurückweisen? Eine wichtige Fragestellung innerhalb der Cultural Studies ist, ob der „Widerstand" und die affektive Ermächtigung im Kontext der Populärkultur auch in eine Änderung der eigenen Lebensbedingungen münden können (vgl. Grossberg 1997; Winter 2001). Hierzu muss untersucht werden, wie populärkulturelle Praktiken, die zur Ermächtigung, also zu einer gewissen Verfügung über den eigenen Platz im täglichen Leben führen, mit größeren politischen Projekten und Strukturen der Macht verbunden sind. Wie lassen sie sich im gesellschaftlichen Kontext interpretieren?

In den Prozessen der Medienrezeption und -aneignung spielen Erwartungen und Annahmen eine Rolle, die zum Teil auf die eigene Lebensgeschichte zurückgehen, andererseits aber auf einem sozial geteilten, impliziten Hintergrundwissen beruhen. Wie die Studien der Cultural Studies darlegen, ist der Sinn symbolischer Botschaften nicht fixiert oder transparent (vgl. Fiske 1987), sondern komplex strukturiert und veränderlich, da in den sozial unterschiedlichen Kontexten der Rezeption und Aneignung auch unterschiedliche Verständnis- und Relevanzrahmen zur Anwendung gelangen. Werden mediale Botschaften zum Gegenstand von Reflexion und Selbstreflexion, so werden sie eingebunden in einen aktiven Prozess der Selbstbildung, der über einen längeren Zeitraum hinweg und oft im Verborgenen abläuft. Er bleibt nicht auf die ursprünglichen Kontexte der Rezeption beschränkt.

Zusammenfassend lässt sich festhalten, dass in einer kulturtheoretischen Betrachtungsweise eine mediatisierte Erfahrung zunächst als eine rekontextualisierte Erfahrung, also vor dem Hintergrund geteilten Wissens, betrachtet wird. Medial vermittelte Ereignisse und Aktivitäten, die an anderen Orten stattfanden, werden durch Rezeption und Aneignung auch neu eingebettet. Je nach Relevanzstruktur können diese mediatisierten Erfahrungen eine wichtige Bedeutung für das reflexive Projekt des Selbst gewinnen und so auch vorhandenes Wissen transzendieren. Sie eröffnen neue Optionen, neue Arenen für Selbst-Experimente. „An individual who reads a novel or watches a soap opera is not simply consuming a fantasy; he or she is exploring possibilities, imagining alternatives, experimenting with the project of the self" (Thompson 1995, S. 233).

Gleichzeitig können medial vermittelte Erfahrungen für soziale Probleme und Miseren sensibilisieren, die weit entfernt von den eigenen Lebenszusammenhängen sind. Mit diesem Punkt möchte ich mich im Folgenden auch in Bezug auf das Internet auseinandersetzen. Ähnlich wie die von Marc Augé (1994) in seiner Ethnographie der Modernität beschriebenen „Nicht-Orte" wie Flughäfen, Hotels oder Shopping Malls scheinen die Netzwerke des Internet aus partikularen Zusammenhängen herausgelöst und nicht ein Raum mit spezifischen lokalen Eigenschaften zu sein. So gibt es bei Online-Kommunikationen anders als bei der „face-to-face"-Sozialität keine gemeinsame und gegenseitige Wahrnehmung des Kontextes.

4   Die mediale Transformation der Öffentlichkeit

Die Entwicklung des globalen Kommunikationssystems hat zu einer neuen Form von Öffentlichkeit geführt, die sich vom Idealbild der griechischen Antike, aber auch von der von Jürgen Habermas (1962) beschriebenen bürgerlichen Öffentlichkeit unterscheidet. Sie beruht nicht mehr darauf, dass Individuen, die einen lokalen Lebenszusammenhang miteinander teilen, zusammenkommen und gemeinsame Anliegen „face-to-face" diskutieren, sondern dass die Medien den Raum des gemeinsam Sicht- und Erfahrbaren erweitern. Dabei ist diese Öffentlichkeit nicht an spezifische lokale Kontexte gebunden, sondern sie kann transnationalen, globalen Charakter annehmen. Sie ist zum großen Teil nicht dialogisch orientiert und zielt auch nicht auf einen Konsens. Eher zeichnet sie sich durch einen offenen und deliberativen Charakter (Habermas 1998) aus.

Die Zirkulation symbolischen Materials ist durch die unbegrenzte Möglichkeit der Reproduktion nie abgeschlossen. Zudem kann sie nicht-beabsichtigte und nicht-vorhersehbare Folgen haben, was die Aufstände in Los Angeles nach der permanenten Ausstrahlung des Rodney King-Videos im Fernsehen zeigten. Der Freispruch für die weißen Polizisten wurde angesichts ihrer medial sichtbaren und nicht zu leugnenden Gewaltausübung gegenüber dem Afroamerikaner Rodney King als

Bestätigung der weit verbreiteten Auffassung interpretiert, dass das US-amerikanische Justizsystem die verschiedenen ethnischen Gruppen nicht gleich behandelt
(vgl. Gooding-Williams 1993). Spektakuläre Medienereignisse sind, wie John Fiske
in seinem Buch „Media Matters" (1994) ergänzend zeigt, von kulturell-diskursiven
Auseinandersetzungen zwischen sozialen Gruppen mit unterschiedlichen Interessen
geprägt. Dabei geht es für marginalisierte und subordinierte Gruppen darum, ihre
Anliegen medial sichtbar zu machen und Anerkennung über ihre lokalen Kontexte
hinaus zu erlangen. Gerade das Internet bietet hierfür viele Möglichkeiten.

Ein beeindruckendes Beispiel ist die Zapatista-Bewegung, die Mitte der 90er
Jahre in Chiapas (Mexiko) entstand und der es gelang, mittels Fax und Internet
weltweite Unterstützung für ihren Kampf gegen die mexikanische Regierung und
das nordamerikanische Freihandelsabkommen zu bekommen. Dabei besteht die
Taktik der Zapatisten darin, Online-Aktivismus mit einer Offline-Gegenöffentlich-
keit zu verbinden. Ihr Erfolg veranlasst Manuell Castells (2001) zu dem Schluss,
dass soziale Bewegungen im 21. Jahrhundert, die gesellschaftliche Werte und Institutionen ändern möchten, das Internet nutzen und sich dort artikulieren müssen. So
ist auch die so genannte Anti-Globalisierungsbewegung ohne ihr elektronisches
Netzwerk nicht denkbar (vgl. Kahn/Kellner 2003). Sie basiert auf dem Austausch
von Informationen über das Internet, was z.B. die Organisation der Proteste in Se-
attle und Genua vorgeführt haben. Sie hat kein Zentrum oder gemeinsames Programm, sondern beruht auf der netzwerkartigen Konvergenz von Tausenden von
Gruppen und Individuen überall in der Welt, die durch symbolische Proteste Einstellungen ändern, auf Probleme aufmerksam machen und öffentliche Debatten er-
zwingen möchten (vgl. Held/McGrew 2002). So wird der Raum des Sichtbaren
durch das Internet entscheidend vergrößert. Zweifellos hat es einen neuen öffentlichen Raum für politisch orientierte Kommunikationen geschaffen. Allerdings sollten die sozialen Bewegungen nicht nur unter der Perspektive einer sich erneuernden
Zivilgesellschaft betrachtet werden. In den durch das Internet verknüpften lokalen
Gruppierungen geht es nicht nur um den Austausch von Argumenten, sondern
auch gemeinsame Bedeutungen, Rituale und affektive Bindungen scheinen bei den
protestierenden Individuen und Gruppen eine wichtige Rolle zu spielen.

Neben diesen posttraditionalen Formen von Gemeinschaft lässt sich im Internet jedoch auch eine Fragmentierung des politischen Diskurses beobachten. Seine
zunehmende Kommerzialisierung und der Ausschluss großer Teile der Weltbevöl-
kerung aus seinen Netzwerken machen deutlich, dass nicht die Technologie alleine
eine transnationale Öffentlichkeit hervorbringen kann, sondern dass es auf ihren
Gebrauch und ihre entsprechende soziale Kontextualisierung ankommt.

5   Schlussbetrachtung

Die Phänomene Tradition/Enttraditionalisierung, das reflexive Projekt des Selbst und die medial konstituierte Öffentlichkeit, die charakteristisch für das 21. Jahrhundert sind, dienten mir als Beispiele, um zu zeigen, wie wichtig eine kulturtheoretische Betrachtungsweise ist, die die kontextuell unterschiedlichen Formen des Mediengebrauchs in ihrer charakteristischen Eigenart analysiert und ihre Bedeutung für die Konstitution gemeinsam geteilter Kulturen bestimmt. Die Entwicklung des Mediensystems ist von Anfang an ein integraler Bestandteil der Konstitution moderner Gesellschaften, auch wenn sie in der Soziologie kaum berücksichtigt wurde. Es waren zunächst eher ein Medientheoretiker wie Marshall McLuhan (1968) oder ein Ökonom und Historiker wie Harold Innis (vgl. Barck 1997), die den Zusammenhang zwischen der Verfügbarkeit von Kommunikationsmedien und der räumlichen und zeitlichen Organisation von Gesellschaften sowie der medial bestimmten Veränderung des Alltags untersucht haben. Angesichts der Globalisierung und der mit ihr verbundenen Transformationsprozesse ist es aber wichtig, dass die Soziologie sensibel für mediale Veränderungen ist, um Interventions- und Handlungsmöglichkeiten bei der Gestaltung dieser Prozesse aufzeigen zu können. Dabei ist die Kultur das Medium dieser Veränderungen, sie ist Ort der Konstitution von Gemeinschaften, der Selbstbestimmung, aber auch von Analyse und Kritik.

6   Literatur

Augé, Marc (1994): Orte und Nicht-Orte. [Aus dem Franz.]. Frankfurt am Main.

Barck, Karlheinz (Hrsg.) (1997): Harold A. Innis – Kreuzwege der Kommunikation. Ausgewählte Texte. Wien, New York.

Baudrillard, Jean (1979): "Im Schatten der schweigenden Mehrheit". [Aus dem Franz.]. In: Freibeuter 1, S. 17-33 und Freibeuter 2, S. 37-56.

Bauman, Zygmunt (2003): Flüchtige Moderne. [Aus dem Engl.]. Frankfurt am Main.

Castells, Manuel (2001): The Internet Galaxy. Reflections on the Internet, Business, and Society. Oxford.

Chartier, Roger (1990): Lesewelten. Buch und Lektüre in der frühen Neuzeit. Frankfurt am Main, New York.

Cormack, Patricia (2002): Sociology and Mass Culture: Durkheim, Mills, and Baudrillard. Toronto usw.

Durkheim, Emile (1981): Die elementaren Formen des religiösen Lebens. [Aus dem Franz., zuerst 1912]. Frankfurt am Main.

Fiske, John (1987): Television Culture. London, New York.

Fiske, John (1994): Media Matters. Everyday Culture and Political Change. Minneapolis, London.

Geertz, Clifford (1983): Dichte Beschreibung. Beiträge zum Verstehen kultureller Systeme. Frankfurt am Main.

Gergen, Kenneth J. (1996): Das übersättigte Selbst. Identitätsprobleme in der heutigen Welt. Heidelberg.

Giddens, Anthony (1996): „Leben in einer posttraditionalen Gesellschaft". In: Beck, Ulrich u.a. (1996): Reflexive Modernisierung. Eine Kontroverse. [Aus dem Engl.]. Frankfurt am Main, S. 113-194.

Gillespie, Marie (1995): Television, Ethnicity and Cultural Change. London, New York: Routledge.

Goffman, Erving (1977): Rahmen-Analyse. Ein Versuch über die Organisation von Alltagserfahrungen. [Aus dem Amerik.]. Frankfurt am Main.

Gooding-Williams, Robert (Hrsg.) (1993): Reading Rodney King/Reading Urban Uprising. New York.

Grossberg, Lawrence (1997) Bringing It All Back Home. Essays on Cultural Studies. Durham.

Grossberg, Lawrence u.a. (1998): MediaMaking. Mass Media in a Popular Culture. Thousand Oaks usw.

Habermas, Jürgen (1962): Strukturwandel der Öffentlichkeit. Darmstadt.

Habermas, Jürgen (1998): Faktizität und Geltung. Beiträge zur Diskurstheorie des Rechts und des demokratischen Rechtsstaates. Frankfurt am Main.

Hahn, Alois (2000): Konstruktionen des Selbst, der Welt und der Geschichte. Frankfurt am Main.

Held, David; McGrew, Anthony (2002): Globalization/Anti-Globalization. Cambridge.

Hörning, Karl H.; Rainer Winter (Hrsg.) (1999): Widerspenstige Kulturen. Cultural Studies als Herausforderung. Frankfurt am Main.

Horkheimer, Max; Adorno, Theodor W. (1969): Dialektik der Aufklärung. [Zuerst 1947]. Frankfurt am Main.

Kahn, Richard; Kellner, Douglas (2003): "Internet Subcultures and oppositional Politics". In: Muggleton, David; Weinzierl, Rupert (Hrsg.) The Post-Subcultures Reader. Oxford, New York, S. 299-313.

Kellner, Douglas (1995): Media Culture. London, New York.

Lerner, David (1958): The Passing of Traditional Society. Modernizing the Middle East. Glencoe.

McLuhan, Marshall (1968): Die magischen Kanäle. [Aus dem Amerik.]. Stuttgart.

Mills, Charles Wright (1973): Kritik der soziologischen Denkweise. [Zuerst 1959]. Darmstadt.

Nederveen Pieterse, Jan (1995): "Globalization as Hybridization". In: Featherstone, Mike u.a. (Hrsg.):Global Modernities. Thousand Oaks usw., S. 45-68.

Sreberny-Mohammadi, Annabelle; Mohammadi. Ali (1994): Small Media, Big Revolution: Communication, Culture, and the Iranian Revolution. Minneapolis, London.

Stevenson, Nick (1995): Understanding Media Cultures. Social Theory and Mass Communication. Thousand Oaks usw.

Thompson, John B. (1995): The Media and Modernity. A Social Theory of the Media. Cambridge.

Williams, Raymond (1965): The Long Revolution. London.

Williams, Raymond (1972): Gesellschaftstheorie als Begriffsgeschichte. Studien zur historischen „Semantik" von Kultur. [Aus dem Engl.]. München.

Winter, Rainer (1995): Der produktive Zuschauer. Medienaneignung als kultureller und ästhetischer Prozess. Köln.

Winter, Rainer (2001): Die Kunst des Eigensinns. Cultural Studies als Kritik der Macht. Weilerswist.

Winter, Rainer (2003): „Global Media, Cultural Change and the Transformation of the Local: The Contribution of Cultural Studies to a Sociology of Hybrid Formations". In: Beck, Ulrich u.a. (Hrsg.) Global America? The Cultural Consequences of Globalization. Liverpool, S. 206-221.

Winter, Rainer (Hrsg.) (2005): Medienkultur, Kritik und Demokratie. Der Douglas Kellner Reader. Köln.

Winter, Rainer; Eckert, Roland (1990): Mediengeschichte und kulturelle Differenzierung. Opladen.

Winter, Rainer; Mikos, Lothar (Hrsg.) (2001): Die Fabrikation des Populären. Der John Fiske-Reader. Bielefeld.

Empfehlungen zum Weiterlesen:

Fiske, John (1987): Television Culture. London, New York:

Grossberg, Lawrence u.a. (1998): MediaMaking. Mass Media in a Popular Culture. Thousand Oaks usw.

Winter, Rainer (2001): Die Kunst des Eigensinns. Cultural Studies als Kritik der Macht. Weilerswist:

Medien und Kritik

Udo Göttlich

Zusammenfassung: Der vorliegende Beitrag verfolgt eine an drei idealtypischen Entwicklungspha-sen orientierte Behandlung von Grundproblemen der Medienkritik bzw. des historischen Verhält-nisses von Medien und Kritik. In der Diskussion zu den einzelnen Entwicklungsphasen wird deutlich, wie sich Kritik von einer Auseinandersetzung mit ästhetischen und kulturellen Werten und Normen zu einer Reflexionsinstanz über die an Medien gebundene Vermittlung kulturellen und gesellschaftlichen Wissens gewandelt hat. Die Herausforderung für die Mediensoziologie liegt damit in einer wissenssoziologischen (Neu-)Bestimmung der Aufgaben von Kritik.

1 Vorbemerkung

Fragt man aktuell nach einem Grundverständnis von Medienkritik, so stößt man auf eine Kurzformel, die darauf zielt, die Leistung der Medien aufgrund ihrer gesell-schaftlichen Funktion kritisch zu reflektieren. An einer solchen Formulierung, so möchte man sagen, ist so gut wie alles richtig und einsichtig und dennoch wird kein Bezug zur formalen und inhaltlichen Gestaltung von Medienkritik oder zur histori-schen Entwicklung und Veränderung hergestellt. Dass es bei Kritik um eine „Leis-tungsbewertung" von Medien geht, passt für so gut wie jede Gesellschaftsform, un-abhängig von ihrer Grundverfassung, aber auch der Form der Medien und ihrer ge-sellschaftlichen Rolle. Und so stellt die Betonung „kritisch zu reflektieren" mit Blick auf die politisch-soziale sowie wertebezogene Fundierung von Kritik unausgespro-chen auf die andauernde Herausforderung ab, die mit einer solchen allgemeinen Formel nur angezeigt, keinesfalls jedoch in dem Umfang entsprochen werden kann, der mit Kritik in ihrer historischen Bedeutung angestrebt war, oder sich in der aktu-ellen Situation als schlüssige Aufgabenbestimmung zu erkennen geben könnte.

Kurz gesprochen: Bei der zum Einstieg gewählten Formel handelt es sich zu-nächst um nicht mehr als um einen Hinweis darauf, dass die Medien als gesell-schaftliche Institution wie Organisation - neben den konkreten Produkten und An-geboten - in spezifischer Weise der Beurteilung unterstellt sein sollten. Aber handelt es sich bei einer solchen funktionalen Bestimmung auch um Kritik und vor allem: Welche Herausforderungen lassen sich seit der Herausbildung der klassischen Kunstkritik als Quelle einer von überzeitlich wirksamen Autoritäten befreiten Be-

trachtung ästhetischer und kommunikativer Äußerungen in Reaktion auf aktuelle
Entwicklungen herausstellen?
     Die Erörterung der aktuellen medienkritischen Herausforderung erfordert so-
mit eine Betrachtung ihres geistes- und kulturgeschichtlichen Hintergrundes, aus
dem heraus sich das Verständnis von „Kritik" entwickelt hat, bevor konkrete, seit
der zweiten Hälfte des letzten Jahrhunderts wirksame Umsetzungen im Rahmen der
Mediensoziologie diskutiert werden können, womit der Schwerpunkt im Kontext
dieses Überblicksartikels auf sozialwissenschaftliche Zugänge aus dem deutschsprachigen Raum gelegt werden soll. In diesem Rahmen wird eine Entwicklung nachgezeichnet, die sich über die Wurzeln des Kritikproblems (2) auf die Literatur- und
Kunstkritik (3) und schließlich die Massenkultur- und Kulturindustriekritik (4) bis
hin zur Kritik der gesellschaftlichen Rolle der Kommunikationsmedien (5) erstreckt.
Dieser Gliederung folgend, können und sollen in diesem Rahmen allein Hauptlinien
nachgezeichnet werden, die anhand exemplarischer Positionen und Werke vorgestellt und diskutiert werden. Die Besonderheiten von (publizistischen) Einzelme-
dienkritiken, wie Fernseh-, Film- oder Radiokritik mit ihren jeweiligen Angebots-
formen müssen dabei ebenso zurückgestellt bleiben, wie eine Auseinandersetzung
mit den einzelnen Berufsrollen oder der sich wandelnden gesellschaftlichen Rolle
des (Medien-)Kritikers (vgl. zu diesen Bereichen und Fragen v.a. Hickethier 1994,
2005; Bleicher 2005).

2   Wurzeln der Medienkritik

Aus dem Wirkkreis der Literaturkritik als eines Ursprungsorts von Medienkritik ist
ersichtlich, dass Kritik bereits im frühen 19. Jahrhundert untrennbar von der Entstehung der bürgerlichen Öffentlichkeit war, wobei diese für die Verwirklichung des
von Habermas in seiner Analyse des „Strukturwandels der Öffentlichkeit" (1962)
herausgestellten Räsonnements in den literarischen Zeitschriften einen ihrer
Grundpfeiler für die Umstellung gesellschaftlicher Kommunikation auf deliberative
Prozesse der Entscheidungsfindung hatte (vgl. Bürger u.a. 1980). Aber nicht nur
dort, sondern auch in den Versammlungen der Bürger bis hin zur Entstehung des
Pressewesens und darüber hinaus, wurde die Rolle der bürgerlichen Öffentlichkeit
für die gesellschaftliche Kommunikation gefestigt. Die normative Bestimmung der
Öffentlichkeit ist hier bereits an eine idealtypische Perspektivierung vielgestaltiger
und in den frühen europäischen Demokratien auch von Ungleichzeitigkeiten geprägten Prozessen zurückgebunden. In toto beruht „die entfaltete bürgerliche Öffentlichkeit [...] auf der fiktiven Identität der zum Publikum versammelten Privatleu-
te in ihren beiden Rollen als Eigentümer und als Menschen schlechthin."
(Habermas 1962, S. 74). An diesem Ideal des ‚Souveräns' bemisst sich bis heute die
Öffentlichkeitsanalyse und Kritik selbst dort, wo von den Voraussetzungen und

Bedingungen bürgerlicher Vergesellschaftung mit dem Ziel der öffentlichen Kontrolle von Gewalt aufgrund der Entfaltung von Teilöffentlichkeiten nicht mehr in der ‚geschlossenen' Form und der dahinter stehenden Annahme der Sozialintegration gesprochen werden kann.

Das kritische Verfahren in der Philosophie, mit dem Kant und Hegel die Aufklärungsphilosophie mit anführten, können wir zu dem Moment der Ausbildung eines solchen Korrektivs in seinen Unterschieden bereits außer acht lassen, da es für unseren Zusammenhang ja gerade dort bedeutsam wird, wo sich die Ideen der Aufklärung durch publizistische Träger gesellschaftliche Bedeutung und Wirkmächtigkeit erkämpft hatten. Mit dem Verweis auf die Aufklärungsphilosophie und die Öffentlichkeitsfrage ist ferner angezeigt, dass Medienkritik im deutschsprachigen Raum auf andere Wurzeln zurückgeht als der im anglo-amerikanischen Raum geläufige Begriff des „criticism", von dem sich gleichfalls eine Medienkritik ableiten lässt. Dessen Wurzeln aber sind spezifischer auf Gegenstandsfragen der Literatur gerichtet und reichen hinab bis zu den Regeln der Literatur- und Kunstkritik mit den Implikationen „fault finding" und „judgement"; handeln also von Fragen des objektiven Urteils und von Autorität (vgl. Williams 1983).

Gerade von philosophischer Seite her gesehen hatte Kritik im Deutschen frühzeitig die Tragweite von Bewusstseins- sensu Ideologiekritik, wofür nicht zuletzt die Arbeiten von Marx und Engels stehen, die in die deutsche Ideologie einführen und einen exemplarischen Strang der politischen Ideenlehre repräsentieren, an die zahlreiche Arbeiten bis hin zur Wissenssoziologie in Form einer Abgrenzung in der zweiten Hälfte des 20. Jahrhunderts anschlossen. Dieser Schritt impliziert den Übergang von einer Analyse und Kritik subjektiver Interessen, die als Universalinteressen ausgegeben werden, zu einer Analyse und Kritik der 'Seinsverbundenheit des Wissens', also von im Wechselspiel miteinander stehenden Partikularinteressen gesellschaftlicher Gruppen und Eliten und ihrer Machtinteressen.

Im Vorlauf dieser Entwicklungen wurden die Mittel und Verfahren der Kritik jedoch auch im deutschsprachigen Raum erstmals konsequent von der Literaturkritik – wie der aufkeimenden Literaturgeschichte – im Rahmen der Bewertung von literarischen Werken für ein Lesepublikum wie des Theaters vor dem Hintergrund ihrer Zeit und im Verhältnis zu den ästhetischen Regeln der Antike und Klassik publizistisch wirksam angewandt und verbreitet (vgl. Jauß 1970). Was die „Querelle des anciennes et des modernes" im Aufklärungsdiskurs für die Literatur- und Kunstbetrachtung bedeuten, spielt sich im Politischen auf dem Feld der Ideologiekritik ab, wobei dem Modell der literarischen Öffentlichkeit in seiner idealtypischen Gestalt folgend eine enge Verbindung mit dem Politischen gegeben schien, während die Massenliteratur (vgl. Bürger u.a. 1982) und schließlich die Massenpresse – um im Bild von Habermas' Öffentlichkeitstheorie zu bleiben – zum Strukturwandel der bürgerlichen Öffentlichkeit beitrugen, wodurch dieser 'lebendige' Zusammenhang strukturell aufgesprengt wurde (vgl. Habermas 1962). Als ein Ergebnis begann sich der aktuell mit dem Begriff der Fragmentierung von Öffentlichkeiten beschriebene Prozess abzuzeichnen. Aber selbst unter diesen Bedingungen ist die Vermittlung von Kritik und Kritikfähigkeit weiter an die Medien der bürgerlichen Gesellschaft und Öffentlichkeit gebunden und ging von dort auch auf die bürgerlichen Bildungsinstitutionen über, allerdings nicht nur in direkter Distanz zu den vielfältigen Unterhaltungsmedien, sondern ebenso zu Arbeiterbildungsvereinen und der Entstehung von Gegenöffentlichkeiten zur bürgerlichen Ordnung durch die Wahrnehmung medienpolitischer Alternativen (vgl. Negt/Kluge 1972; Prokop 1974a). Die Öffentlichkeitsfrage impliziert somit immer auch eine Machtfrage, die in der Nachkriegszeit Ausgangspunkt für die Entfaltung politischer Gegenöffentlichkeiten und deren Rolle bei der Demokratisierung der westlichen Gesellschaften war. Ein Thema, das im Rahmen der Fragestellung zur Ausbildung von Teilöffentlichkeiten weitaus weniger Beachtung erfährt, da hier vor allem Fragen der Sozialintegration überwiegen.

Bereits in diesen lang anhaltenden Auseinandersetzungen, die sich seit Beginn des 20. Jahrhunderts mit in die Debatte um die Massenkultur hinein verlagert hatten, bzw. mit dieser transportiert wurden, mag Kritik auch als Funktions- und Leistungsbeschreibung der publizistischen Organisationen wie Institutionen verstanden worden sein. Aber die Bewertung der Folgen von Differenzierung und Ausdifferenzierung mit der Behandlung von Problemen struktureller Kopplung bzw. ihrer Ermöglichung, ist nur die eine Seite von Kritik, wenn sie denn überhaupt jemals den Anlass für ihre historische Ausbildung darstellte, die sich wesentlich auch immer auf die Produkte und deren ästhetische Gestalt erstreckte, und die Frage der ökonomischen Kontrolle der Medien vorwiegend von politischer und ideologiekritischer Warte der Machtkontrolle und Machtkritik verfolgte.

3   Kritik als Literatur- und Kunstkritik

Der ideengeschichtliche Ausgangspunkt für die Ausbildung einer Medienkritik im engeren begrifflichen Sinne waren zunächst ästhetische Fragen und Problemstellungen, die für ihre Vermittlung gerade von der Autorität des Kunst- und Kulturkritikers getragen wurden. Historisch betrachtet war „Kritik" damit zunächst einmal im Horizont des literaturkritischen Diskurses im Sinne einer grundlegenden Klärung der spezifischen Bedingungen und Eigenarten literarischer und bildnerischer Darstellung, etwa in Konkurrenz zur theologischen Verkündigung zu verstehen, wobei auch das literarische Medium selbst, in der Abgrenzung zu anderen Medien künstlerischen Ausdrucks – wie der Malerei oder der Musik – zum Problem wurde. Dazu wurden vor allem, orientiert an der Methode immanenter Kritik, die Darstellungsregeln der jeweiligen Kunstformen behandelt. In eigenen literarischen Zeitschriften prägte sich darauf aufbauend eine vom konkreten Einzelfall ausgehende Literaturkritik aus, die die Regeln einer allgemeingültigen Literaturtheorie aus der literarischen Praxis zu gewinnen suchte, bzw. umgekehrt, das literarische Beispiel kritisch im Hinblick auf tradierte oder neu gewonnene Normen diskutierte (vgl. Jacob 2001, S. 30ff.) Ein Verfahren, das heute im Feuilleton manchesmal noch in der Absicht einer Kanonbildung bemüht zu werden scheint, überwiegend aber doch ein Zugeständnis an unterschiedliche Geschmacksurteile ohne besondere Diskriminierung mit einschließt.

Die u.a. von Hauser (1974) gegebene allgemeine Bestimmung der Aufgaben von Kritik, bei denen der Kritiker als Vermittler an ein Publikum fungiert, lassen sich damit bis heute in unterschiedlicher Ausprägung und Wirksamkeit unterstellen, wobei die Rolle und Leistung unter der Erfahrung von Aufmerksamkeitsverknappung wohl bereits auch eine andere geworden ist. Nach Hauser besteht die Rolle des Kritikers als der berufsmäßige Träger der Mediation darin, den „[...] Empfänger künstlerischer Eindrücke mit vermeintlich unbedingter Autorität über die Maßstäbe der Bedeutsamkeit und Qualität, mit welchen er an die Gegenstände seiner Erlebnisse heranzutreten hat," zu beraten (Hauser 1983, S. 503).

Ein Hintergrund dieser traditionellen Aufgabenzuschreibung ist noch in der Vorstellung zu finden, dass der Literatur wie dem Literatur- und Kunstkritiker die Funktion eines Bindeglieds zwischen „theoretischer Einsicht und praktischem Handeln" zukommt, aber eben nicht mit dem Auftrag der strukturellen Kopplung, wie man im Sinne heutiger medienwissenschaftlicher Diskurse formulieren würde, sondern durchaus in wertebezogener und damit auch Widerspruch erzeugender Hinsicht. Denn es ging um die Veranschaulichung der mit den Mitteln der Ästhetik gestifteten „sinnlichen Vorstellungen", wobei der Literatur im Unterschied zu anderen Kunstformen eine „anschauliche" bzw. „lebendige Erkenntnis des Allgemeinen im Besonderen, die den praktischen Willen in besonderer Weise zur Tugend anreizt" (Jacob 2001, S. 30ff.), zugesprochen wurde. In diesem Kritikdiskurs wird die „Wahrscheinlichkeit" der Dichtung oder der Darstellung zum Zentralbegriff, die etwa als Erzählung eine unter gewissen Umständen mögliche, aber nicht wirklich vorgefallene Begebenheit, darunter moralische Werte, enthält (vgl. ebd., S. 31f.), wofür die Gattung des Erziehungsromans exemplarisch einsteht.

Mit einer solchen Konstellation sind zunächst andere Probleme und Fragen der Vermittlung verbunden als in heutigen medienkritischen ‚Diskursen', in denen es verstärkt auch um die Fragen der Realitätsdarstellung bzw. Realitätsverzerrung mit den Mitteln audiovisueller Medien geht, die sich scheinbar sachhaltiger auf einen Funktions- und Leistungskanon reduzieren lassen. Allerdings scheinen sich diese ‚Diskurse' seltener auf die bereits in literarischen und künstlerischen Avantgarden formulierten Einsichten zum Realismusproblem wie zur Stellung von Fiktionen einzulassen, so dass sich etwa mit Blick auf die Rolle der Bildschirmmedien ein Verlust an Differenzierung beklagen lässt, z.B., wenn man in der von unterschiedlichen institutionellen Trägern geführten Gewaltdebatte auf den Maßstab eines Abbildrealismus trifft, der in der Literatur- und Kunstkritik schon seit der Zeit der Avantgarden als überholt angesehen werden konnte.

Diese Rahmung zu den Aufgaben und Zielen von Kritik sollte sich mit der Entwicklung des literarischen Feldes weiter entwickeln und ihre konsequente Anwendung schließlich auch auf die Produkte der Unterhaltungsliteratur, schließlich den Film und die neuen Medien des Rundfunks und Fernsehens finden. Die Literaturkritik erfuhr dabei in den 20er und 30er Jahren des letzten Jahrhunderts im Horizont der sich entwickelnden gesellschaftstheoretischen und gesellschaftskritischen Reflexion über die Massenkultur und populäre Unterhaltung eine Transformation, für die als prägnanteste Beispiele im deutschsprachigen Raum bis heute Arbeiten der Frankfurter Schule der Kritischen Theorie und ihres soziologischen Umfelds einstehen. Die Arbeiten Theodor W. Adornos, Walter Benjamins, Siegfried Kracauers und Leo Löwenthals zu unterschiedlichen Bereichen der Massenkultur- und Kulturindustrieentwicklung stellen erstmals exemplarische Beispiele für Medienkritiken dar, die zugleich kultur- und sozialtheoretisch eingebunden waren und parallel mit der Entwicklung der noch jungen Disziplin Soziologie ihren Aufschwung nahmen. Zudem hat dieser Kreis mit Arbeiten Kracauers zum Kino in der Frankfurter Zeitung oder Adornos zur Musik sowie Benjamins Rundfunkbeiträge das gesamte Spektrum der damaligen Medien mit einbezogen und auch kritisch reflektierend mit abgedeckt.

In den Rahmen der Ausbildung dieser später vor allem unter dem Begriff der Kulturindustriekritik bekannt gewordenen und auch subsumierten, in ihren Wurzeln dennoch unterschiedlichen Arbeiten, gehört nicht nur eine Bestimmung sondern auch Anwendung der Möglichkeiten transzendenter und immanenter Kritik in ihrer dialektischen Verbindung, womit im wesentlichen Adorno eine für die Ziele der Kritischen Theorie anwendbare Bündelung der literatur- und kulturkritischen Diskurse vornahm (vgl. Adorno 1975, S. 60f.). Diese Position lässt sich als Weiterentwicklung des Aufklärungsdiskurses um Kritik lesen und tritt vor allem in Opposition zum funktionalistischen und positivistischen Kritikbegriff auf, die ebenfalls als Weiterentwicklungen rationalistischer, von der Aufklärungsphilosophie ausgehender Kritikstränge gesehen werden müssen.

Die Besonderheit der Kritikposition der Kritischen Theorie, die bereits in Horkheimers Antrittsvorlesung von 1931 mit zugrunde gelegt wurde (vgl. Horkheimer 1988), beruht auf der Idee, an den Kulturprodukten zu entziffern, „was von der Tendenz der Gesamtgesellschaft in ihnen zutage kommt, durch die hindurch sich die mächtigsten Interessen verwirklichen." (Adorno 1975, S. 60) Es handelt sich um die Form einer Kritik, die das Prinzip ernst nimmt, „nicht die Ideologie an sich sei unwahr, sondern ihre Prätention, mit der Wirklichkeit übereinzustimmen." (ebd., S. 62) Die Preisgabe dieser Position bedeutet im Verständnis der Kritischen Theorie, dass der Kritiker zum Deuter der Erfordernisse für die Aufrechterhaltung einer bestimmten Ordnung zu werden droht, worin Kritik sich abstumpfen, wenn nicht gar ihre Intentionen grundsätzlich verkehren würde, da sie zum Behüter einer bestehenden Ordnung würde. Der im Vergleich dazu in der Systemtheorie beobachtbare Rückbezug auf die Haltung der Kontingenz - mit der Formel, alles könne irgendwie auch anders sein -, erscheint als ein Relativismus, der sich der Preisgabe der historischen Fundierung von Kritik bislang noch keine Rechenschaft abgelegt zu haben scheint. Von diesen beiden Positionen schließlich ist auch der Kritizismus Poppers zu unterscheiden, da in diesem Modell allein der wissenschaftliche Sachverstand zur Instanz von Kritik erhoben wird. Im Unterschied zur dialektischen Kritik, die auf den Unterschied von Anspruch und Wahrheit zielt, geht es dort um die Scheidung von Common Sense als das gelebte Allgemeine zur wissenschaftlich exakt gewonnenen Wahrheit als Ausfluss von Kritik.

Mit diesem weiteren Verweis auf die Vielgestaltigkeit der historischen Kritikdiskurse sollte nochmals ein Augenmerk darauf gelegt werden, dass die Semantik von Begriffen und Theorien in der Sozial- und Kulturwissenschaft nicht zu unterschätzen ist, wenn die zu verschiedenen Zeiten verfolgten Anwendungen des Kritikbegriffs ihrer jeweiligen Verwendung entsprechend verstanden werden sollen. Klassische Beispiele für die historische Semantik von Begriffen liefert neben dem Kritikbegriff auch der eng mit ihm verbundene Kulturbegriff. Im Zusammenhang mit Medienkritik wäre hierzu genauer zu erörtern, wie die Begriffe Massenkultur und Kulturindustrie, die zunächst zwei verschiedene Aspekte der kulturellen Entwicklung beim Übergang vom 19. zum 20. Jahrhundert bezeichnen, bei der Deutung massenkommunikativer Prozesse ineinanderspielen und Kritik motivieren.

Für den deutschsprachigen Raum lässt sich zusammenfassend festhalten, dass das Anregungspotential der Kulturindustriekritik weite Teile des mediensoziologischen Verständnisses von Medienkritik z. T. sogar mehr implizit als explizit mitbestimmt hat, so dass es plausibel ist, bei der Herausbildung von Kritiktopoi auch auf die Verbindung mit der Kulturindustriekritik zu achten. Das Kennzeichen des sozialwissenschaftlichen Diskurses zur Medienkritik in der Bundesrepublik Deutschland bis in die Mitte der 1990er Jahre ist es geradezu, dass die Kritische Theorie sowohl für die Praktiker der Medienkritik wie für akademische Kritik den thematischen Horizont - und sei es in bewusster Abgrenzung - für eine Medienkritik als Kulturkritik mit gestiftet hat und somit dieses spezifische Verständnis von Medienkritik als Kulturkritik eine gewisse Dominanz zu verzeichnen hat, die sich bis heute noch in Diskursen zur Öffentlichkeit zeigt.

4   Medienkritik als (Massen-)Kulturkritik

Medienkritik in sozialwissenschaftlicher Perspektive umfasst mit dieser Ausrichtung oder Herkunft nicht das Spektrum oder Verständnis, das mit Medienkritik gerade aus praktischer Perspektive verbunden gesehen werden kann: also etwa die publizis-

tische Medienkritik sowie die öffentliche Auseinandersetzung mit Medien bis in die
Bereiche der Medienpolitik, aber auch innerhalb der Publizistik und Kommunikationswissenschaft selber, deren Sichtweise vorwiegend funktionalistsich konzipiert ist.
In sozialwissenschaftlicher Perspektive interessiert im Unterschied zu diesen enger
auf die Leistung publizistischer Angebote bezogenen Perspektiven die Frage, wie
sich Gesellschaftliches, d.h. gesellschaftliche Entwicklungs- und Bewusstseinszu-
sammenhänge in den Medien oder auch den Medienprodukten ausdrücken und
welchen Beitrag diese an der Reproduktion der gesellschaftlichen und kulturellen
Ordnung haben. Dabei mag es Überlappungen mit Fragen der publizistisch orientierten Medienkritik oder den anderen angesprochenen Praxisbereichen geben. Aber
die Rolle der Medien an der Ausbildung und Aufrechterhaltung einer „Massenkultur" bis hin zu deren Wandlungen ist das zentrale Thema, zu dem im deutschsprachigen Raum ausgehend von der Position der Kritischen Theorie die zentralen Fragen und Probleme einer Medienkritik als Kulturkritik diskutiert und entfaltet wurden.
    Während der Begriff Massenkultur mit der Verbreiterung der an kulturellen
und medialen Angeboten partizipierenden gesellschaftlichen (Unter-)Schichten einhergeht und die Rolle der Massenkommunikationsmedien für die Form massenkul-
tureller Vergesellschaftung in kulturkritischer Absicht verfolgt, ist die Genese des
Kulturindustriebegriffs in engem Zusammenhang mit der Theoriebildung der Kritischen Theorie der „Frankfurter Schule" in der Zeit ihres amerikanischen Exils zu
sehen. Das wesentlich auf die Erfahrung der Massenkulturentwicklung in den
1930er und 1940er Jahren in Deutschland, besonders aber auf die Entwicklung des
kapitalistischen Mediensystems in Nordamerika konzentrierte Kulturindustriekapitel
in der Dialektik der Aufklärung (Horkheimer/Adorno 1987), versammelt jene kul-
tur- und gesellschaftstheoretischen Bestimmungen, auf die es bei der Analyse der
‚Wirkung' von Massenkommunikation aus Sicht der Kritischen Theorie ankommt
(vgl. Göttlich 2004, S. 45ff.). Aus medien- und kommunikationswissenschaftlicher
Perspektive erstreckt sich die Kulturindustrieproblematik auf folgende historische
Entwicklungen: In dem Kritikkonzept werden drei mit der Massenkulturentwicklung verbundene Erfahrungen verarbeitet: 1) Die Medienentwicklung in der Weima-
rer Republik und die mit ihr angedeutete demokratische Entfaltungsmöglichkeit der
Kommunikationsmedien, die sozusagen als ein Maßstab auftritt, von dem sowohl
der 2) totalitäre (in Deutschland, Spanien, Italien) als auch der 3) monopolkapitalis-
tische Medieneinsatz (in Nordamerika) abgerückt erscheinen. Letzterer vor allem
deshalb, weil die publizistische Bedeutung und Leistung der Medien gegenüber der
ökonomischen Funktion der Medien in den Hintergrund getreten ist.
    Der Übergang von der frühen Phase der demokratischen Entwicklung der
Massenmedien zur Phase ihrer totalitären, aber auch ihrer monopolkapitalistischen
Einbindung bildet somit den Ausgangspunkt der weiteren Kritik und Analyse, die
bis in spätere Arbeiten hinein als materialistische Kritik formuliert wurde. Während

für die frühe Phase vor allem Benjamin und Brecht (1962) mit der Vorstellung einer Apparatur der Replik (Radiotheorie) noch auf utopische Möglichkeiten des damals neuen Mediums Radio und eines damit verbundenen Kritikansatzes hinwiesen, waren diese durch die Indienststellung der Medien im totalitären Staat - sowie schließlich auch unter dem Monopolkapitalismus - nur mehr zum reinen Herrschaftsmittel verkommen. Diese europäische Erfahrung im Hintergrund, stellt auch die US-amerikanische Version des Medieneinsatzes nur eine andere Variante derselben, anscheinend unausweichbaren Anbindung des Subjekts an das System dar. Ist es in dem einen Fall der totalitäre Staat, so im anderen die vom Monopol beherrschte Konsumsphäre, von der die Kontrolle der Individuen ausgeht. In diesem Motiv schließt sich der Kreis zur kritisch-materialistischen Theoriebildung der Kritischen Theorie mit ihrer Form der Gesellschaftskritik. Dieser theoretischen Position nach entspringt der Fortschritt der Kulturindustrie den allgemeinen Gesetzen des Kapitals, die zum Monopolismus tendieren. Die mit diesem Gedanken einhergehende Vorstellung einer Einheit des Systems der Kulturindustrie schließt sowohl die Produktions- und Distributionsseite als auch die Fortschritte der Technikentwicklung als untrennbaren Zusammenhang mit ein.

Vor dem Hintergrund der kritisch-materialistischen Theoriebildung geht die Interpretation und Kritik zentral von einer Logik des gesellschaftlichen Systems aus, die sich im Vorherrschen eines „ökonomischen Selektionsmechanismus" und dem davon geprägten „Stil und Schema der Kulturindustrie" ausdrückt. Es handelt sich um Überlegungen, die sich in zugespitzter Form in den späteren Arbeiten Jean Baudrillards (1985, S. 102f.) zur Simulation und den Medien als Simulationsapparaten zeigen. Die Vorstellung des ökonomischen Selektionsmechanismus bildet für die Bestimmung der Entwicklungstendenzen der Kulturindustrie wie für die Einbindung der Rationalitätskritik somit den entscheidenden Ausgangspunkt, der auch für die Medienkritik der siebziger und frühen achtziger Jahre des letzten Jahrhunderts eine maßgebliche Quelle bildete und viele der auch auf Spontaneität und Kreativität bezogenen Positionen an die Grundlinien dieser Kultur- und Gesellschaftskritik zurückband (vgl. Prokop 1974b). Von diesem sozialphilosophischen Hintergrund hat sich der Begriff jedoch nach Ende der 1970er Jahren - als er mit den Schriften der Kritischen Theorie überhaupt wieder entdeckt wurde -, abgelöst und wurde zu einem metaphorischen Begriff zur Charakterisierung der Leistung von Medien und der Massenkommunikation in der Gegenwartsgesellschaft. Damit aber wurde der Begriff von seiner sozialwissenschaftlichen Fundierung abgetrennt und für die Analyse weitestgehend unbrauchbar.

Ansätze zu einer Reformulierung dieser Position können deshalb seit den siebziger Jahren ebenfalls festgehalten werden. Enzensbergers (1970) berühmter Aufsatz „Baukasten zu einer Theorie der Medien" erweitert den Begriff der Kulturindustrie in Richtung auf „Bewußtseinsindustrie", die zum „Schrittmacher der sozioökonomischen Entwicklung spätindustrieller Gesellschaften" (Enzensberger 1970,

S. 159) geworden sei. In Abkehr von der Manipulationsthese betont Enzensberger jedoch im Unterschied zu Adorno, u.a. gekennzeichnet durch den Aufgriff von Benjamins Gedanken des positiven Barbarentums (1963, S. 13f.), die Möglichkeit, die Medien im Sinne eines emanzipativen Mediengebrauchs zu Produktionsmitteln der Massen zu machen. Damit ist keine Verkehrung der kritischen Zielrichtung gemeint, sondern eine Strategie angesprochen, die Herrschaftsmittel gegen sich selbst zu wenden und die in ihnen angelegten emanzipatorischen Möglichkeiten, die - wie bereits gesagt - in der Radiotheorie der 30er Jahre bereits angesprochen waren, einzufordern.

In den zu Enzensberger kongenialen Überlegungen von Oskar Negt und Alexander Kluge (1972) wird dabei gerade auch im Aufgriff der wenige Jahre zuvor veröffentlichten Arbeit von Habermas zum Strukturwandel der Öffentlichkeit eine Verbindung von Massenkommunikationsanalyse und Öffentlichkeitstheorie vorgelegt, die auf die „Dialektik von bürgerlicher und proletarischer Öffentlichkeit" verweist, womit die unterschiedlichen „Erfahrungsinteressen" gesellschaftlicher Gruppen herausgestellt werden (Negt/Kluge 1972, S. 7), die in die Entwicklung von Gegenöffentlichkeiten einfließen können. „Solange der Widerspruch zwischen der wachsenden Vergesellschaftung der Menschen und den verengten Formen ihres privaten Lebens besteht, ist Öffentlichkeit gleichzeitig auch wirklicher Ausdruck eines fundamentalen gesellschaftlichen Bedürfnisses." (ebd., S. 18) Aus kritischer Perspektive interessieren dabei die diesen Prozess ermöglichenden oder behindernden Rahmenbedingungen an der Partizipation, die zusehends durch monopolistische Tendenzen beschränkt werden. Im Prinzip antwortet diese Diskussion in ihrer Abgrenzung zu den totalisierenden Unterstellungen der Massenkultur- und Kulturindustriekritik bereits auf das aktuelle sozialwissenschaftliche Problem fragmentierter Öffentlichkeit mit ihren Folgen für die gesellschaftliche Kommunikation.

Überlegungen, den Kulturindustriebegriff in diesem Rahmen analytisch weiterhin einzusetzen - was angesichts der fortgeschrittenen industriellen Produktion von Unterhaltungsangeboten sinnvoll erscheint - finden sich insbesondere dann in den Arbeiten Douglas Kellners (1995, 2000), der als Amerikaner stark von der Kritischen Theorie und der deutschen Tradition der Kultur- und Sozialkritik beeinflusst ist. Sein Anliegen besteht darin, eine Verbindung der Kulturindustriekritik mit Motiven der Cultural Studies zu realisieren, wozu er mit dem Begriff des multiperspektivischen Verfahrens für die Verbindung zweier kritischer Traditionen optiert. Mit dieser Position, die sich in der Tradition der kritischen Gesellschaftstheorie einschreibt, stoßen wir an eine für die Entwicklung von Medienkritik als Kulturkritik entscheidende Herausforderung. Scheinbar lässt sich diese allein im Rückgriff auf Theorien entfalten, die Erfahrungsbestände unterschiedlicher Theorietraditionen in ihrer Auseinandersetzung mit der Massenkultur und Kulturindustrie aufgreift, um auf die moderne Medienkultur und globalisierte Bedingungen zu antworten. Für eine solche Kritik ist die Konzentration auf die publizistischen Rahmenbedingungen der Öffentlichkeit zu eng gezogen, da es doch gerade auch um die Rolle neuer Unterhaltungsmedien und -angebote geht, die bereits der Form nach als hybride Angebote die Trennung von Information und Unterhaltung mit angreifen, von der die publizistische Medienkritik immer noch ihren Ausgang nimmt.

Die Problemstellung, die von Kellner in diesem Rahmen berührt wird, erstreckt sich auf die Ermächtigung der Subjekte in der Medienkultur im Interessengegensatz zu den multinationalen Medienproduzenten, wozu er zunächst einen ungehinderten Zugang zu den Informationsquellen fordert: „Without a free flow of information, citizens cannot be adequately informed and without access to forums of public discussion and debate, citizens are excluded from the dialogue that constitutes the very heart of participatory democracy." (Kellner 1995, S. 338f.) Dieser kulturkritische Ansatz in der sozialtheoretischen Tradition der Kritischen Theorie markiert einen Unterschied zu jener beobachtbaren Wendung in der Medienkritik, die im Rahmen einer normativen Öffentlichkeitstheorie auf eine Institutionalisierung von Kritik bzw. von Netzwerken der Kritik setzt. Kellner setzt einer solchen Konzeption medienpädagogische Überlegungen entgegen, die die Frage aufgreifen, wie Medien selbst zu Instrumenten sozialen Wandels bzw. zur Selbstermächtigung von Individuen oder Gruppen beitragen können, was u.a. an sogenannten „community-networks" in ersten Ansätzen nachvollzogen werden kann. Mit dem Praktischwerden von Kritik transformiert sich die sozialtheoretisch fundierte Kulturkritik zu einer pragmatisch ausgerichteten Kritik der Medienkultur.

5 Medienkritik als gesellschaftliche Auseinandersetzung mit öffentlicher Kommunikation

An der Berührungsstelle der Medienkritik mit der Publizistik und Kommunikationswissenschaft ist es aktuell die Auseinandersetzung mit der Mediengesellschaft, in der Reflexionen zur Rolle und Stellung von Kritik angestellt werden (vgl. Weßler u.a. 1997). Diese Form der Medienkritik setzt sich von den bislang geschilderten literatur-, aber auch kulturkritischen Diskursen ab und verfolgt die mit der Ausdifferenzierung von Medien verbundenen Veränderungen ihrer organisatorischen und institutionellen Verfasstheit. Damit wird zunächst der Erfahrung Ausdruck verliehen, dass das soziale und politische Leben der modernen Gesellschaft umfassend von der Rolle und Stellung der Medien durchdrungen ist. Diese sind in der am Strukturfunktionalismus und der Systemtheorie ausgerichteten theoretischen Position nicht mehr länger teilautonom, sondern gewinnen als Mediensystem Autonomie, woraus neue, auch normativ zu bestimmende Probleme auftreten. Während die Medienkritik als Kulturkritik vielfach die auf funktionale Aspekte bezogenen Grundfragen selber kritisiert, zeichnet sich diese Position vor allem durch eine Auseinandersetzung mit dem normativen Rahmen der Gewährleistung publizistischer

Vielfalt in funktionalistischer Hinsicht aus. Zur Gewährleistung der publizistischen Vielfalt wird dabei verstärkt auch nach Institutionalisierungsmöglichkeiten von Medienkritik gefragt (vgl. Weiß 2005).

Während die (Massen-)Kulturkritik in der geistes- und sozialwissenschaftlichen Traditionslinie eine Kritik der Moderne verfolgt, stellt sich die aktuelle Debatte als eine an der Verfasstheit demokratischer Gesellschaften mit ihren Teilöffentlichkeiten interessierte normative Ausrichtung dar, die eine Fortentwicklung öffentlichkeitstheoretischer Reflexionen verfolgt und eine Sensibilisierung der Öffentlichkeit für Medienfragen zu initiieren sucht (vgl. Jarren 2005). Vergleichbar mit der am Ende des letzten Kapitels angesprochenen Konzeption der 'Kritik der Medienkultur' findet sich darin ebenfalls eine produktive Reaktion auf die Ausdifferenzierung der Medien und die Folgen der „Mediatisierung" (Krotz 2001). Mit Blick auf den institutionellen und organisatorischen Aufbau öffentlich-rechtlicher Medien in den Nachkriegsgesellschaften und deren Wandel durch die Dualisierung, ist diese Debatte vor allem politikwissenschaftlich auf die Rolle der Medien für den Öffentlichkeitszusammenhang bezogen. In diesem Rahmen erscheint eine Ausrichtung von Kritik als Funktionskritik naheliegend, wobei der eingangs angedeuteten Einschränkung mit einer Konkretisierung der Ziele und Normen von Kritik zu begegnen gesucht wird. So weisen die in dem Band „Zur Kritik der Medienkritik" (Weiß 2005) vorgestellten Überlegungen eines interdisziplinären Forscherteams zur Institutionalisierung von Medienkritik in die Richtung einer integrierten Form von Medienkritik als Angebots- und als Organisationskritik im Horizont normativ-demokratietheoretischer Überlegungen. In diesen Überlegungen kommt vor allem eine Reaktion auf die Zersplitterung und Pluralisierung kulturellen Wissens zum Tragen, die nicht nur die Kritik sondern auch die Rolle und Stellung des Kritikers in der oben angesprochenen Bedeutung als Mediator angreift. Der Anspruch einer „öffentlichen Reflexion über Medien unter mediengesellschaftlichen Bedingungen" (Jarren 2005, S. 564) erweist sich dabei nicht nur mit Blick auf den Gegenstand der Kritik als umfassender, sondern auch mit Blick auf die zur Realisierung benötigten wissenschaftlichen Disziplinen und publizistische Berufsrollen.

Angesichts der Entwicklung von Teilöffentlichkeiten und den mit der Dualisierung des öffentlich-rechtlichen und privaten Rundfunks etablierten unterschiedlichen publizistischen Leitvorstellungen ergeben sich dabei zunächst Fragen nach den möglichen Foren für eine öffentliche Medienkritik, in der diese sich als gesellschaftliche Beobachtungsinstanz etablieren kann. Hierin zeigt sich eine Reaktion auf das Defizit einer Sichtbarmachung von Kritik als Kommunikationskritik, mit der einer Entwicklung gegenüberzutreten gesucht wird, in der Kritik vielfach als „sales management" oder „public relation" verstanden und ausgerichtet wird (vgl. Nieland/Hallenberger 2005). Eine Herausforderung besteht an dieser Stelle darin, dass sich das öffentliche Verständnis von Kritik zusehends entlang von Motiven der Kauf- und Konsumentenberatung entfaltet, womit gerade eine Medienkritik als

Funktionsanalyse in ein Dilemma gerät, wenn doch der Funktionsbegriff selber, der sich in einer solchen Leistungserwartung verbirgt, als voraussetzungslos gegeben und nicht – zumindest das könnte als Einstieg in eine kritische Position verstanden werden –, als historisch, aus spezifischen Interessen erwachsen, aufgefasst wird. Die Zweckorientierung wird vielfach gar nicht auf die in ihr zum Ausdruck kommenden Interessen hinterfragt. Im Rückblick auf die geistes- und sozialwissenschaftliche Fundierung des Kritikbegriffs kann mit Recht bestritten werden, dass es sich bei einem solchen Vorgehen überhaupt um Kritik handelt, wenn man ihm in dieser Engführung denn überhaupt von Seiten der Mediensoziologie nachginge. Mediensoziologie selber nimmt sich solche Erscheinungen vielmehr dann auch zum Gegenstand, wobei diese Problemstellung aktuell als wissenssoziologische Herausforderung zur Geltung kommt, wenn es um die in gesellschaftlichen Diskursen repräsentierten Bewusstseinseinstellungen geht (vgl. Maigret 2003). Eine Herausforderung von Kritik besteht an dieser Stelle unzweifelhaft darin, dass die Ökonomisierung der Medien und der Mediengesellschaft die Produktionsbedingungen von Wissen unmittelbar durchdringen und angreifen (vgl. Raulet 1988). Inwiefern eine auf öffentliche Prozesse gerichtete Kritik zur Vertiefung dieser wissenssoziologischen Einsicht taugt, wird sich nicht allein im Rahmen einer Institutionalisierung ihrer Rolle entscheiden lassen. Die Beförderung einer Reflexion über Medien unter mediengesellschaftlichen Bedingungen steht vor allem vor der Beantwortung der Frage, was in kulturellen Produkten und Angeboten von diesen Beeinflussungsprozessen und Interessen selber zum Ausdruck kommt. Kritik wandelt sich dabei von der Auseinandersetzung mit kulturellen Werten und Normen sowie ästhetischen Maßstäben zu einer Reflexionsinstanz über die an die Medien gebundene Vermittlung kulturellen, gesellschaftlichen und politischen Wissens, vor allem aber zu einer Kritik der mit unterschiedlichen Medien verfolgten politischen Interessen. An der Behandlung dieser Problemstellung wird sich die kritische Rolle der Mediensoziologie mit zu erweisen haben.

6   Schlussbetrachtung

Die Grundprobleme von Medienkritik bzw. des Zusammenhangs von Medien und Kritik lassen sich in einer idealtypischen Stufenfolge abbilden, die an historischen Entwicklungsphasen orientiert ist. Im vorliegenden Beitrag wurde dazu der Zusammenhang von Literatur- und Medienkritik, von Medienkritik als Kulturkritik sowie schließlich von Medienkritik als Kritik gesellschaftlicher Kommunikationsverhältnisse diskutiert. Die Wurzeln von Kritik erweisen sich in diesem Rahmen als zeitabhängige, an die Entwicklung der Medien und ihres gesellschaftlichen sowie kulturellen Zusammenhangs gebundene Formen der Beurteilung. Das Verständnis von Kritik hat sich in diesem Prozess von einer Auseinandersetzung bzw. Begründung von ästhetischen sowie kulturellen Werten und Normen zu einer Reflexionsinstanz über die an die Medien gebundene Vermittlung kulturellen, gesellschaftlichen und politischen Wissens gewandelt. Ferner zeigt sich in diesem Zusammenhang, dass Medien nicht länger unter der Perspektive der Wert- und Normvermittlung Beachtung finden, sondern selber als mögliche Instrumente der Kritik aufgefasst werden, deren Rolle unter konkreten Bedingungen des Öffentlichkeitswandels näher zu bestimmen ist. Für die Mediensoziologie ergibt sich aus diesem Prozess, dass sie nicht länger nur an Fragen der kulturellen Wertevermittlung orientiert ist. Vielmehr berührt sie Probleme der Wissenssoziologie, die mit Blick auf die Rolle von Teilöffentlichkeiten und Spezialkulturen für die öffentliche Kommunikation auftreten. Als ein Ziel von Kritik lässt sich die Offenlegung der sich in unterschiedlichen Deutungsmustern und Wissensformen ausdrückenden Interessen im Rahmen von Teilöffentlichkeiten verstehen.

7   Literatur

Adorno, Theodor W. (1975): Gesellschaftstheorie als Kulturkritik. Frankfurt am Main.

Baudrillard, Jean (1985): Die fatalen Strategien. München.

Benjamin, Walter (1963): Das Kunstwerk im Zeitalter seiner technischen Reproduzierbarkeit. Frankfurt am Main.

Bleicher, Joan (2005): Kritik der Programmangebote: Unterhaltung und Information, in: Weiß, Ralph (Hrsg.), Zur Kritik der Medienkritik. Wie Zeitungen das Fernsehen beobachten. Berlin, S.81-139

Brecht, Bertold (1962): Radiotheorie 1927-1932. In: Ders.: Schriften zur Literatur und Kunst 1, 1920-1932. Frankfurt am Main, S.121-140.

Bürger, Christa, Bürger, Peter, Schulte-Sasse, Jochen (Hrsg.) (1982): Zur Dichotomisierung von hoher und niederer Literatur. Frankfurt am Main.

Bürger, Christa, Bürger, Peter, Schulte-Sasse, Jochen (Hrsg.) (1980): Aufklärung und literarische Öffentlichkeit. Frankfurt am Main.

Dröge, Franz; Kopper, Gerd G. (1991): Der Medien-Prozess. Zur Struktur innerer Errungenschaften der bürgerlichen Gesellschaft. Opladen.

Enzensberger, Hans Martin (1970): Baukasten zu einer Theorie der Medien. In: Ders.: Kursbuch, H. 20, März 1970, S.159-202.

Göttlich, Udo (1996): Kritik der Medien. Reflexionsstufen kritisch-materialistischer Medientheorien am Beispiel von Leo Löwenthal und Raymond Williams. Opladen.

Göttlich, Udo (2004): Kulturindustrie. In: Hügel, Hans-Otto (Hrsg.), Handbuch Populäre Kultur. Stuttgart, S.45-48.

Habermas, Jürgen (1962): Strukturwandel der Öffentlichkeit. Darmstadt, Neuwied.

Hallenberger, Gerd; Nieland, Jörg-Uwe (Hrsg.) (2005): Neue Kritik der Medienkritik. Werkanalyse, Nutzerservice, Sales Promotion oder Kulturkritik? Köln.

Hauser, Arnold (1983): Soziologie der Kunst. München.

Hickethier, Knut (1994): „Bruderschaft der entzündeten Augen". Eine kleine Geschichte der Fernsehkritik in Deutschland. In: Faulstich, Werner (Hrsg.): Vom 'Autor' zum Nutzer:

Handlungsrollen im Fernsehen. Geschichte des Fernsehens in der Bundesrepublik Deutschland, Bd.5. München, S.119-216.

Hickethier, Knut (2005): Die Kritik am Medium Fernsehen als einer wahrgenommenen gesellschaftlichen Gesamtinstitution, in: Weiß, Ralph (Hrsg.), Zur Kritik der Medienkritik. Wie Zeitungen das Fernsehen beobachten. Berlin, S.141-184.

Horkheimer, Max (1988): Die gegenwärtige Lage der Sozialphilosophie und die Aufgaben eines Instituts für Sozialforschung. In: Ders.: Gesammelte Schriften Bd.3. Frankfurt am Main, S.20-35.

Horkheimer, Max; Adorno, Theodor, W. (1987): Dialektik der Aufklärung. In: Horkheimer, Max: Gesammelte Schriften Bd.5. Frankfurt am Main, S.13-290.

Jacob, Joachim (2001): Lemma: Literaturtheorien der Aufklärung. In: Nünning, Ansgar (Hrsg.): Metzler Lexikon Literatur- und Kulturtheorie. 2. Auflage. Stuttgart, S. 30-32.

Jauß, Hans Robert (1970): Literaturgeschichte als Provokation. Frankfurt am Main.

Jarren, Otfried u.a. (Hrsg.) (2000): Zerfall der Öffentlichkeit. Wiesbaden.

Jarren, Otfried; Zielmann, Sarah (2005): Ausblick: Institutionalisierungsmöglichkeiten von Medienkritik. In: Weiß, Ralph (Hrsg.), Zur Kritik der Medienkritik. Wie Zeitungen das Fernsehen beobachten. Berlin, S.549-568.

Krotz, Friedrich (2001): Die Mediatisierung kommunikativen Handelns. Wiesbaden.

Maigret, Eric (2003): Sociologie de la communication et des médias. Paris.

Negt, Oskar; Kluge, Alexander (1972): Öffentlichkeit und Erfahrung. Zur Organisationsanalyse von bürgerlicher und privater Öffentlichkeit. Frankfurt am Main.

Prokop, Dieter (2002): Die Unzufriedenheit mit den Medien: Das Theorie-Erzählbuch der neuen kritischen Medienforschung. Hamburg.

Prokop, Dieter (1974a): Massenkultur und Spontaneität. Zur veränderten Warenform der Massenkommunikation im Spätkapitalismus. Frankfurt am Main.

Prokop, Dieter (1974b): Chancen spontaner Gegenöffentlichkeit. Medienpolitische Alternativen. In: Ders.: Massenkultur und Spontaneität. Frankfurt am Main, S.153-182.

Raulet, Gérard (1988): Die neue Utopie. Die soziologische und philosophische Bedeutung der neuen Kommunikationstechnologien. In: Frank, Manfred u.a. (Hrsg.): Die Frage nach dem Subjekt. Frankfurt am Main, S.283-316.

Weiß, Ralph (Hrsg.) (2005): Zur Kritik der Medienkritik. Wie Zeitungen das Fernsehen beobachten. Berlin.

Weßler, Hartmut; Matzen, Christiane u.a. (Hrsg.) (1997): Perspektiven der Medienkritik. Die gesellschaftliche Auseinandersetzung mit öffentlicher Kommunikation in der Mediengesellschaft. Opladen.

Williams, Raymond (1983): Keywords. London.

Empfehlungen zum Weiterlesen:

Horkheimer, Max; Adorno, Theodor, W. (1987): Dialektik der Aufklärung. In: Horkheimer, Max: Gesammelte Schriften Bd.5. Frankfurt am Main, S.13-290.

Hallenberger, Gerd; Nieland, Jörg-Uwe (Hrsg.) (2005): Neue Kritik der Medienkritik. Werkanalyse, Nutzerservice, Sales Promotion oder Kulturkritik? Köln.

Weiß, Ralph (Hrsg.) (2005): Zur Kritik der Medienkritik. Wie Zeitungen das Fernsehen beobachten. Hamburg.

Medien und soziale Konflikte

Hans-Jürgen Bucher und Amelie Duckwitz

Zusammenfassung: Soziologischen Konflikttheorien ist gemeinsam, dass sie die Veränderbarkeit und die Dynamik der Gesellschaft ins Zentrum stellen und sich damit von Theorien absetzen, die soziale Stabilität erklären wollen. Trotzdem ist die Rolle der Medien bei gesellschaftlichen Veränderungen für soziologische Konflikttheorien kaum ein Thema. Auf der anderen Seite liegen in der Medien- und Kommunikationswissenschaft eine Fülle von Theorien und Befunden zur Relevanz der Medienkommunikation für soziale Konflikte vor, die ihrerseits nur selten auf soziologische Konflikttheorien Bezug nehmen. Der Beitrag zeigt einerseits die Anschlussstellen für eine mediale Ergänzung der soziologischen Konflikttheorien und ordnet andererseits die Befunde der Medien- und Kommunikationswissenschaft in die soziologische Konfliktforschung ein. Belegt werden soll, dass eine Konflikttheorie der modernen Gesellschaft nicht ohne eine Medientheorie auskommen kann.

1 Konflikte – Gesellschaft – Massenmedien

Konflikte sind eines der zentralen Organisationsprinzipien von Gesellschaften, man könnte sogar den Konflikt zu einem konstitutiven Merkmal von Gesellschaft überhaupt erklären. Eine „Gesellschaft der Heiligen" ist in dieser Welt nicht vorgesehen und so „dürfte es keine soziale Einheit geben, in der die konvergierenden Richtungen der Elemente nicht von divergierenden unablöslich durchzogen wären" (Simmel 1992 [zuerst 1908], S. 285). Die Konfliktsoziologie hat sich dieser kompetitiven Formen und Aspekte der Vergesellschaftung angenommen und dabei die Fragen aufgegriffen, wie Konflikte entstehen und verlaufen, wie man Konflikte definiert und welcher Stellenwert ihnen in einer Gesellschaftstheorie beigemessen wird. Erstaunlicherweise werden in den meisten Konflikttheorien die Massenmedien und ihre Rolle in gesellschaftlichen Konflikten nicht thematisiert. Die Konflikttheorie folgt hierin einer allgemeinen Tendenz der Sozialtheorie, die offensichtlich davon ausgeht, dass den Massenmedien die „Funktion eines neutralen Äthers" zukommt, den man bei der Erklärung von Gesellschaftsprozessen vernachlässigen könne (vgl. Wenzel 2001, S. 26ff.). Wenn es aber, wie Dahrendorf fordert, „in der Soziologie darauf an(kommt), Konflikte aus spezifischen sozialen Strukturen herzuleiten" und die „sozialen Strukturarrangements" ihrer Entstehung zu beschreiben (Dahrendorf

1970, S. 109f.), so folgt daraus, dass die Massenmedien als Strukturelement moderner Gesellschaft in eine Konflikttheorie zu integrieren sind.

Mit der Etablierung der Kommunikations-, Publizistik- und Medienwissenschaft ist in Bezug auf die Erforschung von Konflikten eine Situation entstanden, die man als doppelte Kontingenz bezeichnen könnte: Theorien und Befunde der massenmedialen Konfliktforschung werden von der Soziologie nur am Rande wahrgenommen, während die Kommunikations- und Medienwissenschaft zwar vielfältige Forschung über publizistische Konflikte vorweisen kann, selbst aber Konflikttheorien zur Einordnung der eigenen Befunde nur peripher berücksichtigt (vgl. Kepplinger 1989). Diese Situation ist umso erstaunlicher, als seit der Entstehung der Massenmedien mit den ersten periodischen Zeitungen zu Beginn des 17. Jahrhunderts die Berichterstattung über Konflikte wie Kriege, diplomatische Krisen, weltanschauliche Kontroversen, Ständeauseinandersetzungen und Privilegienstreitereien einen Hauptbestandteil der Zeitungen ausmachen (vgl. Wilke 1984; Schröder 1995). Heute ist die Kategorie des Konfliktes für alle Themenfelder, von der Politik, über Sport, Wirtschaft und Kultur bis zum Human Interest, eines der wichtigsten Selektionskriterien für die Steuerung der publizistischen Aufmerksamkeit geworden (vgl. Hug 1997). Geht man davon aus, dass wir in einer Mediengesellschaft leben, und stimmt dementsprechend Luhmann zu: „[...] was wir über unsere Gesellschaft, ja über die Welt, in der wir leben wissen, wissen wir durch die Massenmedien" (Luhmann 1996, S. 9), so hat das auch für eine Theorie der Konflikte weitreichende Konsequenzen. Konflikte sind immer auch mediale Beobachterkonstrukte, als Thema der Massenmedien allgegenwärtig und bilden so den Horizont, vor dem sich das Konfliktbewusstsein einer Gesellschaft herausbildet. Massenmedien schaffen durch die Berichterstattung Gegenstände, die zum Konfliktanlass werden können, sie können definieren, was als Konflikt gilt, sie stellen mit spezifischen Darstellungsformaten Foren für die öffentliche Konfliktaustragung bereit, sie wirken durch Konflikt- und Gewaltdarstellungen auf das soziale Handeln. Als „vierte Gewalt" können Medien selbst zum Konfliktgegenstand und zum Konfliktakteur werden. Eine medien- und kommunikationswissenschaftliche Konflikttheorie kann sich nicht darin erschöpfen, die verschiedenen Formen von Medienkonflikten empirisch zu erforschen und in eine Medientheorie einzubinden. Sie muss auch zeigen können, welche Relevanz diese massenmedialen Konfliktbefunde für eine Sozialtheorie haben. Insofern gilt es einerseits, die medienwissenschaftlichen Leerstellen der soziologischen Konflikttheorien zu markieren und zu füllen, andererseits aber auch die Befunde der massenmedialen Konfliktforschung sozial- und gesellschaftstheoretisch einzuordnen.

2   Konflikte in der Geschichte der Massenmedien – ein historischer Forschungsüberblick

Konflikte spielen in der Mediengeschichte als Gegenstand der Berichterstattung eine zentrale Rolle. Religionskonflikte des 15. und 16. Jahrhunderts waren schon Anlass für Flugblätter und Flugschriften (Harms/Schilling 1998; Straßner 1999; Mörke 1995), in den beiden ältesten Wochenzeitungen Aviso und Relation aus dem Jahre 1609 bilden politische Konflikte und kriegerische Auseinandersetzungen einen Großteil der behandelten Pressethemen (Fritz/Straßner 1996; Schröder 1995). Reflexionen zum Zusammenhang von Krieg und Presse begleiten die Zeitungsgeschichte deshalb seit ihren Anfängen. Dass die Presselenkung ein Mittel der Konfliktsteuerung darstellt, war dabei so selbstverständlich, dass diese Funktion als Wesensmerkmal in die Definitionen der Zeitung aufgenommen wurde. So vertritt Kaspar Stieler im ältesten Gesamtwerk zum Zeitungsjournalismus „Zeitungs Nutz und Lust" aus dem Jahre 1695 eine instrumentelle Auffassung zur Rolle der Presse in Konflikten, der zufolge Potentaten das Recht haben, in Kriegen aus Staatsraison auch Falschmeldungen zu verbreiten (Stieler 1969 [zuerst 1695], S. 34f.). Ein halbes Jahrhundert später ist die Instrumentalisierung der Presse in Konfliktfällen bereits fester Bestandteil ihrer Wesensbestimmung: In Zedlers Universallexikon von 1749 wird die Presselenkung als „ordentliches Verfahren der politischen Klugheit" zum Bestimmungsmerkmal der Zeitung (Zedler 1964 [zuerst 1749], S. 901f.). Erst die Aufklärung des 18. Jahrhunderts führt im Zuge der Entstehung einer bürgerlichen Öffentlichkeit auch zu einem anderen Begriff von Presse, für den nun gerade das Postulat der Unparteilichkeit konstitutiv ist. In seinem „Ideal einer vollkommenen Zeitung" sieht Karl Philipp Moritz als einer der Ersten die Zeitung als „das unbestechliche Tribunal [...], wo Tugend und Laster unparteiisch geprüft, edle Handlungen [...] gepriesen und Unterdrückung, Bosheit, Ungerechtigkeit [...] gebrandmarkt würden". (Blüm/Engelsing 1967, S. 125) Dass trotz Pressefreiheit auch im 19. Jahrhundert die Presse von staatlicher Seite instrumentalisiert wird, um Konflikte durch das Hochspielen oder Zurückhalten von Informationen zuzuspitzen, zeigt Heinrich Wuttke in seiner Analyse der Presseberichterstattung zum Krieg zwischen Preußen und Österreich von 1866 und zum Deutsch-Französischen Krieg von 1870/71 (Wuttke 1875, S. 203-229). Er gelangt zu dem Schluss, dass die „großen Zeitungen von Gewalten, die sich ihrer als Werkzeuge bedienen, gestimmt (werden) und gegen ihren Chorus vermag die gegnerische Presse [...] nicht anzukommen." Eine „organisierte Agitation" erzeuge „absichtlich und künstlich das, was man hernach ,öffentliche Meinung' heißt" (ebd. S. 191). Karl Bücher, der Begründer der deutschen Zeitungswissenschaft, versucht im Falle der Berichterstattung zum Ersten Weltkrieg eine strukturelle Erklärung der Presselenkung in Konfliktfällen zu finden. Dass das „gedruckte Wort [...] zu einem Kampfmittel der heimtückischen Art geworden [ist]" (Bücher 1926, S. 300), führt er auf einen Funktionswandel der

Kriegsberichterstattung zurück: „Die heutige Kriegsführung duldet nicht mehr die Übermittlung tatsächlicher Nachrichten von erheblichem Wert. Was man uns wissen lassen will, wird alltäglich im Großen Hauptquartier zusammengestellt und durch das Wolffsche Telegrafenbureau an alle einigermaßen wichtigen Zeitungen weitergegeben" (ebd. S. 299). Bücher sieht die Presselenkung in Konflikten nicht nur als internes Mittel zur Mobilisierung der eigenen Bevölkerung, sondern erkennt auch die externen Auswirkungen auf die internationale Öffentlichkeit, weswegen er einen unabhängigen internationalen Pressedienst fordert (vgl. ebd. S. 306). Die damals verbreitete Überzeugung von der Macht der Presse findet auch ihren Niederschlag in der Studie „Weltpresse und Weltkrise" von Wilhelm Waldkirch (1936), derzufolge die Presse nicht nur „Kriegsmentalität und Psychosenstimmung" erzeuge, sondern auch „die psychologischen Vorbedingungen [...] für die Befriedung der Völker" schaffe (ebd. S. 17).

Die Vorstellung, dass die Presse ein unabhängiges „organ of direct democracy" sein kann, kritisiert Walter Lippmann (1949 [zuerst 1922], S. 363) in seinem Buch „Public Opinion", in dem er die konstruktivistischen Grundlagen für eine moderne Medientheorie legte. Wie wir die Welt wahrnehmen hängt vor allem davon ab, was wir von anderen – in erster Linie von der Presse – darüber erfahren. Nachrichten, betrachtet man ihre Auswahlmechanismen, können folglich gar nicht die Realität abbilden: „Every newspaper when it reaches the reader is the result of a whole series of selection" (ebd. S. 354). Weist ein Ereignis so genannte „news values" auf, steigt die Wahrscheinlichkeit, dass es berichtet wird. Konflikte werden ausgewählt, weil sie die Aufmerksamkeit der Leser in besonderer Weise binden. So ist ein Übel erst dann berichtenswert, wenn es sich durch streitende Parteien personalisieren lässt (vgl. ebd. S. 347ff.). 1925 legte Charles Merz die ersten empirischen Untersuchungen von Nachrichtenfaktoren mit der Fragestellung „What makes a First Page Story?" vor. Er weist nach, dass Konflikte das zentrale Selektionskriterium des Zeitungsjournalismus darstellen: „The one certain thing which can be said [...] is that in the last analysis each item represents a fight." (Merz 1925, S. 156) Die dargestellten „fights" werden in den meisten Fällen auf zwei Konfliktparteien personalisiert, was zum einen die dargestellte Situation für den Leser vereinfacht und zum anderen seine Identifikation mit dem Geschehen erleichtert. Als weiterer Nachrichtenfaktor benennt Merz das, was Luhmann als die Markierung von „Diskontinuitäten" (Luhmann 1996, S. 150) bezeichnet: „a departure from routine" (Merz 1925, S. 158). Merz kommt zu dem Schluss, dass die übliche Kritik, die der Presse vorwirft, nur über Schlechtes zu berichten und damit destruktiv auf die Gesellschaft zu wirken, ungerechtfertigt ist, da sie nicht die Auswahlroutinen für Nachrichten und die Publikumserwartungen berücksichtigt: „The dominating interest of the press seems so often to be in sex and crime because sex and crime [...] so often furnish the best story" (ebd. S. 158).

Auch das Werk des Soziologen Robert Ezra Park ist durchzogen von Reflexionen über die Rolle der Presse bei sozialen Konflikten. Ausgangspunkt seiner Überlegungen ist einerseits die Erfahrung mit der Propagandawirkung der Presse bei der nationalen Mobilisierung – auch in den USA – für den Ersten Weltkrieg und später mit der gesellschaftlichen Gleichschaltung in Deutschland durch die Nationalsozialisten (vgl. Park/Burgess 1969 [zuerst 1921], S. 834-841 und 1969b [zuerst 1941]). Andererseits knüpft Park auch an die Integrationsleistung der Presse an, wie sie bei der Amerikanisierung der Migranten in den Großstädten der USA zu beobachten war (vgl. Park 1969a [zuerst 1923). Mit seinen funktionalen Erklärungen der Entstehung und Entwicklung der Zeitung und ihrer Ausdifferenzierungen in Lokal-, Partei- und Sensationspresse, mit seiner reflexiven Medienauffassung, derzufolge es die Funktion der Nachrichtenmedien ist, „to keep individuals and society oriented and in touch with there world and with reality" (Park 1969b [zuerst 1941], S. 264), und der für seinen Medienbegriff konstitutiven Trennung zwischen Nachrichten und Kommentierung, die allerdings beide auch zur Propaganda werden können (vgl. ebd. S. 253f.), nimmt Park nicht nur spätere Einsichten einer funktionalen Kommunikationswissenschaft vorweg, sondern stellt auch ein grundlegendes Begriffsinventar bereit für die Analyse des Zusammenhangs von Medien und internen und externen Konflikten.

3   Soziologische Konflikttheorien – eine kurze Systematik

Wie die grundlegende Frage der Soziologie, was die Gesellschaft im Innersten zusammenhält, beantwortet wird, lässt sich meist zurückverfolgen auf die jeweilige Auffassung von Konflikt und Konsens, die dabei zugrunde gelegt wird (vgl. Bonacker 2002). Führt ein Konsens über Normen und Regeln zu einer Vergesellschaftung, oder ist gerade das grundsätzlich konflikthafte des menschlichen Willens und Handelns für die soziale Strukturbildung verantwortlich? Ist der Mensch von Natur aus ein „zoon politikon", wie Aristoteles annimmt, oder doch ein „homo homini lupus", dem Thomas Hobbes den Leviathan entgegengesetzt? Trotz der grundlegenden Bedeutung des Konfliktes gibt es wenige soziologische Ansätze, die sich ausschließlich mit diesem Begriff beschäftigen, meist ist der Konflikt Teil einer umfassenderen Gesellschaftstheorie. Die folgende Darstellung orientiert sich an zwei Zielen: zum einen sollen Grundtypen der Konflikttheorie vorgestellt werden, zum anderen werden die Anschlussstellen markiert, an denen eine Kommunikations- und Medientheorie die soziologischen Konflikttheorien erweitern kann.

3.1 Konflikte als soziales Handeln

Obwohl Max Weber keine explizite Konflikttheorie vorgelegt hat, lassen sich einige seiner grundlegenden Annahmen im Sinne einer handlungsorientierten Konflikt-auffassung interpretieren. In seinem Hauptwerk „Wirtschaft und Gesellschaft" de-finiert er den Kampf in einem eigenen Kapitel als eine „soziale Beziehung", in der das Handeln „an der Absicht der Durchsetzung des eigenen Willens gegen Wider-stand des oder der Partner orientiert ist" (Weber 1980 [zuerst 1922], S. 20). Zu den Formen des Kampfes gehören nicht nur desintegrative Handlungen, sondern auch solche, die zu sozialer Strukturbildung und gesellschaftlichem Wandel beitragen. Die Gesellschaft bildet für Weber den Kampfplatz konkurrierender Gruppen, wo-bei die Politik eine Arena der Konfliktaustragung darstellt. Damit schließt Weber, wenn auch implizit, die Bedeutung von Öffentlichkeit für Politik und Gesellschaft mit ein. Vor diesem Hintergrund ist auch zu interpretieren, was er 1919 in „Politik als Beruf" zur Funktion des Journalisten formuliert: „Die moderne Demagogie be-dient sich zwar auch der Rede [...] aber noch nachhaltiger doch: des gedruckten Worts. Der politische Publizist und vor allem der Journalist ist der wichtigste heuti-ge Repräsentant dieser Gruppe." (Weber 2001 [zuerst 1919], S. 335) Welchen Stel-lenwert Weber der Presse in der modernen Gesellschaft zuweist, machte er bereits 1910 auf dem Ersten Deutschen Soziologentag in seinem „Vorbericht über eine vorgeschlagene Erhebung über die Soziologie des Zeitungswesens" deutlich, die ausgerichtet sein muss „auf die großen Kulturprobleme der Gegenwart" (vgl. Weber 2001[zuerst 1909], S. 316).

3.2 Sind Konflikte funktional oder dysfunktional für die Gesellschaft?

Dass Konflikte in weiten Teilen der Sozialwissenschaft als etwas grundsätzlich Ne-gatives, Störendes verstanden werden, ist maßgeblich auf die große Popularität der strukturfunktionalistischen Systemtheorie zurückzuführen, die gerade den „Kon-sens ihrer Mitglieder über Wertverpflichtungen" (Parsons 1972, S. 18) als konstitu-tiv für die Strukturen der modernen Gesellschaften betrachtet (vgl. Bonacker 2002). Im Unterschied zu diesem Leitparadigma hat erstmals Georg Simmel 1908 mit sei-ner Schrift „Der Streit" Konflikte als eine allgegenwärtige und funktional notwendi-ge Form sozialer Beziehungen beschrieben. Simmel führt die Entstehung von Kon-flikten auf die wachsende gesellschaftliche Ausdifferenzierung und Individualisie-rung der modernen Gesellschaft zurück. Alle positiven sozialen Beziehungen haben jeweils auch ihre negative Seite als Gegenpart: „Die Gesellschaft, wie sie gegeben ist, ist das Resultat beider Kategorien von Wechselwirkungen." (Simmel 1992 [zu-erst 1908], S. 286) Dementsprechend können Konflikte Menschen ebenso trennen wie verbinden – ein Ergebnis dieses Wechselprozesses ist die Bildung von sozialen Gruppen, die sich gerade durch die Abgrenzung zu anderen Gruppen definieren.

Indem Simmel Konflikte als beobachtbare soziale Form mit Prozesscharakter beschreibt, legt er die Grundlage für eine kommunikationswissenschaftliche Ausrichtung einer Konflikttheorie. Wenn er die Parallelität von Sympathie und Gegnerschaft als Grundlage sozialer Beziehungen sozialpsychologisch begründet, so deutet er auf ein Phänomen hin, das auch für die Erklärung der Nachrichtenfaktoren von Bedeutung ist: „Das merkwürdig starke Interesse z.b., das der Mensch gerade am Leiden anderer zu nehmen pflegt, ist nur aus einer Mischung beider Motivierungen zu klären." (Simmel 1992 [zuerst 1908], S. 298)

Lewis Cosers Abhandlung über „The Functions of Social Conflicts" von 1956 kann als Versuch gewertet werden, die strukturfunktionalistische Systemtheorie um eine funktionale Konflikttheorie zu erweitern. Coser orientiert sich an den Thesen Simmels, versucht aber zu zeigen, dass Konflikte nicht unter allen Umständen soziale Ordnung herstellen. Konflikte können funktional wirken, wenn den Konfliktparteien gemeinsame Normen zugrunde liegen und der Konflikt das zugrunde liegende Problem – etwa durch Strukturveränderung – löst. Dysfunktionale Konflikte führen hingegen nicht zu einer Lösung und wirken desintegrierend. Ob ein Konflikt als funktional oder dysfunktional bezeichnet wird, und so lautet auch die Hauptkritik an Coser, hängt jedoch davon ab, ob ein Konflikt aus der Perspektive der Stabilität oder der Veränderung betrachtet wird. Die Massenmedien erwähnt Coser im Zusammenhang mit den Institutionen, die als „Sicherheitsventil" (Coser 1972, S. 49) gesellschaftlicher Konflikte dienen können. Als Beispiel führt er „die große Beliebtheit von Box- und Ringkämpfen im Fernsehen" an, bei denen sich der Zuschauer mit dem Akteur identifizieren kann, „der den anderen Burschen in die Schnauze haut" (ebd. S. 50). Auch bei Coser bleibt dies die einzige Bezugstelle zu den Massenmedien, obwohl seine Idee einer Kultur der ausreichenden Tolerierung von Konflikten (vgl. ebd. S. 184) eine gut informierte Öffentlichkeit im demokratischen Sinne voraussetzt.

3.3   Konflikte als Struktureffekt

Nicht mehr die Frage „Was hält Gesellschaften zusammen?" sondern die Frage „Was treibt Gesellschaft voran?" veranlasste Ralf Dahrendorf zu einer „Wiederbelebung des Studiums sozialer Konflikte" (Dahrendorf 1970, S. 108). Die Idee, Gesellschaft als struktur-funktionales System zu betrachten, kritisiert er dabei als zu einseitig. Stabilität und Wandel, Integration und Konflikt seien „dialektisch aneinandergekettete Aspekte jeder denkbaren Gesellschaft" und geben ihr ein „Doppelgesicht", dessen Beschreibung sowohl eine „Integrationstheorie" als auch eine „Konflikttheorie" erforderlich mache (vgl. ebd. S. 113). Diese soll „soziale Konflikte auf strukturelle Arrangements zurückführen, sie also als systematisch erzeugt nachweisen" (ebd. S. 114). Diesen strukturellen Ursprung aller Konflikte sieht Dahrendorf in der Diskrepanz zwischen Herrschenden und Beherrschten, wie sie in allen sozialen Einheiten bestehen. Konflikte entstehen dann, wenn die latenten gegensätzlichen Interessen der beiden Gruppen dadurch manifest werden, dass sich Interessengruppen bilden, die den Status quo in Frage stellen. Entstehung und Verlauf des Konflikts hängen von verschiedenen Bedingungen ab, wie der Möglichkeit zur organisierten Gruppenbildung, der sozialen Mobilität, den verfügbaren Druckmitteln und den vorhandenen Mechanismen zur Konfliktregulierung.

Auf die Defizite der Konflikttheorie Dahrendorfs ist von verschiedenen Autoren hingewiesen worden (vgl. Münch 2004, S. 356ff.; Thiel 2003, S. 16ff.). So macht Münch darauf aufmerksam, dass Interessenskonflikte auch zwischen Gruppen ohne Herrschaftsbeziehungen auftreten können, dass nicht alle Herrschaftsbeziehungen zu Konflikten führen und in manchen Fällen sogar die Herrschenden den Impuls zu Veränderung setzen, wie das beispielsweise beim Reformprogramm „Glasnost" des ehemaligen sowjetischen Staatschef Michail Gorbatschow geschehen ist. Ob Konflikte unter Herrschaftsverhältnissen auftreten müssen, ist auch eine Frage der Legitimierung der Machtverteilung. Wenn Konflikte aber mit Legitimationsdefiziten zusammenhängen, wenn also beispielsweise eine Regierung nicht durch Wahlen legitimiert ist, dann wird deutlich, dass Kommunikation für die Erklärung von Konflikten eine zentrale Rolle spielt, was die strukturorientierten Ansätze gar nicht thematisieren. So ist die Entstehung von Interessensgruppen in einer komplexen Gesellschaft nur über ein massenmediales Kommunikationssystem erklärbar, das über die Face-to-Face-Kommunikation hinausreicht und situationsübergreifende Koordinationen ermöglicht. Auch der Übergang vom latenten in den manifesten Konflikt ist ohne Medienkommunikation nicht erklärbar: Erst Medien konstruieren Konfliktkonstellationen und die dafür erforderlichen Feindbilder, die für alle erkennbar sind. Konfliktsituationen sind nicht objektiv gegeben, sondern werden aus der Perspektive und durch die Handlungsweisen der Akteure konstruiert. In der einseitig strukturorientierten Sichtweise wird die transzendentale Leistung der Medien für die Erzeugung von Konfliktwelten ebenso wenig erkannt wie die Bedeutung der Handlungen der Akteure für die Konfliktdynamik. Die Leerstellen in Dahrendorfs Theorievorschlag zeigen, dass eine Erklärung des gesellschaftlichen Wandels nicht nur eine Integrationstheorie und eine Konflikttheorie erfordert, sondern auch eine Handlungs- und Medientheorie.

3.4 Konflikte als soziale Systeme

Niklas Luhmann schlägt in seinem Werk „Soziale Systeme" einen Neubeginn der Konflikttheorie auf der Basis der Systemtheorie vor, indem er Konflikte als eine Form von Kommunikation beschreibt, die immer dann vorliegt, „wenn ein Widerspruch kommuniziert wird" (Luhmann 1984, S. 530). Da jede Kommunikation von doppelter Kontingenz gekennzeichnet ist, sind Konflikte allgegenwärtig. Konflikte sind nach dieser Auffassung selbst soziale Kommunikationssysteme, in denen Wi-

derspruch statt Zustimmung erwartet wird (vgl. ebd. S. 534). Luhmann bezeichnet
Konflikte auch als „parasitäre Systeme", da sie sich in anderen Kommunikationssystemen ausbilden. Konfliktsysteme haben wie jedes funktional ausdifferenzierte System eine gesamtgesellschaftliche Funktion: „Sie machen auf Probleme aufmerksam"
(ebd. S. 537), indem sie Widersprüche kommunizieren, die in der modernen Gesellschaft notwendigerweise angelegt sind. Konflikte dienen als „Alarmsignale" (ebd. S.
506), die jedem sozialen System die Chance bieten, lernfähig und flexibel auf veränderte Umweltbedingungen zu reagieren und die eigene Evolution sicherzustellen.
Insbesondere zwei gesellschaftlichen Teilsystemen kommt bei der Behandlung von
Konflikten eine entscheidende Rolle zu: dem Rechtssystem, da es auf die Verarbeitung von Konflikten ausgerichtet ist und somit als Immunsystem der Gesellschaft
fungiert, und dem System der Massenmedien. Das Rechtssystem führt zwar zu einer
Vermehrung von Konfliktchancen, weil Recht und Moral darauf angelegt sind,
Konflikte hervorzurufen (Luhmann 1984, S. 535), aber es verhindert ihre gewaltsame Austragung. Die Massenmedien sorgen dafür, dass Konflikte für alle gesellschaftlichen Systeme beobachtbar werden. Konflikte sind als Medienthema prädes-
tiniert, da sie den Vorteil haben, „auf eine selbsterzeugte Ungewissheit anzuspielen"
(Luhmann 1996, S. 59) und damit die Anschlusskommunikation der Medien sicher-
stellen. Während in der sachlichen Dimension meist über Quantitäten berichtet
wird und in der zeitlichen Dimension Nachrichten vor allem neu sein müssen, wird
die Sozialdimension „als Konflikt präsentiert, mit der Dauerhintergrunderwartung,
daß man eigentlich zu einer Verständigung kommen müßte" (Luhmann 1997, S.
1100). Meist werden der Konfliktdarstellung moralische Bewertungen beigemischt,
die durch die Kommunikation von Normverstößen indirekt die Norm selbst verstärken und insofern „eine wichtige Funktion in der Erhaltung und Reproduktion
von Moral" (Luhmann 1996, S. 64) erfüllen. Dabei können die Massenmedien nicht
darauf abzielen, eine „konsensuelle Realität" zu konstruieren (vgl. ebd. S. 126), denn
die Funktion der öffentlichen Meinung liegt „nicht in der Integration, sondern darin, ein Beobachten von Beobachtern zu ermöglichen" (Luhmann 1997, S. 1099).
Die Hauptkritik an Luhmanns Theorie greift auch hier: Muss nicht eine soziale
Konflikttheorie auch nach den Intentionen der beteiligten Akteure fragen?

## 4	Konflikte in den Massenmedien – Befunde der Kommunikations- und Medienwissenschaft

*4.1	Medienkonflikte – Grundstrukturen einer öffentlichen Kommunikationsform*

Mit der kommunikativen Ausrichtung des Konfliktbegriffs in der Systemtheorie ist eine Basis gefunden, von der aus weitere Klärungen möglich werden. Konflikt-handlungen sind immer auch kommunikative Handlungen und müssen von den Kontrahenten als solche verstanden werden. Medienkonflikte als massenmediale Kommunikationskonflikte sind in Mediengesellschaften gewissermaßen zum Stan-dardfall geworden. Mediatisiert werden allerdings nicht nur politische, ökonomische oder kulturelle Konflikte, deren öffentliches Interesse vorausgesetzt wird, sondern auch private Konflikte, bis hin zum Nachbarschaftsstreit um einen Maschendraht-zaun. Luhmanns Idee, Konflikte aufgrund ihres kommunikativen Charakters als ei-genständige soziale Systeme aufzufassen, findet sich auch in der sprachwissenschaft-lichen Kontroversenforschung (Dascal u.a. 2002). Auch hier wird gerade die Regel-haftigkeit – der Systemcharakter – von kommunikativen Auseinandersetzungen zum Ausgangspunkt der Analyse. Dialoganalytische Ansätze gehen davon aus, dass Konflikte aus längeren, regelhaften Kommunikationssequenzen bestehen (vgl. Thiel 2003, S. 42). Konflikte werden nicht als Zusammenbruch, sondern als Spezialfall von Kommunikation gesehen, dem bestimmte überindividuelle, einzelfall-unab-hängige Muster zugrunde liegen, die sich auch autopoietisch weiterentwickeln kön-nen.

Ein Strukturmerkmal von Medienkonflikten besteht darin, dass sie vor Publi-kum und in einem Medium unter dessen spezifischen Kommunikationsbeding-ungen ausgetragen werden. Sehr früh hat Karl Marx diese Spezifik medialer Kon-flikte erkannt und anlässlich eines publizistischen Konfliktes in der Rheinischen Zeitung über die Lage der Moselwinzer auch auf die kommunikativen Folgen dieser Besonderheit hingewiesen: „Die ‚freie Presse' […] vermag allein den Nothstand der Moselgegend zum Gegenstand der allgemeinen Aufmerksamkeit und der allgemei-nen Sympathie zu machen, vermag allein die Noth schon dadurch zu mildern, daß sie die Empfindungen der Noth unter allen vertheilt" (Marx 2001 [zuerst 1843], S. 77). Marx macht hier deutlich, dass Medien Konflikte nicht einfach nur als Bericht-erstattungsgegenstand aufgreifen, sondern dass die Konflikte dadurch auch zu öf-fentlichen Ereignissen und damit zu Medienereignissen werden. Die Konfliktkons-tellation verändert sich dadurch in zweierlei Hinsicht grundlegend: Erstens gibt es in Medienkonflikten im Unterschied zu Konflikten, die face-to-face ausgetragen wer-den, neben den Kontrahenten zwei weitere Akteursgruppen: das Publikum in Form der Medienrezipienten und die Medien selbst. Infolgedessen steht in einem Medien-konflikt nicht mehr die gegenseitige Beeinflussung der unmittelbaren Konfliktpar-teien im Vordergrund, sondern die der Medienakteure, da deren Handeln über den

Einfluss auf das Publikum entscheidet. Die publizistische Logik schiebt sich dementsprechend über die Logik der Dialektik, oder, wie es Kepplinger formuliert: „Der Erfolg der Kontrahenten „beruht [...] unter Umständen mehr darauf, daß ihr Verhalten mediengerecht als daß es sachgerecht ist" (Kepplinger 1994, S. 220).

Bereits Park hat auf die zentrale Rolle der Konflikt-Zuschauer hingewiesen und in dieser Konstellation sogar die Entstehungsbedingung öffentlicher Meinung verortet. Die Parteinahme des Publikums für eine der Konfliktparteien führe zu einem „conflict of the non-combatants" (Park/Burgess 1969 [zuerst 1921], S. 575), also zu einer zweiten Ebene des Konfliktes, auf der es um Imagegewinn oder -verlust für die Opponenten geht. Damit ist eine zweite Konsequenz der Medialisierung von Konflikten angesprochen: Konflikte, die von Massenmedien thematisiert werden, sind damit Bestandteil der öffentlichen Meinung. Dies bedeutet, dass veröffentlichte Konflikte nicht mehr intentional durch die Konfliktparteien gesteuert werden, sondern eine Eigendynamik angenommen haben, die durch die Funktionslogik der Medienkommunikation mitbestimmt wird. Für soziale Konflikte hat das zur Folge, dass ihre mediale Thematisierung nicht im Sinne einer Vermittlung zwischen den Konfliktparteien zu betrachten ist – wie es die Integrations- oder Schiedsrichterauffassung von Massenmedien voraussetzt – sondern dass Massenmedien die Konfliktbeobachtungen der Opponenten beeinflussen und damit Konfliktstoff in Form von mitgeteilten Beobachtungen zum Konfliktstand liefern. Medien werden dadurch zu Akteuren im Konfliktverlauf, die durch ihren Einfluss auf das Publikum einen Konflikt zuspitzen, herunterspielen, aufdecken oder totschweigen können. Die Versuche zur Instrumentalisierung der Medien durch die Konfliktparteien haben in der reflexiven Beobachtungsfunktion der Massenmedien ihren Ausgangspunkt. So erweist es sich als naiv, Medien in der Rolle des Konfliktschlichters zu sehen. Medienlogik und Konfliktlogik funktionieren nach unverträglichen Prinzipien, da es eben der Konflikt und nicht der Konsens ist, was den Stoff für Massenmedien abgibt.

Als Medienereignisse sind Konflikte den spezifischen Bedingungen der Medienkommunikation unterworfen (vgl. Bucher 1999), anhand derer sich einige Besonderheiten von Medienkonflikten systematisieren lassen. Aufgrund der Bedingung der Mehrfachadressierung können sich die Kontrahenten in einem Medienkonflikt prinzipiell an drei Adressatengruppen wenden: an die eigenen Anhänger, die Anhänger des Opponenten oder die Neutralen im Publikum, was zu einer Vervielfältigung der Konfliktstrategien führt. Die journalistische Logik ist für die Konfliktbehandlung insofern entscheidend, als es die journalistischen Selektionskriterien sind, über die sich entscheidet, ob ein Konflikt überhaupt aufgegriffen wird oder nicht. Aber auch die Art und Weise der Konfliktbehandlung folgt der journalistischen Logik, wobei die Bedingungen der Periodizität, der Intermedialität und der Mediengattungsspezifik wirksam werden. Folgende medialen Strategietypen lassen sich unterscheiden: die „instrumentelle Aktualisierung" (Kepplinger 1989, S. 204ff.),

die darin besteht, solche Informationen in den Vordergrund zu rücken, die entweder zu Gunsten oder zu Ungunsten einer Konfliktpartei sind, die Bewertung der
Konfliktparteien und ihrer Handlungen, die Synchronisation von Kommentierung
und Berichterstattung, die periodische Kumulierung gleichgerichteter Beiträge in
verschiedenen Ausgaben eines Mediums und das reflexive Aufgreifen der Berichterstattung anderer Medien in der Medienkritik (vgl. Bucher 1991, S. 40f.). Da gerade
in der Konfliktberichterstattung der Verdacht der Parteilichkeit nahe liegt, sind me-
dienkritische Begleitdiskussionen über Tendenz, Ausgewogenheit, Relevanz, Wahrheit und Informativität der Berichterstattung typisch für Medienkonflikte. Der
Echtzeitcharakter der Medienkommunikation trägt entscheidend zur Beschleunigung der Konfliktdynamik bei.

4.2 Medien als Foren der Konfliktaustragung

Zwei Formen der Konfliktdarstellung sind für die Medienkommunikation zu unterscheiden: die Konfliktberichterstattung und die dialogischen Formen wie Talkshows, Phone-Ins, Chats oder Online-Foren, in denen das entsprechende Medium
zum Forum der Konfliktaustragung wird. Dialogische Formsformate für Fernsehen und Hörfunk sind erst später in der Mediengeschichte entstanden und lassen
sich dementsprechend als funktionale Ausdifferenzierungen der Medienkommunikation auffassen, mit denen auf gesellschaftliche Orientierungsprobleme
reagiert wird. Wie die Fernsehduelle in den Wahlkämpfen der USA seit Beginn der
1960er Jahre oder die Diskussionssendungen und Talkshows im deutschen Fernsehen ab den 1970er Jahren zeigen, werden diese Formate zur Austragung und Bearbeitung von sozialen, politischen und kulturellen Konflikten genutzt, wie sie außerhalb der Medien virulent sind (vgl. Livingstone/Lunt 1994; Tenscher/Schicha
2002). Vor allem die nachmittäglichen Daily-Talks zeigen, dass nicht mehr ausschließlich Journalisten, Prominente und Experten diese Foren bestreiten, sondern
mehr und mehr die Alltagsmenschen, deren private Konflikte thematisiert werden.
(vgl. Scott 1996, S. 8-23). Auswirkungen und Relevanz dieser Medienforen für die
Konfliktkultur einer Gesellschaft sind sowohl in der öffentlichen Kommunikation
als auch in der Medienforschung immer wieder diskutiert worden, allerdings mit
ganz unterschiedlichem Ergebnis. Während vor allem von Seiten der Programman-
bieter die Authentizität der Kontroversen, ihr Aufklärungscharakter, ihre argumen-
tative Grundstruktur und ihre Themenrelevanz hervorgehoben wird, verweisen kritische Stimmen und Studien darauf, dass es sich bei diesen Sendungen um hochgradig inszenierte und stereotypisierte Veranstaltungen ("Confrontaiment") handelt,
die nicht der Aufklärung, sondern hauptsächlich der Unterhaltung und der Verbreitung problematischer Konfliktlösungsmodelle dienen (vgl. Holly/Schwitalla 1995;
Paus-Haase u.a. 1999). Die Medienlogik der Unterhaltung und der Reichweite, die
journalistische Logik der Aufklärung und Anwaltschaft sowie die politische Logik

der Wahlwerbung und Selbstdarstellung treffen in diesen dialogischen Sendeformaten aufeinander, so dass sich die Opponenten in einem Dilemma verschiedener Anforderungen wiederfinden, wie sie für medial vermittelte Kommunikation typisch ist (vgl. Bucher 2004a). Eine Produkt- und Nutzungsanalyse kommt unter anderem zu dem Ergebnis, dass gerade der teilweise menschenverachtende Kommunikationsstil der Sendungen ein äußerst problematisches Modell der Konfliktaustragung darstellt (vgl. Paus-Haase u.a. 1999, S. 12ff. und S. 379ff.; Scott 1996, S. 1-7).

4.3 Konfliktberichterstattung

Die zahlreichen Untersuchungen der Medien- und Kommunikationswissenschaft zur Konfliktberichterstattung lassen sich in drei große Gruppen einteilen: die Produktions- und Kommunikatorstudien, in denen es um die Frage geht, unter welchen Bedingungen Konfliktdarstellungen in den Medien entstehen oder welche Einstellungen von Journalisten die Berichterstattung beeinflussen, die Produktanalysen, in denen gefragt wird, welches Bild eines Konfliktes die Medien „konstruieren", und die Wirkungs- und Rezeptionsstudien, in denen die Folgen der Medienkommunikation für Konfliktentstehung und -verlauf untersucht werden (vgl. zusammenfassend: Olien u.a. 1995). Im Zentrum der Forschung stehen drei Konflikttypen: Konflikte im Umfeld ökologischer Krisen (vgl. Bucher 1991; van Buiren 1980; Schulz u.a. 1998), ethnisch-kulturelle Konflikte (vgl. Geißler/Pöttker 2005; van Dijk 1991) und kriegerische Auseinandersetzungen (Albrecht/Becker 2002). Aufgrund der zunehmenden weltweiten Interdependenzen im politischen, wirtschaftlichen und kulturellen Bereich und der „weltweiten Wahrnehmung von Gewalt gegen Menschen" durch die „globalen Kommunikationssysteme" (Shaw 1998, S. 224f.) ist die globale Dimension dabei zu einem Strukturmerkmal moderner Konflikte geworden. Der Forschungsertrag in den meist fallbezogenen Analysen der Konfliktberichterstattung ist von einer „ereignisgesteuerten Art von Forschung" geprägt, so dass bislang nur eine „dünne Humusschicht theoretisch fundierter Ansätze" entstehen konnte (Schatz u.a. 2000, S. 13; Weller 2002, S. 29f.; Löffelholz 2004) und Theorien größerer Reichweite für die Krisen- oder Konfliktberichterstattung noch ausstehen. Die wenigen Versuche dieser Art (vgl. Weller 2002) bestehen darin, die Konfliktdarstellung mit Hilfe neuerer Ansätze der Journalismustheorien, meist konstruktivistisch-systemtheoretisch zu modellieren, ohne aber diese in eine allgemeine Konflikttheorie zu integrieren.

Bedingt durch den Anstieg fremdenfeindlicher Gewalttaten zu Beginn der 1990er Jahre hat europaweit eine Forschung zur Rolle der Medienberichterstattung bei der Entstehung ethnisch-sozialer Konflikte und der Gewaltbereitschaft gegen Migranten eingesetzt (vgl. Delgado 1972; Merten 1986; Scheffer 1997; Brosius/ Esser 1995; Jäger 1995; Schatz u.a. 2000; zusammenfassend: Geißler/Pöttker 2005). Viele der Befunde machen zwar deutlich, dass den Medien eine erhebliche Rolle in ethnischen Konflikten beigemessen wurde und wie hoch die gesellschaftliche Aufmerksamkeit für dieses Themenfeld geworden ist. Welche Rolle die Medien für Entstehung und Verschärfung ethnischer Konflikte spielen, blieb trotz vieler empirischer Forschungsprojekte umstritten. Auf der einen Seite stehen Studien, die im Sinne einer starken Wirkungshypothese eine konfliktverschärfende Rolle der Medien konstatieren (vgl. van Dijk 1989; Jäger/Linke 1993). Es sind insbesondere die „strukturellen Eigenschaften des Mediensystems", die mit ihren „reflexartigen Reaktionen" auf fremdenfeindliche Ereignisse und einer „konsonanten Thematisierung" eine Eskalation fremdenfeindlicher Gewalt begünstigen, indem zur Nachahmung der berichteten Gewaltaktionen animiert wird (Brosius/Esser 1995, S. 196 und S. 207). Die Vertreter von abgeschwächten und kontingenten Medienwirkungen auf ethnisch-soziale Konflikte (vgl. Esser u.a. 2002; Zentrum für Türkeistudien 1995) gehen von einem Stufenmodell aus, das je nach Bedingungen Suggestions- und Anstiftungseffekte, journalistische Resonanz-Effekte oder Klimaeffekte unterscheidet (Esser u.a. 2002). Ob sie nun eine starke oder eine abgeschwächte Medienwirkung annehmen, alle Studien teilen die Grundannahme, dass die Medien durch ihre „folgenreiche Thematisierungsleistung" (Funk/Weiß 1995, S. 28) selbst einen zentralen Faktor der Konfliktentstehung und -dynamik darstellen.

Auch wenn die Bedeutung der massenmedialen Berichterstattung in kriegerischen Konflikten bereits lange bekannt und auch strategisch in der Propaganda eingesetzt wurde, so ist doch der Vietnam-Krieg der erste, in dem den Medien eine konfliktentscheidende Rolle beigemessen wurde (vgl. Hallin 1989). Für die Rolle von Medien lassen sich prinzipiell drei Modelle unterscheiden (vgl. Thussu/Freedman 2003, S. 4-8): das Modell des kritischen Beobachters, in dem durch investigativen Journalismus die Kommunikationspolitik der kriegführenden Parteien unterminiert wird, zweitens das Sprachrohr-Modell, das im Golfkrieg von 1991 vorherrschte und in dem die Medien – teils unfreiwillig instrumentalisiert – mehr Kriegspropaganda als kritische Informationen verbreiteten. Im dritten Modell werden die Medien selbst zum Schlachtfeld oder zum Mittel der Kriegsführung, was sich im Kosovokrieg und im Irakkrieg beobachten lässt und das militärische Konzept des „information warfare" ergänzt (vgl. Bucher 2004b). Seit den frühen 1990er Jahren lassen sich in der Kriegsberichterstattung Tendenzen beobachten, die auf einen Strukturwandel der Krisenkommunikation in Richtung einer Dezentralisierung hinweisen (vgl. dazu Bucher 2001, 2004b, Löffelholz 2004). Mit der gestiegenen Bedeutung internationaler Organisationen hat sich die Anzahl der Akteure der Kriegsberichterstattung und ihrer unterschiedlichen Kommunikationsinteressen enorm erhöht. Gleichzeitig ist eine Professionalisierung der Öffentlichkeitsarbeit aller Akteure zu beobachten, die neben der klassischen Informationssteuerung auch Formen der Public Diplomacy – also Medienangebote für die Bevölkerung der Kriegsgegner – umfasst. (vgl. Brown 2003; Deutsche Welle 2001). In dem vielfach zitierten Satz des US Senators Hiram Johnson von 1917 „Das erste Opfer des Krieges ist die Wahrheit" spiegelt sich deutlich die strukturelle Verbindung von Krieg und Informationslenkung. Insofern ist es nur folgerichtig, dass die publizistische Qualität der medialen Kriegsdarstellungen und die Bedingungen der Aussagenentstehung im Zentrum der medien- und kommunikationswissenschaftlichen Forschungen zur Kriegskommunikation stehen. (vgl. Carruthers 2000; Albrecht/Becker 2002; Thussu/Freedman 2003; Löffelholz 2004).

Die Dezentralisierung der Kriegesberichterstattung wird auch durch eine Vervielfältigung der Informationsquellen selbst verursacht, wie sie durch die neuen digitalen Medien möglich wurde. Das für die Berichterstattung zum Golfkrieg von 1991 charakteristische Informationsmonopol von CNN ist inzwischen durch andere Nachrichtenkanäle wie Al Dschasira und das Internet durchbrochen. Weblogs, Media-Watch-Angebote und die Zugänglichkeit von Informationsquellen aller Konfliktparteien schaffen eine Multiperspektivität, unter der die Durchsetzung von bestimmten Sichtweisen nicht mehr linear und deterministisch erfolgen kann. Die Pluralisierung der Kommunikationsangebote hat eine Veränderung des Informationsverhaltens der Mediennutzer in Krisenzeiten zur Folge, das sich analog zu den Informationsangeboten hin zu einer globalen Aufmerksamkeitsökonomie diversifiziert hat (vgl. Bucher 2002; Bucher 2005; S. 283ff.). Infolgedessen lässt sich seit dem Kosovokrieg, der vielfach als der erste Internet-Krieg bezeichnet wird, beobachten, dass mit den verschiedenen Formen der Online-Kommunikation nicht nur die Public Relation der Militärs unterlaufen, sondern auch die journalistische Berichterstattung durch alternative Quellen relativiert wird (Hall 2000, S. 389). Parallel zu der zunehmenden Konvergenz von Konflikten und Medien ist eine Form des Konflikthandelns entstanden, das man als symbolische Konfliktaktionen bezeichnen kann: konflikthafte Ereignisse werden bereits im Hinblick auf die mediale Vermittlung inszeniert. Die Terroranschläge vom 11. September mit ihrer telegenen Komponente sind dafür ebenso ein Beispiel wie der Sturz der Saddam-Statue in Bagdad zur Visualisierung des Kriegsendes im Irak. Wenn der moderne Terrorismus als „violent language", als gewaltsame Kommunikationsstrategie bezeichnet wird, die es ohne die Massenmedien nicht geben könnte, so kommt darin zum Ausdruck, dass in einer globalisierten Mediengesellschaft die Darstellung der ausgeübten Gewalt noch folgenreicher sein kann als die Gewalttat selbst.

5   Resümee: Konflikttheorie für die Mediengesellschaft

Wie der Überblick gezeigt hat, sind Konflikte seit Beginn der Mediengeschichte nicht nur eines der meistbehandelten Medienthemen, sondern auch einer der Reflexions- und Forschungsschwerpunkte in der Medien- und Kommunikationswissenschaft. Die Befunde machen deutlich, dass einfache Modelle – wie ein deterministisches, ein Widerspiegelungs- oder ein Propaganda-Modell – der Komplexität des Verhältnisses von Medien und Konflikten nicht gerecht werden. Im Hintergrund der These von der zunehmenden Konvergenz von Medien und Konflikt steht die auch empirisch begründete Annahme, dass in einer globalen Mediengesellschaft die Konfliktdarstellung zunehmend die Konfliktentstehung und -dynamik mitbestimmt. Konfliktakteure und Medien stehen zunehmend in interdependenten Beziehungen. Die Diversifizierung der Konfliktdarstellungen durch Vervielfältigung der Medienangebote, der Entstehung globaler 7/24-Nachrichtenkanäle und die open-source-Information durch das Internet, die Ausweitung der Akteure und der kommunikativen Netzwerke, die Beschleunigung der Konfliktberichterstattung durch satellitengestützte Echtzeitmedien und der Umwandlung der Medien vom Übermittler zum Konflikt-Schauplatz bedeuten eine enorme funktionale Ausdifferenzierung der Konfliktkommunikation. Die kommunikative Aufrüstung der Konfliktparteien bis hin zur informationellen Kriegsführung und die Institutionalisierung symbiotischer Kooperationsformen zwischen Konfliktparteien und Medien, wie es symptomatisch im Falle der „eingebetteten Journalisten" zu beobachten ist, macht es für die Konfliktzuschauer immer schwieriger, die Medienberichterstattung als Konfliktkonstruktionen zu durchschauen. Wie die verschiedenen empirischen Studien zu gesellschaftlichen Konflikten zeigen, sind der Ausbau und die Beschleunigung der medialen Konfliktdarstellung nicht mit einer gesteigerten Informiertheit eines globalen Publikums gleichzusetzen (vgl. Pew Research Center 2004). Dennoch bleiben Konflikte, zumindest sofern es sich um Schlüsselkonflikte handelt, hochgradig integrierende Themenangebote für die öffentliche Meinungsbildung. Die Medienanalysen der vergangenen Jahre machen deutlich: Nicht die Logik des Konflikts bestimmt seine mediale Übermittlung, sondern die Logik der Medien und des Journalismus: Reichweiten, Einschaltquoten, Kommerzialisierung und Imagegewinne für die Medienunternehmen, Personalisierung, Dramatisierung, Unterhaltsamkeit, Erzählbarkeit (Story-Format), Visualität und Aktualität als journalistische Darstellungsprinzipien und -routinen haben zur Folge, dass Konflikthintergründe, komplexe Konfliktlagen und langfristige Konfliktentwicklungen einer ereignis- und faktenorientierten Darstellungsweise – wenn möglich in Echtzeit – zum Opfer fallen.

Hält man am Anspruch der modernen Konflikttheorie fest, Konflikte aus sozialen Strukturen herzuleiten, so sind die Strukturen des Journalismus und des Mediensystems als integrale Bestandteile einer solchen Erklärung zu betrachten. In einer Mediengesellschaft orientieren sich gesellschaftliche Teilsysteme zunehmend an den Mechanismen der Massenmedien und kopieren diese in ihre eigenen Strukturen, um gesellschaftsweite Resonanz zu erzeugen. Von Clausewitz stammt die Feststellung „Krieg ist die Fortsetzung der Politik mit anderen Mitteln". Konflikttheoretisch ist damit das formuliert, was Luhmann als die „parasitäre Existenz" von Konflikten bezeichnet (Luhmann 1984, S. 531ff.). Militärische Konflikte sind in diesem Sinne parasitäre Systeme der Politik, deren Eigenlogik darin besteht, dass „alles Handeln unter einen Gesichtspunkt des Gewinnens und Verlierens gebracht wird" und so eine „strukturelle Reduktion auf eine Zweiergegnerschaft" (ebd. S. 534) entsteht. Konflikte haben eine ordnungsstiftende und komplexitätsreduzierende Funktion, da sie „Themen in eine konflikthafte Konstellation integrieren" und durch die „Inklusion von Personen" Konfliktkonstellationen erzeugen (Thiel 2003, S. 87). Medien greifen durch ihre Selektions- und Konstruktionsleistungen in diese Eigenlogik ein, indem sie Konflikte überhaupt öffentlich erkennbar machen. Welche Polarisierungen dann entstehen (Terroristen versus Zivilisten; Islamisten versus die freie Welt), wie der Konfliktgegenstand dargestellt wird (Entwaffnung oder Demokratisierung; Energiegewinnung oder Umweltzerstörung), welche Vermittlungsmöglichkeiten ins Spiel kommen (Verhandlungskompromiss oder militärische Kapitulation) – die Medien konstruieren in ihrer Funktion „als Beobachter von Beobachtern" das, was wir letztendlich als Hintergrundrealität unseres eigenen Handelns und Denkens wahrnehmen. Was aufgrund jüngster Erfahrung als CNN-Effekt diskutiert wird (Robinson 2002), die Steuerung der weltweiten politischen Interventionen durch die Medien, macht die gewachsene Bedeutung der Medien für die internationale Politik nach Ende des Kalten Krieges deutlich. Eine Konflikttheorie ohne eine entsprechende Medien- und Journalismustheorie kann deshalb der Komplexität heutiger Konfliktkonstellationen und Krisen nicht mehr gerecht werden.

6 Literatur

Albrecht, Ulrich; Becker, Jörg (Hrsg.) (2002): Medien zwischen Krieg und Frieden. Baden-Baden.

Blüm, Elger; Engelsing, Rolf (1967): Die Zeitung. Deutsche Urteile und Dokumente von den Anfängen bis zur Gegenwart. Bremen.

Bonacker, Thorsten (Hrsg.) (2002): Sozialwissenschaftliche Konflikttheorien. Eine Einführung. Opladen.

Brosius, Hans-Bernd; Esser, Frank (1995): Eskalation durch Berichterstattung? Massenmedien und fremdenfeindliche Gewalt. Opladen.

Brown, Robin (2003): Spinning the War. Political Communications, Information Operations and Public Diplomacy in the War on Terrorism. In: Thussu, Daya Kishan; Freedman, Des (Hrsg.): War and the Media. Reporting Conflict 24/7. London usw., S. 87-100.

Bucher, Hans-Jürgen (1991): Pressekritik und Informationspolitik. Zur Theorie und Praxis einer linguistischen Medienkritik. In: Bucher, Hans-Jürgen; Straßner, Erich (Hrsg): Mediensprache - Medienkommunikation - Medienkritik. Tübingen, S. 3-109.

Bucher, Hans-Jürgen (1999): Sprachwissenschaftliche Methoden der Medienanalyse. In: Leonhard, Joachim-Felix u.a. (Hrsg.), Medienwissenschaft. Ein Handbuch zur Entwicklung der Medien und Kommunikationsformen. Berlin, New York, S. 213-231.

Bucher, Hans-Jürgen (2001): Internet und globale Kommunikation. Strukturwandel der Öffentlichkeit? In: Hepp, Andreas; Löffelholz, Martin (Hrsg.): Grundlagentexte zur transkulturelle Kommunikation. Konstanz, S. 500-530.

Bucher, Hans-Jürgen (2002): Crisis Communication and the Internet. Risk and Trust in Global Media. In Firstmonday 7,4 Internetquelle: http://www.firstmonday.org/issues/issue7_4/bucher/index.html, geprüft am 04.08.2005.

Bucher, Hans-Jürgen (2004a): Die Medienrealität des Politischen. Zur Inszenierung der Politik im Fernsehen. In: Frevert, Ute; Braungart, Wolfgang (Hrsg.): Sprachen des Politischen. Medien und Medialität in der Geschichte. Göttingen, S. 268-303.

Bucher, Hans-Jürgen (2004b): Internet und Krieg. Informationsrisiken und Aufmerksamkeitsökonomie in der vernetzten Kriegskommunikation. In: Löffelholz, Martin (Hrsg.): Krieg als Medienereignis II. Krisenkommunikation im 21. Jahrhundert. Wiesbaden, S. 275-296.

Bucher, Hans-Jürgen (2005): Macht das Internet uns zu Weltbürgern? Globale Online-Diskurse: Strukturwandel der Öffentlichkeit in der Netzwerk-Kommunikation. In: Fraas, Claudia; Klemm, Michael (Hrsg.): Mediendiskurse. Frankfurt am Main usw., S. 187-218.

Bücher, Karl (1926): Der Krieg und die Presse. Vortrag, gehalten in der Aula der Universtät Leipzig am 20. Februar 1915. In: Ders. (Hrsg.): Gesammelte Aufsätze zur Zeitungskunde. Tübingen, S. 269-306.

Carruthers, Susan L. (2000): The Media at War. Communication and Conflict in the 20th Century. London.

Coser, Lewis A. (1956): The Functions of Social Conflict. New York.

Coser, Lewis A. (1972): Theorie sozialer Konflikte. Neuwied, Berlin.

Dascal, Marcelo u.a. (Hrsg.) (2002): Scientific controversies and theories of controversy. Gießen.

Dahrendorf, Ralf (1970): Zu einer Theorie des sozialen Konflikts. In: Zapf, Wolfgang (Hrsg.): Theorien des sozialen Wandels. Köln, S. 108-123

Delgado, Juan Manuel (1972): Die Gastarbeiter in der Presse. Eine inhaltsanalytische Studie. Opladen.

Deutsche Welle (Hrsg.) (2001): „Sagt die Wahrheit: Die bringen uns um!" Zur Rolle der Medien in Krisen und Kriegen. Berlin.

Dijk, Teun A. van (1989): Mediating Racism. The Role of the Media in the Reproduction of Racism. In: Wodak, Ruth (Hrsg.): Language, power and ideology. Studies in political discourse. Amsterdam, Philadelphia, S. 199-226.

Dijk, Teun A. van (1991): Racism and the press. London.

Esser, Frank u.a. (2002): Fremdenfeindlichkeit als Medienthema und Medienwirkung. Deutschland im internationalen Scheinwerferlicht. Wiesbaden.

Fritz, Gerd; Straßner, Erich (1996): Die Sprache der ersten deutschen Wochenzeitungen im 17. Jahrhundert. Tübingen.

Funk, Peter; Weiß, Hans-Jürgen (1995): Ausländer als Medienproblem. Thematisierungseffekte der Medienberichterstattung über Ausländer, Asyl und Rechtsextremismus in Deutschland. In: Media Perspektiven, 1, S. 21-29.

Geißler, Rainer; Pöttker, Horst (Hrsg.) (2005): Massenmedien und die Integration ethnischer Minderheiten in Deutschland. Problemaufriss, Forschungsstand, Bibliographie. Bielefeld.

Hall, Jim (2000): The First Web War. „Bad Things Happen in Unimportant Places". In: Journalism Studies, 1(3), S. 387-404.

Hallin, Daniel C. (1989). The „Uncensored War": The Media and Vietnam. Berkeley usw.

Harms, Wolfgang; Schilling, Michael (Hrsg.) (1998): Das illustrierte Flugblatt in der Kultur der Frühen Neuzeit. Wolfenbüttler Arbeitsgespräche 1997. Frankfurt am Main usw.

Holly, Werner; Schwitalla, Johannes (1995): Explosiv - Der heiße Stuhl - Streitkultur im kommerziellen Fernsehen. In: Müller-Dohm, Stefan; Neumann-Braun, Klaus (Hrsg.): Kulturinszenierungen. Frankfurt am Main, S. 59-88.

Hug, Detlev Matthias (1997): Konflikte und Öffentlichkeit. Zur Rolle des Journalismus in sozialen Konflikten, Opladen.

Jäger, Margret (1995): BrandSätze und SchlagZeilen. Rassismus in den Medien. Vortrag im Forum Bildung, Kultur, Freiheit der Georg von Vollmar-Akademie in München am 21. September 1995.

Jäger, Siegfried; Linke, Jürgen (Hrsg.) (1993): Die Vierte Gewalt. Rassismus in den Medien. Duisburg.

Kepplinger, Hans Matthias (1989): Instrumentelle Aktualisierung. Grundlagen einer Theorie publizistischer Konflikte. In: Kaase, Max; Schulz, Winfried (Hrsg.): Massenkommunikation. Theorien, Methoden, Befunde. Köln, S. 199-220.

Kepplinger, Hans Matthias (1994): Publizistische Konflikte. Begriffe, Ansätze, Ergebnisse. In: Neidhardt, Friedhelm u.a. (Hrsg.): Öffentlichkeit, öffentliche Meinung und soziale Bewegungen. Kölner Zeitschrift für Soziologie und Sozialpsychologie. Sonderheft 34. Opladen, S. 214-233.

Lippmann, Walter (1949): Public Opinion. [Zuerst 1922]. New York.

Livingstone, Sonja; Lunt, Peter (1994): Talk on Television. Audience Participation and Public Debate. London.

Löffelholz, Martin (2004): Krisen- und Kriegskommunikation als Forschungsfeld. Trends, Themen und Theorien eines hoch relevanten, aber gering systematisierten Teilgebiets der Kommunikationswissenschaft. In: Ders. (Hrsg.): Krieg als Medienereignis II. Krisenkommunikation im 21. Jahrhundert. Wiesbaden, S. 13-55.

Luhmann, Niklas (1984): Soziale Systeme. Grundriß einer allgemeinen Theorie. Frankfurt am Main.

Luhmann, Niklas (1996): Die Realität der Massenmedien. Opladen.

Luhmann, Niklas (1997): Die Gesellschaft der Gesellschaft. Frankfurt am Main.

Marx, Karl (2001): Das Verhältniß der Moselgegend zur Kabinetsodre vom 24. Dezember 1841 und der durch dieselbe bewirkten freiren Bewegung der Presse. [Zuerst 1843]. In: Pöttker, Horst (Hrsg.): Öffentlichkeit als gesellschaftlicher Auftrag. Klassiker der Sozialwissenschaften über Journalismus und Medien. Konstanz, S. 63-86.

Merten, Klaus (1986): Das Bild der Ausländer in der deutschen Presse. Ergebnisse einer systematischen Inhaltsanalyse. Frankfurt am Main.

Merz, Charles (1925). What Makes a First-Page Story: A Theory Based on the Ten Big News Stories of 1925. In: New Republic, December 30, S. 156-158.

Mörke, Olaf (1995): Pamphlet und Propaganda. Politische Kommunikation und technische Innovation in Westeuropa in der Frühen Neuzeit. In: North, Michael (Hrsg.): Kommunikationsrevolutionen: Die neuen Medien des 16. und 19. Jahrhunderts. Köln usw., S. 15-32.

Münch, Richard (2004): Konflikttheorie und Konfigurationssoziologie. In: Ders. (Hrsg.): Soziologische Theorie. Band 3: Gesellschaftstheorie. Frankfurt am Main, S. 331-375.

Olien, Clarice N. u.a. (1995): Conflict, Consensus and Public Opinion. In: Glasser, Theodore L.; Salmon, Charles T. (Hrsg.): Public Opinion and the Communication of Consent. New York, London, S. 301-322.

Park, Robert Ezra (1969a): The Natural History of the Newspaper. [Zuerst 1923]. In: Ders.: On social control and collective behavior. Selected papers. 2nd ed. Chicago, London, S. 97-113.

Park, Robert Ezra (1969b): Morale and the News. [Zuerst 1941]. In: Ders.: On social control and collective behavior. Selected papers. 2nd ed. Chicago, London, S. 249-267.

Park, Robert Ezra; Burgess, Ernest W. (1969): Introduction to the science of sociology. Including the original index to basic sociological concepts, 3rd ed. [Zuerst 1921]. Chicago.

Parsons, Talcott (1972): Das System moderner Gesellschaften. München.

Paus-Haase, Ingrid u.a. (Hrsg.) (1999): Talkshows im Alltag von Jugendlichen. Der tägliche Balanceakt zwischen Orientierung, Amüsement und Ablehnung. Opladen.

Pew Research Center for the People and the Press (2004): Online News Audience larger, more diverse. News audiences increasingly politicised. Internetquelle: http://people-press.org, geprüft 04.08.2005

Robinson, Piers (2002): The CNN Effect. The Myth of News, Foreign Policy and Intervention. London, New York.

Schatz, Heribert u.a. (Hrsg.) (2000): Migranten und Medien. Neue Herausforderungen an die Integrationsfunktion von Presse und Rundfunk. Wiesbaden.

Scheffer, Bernd (Hrsg.) (1997): Medien und Fremdenfeindlichkeit. Alltägliche Paradoxien, Dilemmata, Absurditäten und Zynismen. Opladen.

Schröder, Thomas (1995): Die ersten Zeitungen. Textgestaltung und Nachrichtenauswahl. Tübingen.

Schulz, Winfried u.a. (1998): Der Kampf um Castor in den Medien. Konfliktbewertung, Nachrichtenresonanz und journalistische Qualität. München.

Scott, Gine Graham (1996). Can we talk? The power and influence of talk shows. New York, London.

Shaw, Martin (1998): Die Repräsentation ferner Konflikte und die globale Zivilgesellschaft. In: Beck, Ulrich (Hrsg.): Perspektiven der Weltgesellschaft. Frankfurt am Main, S. 221-225.

Simmel, Georg (1992): Der Streit. In: Soziologie. Untersuchungen über die Form der Vergesellschaftung. [Zuerst 1908]. In: Rammstedt, Ottheim (Hrsg.): Georg Simmel Gesamtausgabe Bd. 11. Frankfurt am Main, S. 284-382.

Stieler, Kaspar (1969): Zeitungs Nutz und Lust. [Zuerst 1695]. Bremen.

Straßner, Erich (1999): Kommunikative Aufgaben und Leistungen des Flugblatts und der Flugschrift. In: Leonhard, Joachim-Felix u.a. (Hrsg.): Medienwissenschaft. Ein Handbuch zur Entwicklung der Medien und Kommunikationsformen, (1. Teilband). Berlin, New York, S. 794-802.

Tenscher, Jens; Schicha, Christian (2002): Talk auf allen Kanälen. Angebote, Akteure und Nutzer von Fernsehgesprächssendungen. Wiesbaden.

Thiel, Ansgar (2003): Soziale Konflikte. Bielefeld.

Thussu, Daya Kishan; Freedman, Des (Hrsg.) (2003): War and the Media. Reporting Conflict 24/7. London usw.

Thussu, Daya Kishan; Freedman, Des (2003): Introduction. In: Diess. (Hrsg.): War and the Media. Reporting Conflict 24/7. London usw., S. 1-12.

Waldkirch, Wilhelm (1936): Weltpresse und Weltkrise. Die Zeitung zwischen Krieg und Frieden. Ludwigshafen am Rhein.

Weber, Max (2001): Politik als Beruf. [Zuerst 1919]. In: Pöttker, Horst (Hrsg.): Öffentlichkeit als gesellschaftlicher Auftrag. Klassiker der Sozialwissenschaften über Journalismus und Medien. Konstanz, S. 329-347.

Weber, Max (1980): Wirtschaft und Gesellschaft: Grundriß der verstehenden Soziologie. [Zuerst 1922]. Tübingen.

Weber, Max (2001): Vorbericht über eine vorgeschlagene Erhebung über die Soziologie des Zeitungswesens. [Zuerst 1909]. In: Pöttker, Horst (Hrsg.): Öffentlichkeit als gesellschaftlicher Auftrag. Klassiker der Sozialwissenschaften über Journalismus und Medien. Konstanz, S. 314-325.

Weller, Christoph (2002): Die massenmediale Konstruktion der Terroranschläge am 11. September 2001. Eine Analyse der Fernsehberichterstattung und ihre theoretische Grundlage. INEF Report, Heft 63.

Wenzel, Harald (2001): Die Abenteuer der Kommunikation. Echtzeitmassenmedien und der Handlungsraum der Hochmoderne. Weilerswist.

Wilke, Jürgen (1984): Nachrichtenauswahl und Medienrealität in vier Jahrhunderten. Eine Modellstudie zur Verbindung von historischer und empirischer Publizistikwissenschaft. Berlin, New York.

Wuttke, Heinrich (1875): Die deutschen Zeitschriften und die Entstehung der öffentlichen Meinung. Ein Beitrag zur Geschichte des Zeitungswesens. Leipzig.

Zedler, Johann Heinrich (1964): Zeitung. [Zuerst 1749]. In: Grosses vollständiges Universal-Lexikon aller Wissenschaften und Künste. 61. Band. Leipzig, Halle.

Zentrum für Türkeistudien (Hrsg.) (1995): Das Bild der Ausländer in der Öffentlichkeit. Eine theoretische und empirische Analyse zur Fremdenfeindlichkeit. Opladen.

Empfehlungen zum Weiterlesen:

Löffelholz, Martin (Hrsg.) (2004): Krieg als Medienereignis II. Krisenkommunikation im 21. Jahrhundert. Wiesbaden.

Thussu, Daya Kishan; Freedman, Des (Hrsg.) (2003): War and the Media. Reporting Conflict 24/7. London usw.

Thiel, Ansgar (2003): Soziale Konflikte. Bielefeld.

Medien und sozialer Wandel

Richard Münch und Jan Schmidt

Zusammenfassung: Medienentwicklung und Veränderungen von gesellschaftlichen Strukturen und den sie reproduzierenden Praktiken bedingen sich wechselseitig. Dieser Beitrag benennt grundsätzliche methodische Probleme und präsentiert empirische Befunde, um die Dynamik der Kommunikationsgesellschaft, das heißt die Vermehrung, Beschleunigung, Verdichtung und Globalisierung von Kommunikation, deutlich zu machen. Er diskutiert darüber hinaus beispielhaft Veränderungen der politischen Öffentlichkeit, des Stellenwerts von Wissensarbeit sowie den Strukturwandel von sozialen Beziehungen, die durch Medien gefördert werden.

1   Einleitung

Sozialer Wandel meint eine Veränderung in den Strukturen eines Kollektivs, das heißt in den Regeln und Regelmäßigkeiten inklusive der damit einhergehenden Werte und Einstellungen, die eine Gesellschaft kennzeichnen. Prozesse wie Individualisierung, Differenzierung, Rationalisierung, Domestizierung oder Globalisierung sind langfristig wirksame Dimensionen des sozialen Wandels, die den Zustand moderner Gesellschaften prägen (vgl. z.B. van der Loo/van Reijen 1992). Diese Entwicklungen umfassen in der Regel wieder eine Vielzahl von Wandlungsprozessen auf unterschiedlichen Ebenen des sozialen Lebens, sodass wir – je nach zeitlicher Perspektive und Analyseobjekt – auch zu unterschiedlichen Bewertungen des sozialen Wandels kommen können.

Unstrittig ist allerdings, dass eine Analyse des sozialen Wandels unvollständig bleibt, wenn sie die Rolle von Medien und ihrer Entwicklung nicht mit einbezieht (vgl. Behmer u.a. 2003). Wir geben in diesem Beitrag einen Überblick zum Verhältnis von Medien und sozialem Wandel und diskutieren dabei zunächst grundsätzliche methodische Probleme, die in diesem Zusammenhang zu berücksichtigen sind. Anhand von Daten zur Medienentwicklung machen wir anschließend die Dynamik der Kommunikations- und Mediengesellschaft deutlich und argumentieren, warum diese dialektische Züge trägt. Schließlich zeigen wir an drei ausgewählten Fragestellungen, wie eine mediensoziologische Analyse des Zusammenhangs von Medienentwicklung und sozialem Wandel aussehen kann.

2   Methodische Probleme und Fehlschlüsse

Der Themenkomplex „Medien und sozialer Wandel" birgt einige Fallstricke. Zunächst stellt sich das methodische Problem der wechselseitigen Kausalität von Medienentwicklung und sozialem Wandel. Damit ist gemeint, dass keine einseitigen Ursache-Wirkungs-Verhältnisse (einerlei, in welche Richtung) bestehen, sondern sich beide Bereiche gegenseitig bedingen. Wie schon der symbolische Interaktionismus (vgl. Mead 1934; Blumer 1969) dargelegt hat, erfährt der Mensch die soziale Welt über Symbole vermittelt, wobei insbesondere das Medium Sprache eine zentrale Rolle einnimmt. Mit Zivilisierung und sozialer Differenzierung entstanden im Laufe der Menschheitsgeschichte immer neue gesellschaftliche Figurationen, die wiederum die Weiterentwicklung von neuen Medien erlaubten (von der Keilschrift bis zum Internet) (vgl. Krotz 2003). Diese vergrößerten die Optionen, die Individuen und Kollektive zur Verfügung haben, sich ihrer gesellschaftlichen Umwelt symbolisch vermittelt mitzuteilen; das soziale Handeln bedient sich also in immer stärkerem Ausmaß der Medien. Wir können diese Entwicklung als „Mediatisierung" bezeichnen und so „den Prozess sozialen und kulturellen Wandels [beschreiben], der dadurch zustande kommt, dass immer mehr Menschen immer häufiger und differenzierter ihr soziales und kommunikatives Handeln auf immer mehr ausdifferenzierte Medien beziehen" (Krotz 2002, S. 190).

Die Gefahr besteht, diesen kontinuierlichen Prozess nicht als solchen anzuerkennen und einem „Fehlschluss der neuen Medien" zu unterliegen, also Medieninnovationen als revolutionär, einzigartig, qualitativ neuartig zu bezeichnen und zu interpretieren. Dabei handelt es sich in zweierlei Hinsicht um einen (regelmäßig zu beobachtenden) Fehlschluss: Erstens ersetzen neuere die älteren Medien nicht, sondern ergänzen sie vielmehr. Auf der Ebene medialer Ordnungen (also z.B. Print, Film, Rundfunk oder Netzwerkmedien) und Gattungen (z.B. Buch, Zeitung, Zeitschrift, etc.) findet keine Verdrängung im Sinne des Wegfalls einzelner Medien statt, sondern mit dem Aufkommen neuer Medien verschieben sich die Funktionen, die einzelne Medien erfüllen (vgl. Stöber 2003, S. 243ff.).[1]

Zweitens gehen mit den Einschätzungen neuer Medien als revolutionär meist auch utopische oder dystopische Prognosen über zu erwartende soziale Auswirkungen einher, die sich im Verlauf der Institutionalisierung eines Mediums stark relativieren (vgl. Marvin 1988; Lievrouw/Livingstone 2002). Auf der Seite der „Optimisten" findet sich häufig die Gleichsetzung von technologischem und sozialem Fortschritt[2] und damit einhergehend die Hoffnung, mit Hilfe der jeweils

---

[1] Als klassische, wenn auch zu vereinfachte Formulierung dieser Erkenntnis gilt das sogenannte "Rieplsche Gesetz" des Historikers Wolfgang Riepl (1913).

[2] Im Englischen wird dieser Unterschied sprachlich deutlich: „Improvement" meint die technische Verbesserung, „progress" den gesellschaftlichen Fortschritt.

neuen Medien soziale Probleme lösen zu können. Auf der Seite der Pessimisten äußert sich der Fehlschluss in einer generellen kulturkritischen Sichtweise, nach der Medien die Menschen von „echten" sozialen Beziehungen entfremden und ihre Isolation steigern.

Abgesehen davon, dass eine entsprechende Bewertung der gesellschaftlichen Folgen des medialen Wandels oft von normativen Setzungen abhängt (die Auflösung von sozialen Bindungen mag manchen als Dystopie erscheinen, während andere sie als Befreiung von als einengend empfundenen Kontrollen wahrnehmen werden), sind die Folgen von medialem Wandel meist erst dann abzuschätzen, wenn eine gewisse Zeit vergangen ist. Utopische wie dystopische Szenarien sind aber gerade in der frühen Phase der Verbreitung eines Mediums weit verbreitet, was mit dem dritten Problem zusammenhängt, das wir als „technologiedeterministischen Fehlschluss" bezeichnen wollen: Hier werden soziale Wirkungen ausschließlich aus technischen Merkmalen eines Mediums geschlossen oder zumindest diesen maßgeblich zugeschrieben. Ein Beispiel soll dies verdeutlichen: Nicholas Negroponte prophezeite in den frühen 90er Jahren als Direktor des Massachusetts Institute of Technology (MIT) die Aufhebung räumlicher Beschränkungen für soziale Interaktionen, weil über das Internet quasi in Echtzeit beliebig weit entfernte Orte miteinander kommunizieren können:

„So wie der Hypertext die Grenzen der gedruckten Seite aufhebt, wird das Postinformationszeitalter die Beschränkungen der Geographie überwinden. Im digitalen Leben ist es nicht wichtig, zu einer bestimmten Zeit an einem bestimmten Ort zu sein, da eine Übertragung der Orte möglich werden wird" (Negroponte 1995, S. 204).[3]

Etwa zehn Jahre später erkennen wir, dass die Materialität der technischen Infrastruktur eine gewichtige Rolle spielt und es durchaus einen Unterschied macht, ob sich ein Nutzer in einem innerstädtischen Bürokomplex mit einem leistungsfähigen Breitbandanschluss befindet oder in einer ländlichen Region aufhält, die nicht an die leistungsfähigen backbones der Telekommunikationsgesellschaften angeschlossen ist.

Daneben vernachlässigt der technologiedeterministische Fehlschluss aber auch die fundamentale Einsicht, dass Medien Prozessen der sozialen Aneignung unterliegen und im Verlauf ihrer Diffusion in eine Gesellschaft die Verwendungsweisen jeweils sozial interpretiert und ausgehandelt werden, wobei bereits existierende Medien einen starken Einfluss auf das Verständnis von den Einsatzmöglichkeiten der neuen Technologie haben. Dies zeigt sich auf der Ebene der individuellen Aneignung und „Veralltäglichung" genauso wie auf der Ebene der gesellschaftlichen Insti-

---

[3] Zahlreiche weitere Vorhersagen über die gesellschaftlichen Auswirkungen des Internets aus den frühen 90er Jahren finden sich in der "Imagining the Internet"-Datenbank unter folgender Adresse: http://www.elon.edu/redictions/, geprüft am 7. September 2005.

tutionalisierung. Das Telefon wurde zum Beispiel anfangs in Anlehnung an das „Transportmodell" der Telegraphie zur Nachrichtenübermittlung in Hotels, Postämtern oder beim Militär eingesetzt beziehungsweise – einem „massenmedialen Modell" folgend – zur simultanen Übertragung von Börsenkursen und Opern an eine Vielzahl von Empfängern genutzt. Erst später setzte sich das „konversationale Modell" durch, nach dem das Telefon vor allem ein Instrument der interpersonalen Kommunikation ist (vgl. Rammert 1993; grundlegend zur sozialen Konstruktion der Einsatzweisen von technologischen Innovationen auch Bijker/Hughes/Pinch 1987).

Berücksichtigt man die genannten Probleme und Fehlschlüsse, die hier sicherlich nur angerissen werden konnten, wird man dem Zusammenhang von Medienentwicklung und sozialer Dynamik besser gerecht. Medien entfalten ihre gesellschaftlichen Wirkungen, weil sie Bestandteil von sozialen Praktiken sind, die erst über die konkreten Einsatzmöglichkeiten und Auswirkungen bestimmen. Wie im Einzelfall mediale Inventions-, Innovations- und Diffusionsprozesse verlaufen, hängt von institutionellen Rahmenbedingungen in verschiedenen gesellschaftlichen Subsystemen ab (vgl. Winston 1998, Stöber 2003): wirtschaftliche Rahmenbedingungen, z.B. die Offenheit für Wettbewerber, sich mit neuen Produkten an Medienmärkten zu positionieren; rechtliche Rahmenbedingungen, z.B. die Übertragung oder Neuformulierung von Gesetzen, die mediale Inhalte kontrollieren, kulturelle Rahmenbedingungen, z.B. gesellschaftliche Diskurse über Potenziale und Gefahren von neuen Medien. Jedes Medium etabliert sich dabei in einem Spannungsverhältnis zwischen Determination und Kontingenz, unterliegt also auf den verschiedenen Ebenen seiner sozialen Aneignung Prozessen der Schließung, die seine technischen Optionen in akzeptierten Erwartungen und Verwendungsweisen stabilisieren (vgl. Lievrouw 2002).

3   Dynamische und dialektische Prozesse der Kommunikationsgesellschaft

Die Kommunikationsgesellschaft der Gegenwart ist durch verschiedene Prozesse gekennzeichnet, die zusammen genommen die Dynamik der Kommunikationsgesellschaft ausmachen (vgl. Münch 1995, insbes. S. 77ff.): Die Zahl von Kommunikationen nimmt ebenso zu wie sich ihre Abfolge beschleunigt. Immer mehr Menschen werden in Kommunikationsprozesse einbezogen, die immer mehr Gebiete der Erde umfassen. Einige Daten, sowohl aus den Bereichen der interpersonalen wie der massenmedialen Kommunikation, können dies verdeutlichen[4]:

---

[4] Aufgrund der nationalen Unterschiede, mit denen – wenn überhaupt – Kommunikationsprozesse statistisch erfasst werden, sind vor allem die Daten, die sich auf die gesamte Erde beziehen, als informier-

- Die Anzahl der weltweit über Telefon getätigten Gesprächsminuten wuchs von unter 20 Milliarden im Jahr 1984 auf über 170 Milliarden im Jahr 2002. Die jährlichen Wachstumsraten betrugen immer zwischen 10 und 25 Prozent (vgl. Telegeography 2004).
- Schätzungen der Berkeley University zufolge übertrugen im Jahr 2003 weltweit etwa 47.800 Rundfunkanstalten etwa 70 Millionen Stunden Programm; etwa 21.250 Fernsehanstalten sendeten etwa 31 Millionen Stunden Programm. Die Menge an neu gedruckten Informationen betrug im Jahr 2002 etwa 1.600 Terabytes[5], was gegenüber 1999 eine Steigerung von 36 Prozent bedeutet. Der weitaus größte Anteil entfiel auf Bürodokumente, also Ausdrucke und Kopien, die zur Kommunikation und Dokumentation in Organisationen benutzt werden (vgl. Lyman/Varian 2003).
- In Deutschland stieg die für Mediennutzung aufgebrachte Zeit zwischen 1980 und 2000 von 346 auf 502 Minuten pro Tag (vgl. van Eimeren/Ridder 2001, S. 547). Die Hörfunknutzung stieg in diesem Zeitraum von 135 auf 206 Minuten, die Fernsehnutzung von 125 auf 185 Minuten. Der Anstieg der gesamten Mediennutzungsdauer um 45 Prozent innerhalb von 20 Jahren ist allerdings deutlich geringer als der Anstieg des medialen Angebots im selben Zeitraum, sodass von einer verstärkten Konkurrenz um die Aufmerksamkeit der Rezipienten auszugehen ist.

Seit den frühen 90er Jahren trägt insbesondere das Internet zur Vermehrung und Beschleunigung von Kommunikation bei. Es hat sich in den vergangenen 15 Jahren als das am schnellsten wachsende Medium etabliert, sowohl im Hinblick auf seine geographische Verbreitung als auch im Hinblick auf die transportierten Informationsmengen:

- Die Anzahl der Menschen, die das Internet nutzen und so zumindest potenziell an dem weltumspannenden Informations- und Kommunikationsnetzwerk teilhaben, ist bis Anfang 2005 auf über 800 Millionen angewachsen. Die höchste Verbreitung erreicht das Internet in Nordamerika, wo etwa zwei Drittel der Bevölkerung online sind (vgl. Internetworldstats 2005). Innerhalb der EU-Mitgliedstaaten wuchs der durchschnittliche Anteil der Internetnutzer von 34 Prozent im November 2000 auf 44 Prozent im Juni 2003 (Europäische Kommission 2005, S. 7).

---

te Schätzungen zu verstehen, die hier vorrangig einen Einblick in die Größenordnungen bzw. Dynamiken geben sollen.

[5] Ein Terabyte entspricht 10^{12} Bytes oder 1000 Gigabyte. Zum Vergleich: Eine universitäre Bibliothek umfaßt etwa zwei Terabyte an gedruckten Informationen (vgl. Lyman/Varian 2003).

- Die Informationsmenge, die auf statischen Seiten im World Wide Web bereit-
  steht, wuchs zwischen 2000 und 2003 um mehr als das Dreifache auf etwa 170
  Terabytes. Die Informationsmenge im sogenannten „deep web", das aus dynamischen Datenbanken besteht, ist mehr als 500-mal so groß und entspricht
  über 90.000 Terabytes (vgl. Lyman/Varian 2003).
- Die Anzahl der weltweit pro Tag verschickten E-Mails stieg von 5 Milliarden
  1999 auf etwa 15 Milliarden 2002. Bis 2006 wird ein weiteres Wachstum auf 60
  Milliarden E-Mails erwartet (vgl. Lyman/Varian 2003).

Die Trends der Vermehrung, Beschleunigung, Verdichtung und Globalisierung von
Kommunikation sind Teil der oben angesprochenen Mediatisierung und belegen die
Dynamik der zeitgenössischen Kommunikationsgesellschaft. Sie sind in spezifischer
Weise in den fortdauernden Modernisierungsprozess eingebunden, denn vor allem
die Zunahme der öffentlichen Kommunikation sorgt dafür, dass sich bisheriges
Handeln immer an kommunizierten Idealen und Informationen messen lassen
muss. Dies gilt besonders für moralische Diskurse, die zum Beispiel in den Auseinandersetzungen über ökologische Probleme oder Menschenrechte geführt werden.
Es entsteht ein dialektisches Wechselspiel von aktivem Eingreifen in die Welt mit
entsprechenden (intendierten wie unintendierten) Folgen des Handelns, der öffentlichen Kommunikation dieser Folgen und daraus resultierendem neuem Hand-
lungszwang. Kommunikation macht den Kommunizierenden damit die Paradoxien
der Moderne selber bewusst (vgl. Münch 1991): Die Paradoxie des instrumentellen
Aktivismus, nach der problemorientiertes aktives Eingreifen in die Welt selber wieder neue Probleme schafft; die Paradoxie des Rationalismus, nach der neu geschaf-
fenes Wissen immer auch neue Felder des Nicht-Wissens erkennen lässt; die Paradoxie des Individualismus, nach der die wachsende individuelle Freiheit die Abhängigkeit von anderen Menschen in arbeitsteilig organisierten Gesellschaften steigert;
schließlich die Paradoxie des Universalismus, nach der sich der Wettbewerb um
knappe Ressourcen in dem Maße steigert, wie Gruppen in einer Gesellschaft oder
der ganzen Welt einander gleichgestellt werden. Diese Paradoxien können in der
modernen Gesellschaft nicht aufgelöst werden.

4   Felder des sozialen Wandels

Nachdem wir bislang einige grundlegende methodische Fragen angesprochen sowie
Belege für dynamische und dialektische Prozesse der Kommunikationsgesellschaft
präsentiert haben, werden wir in diesem Abschnitt den Zusammenhang zwischen
Medienentwicklung und sozialem Wandel anhand von drei ausgewählten Fragestellungen deutlich machen.

4.1   Medien und der Wandel der politischen Öffentlichkeit

Politik als System gesellschaftlicher Zielerreichung ist nicht denkbar ohne (Massen-) Medien, mit deren Hilfe öffentlich über die Ausprägung der Ziele sowie die zu ihrer Erfüllung notwendigen Instrumente informiert und diskutiert wird. Jürgen Habermas (1962) hat in einem mittlerweile klassischen soziologischen Text den „Strukturwandel der Öffentlichkeit" beschrieben, der vom idealtypischen Diskurs der frühbürgerlichen Lesegesellschaften und Debattierklubs zur massenmedial hergestellten Öffentlichkeit führte, die deutlich stärker konsumtiv statt diskursiv ausgerichtet ist. Allerdings ist in den beinahe 40 Jahren, die seit seiner Diagnose vergangen sind, deutlich geworden, wie sehr auch die überregionale Tages- und Wochenpresse, die ihm schon als Vertreter der neuen Öffentlichkeit galt, noch einem eher elitären Diskursmodell verpflichtet war. Vor dem Hintergrund der Ökonomisierung und Kommerzialisierung der öffentlichen Meinungsbildung wird deutlich, dass inzwischen weitere Veränderungen stattgefunden haben, die sich als „zweiter Strukturwandel der Öffentlichkeit" bezeichnen und wie folgt charakterisieren lassen (vgl. Münch 1995, 1997).

Mit den im vorigen Kapitel beschriebenen Kommunikationsdynamiken erhöhen sich für alle Akteure, die sich an eine Öffentlichkeit wenden, die Kommunikations-, Darstellungs- und Inszenierungszwänge (vgl. Willems/Jurga 1998; Meyer u.a. 2000; Meyer 2001). Dies gilt nicht nur für wirtschaftliche Unternehmungen, die über Werbung und Public Relations ihre Produkte und Dienstleistungen gegenüber der Konkurrenz bekannt machen und auf Märkten positionieren müssen, sondern in wachsendem Maße auch für politische Akteure. Die klare Trennung zwischen den Arenen, in denen Lösungen für politische Probleme formuliert werden (zum Beispiel Expertenkommissionen und Arbeitsgruppen) sowie den Arenen des Agenda-Settings und der medialen Berichterstattung löst sich heute zusehends auf (vgl. Stark 1998). Wissenschaftliche Vorschläge werden immer früher und stärker in der Öffentlichkeit diskutiert und verlieren dadurch ihre Aura der Objektivität, weil sie Bestandteil von Debatten werden, in denen gesellschaftliche Gruppen ihre ideologisch geprägten Positionen und Interessen abzusichern und durchzusetzen versuchen.

Politik ist dadurch mittlerweile vor allem Kommunikationspolitik, das heißt die Beobachtung und Beeinflussung der massenmedial geprägten Themen, Problemprioritäten und Problemlösungen. Die mediale Durchdringung der Politik, die sich immer mehr nach den Maßstäben massenmedialer Ereignisproduktion gestaltet, führt dazu, dass in den Medien weniger über politische Ereignisse und Entscheidungen informiert und debattiert wird, sondern Medien und Politik gemeinsam die politische Realität erst konstruieren. Dadurch verformt sich das Feld der politischen Diskussion, das nicht mehr von breit angelegten Diskursen geprägt ist, sondern zunehmend Darstellungszwängen unterliegt: Idealisierung der eigenen Person und Position (bspw. als gerechtigkeits-, wirtschafts- oder umweltorientiert), Dramatisierung bestimmter Ereignisse (bspw. als Rekordwachstum oder Rekordarbeitslosigkeit) sowie Kontrolle der expressiven Kohärenz über einen längeren Zeitraum und bei einer Vielzahl von Akteuren (bspw. die Kommunikation des Regierungshandelns als einer Reformagenda verpflichtet). Dazu benötigen die politischen Akteure mediale Reputation, die sie zum Beispiel durch Auftritte in Talkshows und durch Interviews gewinnen können, was aber entsprechende (Selbst-) Darstellungskünste verlangt. Timing und Präsentation von politischen Äußerungen werden dadurch ähnlich wichtig wie ihr eigentlicher Inhalt. Als Bindeglied zwischen Medien und Politik fungiert die Demoskopie, die in immer kürzeren Abständen die Einstellung der Bevölkerung gegenüber Politikern, Parteien und politischen Vorhaben misst, also den Akteuren eine Maßeinheit für ihre Beliebtheit unter den Bürgern liefert und so der Fixierung auf Inszenierung des politischen Handelns nach Kriterien der „Akzeptanz beim Wähler" Vorschub leistet.

Diese Entwicklungen senken die Handlungskapazität der Politik, was die Medien wiederum kritisch kommentieren. Sie haben sich allerdings auch von demokratietheoretischen Idealvorstellungen entfernt, denen zufolge sie durch ihre Berichterstattung ein Forum für die öffentliche Meinungsbildung bieten und gleichzeitig Verlauf und Ergebnisse der politischen Entscheidungsprozesse einer kritischen Reflexion unterwerfen sollten. Wenn nun Massenmedien diese Rolle nicht mehr erfüllen können, weil sie mit den politischen Akteuren selber zu sehr verflochten sind und darauf angewiesen sind, gemeinsam politische (Medien)Realität erst zu konstruieren, können dann andere Medien an ihre Stelle treten?

Die Hoffnungen richten sich insbesondere auf das Internet, zu einer Revitalisierung der Demokratie nach deliberativem Vorbild beizutragen. Seine Kommunikationsarchitektur macht es zu einem „Hybridmedium": In manchen Bereichen des World Wide Webs ähnelt es zwar massenmedialer Kommunikation, ohne aber – im Gegensatz zu den Rundfunkmedien mit ihren Programmabläufen – zeitlich fixiert zu sein. Andere Dienste erlauben interpersonale Kommunikation, die synchron (z.B. Chat) oder asynchron (z.B. E-Mail) verlaufen und ohne ins Gewicht fallenden Mehraufwand auch eine Vielzahl von Personen verbinden kann. Im World Wide Web bilden diese interaktiven Momente einen „Rückkanal" vom Empfänger zum Sender, der dem Fernsehen oder der Zeitung fehlt bzw. nur in geringem Maße und durch Medienwechsel in Form von Anrufen oder Leserbriefen möglich ist.

Aus diesen technisch bedingten Unterschieden folgern manche Autoren, das dezentral aufgebaute Internet sei inhärent demokratischer als die klassischen Massenmedien (vgl. Beispieltext S. 209). Allerdings zeigt sich relativ schnell, dass in funktionaler Hinsicht durchaus bedeutsame Unterschiede bestehen. Es ist eine besondere Leistung der massenmedialen Öffentlichkeit, die Komplexität des potenziell Darstellbaren durch spezifische Regeln, Routinen, Programme und Codes zu reduzieren, Themen gesellschaftlich bekannt zu machen und so Informationen einem unspezifischen Publikum für Anschlusskommunikation zur Verfügung zu stellen. Die Öffentlichkeiten, die sich im Internet formieren, sind dagegen sehr viel stärker thematisch orientiert und damit auf spezifische Adressatenkreise hin zugeschnitten (vgl. Hasse/Wehner 1997).

Das Internet als Revitalisierung der demokratischen Öffentlichkeit?

„The media as we know them are passing. Mass-broadcast, one-to-many TV is a medium of the past. Newspapers will be replaced by interactive bulletins that we will be able to read and publish from the tops of our desks on the machine that will replace our TV and our PC. New media, and particularly computer-mediated communication, it is hoped, will undo the damage done to politics by the old media. Far from the telescreen dystopias, new media technology hails a rebirth of democratic life. It is envisaged that new public spheres will open up and that technologies will permit social actors to find or forge common political interests. People will actively access information from an infinite, free virtual library rather than receiving half-digested 'programming', and interactive media will institutionalise a right to reply."

Quelle: Bryan/Tsagarousianou/Tambini 1998, S. 5.

Im Hinblick auf politische Prozesse bedeutet dies, dass im Internet zwar Quellen der politischen Information und Foren der politischen Deliberation existieren, doch sie erreichen in der Regel nur diejenigen Personenkreise, die ohnehin ein ausgeprägtes politisches Interesse haben. Für diese Gruppen sinken die Transaktionskosten des politischen Engagements sogar, weil sie online leichteren Zugriff auf Informations- und Kommunikationskanäle haben. Politikferne Bevölkerungsteile werden aber durch das vorgeblich „demokratische Medium" kaum erreicht; sie verbleiben bei Angeboten und Nutzungsweisen, die einem massenmedial geprägten Konsum- bzw. Abrufmuster folgen. Noch dazu rivalisiert im Internet der „homo politicus" mit dem „homo oeconomicus" des E-Commerce und dem „homo ludens" der Entertainmentangebote und Online-Spiele (vgl. Leggewie 2002). Hier zeigt sich also der im zweiten Kapitel beschriebene „technologiedeterministische Fehlschluss": Die technischen Potenziale eines Mediums, hier des Internets, müssen immer im weiteren gesellschaftlichen Kontext gesehen werden, der über die faktische Nutzung einer Medientechnologie bestimmt.

4.2   Medien und der Wandel des Umgangs mit Wissen

Die Dynamik der Kommunikationsgesellschaft steigert die Menge der verfügbaren Informationen. Die in Abschnitt 3 bereits zitierte Studie der Berkeley University schätzt, dass im Jahr 2002 etwa fünf Exabytes an neuen Informationen auf physischen Datenträgern (Print, Film, magnetische sowie optische Datenträger) gespeichert wurden (vgl. Lyman/Varian 2003).[6] Die Informationsmenge, die in jenem Jahr durch elektronische Kanäle (Telefon, Radio, Fernsehen und Internet) geflossen ist, schätzen die Autoren auf 18 Exabytes. Die Vermehrung von Informationen ist eine Grundlage dafür, dass in modernen Gesellschaften der Stellenwert von „Wissen" steigt – verstanden als eine besondere Form von Informationen, nämlich zweck- oder problemorientierter Natur. Anders formuliert: Wissen besteht aus Informationen, die das aktive Eingreifen des Menschen in die Welt unterstützen.

Dabei lassen sich „Wissen erster Ordnung" (das domänenspezifische, inhaltliche Fachwissen) und „Wissen zweiter Ordnung" unterscheiden (vgl. Degele 2000). Letzteres umfasst „Metawissen" als Wissen über die Aneignung von Wissen sowie „Medienwissen" als technische Bedienungskompetenz. Als Folge des steigenden Einsatzes von Computern zur Speicherung, Bearbeitung und Neukombination von Informationen kommt es zu einer Informierung des Wissens, in deren Verlauf sich der Schwerpunkt hin zu Wissen zweiter Ordnung verschiebt. Die Anforderungen an das Bildungssystem lauten nun weniger, bestimmte kanonisierte Wissensbestände zu vermitteln, sondern vielmehr den Einzelnen dazu anzuleiten und zu befähigen, im Sinne eines „lebenslangen Lernens" beständig die eigenen Wissensbestände zu erweitern, zu aktualisieren und selbstständig in Bezug auf bestimmte Handlungen bzw. Handlungsziele anzuwenden. Dies erfordert ausgeprägte Medienkompetenzen, sowohl um über Medien vermittelt relevante Informationen abrufen zu können, als auch sich Medien zu bedienen, um in der interpersonalen Kommunikation mit anderen Informationen auszutauschen und in Wissen zu transformieren.

Die gesellschaftlichen Muster, Rahmenbedingungen und Regelungen für die Erzeugung von und den Umgang mit Wissen bilden die „Wissensordnung" einer Gesellschaft (vgl. Spinner 1994; Stehr 2001, 2003). Im Hinblick auf das Themenfeld von Medien und sozialem Wandel ist dabei von besonderer Bedeutung, dass die Zunahme des Wissens das oben schon geschilderte Paradoxon des Rationalismus verstärkt: Im Verlauf der Modernisierung steigt das Wissen, das wir von der Welt haben und über Medien vermittelt erfahren, gleichzeitig werden aber auch immer Bereiche offenbar, in denen Nicht-Wissen herrscht. Dies gilt insbesondere für die Folgen von technischen Systemen, die Grundlage unseres Alltags sind. In der Wissensordnung, die im Zentrum unserer modernen Kultur steht, ist also der Zwang ange-

---

[6]   Ein Exabyte entspricht 10^{18} Bytes (1000 Petabyte oder 1000 x 1000 Terabyte). Zum Vergleich: Die Menge aller jemals von Menschen gesprochenen Worte entspricht ebenfalls fünf Exabytes.

legt, das wissenschaftliche und technische Spezialwissen immer weiter voranzutreiben und über Medien zu vermitteln, um die Risiken ebendieser Entwicklung gering zu halten und die Kontrolle über Techniken behalten zu können. Dabei wird immer spezialisierteres und differenzierteres Wissen produziert, das noch dazu immer rascher veraltet, weil es durch neues Wissen ergänzt und relativiert wird. Wissen ist dadurch immer mit dem Risiko verbunden, nicht das Richtige zum richtigen Zeitpunkt zu wissen.

Erschwerend kommt hinzu, dass die Umsetzung von Wissen in praktisches Handeln nicht immer direkt möglich ist, sondern in der Praxis müssen verschiedene Komponenten des spezialisierten Wissens wieder zu einer Einheit geformt werden. Die Abstimmung und Zusammenarbeit der jeweiligen Experten erfolgt über Kommunikationsprozesse, in denen sich die Beteiligten auf der Grundlage ihres jeweiligen spezifischen Wissens über die zu erledigenden Aufgaben austauschen und ihre Beiträge koordinieren. Die Zunahme von Wissen und Zunahme von Kommunikation bedingen sich also gegenseitig: Die Vermehrung und Beschleunigung von Kommunikation erzeugt immer mehr verfügbares Wissen, das wiederum so spezialisiert und differenziert wird, dass zur Anwendung und wechselseitigen Abstimmung im praktischen Handeln weitere Kommunikationsprozesse in Teams von miteinander interagierenden Experten nötig werden. Diese dürfen allerdings keine zu eng spezialisierten „Fachidioten" sein, sondern müssen als Wissensvermittler und Moderatoren agieren, um die Logiken unterschiedlicher Wissenssysteme verstehen und miteinander verbinden zu können.

Dadurch kommt es zum Aufstieg von „Wissensarbeit" als einem spezifischen Typus von Tätigkeiten,

> „die dadurch gekennzeichnet sind, dass das erforderliche Wissen nicht einmal im Leben durch Erfahrung, Initiation, Lehre, Fachausbildung oder Professionalisierung erworben und dann angewendet wird. Vielmehr erfordert Wissensarbeit (…), dass das relevante Wissen (1) kontinuierlich revidiert, (2) permanent als verbesserungsfähig angesehen, (3) prinzipiell nicht als Wahrheit, sondern als Ressource betrachtet wird und (4) untrennbar mit Nichtwissen gekoppelt ist, so dass mit Wissensarbeit spezifische Risiken verbunden sind" (Willke 1998, S. 161).

Ein großer Anteil der Produktion und Vermittlung von Wissen geschieht innerhalb von Organisationen. Insbesondere wettbewerblich orientierte Wirtschaftsunternehmen müssen sich durch eine hohe Lern- und Veränderungsbereitschaft auszeichnen, die wiederum bestimmte organisationale Strukturen voraussetzt, um den Anforderungen der Wissens- und Kommunikationsarbeit gerecht zu werden. Dies setzt wiederum bestimmte Organisationsstrukturen voraus, beispielsweise die Etablierung von Instrumenten und Mechanismen der Organisationskommunikation, die es den Akteuren erlauben, ihre Tätigkeiten vor dem Hintergrund spezifischer Interessen zu koordinieren oder einen generellen „Orientierungskonsens" zu erzielen (vgl. Theis-Berglmair 2003). Unterstützt werden diese kommunikativen

Prozesse durch den Einsatz von immer ausgefeilteren Kommunikationstechnologien zum organisationalen und persönlichen Wissensmanagement, die das Speichern, Abrufen, Teilen und Neukombinieren von Informationen erleichtern sollen (vgl. Maier 2004).

Die Anforderungen, die Wissensarbeit stellt, bewirken einen Wandel hin zu einer subjektiven Modernisierung der Arbeit, weil der Wissensarbeiter nicht mehr „vorgesetzte" Arbeit nach fremdbestimmten Regeln ausführt, sondern in immer weiteren Grenzen über die zeitliche und organisatorische Ausführung seiner Arbeit entscheidet (vgl. Green 2004). Diese Entwicklung betont die Selbstbestimmung und Selbstorganisation der Wissensarbeiter für die von ihnen zu erbringenden Leistungen und birgt damit ein Dilemma, das eine Spezifikation des allgemeinen Individualisierungstrends in modernen Gesellschaften darstellt: Einerseits steigen die individuellen Spielräume für die Ausführung der eigenen Tätigkeit, die zunehmend von dialogisch abgestimmten Zielvereinbarungen anstatt von direkter Steuerung durch Vorgesetzte gerahmt wird. Andererseits äußert sich der „Zwang zur Selbstverantwortung" in gestiegenen Anforderungen an die Eigeninitiative und reflexive Selbststeuerung des Handelns. Am weitesten fortgeschritten ist diese Haltung im Konzept des „Intrapreneurship", nach dem sich der Arbeitnehmer als „Unternehmer im Unternehmen" verstehen und seine fachliche Leistung ebenfalls unter ökonomischen Gesichtspunkten, das heißt ausgerichtet an den allgemeinen Unternehmenserfordernissen, beurteilen soll (vgl. Pinchot 1988). Letztlich handelt es sich dabei um eine Anforderung, die zwar dem Einzelnen mehr Möglichkeiten für die persönliche und berufliche Entwicklung bietet, aber gleichzeitig Risiko und Kontingenzen vom Unternehmen auf die Mitarbeiter überträgt.

4.3 Medien und der Wandel gemeinschaftlicher Integration

In Abschnitt 2 haben wir bereits darauf hingewiesen, dass gerade in der Frühphase der Diffusion eines Mediums seine Auswirkungen oft als utopische oder dystopische Szenarien diskutiert werden. Eine Auseinandersetzung, die dabei regelmäßig wiederkehrt, dreht sich um die Frage, inwieweit Medien einen Einfluss auf den sozialen Zusammenhalt lokaler Gemeinschaften haben. Jankowski (2002) macht in seinem Überblick zum Forschungsfeld der „Community and Media Studies" drei Phasen aus, in denen jeweils spezifische Medien sowie ihr Einfluss auf gemeinschaftliche Integration untersucht wurden. Die ersten Studien entstanden im Umfeld der „Chicago School" der 20er und 30er Jahre, wo zum Beispiel Robert E. Park (1922/1970) die Rolle von Zeitungen für die Formierung von individueller und kollektiver Identität in Immigrantengemeinschaften untersuchte. Robert K. Merton (1949/1968) arbeitete in seiner „Rovere"-Gemeindestudie die Persönlichkeitstypen der „cosmopolitans" und „locals" heraus, um Muster der Massenmediennutzung und der persönlichen Netzwerke zu beschreiben.

Eine zweite Phase begann in den späten 60er Jahren, als in verschiedenen Mediengattungen Untergrund- oder Alternativkanäle entstanden, darunter beispielsweise Stadtmagazine wie der Frankfurter „Pflasterstrand" oder Radiosender, die sich auf die Brechtsche Radiotheorie (1932/1967) und die Gedanken von Enzensberger (1970) beriefen: Als „Offene Kanäle" wollten sie die Rundfunkmedien von ihrer Beschränkung auf massenmediale Kommunikation an ein disperses und wechselseitig anonymes Publikum lösen und stattdessen in den Dienst lokaler Gemeinschaften stellen, denen ein Kanal zur Artikulation der eigenen Interessen und Informationen geboten werden sollte. Ziel war die Emanzipation von Machtverhältnissen und das Etablieren von „Gegenöffentlichkeiten", die nicht von den Interessen herrschender Gruppen dominiert werden sollten.

Im Rückblick zeigte sich das praktische Problem, dass diese Experimente in der Regel nur dort erfolgreich waren, wo ohnehin schon eine funktionierende Gemeinschaft existierte. Anders formuliert: „Community Media" setzen schon ein gewisses Niveau von Sozialkapital in einer lokalen Gemeinschaft voraus, das, vermittelt über lokale Solidarität und Zusammengehörigkeitsgefühl, entsprechende Medieninitiativen unterstützt (vgl. Jankowski u.a. 1992). Die emanzipatorischen Ideen sind jedoch nicht verschwunden, sondern haben mit dem Aufkommen der Online-Medien neuen Auftrieb bekommen. Bereits in den 80er Jahren entstanden in den USA auf Mailbox-Basis sogenannte „Freenets", die in den 90er Jahren mit der Diffusion des Internets ins World Wide Web migrierten und inzwischen unter dem Begriff „Community Networks" zusammengefasst werden. Ziele der Bewegung waren, die Verbreitung der neuen Informations- und Kommunikationstechnologien unter der lokalen Bevölkerung zu fördern, entsprechende Kompetenzen zu vermitteln und die politische, soziale und kulturelle Identität einer Kommune oder Region zu fördern, indem lokalbezogene Informationen und Partizipationsmöglichkeiten bereitgestellt werden (vgl. Schuler 1996, Wagner 1998; Schmidt 2003).

Die Beispiele aus verschiedenen Jahrzehnten zeigen, wie unterschiedliche Medien als Kristallisationspunkt für sozialen Wandel dienen können. In jüngster Zeit ist es vor allem das Internet, das die Form und Zusammensetzung von sozialen Gruppen verändert, weil es generell die Transaktionskosten für Aufbau und Pflege von sozialen Beziehungen senkt. Seine Diffusion fördert einen Strukturwandel der sozialen Integration von engen, vor allem (klein-)räumlich definierten Gemeinschaften hin zu sozialen Netzwerken, die auf geteilten Interessen und partikularen Rollenbeziehungen beruhen (vgl. Schmidt 2005). Allerdings ist dieser Aspekt des sozialen Wandels nicht neu; soziologische Klassiker wie Durkheim (1988 [zuerst 1893]) oder Simmel (1999 [zuerst 1908]) haben unseren Blick dafür geschärft, dass im Modernisierungsprozess die Anzahl der Relationen zu anderen Akteuren zunimmt, diese Beziehungen aber eher partikular und auf spezifische Rollenverpflichtungen ausgerichtet sind. In der Sprache der heutigen Netzwerkanalyse kann man von der relativen Abnahme multiplexer Beziehungen und der relativen Zunahme von uniplexen Beziehungen sprechen.

Dieser Wandel geht nicht mit einem generellen Verlust, sondern mit einer Verschiebung des „Ortes" von gemeinschaftlichem Zusammenhalt einher: Während die klassische Soziologie Gemeinschaften meist unhinterfragt mit räumlich gebundenen Kleingruppen (zum Beispiel in dörflichen Strukturen oder städtischen Nachbarschaften) identifiziert hat, definieren neuere Ansätze „Gemeinschaft" oder „community" als eine Teilmenge von sozialen Netzwerken, nämlich diejenigen „networks of interpersonal ties that provide sociability, support, information, a sense of belonging and social identity." (Wellman 2001, S. 228; vgl. auch den Überblick bei Katz u.a. 2004). Medien der interpersonalen Kommunikation unterstützen die Bildung dieser gemeinschaftlichen Netzwerke, ohne den face-to-face-Kontakt damit überflüssig zu machen (eine weitere regelmäßig wiederkehrende dystopische bzw. kulturpessimistische Furcht).

Der von Howard Rheingold (1994) in diesem Zusammenhang geprägte Schlüsselbegriff der „virtuellen Gemeinschaft" hat zwar den Blick für die Existenz von Vergemeinschaftungsprozessen in Online-Umgebungen geschärft (vgl. auch die Überblicke bei Smith/Kollock 1999 oder Thiedeke 2000), ist aber in doppelter Hinsicht irreführend: Zum einen legt er nahe, dass onlinegestützte soziale Netzwerke keine „realen" Gemeinschaften seien, wo sie doch für ihre Angehörigen wichtige Ressourcen (emotionale Unterstützung, Zusammengehörigkeitsgefühl, etc.) bereitstellen und in diesem Sinne sehr real sind. Zum anderen verstellt die Bezeichnung den Blick darauf, dass die computervermittelte Kommunikation in der Regel nur ein Teil der Interaktionen in den sozialen Netzwerken ausmacht. Das Internet verdrängt andere Kommunikationsmodi nicht, sondern ergänzt sie und führt zu „Hybridbeziehungen" (Döring 2003, S. 485), die online wie offline aufrechterhalten werden. Dadurch erweitern und verdichten sich sowohl in der unmittelbaren Nachbarschaft als auch über geographische Entfernungen hinweg bestehende Netzwerke. Der positive Effekt des Internets für das Sozialkapital seiner Nutzer hängt allerdings von der Intensität der Nutzung für interpersonale Kommunikation ab und scheint bei denjenigen Personen größer zu sein, die ohnehin extrovertiert und offen für soziale Kontakte sind. Ihnen erleichtert das Internet die Beziehungspflege:

> „the Internet may be more beneficial to individuals to the extent they can leverage its opportunities to enhance their everyday lives. Those who are already effective in using social and informational resources in the world are likely to be well positioned to take advantage of [it]" (Kiesler u.a. 2002, S. 131).

Die Hoffnung, das neue Medium könne zu einem generellen Anstieg des sozialen Kapitals seiner Nutzer führen, wäre demnach verfrüht – stattdessen verstärkt es eher bestehende Ungleichheiten, weil die Menschen es in unterschiedlichem Umfang in ihren alltäglichen Interaktionen nutzen.

5   Fazit

Moderne Gesellschaften sind immer auch Kommunikationsgesellschaften, die sich durch besondere Dynamiken auszeichnen. Wir haben in diesem Beitrag einige dieser Dynamiken herausgearbeitet, um den Zusammenhang zwischen Medien und sozialem Wandel näher zu charakterisieren. Beide Bereiche bedingen sich wechselseitig, und es wäre verkürzt gedacht, eine einseitige, womöglich technologiedeterministische Wirkungsrichtung anzunehmen. Vielmehr haben wir an verschiedenen Beispielen gezeigt, wie die Dynamiken der Kommunikationsgesellschaft, die sich vor allem als Vermehrung, Beschleunigung, Verdichtung und Globalisierung von Kommunikation zeigen, mit anderen Prozessen des sozialen Wandels einhergehen: Im politischen Bereich wandeln sich Strukturen und Funktionsweisen von Öffentlichkeiten; die Vermehrung von medialen Informationen verändert den Stellenwert von und den Umgang mit Wissen; schließlich tragen Medien als Kommunikationstechnologien auch zu einem Strukturwandel der sozialen Integration bei, der sich als Trend zur netzwerkartigen Organisation von sozialen Beziehungen interpretieren lässt. Die Analyse des Zusammenhangs von Medien- und sozialem Wandel berührt damit immer auch grundlegende sozialtheoretische Überlegungen über die Entwicklung moderner Gesellschaften.

6   Literatur

Behmer, Markus u.a. (Hrsg.) (2003): Medienentwicklung und gesellschaftlicher Wandel. Beiträge zu einer theoretischen und empirischen Herausforderung. Wiesbaden.

Bijker, Wiebe u.a. (Hrsg.) (1987): The Social Construction of Technological Systems. New Directions in the Sociology and History of Technology. Cambridge MA.

Blumer, Herbert (1969): Symbolic interactionism: Perspective and method. Englewood Cliffs.

Brecht, Bertolt (1967): Radiotheorie. [Zuerst: 1932]. In: Gesammelte Werke, Band 18. Frankfurt am Main, S. 118-134.

Bryan, Cathy; Tsagarousianou, Roza; Tambini, Damian (1998): Electronic Democracy and the civic networking movement. In: Tsagarousianou, Roza; Tambini, Damian; Bryan, Cathy (Hrsg.): Cyberdemocracy. Technology, cities and civic networks. London/New York, S. 1-17.

Degele, Nina (2000): Informiertes Wissen. Eine Wissensoziologie der computerisierten Gesellschaft. Frankfurt am Main.

Döring, Nicola (2003): Sozialpsychologie des Internet. Die Bedeutung des Internet für Kommunikationsprozesse, Identitäten, soziale Beziehungen und Gruppen. 2. Auflage. Göttingen.

Durkheim, Emile (1988): Über soziale Arbeitsteilung. Studie über die Organisation höherer Gesellschaften. [Aus dem Franz., zuerst 1893]. Frankfurt am Main.

Enzensberger, Hans Magnus (1970): Baukasten zu einer Theorie der Medien. In: Kursbuch 20. Frankfurt am Main, S. 159-186.

Europäische Kommission (2005): eInclusion revisited: The Local Dimension of the Information Society. Commission Staff Working Document. Brüssel. 4.2.2005. Internetquelle: http://eu.int/comm/employment_social/news/2005/feb/eincllocal_en.pdf, geprüft am 04.08.2005.

Green, Sandra (2004): Individualisierung und Wissensarbeit. Individualisierungsprozesse in Unternehmen und ihre Auswirkungen am Beispiel der Personalorganisation. Wiesbaden.

Habermas, Jürgen (1962): Strukturwandel der Öffentlichkeit. Neuwied.

Hasse, Raimund; Wehner, Josef (1997): Vernetzte Kommunikation. Zum Wandel strukturierter Öffentlichkeit. In: Becker, Barbara; Paetau, Michael (Hrsg.): Virtualisierung des Sozialen. Die Informationsgesellschaft zwischen Fragmentierung und Globalisierung. Frankfurt am Main, S. 53-80.

Internetworldstats (2005): Internet Usage Statistics - The Big Picture. World Internet Users and Population Stats. Online verfügbar: www.internetworldstats.com/stats.htm [Abrufdatum: 31.03.2005].

Jankowski, Nicholas W. (2002): Creating Community with Media: History, Theories and Scientific Investigations. In: Lievrouw, Leah; Livingstone, Sonia (Hrsg.) (2002): Handbook of New Media. London, S. 34-49.

Jankowski, Nicholas u.a. (Hrsg.) (1992): The people's voice. Local radio and television in Europe. London.

Katz, James E. u.a. (2004): Personal Mediated Communication and the Concept of Community in Theory and Practice. In: Communication Yearbook 28. Mahwah, S. 315-371.

Kiesler, Sara u.a. (2002): Internet Evolution and Social Impact. In: IT&Society, Jg. 1, Nr. 1, S. 120-134. Internetquelle: http://www.stanford.edu/group/siqss/itandsociety/v01i01/v01i01a08.pdf, geprüft am 04.08.2005.

Krotz, Friedrich (2002): Die Mediatisierung von Alltag und sozialen Beziehungen und die Formen sozialer Integration. In: Imhof, Kurt u.a. (Hrsg.): Integration und Medien. Wiesbaden. S. 184-200.

Krotz, Friedrich (2003): Zivilisationsprozess und Mediatisierung: Zum Zusammenhang von Medien- und Gesellschaftswandel. In: Behmer, Markus u.a. (Hrsg.) (2003): Medienentwicklung und gesellschaftlicher Wandel. Beiträge zu einer theoretischen und empirischen Herausforderung. Wiesbaden, S. 15-38.

Leggewie, Claus (2002): Web oder Weg – Internet für alle? In: Fuhrmann, Jürgen; Orzessek, Arno (Hrsg.): Zerstreute Öffentlichkeiten. Zur Programmierung des Gemeinsinns. München, S. 65-73.

Lievrouw, Leah (2002): Determination and Contingency in New Media Development: Diffusion of Innovations and Social Shaping of Technology Perspectives. In: Lievrouw, Leah; Livingstone, Sonia (Hrsg.): Handbook of New Media. London, S. 183-199.

Lievrouw, Leah A.; Livingstone, Sonia (2002): The social shaping and consequences of ICTs. In: Dies. (Hrsg.): Handbook of new media. Social shaping and consequences of ICTs. London. S. 1-15.

Lievrouw, Leah; Livingstone, Sonia (Hrsg.) (2002): Handbook of New Media. London.

Lyman, Peter; Varian, Hal R. (2003): How Much Information. Berkeley. Internetquelle: http://www.sims.berkeley.edu/research/projects/how-much-info-2003/printable_report.pdf, geprüft am 04.08.2005.

Maier, Ronald (2004): Knowledge Management Systems. Information and Communication Technologies for Knowledge Management. Berlin.

Marvin, Carolyn (1988): When old technologies were new. Thinking about electric communication in the late 19th century. New York.

Mead, George Herbert (1934): Mind, Self and Society. Chicago.

Merton, Robert K. (1968): Patterns of Influence: Local and Cosmopolitan Influentials. [Zuerst 1949]. In: Ders.: Social Theory and Social Structure. New York, London. S. 441-474.

Meyer, Thomas (2001): Mediokratie. Die Kolonisierung der Politik durch die Medien. Frankfurt am Main.

Meyer, Thomas; Ontrup, Rüdiger; Schicha, Christian (2000): Die Inszenierung des Politischen. Zur Theatralität von Mediendiskursen. Wiesbaden.

Münch, Richard (1991): Dialektik der Kommunikationsgesellschaft. Frankfurt am Main.

Münch, Richard (1995): Dynamik der Kommunikationsgesellschaft. Frankfurt am Main.

Münch, Richard (1997): Mediale Ereignisproduktion: Strukturwandel der politischen Macht. In: Hradil, Stefan (Hrsg.): Differenz und Integration. Die Zukunft moderner Gesellschaften. Frankfurt am Main, S. 696-709.

Negroponte, Nicholas (1995): Total Digital. Die Welt zwischen 0 und 1 oder Die Zukunft der Kommunikation. München.

Park, Robert E. (1970): The immigrant press and its control. [Zuerst 1922]. New York.

Pinchot, Gifford (1988): Intrapreneuring. Mitarbeiter als Unternehmer. Wiesbaden.

Rammert, Werner (1993): Technik aus soziologischer Perspektive. Forschungsstand – Theorieansätze – Fallbeispiele. Ein Überblick. Opladen.

Rheingold, Howard (1994): Virtuelle Gemeinschaft. Soziale Beziehungen im Zeitalter des Computers. Bonn.

Schmidt, Jan (2003): „Die deutschen Bürgernetze und der virtuelle lokale Raum." In: Kommunikation@Gesellschaft, Jg. 4. Internetquelle: http://www.soz.uni-frankfurt.de/K.G/B4_2003_Schmidt.pdf, geprüft am 04.08.2005.

Schmidt, Jan (2005): Der virtuelle lokale Raum. Zur Institutionalisierung lokalbezogener Online-Nutzungsepisoden. München.

Schuler, Douglas (1996): New Community Networks. Wired for Change. Reading.

Simmel, Georg (1999): Soziologie. Untersuchungen über Formen der Vergesellschaftung. Band 11 der Gesamtausgabe (Hrsg. von Otthein Rammstedt). 3. Auflage. [Zuerst 1908]. Frankfurt am Main.

Smith, Marc A.; Kollock, Peter (Hrsg.) (1999): Communities in Cyberspace. London.

Spinner, Helmut (1994): Die Wissensordnung: Ein Leitkonzept für die dritte Grundordnung des Informationszeitalters. Opladen.

Stark, Carsten (1998): Die blockierte Demokratie. Kulturelle Grenzen der Politik im deutschen Immissionsschutz. Baden-Baden.

Stehr, Nico (2001): Wissen und Wirtschaften. Frankfurt am Main.

Stehr, Nico (2003): Wissenspolitik. Frankfurt am Main.

Stöber, Rudolf (2003): Mediengeschichte. Die Evolution „neuer" Medien von Gutenberg bis Gates. Eine Einführung. Band 2: Film – Rundfunk – Multimedia. Wiesbaden.

Telegeography (2004): TeleGeography Report 2004. Executive Summary. Internetquelle (kostenfreie Registrierung notwendig): www.telegeography.com/ee/ free_resources/tg2004_exec_sum-01.php, geprüft am 31.03.2005.

Theis-Berglmair, Anna M. (2003): Organisationskommunikation. Theoretische Grundlagen und empirische Forschungen. Münster.

Thiedeke, Udo (Hrsg.) (2000): Virtuelle Gruppen. Charakteristika und Problemdimensionen. Opladen.

Van der Loo, Hans; Van Reijen, Wilem (1992): Modernisierung. Projekt und Paradox. München.

Van Eimeren, Birgit; Ridder, Christa-Maria (2001): Trends in der Nutzung und Bewertung der Medien 1970 bis 2000. In: Media-Perspektiven, Nr. 11. S. 538-553.

Wagner, Rose (1998): Community Networks in den USA. Von der Counterculture zum Mainstream? Hamburg.

Wellman, Barry (2001): Physical Place and Cyberplace: The Rise of Personalized Networking. In: International Journal of Urban and Regional Research, Jg. 25, Nr. 2. S. 227-252.

Willems, Herbert; Jurga, Martin (1998): Inszenierungsgesellschaft. Ein einführendes Handbuch. Opladen.

Willke, Helmut (1998): Organisierte Wissensarbeit. In: Zeitschrift für Soziologie, Nr. 3. S. 161-177.

Winston, Brian (1998): Media, Technology and Society. A History: From the Telegraph to the Internet. London, New York.

Empfehlungen zum Weiterlesen:

Lievrouw, Leah A.; Livingstone, Sonia (Hrsg.) (2002): Handbook of new media. Social shaping and consequences of ICTs. London.

Münch, Richard (1995): Dynamik der Kommunikationsgesellschaft. Frankfurt am Main.

Stöber, Rudolf (2003): Mediengeschichte. Die Evolution „neuer" Medien von Gutenberg bis Gates. Eine Einführung. Zwei Bände. Wiesbaden.

Medien und Integration

Michael Jäckel

Zusammenfassung: Die Behauptung einer Integrationsfunktion der Medien hat einen fast paradigmatischen Charakter angenommen. Der Beitrag fasst verschiedene Sichtweisen auf diese angenommene gesellschaftliche Funktionsleistung zusammen und diskutiert insbesondere, ob eine solche Verknüpfung ohne eine Orientierung an bestimmten Leitbildern (Normen, Werten) zu rechtfertigen ist. Jedenfalls scheint eine Doppelfunktion der Medien darin zu bestehen, dass sie nicht nur integrierend, sondern auch desintegrierend wirken können.

1 Medien und Integration. Einführende Bemerkungen

Im 15. Jahrhundert benötigten Briefe von Lübeck nach Brügge je nach Witterungsbedingungen 11 bis 24 Tage (vgl. Borscheid 2004, S. 27). Es waren vornehmlich Handelszentren, die miteinander korrespondierten und zugleich eine wesentliche Triebkraft der Verkürzung dieser zeitlichen Abstände gewesen sind. Parallel dazu vollzieht sich der allmähliche Aufbau eines Postwesens, welches die Kommunikation im Heiligen Römischen Reich Deutscher Nation verbesserte und gleichsam auch neue Bedürfnisse schuf. An den Aufbau dieser Verkehrsnetze schließt sich die Entwicklung von Informationsnetzen an (vgl. Lübbe 1996, S. 134). Regionen und Menschen rücken enger zusammen, daraus erwachsen neue Koordinationserfordernisse und arbeitsteilige Organisationsmuster ergeben sich. Diese Beispiele zeigen, dass die Herstellung von Verbundenheit (in diesem Falle durch Verkehrs- und Informationsnetze) ein soziales System generiert, das auf Grund dieser Vernetzung Prozesse der Differenzierung in Gang setzen kann. Obwohl sich die zeitlichen Distanzen durch einen immer engmaschigeren Aufbau dieser Infrastruktur im Laufe der Jahrhunderte sukzessive reduzierten, blieb bis ins 19. Jahrhundert charakteristisch, dass sich die Nachricht im wahrsten Sinne des Wortes von einem Ort zu einem anderen bewegen musste: „Noch zur Goethe-Zeit und weit über die Mitte des 19. Jahrhunderts hinaus war die Übermittlung jeder Nachricht, jedes Textes an Verkehrswege gebunden. Ausnahmen von dieser Regel, die es gab, blieben marginal. Seit der Installation von Telefonnetzen hingegen gibt es, und zwar tendenziell massenhaft, verkehrsfreien Informationstransfer [...]." (Lübbe 1996, S. 134f.) Die Fortschritte, die der Informationstransport im 19. Jahrhundert erfuhr, resultierten nicht so sehr

aus der Möglichkeit einer Punkt-zu-Punkt-Kommunikation, wie sie durch den Tele-
grafen und das Telefon ermöglicht wurden. Viel entscheidender war die sich ab-
zeichnende Möglichkeit, diese Form der Kommunikation im Sinne einer Erreichbarkeit von Massen einzusetzen. Symptomatisch für die kommunikationshistorische Entwicklung scheint zu
sein, dass im Zuge einer Differenzierung der technischen Kommunikationsmöglichkeiten die Sorge um den Verlust gesellschaftlicher Integration zunahm. Die Sozialtheorie des 19. Jahrhunderts hat zwar die Frage des Zusammenhangs von Me-
dien- und Gesellschaftsentwicklung noch nicht in den Vordergrund gestellt. Dennoch kann gerade die Entwicklung in der zweiten Hälfte des 19. Jahrhunderts sehr
anschaulich verdeutlichen, dass die Frage, was eine Gesellschaft zusammenhält,
auch eine Bezugnahme auf Medien implizierte[1]. Der Umbruch der Lebensverhältnisse im 19. Jahrhundert wurde vielfach mit Entwurzelung gleichgesetzt. Diese wiederum galt als günstige Voraussetzung für indirekte Beeinflussungsprozesse über
Medien der Massenkommunikation. Symptomatisch für diese Verknüpfung ist die
von Park (1904) vorgelegte Analyse der Besonderheiten von Masse und Publikum.
Beiden, so Park, fehle eine „gemeinsame Tradition, auf Grund deren sie sich als eine dauernde Gesamtheit vorstellen könnten." (Park 1904, S. 104) Die wesentliche
Differenz zwischen Masse und Publikum koppelt Park an die Zugehörigkeitsbedin-
gungen: Im Falle der Masse genüge das gemeinsame Fühlen und Mitfühlen, im Falle
des Publikums aber werde zusätzlich das Denken und Mitdenken gefordert.

Die weitgehend parallel verlaufende Kritik an Massengesellschaft und Massenkommunikation ist damit gleichzeitig ein Teilaspekt der Debatte um die „Steigerung
des Nervenlebens" (Simmel 1957 [zuerst 1903], S. 228), die sich gerade in den Zentren der Vermassung, nämlich den Großstädten, beobachten ließ. Obwohl Simmel in
seiner Analyse über „die Großstädte und das Geistesleben" den Bezug zu Medien
nicht explizit herstellte, wird dort am Beispiel des Auseinanderklaffens der subjektiven und objektiven Kultur ein Problem beschrieben, das auch für den Zusammenhang von Medien und Integration von Bedeutung ist. Dort heißt es: „Die Entwicklung der modernen Kultur charakterisiert sich durch das Übergewicht dessen, was
man den objektiven Geist nennen kann, über den subjektiven, d. h., in der Sprache
wie im Recht, in der Produktionstechnik wie in der Kunst, in der Wissenschaft wie
in den Gegenständen der häuslichen Umgebung ist eine Summe von Geist verkör-
pert, deren täglichem Wachsen die geistige Entwicklung der Subjekte nur sehr unvollständig und in immer weiterem Abstand folgt." (Simmel 1957 [zuerst 1903], S.
240) Simmel leitet daraus eine „erschreckende Wachstumsdifferenz" (ebd.) ab. Die
Verbindung zur Diskussion um die Rolle der Medien lässt sich leicht herstellen:

---

[1] Siehe hierzu den Beitrag von Jäckel und Grund im vorliegenden Band.

- Ein Anknüpfungspunkt ist die Behauptung, dass der Orientierungsverlust des Menschen auf dem Weg in die Moderne ein Betätigungsfeld für Angebote der Zerstreuung schaffe. In diesem Kontext verweist der Begriff der doppelten Entfremdung auf verstärkende Effekte, die aus der vermeintlichen Entlastungsfunktion massenmedialer Angebote für die Bewältigung des Alltags resultieren können. Lazarsfeld und Merton haben in diesem Zusammenhang von einer narkotisierenden Dysfunktion der Massenmedien gesprochen (vgl. Lazarsfeld/Merton 1973 [zuerst 1948]).

- Des Weiteren wird der Beitrag der Medien für großräumige und funktional differenzierte Gesellschaften hervorgehoben. Sie sollen den Mitgliedern moderner Gesellschaften Orientierungswissen vermitteln und sich der damit verbundenen Verantwortung bewusst sein.

- Medien sollen daher sowohl Angebote für ein disperses Publikum bereithalten als auch dieses dazu befähigen, die Rolle als Staatsbürger in unterschiedlichen sozialen Zusammenhängen wahrnehmen zu können. Gerade diese Zielsetzung dient häufig als Messlatte für deren Integrationsleistung, ob Medien also über ihre Angebote eine verbindende Klammer zwischen den Mitgliedern einer Gesellschaft gewährleisten können.

Lazarsfeld und Merton stellen in einem frühen Beitrag zur Medienwirkungsforschung unter anderem die Frage: „Warum erregen sich so viele über die »Probleme« des Rundfunks, des Films und der Presse und so wenige – sagen wir – über das Auto und das Flugzeug?" (Lazarsfeld/Merton 1973 [zuerst 1948], S. 451) Ihre nachfolgend wiedergegebene Antwort mag auch noch heute neugieriges Staunen hervorrufen, zeigt aber, dass gerade eine Innovation, die sich auf technischer Ebene durch für den Nutzer relativ geringe Komplexität auszeichnet, gerade deshalb offensichtlich große Bedeutung entfalten kann. Dazu noch einmal Lazarsfeld und Merton: „Die Massenmedien erwecken den Anschein, als ob sie die Reformer geradezu um die Früchte ihrer Arbeit gebracht hätten. Sie hören Radio und gehen ins Kino. Der Kampf um die Freiheit der Muße, für allgemeine Schulbildung und soziale Sicherheit wurde in der Hoffnung geführt, daß die Leute, wenn sie erst einmal von ihren engen Fesseln befreit wären, sich den großen kulturellen Gegenständen unserer Gesellschaft widmeten, sich Shakespeare oder Beethoven oder vielleicht Kant zuwendeten. Stattdessen wenden sie sich Faith Baldwin oder Johnny Mercer oder Edgar Guest zu." (Lazarsfeld/Merton 1973 [zuerst 1948], S. 452)[2]

Am Ende des 20. Jahrhunderts beklagte der amerikanische Sozialwissenschaftler Robert D. Putnam, dass ein Blick auf die amerikanische Gesellschaft zeige, wie

---

[2] Die genannten Autoren sind amerikanische Schriftsteller, die der Rubrik „Unterhaltungsliteratur" zugerechnet werden können.

stark das soziale Engagement im Generationenvergleich abgenommen habe. Für dieses nachlassende Engagement machte er nicht so sehr eine wachsende Mobilität in räumlicher und beruflicher Hinsicht verantwortlich, sondern lenkte den Blick insbesondere auf das Phänomen einer Privatisierung der Freizeit, welche wiederum vor allem dem Fernsehen angelastet wird (vgl. Putnam 1995, S. 70f.).

Es soll daher im Folgenden gezeigt werden, welche Positionen zu der Rolle der Medien für gesellschaftliche Integrationsprozesse heute zu unterscheiden sind. Dabei wird zunächst eine eher normativ ausgerichtete von einer eher neutral argumentierenden Position zu differenzieren sein. In einem weiteren Schritt soll die Vielfaltsdebatte, die gleichsam auch eine Individualisierungsdebatte darstellt, in ihren Grundzügen referiert werden. Dabei gilt es auch die so genannte Public Service-Diskussion und die Folgen einer Deregulierung des Mediensystems zu erörtern.

2   Integration und Differenzierung

Die Entwicklung neuzeitlicher Gesellschaften wird von der Vorstellung begleitet, dass sich diese aus einem Zustand inkohärenter Homogenität in einen Zustand kohärenter Heterogenität verwandeln. Diese evolutionäre Annahme geht einher mit dem Anstieg der Zahl der zu integrierenden Akteure. Einer eher liberalen Tradition der Sozialtheorie, die die Vorstellung einer Selbststeuerung durch Eigeninteresse favorisiert, wird die Notwendigkeit des Vorhandenseins von Institutionen entgegengehalten, die eine Selbstbegrenzung dieser Eigeninteressen garantieren und darüber soziale Ordnung gewährleisten. Integration erscheint daher im ersten Falle als das Ergebnis der Einsicht in die Notwendigkeit von Kooperation, im zweiten Fall dagegen wird Integration eher als Gegenbegriff zu Phänomenen wie Anomie und Egoismus verwandt, um damit einen Zustand verbindlicher Normgeltung für möglichst viele Gesellschaftsmitglieder zu erreichen. Durkheim hat in diesem Zusammenhang insbesondere betont, dass die mechanische Solidarität als Integrationsgarant der vormodernen Gesellschaft im Zuge der funktionalen Ausdifferenzierung durch eine organische Solidarität ersetzt werde, die die Rolle konfliktregulierender Institutionen übernehme. In dieser Tradition steht auch die Verwendung des Integrationsbegriffs bei Talcott Parsons. Integration ist für ihn die Hauptfunktion des sich aus Interaktionen zusammensetzenden Sozialsystems und damit Bedingung der Möglichkeit wechselseitig aufeinander bezogenen Handelns. In der Koordination liegt die Basis der sozialen Kontrolle und daraus folgt, dass Integration hier in erster Linie als normativ gesteuert gedacht wird (vgl. hierzu auch Gerhardt 1998). Kritisiert wurde an dieser Erwartung beispielsweise, dass aus der Notwendigkeit wechselseitiger Orientierung die uneingeschränkte Geltung bestimmter Normen nicht abgeleitet werden könne. Gerade dann, wenn der Geltungsanspruch solcher Normen in Frage gestellt sei, könne, so beispielsweise Habermas (1981), Integration nicht als Konsequenz eines „value commitment" gedacht werden.

Zumindest zeigen bereits diese Positionen, dass Integration in erster Linie als ein modernes Problem wahrgenommen wird, und dies insbesondere vor dem Hintergrund von Prozessen, die die Wahrnehmung von Ungleichheit verstärken: funktionale Ausdifferenzierung, Pluralisierung, Individualisierung. Die Frage des Zusammenhalts der Gesellschaft wird dadurch erklärungsbedürftig und zu einem sozialpolitischen Ziel erhoben. Ebenso ist erkennbar, dass dieser Blick auf Integration insbesondere auf Normbindung und Normorientierung von Menschen bzw. von Akteuren setzt und darauf die Erwartung einer Bildung sozialer Konsensi stützt. Dies kann durch Institutionen des Rechts, aber auch durch Diskurse, die den zwanglosen Zwang des besseren Arguments zum Prinzip erheben, gelingen.

Es wird in jedem Falle deutlich, dass Integrationskonzepte in der Soziologie häufiger im Sinne von norm- und konsensbezogenen Konzepten thematisiert worden sind. Insofern ergibt sich für die Frage, welche Rolle Massenmedien in diesem Zusammenhang spielen, vor allem deren Rolle als meinungsbildende und Sozialisationsprozesse beeinflussende Institution. Massenmedien schaffen Zugang zu einem Themenspektrum, das sich je nach Differenziertheit des Angebots durch Homogenität oder Heterogenität auszeichnen kann. Entsprechend können deren Beiträge theoretisch Gemeinsamkeit, aber auch Prozesse der Divergenz evozieren. Im Hinblick auf die normative Komponente können Beiträge des Weiteren hinsichtlich ihrer inhaltlichen Kompatibilität mit gesellschaftlich dominanten Normen und Werten beurteilt werden. Für die Medienwirkungsforschung kann beispielsweise festgestellt werden, dass eine Unverträglichkeit mit gesellschaftlich wünschenswerten Zuständen in der Regel als Förderung von Desintegrationsprozessen interpretiert wird. Die Zuordnung von Themen zur Kategorie integrativ oder desintegrativ kommt wiederum ohne normative Bezüge nicht aus. Parsons hat darüber hinaus auf eine wichtige Funktion von Massenmedien hingewiesen, die es den Menschen ermögliche, sich trotz eines gegebenenfalls vorhandenen Gefühls der Entfremdung auch in modernen Gesellschaften heimisch fühlen zu können. Er betont beispielsweise, dass administrative Bürokratien territoriale Integration gewährleisten, und dabei auf das Prinzip setzen, „ohne Ansehen der Person" zu entscheiden. Das mag Entfremdungstendenzen auf Seiten derjenigen, die durch diesen Prozess integriert werden sollen, hervorbringen. Er stellt jedoch ergänzend fest:

> „Wir würden dagegen bemerken, dass die Bürokratisierung im negativen Sinne keineswegs droht, alles mit sich zu reißen. Darüber hinaus ist das System der Massenkommunikation ein funktionales Äquivalent, welches gewisse Züge der Gemeinschafts-Gesellschaft trägt und welches ein Individuum in die Lage versetzt, je nach seinen eigenen Kriterien und Wünschen teilzunehmen [...]." (Parsons 1985, S. 149)

Daher können Prozesse der Standardisierung durchaus durch Prozesse der Pluralisierung begleitet werden. Kennzeichnend bleibt in dieser Integrationsperspektive dennoch die wertende Komponente.

Dieser Fokus auf normative Integration wird in einer eher wertneutralen Prozessanalyse ausgeklammert. Diese Sichtweise verbindet man insbesondere mit Niklas Luhmann (1981 und 1997). Seine Theorie setzt nicht auf das Vorhandensein gemeinsam geteilter Norm- und Werthorizonte, nicht auf die Erwartung, dass der wechselseitige Bezug der Menschen im Sinne eines Gelingens von Abstimmungsprozessen interpretiert werden kann. Für ihn ist zunächst zentral, dass die elementare Kategorie nicht Rolle oder Mensch, sondern Kommunikation sei. Normen können dabei durchaus das Ergebnis und Produkt kommunikativer Zusammenhänge sein. Gesellschaft setzt sich aus Teilsystemen zusammen (Recht, Wirtschaft, Politik usw.), die mit ihren jeweiligen Operationen Bereiche, die außerhalb ihrer Systemgrenzen liegen, gegebenenfalls irritieren können. Jedenfalls kann nicht ex ante festgelegt werden, ob und wie auf Kommunikation reagiert wird. Jedes System operiert nach eigenen Regeln, und diese Regeln basieren nicht auf einem systemübergreifenden Konsensverständnis. Die Entscheidung über die Relevanz für das Systemgeschehen fände innerhalb und nicht außerhalb des jeweiligen Systems statt. Die Chance, dass solche teilsystemübergreifende Kommunikationen stattfinden, steigt mit dem Vorliegen von Verbreitungsmedien, die eine zeitliche und räumliche Vergrößerung des Empfängerkreises von Mitteilungen gewährleisten. Daraus folgt, dass Massenmedien integrieren, weil sie gegebenenfalls für Anschlüsse in den unterschiedlichsten Teilsystemen wie Politik, Wirtschaft, Kunst, aber auch einfachen Interaktions- bzw. Kommunikationssystemen sorgen können.

Der Begriff Massenkommunikation leitet daher seine Berechtigung auch aus der Tatsache ab, dass das Angewiesensein der Massenmedien auf die Kommunikation in ihrer gesellschaftlichen Umwelt für diese wiederum die Funktion eines permanenten Inputs übernimmt. Es werden Themen hervorgebracht, gegebenenfalls auch vorstrukturiert, und damit Anschlusskommunikation in vielen Bereichen der Gesellschaft angestoßen, die nicht notwendigerweise im Sinne der ursprünglichen Nachricht fortgeführt werden muss. Insofern spricht Luhmann auch von einer Desintegration, die sich an diese vorübergehende Form der Integration über Anschluss an Themen einstellen kann. Über Massenmedien und Massenkommunikation kann also vieles beobachtbar gemacht werden. Sie steigern die teilsystemübergreifende Präsenz von Themen und können gegebenenfalls in bestimmten Situationen des Face-to-Face-Kontakts auch eine ins Stocken geratene Unterhaltung wieder in Gang bringen. (vgl. hierzu Bergmann/Ulmer 1993, S. 89) Die Luhmannsche Integrations-Perspektive beschreibt somit kein Ziel, sondern über Kommunikation gesteuerte Prozesse der Ko-Orientierung zwischen Teilsystemen, die ansonsten nach ihren eigenen Regeln operieren.

Welchem Teilsystem aber soll ich mich zurechnen, wenn ich im Zug die Tageszeitung lese, zu Hause die Nachrichtensendung verfolge oder einen Hollywood-Streifen im Kino verfolge? Gibt es mit anderen Worten jenseits der Grenzen der Teilsysteme noch Gesellschaft oder eine Institution, die den Namen „Öffentlichkeit" verdient? Zur Massenkommunikation gehört zwar definitionsgemäß ein disperses Publikum, gleichwohl wäre die doch regelmäßig zu beobachtende Konstitution von Publika für unterschiedlichste Angebote kaum vorstellbar, wenn es, wie Rühl es formuliert hat, nicht ein „Potential gemeinsamen Erlebens" (Rühl 1985, S. 23) geben würde. Rühl stellt darüber hinaus aber auch fest:

> „Soll Massenkommunikation [...] sekundärfunktional für das Gesellschaftsganze besondere integrative Leistungen erbringen, dann ist ein Minimum gemeinsamer Orientierung für die Massenkommunikation und für die mit ihr in Beziehung stehenden anderen gesellschaftlichen Funktionssysteme Voraussetzung. Und dabei kann es sich nicht um gefühlsgesteuerte Orientierungen handeln, wie sie für die Integration einfacher sozialer Systeme (z. B. für das Paar oder die Familie) genügen mögen. Massenkommunikation ist öffentliche, also unpersönliche Kommunikation und erfordert in erster Linie sichere soziale Mechanismen der Integration." (Rühl 1985, S. 25)

Massenmedien aber können Normen weder vorschreiben noch kann man ernsthaft die Behauptung aufstellen, dass es ihnen in erster Linie um eine Bindung ihrer Publika an übergeordnete Wertvorstellungen gehe. Im Gegenteil: Massenmedien liefern sowohl Orientierungswissen als auch vielfältige Anlässe für Kontroversen. Ohne Zweifel sind sie in vielen Bereichen auch Beförderer des Anti-Normalismus geworden. Wenn also von sicheren sozialen Mechanismen der Integration gesprochen wird, kann die Gewährleistung dieser keinesfalls allein auf der Seite der Massenmedien zu suchen sein. Vielmehr muss eine Gesellschaft, die auf kommunikative Leistungen der Massenmedien angewiesen ist, gleichzeitig in der Lage sein, aus eigener Kraft die damit einhergehenden Herausforderungen zu meistern. Das kann auf vielfältige Art und Weise geschehen: durch eine Binnenkonkurrenz im System der Massenmedien selbst, durch Organe der Selbst- und Fremdkontrolle (Presserat, Landesmedienanstalten usw.), durch Anschlusskommunikation in unterschiedlichsten Situationen (am Arbeitsplatz, unter Freunden usw.), im weitesten Sinne über die Akzeptanz auf Seiten des Publikums. Ohne diese regelmäßig wiederkehrenden Herausforderungen der modernen Gesellschaft würde sich die Kontroverse um Integration und Desintegration durch Medien kaum stellen. Schultz hat am Beispiel der Arbeiten von John Dewey gezeigt, dass die Vorstellung, moderne Gesellschaften seien homogene Einheiten mit einem umfassenden gemeinsamen Wissen, illusorisch sein muss. In Deweys Überlegungen wird bereits ein Verständnis von Integration artikuliert, dass das Ertragen von Widersprüchen impliziert. Zur Idee, Menschen auf gemeinsame Werte und Traditionen zu verpflichten, stellt er beispielsweise fest:

„Sowohl eine Homogenität an Wertvorstellungen als auch eine Konsonanz kommuni-
zierter Themen können insofern Ausdruck von Desintegration sein. Sie können Verhältnisse und Zusammenhänge verdecken oder sogar tabuisieren, deren Wahrnehmung
und Bearbeitung für die Lösung drängender kollektiver Probleme entscheidend wäre.
Nach meiner Lesart von Dewey liegt eine zentrale Anforderung an die Massenmedien
darin, alle Entwicklungen, Erfahrungen und Problemlagen über die Grenzen von Sub-
gruppen hinaus bekannt zu machen und zur Diskussion zu bringen, von denen andere
in einer relevanten Weise betroffen sein könnten." (Schultz 2002, S. 43)

Die hier vorgeschlagene Lösung lässt sich also wie folgt zusammenfassen: Integration muss durch kontinuierliche Thematisierung, die nicht Konsens, sondern Präsenz
von Themen garantiert, gewährleistet werden. Massenkommunikation kann also
nicht mit normativer Integration gleichgesetzt werden. Sie erfüllt – neben anderen
Dingen – vor allem auch die Funktion der Aufrechterhaltung eines öffentlichen Di-
alogs. Dieser öffentliche Dialog stellt sich aber nicht von selbst ein, sondern impliziert auch neue Herausforderungen an Mitglieder moderner Gesellschaften. Es
kann festgestellt werden:

- Es findet eine Verlagerung der gesellschaftlichen Verantwortung von Fremdkontrolle auf Selbstkontrolle statt. Letzteres impliziert auch die Vorstellung einer hohen unstrukturierten Reflexionslast, die auf die Individuen verlagert
  wird. Hier wird generell erwartet, dass Position bezogen wird.

- Da sich die Medienangebote immer weiter ausdifferenzieren und gleichzeitig
  immer wieder neue inhaltliche Experimente stattfinden, wird dem Einzelnen
  mehr und mehr deutlich, was mit dieser Reflexionslast gemeint ist. An die Stelle einer normativen Steuerung von zulässigen bzw. nicht zulässigen Angeboten
  tritt die Selbstverantwortung. Die Individuen werden auf sich selbst verwiesen.
  Im Kontext der Vielfalts-Debatte wird diese Liberalisierung mit dem Hinweis
  auf die Konsumentensouveränität begründet. Im Zuge dieser Verantwortungs-
  verlagerung sind insbesondere jene Institutionen unter Druck geraten, die sich
  aufgrund ihres historischen Auftrags in besonderer Weise der Integrationsauf-
  gabe verpflichtet sahen. Dies führt im Kontext des vorliegenden Beitrags zu einer Diskussion um den öffentlichen Auftrag (Public Service-Funktion) der
  Medien.

3   Medien und öffentlicher Auftrag

Die Diskussion des Zusammenhangs von Medien und Integration wird erstaunlicherweise vorwiegend in Bezug auf den Rundfunk geführt. Das mag damit zusammenhängen, dass man der Kombination von Bild und Ton in Verbindung mit der
Möglichkeit des Erreichens disperser Publika ein anderes Wirkungspotenzial zuschreibt als der seit jeher pluralistischer organisierten Presselandschaft mit einer

Differenzierung auf der lokalen, regionalen und nationalen sowie internationalen Ebene. Auf die Problematik der horizontalen und vertikalen Medienkonzentrationsprozesse soll hier nicht näher eingegangen werden (vgl. hierzu Röper 2004).

Die Integrationsleistung wird dabei insbesondere an die Erfüllung bestimmter politischer Funktionen geknüpft, die Holtz-Bacha als eine klassische Dreiteilung bezeichnet hat: „Generalfunktion der Medien ist die Informationsfunktion, daraus ergeben sich gewissermaßen die Funktionen der Meinungsbildung sowie der Kontrolle und Kritik." (1997, S. 15) Holtz-Bacha ergänzt diese klassische Sichtweise durch den Hinweis, dass sich die Informationsfunktion nicht nur über das Informationsformat (Nachrichten, politische Magazine) realisieren lässt, sondern ebenso durch unterhaltende Angebote, die in fiktionaler oder nonfiktionaler Form Politisches vermitteln. Vor der Deregulierung des Rundfunksystems galt dies sicherlich auch, nach der Deregulierung hat eine noch stärkere Aufweichung der klassischen Formatgrenzen eingesetzt.

Eine weitere Klassifikation schlägt Vlasic vor. Nach einer umfangreichen Diskussion der Integrationsfunktion der Massenmedien präsentiert er eine Typologie, die vermutete, ermittelte oder geforderte Einflüsse der Medien auf die Gesellschaft unterscheidet. Diese lassen sich zu fünf traditionellen Modellen verdichten: „1) Bereitstellung gemeinsamer Themen; 2) Ermöglichen von Repräsentation; 3) Konstituieren von (politischer) Öffentlichkeit; 4) Vermittlung gemeinsamer Normen und Werte; 5) Konstruktion von Realität." (Vlasic 2004, S. 219) Er bemängelt zugleich, dass Integrationsmodelle, die keine inhaltliche Präzisierung des damit Gemeinten mitliefern, ungenau bzw. unbestimmt bleiben müssen. Er stellt fest: „Jede nähere Festlegung kann nur unter Bezug auf normative Vorstellungen erfolgen. Im Hinblick auf eine rationale Diskussion über Integrationsmodelle ist folglich zu fordern, dass die Sprecher ihre jeweilige normative Position offenlegen." (Vlasic 2004, S. 223) Diese Kritik betrifft auch die Vorstellung, dass sich Integration im Sinne des Ermöglichens von Anschlusskommunikation darstellen lasse. Wenn dies das einzige Kriterium ist, wird die Frage, wie bestimmte Inhalte verarbeitet werden, zumindest zu einem sekundären Phänomen. In der Luhmannschen Perspektive integrieren Massenmedien, in dem sie für Anschlüsse in den unterschiedlichsten Teilsystemen wie Politik, Wirtschaft, Kunst oder einfachen Interaktions- bzw. Kommunikationssystemen (Gespräche unter Freunden, Small talk etc.) sorgen. Die Fokussierung der Prozessanalyse führt in diesem Zusammenhang zu einer Vernachlässigung der inhaltlichen Ebene. Massenmedien können Themen vorstrukturieren, sie können diesen eine bestimmte Rahmung geben und damit den weiteren Verlauf der Behandlung dieses Themas in unterschiedlichen Systemen zu steuern versuchen.

Aber auch hier muss die Unwahrscheinlichkeit der Kommunikation, die Möglichkeit des Nicht-Gelingens einkalkuliert werden. Ansonsten wäre auch hier in versteckter Form ein Stimulus-Response-Modell vorgelegt worden. Eben diese Frage nach der Qualität des Angebots oder auch nach der Art und Weise, wie Realität konstruiert wird, möchten die wenigsten zugunsten der bloßen Prozessanalyse von Kommunikationsketten aufgeben. Dieser Vorwurf einer theoretisch begründeten Reduktion wird von Hömberg beispielsweise wie folgt formuliert: „Die systemtheoretische Reduktion auf die redaktionelle Gesamtleistung blendet manche Formen und Varianten des „Qualitätsjournalismus" aus, die man nur an Subjekten, Personen, Individuen festmachen kann. Als Beispiele sind der Reportagejournalismus, der Feuilletonjournalismus, der literarische Journalismus zu nennen." (Hömberg 2005, S. 199) Die Abkehr von einer neutralen Sichtweise führt andererseits dazu, dass die Vorwegnahme von Risiken, deren Eintreten man nicht mit Sicherheit voraussagen kann, als Begründung für das Verfechten bestimmter Positionen dient. So hat Elihu Katz am Beispiel der Entwicklung des Fernsehens in Israel gezeigt, welche Konsequenz die Auflösung eines öffentlichen Monopols im Bereich des Fernsehens gehabt hat. Der symptomatische Titel seines Beitrags „And deliver us from Segmentation" verdeutlicht seine Sorge, dass so genannte Massendemokratien durch den Verlust solcher institutionellen Regeln ihren „last common meeting ground" (Katz 1996, S. 22) verlieren. Holtz-Bacha sieht hierin „die Idee eines gesellschaftlichen Zentrums" (1997, S. 17) formuliert, das als Forum für Meinungen dient, in denen sich politische Entscheidungsfindungen mit legitimieren müssen. Man könnte auch sagen: Hier wird den Massenmedien eine Agora-Funktion zugeschrieben. Ohne Zweifel wird hier, aber auch in anderen Diskussionszusammenhängen eine enge Verbindung zwischen Gemeinsamkeit und der Qualität der Information hergestellt. Auch die Diskussion um den öffentlich-rechtlichen Rundfunk in Deutschland hat gezeigt, dass dessen Aufgabe in engster Verknüpfung mit der Integrationsfunktion des Rundfunks bestimmt wurde. Diese bis 1984 gültige „Programmhoheit" sollte den Medien eine wichtige gesellschaftliche und politische Funktion bewahren. Folgt man der Einschätzung von Roß, so ist diese Phase mit der Einführung des dualen Rundfunksystems Geschichte geworden (vgl. Roß 1990, S. 81). Diese Aufgabe konkurriert heute aufgrund veränderter Rahmenbedingungen mit den Medienpräferenzen eines Publikums, das sich im Zuge einer wachsenden Wahlfreiheit in unterschiedlichem Maße an dem Verpflichtungscharakter öffentlicher Kommunikation orientiert: „Die Überbetonung der öffentlichen Aufgabe hat das Fernsehen mit einer Bürde belastet, die es allenfalls in einer konkurrenzfreien Situation verkraften konnte. Sobald diese große „Schutzzone" entfiel und sich Konkurrenten etablierten, denen man das Recht auf Publikumsmaximierung und kommerziellen Erfolg zugestand, musste sich die öffentliche Aufgabe als Ballast erweisen." (Roß 1990, S. 81)

Dieses Beispiel verdeutlicht die Problematik einer Diskussionsführung, die lange Zeit ohne einen erkennbaren Gegner geführt werden musste. Die Frage, ob eine Gesellschaft einen öffentlich-rechtlichen Rundfunk benötige, war durch verfassungsrechtliche Entscheidungen beantwortet. Bis weit in die 1980er Jahre hinein war die öffentliche Diskussion noch von der Frage bestimmt, ob man dem privaten Fernsehen eine Chance einräumen sollte, ob Rundfunk also auch andere Trägerschaften zulässt. Heute wagt dagegen kaum jemand die Frage zu stellen, ob eine Gesellschaft privaten Rundfunk benötige. Eher wird danach gefragt, unter welchen Bedingungen ein öffentlich-rechtlicher Rundfunk noch legitimiert werden kann. Nicht wenige vertraten die Auffassung, dass der Verzicht auf Möglichkeiten der Selektion die Integration gewährleistete. Auch hierzu stelle Holtz-Bacha beispielsweise fest: „Die kaum vorhandene Selektionsmöglichkeit verführte dazu, sich gelegentlich auch mit solchen Inhalten und Argumenten auseinanderzusetzen, die vielleicht nicht so sehr den persönlichen Interessen oder der eigenen Meinung entsprachen; das ist heute nicht mehr notwendig." (1997, S. 17) Erst die Konkurrenz hat zu einem Nachdenken darüber geführt, was es eigentlich heißt, eine „Public Service"-Funktion zu haben und diese zu erfüllen. Unter Monopolbedingungen konnte dieses Ziel „allgemein und vage gehalten werden; unter seinem breiten Schirm konnten im Programm mehr oder weniger alle gewünschten Wege gegangen werden; wirklich schwere Entscheidungen mußten nur relativ selten getroffen werden." (Blumler/Hoffmann-Riem 1992, S. 406) Dennoch gehört das Argument, dass im Zuge der technologischen Entwicklung ein Zusammenhang zwischen einer Ausweitung von Distributions- und Empfangsmöglichkeiten der Medienangebote einerseits und dem Verfall der Idee einer öffentlichen Kultur andererseits zu beobachten sei (vgl. Tracey 1994, S. 145), nicht zu jenen, die keiner weiteren Erörterung mehr bedürften. Mitte der 1990er Jahre wurde ein Medienberater von Rupert Murdoch einmal mit dem Satz zitiert: „Vieles von dem, was früher im (britischen) Public Service-Duopol Programmauftrag war, wird jetzt vom Markt angeboten; es ist eine Verschwendung von Mitteln, die dem öffentlich-rechtlichen Rundfunk zur Verfügung gestellt werden, die der Markt genauso gut oder manchmal auch noch besser liefern kann." (zit. nach Tracey 1994, S. 147) Mit solchen Argumenten wird heute weniger emphatisch umgegangen. Das zeigt beispielsweise auch die verblassende Diskussion um die sogenannte Konvergenz der Programme, die eine Angleichung der Niveaus im Laufe des Entstehens konkurrierender Systeme (öffentlich-rechtlich versus privat) behauptete. Dagegen hat sich eine neue Fernsehkultur etabliert, von der niemand wirklich glaubt, dass sie durch eine Verpflichtung auf gemeinsame Ziele in irgendeiner Weise korrigiert werden könne. Statt dessen ist nun eine Situation eingetreten, in der es den jeweiligen Anbietern durch das von ihnen präsentierte Themenspektrum gelingen muss, zu integrieren. Die Qualitätsdebatte wird daher nicht mehr ernsthaft vor dem Hintergrund eines Grundversorgungsauftrags geführt, bleibt aber nach wie vor relevant. Dass diese Debatte es in einer um sich greifenden „Ökonomie des Billigen" und angesichts eines weitgehend inhaltsindifferenten Konsumentensouveränitäts-Postulats schwer hat, Aufwand und Ertrag als Messgrößen in die Beurteilung von Medienangeboten einzubringen, ist zutreffend. Über die Betonung des erzieherischen Auftrags wird man aber kaum an Überzeugungskraft gewinnen. Die Verknüpfung von Integration und Gemeinsamkeit muss sich von der Vorstellung lösen, dass diese Verbindung nur dann gewährleistet werden

kann, wenn alle beispielsweise das Gleiche sehen, lesen oder hören. Nur die Berücksichtigung der gesamten Kommunikationsleistung eines Mediensystems kann eine
angemessene Antwort auf die Frage geben, ob einer Gesellschaft das Bewusstsein
über relevante Themen und Probleme verloren gegangen ist. Integration findet
letztlich über diese Thementransparenz statt. Dies muss wiederum nicht bedeuten,
dass alle mit der gleichen Stimme reden. Insofern bewegt sich die Integrationsdebat-
te auch zwischen den Polen von Redundanz und Vielfalt. Besonders deutlich lässt
sich diese Kontroverse an der so genannten Individualisierungsdebatte illustrieren.

4   Individualisierung und Integration

Im Kontext der Individualisierungsdebatte hat unter anderem Joas betont, dass der
„Zerfall alter Gemeinschaftsbindungen [...] ja zu den Schlüsselmotiven der Soziologie seit ihrer Entstehung [...] gehört." (Joas 1988, S. 2) Die seit Anfang der 1980er
Jahre erkennbar inflationäre Verwendung des Individualisierungsbegriffs mag auch
darin begründet sein, dass dieser Terminus sich wegen seiner Bezugnahme auf Veränderungen gegen exakte Definitionen sperrt. Auf Grund des Anspruchs, damit soziale Wandlungsprozesse umfassender Art zusammenfassen zu können, ist jedwede
Abkehr von Üblichem, Konventionellem, Gewohntem, Vertrautem diesem Prozess
zuzuordnen. Insbesondere für Beck waren die Indikatoren der herkömmlichen
Schichtungsforschung, die auch in dem Begriff der meritokratischen Triade zusammengefasst sind (Beruf, Bildung, Einkommen), nicht mehr in der Lage, den
Verlust der Bindung an soziale Klassen im Sinne Max Webers zu verdeutlichen. Es
sei zunehmend erkennbar, dass trotz augenscheinlich gleicher Lebensbedingungen
sich eine massive Zunahme individueller Schicksale beobachten lasse. Dieses Gefühl einer neuen kollektiven Betroffenheit führe dazu, dass Individualisierung zu einem auferlegten Programm werde: „Individualisierung beruht also keineswegs auf
einer freien Entscheidung. Die Menschen sind – um es mit Sartre zu sagen – zur
Individualisierung verdammt." (Beck 1993, S. 15) Damit verweist die Individualisie-
rungsthese gleichermaßen auf Chancen und Notwendigkeiten, denen sich der
Mensch in seiner Lebensplanung und in seinen Alltagsarrangements gegenübersieht.
    Da die Zugehörigkeit zu Klassen und Schichten sich auf ein nachrangiges
Merkmal von Gemeinsamkeit reduziert, entsteht eine individualisierte Nachklassen-
gesellschaft, die sich durch eine neue Unmittelbarkeit von Individuum und Gesellschaft, eine Unmittelbarkeit von Märkten und Konsumenten und aus diesem Grund
auch durch neue Formen der Instabilität auszeichnet. An die Stelle von „Klassen-
welten" treten beispielsweise ungleiche Konsumstile. Beck selbst betont: „Die entstehende Sozialstruktur wird anfällig für massenmedial forcierte Modethemen und
Konfliktmoden, die wie Frühjahrs-, Herbst- und Winterkollektionen die öffentlichen Diskussionen bestimmen. (1994, S. 59) Eine solche Diagnose mag mit erklären

können, dass im Zuge dieser Diskussion der Hinweis auf Inkonsistenzen, Unberechenbarkeiten, Ambivalenzen und Paradoxien deutlich zugenommen hat. Die Frage nach den Gemeinsamkeiten wird zusehends überlagert von Fragen nach Unterschieden. Dieses Unterschiedsbedürfnis, das Simmel beispielsweise bereits in seinen Analysen des Großstadtlebens und der Mode herausgestellt hat, trifft unter den heutigen Bedingungen somit auf eine weitere Steigerung der wahrgenommenen Vielfalt des Lebens. Und gerade dieses Vielfaltsparadigma ist es gewesen, dass insbesondere auch die Medienforschung und die Diskussion um die Zukunft der Massenkommunikation maßgeblich beeinflusst hat. Die Erwartung, dass diese Vielfalt des Lebens und die Vielfalt der Medien in irgendeiner Weise zusammengehören könnten, wurde zu einer vieldiskutierten Fragestellung, die auch durch die Deregulierung des Rundfunks in Deutschland zusätzliche Impulse erfuhr. Egal, ob 1984, 1994 oder im Jahr 2004 über die Zukunft der Mediennutzung diskutiert wurde: Man erwartete mehr Selektionsbedürfnisse auf Seiten der Publika und damit auch eine Zunahme unterschiedlicher Medienrepertoires und Nutzungsmuster. Dass in diesem Zusammenhang auch die Integrationsfunktion der Medien in Frage gestellt wurde, darf nicht überraschen. Denn Individualisierung bedeutet zunächst, dass auf der Angebotsebene die Zahl derjenigen, die verschiedene Bereiche der Gesellschaft beobachten und bedienen möchten, zunimmt. Damit steigt gleichzeitig auch das Potenzial unterschiedlicher Lesarten gesellschaftlich relevanter Ereignisse. Dies wiederum kann dazu führen, dass die Erfahrung einer gesellschaftlichen Einheit seltener der Fall ist. Auf den ersten Blick mag diese Logik überzeugen. Was hat dann aber der Mensch der traditionalen Gesellschaft gesehen? Von welcher (womöglich fiktiven) Einheit wird gesprochen, wenn wir einer Gesellschaft, die sich durch funktionale Differenzierung auszeichnet, eine durch Stratifikation bzw. segmentäre Differenzierung gekennzeichnete Gesellschaft gegenüberstellen?

Medienangebote sind durchaus in der Lage, die Entstehung von Sinn-Enklaven und symbolischen Gemeinschaften (vgl. Peters 1993) zu unterstützen und zu stabilisieren. Diese Angebote lassen aber andere Funktionssysteme der Gesellschaft keineswegs ‚kalt‘. Sie werden auch dort – gleichwohl selektiv und aus anderen Perspektiven – beobachtet. Deren Ungewöhnlichkeit, z. B. außergewöhnliche Erscheinungen in Jugendkulturen, extravagante Formen der Provokation, werden auch in Medienangeboten, die für diese Sinn-Enklaven und symbolischen Gemeinschaften nicht typisch sind, wahrgenommen. Insofern bedeutet Massenkommunikation und Nicht-So-Massenkommunikation schon immer, dass über Schicht, Klassen und regionale Grenzen hinweg Phänomene wahrgenommen werden können, die vormals in dieser Form nicht bekannt waren. Aus dieser Perspektive lenkt die Möglichkeit der Massenkommunikation den Blick nicht auf die Wahrnehmung von Einheit, sondern auf die Wahrnehmung von Differenz. Auch in historischer Perspektive darf man daher die Schlussfolgerung ziehen, dass gesellschaftliche Einheit den Ausnahmefall darstellt. Alle Diskussionen um eine Regulierung des Mediensys-

tems, ob inspiriert durch Fragen der Medienethik oder andere normativ geleitete
Debatten, nehmen ein als Durchbruch wahrgenommenes Ereignis zum Anlass, dessen „gesamtgesellschaftliche Wirkung" zu diskutieren. Unliebsame Themen führen
daher nicht nur zu Fragmentierung oder Abspaltung. Sie fordern die Gesellschaft
heraus, sie lenken den Blick auf das, was eine Gesellschaft letztlich zusammenhält.
In diesem Bereich eine Grenze des noch Zuträglichen zu ziehen, ist ein schwieriges
Unterfangen. Ein wesentliches Regulativ bleibt, letztlich klar zu dokumentieren,
welche Erscheinungsformen des modernen Lebens, welche Formen der Artikulation nicht ohne Widerspruch bleiben sollten. Die Gegenüberstellung von Integration
und Desintegration, von Pluralisierung und Fragmentierung, ist zunächst nicht
mehr als die Abgrenzung eines Feldes, in dem vielerlei Spielarten vorstellbar sind.
Der Versuch, dieses Spielfeld zu umrahmen bzw. bestimmte Regelmäßigkeiten zu
identifizieren, gleicht dem Versuch der Sozialstrukturanalyse, die dominanten
Merkmale einer Gesellschaft zu benennen. Sehr anschaulich hat diese Problematik
Theodor Geiger formuliert. Bei ihm liest man:

> „Für die unmittelbare Anschauung ist die Gesellschaft eine Millionenmenge von Men-
> schen, deren Existenzen in unendlichen Schattierungen spielen. Gruppiere ich sie nach
> dem Merkmal der Berufsart in Schichten, so vereinige ich Personen, die sich dem Ein-
> kommen nach in sehr verschiedenen Lagen befinden. Um also ein ganz wirklichkeits-
> treues, alle Varianten erfassendes Bild der Schichten zu gewinnen, hätte man alle die
> Merkmale und Merkmalsreihen zu berücksichtigen, die auch nur verdächtigt werden
> können, für die gesellschaftliche Lage des Einzelnen mitbestimmend zu sein. Es liegt
> auf der Hand, dass dies menschenunmöglich wäre – und wäre es möglich, so nützte es
> uns wenig, denn es brächte keinerlei Ordnung in die Fülle der Erscheinungen, spiegelte
> nur fotografisch getreu die Unordnung der Wirklichkeit. Stattdessen also geht man von
> einer *prima-facie* Beobachtung des gesamten gesellschaftlichen Lebens aus, wobei gewis-
> se Unterschiede sich aufdrängen." (Geiger 1962 [zuerst 1955], S. 194)

Auch die Beobachtung des Verhältnisses von Medienangebot und Mediennutzung
lässt den Blick sehr rasch auf augenfällige Unterschiede fallen, die sich im wahrsten
Sinne des Wortes als eine Differenz aufdrängen. Mediennutzung ist nicht schicht-
neutral, sondern bewegt sich innerhalb eines Spektrums von Interessen, das durch
seine Grenzen beschrieben werden kann. Diese Grenzen können durch Präferenzen
(„Volksmusik kommt für mich nicht in Frage"), durch die Interpretationskompe-
tenz für bestimmte Inhalte und Formate (Verstehen), durch Motive, die sich aus der
jeweiligen Alltagssituation ableiten lassen und letztlich auch durch die unmittelbaren
Begrenzungen von Handlungsmöglichkeiten, sei es durch Finanz-, aber insbesondere durch Zeitbudgets, verursacht sein.

Eine weitere Dimension wird durch die Suche nach kultureller Identität eröffnet. Gerade hier zeigt sich, dass man auf Integration durch Differenzierung setzt,
weil die Darstellung des Anderen, z.B. ethnischer Minderheiten, dem Ziel der Verständigung dienen soll (vgl. Geißler/Pöttker 2005). Integration durch Medien kann
somit nicht bedeuten, dass eine Gesellschaft, die durch widerstreitende Interessen

gekennzeichnet ist, in ein durch Homogenität gekennzeichnetes Fahrwasser zurück-gelenkt wird. Im Gegenteil: Medien stellen Angebote bereit, die selektiv genutzt werden. Dabei kann auch das vermeintlich Unvereinbare zum Zwecke der Auf-merksamkeitssteigerung temporär zusammengeführt werden. Konfrontation ist in-teressanter als harmonischer Gleichklang. Zugleich ist die Lesart nicht festgelegt und gewährleistet die Chance auf Anschlusskommunikation. Davon zu unterschei-den ist die integrative Macht von Medienereignissen, die im Sinne von „Media E-vents" (vgl. Dayan/Katz 1996) ein Zusammengehörigkeitsgefühl in Freud und Leid evozieren können. Diese außergewöhnlichen Ereignisse verdeutlichen nachhaltig, dass die Diskussion über Medien und Integration auf unterschiedlichen Akzeptanz-ebenen geführt werden muss.

5   Konsequenzen aus der Integrationsdebatte

Wenn die Zunahme sozialer Differenzierung als Ursache dafür genannt wird, dass Medien die Funktion einer gesellschaftsinternen Beobachtungsplattform wahrneh-men, dann kann die Erwartung einer dadurch gewährleisteten einheitlichen Sicht-weise auf die Gesellschaft allenfalls einem Wunschdenken entspringen. Aus sozio-logischer Perspektive ist vielfach betont worden, dass die Zunahme der Arbeitstei-lung (als wesentlicher Ausdruck von Differenzierung) das Integrationselement der Moderne schlechthin darstellt. Medien als Institutionen zu beschreiben, die aus die-sem Differenzierungsprozess heraustreten und einen Blick auf diesen werfen, damit alle anderen, denen die Gesamtschau aus ihren arbeitsteiligen Positionen heraus verwehrt ist, Orientierung erhalten, kann aber gerade deshalb nicht unter eine Kon-sensdiktion gestellt werden. Diese Annahme käme in der Tat einer Konsensfiktion gleich. Die Vielfalt der gesellschaftlichen Wirklichkeit kann nicht durch Medien-beobachtung reduziert werden. Die Mediengeschichte zeigt stattdessen bis in die jüngste Vergangenheit hinein, dass diese Art der Beschreibung von Gesellschaft e-ben nicht nur integrierend, sondern häufig auch als desintegrierend eingestuft wird. Es genügt ein Hinweis auf medienethische Debatten (vgl. die Beiträge in Karmasin 2002).

Es ist daher auch schwer vorstellbar, dass eine Diskussion des Themas Medien und Integration ohne Wertbindung vonstatten gehen kann. In diesem Zusammen-hang hat Jarren auf einen weiteren Aspekt hingewiesen: „Die Diskussion um Integ-ration wird zumeist von jenen geführt, die sich selbst als integriert bezeichnen: Sie verlangen von anderen die Integration (bspw. von Ausländern) als einseitigen Akt, oder sie sehen Integration als dauernde Aufgabe für sich selbst bezogen auf be-stimmte Teilgruppen der Gesellschaft (bspw. Integrationshilfe für Kin-der/Jugendliche)." (Jarren 2000, S. 27) Es ist offensichtlich, dass die Anwendung der weiter oben beschriebenen Luhmannschen Perspektive auf diesen Sachverhalt kaum zu einem Ergebnis führen kann. Diese Sichtweise beschreibt, was geschieht oder geschehen kann, aber nicht, was erwartet werden darf. Gelegentlich mischen sich dagegen Willensbekundungen mit sogenannten „Wir-Semantiken", die auf ein latent vorhandenes Gemeinschaftsbedürfnis setzen. Gerade diese „Wir-Semantiken" verdeutlichen aber auch, wer integrieren möchte und wer integriert werden soll. Auch hier werden Ungleichheiten sichtbar.

Integration dürfte daher in Verbindung mit Medien eine hohe Transparenz von Themen meinen. Die Notwendigkeit einer argumentativen Auseinandersetzung wird gesehen, damit moderne Gesellschaften eine Verständigung über sich selbst erzielen können. Die Wirklichkeit ist aber auch hier durch Ungleichheiten auf der Rednerseite, insbesondere aber auch durch Ungleichheiten des Informationsverhaltens auf der Rezipientenseite gekennzeichnet. Letzteres mag man als Entfremdungsphänomen einstufen, es ist aber zunächst auch Ausdruck einer unterschiedlichen Wertschätzung dieses Ideals. Diese Unterschiede sind es auch, die häufig zu der Diagnose eines fragmentierten Publikums geführt haben. Diese Fragmentierung an der Nutzung unterschiedlicher Medienangebote festzumachen, greift aber zu kurz. Obwohl nicht alle das Gleiche lesen, hören oder sehen, konnte auf Grund dieses Tatbestandes bis heute nicht der empirische Nachweis für extreme Formen einer blockierten Kommunikation vorgelegt werden. Vielmehr entsteht für den Journalismus eine neue Herausforderung: Je differenzierter die Gesellschaft, desto höher ist der Orientierungsbedarf. Gleichzeitig gilt aber auch, dass die Bereitschaft des Ignorierens mit einer Zunahme sozialer Differenzierung steigt. Diese Ambivalenz ist kaum auflösbar und kann auch in Defätismus münden.

In diesem Zusammenhang ist das „generalisierte Anderswo" (Meyrowitz 1998) eine noch größere Herausforderung, da es das Potenzial der Integrationsmöglichkeiten noch unüberschaubarer macht. Gemeint ist, dass „die Personen, die wir als signifikante Andere erleben, sich nicht mehr auf diejenigen beschränken, die wir aus direkter, unvermittelter Interaktion innerhalb der eigenen Gemeinschaft kennen. [...] Mit dem »mediatisierten generalisierten Anderen« wird die Abhängigkeit des Selbstkonzepts vom Ort und seinen Bewohnern abgeschwächt (wenn auch sicher nicht restlos aufgehoben)." (ebs., S. 178) Gesellschaft als ein Ergebnis von Kommunikation zu betrachten, war insbesondere eine Idee der amerikanischen Soziologie, in Sonderheit formuliert durch Charles Horton Cooley und George Herbert Mead. In beiden Fällen galt die „face-to-face"-Situation als Ausgangspunkt der Erläuterung sozialer Evolutionsprozesse. Die Dynamik der modernen Kommunikationsgesellschaft bringt diese „Mikro-Welten" in Bewegung. Medien übernehmen dabei eine doppelte Funktion: Sie eröffnen neue Perspektiven und setzen alte unter Druck. Diese Doppelbewegung ist mit Homogenitätsannahmen unverträglich.

6 Literatur

Beck, Ulrich (1993): Vom Verschwinden der Solidarität. In: Süddeutsche Zeitung, Nr. 36, 14./15. Februar, S. 15.

Beck, Ulrich (1994): Jenseits von Stand und Klasse? In: Beck, Ulrich; Beck-Gernsheim, Elisabeth (Hrsg.): Riskante Freiheiten. Frankfurt am Main, S. 43-60.

Bergmann, Jörg; Ulmer, Bernd (1993): Medienrekonstruktionen als kommunikative Gattungen? In: Holly, Werner; Püschel, Ulrich (Hrsg.): Medienrezeption als Aneignung. Methoden und Perspektiven qualitativer Medienforschung. Opladen, S. 81-102.

Blumler, Jay G.; Hoffmann-Riem, Wolfgang (1992): Neue Funktionen für öffentlich-rechtliches Fernsehen in Westeuropa: Herausforderungen und Perspektiven. In: Media Perspektiven, Nr. 7, S. 402-415.

Borscheid, Peter (2004): Das Tempo-Virus. Eine Kulturgeschichte der Beschleunigung. Frankfurt am Main.

Dayan, Daniel; Katz, Elihu (1996): Media Events. The Live Broadcasting of History. Cambridge.

Geiger, Theodor (1962): Theorie der sozialen Schichtung. [Zuerst 1955]. In: Trappe, Paul (Hrsg.): Arbeiten zur Soziologie. Neuwied, S. 186-205.

Geißler, Rainer; Pöttker, Horst (Hrsg.): Massenmedien und die Integration ethnischer Minderheiten in Deutschland. Problemaufriss, Forschungsstand, Bibliographie. Bielefeld.

Gerhardt, Uta (1998): Normative Integration moderner Gesellschaften als Problem der soziologischen Theorie von Talcott Parsons. In: Soziale Systeme 4, S. 281-313.

Habermas, Jürgen (1981): Theorie des kommunikativen Handelns. 2 Bände, Frankfurt am Main.

Holtz-Bacha, Christina (1997): Das fragmentierte Medien-Publikum. Folgen für das politische System. In: Aus Politik und Zeitgeschichte. Beilage zur Wochenzeitung Das Parlament B 42/97, 10. Oktober, S. 13-21.

Hömberg, Walter (2005): Brauchen wir noch Journalisten? Ein Blick zurück nach vorn. In: Jäckel, Michael; Haase, Frank (Hrsg.): In medias res. Herausforderung Informationsgesellschaft. München, S. 187-204.

Jarren, Otfried (2000): Gesellschaftliche Integration durch Medien? Zur Begründung normativer Anforderungen an Medien. In: Medien & Kommunikationswissenschaft 48, Heft 1, S. 22-41.

Joas, Hans (1988): Das Risiko der Gegenwartsdiagnose. In: Soziologische Revue 11, S. 1-6.

Karmasin, Matthias (Hrsg.) (2002): Medien und Ethik. Stuttgart.

Katz, Elihu (1996): And deliver us from Segmentation. In: Annals of the American Academy of Political and Social Science, 546, S. 22-33.

Lazarsfeld, Paul Felix; Merton, Robert King (1973): Massenkommunikation, Publikumsgeschmack und organisiertes Sozialverhalten. [Zuerst 1948]. In: Aufermann, Jörg u. a. (Hrsg.): Gesellschaftliche Kommunikation und Information. Forschungsrichtungen und Problemstellungen. Ein Arbeitsbuch zur Massenkommunikation. Frankfurt/Main, S. 447-470.

Lübbe, Hermann (1996): Netzverdichtung. Zur Philosophie industrie-gesellschaftlicher Entwicklungen. In: Zeitschrift für philosophische Forschung 50, S. 133-150.

Luhmann, Niklas (1981): Die Unwahrscheinlichkeit der Kommunikation. In: Luhmann, Niklas: Soziologische Aufklärung 3: Soziales System, Gesellschaft, Organisation. Opladen, S. 25-34.

Luhmann, Niklas (1997): Die Gesellschaft der Gesellschaft. 2 Bände. Frankfurt am Main.

Meyrowitz, Joshua (1998): Das generalisierte Anderswo. [Aus dem Engl.]. In: Beck, Ulrich (Hrsg.): Perspektiven der Weltgesellschaft. Frankfurt am Main, S. 176-191.

Park, Robert Ezra (1904): Masse und Publikum. Bern. [zugl. Diss. Heidelberg 1904].

Parsons, Talcott (1985): Das System moderner Gesellschaften. [Aus dem Amerik.]. Weinheim, München.

Peters, Bernhard (1993): Die Integration moderner Gesellschaften. Frankfurt am Main.

Putnam, Robert D. (1995): »Bowling Alone«: America's declining Social Capital. In: Journal of Democracy 6, S. 65-78.

Röper, Horst (2004): Formationen deutscher Medienmultis 2003. Entwicklungen und Strategien der größten deutschen Medienunternehmen. In: Media Perspektiven, Nr. 2, S. 54-80.

Roß, Dieter (1990): Fernsehvagabunden sind wir. In: Die Zeit, Nr. 46, 9. November S. 81.

Rühl, Manfred (1985): Integration durch Massenkommunikation? Kritische Anmerkungen zum Integrationsbegriff. In: Saxer, Ulrich (Hrsg.): Gleichheit oder Ungleichheit durch Massenmedien? Homogenisierung - Differenzierung durch Massenkommunikation. München, S. 19-33.

Schultz, Tanjev (2002): Große Gemeinschaft und Kunst der Kommunikation. Zur Sozialphilosophie von John Dewey und ihrem Revival im Public Journalism. In: Imhof, Kurt u.a. (Hrsg.): Integration und Medien. Wiesbaden, S. 36-55.

Simmel, Georg (1957): Die Großstädte und das Geistesleben. In: Ders: Brücke und Tür. Essays des Philosophen zur Geschichte, Religion, Kunst und Gesellschaft, hrsg. von Michael Landmann. Stuttgart, S. 227-242.

Tracey, Michael J. (1994): Für das Überleben einer Idee gesellschaftlicher Kommunikation. Eine parteiliche Rede zur weltweiten Krise des öffentlich-rechtlichen Rundfunks. In: Media Perspektiven, Nr. 3, S. 145-148.

Vlasic, Andreas (2004): Die Integrationsfunktion der Massenmedien. Begriffsgeschichte, Modelle, Operationalisierung. Wiesbaden.

Empfehlungen zum Weiterlesen:

Jarren, Otfried (2000): Gesellschaftliche Integration durch Medien? Zur Begründung normativer Anforderungen an Medien. In: Medien & Kommunikationswissenschaft 48, Heft 1, S. 22-41.

Imhof, Kurt u.a. (Hrsg.) (2002): Integration und Medien. Wiesbaden.

Vlasic, Andreas (2004): Die Integrationsfunktion der Massenmedien. Begriffsgeschichte, Modelle, Operationalisierung. Wiesbaden.

Medien und soziale Ungleichheit

Thomas Lenz und Nicole Zillien

Zusammenfassung: Diskurse zur Einführung neuer Medien – angefangen bei der Schrift bis hin zu multimedialen Internetangeboten – thematisieren immer auch die Auswirkungen der Mediennutzung auf die Teilhabe Aller an Information und Wissen. Wenn Zugangsmöglichkeiten zu allgemein verfügbaren und wertvollen Gütern in langfristig wirksamer Form eingeschränkt sind und dadurch Lebenschancen beeinträchtigt werden, spricht man von „sozialer Ungleichheit". Studien im Forschungsfeld der Wissenskluft und der „digitalen Spaltung" sind in diesem Zusammenhang ebenso von Interesse wie die medienbezogene Lebensstil- und Milieuforschung. Auch wenn Medien sowohl verstärkend als auch abschwächend auf soziale Ungleichheiten wirken können, ist für die „Informations- und Wissensgesellschaft" – in der vor dem Hintergrund einer materiellen Grundsicherung weiter Bevölkerungsteile Wissen zunehmend als Stratifizierungsinstrument wirkt – festzuhalten, dass schichtspezifischer Medienzugang und die Art der Nutzung verschiedener Medienangebote an Bedeutung gewinnen.

1 Einleitung

Eine erhellende Sage zur Entstehung des Mediums Schrift lässt sich bei Platon finden. Dessen Lehrer Sokrates erzählt die Geschichte des ägyptischen Gottes Theuth, der nach der Zahl, der Rechnung und dem Würfelspiel schließlich auch die Schrift erfunden habe. Mit diesen Erfindungen sprach er bei König Thamus vor: „König, wenn deine Ägypter die Schrift lernen, dann werden sie weiser sein und ein besseres Gedächtnis haben. Mit der Schrift habe ich ein Mittel für beides gefunden: für die Weisheit und das Gedächtnis" (Kassner 1920, S. 88). Thamus aber fürchtet die Folgen einer Ausbreitung der Schrift:

> „Theuth, du bringst deinen Schülern den Schein einer großen Weisheit und nicht die Wahrheit. Deine Menschen werden jetzt viel, sehr viel lernen, aber alles ohne zugleich darüber eigentlich belehrt zu werden; die Menschen werden dir jetzt viel zu wissen meinen, während sie nichts, nichts wissen. Theuth, und du beschwörst uns damit ein lästiges, geschwätziges Geschlecht, ein Geschlecht von Scheinwesen, ein Geschlecht, das kein wahres Wissen mehr hat" (Kassner 1920, S. 88).

Auch Sokrates selbst hält die Schrift – im Gegensatz zur Sprache – für ungeeignet, aus Unwissenden Wissende zu machen: „Sobald es einmal niedergeschrieben ist, kommt das Wort überallhin, auch zu denen, die es nicht verstehen, und weiß selbst nicht zu sagen, für wen es bestimmt war und für wen nicht" (Kassner 1920, S. 90).

Schrift ist also ein Medium, das – Literalität vorausgesetzt – die Möglichkeiten zur Partizipation an Wissen erhöht. Ob dadurch aus Unwissenden Wissende oder bloß Bescheidwissende werden, ist spätestens seit dem Zwist zwischen Theuth und Thamus umstritten.

Die Frage nach der Teilhabe Aller an Wissen und Information steht sowohl im Zentrum der historischen als auch der gegenwärtigen Diskurse um Medien und soziale Ungleichheit. Zur Darstellung der Verknüpfung von Medien und sozialer Ungleichheit wird einleitend der Frage nachgegangen, inwieweit Medien selbst das Verständnis von sozialer Ungleichheit prägen können, um anschließend den Begriff der „sozialen Ungleichheit" näher zu spezifizieren (vgl. Kapitel 2). Stellt man sich die Frage, inwiefern Medien(nutzung) und soziale Ungleichheit zusammenhängen, ist zunächst ein Blick in die Geschichte der Medien sinnvoll. Diskussionen um die Auswirkungen neuer Medien – angefangen bei der Schrift bis hin zu multimedialen Internetangeboten – kreisten und kreisen immer auch um das Thema der Inklusion und Exklusion sozialer Gruppierungen (vgl. Kapitel 3). Insbesondere die Studien im Forschungsfeld der Wissenskluft und der „Digitalen Spaltung" werden hier vorgestellt (vgl. Kapitel 4), um abschließend auf die Ergebnisse der medienbezogenen Lebensstil- und Milieuforschung einzugehen (vgl. Kapitel 5).

2   Was ist „soziale Ungleichheit"?

In den Grundrissen der Kritik der Politischen Ökonomie fragt Karl Marx: „Ist Achilles möglich mit Pulver und Blei? Oder überhaupt die Iliade mit der Druckerpresse, und gar Druckmaschine?" (Marx 1939 [zuerst 1857], S. 31). Er verneint, und zeigt, dass Kunst immer an bestimmte gesellschaftliche Entwicklungsformen geknüpft ist. Die Kunstformen moderner Massenmedien – so argumentiert Theodor W. Adorno in Anlehnung an Marx – sind geprägt von ihren industrialisierten Herstellungs- und privatisierten Besitzverhältnissen. Fernsehen, Film und Radio sind für Adorno Agenten der Kulturindustrie, die die Sinne des Publikums belagern und die herrschende Ideologie in jedes Wohnzimmer transportieren.

> „Dem Ziel, die gesamte sinnliche Welt in einem alle Organe erreichenden Abbild noch einmal zu haben, dem traumlosen Traum, nähert man sich durchs Fernsehen und vermag zugleich ins Duplikat der Welt unauffällig einzuschmuggeln, was immer man für der realen zuträglich hält" (Adorno 1974, S. 69).

Die (zumindest zum Teil) an die kritische Theorie anschließende sozialwissenschaftliche Forschung zur „Ideologie der Massenmedien" – zu nennen wäre hier insbesondere die Forschungsrichtung der „cultural studies" – geht nicht mehr allein von einer Dominanz der Ideologie der Herrschenden in den Medien aus, sondern interessiert sich insbesondere für die Repräsentation „minoritärer Sichten" auf die Welt. Medien werden als Feld analysiert, auf dem gesellschaftliche „culture wars" (Cro-

teau/ Hoynes 2000, S. 159) geführt werden. Medien spiegeln nicht nur gesellschaftliche Normvorstellungen, sondern konstruieren diese täglich neu. Massenmedien
(re)produzieren hegemoniale Vorstellungen von Gesellschaft. Hegemonie ist hierbei
nicht einfach als Übertrag der Ideologie einer Gruppe auf eine unterlegene andere
zu verstehen, sondern als ein Prozess, in welchem die allgemeinen Annahmen darüber, was als „normal" oder „natürlich" gilt, verändert und beeinflusst werden. He-
gemonietheorien zeigen also, dass „common sense" – das, was wir als selbstverständlich ansehen – sozial konstruiert ist. Medien beeinflussen dann nicht nur die
Wahrnehmung von sozialer Ungleichheit, sondern formen auch die Vorstellung davon, was überhaupt als Ungleichheit anzusehen und was von dieser Ungleichheit als
gerechtfertigte Ungleichheit zu interpretieren ist. Massenmedien produzieren und
reproduzieren somit gesellschaftliche (Un-)Gleichheitsnormen. Stuart Hall bezeichnet diesen Vorgang der Durchsetzung kultureller Hegemonie als „doing the politics
of signification" (1982, S. 64). Medien geben den Ereignissen, die sie abbilden, eine
bestimmte Bedeutung, die sie „an sich" nicht haben müssten. So konstruieren mediale Unterhaltungs- und Nachrichtenangebote Realität und spiegeln gleichzeitig
durch das Zeigen und Weglassen von Meinungen, Personen und Interessen die in
ihrer Umwelt (und innerhalb des Mediensystems selbst) existierenden sozialen Ungleichheiten (vgl. Croteau/Hoynes 2000, S. 225f.).

In der aktuellen Ungleichheitsforschung wird unter dem Begriff der sozialen
Ungleichheit die unterschiedliche Teilhabemöglichkeit bestimmter Gruppierungen
an wichtigen und knappen gesellschaftlichen Ressourcen verstanden. Zu den kollektiv als wichtig definierten gesellschaftlichen Ressourcen, den „wertvollen Gütern"
(Hradil 2001, S. 28), gehören beispielsweise Wohlstand, Sicherheit, Gesundheit oder
individuelle Autonomie. Kreckel definiert den soziologischen Grundbegriff „soziale
Ungleichheit" folgendermaßen:

> „Soziale Ungleichheit im weiteren Sinne liegt überall dort vor, wo die Möglichkeiten des
> Zugangs zu allgemein verfügbaren und erstrebenswerten sozialen Gütern und/oder zu
> sozialen Positionen, die mit ungleichen Macht- und/ oder Interaktionsmöglichkeiten
> ausgestattet sind, dauerhafte Einschränkungen erfahren und dadurch die Lebenschan-
> cen der betroffenen Individuen, Gruppen oder Gesellschaften beeinträchtigt bzw. be-
> günstigt werden" (Kreckel 2004, S.17).

In Gesellschaften, die sich selbst als Informations-, Wissens- oder Mediengesellschaften beschreiben, kann davon ausgegangen werden, dass die Verfügbarkeit von
Medien in wachsendem Ausmaß zu den wertvollen Gütern gerechnet wird. Wer ü-
ber wertvolle Güter in einem höheren Ausmaß als andere Gesellschaftsmitglieder
verfügt, gilt als höher- oder bessergestellt und hat somit eine ungleich größere
Chance auf ein als „gut" beurteiltes Leben. Dabei werden nur solche Besser- und
Schlechterstellungen dem Phänomen der sozialen Ungleichheit zugeordnet, die in
gesellschaftlich strukturierter, das heißt langfristig wirksamer Form auftreten. Zufäl-
lige Ungleichheiten, wie sie beispielsweise durch Lottogewinne entstehen, sind

demnach nicht als soziale Ungleichheiten aufzufassen. Solange bestimmte Tole-
ranzgrenzen nicht überschritten sind, wird soziale Ungleichheit von den meisten
Mitgliedern moderner Gesellschaften als Form der sozialen Differenzierung akzep-
tiert. Dabei ist die Unterscheidung zwischen formaler Ungleichheit, die auf Chan-
cen(un)gleichheit abzielt, und materialer Ungleichheit, die eine (Un-)Gleichver-
teilung von Ressourcen fokussiert, nicht unerheblich. Beispielsweise werden mit der
Herstellung von Chancengleichheit in Bezug auf Zugänge zu neuen Informationstechnologien diesbezügliche Ungleichheitsprobleme als gelöst angesehen (vgl.
Eichmann 2000, S. 76), wobei jedoch auch im „Internet für alle" schichtspezifische
Nutzungsarten zu einem Fortbestehen der unterschiedlichen Teilhabe an einer In-
formations- und Wissensgesellschaft führen dürften.

Vor der Erläuterung aktueller Ungleichheitsphänomene wird ein Blick in die
Geschichte der Medien geworfen. Eine Auseinandersetzung, die die Einführung jedes „neuen" Mediums begleitete, ist die Auseinandersetzung um die Frage, ob Medien gesellschaftliche Teilhabe fördern oder ob sie bestimmte Bevölkerungsgruppen
tendenziell exkludieren (vgl. Kümmel u.a. 2004, S. 8; Saxer 1985). Dieser Diskurs
soll im Folgenden unter der Perspektive ungleichheitsrelevanter Aspekte für verschiedene (historische) Medieninnovationen nachgezeichnet werden.

3   Ungleichheitsrelevante Diskurse zu „neuen" Medien

Die Erfindung des Buchdrucks erschloss dem Schriftlichen ein völlig neues Publikum. Diese neue Vervielfältigungstechnik war die notwendige Bedingung für eine
vergrößerte Zugänglichkeit von Schrift und die Abschwächung von sozialen Unterschieden im Gebrauch derselben. „Zufolge dessen", schreibt beispielsweise der ita-
lienische Humanist Polydorus Vergilius im Jahr 1499, „ist eine große Menge Bücher
aller Wissensgebiete auf uns eingeströmt, dass es kein bedeutenderes Werk mehr
geben wird, das ein Mensch, und wäre er mit Geld noch so knapp dran, vermissen
müsste" (zit. nach Scholz 2004, S. 17). Entsprechend kritisch wurden die neuen
Möglichkeiten des Selbstlesens von denjenigen beäugt, die bislang ein Lese- und
damit auch ein Interpretationsmonopol auf Schriftstücke hatten. Die Kirche beispielsweise fürchtete eine Verflachung des „vierfachen Schriftsinns"[1] auf eine einzige Oberfläche und sah die eigene Schriftauslegungshoheit, und damit letztlich auch
sich selbst, bedroht. Und tatsächlich ist die Feststellung, dass es ohne den Buchdruck keine Reformation gegeben hätte, eine Binse historischer Allgemeinbildung.
Mit dem Buchdruck begann auch die Popularisierung des Schriftlichen. Richteten
sich die mittelalterlichen Handschriften noch an ein exklusives, Latein verstehendes

---

[1]   Mit „vierfachem Schriftsinn" ist die buchstäbliche, die allegorische, die moralische und die anagogi-
     sche Auslegung von Bibelstellen gemeint.

und an die Institutionen Kirche oder Hof angebundenes „internationales" Publikum, so erschloss der Buchdruck in der jeweiligen Volkssprache den nationalen Markt der Litterati.

Besondere Bedeutung bezüglich bürgerlicher Beteiligung kommt dabei dem schnell distribuierbaren Druckwerk, den Pamphleten, fliegenden Blättern und schließlich dem im 17. Jahrhundert entstehenden Zeitungswesen zu. Die rezipierende Beteiligung findet quer zum ständischen Gesellschaftsaufbau statt; die Befürworter der Zeitung erhoffen sich sogar eine Teilhabe der unteren Stände am öffentlichen Geschehen (Pompe 2004, S. 42). Im 18. Jahrhundert sieht man schließlich im Zeitungspublikum immer häufiger eine Form von politischer Öffentlichkeit, auf die man bei gesellschaftlichen Streitfragen rekurrieren kann. Während der amerikanischen Revolution spielten die Zeitungen beispielsweise eine so wichtige Rolle, dass die Presse- und Redefreiheit im ersten Artikel der Vereinigten Staaten festgeschrieben wurde (Innis 1997 [zuerst 1947], S. 89). Da die Zeitung von Beginn an nicht nur belehrt, sondern auch erfreut, finden sich rasch Kritiker des Zeitungswesens und der Beteiligung aller an den öffentlichen Dingen. Zeitungskritik ist dabei oft eine moralisierende Kritik menschlicher Neugier: „Die von den Zeitungen geförderte Neugierde ist zugleich ein unkontrollierter Affekt; sie unterläuft damit ebenfalls alle Aspekte von sozialer Ausdifferenzierung, weil sie als anthropologische Tatsache bei allen Menschen anzutreffen ist" (Pompe 2004, S. 43).

Soziale Ungleichheiten abschwächen und die Partizipation aller an den öffentlichen Dingen anregen sollte auch der Telegraf, beziehungsweise dessen Verwandter, das Telefon. Zeitgenossen der Telegrafieinnovation forderten die Telegrafie „für jeden Unterthan, wessen Standes er auch sei, allgemein nützlich und dienlich zu machen" (Nolte 1875, zit. nach Ruchatz 2004, S. 132) und auch das Telefon galt schnell als „Draht zu den Idealen Gleichheit, Freiheit, Brüderlichkeit" (Zelger 1997, S. 34). Tatsächlich aber blieb das Telefon lange Zeit ein Werkzeug der Kaufleute und Fabrikanten (vgl. Flichy 1994, S. 145f.). Anfang des zwanzigsten Jahrhunderts dienten mehr als 90 Prozent aller Telefonanschlüsse ausschließlich dem Geschäfts- bzw. Amtsverkehr (Wessel 1995, S. 119). Das Telefon führte demnach um 1900 nicht zur kommunikativen Entdifferenzierung der Gesellschaft: „Stadt und Land bleiben füreinander ebenso wenig erreichbar wie Angehörige verschiedener Gesellschaftsschichten" (Ruchatz 2004, S. 134).

Als in den zwanziger Jahren des letzten Jahrhunderts das Radio immer weitere Verbreitung fand, wurden auch hier die erwarteten Auswirkungen des neuen Mediums kontrovers diskutiert. Auf der einen Seite gab es die Radioeuphoriker, die sich – quasi als ebenso unintendierte wie begrüßenswerte Folge des Technikeinsatzes – von der weiten Verbreitung des Radios gesellschaftliche Egalisierungstendenzen versprachen. Die Radiotheorie von Bertolt Brecht formulierte beispielsweise die Hoffnung auf eine Technik, die jeden sowohl zum Sender als auch zum Empfänger relevanter Nachrichten machen würde (vgl. Brecht 1967 [zuerst 1932], S. 127ff.).

Auf der anderen Seite standen die Technikskeptiker, die den Verfall zwischen-
menschlicher Kommunikation, die Verschlechterung der Fähigkeiten zum schriftlichen Ausdruck und die Platzierung des „Propagandaapparates" Radio in jeder Stube
mit Sorge verfolgten. Lakonisch kommentierte beispielsweise Karl Kraus die Versorgung (fast) aller Wiener Wohnungen mit der neuen Technik: „Radio. Ein Welt-
feind, wen dieser Fortschritt verdrossen: Der Wiener Hausmeister wird an den
Kosmos angeschlossen!" (Wollschläger 1987, S. 322). Das Radio brachte – ebenso
wie alle vorherigen und folgenden Medieninnovationen – einen Diskurs zu den gewünschten und befürchteten gesellschaftlichen Folgewirkungen in Gang. Dabei
stand die Annahme eines einfacheren und schnelleren Zugangs zu Information und
Wissen durch die jeweils neue Medientechnik auf der einen und die Auffassung von
Medien als Auslöser oder Verstärker sozialer Ungleichheiten auf der anderen Seite
im Vordergrund der Debatte. Die gesellschaftlichen Auseinandersetzungen um Medien wurden dabei primär entlang technikdeterministischer Argumente geführt. Die
forschungsleitende Fragestellung hierbei war: „Was machen die Medien mit den
Menschen?"

Herzogs (1944) Untersuchung der Gratifikationen, die Hausfrauen aus „Soap
Operas" im Hörfunk beziehen, war eine der ersten Forschungen, die auf den Nut-
zen- und Belohnungsansatz zurückgriff, um Medienwahlphänomene zu erklären.
Spätestens mit der Ausformulierung dieses Forschungsansatzes drängte sich die
Frage „Was machen die Menschen mit den Medien?" in den Vordergrund (vgl.
Katz/Foulkes 1962, S. 378). Der Nutzen- und Belohnungsansatz, der von aktiv
handelnden Menschen ausgeht, behauptet, dass Mediennutzer auf der Grundlage
eigener Motive und Interessen darüber entscheiden, ob, in welchem Umfang und zu
welchem Zweck Medienangebote in Anspruch genommen werden. Die Bedürfnisse
der Rezipienten werden kausal für ein bestimmtes Befriedigungshandeln wirksam
(vgl. Schenk 2002, S. 627).

Laut Schulze wurde die Mediengeschichte oftmals als „Geschichte von Op-
fern, Verführten, Süchtigen und Verblödeten erzählt" (2003, S.64), was mit dem tatsächlichen Aufeinandertreffen von Medien und Publikum nichts zu tun habe: „Wer
könnte von sich schon behaupten, er sei argloses Objekt der Medien? Wir sind wäh-
lende und vermeidende Mitspieler in einem ununterbrochen vonstattengehenden
Hin und Her zwischen Medien und Publikum; unsere tägliche Medienerfahrung ist
die der Beteiligung" (Schulze 2003, S.64). Die Studie von Herzog (1944) zeigte beispielsweise, dass die Frauen mit dem Hören von „Seifenopern" eigene, nicht reali-
sierte Wünsche kompensierten, eigenes Versagen auf die Figuren der Radio-
Handlung projizieren konnten und Anregungen für ihr Rollenhandeln aus den Sendungen zogen. Damit wurden Mediennutzer nicht mehr als passive Rezipienten im
Sinne eines Stimulus-Response-Modells verstanden:

„The approach simply represents an attempt to explain something of the way in which individuals use communications, among other resources in their environment, to satisfy their needs and to achieve their goals and to do so by simply asking them" (Katz u.a. 1974, S.19).

Soziale Ungleichheit wird in der individualistischen Perspektive des Nutzen- und Belohnungsansatzes nur insofern thematisiert, als die Motive und Gratifikationen, die die Medienpräferenzen bestimmen, mit sozialstrukturellen Merkmalen korrelieren. Gesamtgesellschaftliche Konsequenzen werden im Rahmen des Nutzen- und Belohnungsansatzes jedoch eher vernachlässigt, da die individualistische Gratifikationsmessung die Analyse von „chronischen Medieninteraktionen und langfristigen Mustern der Medienzuwendung" (Schenk 2002, S. 687) in den Hintergrund drängt.

Aktuelle Studien zum Internet, dessen Nutzung in hohem Ausmaß aktives Medienhandeln erfordert, schließen üblicherweise an die Tradition des Nutzen- und Belohnungsansatzes an. Ebenso beziehen sie sich oftmals auf die Wissenskluftforschung (vgl. bspw. Wirth 1999; Bonfadelli 2004), die im Folgenden vorgestellt wird.

4 Wissenskluft und Digital Divide

Tichenor, Donohue und Olien beschrieben 1970 zum ersten Mal ein Konzept, dessen Grundidee auch heute noch aktuell erscheint: Sie formulierten die These von der medial verursachten Wissenskluft. Diese Kluft entstehe und wachse zwischen gesellschaftlichen Gruppen mit hohem und mit niedrigem sozioökonomischen Status. Die Forscher versuchten zu zeigen, dass mit zunehmendem massenmedial vermittelten Informationsfluss in ein Sozialsystem Gruppen mit höherem sozioökonomischen Status neue Informationen schneller und besser aufnehmen als Gruppen mit niedrigem sozioökonomischen Status.

Die Wissenskluft zwischen diesen beiden Gruppen schließt sich also nicht durch massenmediale Informationsvermittlung. Im Gegenteil: Sie weitet sich aus.

„As the infusion of mass media information into a social system increases, segments of the population with higher socioeconomic status tend to acquire this information at a faster rate than the lower status segments, so that the gap in knowledge between these segments tends to increase rather than decrease" (Tichenor u.a. 1970, S. 159).

Die Hypothese von der zunehmenden Wissenskluft zwischen Gruppen mit hohem und Gruppen mit niedrigem sozioökonomischen Status bricht mit der gängigen Vorstellung, dass die Ausweitung von Informationsangeboten notwendigerweise zu umfassend informierten Individuen führen müsse. Die Wissenskluft-Hypothese hinterfragt den Aufklärungsanspruch der Medien (vgl. Horstmann 1991, S. 9ff.) und lenkt den Blick auf die nicht-intendierten Folgen der medialen Ausweitung des Informationsangebotes. Zur Erklärung der wachsenden Wissenskluft führen Tichenor u.a. fünf Faktoren an (vgl. 1970, S. 162):

1. Routine im Umgang mit Texten und ein strukturierteres Begriffsvermögen erhöhen den Ausschöpfungswert der Mediennutzung von Personen mit höherem sozioökonomischen Status.
2. Mit besserem Bildungshintergrund erhöhen sich die kumulierten Lerneffekte der Mediennutzung.
3. Statushohe Personen verfügen eher über die zum interpersonalen Informationsaustausch relevanten sozialen Kontakte.
4. Im Falle eines höheren Wissensniveaus werden von vornherein informationsreichere Medien gewählt und selektiver genutzt.
5. Trägermedien in Schriftform wenden sich in ihrer Darstellungsform eher an Personen mit höherer formaler Bildung.

Die Forscher aus Minnesota beschäftigten sich noch ausschließlich mit Printmedien. Die These der wachsenden Wissenskluft wurde jedoch auch auf die Nutzung des Fernsehens übertragen, wobei die Entstehung von Wissensklüften je nach genutztem Informationskanal differiert. Während beispielsweise das Fernsehen Informationen eher oberflächlich vermittelt, können Printmedien Wissen stärker in der Tiefe darstellen. Fernsehen, so die Annahme, vergrößert die Wissenskluft also weniger als Printmedien dies tun (vgl. Jäckel 1994, S. 17f.). Dennoch führen Sendungen wie die „Sesamstraße" zur Erweiterung der Wissensbestände schlechter gebildeter Unterschichtkinder. Dieser Effekt tritt jedoch bei Kindern formal höher gebildeter Eltern in größerem Ausmaß auf, was letztlich wiederum zu einer wachsenden Wissenskluft führt (vgl. Winterhoff-Spurk 2004, S. 91ff.). Die These der wachsenden Wissenskluft behauptet somit nicht nur einen „Fahrstuhleffekt" im Sinne von Beck (1986, S.124) – das heißt die Reproduktion konstanter Ungleichheitsrelationen auf höherem Niveau – sondern eine Ausweitung der Wissensdifferenzen und somit größere Ungleichheitsrelationen auf höherem Niveau.

Anlass zur Kritik an der Wissenskluftforschung gaben insbesondere die unpräzise Formulierung der Ausgangshypothese, das methodische Vorgehen und die kommunikationswissenschaftliche Perspektive (vgl. hierzu ausführlich Bonfadelli 1994; Horstmann 1991; Kwak 1999; Viswanath/Finnegan 1996). Die Wissenskluft-Hypothese hat in einer Vielzahl von Forschungsarbeiten Differenzierungen erfahren. Insbesondere wurden weitere Einflussfaktoren auf die Wissensübernahme identifiziert (vgl. Jäckel 1994, S. 17f.). Die ursprüngliche Wissenskluft-Hypothese war dabei an einer bestimmten Art von Wissen orientiert und interpretierte das Fehlen dieses Wissens als Defizit der sogenannten Unterprivilegierten. Eine Modifikation der ursprünglichen Hypothese versucht, diese normative Setzung zu durchbrechen und betont die unterschiedlichen Motive und Interessen verschiedener Bevölkerungsschichten, Informationen und Wissen aufzunehmen. Wissensklüfte wären demnach das Resultat unterschiedlicher Interessen, nicht unterschiedlicher Kompetenzen. Ettema und Kline formulieren diese Differenzperspektive folgendermaßen:

> „As the infusion of mass information into a social system increases, segments of the population motivated to acquire that information and/or for which the information is functional tend to acquire the information at a faster rate than those not motivated or for which it is not functional, so that the gap in knowledge between these segments tends to increase rather than decrease" (Ettema/Kline 1977, S. 188).

Der Wissenskluft-Ansatz steht im Gegensatz zu den individualistischen Annahmen des Nutzen- und Belohnungsansatzes, der von einem aktiv informationssuchenden Rezipienten ausgeht und dabei schichtspezifische Unterschiede in Art und Ausmaß der Informationsaufnahme aus dem Blick verliert. Gleichsam unterstellt die Wissenskluft-Hypothese keineswegs – anders als die ideologiekritischen Überlegungen zur sogenannten Kulturindustrie – den Medienmachern Manipulationen „im Dienst der Herrschenden" (vgl. Bonfadelli 2002, S. 570). Letztlich kann man die recht unterschiedlichen Forschungsergebnisse im Bereich der Wissenskluft-Hypothese (trotz berechtigter Kritik an diesem Ansatz) vereinfachend auf einen gemeinsamen Nenner bringen:

> „Angesicht einer stabilen und konsistenten Befundlage ist davon auszugehen, daß unterschiedliches Wissen in den verschiedenen Sozialschichten unserer Gesellschaft unterschiedlich verteilt ist und daß unterschiedliche Nutzungsstrategien der Massenmedien in den sozialen Klassen diese Unterschiede im allgemeinen eher verstärken als verringern" (Winterhoff-Spurk 1999, S. 18).

Medien wirken demnach als Trendverstärker, sie tragen zur Verfestigung bestehender Macht- und Ungleichheitsverhältnisse bei. Die Pioniere der Wissenskluftforschung arbeiteten an empirischen Untersuchungen zu Printmedien, spätere Studien konzentrierten sich vor allem auf die Untersuchung des Fernsehens. Aber auch auf die so genannten „Neuen Medien" findet die Wissenskluft-Hypothese Anwendung. Soziale Ungleichheit entsteht – so die Vermutung – auch durch die unterschiedliche Nutzung des PCs und des Internets. Dieses Ungleichheitsphänomen fand erstmals 1995 in dem Bericht „Falling Through the Net – A Survey of the Have-Nots in Rural and Urban America" der amerikanischen „National Telecommunications and Information Administration" Beachtung. Die Autoren des Berichtes führten zur Beschreibung der Kluft zwischen Internetnutzern und Nicht-Nutzern den Begriff des „digital divide" ein.

Der Diskurs um den „digital divide", der seine Entsprechung im Deutschen in den Begriffen „digitale Spaltung" oder „digitale Kluft" findet, thematisiert die Befürchtung, dass sich neue gesellschaftliche Segmentierungen in Form von Alters-, Geschlechter-, Einkommens- oder Bildungsklüften im Zuge der unterschiedlichen Nutzung des Internets ergeben (vgl. Arnhold 2003; Kubicek/Welling 2000). Die amerikanische Politikwissenschaftlerin Pippa Norris unterscheidet dabei drei verschiedene Formen der digitalen Spaltung:

> „The global divide refers to the divergence of Internet access between industrialized and developing societies. The social divide concerns the gap between information rich and poor in each nation. And finally within the online community, the democratic divide signifies the difference between those who do, and do not, use the panoply of digital resources to engage, mobilize, and participate in public life" (2001, S. 4).

Die Frage nach der „digitalen Spaltung" ist dann die Frage danach, ob die neuen technischen Angebote soziale Informations- und Wissensbarrieren weiter vergrößern. Der „social divide" wird dabei – zumindest was den reinen Zugang zum Internet angeht – innerhalb Deutschlands zusehends geringer. Wird aber ausschließlich die Frage nach dem Internetzugang thematisiert, so wird der „digital divide" als reines Diffusions- und damit letztlich als Zeitproblem missverstanden. Trotz der geringer werdenden Unterschiede in den Zugangsraten auf nationaler Ebene kann von einer digitalen Kluft bezüglich Art und Ausmaß der Nutzung gesprochen werden. Soziale Ungleichheiten sind demnach weniger eine Frage des „Ob", sondern vielmehr des „Wie" der Internetnutzung. Diese Differenzen innerhalb der Gruppe der Internetnutzer haben ihre Ursache vor allem in der ungleichen Verteilung von kulturellem Kapital. Gleichzeitig ist diese individuell unterschiedliche Ausstattung mit kulturellem Kapital die Grundlage für Prozesse der internetvermittelten Aneignung von Wissen und Information. Bei einer weiteren Egalisierung der Zugangsraten ist für das Internet ein ähnliches Bild wie für andere Medien zu erwarten: Die Internettechnologie eröffnet allen Bevölkerungsgruppen das Potenzial einer verbesserten Informationsaufnahme; davon profitieren aber vor allem jene, die ohnehin schon zu den Privilegierten gehören (vgl. Eichmann 2000, S. 273ff.; Bonfadelli 2002). Der nun folgende Blick auf die Ergebnisse der Lebensstilforschung unterstreicht diese Erkenntnis.

5   Medienbezogene Lebensstile und Milieus

Auch wenn die Lebensstilforschung die Annahme einer kollektiven Erfahrung sozialer Ungleichheit in Frage stellt (vgl. Jäckel 1996, S. 164), finden klassenspezifische Medienpräferenzen beispielsweise über das Konzept des „Habitus" durchaus Berücksichtigung. In der empirischen Studie „Die feinen Unterschiede" verbindet Bourdieu (1982) kollektive Lebensstile im Frankreich der 1960er Jahre mit objektiven Lebensbedingungen wie Ausbildungs- und Berufsstruktur. Der „Habitus" stellt dabei als klassenspezifische Wertestruktur das Bindeglied dar, das sowohl die Lebenspraxis strukturiert als auch Ausdruck der Sozialstruktur ist. Der Habitus ist somit „als strukturiertes und strukturierendes Prinzip [...] gleichzeitig Erzeugungsprinzip und Wahrnehmungs-, Interpretations- und Bewertungsmatrix von Praktiken und Werken" (Bohn/Hahn 1999, S. 259).

Nach Bourdieu sind soziale Ungleichheiten in modernen Gesellschaften am deutlichsten an kulturellen Differenzierungen zu erkennen, da das „Geschmacksurteil gewissermaßen die höchste Ausprägung des Unterscheidungsvermögens darstellt" (Bourdieu 1982, S. 31). Bourdieu unterscheidet ökonomisches, soziales und kulturelles Kapital. Ökonomisches Kapital umfasst materiellen Reichtum, soziales Kapital die Verfügbarkeit von Beziehungsnetzwerken; das kulturelle Kapital, welches in objektiviertes, institutionalisiertes und inkorporiertes kulturelles Kapital unterteilt wird, interessiert im gegenwärtigen Kontext am meisten. Unter objektiviertem kulturellen Kapital versteht Bourdieu Gemälde, Bücher oder Musikinstrumente. Bildungsabschlüsse und Titel sind zum institutionalisierten kulturellen Kapital zu zählen. Inkorporiertes kulturelles Kapital umfasst Wissen, Fähigkeiten und Fertigkeiten, die nur durch Sozialisations- und Bildungsaktivitäten langfristig erworben werden können. Indikatoren sind beispielsweise das Hören kulturbezogener Radiosendungen, regelmäßige Theater-, Museums- und Galeriebesuche oder die Lektüre bestimmter Zeitungen. Laut Bourdieu lässt sich eine „gleichermaßen bildungsspezifische wie politische Grenzlinie zwischen den unteren Klassen, deren Angehörige neben der Lokalpresse fast nur die einschlägigen Massenblätter lesen, und den Mittelklassen nachzeichnen" (Bourdieu 1982, S. 700). Personen mit hohem kulturellen Kapital verfügen über ein Wissen, welches eine bestmögliche Nutzung des Medienangebotes erlaubt und letztlich zur Reproduktion bestehender Strukturen führt: „Sowohl auf der Ebene der Mittelklasse als auch der herrschenden Klasse reproduziert das quantitativ wie qualitativ unterschiedliche Leseverhalten ziemlich genau die herkömmlichen Gegensätze" (Bourdieu 1982, S. 701). Mit dem Habitus als einem System von klassenspezifischen Einstellungs- und Verhaltensdispositionen entwirft Bourdieu eine Hierarchie kollektiver Geschmacksorientierungen – die „feinen Unterschiede".

Diese vornehmlich außenorientierten Lebensauffassungen werden in Gerhard Schulzes „Erlebnisgesellschaft" durch eine innenorientierte Handlungsmaxime ersetzt. „Erlebnisorientierung" meint dann die „situationsübergreifende Tendenz eines Menschen, sein Handeln an dem Ziel auszurichten, vorübergehende psychophysische Prozesse positiver Valenz (‚schöne Erlebnisse') bei sich selbst herbeizuführen" (Schulze 1992, S. 736). Das „Projekt des schönen Lebens" steht im Vordergrund der von Schulze untersuchten 1980er Jahre. Mit dem Trivial-, Spannungs- und Hochkulturschema unterscheidet Schulze drei alltagsästhetische Schemata, das heißt, drei Bereiche unterschiedlicher Kleidungs- und Wohnungsstile, Freizeitaktivitäten, Musik-, Fernseh- und Lesepräferenzen usw. Während Bourdieus kulturelles Kapital einer klassenspezifischen Verteilung unterlag, begründet Bildung in der Erlebnisgesellschaft nur noch „Fraktionierungen des persönlichen Stils, die sich nicht in eine allgemeinverbindliche Rangordnung bringen lassen" (Schulze 1992, S. 403), aber als Indikator der alltagsästhetischen Orientierung dienen.

Während es einen stark positiven Zusammenhang zwischen Bildung und Hochkulturschema gibt, existiert ein deutlich negativer Zusammenhang zwischen Bildung und Trivialschema, was sich auch in der Mediennutzung zeigt: „Spiegel, Zeit, Stadtmagazin, überregionale Zeitungen sind Medien der oberen Bildungsschichten; Bildzeitung, Abendzeitung, Anzeigenblätter, Goldenes Blatt oder Frau im Spiegel haben ihre Kunden dagegen in den unteren Bildungsschichten. Dort nimmt auch das Fernsehen eine besonders wichtige Stellung ein" (Schulze 1992, S. 192). In der Logik des Trivialschemas zählt weniger die objektive und sachliche Information über einen Sachverhalt, sondern vielmehr der Erlebniswert einer Information für das Publikum. „Damit bekommen", so Schulze, „formale Eigenschaften von Realitätsangeboten, etwa Pointierung, Ungewöhnlichkeit, Exklusivität, Aktualität, Kürze, Prägnanz und emotionale Aufladung ein Primat gegenüber inhaltlichen Eigenschaften wie Informationsgehalt, Wahrheit, analytische Tiefe" (1992, S. 324). In der Konsequenz sollen in Medien verarbeitete Informationen in erster Linie „starken Erlebnisreiz besitzen und in kurzer Periodisierung angeboten werden" (Schulze 1992, S. 324). Die konsequenteste Form der Erlebnisorientierung wird im Spannungsschema gelebt. Dies findet im Mediennutzungsverhalten Ausdruck, wenn beispielsweise solange das Fernsehprogramm gewechselt wird, bis eine Verfolgungsjagd die Aufmerksamkeit einfängt; diese wird dann eine Weile lang angeschaut und dann doch wieder weggeschaltet, vielleicht sogar ohne das Ende abzuwarten (vgl. Schulze 1992, S. 155). Ganz anders gestaltet sich laut Schulze das Mediennutzungsverhalten im Hochkulturschema: „Anstatt die Sportschau anzusehen, wozu man eigentlich Lust hätte, ist man es sich selber schuldig, aufs dritte Programm zu schalten, wo Wozzeck von Alban Berg übertragen wird – schlimm genug, dass man überhaupt fernsieht" (1992, S. 145). Auch Eichmann stellt in Bezug auf die Fernsehrezeption erhebliche Differenzen zwischen statusniedrigeren Vielsehern und statushöheren Wenigsehern fest. Während die Vielseher sowohl ihre Unterhaltungs- als auch einen Großteil ihrer Informationsbedürfnisse über den Fernsehkonsum abdecken, nutzen die statushöheren Wenigseher das Fernsehen als Zusatzmedium zur Information und Unterhaltung, die Informationsbeschaffung erfolgt allerdings primär über andere Medien (vgl. Eichmann 2000, S. 231). Paul Nolte beschreibt in der „Zeit" diese Unterschiede in der Mediennutzung als „Klassendifferenzierung des Fernsehens" (2001, S. 7).

„Klassendifferenzierung des Fernsehens"

„Die Vervielfachung der Offerten hat den Blick darauf verstellt, dass der Zuwachs an Optionen sehr klassenspezifisch genutzt wird, mehr noch: der Demonstration und Verfestigung von Klassenunterschieden dient. Das Fernsehen ist das beste Beispiel: Der Aufstieg der Privatsender hat ja nicht einfach zu einer ‚Bilderflut' geführt, er hat vor allem eine Klassendifferenzierung des Fernsehens bewirkt, die es zur Zeit des Duopols von ARD und ZDF nicht gab. Mit RTL und Sat1 ist ein spezielles Unterschichtfernsehen entstanden, und deshalb war es nur konsequent, dass sich am anderen Ende der sozialen Skala Sender wie 3sat oder Arte etablierten."

Quelle: Nolte 2001, S. 7.

Doch obwohl die stark divergierenden Fernsehangebote in weiten Teilen einer schichtspezifischen Nutzung unterliegen, kann dem Fernsehen im Vergleich zu anderen Medien noch am ehesten nivellierendes Potenzial zugesprochen werden (vgl. Jäckel 1996, S. 150). Eichmann (2000) weist in seiner Studie zu Medienlebensstilen auch für Printmedien, Computer und Internet differenzielle Nutzungsmuster nach und arbeitet ein Kontinuum mit dem Pol der „Informationselite" auf der einen und einem „Unterhaltungsproletariat" auf der anderen Seite heraus. Angefangen bei der Untersuchung des Lektüreverhaltens weisen seine Sekundärdatenanalysen durchweg auf große Disparitäten beim Lesen von Büchern, Zeitungen und Zeitschriften hin: „Unterschiedliche Lesesozialisations- und Lesekompetenzkurven entstehen schon in der Grundschule, werden vom familialen Leseklima positiv oder negativ unterstützt und setzen sich fort durch die Weiterbildungsentscheidungen nach der Pflichtschule" (Eichmann 2000, S. 192). So sind auch die Ergebnisse zur Computer- und Internetnutzung laut Eichmann nur teilweise mit den euphorischen Vorhersagen der „Netzutopisten" in Einklang zu bringen. Wer wenig liest und wahllos fernsieht, gehört auch kaum zu den informationssuchenden Internetnutzern; das heißt, „Mitglied des sogenannten ‚Unterhaltungsproletariats' wird man also durch Ressourcenarmut im umfassenden Sinne" (Eichmann 2000, S. 193). Hinter den differentiellen Mediennutzungsmustern ist, auch wenn die Angebotsvielfalt in der Erlebnisgesellschaft objektive Ungleichheiten entschärft und Strukturvorgaben gegenüber individuellen Gestaltungsleistungen zurücktreten, eine „fundamentale Ungleichheitssemantik erkennbar, die sich als maßgebliches Strukturierungsmuster sozialer Ungleichheit abzeichnet" (Eichmann 2000, S. 125). Eichmann resümiert, dass vor allem jüngere, statushöhere sowie generell flexiblere Bevölkerungsgruppen von neuen Medien profitieren: „Durch die Polarisierung entlang der jeweiligen Einbindung in relevante Informations- und Kommunikationsstrukturen, die besonders gut an

Mediennutzungsstilen und Medienkompetenzen ablesbar sind, könnten bestehende Ungleichheitslagen aufrechterhalten oder sogar verhärtet werden" (2000, S. 359). Dies liegt gerade bei neuen Medien nahe, da diese aufgrund ihrer Interaktivität eine soziale und kulturelle Differenzierung gemäß der Interessen und Motivationen der Nutzer erwarten lassen (vgl. Castells 2001, S. 424; Jäckel u.a. 2002, S. 12ff.).

6   Resümee

Medien können soziale Ungleichheiten sowohl verstärken als auch abschwächen. Für das Verhältnis von Mediennutzung und sozialer Ungleichheit kann somit kein konstanter Zusammenhang festgehalten werden. Selbst Umkehrungen davon, was als Privileg und was als Deprivation zu verstehen sei, haben stattgefunden. So war Erreichbarkeit in den Anfangstagen des Telefons ein Statussymbol, während heute – in Zeiten totaler telefonischer Verfügbarkeit von Jedem jederzeit – Nicht-Erreichbarkeit zunehmend zum Distinktionsmerkmal wird.

Die jeweiligen Diskurse zum Zusammenhang von Medien und sozialer Ungleichheit zeichnen sich jedoch im Zeitverlauf durch eine erstaunliche Beständigkeit aus. Im Zentrum stand immer die Diskussion um eine im Zuge der Mediennutzung sich verändernde Teilhabe Aller an Information und Wissen. Grundlegend war dabei die Frage, ob das jeweils neue Medium überhaupt das Potenzial habe, ein Anwachsen des allgemeinen Wissensbestandes zu bewirken. Theuth und Thamus stritten darüber in Bezug auf die Schrift – heute findet man ähnliche Argumente, wenn über die „Gefahren" des Internets diskutiert wird:

> „Die Überzeugung, dass im Internet zum Beispiel vor allem ‚Informationsmüll' Verbreitung findet, was die ‚Informationsüberflutung' nur noch weiter verstärkt, ist keine Einzelmeinung. Noch ist die These weit verbreitet, die das Internet als den ‚central production and control apparatus of an increasingly supranational market system' (Schiller 1999, S. XIV) begreift und als Generalisierung des kapitalistischen Systems ansieht, statt die Partizipationschancen zu erkennen, die das Internet dem Einzelnen bietet" (Stehr 2000, S. 204f.).

Doch auch wenn sich diese neuen Potenziale der Teilhabe an gesellschaftlichen Vorgängen allen bieten, gilt auch (oder gerade) für das Internet: Die Chancen sind schichtspezifisch verteilt:

> „Es wird nicht nur die Wahl von Multimedia auf diejenigen beschränkt sein, die Zeit und Geld für den Zugang haben, sowie auf Länder und Regionen mit ausreichendem Marktpotenzial, sondern auch die Unterschiede nach Kultur/Bildung werden entscheidend dafür sein, wie jeder Nutzer das Medium zu seinem Vorteil einsetzen kann. Die Information darüber, wonach man suchen kann und soll, sowie die Kenntnis über die Verwendungsmöglichkeiten der Botschaft werden entscheidende Voraussetzungen dafür sein, ein System, das sich vom Standard individuell angepasster Massenmedien unterscheidet, wirklich erleben zu können" (Castells 2001, S. 242).

In einer Informations- und Wissensgesellschaft, in der vor dem Hintergrund einer materiellen Grundsicherung weiter Bevölkerungsteile Wissen zunehmend als Stratifizierungsinstrument wirkt (vgl. Stehr 1994, 2001), gewinnen schichtspezifischer Medienzugang und die Art der Nutzung verschiedener Medienangebote an Bedeutung. Dieser Prozess kann in Anlehnung an Merton (1986) als „Matthäus-Effekt" verstanden werden. Beim Evangelisten Matthäus heißt es: „Denn wer da hat, dem wird gegeben werden, und er wird die Fülle haben" (Matthäus 25, 29). Wer ohnehin viel weiß, vergrößert durch die Nutzung medial vermittelter Informationen sein Wissen. Wer hingegen über einen geringeren Bildungsgrad verfügt, nutzt Medien tendenziell zur Unterhaltung und Entspannung oder ist weniger dazu in der Lage, medial vermittelte Informationen in (Bildungs-)Wissen zu transformieren. Das heißt, dass vorteilhaftes Mediennutzungsverhalten immer voraussetzungsreicher wird. In differenzierten modernen Gesellschaften wirken Medien deshalb oft als Verstärker bestehender sozialer Ungleichheiten.

7   Literatur

Adorno, Theodor W. (1974): Prolog zum Fernsehen. In: Ders.: Eingriffe. Neun kritische Modelle. Frankfurt am Main.

Arnhold, Katja (2003): Digital Divide. Zugangs- oder Wissenskluft? München.

Katz, Elihu u.a. (1974): Utilization of mass communication by the individual. In: Blumler, Jay G.; Katz, Elihu (Hrsg.): The Uses of Mass Communications: Current Perspectives on Gratifications Research, S.19–32.

Beck, Ulrich (1986): Risikogesellschaft. Auf dem Weg in eine andere Moderne. Frankfurt am Main.

Bohn, Cornelia ; Hahn, Alois (1999): Pierre Bourdieu. In: Kaesler, Dirk (Hg.): Klassiker der Soziologie, Band 2: Von Talcott Parsons bis Pierre Bourdieu. München, S. 252-271.

Bonfadelli, Heinz (1994): Die Wissenskluft-Perspektive. Massenmedien und gesellschaftliche Information. Konstanz.

Bonfadelli, Heinz (2002): Die Wissenskluft-Perspektive. In: Schenk, Michael: Medienwirkungsforschung. Tübingen. S. 568-601.

Bonfadelli, Heinz (2002): The Internet and Knowledge Gaps. In: European Journal of Communication 17, S. 65-84.

Bourdieu, Pierre (1982): Die feinen Unterschiede. Kritik der gesellschaftlichen Urteilskraft. [Aus dem Franz.]. Frankfurt am Main.

Brecht, Bertolt (1967): Der Rundfunk als Kommunikationsapparat. [Zuerst 1932]. In: Ders.: Gesammelte Werke in 20 Bänden. Band 18. Frankfurt am Main, S. 127-134.

Castells, Manuel (2001): Das Informationszeitalter. Wirtschaft - Gesellschaft - Kultur. Band 1: Die Netzwerkgesellschaft. [Aus dem Amerik.]. Opladen.

Croteau, David; Hoynes, William (2000): Media/Society: Industries, Images, and Audiences. London.

Eichmann, Hubert (2000): Medienlebensstile zwischen Informationselite und Unterhaltungs-
    proletariat. Wissensungleichheiten durch die differentielle Nutzung von Printmedien,
    Fernsehen, Computer und Internet. Frankfurt am Main.
Ettema, James S.; Kline, F. Gerald (1977): Deficits, Differences, and Ceilings: Contingent
    Conditions for Understanding the Knowledge Gap. In: Communication Research 4,
    179-202.
Flichy, Patrice (1994): Tele. Geschichte der modernen Kommunikation. [Aus dem Franz.].
    Frankfurt am Main.
Gertz, Holger (2005): Futter für die Fernbedienten. Deutschland von unten (III) – das Leben
    vor und in der Glotze. In: Süddeutsche Zeitung, Nr. 89, 19. April, S. 3.
Hall, Stuart (1982): The Rediscovery of „Ideology": Return of the Repressed in Media Stud-
    ies. In: Gurevitch, Michael u.a. (Hrsg.): Culture, Society, and the Media. London.
Herzog, Herta (1944): What Do We really Know about Daytime Serial Listeners? In: Lazars-
    feld, Paul F.; Stanton, Frank N. (Hrsg.) (1944): Radio Research, 1942-1943. New York,
    S. 3-33
Horstmann, Reinhold (1991): Medieneinflüsse auf politisches Wissen. Zur Tragfähigkeit der
    Wissenskluft-Hypothese. Wiesbaden.
Hradil, Stefan (2001): Soziale Ungleichheit in Deutschland. 8. Auflage. Opladen.
Innis, Harold A. (1997): Die Eule der Minerva [Aus dem Amerik., zuerst 1947. In: Barck,
    Karlheinz (Hrsg.) (1997): Harold A. Innis – Kreuzwege der Kommunikation. Ausge-
    wählte Texte. Wien, New York.
Jäckel, Michael (1994): Auf dem Weg zur Informationsgesellschaft? Informationsverhalten
    und die Folgen der Informationskonkurrenz. In: Jäckel, Michael; Winterhoff-Spurk, Pe-
    ter (Hrsg.) (1994): Politik und Medien. Analysen zur Entwicklung der politischen
    Kommunikation. Berlin, S. 11-34.
Jäckel, Michael (1996): Was machen die Menschen mit den Medien? Zum Zusammenhang
    von Sozialstruktur und Mediennutzung. In: Jäckel, Michael; Winterhoff-Spurk, Peter
    (Hrsg.) (1996): Mediale Klassengesellschaft? München, S. 149-175.
Jäckel, Michael u.a. (2002): „Vor Outlook sind wir alle gleich" – Egalisierungs- und Hierar-
    chisierungstendenzen im Zuge der E-Mail-Nutzung. In: kommunikation@gesellschaft.
    Internetquelle: http://www.soz.uni-frankfurt.de/K.G/B7_2002_Jaeckel_Lenz_ Zillien.
    PDF, geprüft am 11.08.2005.
Kassner, Rudolf (Hg.) (1920): Platons Phaidros. Jena.
Katz, Elihu; Foulkes, David (1962): On the Use of the Mass Media as „Escape": Clarification
    of a Concept. In: Public Opinion Quarterly 26, S. 377-388.
Katz, Elihu u.a. (1974): Utilization of Mass Communication by the Individual. In: Blumer,
    Jay; Katz, Elihu (Hrsg.): The Uses of Mass Communications. Current Perspectives on
    Gratification Research. Beverly Hills, London, S. 19-32.
Kreckel, Reinhard (2004): Politische Soziologie der sozialen Ungleichheit. 3., erweiterte Auf-
    lage. Frankfurt am Main, New York.
Kubicek, Herbert; Welling, Stefan (2000): Vor einer digitalen Spaltung in Deutschland? An-
    näherung an ein verdecktes Problem von wirtschafts- und gesellschaftspolitischer Bri-
    sanz. In: Medien- & Kommunikationswissenschaft 48, H. 4 S. 497-517.
Kümmel, Albert u.a. (Hrsg.) (2004): Einführung in die Geschichte der Medien. Paderborn.
Kwak, Nojin (1999): Revisiting the Knowledge Gap Hypothesis. In: Communication Re-
    search 4 S. 385-413.

Marx, Karl (1939): Kritik der politischen Ökonomie. [Zuerst 1857]. Frankfurt am Main.

Merton, Robert K. (1968): The Matthew Effect in Science. In: Science 159, S.56-63.

NTIA (1995): Falling Through the Net – A Survey of the „Have-Nots" in Rural and Urban America. Internetquelle: http://www.ntia.doc.gov/ntiahome/fallingthru.html, geprüft am 11.08.2005.

Nolte, Paul (2001): Unsere Klassengesellschaft. Wie könnten die Deutschen angemessen über ihr Gemeinwesen sprechen? Ein unzeitgemäßer Vorschlag. In: Die Zeit, 56. Jg., Nr. 2, S. 7.

Norris, Pippa (2001): Digital Divide: Civic Engagement, Information Poverty, and the Internet Worldwide. Cambridge.

Pompe, Hedwig (2004): Die Neuheit der Neuheit: Der Zeitungsdiskurs im späten 17. Jahrhundert. In: Kümmel, Albert u.a. (Hrsg.) (2004): Einführung in die Geschichte der Medien. Paderborn, S. 35-64.

Ruchatz, Jens (2004): Das Telefon – Ein sprechender Telegraf. In: Kümmel, Albert u.a. (Hg.) (2004): Einführung in die Geschichte der Medien. Paderborn, S.125-150.

Saxer, Ulrich (Hrsg.) (1985): Gleichheit oder Ungleichheit durch Massenmedien? Schriftenreihe der Deutschen Gesellschaft für Publizistik und Kommunikationswissenschaft. Band 10. München.

Schenk, Michael (2002): Medienwirkungsforschung. Tübingen

Scholz, Leander (2004): Die Industria des Buchdrucks. In: Kümmel, Albert u.a. (Hrsg.) (2004): Einführung in die Geschichte der Medien. Paderborn, S. 11-34.

Schulze, Gerhard (1992): Erlebnisgesellschaft. Kultursoziologie der Gegenwart. Frankfurt am Main.

Schulze, Gerhard (2003): Die beste aller Welten. Wohin bewegt sich die Gesellschaft im 21. Jahrhundert? München.

Stehr, Nico (1994): Arbeit, Eigentum und Wissen. Frankfurt am Main.

Stehr, Nico (2000): Die Zerbrechlichkeit moderner Gesellschaften. Weilerswist.

Stehr, Nico (2001): Moderne Wissensgesellschaften. In: Aus Politik und Zeitgeschichte 36, S. 7-12.

Tichenor, Phillip J. u.a. (1970): Mass Media Flow and Differential Growth in Knowledge. In: Public Opinion Quarterly 34, S. 159-170.

Viswanath, Kasisomayajula.; Finnegan, John R. Jr. (1996): The Knowledge Gap Hypothesis: Twenty-five Years Later. In: Communication Yearbook 19, S. 187-227.

Wessel, Horst A. (1995): Die Rolle des Telefons in der Kommunikationsrevolution des 19. Jahrhunderts. In: North, Michael (Hrsg.) (1995): Kommunikationsrevolutionen. Die neuen Medien des 16. und 19. Jahrhunderts. Köln usw., S. 101-128.

Winterhoff-Spurk, Peter (1999): Auf dem Weg in die mediale Klassengesellschaft. Psychologische Beiträge zur Wissenskluft-Forschung. In: medien praktisch 3/99, S. 17-22.

Winterhoff-Spurk, Peter (2004): Medienpsychologie: Eine Einführung. 2., überarbeitete und erweiterte Auflage. Stuttgart.

Wirth, Werner (1999): Neue Wissenskluft durch das Internet? Eine Diskussion relevanter Befunde und Konzepte. In: Medien Journal 3 (Wissensgesellschaft), S. 3-19.

Wollschläger, Hans (1987): Karl-Kraus-Lesebuch. Frankfurt am Main.

Zelger, Sabine (1997): „Das Pferd frisst keinen Gurkensalat": eine Kulturgeschichte des Telefonierens. Köln.

Empfehlungen zum Weiterlesen:

Bonfadelli, Heinz (1994): Die Wissenskluft-Perspektive. Massenmedien und gesellschaftliche Information. Konstanz.
Jäckel, Michael; Winterhoff-Spurk, Peter (Hrsg.) (1996): Mediale Klassengesellschaft? München.
Kümmel, Albert u.a. (Hrsg.) (2004): Einführung in die Geschichte der Medien. Paderborn.

Medien als soziales System

Manfred Mai

Zusammenfassung: Das gegenwärtige Mediensystem ist als ein Netzwerk aus mehreren unterschiedlichen Medien (Printmedien, Radio, Film, Werbung, Fernsehen, Internet) entstanden, die organisatorisch, technisch, wirtschaftlich, ästhetisch und journalistisch miteinander verknüpft sind. Schon mit der Gründung der ersten Zeitungen, später der Filmstudios und Radiostationen wurde die journalistische Logik durch die Logik der Ökonomie und die der Unterhaltung ergänzt und als ständiger Zielkonflikt verfestigt. Je mehr die Medien auf technischen Innovationen basierten, umso mehr wurden die Medien globale großtechnische Systeme. Diese quasi „natürlichen" Rationalitäten des Mediensystems werden durch normative Leitbilder (mediale Grundversorgung) und Gesetze auf bestimmte Ziele hin orientiert.

1 Zur Konstitution und Autonomie sozialer Systeme

In modernen Gesellschaften verfügen bestimmte Bereiche wie das Recht, die Wissenschaft oder die Kunst über eine mehr oder weniger große Autonomie. Diese Autonomie wird in der Regel durch die jeweiligen Verfassungen geschützt, so etwa im Grundgesetz für die Bundesrepublik Deutschland. Der verfassungsrechtlichen Absicherung gingen teilweise Jahrhunderte lange soziale Entwicklungen und Kämpfe voraus, in denen sich diese Bereiche emanzipieren konnten. So waren z. B. in der Gesellschaft des Mittelalters die Rechtsprechung, die Kunst und die Wissenschaft sehr stark von Staat und Kirche abhängig (vgl. Grimm 1987, S. 104). Erst in mehreren, teils revolutionären Schüben konnten sie sich rechtlich geschützte Freiräume sichern und ihre eigene spezifische Rationalität entfalten. Dieser Prozess ist jederzeit reversibel: In totalitären Regimen sind die Unabhängigkeit und die Autonomie etwa der Kunst oder auch der Medien einem absoluten Staatsziel untergeordnet und finden allenfalls in subkulturellen Nischen ihren – illegalen – Ausdruck. Die Autonomie sozialer Systeme sowie die ihrer institutionellen und individuellen Akteure sind also abhängig von rechtlichen Garantien. Sie hängen aber auch ab von der Bereitschaft politischer und zivilgesellschaftlicher Kräfte, für diese Autonomie einzutreten. Schließlich – und das gilt gerade für den Bereich der Medien – muss die rechtlich und politisch garantierte Autonomie sozialer Teilsysteme auch finanziell abgesichert werden, wenn sie nicht nur auf dem Papier stehen soll.

Soziale Systeme[1] bestehen aus individuellen und institutionellen Akteuren, die sich von anderen sozialen Systemen abgrenzen und somit füreinander zur Umwelt werden. So wie zum sozialen System der Kunst z. B. Museen, Akademien, Galerien und Stiftungen sowie Künstler und ihre Verbände gehören, so gehören zum sozialen System der Medien u. a. Verlage, Filmstudios, Journalisten, Agenturen, Netzbetreiber, Radio- und Fernsehunternehmen sowie zahlreiche Aufsichtsbehörden. Die Akteure und Institutionen eines sozialen Systems haben in der Regel eine gemeinsame Vorstellung von dem, was der Sinn und Zweck dieses sozialen Systems ist, etwa die Förderung der Kunst oder die Herstellung von Öffentlichkeit. Soziale Systeme können auch ein bestimmtes Politikfeld mit einer spezifischen Klientel und definierten Interessen konstituieren: das soziale System Kunst etwa das Politikfeld der Kulturpolitik und das soziale System der Medien das der Medienpolitik (vgl. Mai 2003). Ein bestimmtes soziales System kann aber auch mehrere Politikfelder betreffen und ein bestimmtes Politikfeld kann mehrere soziale Systeme umfassen. Weil die institutionellen Akteure sozialer Systeme konkrete Rechte und Interessen haben, sind sie Teil des gesellschaftlichen Pluralismus. Damit ist die relative Bedeutung sozialer Systeme in der Gesellschaft teilweise abhängig von der Stärke ihrer Akteure und organisierten Interessen im gesellschaftlichen Prozess der Meinungs- und Entscheidungsbildung.

Soziale Systeme und ihre Institutionen werden nicht nur durch äußere Bedingungen wie Rechte geprägt, sondern auch durch immanente Entwicklungen. Dazu gehören im Wesentlichen soziale Bewegungen, die die Sicherung ihrer Interessen und Rechte fordern, und die Entstehung einer spezifischen Rationalität. Das kann ein professionelles Selbstverständnis (vgl. Stichweh 1994) sein, eine Geschäftsordnung oder ein wissenschaftliches Paradigma. Je mehr bestimmte Akteure einen gesellschaftlichen Bereich kontrollieren, umso größer ist die Wahrscheinlichkeit, dass dieser Bereich seine eigenen Regeln entwickelt und sich gegenüber anderen Bereichen abgrenzt. Er erscheint im Extremfall als unregierbar.[2]

Die Entstehung sozialer Systeme und ihre Institutionalisierung in gesellschaftliche Teilbereiche zeigen sich in der Auseinandersetzung mit den totalitären Ansprüchen der Religion im Mittelalter oder des absolutistischen Staates. Für Staat und Kirche bedeutete die Entstehung teilautonomer sozialer Systeme zunächst einmal Machtverlust. Später, nach der verfassungsmäßigen Absicherung, sah sich vor allem

---

[1] Zum Verständnis und zur Genese sozialer Systeme in der Soziologie vgl. Schimank 1996, S. 137ff. Die wichtigste Funktion sozialer Systeme ist „Ausbildung und Erhaltung von Sinngrenzen gegenüber der Umwelt" (Schimank 1996, S. 139).

[2] Als Beispiel für ein politisch kaum noch regulierbares Feld gilt die Gesundheitspolitik, die scheinbar nur ihren eigenen Gesetzen folgt. Eine Kostenexplosion könnte nur durch einen radikalen Systemwechsel verhindert werden, der allerdings mit hohen politischen Konflikten verbunden wäre. Das Mediensystem scheint sich spätestens seit der Digitalisierung und Globalisierung der Netze diesem Status der Unregierbarkeit zu nähern.

der Staat vor die Aufgabe gestellt, die verschiedenen Bereiche der Gesellschaft zusammenzuhalten und nach politischen Zielen zu gestalten, was auf der Basis des Nationalstaats offenbar eher gelingt als in einem transnationalen Mehrebenenregime. Es ist zum Kennzeichen modernen Regierens geworden, dass die Politik nicht gegen, sondern gemeinsam mit den Vertretern teilautonomer Bereiche Ziele definiert, die beide zu erreichen versuchen. Dieses korporatistische Muster setzt die Existenz von Verhandlungssystemen mit konkreten Akteuren aus den jeweiligen sozialen Systemen voraus (vgl. Scharpf 1993). Eine Gesellschaft, die nur noch aus autonomen Subsystemen bestehend gedacht wird, wäre nicht mehr regierbar, allein schon deshalb nicht, weil auch der Bereich der Politik von allen anderen Bereichen kommunikativ abgekoppelt wäre (vgl. Luhmann 1986, S. 167f) und mit seinen Gestaltungsansprüchen die Adressaten nicht mehr erreichte.[3] Allein die bloße Zunahme gesellschaftlicher Teilbereiche mit jeweils eigener Klientel als Folge der gesellschaftlichen Differenzierung und Modernisierung bedeutet für die Politik eine steigende Komplexität, die nicht mehr nach dem traditionellen Muster der hierarchischen Steuerung bewältigt werden kann.

Alle gesellschaftlichen Bereiche sind vielfältig miteinander verflochten, ohne ihre spezifischen Interessen und Ansprüche auf Autonomie aufzugeben. Eine absolute Autonomie sozialer Teilsysteme oder politischer Bereiche gibt es daher nicht. Soziale Systeme sind zudem Abstraktionen von real existierenden Institutionen und gesellschaftlichen Teilbereichen, in denen kollektive und individuelle Akteure eingebunden sind. Diese wiederum sind in unterschiedlichen Kontexten verankert und daher prinzipiell in der Lage, mit Akteuren und Institutionen anderer Bereiche zu kommunizieren. So sind z. B. die Redakteure eines Verlagshauses im journalistischen, die Justiziare im rechtlichen und die Controller im ökonomischen Kontext verankert. Gerade wegen dieser Arbeitsteilung können komplexe Organisationen wie Medienunternehmen erfolgreich agieren. Ein Sender, in dem nur Redakteure arbeiteten, könnte im Wettbewerb der Medien genauso wenig bestehen, als wenn er nur von Marketingexperten dominiert würde.

2   Medien und Demokratie

Die Entstehung eines eigenständigen Systems der Medien mit seinen Institutionen und seiner spezifischen Rationalität ähnelt dem Muster, wie sich andere soziale Sys-

---

[3] „Auch das politische System kann nicht außerhalb der eigenen Autopoiesis, außerhalb des eigenen Codes oder ohne eigene Programme handeln" (Luhmann 1986, S. 175). Klaus von Beyme kritisiert an dieser systemtheoretischen Position, dass „keine Entelechie von geheimen Steuerungskräften unterstellt werden (kann), die die prämodernen Evolutionstheorien des 19. Jahrhunderts kennzeichnete." Die theoretische wie praktische Konsequenz daraus ist, dass Eigendynamik nicht heißt: „nicht von außen steuerbar." (von Beyme 1995: 210).

teme und Bereiche entwickelten. Auch die relative Autonomie des Mediensystems, wie wir sie heute in demokratischen Regimen kennen, musste von konkreten Akteuren gegen den Widerstand des absolutistischen oder autoritären Staates erkämpft werden. Diese Akteure waren zu Beginn des 19. Jahrhunderts vor allem Schriftsteller und politische Publizisten, die im Zeichen der französischen Revolution und der nationalen Befreiungsbewegungen in Europa neben anderen Rechten auch die „Preßfreiheit" – das Recht, die eigene Meinung ohne Angst vor Repressalien und Zensur äußern zu dürfen – forderten.

Voraussetzung für die Herausbildung eines Mediensystems war eine Öffentlichkeit, die in der Tradition der Aufklärung einen Bedarf am öffentlichen Gebrauch der Vernunft – dem Räsonnement – hat (vgl. Habermas 1976, S. 217f). Es sollte bis zur Verabschiedung des Grundgesetzes dauern, bis die Pressefreiheit in Deutschland institutionalisiert wurde (Artikel 5). Die Geschichte der Presse ist immer auch die Geschichte der Zensur. Die Maßregelung von Journalisten und Gängelung von Medien bis hin zur Kontrolle des Internetverkehrs sind bis heute in vielen Staaten an der Tagesordnung und zeigen, dass die Ausdiffererenzierung sozialer Systeme kein Selbstläufer ist, sondern rechtlicher und politischer Garantien bedarf. Pressefreiheit und eine weitgehende Autonomie des Mediensystems sind nur in demokratisch verfassten Regimen möglich. Dabei stehen die Autonomie der Medien und die Demokratie in einem symbiotischen Verhältnis zueinander: So wie sich die Medienfreiheit nur in einer Demokratie entfalten kann, so ist die Demokratie darauf angewiesen, dass sich die unterschiedlichen Interessen der pluralistischen Gesellschaft in den Prozess der Meinungsbildung einbringen können.[4]

Die moderne Gesellschaft ist pluralistisch und multikulturell. Sie kennt deshalb keinen volonté générale (vgl. Fraenkel 1968, S. 38f). Ihre fragmentierte Sozialstruktur als Folge der Erosion sozialer Milieus ermöglicht zunehmend nur von Fall zu Fall Mehrheiten, die in immer komplexeren Wahlkampagnen organisierbar sind (vgl. Schmitt-Beck 2002, S. 112). Erst in einem offenen Mediensystem finden diese verschiedenen Interessen die Möglichkeit, sich zu artikulieren und am gesellschaftlichen Kommunikationsprozess teilzunehmen. Aus diesem Grund sind in den öffentlich-rechtlichen Rundfunkanstalten die Vertreter der gesellschaftlich relevanten Gruppen mit Sitz und Stimme vertreten. Der Gesetzgeber wollte damit den Rundfunk der Gesellschaft – und nicht dem Staat oder den Parteien – zur Gestaltung

---

[4] „In demokratisch verfassten Gesellschaften gilt die Pressefreiheit als unverzichtbare Voraussetzung demokratischer Willens- und Meinungsbildung – nicht nur als Meinungsfreiheit der Journalisten, sondern (zumindest aus demokratietheoretischer Sicht) vorrangig als Informationsfreiheit der Bürger, für die politische Sachverhalte in der Regel unmittelbarer Beobachtung entzogen und die daher auf die Berichterstattung (Nachrichten) aus mittelbaren Quellen (Medien) angewiesen sind." (Erbring 1989, S. 301f).

und Kontrolle geben.[5] Das System der Medien ist also zum einen Ausdruck des Mehrheitswillens als auch seine Voraussetzung: Ohne den Austausch der Meinungen in einem prinzipiell offenen Prozess der Meinungsbildung ist Demokratie nicht möglich.

Die Funktion der Medien ist der des Parlaments ähnlich. Auch die Legislative hat u. a. die Funktion, den Austausch von Meinungen zu ermöglichen. Als Urmodell dieser Funktion gilt die agorá, der Marktplatz, im klassischen Athen (vgl. Mahrenholz 1990, S. 232; Demandt 2004, S. 79). In einer Massengesellschaft kann dieses historische Vorbild weder für die Aufgabe der Entscheidungsfindung noch für die der Meinungsbildung dienen, es sei denn als idealtypisches Leitbild. In der Praxis moderner Gesellschaften findet die Meinungsbildung überwiegend in den und durch die Medien statt.[6] Dennoch: Medien haben für die Gesellschaft nicht nur die politische Funktion der Meinungsbildung. Aus demokratietheoretischer Sicht ist dies zweifellos die wichtigste. Aber Medien können auch für andere Ziele instrumentalisiert werden: als Möglichkeit künstlerischer Gestaltung, der politischen Kommunikation oder einfach als Geschäft.

3   Normative Grundlagen und Funktionen der Medien

Die zahlreichen Abhängigkeiten der Medien von Gesellschaft, Öffentlichkeit, Politik, Technik, Kultur und Ökonomie sowie der Verfassungsrang der Pressefreiheit setzen der Beliebigkeit der Bestimmung von Medienfunktionen und -zielen Grenzen. Medien erfüllen daher nicht nur eine einzige Funktion oder ein einziges Ziel. Sie können allenfalls auf eine Zielhierarchie festgelegt werden, je nachdem, in welchem Kontext sie aktiv sein wollen: im publizistischen als Qualitätsprodukt oder im ökonomischen als Massenware. Es ist die Vielfalt und Konkurrenz der miteinander verknüpften Funktionen und Ziele, die das Mediensystem kennzeichnet. Die Ziele können von der Politik vorgegeben oder – insbesondere bei privatwirtschaftlichen Unternehmen – von den einzelnen Medien selbst gesetzt werden. Diese verschiedenen Ziele können in den einzelnen Medien – in einer Zeitschrift oder in einem Radiosender – jeweils sehr unterschiedlich ausgeprägt sein. So sind die Medien in den USA z. B. weitgehend als teilweise börsennotierte Wirtschaftsunternehmen organisiert mit der Folge, dass Nachrichten, Filme, Dokumentationen u. a. in erster Linie als Waren für einen definierten Markt produziert und gehandelt werden.[7] In

---

[5] Dass dennoch Parteien und die Politik in den Medien eine große Rolle spielen, ist oft kritisiert worden und immer wieder Anlass, über Alternativen nachzudenken.

[6] Die Rolle der Medien für die Meinungsbildung kann so dominant werden, dass sie die Funktionen des Bundestages infrage stellt (vgl. Sarcinelli 2003).

[7] Das muss nicht bedeuten, dass kritischer Journalismus unter solchen Bedingungen nicht möglich ist. Das beweisen gerade immer wieder spektakuläre Enthüllungen amerikanischer Medien. Es entspricht

Deutschland, Großbritannien und Frankreich dagegen sind Medien größtenteils zwar auch privatwirtschaftlich organisiert, aber daneben gibt es das Leitbild des von wirtschaftlichen Verwertungszwängen freien Qualitätsjournalismus, der als kulturelles Gut – ebenso wie Filme und Presse – von der Politik geschützt und von einer kritischen Öffentlichkeit geschätzt wird.

Welches der Ziele in den jeweiligen Medien dominant ist, hängt vom politischen Konsens über die Aufgaben der Medien ab. Dieser Konsens zeigt sich in den jeweiligen Mediengesetzen[8]. Ob in der Presselandschaft weitere Konzentrationen erlaubt sind, ob der Lokalfunk die lokale Kultur fördern soll, ob Filme eher zur Unterhaltung oder zur Erziehung gefördert werden sollen, ob das Kabelnetz einem einzigen bundesweiten oder mehreren regionalen Gesellschaften gehören soll: Alles dies sind politische Entscheidungen, die keiner primär medialen Logik folgen.

Eine besondere Bedeutung für die Zielsetzung und auch für die Funktionsbestimmung der Medien – insbesondere des Rundfunks – haben in Deutschland die so genannten Rundfunkurteile des Bundesverfassungsgerichts. Sie bestimmen durch ihre Grundsätze einen Rahmen für die Organisation von Hörfunk und Fernsehen in Deutschland. So wird u. a. festgehalten, dass Rundfunk wegen seiner großen gesellschaftlichen Wirkung nicht allein ökonomischen Imperativen folgen darf und dass es im „dualen System" ein Gleichgewicht zwischen privatwirtschaftlich organisierten Rundfunkveranstaltern und öffentlich-rechtlich verfassten geben muss (vgl. Hoffmann-Riem 1994; Meyn 1996).

Unabhängig von politischen und rechtlichen Vorgaben entwickeln sich die Medien durch technische, aber auch durch ästhetische Innovationen stetig weiter. Das kann dazu führen, dass die normativen Vorgaben der Politik kontinuierlich ausgehöhlt werden können. Was nützt z. B. ein Jugendmedienschutz für das Fernsehen, der die Ausstrahlung einer jugendgefährdenden Sendung erst ab einer bestimmten Uhrzeit erlaubt, wenn sich Jugendliche jederzeit alle medialen Inhalte aus dem Internet herunterladen können? Während die Medien und ihre Inhalte global präsent sind, endet die Reichweite der Mediengesetzgebung und der Aufsichtsbehörden an den nationalen Grenzen. So konnte z. B. in den 1980er Jahren das Privatfernsehen mit seiner Programmvielfalt gegen die politische Mehrheit in Deutschland allein dadurch nicht verhindert werden, weil die Empfangstechnik (Antennen und Satelliten) und später auch die Nachfrage Tatsachen schufen.

---

der ökonomischen Logik, dass auch Enthüllungen über das Versagen politischer und wirtschaftlicher Eliten dem wirtschaftlichen Ziel der Auflagensteigerung dienen. Das ist eine - paradoxe - Folge der weitgehenden Freiheit des Marktes. In vielen anderen Ländern des ehemaligen Ostblocks oder Chinas reicht dagegen trotz formaler Markt- und Medienfreiheit oft schon ein regierungskritischer Kommentar, um den Chefredakteur einzuschüchtern oder den Sender zu schließen.

[8] Das sind im Wesentlichen die Rundfunkstaatsverträge, der Mediendienstestaatsvertrag, das Informations- und Kommunikationsdienstegesetz, das Filmförderungsgesetz, die Landesmediengesetze, das Jugendschutzgesetz u. a.

Die (objektiven) Funktionen des Mediensystems ergeben sich im Unterschied zu den intentional gesetzten Zielen der Medien aus einer Analyse der Medienwirkungen auf andere Bereiche oder soziale Systeme. Die wichtigste Funktion der Medien ist die, die sie für die Politik und die Gesellschaft erfüllen: „Das gesellschaftliche Teilsystem Massenmedien erfüllt im charakteristischen Unterschied zur Politik für die Gesellschaft als Ganzes den bestandsnotwendigen Zweck, möglichst weit reichende Aufmerksamkeit für gemeinsame Themen zu erzeugen." (vgl. Meyer 2001, S. 45) Diese Funktion erfüllt kein anderes soziales System – sie ist daher medienspezifisch.

Durch die weitgehende Autonomie des Mediensystems gelingt es ihm, eine Eigendynamik zu entfalten, die durch die der Technik und Ökonomie verstärkt wird. Je mehr sich diese Eigendynamik verfestigt, umso schwieriger wird es für die Politik und das Recht, den Medien Ziele vorzugeben, die nicht mit denen der Medien identisch sind. Wenn z. B. ein Fernsehsender nur mit Sport- und Unterhaltungssendungen Geld verdienen kann, ist es der Politik kaum möglich, vom gleichen Sender auch Informations- und Kultursendungen zu fordern. Die Politik kann auch nicht erwarten, dass der Prozesscharakter politischer Entscheidungen anstelle der medientypischen Reduktion auf die Nachrichtenwertfaktoren dargestellt wird. Politische Logik und mediale Logik sind nicht identisch und je mehr die Politik die Medien in die Autonomie entlässt, umso mehr setzt sich die mediale Logik durch: Orientierung an jeweils aktuellen Konflikten, Personen, Emotionen und Bildern.

Die Fragen nach der „eigentlichen" und nach der „objektiven" Funktion der Medien können zum einen nur vor dem Hintergrund politisch-rechtlicher Vorgaben beantwortet werden. Zum anderen müssen „die" Medien genauer differenziert werden: Was für das Radio gilt, muss nicht für die Presse gelten und was für das Internet zutrifft, muss für den Film keine Bedeutung haben. So gibt es zwar relativ einheitliche Vorstellungen darüber, was die Funktion des Rundfunks ist, aber kaum darüber, was das Internet soll, eher darüber, was im Internet nicht erlaubt ist (vgl. Leggewie 2000).

Allen Medien ist gemeinsam, dass sie Kommunikationsprozesse in der Gesellschaft ermöglichen, sie prägen („Das Medium ist die Botschaft" – McLuhan 1992 [zuerst 1968], S. 17f) und verändern. Sie alle passen in die kommunikationswissenschaftlichen Grundmodelle jedweder Kommunikation von Sender und Empfänger sowie von Nachricht und Rezeption. Aber es gibt Unterschiede in der Wirkung und Reichweite der einzelnen Medien. Aus diesem Grund ist z. B. die Regulierungsdichte des Rundfunks größer als die der Printmedien, die z. B. keine Rundfunkräte oder Finanzierungsgarantie durch Rundfunkgebühren kennen. Der Fernsehmarkt ist auch kein Zeitungskiosk, an dem der Verbraucher jeden Tag eine souveräne Konsumentenentscheidung für oder gegen ein Produkt trifft. Das Leitmedium der modernen Gesellschaft ist das Fernsehen. Aus diesem Grund sind die Funktionsbestimmungen des Fernsehens paradigmatisch. Das Radio, Zeitungen, Zeitschriften und das Internet sind dagegen eher zielgruppenspezifisch und komplementär, obwohl sie eindeutig auch zu den Massenmedien zählen. Der Film und die Werbung sowie im weitesten Sinne auch die Fotografie – ebenfalls Massenmedien – haben als künstlerisch kreative und technisch innovative Medien trotz ihrer globalen Verbreitung eigentlich keine Funktion als Informationsquellen oder als Kommunikationsplattformen.

Dennoch gelten für die Massenmedien die normativen Leitlinien des Grundgesetzes sowie die darauf aufbauende Rechtsprechung und Gesetzgebung. Die Prinzipien des Pluralismus, der Staatsferne und der medialen Grundversorgung mit Unterhaltung, Informationen und Kultur sind von der Gesellschaft als „Shareholder" und Nutzer des Mediensystems notfalls sogar einklagbar. Die von der Politik und dem Recht definierten Erwartungen an die Medien betreffen in erster Linie den Rundfunk. Aber auch an den Film, sofern er öffentlich gefördert wird, werden definierte Erwartungen gestellt.[9] Er sollte zumindest professionell gemacht, kulturell wertvoll und exportfähig sein. Bei der Werbung und beim Internet gibt es vonseiten des Rechts eher Negativkataloge, was diese Medien nicht dürfen, als Erwartungen, was diese Medien sollten.[10]

Alle diese Medien sind in vielfältiger Weise miteinander verknüpft: Ökonomisch, technisch, organisatorisch und ästhetisch. Die Interdependenzen innerhalb des Mediensystems nehmen mit jedem neuen Medium deutlich zu und schaffen neue Geschäftsfelder.[11] Auf diese Weise wird das Mediensystem nicht nur untereinander eng verflochten, sondern auch immer mehr mit traditionellen Branchen vernetzt. Durch den hohen Kapitalbedarf insbesondere der privatwirtschaftlich organisierten Medienunternehmen werden zunehmend Banken und andere Branchen (z. B. Energieversorger, Softwareunternehmen und Hersteller von Computerspielen) zu Partnern der Medienwirtschaft. Deren Rationalitäten und Ziele sind der medialen Logik nicht weniger fremd als die politischen. Dennoch gibt es immer einen medientypischen Kern, der sich weder völlig der ökonomischen Verwertungslogik noch der politischen Erwartungshaltung unterordnen lässt. So können sich Filme, die noch so durchkalkuliert und mit größtem Marketingaufwand begleitet werden, dennoch als Flop erweisen. Auch private TV-Stationen können auf gewisse journalistische Standards – und sei es nur zum Zweck der Markenbildung – nicht völlig

---

[9] Im Filmförderungsgesetz (FFG) oder in den Richtlinien der Filmförderungsinstitutionen der Länder (vgl. Mai 2001).

[10] Wenn gleichwohl die Politik massiv das Internet und andere Kommunikationsnetze fördert, denkt sie dabei in erster Linie an die Modernisierung der technologischen Infrastruktur mit dem Ziel, die Standortqualität zu verbessern. Das gilt für alle Politikebenen von der EU bis zur Gemeinde.

[11] Die Erträge aus der Werbewirtschaft ermöglichen z. B. Fernsehsendern, bei Filmproduzenten neue Formate entwickeln zu lassen, die die Grundlage für ein Videospiel sind. Oder Zeitungsverlage beteiligen sich am lokalen Hörfunk, der mit Webdesignern Onlinewerbeformen entwickelt, die von spezialisierten Agenturen vermarktet werden usw.

verzichten. In den Medien scheint sich also ein künstlerischer, technischer oder journalistischer Kern jeder anderen Rationalität zu entziehen – manchmal allerdings bis zur Unkenntlichkeit.

Gerade die technischen Innovationen der Digitaltechnik haben dem Mediensystem einen erheblichen Schub gegeben und zu einem komplexen multimedialen Geflecht gegenseitiger Abhängigkeiten geführt. Das Mediensystem ist ein eher wildwüchsig als systematisch entstandenes Geflecht unterschiedlicher „Medienkerne" und Rechtsgebiete: Verlage, Rundfunkanstalten, Filmproduzenten, Agenturen, Internetprovider, Kabelunternehmen u. v. a. Die strategischen Allianzen, Unternehmensfusionen oder Kooperationen sind in der Medienwirtschaft erstaunlich kurzlebig. Allein deshalb ist Medienpolitik als eigenständiges Politikfeld schwierig von anderen Politikfeldern abzugrenzen, da Medienpolitik immer zugleich auch Kultur-, Wirtschafts-, Technologie- und Standortpolitik ist. Wegen der Heterogenität und Dynamik des Mediensystems sind Aussagen über das Wesen „der" Medien, wobei nicht selten die Beobachtungen eines Mediums (in der Regel des Fernsehens) auf alle anderen Medien übertragen werden, häufig entweder einseitig (vgl. McLuhan 1992 [zuerst 1968]; Bourdieu 1998; Postman 2002) oder sehr abstrakt (vgl. Luhmann 1996; Marcinkowski 1994).

4   Akteure und Institutionen des Mediensystems

Das Mediensystem ist ein Netz aus öffentlich-rechtlichen und privatwirtschaftlichen Unternehmen verschiedener „Medien" (TV, Hörfunk, Verlage, Studios, Internetprovider, Netzbetreiber, Satellitenunternehmen, Agenturen), die durch eine Vielzahl von Institutionen gestaltet, überwacht und kontrolliert werden.[12] Der Zweck dieser Institutionen ist die Durchsetzung der medienpolitischen Ziele und rechtlichen Vorgaben. Die Institutionen der Medienaufsicht[13] sind in der Regel auf ein bestimmtes Medium oder auf ein bestimmtes Bundesland – wie die Landesmedienanstalten - zugeschnitten. Die Effizienz dieser Institutionen ist sehr unterschiedlich und regelmäßig Gegenstand politischer Debatten. Dabei wird mit Hinweisen auf

---

[12] Zu den Akteuren gehören im weiteren Sinne auch auf Medien spezialisierte Dienstleister wie Casting-Agenturen, Webdesigner, Filmversicherer, Filmförderungsinstitutionen, Medienkompetenzzentren und Verbände wie z. B. der VPRT (Verband privater Rundfunk und Telekommunikation) und die zahlreichen medienspezifischen Branchen- und Berufsverbände. Gemeinsam ist allen Akteuren des Mediensystems, dass sie entweder an der Produktion, an der Verarbeitung, der Verbreitung oder an der Kontrolle von Medieninhalten beteiligt sind. Sie alle bilden den harten Kern des Systems der Medien. Es kann, wie alle sozialen Systeme, nur durch enge Austauschbeziehungen mit Akteuren aus anderen Systemen (Politik, Kreditwirtschaft) stabilisiert werden.

[13] Freiwillige Selbstkontrolle Film - FSK, Deutscher Presserat, Deutscher Werberat, Kommission zur Ermittlung der Konzentration im Medienbereich - KEK, Konferenz der Direktoren der Landesmedienanstalten - KDLM u. a.

Verstöße von TV-Veranstaltern gegen die Jugendschutz- oder Werbevorschriften das Versagen der Medienaufsicht beklagt und es werden neue Institutionen – etwa ein „Nationaler Medienrat" oder eine „Stiftung Medientest" – gefordert (vgl. Stock 2005). Die kritisierten Institutionen – vor allem die Landesmedienanstalten – weisen dagegen darauf hin, dass sie nur so stark sein können, wie es ihnen die Politik erlaubt.

Unabhängig von der Kritik an der Effizienz der Medienaufsichtsorgane gibt es auch prinzipielle Probleme, die jede Form von Medienaufsicht vor unlösbare Aufgaben stellt. Medienaufsicht funktioniert nicht wie eine Gewerbeaufsicht oder Arzneimittelkontrolle. Während letztere einigermaßen eindeutige Risikoprofile und empirisch gesicherte Ursache-Wirkungs-Muster kennen, ist dies bei den Medien und ihren Wirkungen weitaus schwieriger. Eine schlüssige Medienwirkungstheorie gibt es nicht (vgl. Brosius 2000; Jäckel 2005) und kann es aufgrund des symbolischen und polysemischen Charakters von Bildern und Texten, die sich nur durch einen aktiven Prozess der Aneignung dem Rezipienten erschließen, auch gar nicht geben. Die Kulturwissenschaften sprechen daher von verschiedenen Lesarten eines Textes oder eines Films. Diese Erkenntnis wird von den Gesetzen zum Schutz vor Medienwirkungen zugunsten eines idealtypischen Zuschauers weitgehend ignoriert, bei dem offenbar nur eine dominante Wirkung unterstellt wird, die es zu verhindern gilt.[14]

Aus politisch-gesellschaftlicher Sicht steht aber weniger die mögliche Lesart eines Medienproduktes im Mittelpunkt, als vielmehr die Sicherung der Meinungsvielfalt. Sie ist ebenso wie die Demokratie ein Wert an sich. Um die Meinungsvielfalt, und damit Meinungsfreiheit zu sichern, sind verschiedene Maßnahmen zur Verhinderung der Medienkonzentration notwendig, und zwar unabhängig vom Stand der Medienwirkungsforschung. Es ist aus demokratietheoretischen Gründen nicht akzeptabel, dass z. B. Kabelnetze, TV-Sender und Nachrichtenagenturen nur einem einzigen Eigentümer gehören oder dass überregionale Zeitungen, Spielfilme und TV-Magazine von ein und demselben Unternehmen produziert werden. Um dies zu verhindern, prüft die Kommission zur Ermittlung der Konzentration im Medienbereich (KEK) schon im Vorfeld von Fusionen, ob der Verdacht auf einen dominanten Einfluss in bestimmten Medienmärkten besteht. Eine Vielfalt sichernde Maßnahme ist auch die Auflage, dass private TV-Veranstalter ab einer bestimmten Reichweite so genannte Programmfenster für „unabhängige Dritte" senden müssen.

---

[14] So wird z. B. unterstellt, dass Horror- und Gewaltfilme bei Jugendlichen eine schädliche Wirkung haben. Empirische Untersuchungen zur Rezeption derartiger Filme bei Jugendlichen zeigen dagegen ein differenziertes Bild. Im Wesentlichen lässt sich der Konsum derartiger Filme als Teil der Jugendkultur verstehen, die nicht zwangsläufig zu desorientierten Jugendlichen oder deviantem Verhalten führt (vgl. Mikos 2001; Winter 1995). Verbotsforderungen im Anschluss an spektakuläre Amokläufe sind eher Ausdruck von Hilflosigkeit und Populismus.

Auch das duale System lässt sich als Maßnahme zur Sicherung der Meinungsvielfalt verstehen. Solange es einen öffentlich-rechtlichen Rundfunk (ARD, ZDF,
Deutschlandfunk) gibt, so lange ist es vertretbar, dass private Sender ihr Programm
nur nach ökonomischen Kriterien und zielgruppenoptimiert gestalten („formatie-
ren"). Das Gleichgewicht zwischen den beiden Säulen des dualen Systems wird
maßgeblich von der Rundfunkgebühr bestimmt, die den öffentlich-rechtlichen An-
stalten entsprechende Investitionen etwa in Programmrechte oder in die Entwicklung neuer Formate erlaubt. Die Meinungsvielfalt wird beim ZDF und bei der ARD
in erster Linie durch die Organe Fernsehrat, Verwaltungsrat und durch die Rundfunkräte hergestellt, in denen die gesellschaftlich relevanten Gruppen vertreten sind.
Durch die Rundfunkgremien in ARD und ZDF bietet sich auch ein Einfallstor für
politische Ansprüche, da zu den gesellschaftlich relevanten Gruppen auch Parla-
mentarier und Regierungsvertreter gehören, also auch Parteien. Da zudem die anderen gesellschaftlich relevanten Gruppen (Gewerkschaften, Arbeitgeber, Sportver-
bände, Kirchen u. a.) in den Rundfunkgremien in der Regel dem einen oder anderen
politischen Lager eindeutig zuzuordnen sind, entsteht häufig eine parteipolitische
Polarisierung insbesondere bei der Wahl des Intendanten. Die dominierende Rolle
der Parteipolitik und eine aus der Sicht der damaligen Bundesregierung einseitige
parteipolitische Orientierung der ARD waren mit die wichtigsten Gründe, warum
seit den 1960er Jahren in der Bundesrepublik immer wieder die Einführung des privaten Rundfunks gefordert wurde. Weil der Binnenpluralismus der Rundfunkgremien versagt habe, könne die Meinungsvielfalt nur durch eine Vielfalt der Anbieter
(Außenpluralismus) gesichert werden.

5   Die Mehrdimensionalität der Medien

Aus der Heterogenität der Genese und Zielsetzungen der jeweiligen Medien folgt,
dass das Mediensystem nicht auf eine einzige Rationalität oder eine einzige Funktion reduziert werden kann. Das Mediensystem hat, systemtheoretisch formuliert,
keinen exklusiven Code, der es von allen anderen sozialen Systemen abgrenzt. Dem
widerspricht nicht, dass „die Medien" eine spezifische Rationalität haben, die andere
Bereiche der Gesellschaft, vor allem das politische System, prägt (vgl. Meyer 2001;
Sarcinelli 2003). Eine solche Rationalität ist eher ein dominantes Orientierungsmus-
ter, das z. B. in professionellen Normen und unternehmerischen Leitbildern fixiert
sein kann. Sie ist jedoch kein autopoietisches System (vgl. Luhmann 1986), das u. a.
keine verantwortlich handelnden Akteure und Verhandlungssysteme kennt. Die
Versuche, einen solchen Code bzw. eine medienspezifische Leitdifferenz – etwa die
der Erzeugung gesellschaftlicher Irritation oder Herstellung öffentlicher Aufmerksamkeit – vorzuschlagen, beschränken sich nur auf eine einzige, zudem idealisierte
Funktion, nämlich auf die journalistische.

Schon bei der Entstehung von Tageszeitungen im 19. Jahrhundert konkurrierte mit der Notwendigkeit der Verleger, Anzeigen zu verkaufen, die ökonomische Logik mit der journalistischen (vgl. Habermas 1976, S. 229). Der Film und größtenteils auch das Radio waren von Anfang an ökonomisch orientiert und die Vorstellung, dass Filme, ursprünglich eine Attraktion auf Jahrmärkten und Pausenfüller in Varietés, auch Instrumente der politischen Kommunikation und sogar eine Kunst sein können, hat sich erst in den 1920er Jahren durchgesetzt, als in Hollywood längst nach rein kommerziellen Gesichtspunkten Filme wie am Fließband produziert wurden (vgl. Engell 1992). Noch heute ist vor allem die US-amerikanische Filmproduktion in erster Linie eine hoch industrialisierte Branche, der nichts ferner liegt als das Publikum oder die Gesellschaft zu „irritieren". Auch die ersten soziologischen Studien über Filme und das Radio haben bereits die Kommerzialisierung und Orientierung am Geschmack des Publikums beklagt (vgl. Sternheim 1932). Für die Vertreter der „Frankfurter Schule" waren der Film und das Radio Teile einer gigantischen Unterhaltungsindustrie. Diese kulturkritische Haltung hat sich bis heute gehalten (vgl. Bourdieu 1998). Im Kern der Kritik stehen dabei immer die Gewinninteressen der Medienwirtschaft sowie ihre banalen und manipulativen Inhalte, wobei als Maßstab ein elitäres Kulturverständnis zugrunde gelegt wird.

Medien sind nicht nur wirtschaftliche Unternehmen, die weltweit zu den größten Konzernen gehören[15], sie sind immer auch großtechnische Systeme (vgl. Mai 1999). Alle Medien haben mindestens eine technische Grundlage (Drucktechnik, Radio- und Fernsehtechnik, Satelliten, Kabelnetze, Computer) auf der das jeweilige Medium aufbaut. Funktionen wie Vertrieb, Marketing, Controlling, Ausbildung u. a., die für die Produktion oder Sendung der Medieninhalte notwendig sind, beziehen sich auf diese Basistechnik und bilden einen soziotechnischen Komplex. Die weltweite und gleichzeitige Verfügbarkeit von Medieninhalten ist in erster Linie eine technische Leistung und keine, die sich aus der medialen Logik ergibt. Je mehr die weitere Entwicklung der Medien durch technische Innovationen bestimmt wird, umso mehr wird das globale Mediensystem zu einem großen technischen Netzwerk, das zunehmend seinen eigenen Gesetzen folgt (vgl. Mayntz 1993; Thomas 1995). Beim globalen Netz der Telekommunikation ist das längst der Fall. Die Folgen des soziokulturellen Wandels des Internet oder des Satellitenfernsehens sind also immer auch Technikfolgen.

Die Technik und die Ökonomie sind soziale Systeme mit einer mehr oder weniger starken Eigendynamik. Während die Ökonomie zu den stärksten und ältesten Subsystemen der Gesellschaft gehört, die fast alle anderen Teilsysteme überformt („ökonomisiert"), ist Technik als ein soziales System mit einer spezifischen Rationa-

---

[15] Der mit Abstand größte Medienkonzern ist mit einem Medienumsatz von 33,7 Milliarden Euro Time Warner. Es folgen Walt Disney (23,9 Milliarden Euro) und Viacom (23.5 Milliarden). Der größte deutsche Medienkonzern ist die Bertelsmann AG mit 16, 8 Milliarden Umsatz (Stand jeweils 2003). (vgl. Adolf Grimme Institut 2004, S. 233)

lität auf der Grundlage eines eigenen Wissenstypus und Paradigmas (der „Allgemeinen Technologie") erst gegen Ende des 19. Jahrhunderts entstanden (vgl. Ropohl
1991). Die Informations- und Mediengesellschaft ist daher wesentlich eine technologische mit allen Konsequenzen für die Gesellschaft und die Politik. Der technologische Imperativ wurde in der Technokratiedebatte der 1960er Jahre als vermeintli-
cher Sachzwang ideologisiert und als Grund für die Ohnmacht der Politik angeführt, da es in einer technisierten Gesellschaft nur noch Sachgesetzlichkeiten gebe
und damit nichts mehr zu entscheiden (vgl. Schelsky 1965).

Gerade in den Medien lassen sich viele Schwierigkeiten, medienpolitische Ziele
durchzusetzen, damit erklären, dass die technische Entwicklung dem Recht und
damit der Politik davonlief und Tatsachen schuf. Nicht nur in den Medien gilt der
technologische Imperativ: Was technisch möglich und wirtschaftlich vertretbar ist,
wird irgendwann Realität. So war es z. B. auch bei der Einführung des privaten
Fernsehens in Deutschland. Während auf Parteitagen und in Expertenkommissionen noch über den gesellschaftlichen Bedarf an „neuen Medien" diskutiert wurde,
schauten die Zuschauer längst RTL, das sie aus Luxemburg terrestrisch empfangen
konnten. Heute demonstriert das Internet, dass die Versuche seiner Regulierung an
den Grenzen des nationalen Rechts enden.

Der Bedarf an Gesetzesnovellierungen im Medienrecht geht wesentlich auf
technische Innovationen zurück, die z. B. den klassischen Rundfunkbegriff auflös-
ten. Immer neue Tatbestände mussten integriert werden, so dass das Gesetz schon
bei In-Kraft-Treten wieder überholt war. Je mehr die technische Konvergenz von
Massenkommunikation und Telekommunikation durch neue Medien wie Teledien-
ste, „Multimedia" oder das Internet voranschritt, umso schwieriger wurde die bislang
eindeutige Abgrenzung beider Regulierungs- und Rechtssphären, die zugleich auch
politische Zuständigkeiten und Verantwortlichkeiten definierten. Für die Telekommunikation liegt die Kompetenz beim Bund, während sie bei der Massenkommunikation bei den Ländern liegt. Durch die Auflösung dieser klaren Grenzen durch
immer neue „Dienste" wie z. B. Teleshopping oder Video-on-demand wurde es eine Sache der Aushandlung zwischen Bund und Ländern, wer für welchen Dienst
zuständig ist. Medienpolitik wird durch diese zunehmende Verflechtung mehrerer
politischer Ebenen und Ressorts zu einem ständigen Zielkonflikt über Zuständigkeiten und damit auch über die primären Ziele der Medien. Mit jedem Technisie-
rungsschub in den Medien wird z. B. die Zuständigkeit und damit Gestaltungskom-
petenz zunehmend in die Technologie- und Wirtschaftsressorts verlagert (vgl.
Schatz 1989, S. 124f) und Medienpolitik zu einem Unterfall der Wirtschafts- und
Technologiepolitik: Die Anzahl der geschaffenen Arbeitsplätze in der Medienwirtschaft sind dann für die Politik wichtiger als etwa die Qualität der produzierten
Sendungen oder die möglichen Folgen der Medialisierung für die Gesellschaft.

Schließlich ist in jedem Medium eine journalistische oder künstlerische Rationalität vorhanden, die in der kulturkritischen Medienwissenschaft oft als die einzig

legitime Funktion der Medien genannt wird, der sich alle anderen unterzuordnen haben. Insbesondere Journalisten, Redakteure, Autoren, Webdesigner, Film- und Fernsehmacher sehen sich primär den professionellen Normen ihrer jeweiligen Berufe verpflichtet. Sie sind eher in den Subsystemen Kultur und Journalismus (damit teilweise auch in der Politik) verankert als in denen der Technik und Ökonomie. Die Folge davon sind ständige Konflikte innerhalb eines Senders oder eines Verlages zwischen journalistischen Ansprüchen und dem wirtschaftlich Vertretbaren sowie zwischen künstlerischen Ambitionen und technischen Möglichkeiten. Diese Konflikte kennzeichnen den Alltag in Redaktionen, Studios und Agenturen. Während die Controller und Techniker versuchen, die aus ihrer Sicht überzogenen Erwartungen der Journalisten und Drehbuchautoren auf das technisch und wirtschaftlich Machbare zu reduzieren, fühlen sich diese in ihrer Kreativität eingeschränkt.

Ob sich die ökonomische oder die journalistische, die künstlerische oder die technische Rationalität durchsetzt, hängt davon ab, welches Selbstverständnis das jeweilige Medium hat oder welche publizistischen Leitbilder die Herausgeber, Intendanten und Geschäftsführer vertreten. Ein Boulevardblatt hat daher andere Maßstäbe als eine Zeitung mit Qualitätsanspruch. Ein gebührenfinanzierter Sender kann und muss anders entscheiden als ein privatwirtschaftlich organisierter Sender, der „sich rechnen" muss. In allen Medien spielen jedoch diese Rationalitäten – die technische, die ökonomische, die journalistische und die künstlerische – eine jeweils unterschiedlich starke Rolle.[16] Das Gleichgewicht zwischen den verschiedenen Rationalitäten der Medien, die jeweils für unterschiedliche Ziele operationalisierbar sind, hängt auch von dem rechtlichen Rahmen ab, den die Politik den Medien setzt. Ohne die normativen Vorgaben des Grundgesetzes und der darauf aufbauenden Rechtsprechung des Bundesverfassungsgerichts wären die Anteile journalistisch und künstlerisch anspruchsvoller Medienprodukte im Fernsehen deutlich geringer. Ausgestattet mit einer Bestandsgarantie und Gebührenfinanzierung können die öffentlich-rechtlichen Sender die Orientierung an ökonomischen Kriterien zwar nicht ignorieren, aber gegenüber den privaten Wettbewerbern deutlich relativieren. Der politische Preis, den sie dafür zahlen müssen, ist ein ständig drohendes Legitimationsdefizit, wenn der Anteil kulturell wertvoller Sendungen zugunsten massenattraktiver Sendungen (vor allem Sport und Unterhaltung) von der Öffentlichkeit als zu gering empfunden wird oder wenn ihre Aktivitäten den Rahmen überschreiten, den ihnen das Medienrecht einräumt.[17]

---

[16] Über die Qualität der einzelnen Sendungen kann dieser Befund auch deshalb nichts aussagen, weil es für Medienqualität keine objektiven Maßstäbe gibt (vgl. Hachmeister 1992). Aber es gibt Unterschiede im Programmschema sowie in der Auswahl und Präsentation der Nachrichten.

[17] Das betrifft in erster Linie so genannte Zusatzfunktionen wie Merchandising oder Hinweise auf Internetlinks in eigener Sache. Die EU drängt daher auf Betreiben privater Rundfunkveranstalter darauf, den öffentlich-rechtlichen Auftrag enger zu definieren und kommerzielle „Randaktivitäten" einzustellen, sofern sie keinen unmittelbaren Bezug zum gesetzlichen Auftrag haben.

Andere Medien wie etwa die Werbung und das Internet, das eigentlich keinen verantwortlichen Betreiber kennt, sind weitgehend auf die technischen Möglichkeiten und ihre wirtschaftlichen Grenzen angewiesen (vgl. Werle/Lang 1997). Gerade das Fehlen journalistischer Kontrolle wird von den Apologeten des Internet als Befreiung von der Gatekeeperfunktion geschätzt. Das Internet hat die gesellschaftliche (vgl. Jäckel/Mai 2005) und politische Kommunikation verändert (vgl. Leggewie 2000) sowie zahlreiche neue Geschäftsmodelle – von der Tauschbörse für Musikdateien bis zum virtuellen Flohmarkt – geschaffen. Nichts davon hatten die Erfinder des Internet im Sinn. Aussagen über die weitere Entwicklung dieses jüngsten Massenmediums sind noch schwieriger als bei den anderen Massenmedien, die allesamt durch den Internetboom verändert, aber nicht verdrängt wurden. So unterhalten inzwischen fast alle Tageszeitungen ebenso ständig aktualisierte Websites wie TV-und Radiosender. Das Internet ist inzwischen weitgehend in die „alten" Medien integriert und innerhalb von Verlagen und Sendern zu einem eigenständigen Geschäftsfeld geworden. Gerade dieses Beispiel zeigt die Dynamik des Mediensystems und die Schwierigkeit einer eindeutigen Funktions- und Zielbestimmung.

6   Literatur

Adolf Grimme Institut (Hrsg.) (2004): Jahrbuch Fernsehen. Marl.

Beyme, Klaus von (1995): Steuerung und Selbstregulierung. Zur Entwicklung zweier Paradigmen. In: Zeitschrift für Sozialforschung, S. 197-217.

Bourdieu, Pierre (1998): Über das Fernsehen. [Aus dem Franz.]. Frankfurt am Main.

Brosius, Hans Bernd (1997): Modelle und Ansätze der Medienwirkungsforschung. Überblick über ein dynamisches Forschungsfeld. Bonn.

Demandt, Alexander (2004): Staatsformen der Antike. In: Gallus, Alexander; Jesse, Eckhard (Hrsg.): Staatsformen. Modelle politischer Ordnung von der Antike bis zur Gegenwart. München, S. 57-90.

Engell, Lorenz (1992): Sinn und Industrie. Einführung in die Filmgeschichte. Frankfurt am Main, New York.

Erbring, Lutz (1989): Nachrichten zwischen Professionalität und Manipulation. Journalistische und politische Kultur. In: Kaase, Max; Schulz, Wilfried (Hrsg.): Massenkommunikation. Theorien, Methoden, Befunde. Sonderheft 30 der Kölner Zeitschrift für Soziologie. Opladen, S. 301-313.

Fraenkel, Ernst (1968): Deutschland und die westlichen Demokratien. Stuttgart usw.

Grimm, Dieter (1987): Kulturauftrag des Staates. In: Ders.: Recht und Staat in der bürgerlichen Gesellschaft. Frankfurt am Main, S. 104-137.

Habermas, Jürgen (1976): Strukturwandel der Öffentlichkeit. 8. Auflage. Neuwied, Berlin.

Hachmeister, Lutz (1992): Realverfassung und Sinnverlust. „Programmqualität" und die Zukunft des öffentlich-rechtlichen Fernsehens. In: Adolf Grimme Institut (Hrsg.), Jahrbuch Fernsehen 1991/92. Marl, S. 23-37.

Hoffmann-Riem, Wolfgang (1994): Stadien des Rundfunk-Richterrechts. In: Jarren, Otfried (Hrsg.): Medienwandel-Gesellschaftswandel. 10 Jahre dualer Rundfunk in Deutschland. Eine Bilanz. Berlin, S. 17-33.

Jäckel, Michael (2005): „Oprah's Pick", Meinungsführer und das aktive Publikum In: Media Perspektiven 2, S. 76-90.

Jäckel, Michael; Mai, Manfred (Hrsg.) (2005): Online-Vergesellschaftung? Medrensoziologische Perspektiven auf neue Kommunikationstechnologien. Opladen.

Jarren, Otfried (1994): Politische Kommunikation in Hörfunk und Fernsehen. Opladen.

Kutsch, Arnulf; Ravenstein, Marianne (1996): Kommunikationspolitik: Die Akteure. In: Wittkämper, Gerhard W.; Kohl, Anke (Hrsg.), Kommunikationspolitik. Darmstadt, S: 64-89.

Leggewie, Claus (2000): Demokratie auf der Datenautobahn oder: Wie weit geht die Zivilisierung des Cyberspace? In: Langenbucher, Wolfgang R. (Hrsg.): Elektronische Medien, Gesellschaft und Demokratie. Wien, S. 208-233.

Luhmann, Niklas (1986): Ökologische Kommunikation. Opladen.

Luhmann, Niklas (1996): Die Realität der Massenmedien. Opladen.

Mahrenholz, Ernst Gottfried (1990): Medien in der parlamentarischen Demokratie – Legitimation und Grenzen ihres Auftrags. In: Die modernen Medien und die Zukunft der Gesellschaft. Veröffentlichungen der Walter-Raymond-Stiftung Band 29. Köln, S. 231-245.

Mai, Manfred (1999): Strategien zur Sicherung der Rundfunkfreiheit. Die Rolle der Technik in der Massenkommunikation. In: Martinsen, Renate; Simonis, Georg (Hrsg.): Demokratie und Technik. Opladen, S. 101-122.

Mai, Manfred (2001): Filmpolitik zwischen kulturellem Anspruch und wirtschaftlichen Erwartungen. In: Abromeit, Heidrun u. a. (Hrsg.): Politik, Medien, Technik. Festschrift für Heribert Schatz. Opladen, S. 301-320.

Mai, Manfred (2003) Medienpolitik. Genese und Ausdifferenzierung eines Politikfeldes. In: Holzinger, Katharina u. a. (Hrsg.): Politische Steuerung im Wandel: Der Einfluss von Ideen und Problemstrukturen. Opladen, S. 219-239.

Marcinkowski, Frank (1994): Irritation durch Programm – Wie kommunizieren Politik und Rundfunk? In: Jarren, Otfried (Hrsg.), Politische Kommunikation in Hörfunk und Fernsehen. Opladen, S. 51-66.

Marcinkowski, Frank (1996): Der Staat der Politik und die Massenmedien. Ein gesellschaftstheoretischer Bezugsrahmen zur Analyse politischer Kommunikation. In: Schatz, Heribert (Hrsg.): Fernsehen als Objekt und Moment des sozialen Wandels. Opladen, S. 57-74.

Mayntz, Renate (1993): Große technische Systeme und ihre gesellschaftstheoretische Bedeutung. In: Kölner Zeitschrift für Soziologie und Sozialpsychologie, S. 97-108.

McLuhan, Herbert Marshall (1992): Die magischen Kanäle. [Aus dem Amerik.]. Düsseldorf, Wien.

Meyer, Thomas (2001): Mediokratie. Die Kolonisierung der Politik durch die Medien. Frankfurt am Main.

Meyn, Hermann (1996): Massenmedien in der Bundesrepublik Deutschland. Berlin

Mikos, Lothar (2001): Rezeption und Aneignung - eine handlungstheoretische Perspektive. In: Rössler, Patrick; Hasebrink, Uwe; Jäckel, Michael (Hrsg.): Theoretische Perspektiven der Rezeptionsforschung. München, S. 59-71.

Postman, Neil (2002) Wir amüsieren uns zu Tode. Urteilsbildung im Zeitalter der Unterhaltungsindustrie. [Aus dem Amerik.]. Frankfurt am Main.

Ropohl, Günter (1991): Technologische Aufklärung. Frankfurt am Main.

Sarcinelli, Ulrich (2003): Demokratie unter Kommunikationsstress? Das parlamentarische Regierungssystem in der Mediengesellschaft, in: Aus Politik und Zeitgeschichte, B 43/2003, S. 39-46.

Scharpf, Fritz W. (1993): Versuch über Demokratie im verhandelnden Staat. In: Czada, Roland; Schmidt, Manfred G. (Hrsg.): Verhandlungsdemokratie, Interessenvermittlung, Regierbarkeit, Opladen. S. 25-50.

Schatz, Heribert (1989): Hochtechnologiepolitik und Massenkommunikation. In: Kaase, Max; Schulz, Wilfried (Hrsg.): Massenkommunikation. Theorien, Methoden, Befunde. Sonderheft 30 der Kölner Zeitschrift für Soziologie. Opladen, S. 118-134.

Schatz, Heribert (Hrsg.) (1996): Fernsehen als Objekt und Moment des sozialen Wandels. Opladen.

Schelsky, Helmut (1965): Auf der Suche nach der Wirklichkeit. Düsseldorf.

Schimank, Uwe (2000): Theorien gesellschaftlicher Differenzierung. Opladen.

Schmitt-Beck (2002): Laufen, um auf der Stelle zu bleiben: „Postmoderne" Kampagnenpolitik in Deutschland. In: Nullmeier, Frank; Saretzki, Thomas (Hrsg.): Jenseits des Regierungsalltags. Strategiefähigkeit politischer Parteien. Frankfurt am Main, New York, S. 109-132.

Sternheim, Andries (1932): Zum Problem der Freizeitgestaltung. In: Zeitschrift für Sozialforschung, S. 336-355.

Stichweh, Rudolf (1994): Professionen und Disziplinen: Formen der Differenzierung zweier Systeme beruflichen Handelns in modernen Gesellschaften. In: Ders.: Wissenschaft, Universität, Profession. Soziologische Analysen, Frankfurt am Main, S. 278-336.

Stock, Martin (2005): Noch eine „Kontroll-Posse"? Programmaufsicht bei ARD und ZDF: Landesmedienanstalten ante portas. In: Funkkorrespondenz Nr. 7, S. 46-56.

Thomas, Frank (1995): Telefonieren in Deutschland. Frankfurt am Main, New York.

Werle, Raymund; Lang, Christa (Hrsg.) (1997): Modell Internet? Entwicklungsperspektiven neuer Kommunikationsnetze. Frankfurt am Main, New York.

Winter, Rainer (1995): Der produktive Zuschauer. Medienaneignung als kultureller Prozess. München.

Empfehlungen zum Weiterlesen:

Adolf Grimme Institut (Hrsg.): Jahrbuch Fernsehen. Marl (seit 1981/82).

Meyer, Thomas (2001): Mediokratie. Die Kolonisierung der Politik durch die Medien. Frankfurt am Main.

Meyn, Hermann (2004): Massenmedien in der Bundesrepublik Deutschland. Berlin.

Medien und Öffentlichkeit

Kurt Imhof

Zusammenfassung: Dieser Beitrag fokussiert die Öffentlichkeit moderner Gesellschaften mit den ihr inhärenten Normen, Funktionen, Kommunikationsflüssen und Akteuren unter besonderer Berücksichtigung der Medien. Die Medienorganisationen stellen diese öffentliche Kommunikation auf Dauer und machen dadurch die Gesellschaft für ihre Mitglieder beobachtbar und durch Intervention gestaltbar. Ein besonderes Augenmerk gilt dem neuen Strukturwandel der Öffentlichkeit, denn die damit verbundene Ausdifferenzierung der Medienorganisationen aus dem politischen System hat grundsätzliche Änderungen der politischen Kommunikation und der Beziehung zwischen Politik und Medien zur Folge.

1 Einleitung

Wenn wir als zentralen Wert der Moderne die „demokratische Selbstherrschaft" bezeichnen, dann ist damit impliziert, dass eine Gesellschaft auf sich selbst einwirken kann. Um dies zu können, braucht es für die Bürgerinnen und Bürger einen politischen Begriff von „ihrer" Gesellschaft und die Wahrnehmung eines gemeinsamen politischen Geltungsbereichs. Diesem dient das Handlungssystem Politik, das in der Lage sein muss, über allgemeinverbindliche Entscheidungen in diesem Geltungsbereich Ordnungsprobleme zu bearbeiten. Der Wert „demokratische Selbstherrschaft" impliziert weiter, dass dieses Handlungssystem Politik nicht in seinem parlamentarischen Kern gefangen bleibt, sondern dass die Annahme gerechtfertigt ist, dass sich die Bürgerinnen und Bürger im Sinne Kants als Autoren der Gesetze und Institutionen betrachten können, denen sie sich selbst unterwerfen (Habermas 1992, S. 399ff.; Imhof u.a. 2005).

Beides, der politische Begriff von „ihrer" Gesellschaft wie die Möglichkeit, dass diese Bürgergesellschaft auf sich selbst einwirken kann, setzt öffentliche Kommunikation voraus. In dieser Öffentlichkeit, und nur in dieser, ist das, was wir in politischem Sinne Gesellschaft nennen, beobacht- und gestaltbar. Dies wiederum bedingt die Verschränkung des politischen Begriffs der „eigenen" Gesellschaft (Gemeinsamkeitsglaube) auf Seiten der Bürgerinnen und Bürger mit dem territorialen Geltungsbereich des Handlungssystems Politik und dem „Raum" der politischen Öffentlichkeit. Diese Verschränkung von politischer Öffentlichkeit, politisch-

rechtlichem Geltungsbereich sowie Gemeinsamkeitsglauben geht auf die deliberativen, die politisch-rechtlichen und die sozialintegrativen Normen zurück, die die
Moderne dem Aufklärungsverständnis von Öffentlichkeit verdankt (Imhof 2003, S.
25ff.). Die empirische Wirkmächtigkeit der Aufklärung zeigt sich darin, dass diese
Normen den modernen Rechtsstaat prägen und nach wie vor Geltung beanspruchen (Peters 1993; Jarren 2000, S. 22ff.). Allerdings ließen sich diese bisher nur im
demokratischen Nationalstaat einigermaßen umsetzen. In diesem Ordnungsrahmen
vollzog sich die Verbindung der Idee der Nation, d. h. eines identitätsstiftenden
„Gemeinsamkeitsglaubens" (Max Weber) mit dem auf einer Rechtsordnung basie-
renden Territorialstaat. Dieser Prozess konnte sich nur durch die Herausbildung einer politischen Öffentlichkeit vollziehen. In welch unvollkommener Form auch
immer, aber sowohl in den ethnisch-sprachnationalen wie den eher demotisch orientierten Nationalbewegungen (Lepsius 1986, S. 751ff.) an und ab der Schwelle zur
Moderne musste die Forderung nach Selbstbestimmung auf die deliberative, die politisch-rechtliche und die sozialintegrative Dimension des Aufklärungsverständnisses
von Öffentlichkeit und die daraus hervorgehenden Bürgerrechte abgestützt werden.
Die Aufklärungsbewegung schuf somit die entscheidenden Unterscheidungen im
Möglichkeitshorizont der Moderne. In den gescheiterten wie in den erfolgreichen
Revolutionen musste das deliberative Moment freier öffentlicher Kommunikation
mit der politisch-rechtlichen Emanzipation der Untertanen zu Bürgern eines territorial definierten Rechtsstaats mit der sozialintegrativen Dimension eines Volkes als
Souverän verbunden werden. Entsprechend bilden die Basisnormen der Moderne
das wirkungsgeschichtlich relevante „Schnittmuster" der modernen Gesellschaft.
Auf dieser Basis erheben sich durch die ganze Moderne hindurch die demokratie-
theoretisch zentralen Fragen, inwieweit die Vernunft in den unvollkommenen
Strukturen und Prozessen öffentlicher Kommunikation gegen die „Kulturindustrie", gegen Partikulärinteressen bzw. gegen die „Ideologie der Herrschenden" zur
Geltung kommen kann, inwieweit die politisch Gleichen tatsächlich gleichberechtigt
partizipieren können und inwieweit die demokratische Selbstherrschaft des Souveräns nicht den Preis einer Tyrannei der Mehrheit auf Kosten marginalisierter Minderheiten und unterdrückter Bürger- und Menschenrechte entrichtet. Erst wenn
diese Kritik verstummt, ist die Moderne gescheitert und es mag sich die Rede von
der Postmoderne rechtfertigen.

  Die im modernen Öffentlichkeitsverständnis enthaltene normative Kraft
macht es notwendig, die sozialtheoretische Konzeptualisierung von Öffentlichkeit
unter Berücksichtigung der Norm- und Wertdimensionen der Aufklärung aufzunehmen. Der Gehalt dieser normativen Maßstäbe lässt sich pragmatisch in den wie
auch immer unvollkommenen Strukturen und Flüssen der real existierenden öffentlichen Kommunikation analysieren. Zuerst werden die kommunikative Infrastruktur
und die öffentliche Kommunikation der modernen Gesellschaft hinsichtlich der
Kommunikationsflüsse und Akteure beschrieben (2. Kommunikationsflüsse und

Akteure). Dann werden die aus den erwähnten drei normativen Dimensionen hervorgehenden Funktionen der Öffentlichkeit diskutiert, die die moderne Gesellschaft zu ihrer Reproduktion benötigt (3. Funktionen der Öffentlichkeit). Vor diesem Hintergrund wird schließlich der neue Strukturwandel der Öffentlichkeit hergeleitet (4. Neuer Strukturwandel der Öffentlichkeit).

2   Kommunikationsflüsse und Akteure

Öffentlichkeit lässt sich als Netzwerk von Kommunikationsflüssen beschreiben, die in verschiedenen Arenen zusammenfließen (vgl. Habermas 1992, 399ff.; Peters 1993; Imhof 1993, S. 11ff.). Diese Arenen öffentlicher Kommunikation bestimmen maßgeblich die Möglichkeitsspielräume von individuellen wie kollektiven Akteuren (Organisationen) und dieses Netzwerk von Kommunikationsflüssen und Arenen wird wiederum maßgeblich generiert durch die wichtigsten Organisationen nicht nur, aber vorab der zentralen Teilsysteme Politik, Ökonomie und Medien zum einen, sowie nicht-etablierter, „zivilgesellschaftlicher" Akteure zum anderen. Damit ist die Öffentlichkeit auf Akteur- und Organisationskommunikation zurückgeführt und gleichzeitig wird diese Akteur- und Organisationskommunikation um ihr prozessförmiges Aggregatsprodukt, die öffentliche Kommunikation, ergänzt. Diesem Aggregatsprodukt, also den elementaren Prozessen öffentlicher Kommunikation, gilt zuerst die Aufmerksamkeit.

Die öffentliche Kommunikation fließt in Gestalt von nicht abreißenden Wellen von Kommunikationsereignissen in den Arenen des öffentlichen Aufmerksamkeitswettbewerbs.[1] Hier findet das gesellschaftsweite, das segmentär-stratifikatorische bzw. milieuspezifische, das für Lebensstilgruppen oder für funktional differenzierte Expertenkulturen relevante Agendasetting und -building unter beständiger Beobachtung einer faktisch unterschiedlich begrenzten, prinzipiell jedoch nicht zu begrenzenden Anzahl von Akteuren statt. Diese Akteure orientieren ihre private oder öffentliche Anschlusskommunikation an diesen Kommunikationsereignissen gemäß ihren Interpretationsressourcen, ihren Interessen und ihrer Definitionsmacht, sie werden bei ihrer öffentlichen Anschlusskommunikation an diese Kommunikationsereignisse wieder beobachtet, sie wissen um diese Beobachtung und sie richten ihre Äußerungen daran aus (vgl. Gerhards/Neidhardt 1990, S. 90ff.). Wenn man also diese in Arenen gegliederte Öffentlichkeit selbst beobachtet, dann

---

[1] Kommunikationsereignisse sind die Sinneinheiten, auf die wir uns beziehen, wenn wir auf die öffentliche Kommunikation rekurrieren. Sie fokussieren die Aufmerksamkeit und bilden im Aggregat die Aufmerksamkeitsstrukturen der gesellschaftliche Konstruktion der Wirklichkeit. Kommunikationsereignisse lassen sich durch ihren Aktualitätsbezug auszeichnen. Aktualitätsbezüge sind semantisch mit datierbaren Handlungen und Ereignissen sowie adressierbaren Personen und Ereignisräumen verknüpft.

lassen sich die Regularitäten, Diskontinuitäten und Inhalte der permanenten Aufmerksamkeitsfokussierung und des permanenten Aufmerksamkeitszerfalls in ihrem Wandel ebenso erfassen wie ihr deliberativer, politisch-rechtlicher und sozialintegrativer Gehalt (vgl. Imhof 2003a, S. 25ff.).

Die in verschiedene Arenen gegliederte öffentliche Kommunikation geht nicht in den Massenmedien auf. Die Kommunikationsereignisse in den Netzwerken und Arenen konstituieren sich und finden Anschlusskommunikation auf den Ebenen der Interaktionskommunikation, der Versammlungskommunikation wie der massenmedialen Kommunikation. Auf diesen drei Ebenen variieren die Publikums- und Kommunikatorrollen, die Strukturierung, Professionalisierung und die Nachhaltigkeit öffentlicher Kommunikation (vgl. Neidhardt 1994, S. 7ff., Gerhards 1994, S. 77ff.). Neben der Interaktionskommunikation und der Versammlungskommunikation sind die Medien „nur" spezialisierte Organisationen eines eigenlogischen Teilsystems (vgl. Jarren 1998, S. 74ff.). Sie stellen jedoch öffentliche Kommunikation auf Dauer und machen sie gesellschaftsweit beobachtbar. Insbesondere ermöglichen die gedruckten und elektronischen Leitmedien gesellschaftsweite Resonanz, indem sie Kommunikationsereignisse aus den Kommunikationsflüssen und Arenen aufnehmen, kanalisieren oder auslösen. Die Leitmedien öffentlicher Kommunikation unterscheiden sich in ihrer Osmotik gegenüber regionalen, nationalen oder transnationalen Kommunikationsflüssen. Im Zuge der Ausdifferenzierung nationaler, später transnationaler Öffentlichkeiten entstehen nationale und national-transnationale Leitmedien wechselseitiger Beobachtung. Die medienvermittelte öffentliche Kommunikation ist dadurch gekennzeichnet, dass sie ausgesprochen selbstreferentiell und redundant ist, d. h. sie bezieht sich selbst wiederum auf öffentliche Kommunikation und zwar unter Berücksichtigung von wahrgenommenen Betroffenheiten, definitionsmächtigen Akteuren, Nachrichtenwerten und politischen Relevanzen.

Betrachtet man die Entwicklung der modernen Öffentlichkeit hinsichtlich der wichtigsten Akteure, dann entsteht diese durch die Aufklärungsbewegung und wird durch sie mit den deliberativen, politisch-rechtlichen und sozialintegrativen Ansprüchen verbunden. In ihrer „Urform" nimmt die Öffentlichkeit zunächst die Gestalt von Versammlungen an, während den Periodika der Aufklärungsgesellschaften die Aufgabe zufällt, die Kommunikationsflüsse in und zwischen diesen Versammlungsöffentlichkeiten aufrechtzuerhalten. Neben der Begründung der politischen Institutionen des Rechtstaates unter dem Druck neuer politischer Akteure – zunächst dem Aufklärungsliberalismus, dann der Nationalbewegungen – und der Entstehung neuer, mit den politischen Akteuren verbundener Organe, ist für die kommunikative Infrastruktur auch die Ausdifferenzierung der Marktwirtschaft konstitutiv. Mit dieser Entkoppelung der Ökonomie von der Politik an der Schwelle zur Moderne ist die Bedingung für die spätere Ausdifferenzierung des Mediensystems vom politischen System gegeben. Neben den politischen Organisationen etablieren sich auch kommerziell orientierte Unternehmen und die Medienorganisationen als Akteure, die sich je auf unterschiedliche Publikumsrollen beziehen und öffentliche Kommunikation über Kommunikationsereignisse maßgeblich herstellen:

- Bei den politischen Organisationen (Regierung, Parlament, parlamentarische Fraktionen Behörden, Parteien und Verbände) handelt es sich um Bestandteile des politischen Systems, welches über die Parteien und Verbände gegenüber der Zivilgesellschaft offen ist. Der Kommunikationsadressat der politischen Organisationen ist, neben der eigenen Klientel, das Staatsbürgerpublikum in seiner politischen Rolle als Souverän. Zu diesem Zweck haben diese Organisationen spezialisierte Kommunikatorrollen ausdifferenziert und sie interagieren mit PR- und Marketing-Organisationen, die sich auf Politik spezialisiert haben (vgl. Sarcinelli 1998; Jarren u.a. 1998).

- Die Unternehmen sind Bestandteile des Wirtschaftssystems. Im Wettbewerb um Aufmerksamkeit und Sozialprestige kann kein Unternehmen auf öffentliche Kommunikation verzichten. Der Kommunikationsadressat ist neben den Mitarbeitern und Kapitaleignern in der Regel das nach Kaufkraft-, Bildungs- und Lebensstilgruppen gegliederte Publikum in seiner Konsumentenrolle. Darüber hinaus lässt sich beobachten, dass die Unternehmen insbesondere im Rahmen von „Krisenkommunikation" zur Wiederherstellung ihrer Reputation neben weiteren „Stakeholder" auch das Staatsbürgerpublikum ansprechen. Auch für diese Zwecke wurden spezialisierte Kommunikatorrollen bzw. Teilorganisationen ausdifferenziert (Personalabteilungen, Marketing-, PR-Agenturen und Corporate-Communications-Abteilungen) (vgl. Szyszka 1999; Röttger 2001; Eisenegger 2005).

- Die öffentlich-rechtlichen und privaten Medienorganisationen schließlich entwickelten sich im „neuen" Strukturwandel der Öffentlichkeit zu einem ausdifferenzierten Mediensystem, das die Funktion der Beobachtung der Gesellschaft für ihre Mitglieder und für ihre teilsystemspezifischen Organisationen sichert. Im Zuge des Autonomiegewinns der Medien von ihren politischen und religiösen Bindungen transformierte sich der Kommunikationsadressat der Medien sukzessiv vom Staatsbürgerpublikum und der Klientel „ihrer" einstigen Parteien und Verbände hin zu einem Publikum, das ebenfalls nach Kaufkraft, Bildung und Zugehörigkeit zu Lebensstilgruppen gegliedert, in seiner Medienkonsumentenrolle angesprochen wird. Die Medienorganisationen haben sich auf die öffentliche Kommunikation über alle Teilsysteme spezialisiert, sind entsprechend binnendifferenziert und sie betreiben ihr Agendabuilding und -- setting maßgeblich durch wechselseitige Beobachtung (vgl. Jarren u.a. 1998; Imhof u.a. 2004).

Die am Staatsbürgerpublikum orientierten politischen Organisationen und die am
Konsumenten interessierten Unternehmen sowie die auf die Medienkonsumenten
fixierten Medien befinden sich in einem spannungsreichen wechselseitigen Abhän-
gigkeitsverhältnis. Sie sind ökonomisch sowie bezüglich der Herstellung von legitimen Entscheidungen, Bekanntheit und Reputation aufeinander angewiesen. Öffentlichkeit wird maßgeblich im historisch variablen Interdependenzverhältnis der auf
Publizität angewiesenen Organisationen aus den Teilsystemen Politik, Medien und
Wirtschaft generiert.

Von diesen etablierten Organisationen gilt es nicht-etablierte Akteure in Form
von sozialen Bewegungen und Protestparteien zu unterscheiden:

- Diese zivilgesellschaftlichen Akteure sind an den Verfahren der Machtallo-
  kation innerhalb der Arena des politischen Systems in der Regel nicht beteiligt,
  weder an das Wirtschaftssystem noch an das Mediensystem gekoppelt und verfügen über keine gewachsene Reputation. Aufmerksamkeit, also Resonanz,
  können sie nur über Aktionsformen realisieren, die ihre Themen medienwirksam in die politische Kommunikation einbringen. Die Aufmerksamkeitschancen solcher nicht-etablierter politischer Akteure sind über die Zeit ungleich verteilt. Sie sind insbesondere in Perioden der Aktivierung der öffentlichen Kommunikation von zentraler Bedeutung (vgl. Schmitt-Beck 1990, S.
  642ff.; Habermas 1992, S. 399ff.; Rucht 1994, S. 337ff.).

Neben genannten Akteuren sind auch die Wissenschaft, die Religion und die Kunst
Bestandteile der kommunikativen Infrastruktur der modernen Gesellschaft. Im Unterschied zu allen anderen Handlungsbereichen und der öffentlichen Kommunikation beschränkt sich ihre professionelle Binnen- und Außenkommunikation auf je
eine Grundeinstellung zur Welt. Die Expertenkulturen der Wissenschaft konzentrieren sich auf den kognitiven Bezug zu einer Welt realer Sachverhalte. Die Expertenkulturen der religiösen Sphäre beschränken sich nach der Säkularisierung auf
(moralische) Bezugnahmen zur sozialen Welt legitimer Normen und Werte und die
Produzenten und Rezipienten der Kunst sind auf die Auseinandersetzung über die
Authentizität, Originalität und Schönheit von Expressionen subjektiver Innerlich-
keit fokussiert. Sie rekurrieren damit implizit oder explizit auf reflexive Weise auf
die innere Welt subjektiver Gefühle, Assoziationen und Eindrücke.

- Der je spezifische Weltbezug auf die objektive, die soziale und die subjektive
  Welt (vgl. Habermas 1982, S. 367ff.) in den Arenen der Sphären Wissenschaft,
  Religion und Kunst ermöglicht den zivilgesellschaftlichem Akteuren mit den
  kognitiven, normativen und expressiven Aspekten ihrer Leitbilder gegenüber
  der politischen Öffentlichkeit voraus eilende und nachhaltigere Resonanz. Außerdem werden die elementaren Freiheitsansprüche der Wissenschaft, der Reli-

gion und der Kunst in diesen drei Sphären auf Dauer gestellt und institutionell stabilisiert. Indem sich Wissenschaft, Religion und Kunst auf je eine Einstellung zur Welt spezialisieren, während insbesondere in der Arena der politischen Öffentlichkeit stets alle Weltbezüge Geltung beanspruchen, stehen sie in einem Spannungsverhältnis zu – und in – den modernen Gesellschaften, das die Fragilität und Innovativität des sozialen Wandels mitbedingt (vgl. Imhof 2005).

In den Regressionsperioden der Moderne hinter ihre Aufklärungsdimensionen wurden die Freiheiten dieser Handlungssphären regelmäßig beschränkt, weil die hartnäckige Einseitigkeit ihrer Weltbezüge einer totalitären Vereinnahmung der öffentlichen Kommunikation entgegensteht. Indem Wissenschaft, Religion und Kunst je den Geltungsanspruch der Wahrheit, der normativen Richtigkeit und der Wahrhaftigkeit an allgemeinverbindliche Problemlösungsprozesse herantragen können, verschaffen sie der modernen Gesellschaft ein institutionell abgesichertes Reflexionswissen, auf das die öffentliche Kommunikation zurückgreifen kann bzw. auf das die öffentliche Kommunikation dann und wann gestoßen wird.

Das im Strukturwandel der Öffentlichkeit historisch variable, immer jedoch normativ formatierte Interdependenzverhältnis der auf Publizität angewiesenen Organisationen vorab aus den Teilsystemen Politik, Medien und Wirtschaft, die unterschiedlichen Aufmerksamkeitschancen „zivilgesellschaftlicher" Akteure (Krisen- und Umbruchperioden sozialen Wandels) und die Spannungspotentiale durch die vereinseitigten Weltbezugnahmen der institutionell stabilisierten Handungssphären Wissenschaft, Religion und Kunst verweisen auf die Notwendigkeit eines dreifachen analytischen Zugriffs auf die Öffentlichkeit: Öffentliche Kommunikation ist erstens in den elementaren Norm- und Werthorizont der Moderne eingebettet, sie wird zweitens von strukturellen Prozessen der Ausdifferenzierung von – und den Interdependenzdynamiken zwischen – Handlungssystemen und ihren Organisationen als auch drittens durch die Dynamik von Kommunikationsereignissen bestimmt. Diese Kommunikationsereignisse werden von nicht-etablierten und etablierten Akteuren (unter Einschluss der Medienorganisationen) ausgelöst oder bearbeitet, sie können aber in ihrer Karriere von keinem Akteur vollständig kontrolliert werden.

3   Funktionen der Öffentlichkeit

Die Öffentlichkeit erfüllt für die moderne Gesellschaft Grundfunktionen ihrer Reproduktion. Diese Funktionen sind an die normativen Dimensionen des Aufklärungsverständnisses von Öffentlichkeit geknüpft und sind Voraussetzung demokratischer Selbstherrschaft. Es wurde bereits gezeigt, dass die Demokratie die Verschränkung eines identitätsstiftenden politischen Begriffs der „eigenen" Gesellschaft auf Seiten der Bürgerinnen und Bürger mit dem Geltungsbereich des Handlungssystems Politik und dem „Raum" der politischen Öffentlichkeit bedingt. Nur unter dieser Voraussetzung kann sich eine Auswahl und Validierung von Problemen zu Handen allgemeinverbindlicher Problembearbeitungsprozesse in legitimen Institutionen unter der Bedingung notwendiger Loyalitäts- und Partizipationsdispositionen auf seiten der Bürgerinnen und Bürger vollziehen. Dieser Prozess vollzog sich durch die Genese einer politischen Öffentlichkeit. Ohne Öffentlichkeit keine moderne Gesellschaft.

Dies lässt sich erstens klar machen durch die Einsicht in die wie auch immer reduzierte deliberative Funktion der Öffentlichkeit. Die öffentliche Kommunikation stellt den Entdeckungs- und Validierungszusammenhang von Problematisierungen in der modernen Gesellschaft dar und sorgt, abgestützt auf die elementaren Bürgerrechte der Meinungs-, Versammlungs- und Pressefreiheit, für eine begründbare Rationalitätserwartung gegenüber Problemauswahl- und -bearbeitungsprozessen.

Zweitens haben wir es mit der politisch-rechtlichen Funktion der Öffentlichkeit zu tun. Sie sichert, ebenfalls abgestützt auf die elementaren Bürgerrechte unter Einschluss des Stimm- und Wahlrechts, die Legitimation politischer Macht, politischer Problembearbeitungsprozesse und eines (historisch trägen, aber doch variablen) politisch-rechtlichen Geltungsbereichs.

Drittens haben wir es mit der Funktion der Integration zu tun: Indem die Öffentlichkeit das einzige Zugangsportal der Gesellschaft für ihre Mitglieder darstellt, verdankt sich ihr die Selbstwahrnehmungsfähigkeit der Bürgerinnen und Bürger als Rechtsgenossen eines Gemeinwesens bedingter Souveränität und Problemlösungsfähigkeit. Die Praxis dieser Funktionen lässt sich wie folgt beschreiben:

- Deliberative Funktion von Öffentlichkeit: Entdeckungs- und Validierungszusammenhang von Problematisierungen, rationale Willens- und Entscheidungsprozesse. Angestoßen und aufrechterhalten durch die zentralen Akteure der kommunikativen Infrastruktur kandidieren in diesem Netzwerk von Arenen und Kommunikationsflüssen in Gestalt von Kommunikationsereignissen permanent Problematisierungen des guten und gerechten Lebens um Aufmerksamkeit. Öffentlichkeit bildet auf diese Weise zunächst den Entdeckungs- und Validierungszusammenhang der modernen Gesellschaft. Im Maße seiner deliberativen Qualität erlaubt es dieses seismographische Instrument, Probleme gesellschaftsweit wahrzunehmen und dem politischen System zur Bearbeitung aufzugeben. Diese Problematisierungsfunktion öffentlicher Kommunikation ist charakterisierender Bestandteil der Selbststeuerung der modernen Gesellschaft. Problematisierungen des Bestehenden, die im Medium öffentlicher Kommunikation genügend Aufmerksamkeit akkumuliert haben, bilden einen Input für das politische System, das dann seine Prozessroutinen unterbrechen muss, um sich dem problematisierten Zusammenhang verfahrensreguliert zuzuwenden.

Auf diese Weise wird akkumulierte Aufmerksamkeit – also Definitionsmacht –
in politische Macht verwandelt (vgl. Habermas 1992, S. 460ff.; Peters 1993, S.
344ff.; Weßler 1999). Es sind dies die Momente, in denen sich die Öffentlichkeit durch konfliktinduzierte Kommunikationsverdichtung hinsichtlich eines
Problemzusammenhangs soweit aktiviert, dass die Inputschwelle in das politische System direkt überwunden wird. Dadurch wird das entsprechende Kom-
munikationsereignis im Throughput-Prozess des parlamentarischen Verfahrens
erweitert, d. h. die Deliberation im Parlament unterliegt der besonderen Aufmerksamkeit im Medium der öffentlichen Kommunikation. Kommunikationsereignisse dieses Typs sind dadurch gekennzeichnet, dass der Zusammenhang zwischen der öffentlichen Kommunikation und der parlamentarischen Deliberation besonders eng ist. Dies bezieht sich entsprechend auch
auf die kritische Validierung des rechtsförmigen Outputs des politischen Systems, der allgemeinverbindlichen Problemlösung in der Sprache des Rechts. In
der vergleichenden Beobachtung von solchen Entdeckungs-, Validierungs-,
Willens-, Entscheidungs- und Rechtssetzungsprozessen im Modus aktivierter
Öffentlichkeit wird evident, dass diese eine paradigmatische Qualität auch für
allgemeinverbindliche Problemlösungen haben, bei denen die öffentliche
Kommunikation im Modus einer niederschwelligen, passiven Beobachtung des
politischen Verfahrens verharrt. Die Deliberation im Parlament wie deren öffentliche Berichterstattung rekurriert dann auf die Meinungslandschaften, die
sich in inhaltlich anschließbaren Entscheidungsbildungen aktivierter öffentlicher Kommunikation konstituiert haben. Im Rahmen der Verfahren im Modus eher passiver öffentlicher Beobachtung (vgl. Dahrendorf 1986 [1967]) genügt es, dass das politische System über Parteien und Verbände, zivilgesellschaftliche und staatliche Organisationen sowie über Wahlen und allenfalls Abstimmungen mit den verschiedenen Sphären funktional, stratifikatorisch und
segmentär gegliederter moderner Gesellschaften rückgekoppelt und rechts-
staatlich verankert ist. Dies ist die Voraussetzung dafür, dass das politische System als Output auf legitime Weise allgemeinverbindliche Entscheidungen fällen
kann. Im aktivierten wie im passiven Modus öffentlicher Kommunikation gilt,
dass sich Definitionsmacht in den Prozessroutinen des politischen Systems in
politische Macht verwandelt und diese wird wiederum in der Sprache des
Rechts steuerungswirksam. In der öffentlichen Problematisierung bestehender
Zustände, Handlungen, Akteure und Institutionen, im erfolgreichen, d. h. re-
sonanzreichen Hinweis auf Widersprüche zwischen Sein und Sollen, im permanenten Wettbewerb der Betroffenheiten und in der Kontrolle politischer
Herrschaft wird, unter Einschluss aller Formen symbolischer Politik (vgl. Sarcinelli 1987), der wesentliche Teil der Politik, derjenige, der sichtbaren – also
öffentlichen – Politik hergestellt. Auch die Formen der Arkanpolitik orientieren
sich an den Inhalten öffentlicher Politik.

- Politisch-rechtliche Funktion von Öffentlichkeit: Legitimation politischer Macht, politischer Entscheidung und (historisch variabler) politischer Geltungsbereiche: Die Öffentlichkeit wird in Bezug auf die demokratische Selbstherrschaft durch eine Arena dominiert: die politische Öffentlichkeit. In ihr können potentiell alle Kommunikationsereignisse beliebiger Arenen Resonanz finden, ihre Osmotik bestimmt in der stratifikatorischen, segmentären und funktionalen Dimension der Differenzierung der modernen Gesellschaft die Durchlässigkeit von Kommunikationsflüssen aus den verschiedenen Arenen. Im Zuge dieser Durchlässigkeit kommt den Wahlen, den Institutionen des demokratischen Rechtsstaates, den verfahrensregulierten Entscheidungsprozessen und allenfalls den Abstimmungen Legitimität zu. Diese speist sich nach wie vor aus den Bürgerrechten, die die Emanzipation der Untertanen zum Souverän verkörpern und die Legitimität basiert auf dem Öffentlichkeitsprinzip demokratischer Herrschaftspraxis. Weil sich das politische System auf einen territorialen Geltungsbereich und einen dadurch definierten Souverän bezieht, hat die politische Öffentlichkeit in ihrer politisch-rechtlichen Funktion einen segmentären Charakter und wir finden sie im Plural: Die föderale Struktur vieler Nationalstaaten zeigt, wie „binnenföderale" politische Öffentlichkeiten aufeinander reagieren und markiert damit den Pfad, auf dem sich auch eine transnationale Öffentlichkeit, getragen durch transnationale, konfliktuelle Kommunikationsereignisse einerseits und mit Bezug auf transnationale politische Machtzentren andererseits, entfalten kann. Die segmentären politischen Öffentlichkeiten stehen damit in einer osmotischen Interdependenz bei grenzüberschreitenden Problembezügen, die von definitionsmächtigen nationalen Akteuren, aber auch transnationalen etablierten oder nicht-etablierten politischen Akteuren bewirtschaftet werden. Politische Öffentlichkeiten und politische Geltungsbereiche entstehen entsprechend von „oben" wie von „unten": Zentren politischer Macht werden durch Eliten (oder revolutionäre Gegeneliten) konstituiert, die Legitimität der mit diesen politischen Zentren beanspruchten politischen Geltungsbereiche entstehen durch grenzüberschreitende konfliktuelle Kommunikationsereignisse, die eine politische Öffentlichkeit schaffen. Solange neue politische Machtzentren mitsamt ihren Geltungsbereichen einer entsprechenden politischen Öffentlichkeit entbehren, besteht ein Demokratie- und ein Legitimitätsdefizit. Die Debatten um die europäische Öffentlichkeit verweisen darauf (vgl. Peters 1999, S. 661ff.; Beck 1998; Kaelble u.a. 2002; Tobler 2002, S. 260ff.).

- Integrationsfunktion der Öffentlichkeit: Partizipations- und Loyalitätsdispositionen. Nur in der politischen Öffentlichkeit ist das, was wir nicht anders als immer auch in politischem Sinne „Gesellschaft" nennen können, beobacht- und gestaltbar. Die Osmotik förderaler, nationaler oder transnationaler politischer Öffentlichkeiten ist entscheidend für die nachhaltige Erweiterung (oder

Verengung) von Identitätskonstitutionen in Gestalt der Gemeinsamkeitsglauben der Bürgerinnen und Bürger. Dieser „mehrstufige" Gemeinsamkeitsglaube[2] ist unabdingbar für Partizipations- und Loyalitätsdispositionen
(vgl. Offe/Preuss 1991), die gegenüber den Zumutungen von Mehrheits-
/Minderheitenentscheidungen sowie den sozial- und wirtschaftspolitischen
Umverteilungen die demokratie- wie steuerungsnotwendige Bereitschaft zur
Partizipation und Akzeptanz verschaffen. Im historischen Überblick zeigt sich,
dass politische Öffentlichkeiten konfliktinduziert sind und entweder die politischen Machtzentren und die entsprechenden Geltungsräume hervorbringen
oder diesen nachwachsen. Solange neu geschaffene transnationale politische
Machtzentren mitsamt ihren Geltungsbereichen einer entsprechenden politischen Öffentlichkeit entbehren, besteht neben dem Demokratie- und Legitimitätsdefizit auch ein Loyalitäts- und Partizipationsdefizit. Die Debatten insbesondere um eine europäische Sozialpolitik verweisen darauf.

Auf der Basis dieser Funktionen kandidieren innerhalb der aus Akteuren, Kommunikationsflüssen und Arenen bestehenden Öffentlichkeit permanent Problematisierungen um Aufmerksamkeit. Wie immer auch die entsprechenden Kommunikationsereignisse strukturell gefiltert und durch unterschiedliche Definitionsmacht beeinflusst sein mögen, solange an der demokratischen Selbstherrschaft prinzipiell
festgehalten wird, solange also die Vermutung auf Vernunft und Legitimität in welcher Form auch immer deliberativer Entdeckungs-, Validierungs-, Willens-, Ent-
scheidungs- und Rechtsetzungsprozesse berechtigt ist und solange diese Prozesse
auf ausreichende Partizipations- und Loyalitätsdispositionen stoßen, solange hält die
Moderne am normativen Horizont ihres Entstehungskontextes fest. Allerdings setzt
dies eine beständige Reflexion der Veränderungsdynamiken der kommunikativen
Infrastruktur der modernen Gesellschaft voraus.

4   Neuer Strukturwandel der Öffentlichkeit

In seinem „Strukturwandel der Öffentlichkeit" (1990 [zuerst 1962]) postulierte Jürgen Habermas die Verschränkung der Sphären Öffentlichkeit und Privatheit und
beschrieb den politischen Funktionswandel der Öffentlichkeit hin zu einer massenmedial „hergestellten" Öffentlichkeit. Diese löst sich vom Publikum ab und wird
durch Staat, Parteien und insbesondere durch die organisierten Privatinteressen der
Wirtschaft okkupiert und „vermachtet". In Anlehnung an die Ausdifferenzierung

---

[2]   Bezogen auf ein föderales politisches Gemeinwesen und die entsprechende Öffentlichkeit, bzw. auf
den Nationalstaat und die entsprechende Öffentlichkeit, bzw. auf ein transnationales politisches System und die entsprechende transnationale politische Öffentlichkeit.

der bürgerlichen Öffentlichkeit aus der „repräsentativen Öffentlichkeit" der anciennes régimes interpretiert Habermas diese Vermachtung als Refeudalisierungsvorgang. Der Austritt aus der selbstverschuldeten Unmündigkeit über aufgeklärte, herrschaftsemanzipierte öffentliche Kommunikation führt auf diese Weise zurück in die Unmündigkeit einer bloß repräsentierenden und inszenierenden – eben feudalen – Öffentlichkeit im Spätkapitalismus (vgl. Koller 2004). Auf der Linie dieser Diagnose ließen sich Ende der 1950er Jahre und in den frühen 60er Jahren die „zivilgesellschaftlichen Akteure" der späten 1960er und 70er Jahre nicht erwarten. Unübersehbar wurzelt Habermas' damalige Sozialtheorie im Kulturindustriekapitel der „Dialektik der Aufklärung" (Horkheimer/Adorno 1969) und spiegelt Formen repräsentativer Öffentlichkeit im sozialmarktwirtschaftlichen Gesellschafts- und Wirtschaftsmodell in den 1950er und frühen 60er Jahren.

Die Dynamik des neuen Strukturwandels der Öffentlichkeit bricht sich erst danach Bahn (vgl. Münch 1995; Jarren 2001, S. 10ff.; Kamber/Schranz 2002, S. 347ff.). Dieser lässt sich als Auflösung des Vermachtungszusammenhangs von Politik, Medien und Ökonomie im neuen neoliberalen Wirtschafts- und Gesellschaftsmodell beschreiben. Im Kern handelt es sich bei diesem Vorgang, dessen deutliche Akzeleration in den 1980er Jahren zu beobachten ist, um die Deregulation der Medien von ihren politischen und sozialen Bindungen. Dieser Prozess beginnt mit der Erosion der Parteimilieus in der programmatischen Annäherung der Volksparteien im Zeichen des globalen Dualismus des Kalten Krieges und führt zur Entbettung (vgl. Giddens 1992) der Medienorganisationen, d. h. zur sozialen und ökonomische Ablösung der Medien von ihren herkömmlichen, sozialräumlich gebundenen Trägern (Parteien, Verbände, Kirchen), zur Abkoppelung des Verlagswesens von den sozialmoralisch verankerten Netzwerken einer städtisch-bürgerlichen Elite, zur Umstellung familien- und sozialräumlich gebundener Kapitalversorgung privatrechtlicher Medienunternehmen auf beliebiges Investitionskapital, zum Wandel des Publikumsbegriffs vom „Staatsbürger" zum „Medienkonsumenten", und dieser Prozess führt, beschleunigt über die Dualisierung der elektronischen Medien, zur Durchdringung der öffentlichen Kommunikation durch neue Selektions-, Interpretations- und Inszenierungslogiken. Systemtheoretisch lässt sich dieser Prozess als Ausdifferenzierung eines eigenlogischen Mediensystems und der strikten Koppelung der Medien an die Marktlogik beschreiben (vgl. Imhof 2003b, S. 401ff.). Dieser nach wie vor wichtigste Deregulationsvorgang im neoliberalen Wirtschafts- und Gesellschaftsmodell produzierte neue Medienorganisationen. Diese werden zu Dienstleistungsunternehmen mit beliebiger Kapitalversorgung, aber mit hohen Renditeerwartungen. Dadurch unterliegen sie einem raschen technischen Wandel, der sie durch die Nutzung der Konvergenzpotentiale der Massen- und Individualkommunikation in den Cyberspace hineinführt, und sie werden ideologisch offener und flexibler. Sie generieren ihr eigenes Publikum und orientieren ihre Selektions-, Interpretations- und Inszenierungslogiken an dessen Aufmerksamkeitsbedürfnissen.

Sie generieren ihre eigenen Produkte und Inhalte auf der Basis von Zielgruppen-konzeptionen; sie kreieren eine eigene Zeit, indem sie sich am wettbewerbs-bedingten Aktualitätstempus orientieren (vgl. Saxer 1998, S. 21ff.); und sie vernet-zen Metropolen und erschließen kommunikativ neue Regionen. Im Zuge dieser so-zialen und ökonomischen Autonomisierung unterliegen die Medienorganisationen einem raschen Wachstums- und Konzentrationsprozess (vgl. Müller-Doohm 1998, S. 471ff.). Die sozialräumliche Gliederung dieser Informationsökonomie folgt ei-nem Transnationalisierungspfad, der städtische Zentren unter sich und mit ihren Regionen neu verknüpft, d. h. neue Sozialräume generiert und die territorial gebun-denen politischen Institutionen einem Wettbewerb um Steuervorteile und Infra-strukturbedingungen aussetzt.

Die Effekte dieses neuen Strukturwandels in der öffentlichen Kommunikation wurden bisher noch zu wenig in Form von aussagekräftigen Zeitreihenanalysen und mit Bezug auf die notwendigen Anpassungsleistungen der Organisationen des poli-tischen Systems an die Inputbedürfnisse der Medien untersucht (Medialisierungsef-fekte) (vgl. Kaase 1998, S. 24ff.; Bennett/Entman 2001; Imhof u.a. 2005). Anhand der vorhandenen Forschungsergebnisse lässt sich jedoch eine Reihe von Indika-toren gewinnen, die deutlich seit den 1980er Jahren tiefgreifende Veränderungen in der öffentlichen Kommunikation anzeigen. In ihnen widerspiegeln sich Differenz-ierungsdynamiken, welche die Allokation von Aufmerksamkeit, Definitionsmacht und Reputation neu organisieren.

Erstens kann von den ausgehenden 1960er bis zu den ausgehenden 80er Jah-ren eine Verstetigung des Phänomens sozialer Bewegungen und Protestparteien sowie die Institutionalisierung von resonanzorientierten NGO beobachtet werden. Im diachronen Vergleich der Ablösungsphasen von Gesellschaftsmodellen, in de-nen nicht-etablierte Akteure regelhaft eine zentrale Rolle spielen, ist die Lebens-dauer dieser „neuen" sozialen Bewegungen und Protestparteien erstaunlich lang und sie eroberten phasenweise ganze politische Themenbereiche wie Umwelt- und Technikfolgeprobleme, Sicherheitspolitik, Geschlechterdifferenz, Migrations- und Asylpolitik für sich. In der Katastrophen- und Risikokommunikation gelang es ih-nen, eine neue Mensch-Umwelt-Beziehung normativ wie moralisch zu implemen-tieren, die sich sowohl im Rechtsetzungsprozess wie im Alltagshandeln nieder-schlug. Dasselbe gilt für die Veränderungen der Geschlechtskonstruktionen und Geschlechterrollen, für die Ergänzung und teilweise Verdrängung des Ost-West-Dualismus durch den Nord-Süd-Dualismus. Diese nicht-etablierten Akteure imp-lementierten den ausgeprägten Antietatismus, der das sozialmarktwirtschaftliche Gesellschafts- und Wirtschaftsmodell schon vor der neoliberalen Semantik der Globalisierung und des Steuer- und Standortwettbewerbs schwächte. Die gegenüber den 1950er und frühen 60er Jahren sprunghaft erhöhte Resonanz nicht-etablierter politischer Akteure kann also mit krisen- und konflikttheoretischen Ansätzen erklärt werden. Die Konstanz dieses Phänomens muss jedoch auch auf den neuen Strukturwandel der Öffentlichkeit zurückgeführt werden, der den medienwirksamen Aktionsformen nicht-etablierter Akteure wesentlich bessere Resonanzchancen vermittelt, als die noch verstärkt durch politische Selektions- und Interpretationslogiken gesteuerte öffentliche Kommunikation zuvor. Inzwischen lassen sich gleichzeitig ein deutlicher Rückgang der Resonanz nicht-etablierter Akteure und ein Institutionalisierungsprozess in etablierte Parteien oder NGO konstatieren. Die These vom Einritt in die „Bewegungsgesellschaft" (vgl. Neidhardt/Rucht 1993) erwies sich als falsch. Die nicht nur, aber prominent bei Habermas damit verbundenen Erwartungen an „zivilgesellschaftliche Assoziationen", welche der Deliberation dauerhaft eine neue Qualität verleihen, erfüllten sich nicht (vgl. Habermas 1992, 386). Bei den Gründen hierfür handelt es sich zunächst um einen deutlichen Wandel der politischen Kommunikation von Seiten etablierter Akteure. Zu beobachten ist ein Transfer von Techniken des Aufmerksamkeitsmanagements. Entsprechend lassen sich eine massive Zunahme medienwirksamen „Eventmanagements" (vgl. Kepplinger 1992; Schmitt-Beck/Pfetsch 1994, S. 106ff.), eine ausgesprochene Personenzentrierung und eine deutlich gestiegene Bedeutung von Konfliktinszenierungen analysieren. Wir haben es bei den Kommunikationsformen der etablierten Akteure mit erfolgreichen, nachrichtenwertorientierten Anpassungen an die Selektions-, Interpretations- und Inszenierungslogiken der Medien zu tun. Damit haben die etablierten Akteure einen Vorteil der nicht-etablierten Akteure im Wettbewerb um Aufmerksamkeit egalisiert. Im Rahmen dieser Neuallokation der Resonanzchancen lässt sich außerdem ein Bedeutungsgewinn charismatischer Beziehungen in der Politik beobachten sowie die Etablierung eines neuen Parteientyps, der als „Bewegungspartei" definiert werden kann. Insbesondere rechtsbürgerliche Bewegungsparteien mit schwachen Strukturen, niederen Partizipationsschwellen und charismatischer Führung konnten und können in vielen europäischen Ländern das traditionelle Parteiengefüge sprengen, indem sie äußerst medienwirksam vorab über eine variantenreiche Problematisierung des Fremden einerseits, einem ausgeprägten Antietatismus anderseits, Protest- und Wechselwähler binden und die Kontingenz des Politischen erhöhen. Der relative Bedeutungsverlust nicht-etablierter Akteure ist außerdem auch auf die substitutive, mediale Skandalisierungskommunikation zurückzuführen.

Hierbei handelt es sich um einen zweiten Indikator des neuen Strukturwandels: Zeitreihenanalytische Untersuchungen von Skandalisierungen in der öffentlichen Kommunikation zeigen eine massive Zunahme des Phänomens. Bei dieser Intensivierung der Skandalkommunikation ist auch eine Veränderung der tripolaren Struktur des Skandals beobachtbar: Während sich der klassische Skandal durch einen Skandalisierer, ein Skandalmedium und einen Skandalisierten zusammensetzt, übernimmt beim modernen Skandal das Skandalmedium auch die Rolle des Skandalisierers (vgl. Neckel 1986, S. 581ff.; Kepplinger 1996, S. 41ff.; Imhof 2000, S. 55ff.; Hondrich 2002). Seit den 1980er Jahren hat sich auf der Basis dieses intermedialen Aufmerksamkeitswettbewerbs eine effiziente, empörungsbewirtschaftende Expertenkultur der Skandalisierung ausdifferenziert, die medienexterne Skandalisierer substituiert und damit auch eine zentrale Funktion nicht-etablierter politischer Akteure professionalisiert. Obwohl nach wie vor Skandalisierungen gegenüber Vertretern des politischen Personals mit Abstand überwiegen, lässt sich auch feststellen, dass die Skandalisierung von Unternehmen mitsamt ihres Führungspersonals drastisch zunimmt. Zudem erweitern sich die skandalisierungsfähigen Themen. Moralische Verfehlungen, die der privaten Sphäre entstammen, wurden öffentlichkeitsfähig. Beobachtbar ist eine ausgesprochene moralische Aufladung der öffentlichen Kommunikation, die Empörungsbewirtschaftung ist zu einem zentralen Mittel des Aufmerksamkeitswettbewerbs geworden.

Drittens ist im historischen Vergleich eine beispiellose Privatisierung des Öffentlichen und Personalisierung der politischen Kommunikation zu konstatieren (vgl. Imhof/Schulz 1998; Imhof 1999, S. 717ff.). Beobachtbar ist eine Zunahme von Human Interest Storys, Betroffenheits-, Thesen- und Moraljournalismus und die Etablierung neuer boulevardisierender Nachrichtenformate in Radio und Fernsehen. Zunächst manifestierte sich diese neue „Tyrannei der Intimität" (Sennett 1983, [zuerst 1977]) im Hörfunk. Er bildete die Speerspitze einer Entwicklung, in der das Publikum als Hörerfamilie – also als Gemeinschaft – angesprochen wird, so dass selbst der Wetterbericht ohne Gefühlsäußerungen über die kommenden Hochs und Tiefs nicht mehr auszukommen scheint. Die Personalisierung des Politischen findet im Fernsehen ihr wichtigstes Medium: Politikdarstellung gleicht sich strukturell und inhaltlich der Unterhaltung an, und politische Argumente werden durch Charakterdarstellungen im privaten Lebensraum und medienattraktive Konfliktinszenierungen ergänzt (vgl. Hitzler 1996, S. 265ff.; Jarren 1996, S. 79ff.). Dadurch zeigt sich im diachronen Vergleich ein Wandel in der medialen Kreation von Prominenz. Die Darstellung von Vertretern des politischen Personals gleicht sich der Darstellung der Gesellschaftsprominenz an: Neben dem Machtstatus entscheidet die telegene Inszenierung privater Lebensstile und Selbstdarstellungskompetenzen über mediale Resonanz (vgl. Wilke 1996, S. 99ff.). Durch Ereignisproduktion (etwa in Gestalt von Homestorys) wirken die medialen Inszenierungsmuster in die Personalauswahl des politischen Systems ein und schaffen auch in der Politik ein Starsystem (vgl. Peters 1994, S. 191ff.). Entsprechend hat die Kommunikation von Gruppenpositionen auf Seiten der Medien wie auf Seiten der Vertreter des politischen Personals stark abgenommen. Politische Positionen werden kommunikativ immer mehr Individuen, nicht Parteien oder Verbänden zugeordnet und mit Charakterdarstellungen zur Inszenierung von Authentizität und Integrität verknüpft. Diese neuen Formen der Politikvermittlung stellen angesichts der Erosion der Parteimilieus und des korrelativen Zerfalls der interpretativen Kraft der Großideologien der Moderne eine neue Komplexitätsreduktion dar, indem sie den Entscheidungsfindungsprozess auf Sympathie oder Antipathie umstellen. Allerdings erhöht sich dadurch die Kontingenz politischer Abstimmungen und Wahlen sprunghaft.

Als vierten Indikator des Strukturwandels lässt sich eine deutliche Verschiebung in der intermedialen Themen- und Meinungsresonanz feststellen. Die parteinahe Presse war gekennzeichnet durch eine ausgeprägte wechselseitige Themen- und Meinungsresonanz, weil der Kampf um die öffentliche Meinung durch Weltanschauungsorgane bestritten wurde, deren Redaktionen die intellektuellen Speerspitzen der Parteien darstellten. Diese nahmen sich wechselseitig als pars pro toto des politischen Gegners wahr und vermittelten dabei die parlamentarische Auseinandersetzung zum Staatsbürgerpublikum. Mit der Erosion dieses publikumsoffenen Streits zwischen Leitmedien verkürzt sich die Themen- und Meinungsresonanz auf eine bloße Themenresonanz und der deliberative Kernbereich des politischen Systems, das Parlament, findet in der medienvermittelten politischen Kommunikation immer weniger Resonanz. Trotz Zunahme der thematischen Referenzialität zwischen den Leitmedien innerhalb einer Arena ist somit eine Abnahme der Anschlusskommunikation zu verzeichnen. Mit diesem Schwund des Meinungsstreits in und zwischen politisch profilierten Medien, erodiert die Deliberation und das Parlament wird zugunsten einer am Nachrichtenwert „Herrschaftsposition" orientierten Fokussierung auf die Exekutive kommunikativ isoliert (vgl. Negrine 1998; Marcinkowski 2000, S. 49ff. Kamber/Imhof 2004, S. 10ff.).

Schließlich zeichnet sich fünftens eine Umkehrung der Vermittlungslogik der politischen Kommunikation ab. Für die Prioritätenordnung politischer Probleme werden die Selektions- und Interpretationslogiken des Mediensystems immer wichtiger. Die Aufmerksamkeitsregeln symbolischer, resonanzorientierter Politik drücken auf die Entscheidungspolitik durch (vgl. Sarcinelli 1994). Dies bedeutet, dass die Medienorganisationen selbst – und das politische Personal über die Medien – Einfluss auf die Agenda des politischen Systems erzielen. In diesem Zusammenhang sind Kampagnenpartnerschaften zwischen etablierten Parteien und Medienorganisationen zunehmend beobachtbar. Auf der Basis von redaktionellen Leitlinien sowie politischen Orientierungsvorgaben für ganze Medienorganisationen zeichnet sich inzwischen eine, verglichen mit der Schwerkraft von Weltanschauungen, kontingente Repolitisierung der Forumsmedien ab. Mit diesen Erscheinungen haben wir es mit einem medienplebiszitären Druck und einer „mediendramaturgischen Umwertung" – zumeist über die Selektion politischer Konflikte und ihre Akzentuierung – und darüber hinaus mit einer intensiven Ereignis- und Kampagnenproduktion von Seiten der Medien zu tun (vgl. Münch 1997, S. 696ff.). Jede Beschreibung der medienvermittelten Kommunikation, die nur die Selektionsleistungen im Blick hat (Gatekeeper-Ansatz), zielt an der medialen Konstruktion der Wirklichkeit vorbei. Auch der publizistikwissenschaftliche Begriff des Agenda Setting wird dieser eigenständigen Ereignisproduktion nicht mehr gerecht.

Als Quintessenz der neuen Interdependenz von Politik und medienvermittelter Kommunikation kann festgehalten werden, dass die eigenständigen Vermittlungslogiken der Medien auf vier Dimensionen quer zu den Vermittlungsbedürfnissen der traditionellen politischen Akteure stehen:

- In der Beziehungsdimension zwischen Politik und Öffentlichkeit verlieren die Parteien, parlamentarischen Fraktionen und Verbände mit ihren direkten Vermittlungsorganen auch ihre eigenen Publikumssegmente, während Regierung und Behörden mit einer Medienarena konfrontiert werden, die sich den Agenden der politischen Willensbildung und Entscheidung höchst selektiv annimmt und diese Agenden im Rahmen von Kampagnenjournalismus plebiszitär beeinflusst.

- In der Zeitdimension gerät die auf Koordinations- und Verfahrensprozesse geeichte Politik unter „Reaktionsstress" gegenüber dem medialen Aktualitätstempus.

- In der sozialräumlichen Dimension entkoppeln sich die medial neu erschlossenen Räume von den Geltungsbereichen der territorial gebundenen politischen Institutionen. Dies gilt zunächst auf nationalstaatlicher Ebene, schafft „entöffentlichte" politische Institutionen in ökonomisch nicht ergiebigen lokalen Räumen und kreiert – gemäß Absatzkriterien – medial neu erschlossene Räume ohne Bezug zu politischen Geltungsbereichen. Auf europäischer Ebene verhält es sich umgekehrt: Die politischen Institutionen der Europäischen Union sind in der medienvermittelten Kommunikation im wesentlichen nur das Kaleidoskop nationalstaatlicher Bezüge. Die demokratienotwendige Verschränkung von politischem Geltungsbereich und Öffentlichkeit findet nicht statt, die Öffentlichkeit wächst der Globalisierung von Ökonomie und Politik nicht nach. Diese Entkoppelung von Politik und Öffentlichkeit innerhalb wie außerhalb des nationalstaatlichen Ordnungsrahmens widerspricht der notwendigen Bedingung für die Konstitution und Reproduktion eines mehrstufigen Gemeinsamkeitsglaubens.

- In der Kommunikationsdimension schließlich müssen sich die politischen Organisationen den neuen Produktions-, Selektions-, Interpretations- und Inszenierungslogiken der Medien, dem Siegeszug der Visualität und des Narrativen, den Modezyklen der Medienprodukte sowie ihrer Exekutivorientierung, ihrem medienplebiszitären Druck und ihrer Empörungsbewirtschaftung anpassen.

5   Literatur

Beck, Ulrich (Hrsg.) (1998): Politik der Globalisierung. Frankfurt am Main.

Bennett, W. Lance; Robert M. Entman (Hrsg.) (2001): Mediated Politics. Communication in the Future of Democracy. Cambridge.

Dahrendorf, Ralf (1986): Aktive und passive Öffentlichkeit. Über Teilnahme und Initiative im politischen Prozeß moderner Gesellschaften. [Zuerst 1967]. In: Langenbucher, Wolfgang R. (Hrsg.): Politische Kommunikation. Grundlagen, Strukturen, Prozesse. Wien, S. 56-65.

Eisenegger, Mark (2005): Reputationskonstitution, Issuesmonitoring und Issuesmanagement in der Mediengesellschaft. Wiesbaden.

Gerhards, Jürgen (1994): Politische Öffentlichkeit. Ein system- und akteurstheoretischer Bestimmungsversuch. In: Neidhardt, Friedhelm (Hrsg.): Öffentlichkeit, öffentliche Meinung, soziale Bewegungen. Kölner Zeitschrift für Soziologie und Sozialpsychologie, Sonderheft 34, S. 77-105.

Gerhards, Jürgen; Friedhelm Neidhardt (1990): Strukturen und Funktionen moderner Öffentlichkeit. In: Discussion Paper FS III, Berlin, S. 90-101.

Giddens, Anthony (1992): Kritische Theorie der Spätmoderne. [Aus dem Engl.]. Wien.

Habermas, Jürgen (1982): Erste Zwischenbetrachtung: Soziales Handeln, Zwecktätigkeit und Kommunikation. In: Ders.: Theorie des kommunikativen Handelns, Band 1. Franfurt am Main, S. 367-452.

Habermas, Jürgen (1990): Strukturwandel der Öffentlichkeit, unveränd. Nachdr. d. 1962 ersch. Ausg., erg. um ein Vorw. Frankfurt am Main.

Habermas, Jürgen (1992): Zur Rolle von Zivilgesellschaft und politischer Öffentlichkeit. In: Ders.: Faktizität und Geltung. Beiträge zur Diskurstheorie des Rechts und des Rechtsstaats. Frankfurt am Main, S. 399-468.

Hitzler, Ronald (1996): Die Produktion von Charisma. Zur Inszenierung von Politikern im Medienzeitalter. In: Imhof, Kurt; Schulz, Peter (Hrsg.) (1996): Politisches Raisonnement in der Informationsgesellschaft. Zürich, S. 265-288.

Hondrich, Karl Otto (2002): Enthüllung und Entrüstung. Eine Phänomenologie des politischen Skandals. Frankfurt am Main.

Horkheimer, Max; Theodor W. Adorno (1969): Dialektik der Aufklärung. Frankfurt am Main.

Imhof, Kurt (1993): Vermessene Öffentlichkeit – vermessene Forschung? In: Imhof, Kurt u.a. (Hrsg.): Zwischen Konflikt und Konkordanz. Analyse von Medienereignissen in der Schweiz der Vor- und Zwischenkriegszeit. Zürich, S. 11-60.

Imhof, Kurt (1999): Die Privatisierung des Öffentlichen: Zum Siegeszug der Primärgruppenkommunikation in den Medien. In: Honegger, Claudia u.a. (Hrsg.): Grenzenlose Gesellschaft? Verhandlungen des 29. Kongresses der Deutschen Gesellschaft für Soziologie in Freiburg im Breisgau 1998, Teil 1. Wiesbaden, S. 717-732.

Imhof, Kurt (2000): Öffentlichkeit und Skandal. In: Klaus Neumann-Braun, Stefan Müller-Doohm (Hrsg.): Einführung in die Medien- und Kommunikationssoziologie. Eine Einführung in zentrale Begriffe und Theorien. München, S. 55-68.

Imhof, Kurt (2003a): Der normative Horizont der Freiheit. Deliberation und Öffentlichkeit: Zwei zentrale Begriffe der Kommunikationswissenschaft. In: Langenbucher, Wolfgang R. (Hrsg.): Die Kommunikationsfreiheit der Gesellschaft. Die demokratische Funktion eines Grundrechts. Zeitschrift Publizistik, Vierteljahreshefte für Kommunikationsforschung, Sonderheft 4, S. 25-57.

Imhof, Kurt (2003b): Politik im „neuen" Strukturwandel der Öffentlichkeit. In: Nassehi, Armin; Schroer, Markus (Hrsg.): Der Begriff des Politischen. Sonderband 14 der Zeitschrift Soziale Welt. München, S. 401-417.

Imhof, Kurt (2005): Die Diskontinuität der Moderne. Theorie des sozialen Wandels und der Öffentlichkeit. Frankfurt am Main.

Imhof, Kurt; Peter Schulz (Hrsg.) (1998): Die Veröffentlichung des Privaten – die Privatisierung des Öffentlichen. Wiesbaden.

Jarren, Otfried (1996): Auf dem Weg in die „Mediengesellschaft"? Medien als Akteure und institutionalisierter Handlungskontext. Theoretische Anmerkungen zum Wandel des intermediären Systems. In: Imhof, Kurt; Schulz, Peter (Hrsg.) (1996): Politisches Raisonnement in der Informationsgesellschaft. Zürich, S. 79-96.

Jarren, Otfried (1998): Medien, Mediensystem und politische Öffentlichkeit im Wandel. In: Sarcinelli, Ulrich (Hrsg.): Politikvermittlung und Demokratie in der Mediengesellschaft. Opladen, S. 74-96.

Jarren, Otfried (2000): Gesellschaftliche Integration durch Medien? Zur Begründung normativer Anforderungen an die Medien. In: Medien und Kommunikationswissenschaft, 48 Jg., S. 22-41.

Jarren, Otfried u.a. (Hrsg.) (1996): Medien und politischer Prozeß. Politische Öffentlichkeit und massenmediale Politikvermittlung im Wandel. Wiesbaden.

Jarren, Otfried u.a. (Hrsg.) (1998): Politische Kommunikation in der demokratischen Gesellschaft. Wiesbaden.

Kaase, Max (1998): Demokratisches System und die Mediatisierung von Politik. In: Sarcinelli, Ulrich (Hrsg.): Politikvermittlung und Demokratie in der Mediengesellschaft. Opladen, Wiesbaden, S. 24-51.

Kaelble, Hartmut, Martin Kirsch, Alexander Schmidt-Gernig (Hrsg.) (2002):, Transnationale Öffentlichkeiten und Identitäten im 20. Jahrhundert. Frankfurt am Main.

Kamber, Esther, Kurt Imhof (2004): Phänomenologie der politischen Kommunikation. In: Schweizerische Gesellschaft für Kommunikations und Medienwissenschaft (Hrsg): Medienwissenschaft Schweiz 1/2004. Sonderheft Staatskommunikation. Zürich, S. 10-18.

Kamber, Esther; Schranz, Mario (2002): Von der Herstellung zur Darstellung demokratischer Öffentlichkeit? In: Imhof, Kurt u.a. (Hrsg.) (2002): Integration und Medien. Wiesbaden, S. 347-363.

Kepplinger, Hans Mathias (1992): Ereignismanagement. Wirklichkeit und Massenmedien. Osnabrück.

Kepplinger, Hans Mathias (1996): Skandale und Politikverdrossenheit – ein Langzeitvergleich. In: Jarren, Otfried u.a. (Hrsg.) (1996): Medien und politischer Prozeß. Politische Öffentlichkeit und massenmediale Politikvermittlung im Wandel. Wiesbaden, S. 41-58.

Koller, Andreas (2004): Strukturwandel der Öffentlichkeit in Westeuropa und den USA. Theoretische, metatheoretische und empirische Reformulierung und transatlantische Integration der Klassiker. Disseration an der Universität Zürich.

Langenbucher, Wolfgang, R. (Hrsg.) (2003): Die Kommunikationsfreiheit der Gesellschaft. Die demokratische Funktion eines Grundrechts. Sonderheft 4/2003: Publizistik, Vierteljahreshefte für Kommunikationsforschung.

Lepsius, M. Rainer (1986): »Ethnos« und »Demos«. Zur Anwendung zweier Kategorien von Emerich Francis auf das nationale Selbstverständnis der Bundesrepublik und auf die Europäische Einigung. In: Kölner Zeitschrift für Soziologie und Sozialpsychologie, Heft 4, S. 751-776.

Marcinkowski, Frank (2000) Die Medien-Öffentlichkeit des Parlaments in der Verhandlungsdemokratie. In: Jarren, Otfried u.a. (Hrsg.) (2000): Zerfall der Öffentlichkeit? Wiesbaden, S. 49-73.

Müller-Doohm, Stefan (1998): Medienkultur und Globalität. In: Imhof, Kurt; Schulz, Peter (Hrsg.) (1998): Kommunikation und Revolution. Zürich, S. 471-486.

Münch, Richard (1995): Dynamik der Kommunikationsgesellschaft, Frankfurt am Main.

Münch, Richard (1997): Mediale Ereignisproduktion: Strukturwandel der politischen Macht. In: Hradil, Stefan (Hrsg.): Differenz und Integration. Die Zukunft moderner Gesellschaften. Verhandlungen des 28. Kongresses der Deutschen Gesellschaft für Soziologie in Dresden 1996. Frankfurt am Main, S. 696-709.

Neckel, Sighard (1986): Das Stellhölzchen der Macht. Zur Soziologie des politischen Skandals. In: Leviathan, Nr. 4, 14. Jg, S. 581-605.

Negrine, Ralph M. (1998): Parliament and the media a study of Britain, Germany and France. London: Pinter.

Neidhardt, Friedhelm (1994): Öffentlichkeit, öffentliche Meinung, soziale Bewegungen. In: Neidhardt, Friedhelm (Hrsg.): Öffentlichkeit, öffentliche Meinung, soziale Bewegungen. Kölner Zeitschrift für Soziologie und Sozialpsychologie, Sonderheft 34, S. 7-41.

Neidhardt, Friedhelm; Rucht, Dieter (1993): Auf dem Weg in die Bewegungsgesellschaft? Über die Stabilisierbarkeit sozialer Bewegungen. In: Soziale Welt 44, S. 305-326.

Offe, Claus, Preuß, Ulrich K. (1991): Democratic Institutions and Moral Resources. In: Held, David (Hrsg.), Political Theory Today. Oxford, S.143-171

Peters, Bernhard (1993): Die Integration moderner Gesellschaften. Frankfurt am Main.

Peters, Bernhard (1999): Nationale und transnationale Öffentlichkeiten – eine Problemskizze. In: Honegger, Claudia u.a. (Hrsg.): Grenzenlose Gesellschaft? Verhandlungen des 29. Kongresses der Deutschen Gesellschaft für Soziologie in Freiburg im Breisgau 1998, Teil 1. Wiesbaden, S. 661-674.

Peters, Birgit (1994): Öffentlichkeitselite – Bedingung und Bedeutung von Prominenz. In: Neidhardt, Friedhelm (Hrsg.): Öffentlichkeit, öffentliche Meinung, soziale Bewegung. Kölner Zeitschrift für Soziologie und Sozialpsychologie, Sonderheft 34, S. 191-213.

Röttger, Ulrike (Hrsg.) (2001): Issue Management. Wiesbaden.

Rucht, Dieter (1994): Öffentlichkeit als Mobilisierungsfaktor für soziale Bewegungen. In: Neidhardt, Friedhelm (Hrsg.): Öffentlichkeit, öffentliche Meinung, soziale Bewegungen. Kölner Zeitschrift für Soziologie und Sozialpsychologie, Sonderheft 34, S. 337-358.

Sarcinelli, Ulrich (1987): Symbolische Politik. Wiesbaden.

Sarcinelli, Ulrich (1998): Parteien und Politikvermittlung: Von der Parteien - zur Mediendemokratie? In: Ders.: Politikvermittlung und Demokratie in der Mediengesellschaft. Wiesbaden, S. 273–296.

Saxer, Ulrich (1998): System, Systemwandel und politische Kommunikation. In: Jarren, Otfried u.a. (Hrsg.) (1998): Politische Kommunikation in der demokratischen Gesellschaft. Wiesbaden. S. 21-63.

Schmitt-Beck, Rüdiger (1990): Über die Bedeutung der Massenmedien für soziale Bewegungen. In: Kölner Zeitschrift für Soziologie und Sozialpsychologie, 42/1990, S. 642-662.

Schmitt-Beck, Rüdiger; Pfetsch, Barbara(1994): Politische Akteure und die Medien der Massenkommunikation. Zur Generierung von Öffentlichkeit in Wahlkämpfen. In: In: Neidhardt, Friedhelm (Hrsg.): Öffentlichkeit, öffentliche Meinung, soziale Bewegungen. Kölner Zeitschrift für Soziologie und Sozialpsychologie, Sonderheft 34, S. 106-138.

Sennett, Richard (1983): Die Tyrannei der Intimität, Frankfurt am Main.

Szyszka, Peter (Hrsg.) (1999): Öffentlichkeit. Diskurs zu einem Schlüsselbegriff der Organisationskommunikation. Wiesbaden.

Tobler, Stefan (2002): Zur Emergenz transnationaler Öffentlichkeiten. In: Imhof, Kurt, u.a. (Hrsg.) (2002): Integration und Medien, Reihe: Mediensymposium Luzern, Band 7. Wiesbaden, S. 260-284.

Weßler, Hartmut (1999): Öffentlichkeit als Prozeß. Wiesbaden.

Wilke, Jürgen (1996): Status und Medienprominenz. In: Imhof, Kurt, Peter Schulz (Hrsg.): Politisches Raisonnement in der Informationsgesellschaft. Zürich, S. 99-106.

Empfehlungen zum Weiterlesen:

Imhof, Kurt u.a. (Hrsg.) (2005): Demokratie in der Mediengesellschaft. Wiesbaden.

Jarren, Otfried u.a. (Hrsg.) (1998): Politische Kommunikation in der demokratischen Gesellschaft. Wiesbaden.

Kaelble, Hartmut u.a. (Hrsg.) (2002): Transnationale Öffentlichkeiten und Identitäten im 20. Jahrhundert. Frankfurt am Main.

Neidhardt, Friedhelm (Hrsg.) (1994): Öffentlichkeit, öffentliche Meinung, soziale Bewegungen. Kölner Zeitschrift für Soziologie und Sozialpsychologie, Sonderheft 34.

Medien und Macht

Michael Jäckel

Zusammenfassung: Die Beschäftigung mit Medien und Macht ist nach wie vor von einem alltags-sprachlichen Umgang dominiert. Die Ursache-Wirkungs-Beziehung scheint eindeutig, Zweifel an einem engen Zusammenhang beider Phänomene sind selten. Es wird gezeigt, dass eine sozial- und kommunikationswissenschaftlich geleitete Präzisierung Bedingungen benennen kann, die die Chance, bestimmte Ziele erreichen zu können, beeinflussen. Zugleich wird darauf hingewiesen, dass sich Medien in einem dynamischen Feld bewegen, in dem Macht eine relationale Größe darstellt. Wer darüber verfügt, kann Ereignisabläufe beschleunigen oder verlangsamen.

1 Macht als soziologisches Phänomen

Aus soziologischer Perspektive über das Phänomen Macht zu sprechen, heißt in der Regel, sich mit der von Max Weber (1864-1920) vorgeschlagenen Definition ausein-ander zu setzen: „Macht bedeutet jede Chance, innerhalb einer sozialen Beziehung den eigenen Willen auch gegen Widerstreben durchzusetzen, gleichviel worauf diese Chance beruht." (Weber 1921/1984, S. 89) Die Aussage „gleichviel, worauf diese Chance beruht" lässt bereits erkennen, dass Macht sich offensichtlich auf viele Res-sourcen stützen kann. Vor der Herausbildung des modernen Rechtsstaats war dies häufig die Anwendung oder Drohung mit Gewalt, letztlich also die Bedrohung von Autonomie. Bevor Gewalt zum Einsatz kommt, können aber auch andere „Kräfte" vorbereitend wirken. Eine weitreichende Wirkung des geschriebenen Worts unter-stellte Karl Kraus in „Die letzten Tage der Menschheit". Über den Ersten Weltkrieg schrieb er: „Invalide waren wir durch die Rotationsmaschinen, ehe es Opfer durch Kanonen gab." (Kraus 1919, S. 593f.)

Weber galt der Begriff Herrschaft verglichen mit dem Begriff Macht als we-sentlich präziser und daher für eine entsprechende Soziologie fruchtbarere Katego-rie. Daher steht die Ausarbeitung einer Herrschaftssoziologie über dem Anliegen, eine Machtsoziologie zu skizzieren. Denn Herrschaft ist für ihn definitionsgemäß „die Chance, für einen Befehl bestimmten Inhalts bei angebbaren Personen Gehor-sam zu finden." (Weber 1921/1984, S. 89) Diese Definition lenkt den Blick auf die Legitimität einer durch Über- und Unterordnungsverhältnisse bestimmten sozialen Beziehung bzw. sozialen Ordnung. Macht als ein Phänomen zu bezeichnen, das auf einer gesatzten Ordnung beruht, ist unpräzise. Man müsste stattdessen feststellen:

Weil es eine gesatzte Ordnung gibt, können sich auf der Grundlage der dadurch geschaffenen Strukturen neue Ressourcen entwickeln, die dann als Machtphänomene erscheinen mögen. Die amerikanische Soziologie hat in dieser Hinsicht das Machtphänomen, dort mit dem Begriff „Power" bezeichnet, als etwas betrachtet, das bestimmte Dinge in Gang bringt. („To get things done"). Diese Formulierung hat Talcott Parsons beispielsweise verwandt (Parsons 1965, S. 182). Wrong definiert Macht „as a synonym for capacity, skill, or talent. This use encompasses the capacity to engage in certain kinds of performance, or 'skill' in the strict sense, the capacity to produce an effect of some sort on the external world, and the physical or psychological energies underlying any and all human performances – the 'power to act' itself, as it were." (Wrong 1979, S. 1)

Wenn somit Herrschaft und Macht differenziert werden, muss auch die Legitimationsgrundlage und die Ressourcengrundlage unterschieden werden. Das bedeutet: Die jeweilige Legitimation muss mit der Ressource verknüpft werden, die erforderlich ist, um bestimmte Dinge überhaupt in Bewegung bringen zu können. Hennen und Prigge, die in den 1970er Jahren eine systematische Analyse der Begriffe Autorität und Herrschaft vorgelegt haben, kamen zu folgendem Ergebnis: „Systematisch betrachtet ist Macht für uns eine Randerscheinung, obwohl ihre Bedeutung für bestimmte Prozesse in der Gesellschaft damit keineswegs geleugnet werden soll." (Hennen/Prigge 1977, S. 5) Damit vergleichbar ist die Auffassung Arons, wonach Herrschaft ein engeres Gebiet absteckt, „in dem derjenige, der seinen Willen durchsetzt, sich des Befehls bedient und Gehorsam erwartet. (Aron 1974, S. 75) Wer daher häufig den Macht-Begriff zur Beschreibung gesellschaftlicher Prozesse verwendet, muss mit dem Vorwurf rechnen, alles über einen Kamm zu scheren. Die Nähe zum Alltagsverständnis ist in diesem Falle evident.

Ein weiterer Zugang bietet sich über Bertrand Russell, der Macht als das „Hervorbringen beabsichtigter Wirkungen" (Russell 1947, S. 29) definiert hat. Als Klassifikation von Machtphänomenen schlägt er vor, die Möglichkeiten der Einflussnahme auf Individuen zu berücksichtigen und darüber hinaus den Typus der jeweiligen Organisation zu betrachten. Russell schreibt: „Ein Individuum kann beeinflusst werden: a) durch direkte physische Gewalt über seinen Körper, d.h. wenn es gefangen gesetzt oder getötet wird; b) durch Belohnungen oder Strafen als Mittel der Veranlassung, z. B. durch das Vergeben oder Nicht-Vergeben von Arbeit; c) durch Beeinflussung der Meinung, d.h. Propaganda im weitesten Sinne. In diese letzte Abteilung würde ich die Gelegenheit, bei anderen begehrte Gewohnheiten hervorzurufen, einschließen, zum Beispiel durch militärischen Drill, wobei der einzige Unterschied darin besteht, daß in solchen Fällen das Handeln ohne einen derartigen mentalen Zwischenträger erfolgt, wie ihn die Meinung darstellt." (Russell 1947, S. 29f.) Er unterscheidet folgende Organisationen nach der Art der Macht, die diese ausüben: „Heer und Polizei üben zwingende Macht über den Körper aus; wirtschaftliche Organisationen gebrauchen hauptsächlich Belohnungen und Strafen zur Verleitung und Abschreckung; Schulen, Kirchen und politische Parteien streben nach Beeinflussung der Meinung. Aber diese Unterschiede heben sich nicht schroff von einander ab, da jede Organisation andere zusätzliche Machtformen benützt, außer der für sie am meisten bezeichnenden." (Russell 1947, S. 31) Die Einschränkung, die Russell in dieser Klassifikation vornimmt, verdeutlicht nochmals, dass die Ressourcengrundlage von Macht häufig aus der Einbindung in Netzwerke resultiert. Dieser Gedanke scheint für das Verständnis von Macht sehr zentral zu sein.

Zu diesem Zweck ist die Einführung eines weiteren Begriffs notwendig, der bisher noch nicht definiert wurde: Autorität. Wenn Autorität die Eigenschaft einer Person oder einer Gruppe von Personen sein soll, Herrschaft dagegen die Eigenschaft eines sozialen Systems, so ist die Organisation von Herrschaft ohne die Vernetzung von Autoritäten kaum vorstellbar. Diese Vernetzung aber ist es, die auf der Grundlage von Herrschaft eine Eigendynamik entfalten kann und sogenannte Autoritätskartelle hervorbringt. Damit soll verdeutlicht werden, dass „Machtbeziehungen [...] aus der Interaktion hervor[gehen], während Herrschaftsbeziehungen auf Legitimitätsvorstellungen beruhen." (Hennen 1990, S. 216) Anthony Giddens hat dies treffend formuliert, indem er Macht als ein relationales Phänomen definierte: „Power is a relational concept, but only operates as such through the utilization of transformative capacity as generated by structures of domination." (Giddens 1979, S. 100)[1] Mit anderen Worten: Wer auf der Basis von Herrschaft Autoritätsbefugnisse hat, besitzt nicht nur die Möglichkeit, innerhalb eines formal legitimierten Rahmens zu agieren, seine Durchsetzungschancen beruhen gerade darauf, dass sich über diesen Rahmen ganz neue Möglichkeiten eröffnen. Das ist mit Autoritätskartellen gemeint, die Hennen und Prigge auch entsprechend interpretieren. Solche Interaktionsmechanismen sind es, die das Gefühl vermitteln, dass eine spezifische Autorität dazu neigt, sich zu generalisieren, und damit eben ein Vorwurf evoziert wird, den wir in der Regel mit dem Begriff Manipulation beschreiben bzw. einen solchen Tatbestand als Verdacht unterstellen. Daran liegt es, dass das Pendant von Macht häufig Ohnmacht ist, gelegentlich auch der Begriff der Willkür Pate steht. Formale Herrschaftsprinzipien sind also die Grundlage von bindenden Entscheidungen. Dennoch gehen formale Herrschaftsprinzipien über diese hinaus und lassen Einflussmöglichkeiten entstehen, die als paradoxer Effekt des Vorliegens von Herrschaft bezeichnet werden müssen. Aus dieser Perspektive sind es also die Spielräume, die es den Akteuren gestatten, Macht zu entfalten. Im Französischen unterscheidet man „puissance" (= die Fähigkeit, etwas zu tun), und „pouvoir" (= Macht, also die Ausübung) (vgl. Aron 1974, S.72). Dort findet sich auch die Unterscheidung von formeller und informeller Macht im Sinne einer offiziellen und einer wirklichen Verteilung derselben (vgl. ebd., S.80).

---

[1] Aron (1974: 77) spricht ebenfalls von relativer Macht.

Wenn von der Macht der Verhältnisse gesprochen wird, sind diese Differenzierungen eher nicht gemeint. Die Vorstellung aber, an diesen Konstellationen
nichts ändern zu können, birgt eine Nähe zum Zwang in sich. Die Unterscheidung
zwischen Macht und Zwang spielt sowohl bei Max Weber (vgl. 1921/1984, S. 59f.),
aber auch in der Auseinandersetzung Luhmanns mit dem Macht-Begriff (vgl. 1975,
S. 9) eine zentrale Rolle. Luhmann betrachtet Macht – ähnlich wie Kommunikation
– als den Versuch, die Selektionen Dritter zu beeinflussen bzw. zu dirigieren. Macht
wirkt also über die Beeinflussung der Selektion von Handlungen (anderer „Akteure"). (vgl. Luhmann 1975, S. 8) Das Potential von Macht steigt mit den Freiheitsgraden, also den möglichen Alternativen, die den Handelnden zur Verfügung stehen. Eben hier liegt die Differenz zum Zwang. Zwang reduziert die Wahl auf Null.
Wer Zwang ausübt, hat die Selektions- und Entscheidungslast. Er muss quasi mit-
teilen, was zu tun ist. In dieser direkten Form wird Macht im Alltag wahrscheinlich
selten erfahren. Eher scheint das Bild des Katalysators treffender zu sein, der im
technischen Sinne ja der Beschleunigung oder Verlangsamung von Prozessen dient.
In diesem Sinne könnte man sagen, dass Macht die Funktion eines Katalysators ü-
bernimmt. Es wird dafür gesorgt, dass bestimmte Dinge beschleunigt oder verlang-
samt ablaufen. Macht erhöht somit die Chance, aus etwas Unwahrscheinlichem etwas Wahrscheinliches zu machen.

Spätestens an dieser Stelle muss der Versuch unternommen werden, eine erste
Brücke zur Bedeutung der Medien zu schlagen. Auch Medien berufen sich in der
Erfüllung ihres Auftrags auf die Verfassung, auf Regelungen des Medienrechts usw.
Wenn Artikel 5 Grundgesetz die Pressefreiheit garantiert, dann ist damit ein Rah-
men gesetzt, der – wie aus wiederum medienvermittelter Erfahrung bekannt – viele
Spielräume lässt. Die Medien haben einen Auftrag (z. B. die Informationsfunktion)
und sind gleichzeitig doch im wesentlichen auch jene, die darüber bestimmen, was
man darunter zu verstehen hat.

Wenn es im Folgenden also um das Verhältnis von Medien und Macht geht,
sind Kräfteverhältnisse zu bestimmen. Es müssen Felder benannt werden, die sich
als Kräftefelder darstellen lassen: in denen also Medien und Macht, oder Medienmacht und politische Macht, und gegebenenfalls auch die Macht des Publikums eine
Rolle spielen.

2   Medien und Macht – eine erste Annäherung

Von den Medien zu sprechen, ist bereits eine Generalisierung, die eine Homogenität
unterstellt, die de facto nicht existiert. Ein Vergleich der britischen Boulevard-
Presse mit anderen Journalismus-Traditionen genügt, um unterschiedliche Zielhori-
zonte und Arbeitsweisen zu veranschaulichen (vgl. Esser 1999). Hier zeigt sich, dass
der Informationsauftrag viele Spielräume lässt. Generalisierungen wie die Boule-

vardpresse usw. bestärken zugleich den Eindruck, dass Macht soziologisch amorph ist. Damit ist insbesondere jene Macht gemeint, die man mit der Wirkkraft von Institutionen verbindet, weniger die Macht, die sich in konkreten sozialen Beziehungen entfaltet (vgl. hierzu auch Hösle 1995, S. 379).

Solche Konstellationen sind es auch, die uns von starken Medienwirkungen sprechen lassen (vgl. Rogers 2002). Medien wird eine „Lenkkraft" von Entwicklungen zugeschrieben. Gleichzeitig vermittelt der mitgedachte generalisierte Medien-Begriff das Gefühl von Entpersonalisierung. Die unmittelbare Verantwortungszuschreibung fällt schwer, und da man sich nicht anders zu helfen weiß, greift man zum Generalverdacht. Wenn Medien also zunächst einmal als etwas Entpersonalisiertes betrachtet werden, kann auf einen Gedanken Bezug genommen werden, den der umstrittene Staatsrechtler Carl Schmitt Anfang der 1950er Jahre sinngemäß wie folgt formuliert hat (vgl. Schmitt 1954/1994, S. 19): Macht ist als Zugangsbedingung zum Machthaber zu definieren. Normalerweise denkt man bei einem Machthaber an eine konkrete Person, einen Monarchen, einen Diktator, einen Präsidenten usw. Der Machthaber kann aber auch eine Organisation sein, die in der Lage ist, Techniken einzusetzen, die Macht entfalten können. Wenn Russell die Propaganda erwähnt, dann geht es ja um die Durchsetzung von spezifischen Interessen durch Formen der gezielten Manipulation. Eine wesentliche Voraussetzung für Machtentfaltung ist daher der Zugang zu Verbreitungsmedien. Luhmann stellt hierzu fest: „Historischer Anlaß für die Entwicklung besonders symbolisierter Kommunikationsmedien scheint die Erfindung und Verbreitung der Schrift gewesen zu sein, die das Kommunikationspotential der Gesellschaft über die Interaktion unter Anwesenden hinaus immens erweitert und es damit der Kontrolle durch konkrete Interaktionssysteme entzogen hatte. Ohne Schrift läßt sich der Aufbau komplexer Machtketten in politisch-administrativen Bürokratien nicht durchführen, geschweige denn eine demokratische Kontrolle politischer Macht. Ostrazismus setzt Schrift voraus." (Luhmann 1975, S. 6)

Harold A. Innis hat diese Verbindung analysiert und auf die spezifische Stärke der Medien und die Bedeutung von Informationsmonopolen hingewiesen. Ortsgebundene Medien (z.B. in Stein gemeißelte Hieroglyphen) korrelierten mit stationären Gesellschaften, dynamischere bzw. flexiblere Medien (z. B. Papyrusrollen) sowohl mit Machtausdehnung als auch mit Instabilität (vgl. Innis 1950, S. 6ff.). Der Zusammenhang zwischen Kommunikationsmedien und Macht stellt sich in der Gegenwart aus naheliegenden Gründen wesentlich komplexer dar als in der hier nur knapp skizzierten historischen Sichtweise. Wenn Habermas die Öffentlichkeit als eine vermachtete Arena (vgl. Habermas 1962/1990, S. 28) betrachtet oder Galbraith von „countering or countervailing power" (Galbraith 1983, S. 79) spricht, dann ist es naheliegend, auch von der Konkurrenz verschiedener Autoritätskartelle etc. zu sprechen bzw. die jeweiligen Machtkonstellationen zu beachten. Marger hat dazu drei Fragestellungen vorgeschlagen: „[1] Who owns or controls the mass media, and how much access to them is afforded individuals and groups in the society? […] [2] What do the media present to the public, and who makes decisions regarding that content? [...] [3] To what extent do the mass media shape people's views of events and personalities in their society and the world, and how do the media transmit ideology?" (Marger 1993, S. 238f.). Dadurch wird das Machtphänomen einerseits eng an ökonomische Macht gekoppelt, andererseits in den Kontext der Medienwirkungsforschung gestellt (Gatekeeper, Öffentliche Meinung). Zentral für eine soziologische Analyse bleibt dabei, warum – wie Marger selbst betont – Medien eine „Power Institution" wie Regierung und Ökonomie sein können. Dazu sollen im Folgenden einige Beispiele genannt werden, die auch wiederum die bereits genannten Akteure in ein Beziehungsgefüge setzen: Medien, Politik, Publikum.

3   Mediengewinne und Institutionenverluste.[2] Ein Blick auf das Verhältnis von Politik und Medien

Das englische Parlament hat im 18. Jahrhundert von Journalisten noch die kniefällige Abbitte wegen ‚breach of privilege' vor den Parlamentsschranken verlangt als Voraussetzung dafür, dass sie über die Verhandlungen berichten durften. Max Weber erwähnt in seinem Beitrag „Zu einer Soziologie des Zeitungswesens" dieses Beispiel verwandt, um unter anderem folgenden Denkanstoß zu geben: „Denken Sie sich die Presse einmal fort, was dann das moderne Leben wäre, ohne diejenige Art der Publizität, die die Presse schafft." (Weber 1911/1999, S. 149) Als Zielsetzung für diese Soziologie des Zeitungswesens empfahl er daher unter anderem: „Wir werden unsererseits vor allem die Machtverhältnisse zu untersuchen haben, welche die spezifische Zeitungspublizität schafft. Sie hat zum Beispiel für wissenschaftliche Leistungen eine andere, wesentlich geringere Bedeutung, als etwa für solche, die, wie eine schauspielerische oder Dirigenten-Leistung, mit dem Tage vergehen und sie ist bei allem, was unter dem Striche besprochen wird, überhaupt besonders groß: In gewissem Sinn ist der Theater- und auch der Literatur-Rezensent derjenige Mann in der Zeitung, welcher am leichtesten Existenzen schaffen und vernichten kann. Für jeden Teil der Zeitung, vom Politischen angefangen, ist aber dies Machtverhältnis äußerst verschieden. Die Beziehungen der Zeitung zu den Parteien bei uns und anderswo, ihre Beziehungen zur Geschäftswelt, zu all den zahllosen, die Öffentlichkeit beeinflussenden und von ihr beeinflussten Gruppen und Interessenten, das ist ein ungeheures, heute erst in den Elementen bebautes Gebiet soziologischer Arbeit." (ebd., S. 139) In diesem Zusammenhang erwähnt Weber den Meinungswechsel der französischen Zeitung „Figaro" anlässlich der Dreyfuß-Affäre und fragt, ob dieser auf versteckte Einflussnahme der Zeitungsinvestoren –

---

[2] Die Überschrift ist in Anlehnung an Sarcinelli 1998: 13 und Jarren 1994 formuliert worden.

und damit indirekt auch auf die Gefahr der Abbestellungen dieser Zeitung durch
das Lesepublikum – zurückgeführt werden kann. In jedem Falle wird hier eine Beziehung aufgebaut, die für den Inhalt nicht unwesentlich ist.

Der Beruf des Journalisten mag aus diesen Gründen ambivalente Charakteri-
sierungen erfahren. Weber selbst hat in einem anderen Zusammenhang einen Versuch der Charakterisierung des Berufs des Journalisten unternommen. Demnach
gehört der Journalist „zu einer Art von Paria-Kaste, die in der ‚Gesellschaft' stets
nach ihren ethisch tiefstehenden Repräsentanten sozial eingeschätzt wird. [...] Daß
eine wirklich gute journalistische Leistung mindestens so viel ‚Geist' beansprucht
wie irgend eine Gelehrtenleistung – vor allem infolge der Notwendigkeit, sofort, auf
Kommando, hervorgebracht zu werden und: sofort wirken zu sollen, bei freilich
ganz anderen Bedingungen der Schöpfung – ist nicht jeder Mann gegenwärtig. Daß
die Verantwortung eine weit größere ist, und daß auch das Verantwortungsgefühl
jedes ehrenhaften Journalisten im Durchschnitt nicht im mindestens tiefer steht als
das des Gelehrten [...] wird fast nie gewürdigt, weil naturgemäß gerade die verant-
wortungslosesten journalistischen Leistungen, ihrer oft furchtbaren Wirkungen wegen, im Gedächtnis haften." (Weber 1919/1992, S. 34) Auch der österreichische
Ökonom Joseph A. Schumpeter hat sich in seinem Werk „Kapitalismus, Sozialismus und Demokratie" mit der Rolle des Intellektuellen, und damit zugleich auch
der Rolle des Journalisten, auseinandergesetzt. Nach seiner Auffassung gelten für
diesen „Berufsstand" insbesondere drei Bedingungen: 1. Sie handhaben die Macht
des gesprochenen und geschriebenen Wortes. 2. Es fehlt ihnen an der direkten Ver-
antwortlichkeit für praktische Dinge, da sie über Sachverhalte schreiben und reden,
die außerhalb ihrer unmittelbaren Zuständigkeit liegen. 3. Sie haben dann die größten Erfolge, wenn sie mit ihren publizistischen Erfolgen den normalen Ablauf der
Dinge stören. (Schumpeter 1950, S. 237; Teichert 1997, S. 71) In diesen Klassifika-
tionen und Kritiken schwingt ein gehöriges Maß an Unbehagen über eine als diffus
zu bezeichnende Legitimation mit, die die Rolle des Journalismus historisch immer
begleitet hat. Dass Journalisten im Dienste der Gesellschaft tätig sind und dieser gelegentlich auch „Bärendienste" erweisen, ist keineswegs neu. Man kennt gute und
weniger gute Journalisten, und man kann aus eigenen Erfahrungen wahrscheinlich
Journalisten benennen, die eine hohe Anerkennung verdienen. Aber es bleibt auch
die Gesamterscheinung des Mediensystems, die ein Unbehagen darüber zurücklässt,
ob die Macht des Wortes und die Macht der Sympathie dieser Persönlichkeiten in
der Lage sind, das gesamte Erscheinungsbild zu dominieren.

Nun kann man bei dem Thema „Medien und Macht" an den Boulevard-
Journalismus denken und seine Folgen für die Wahrnehmung einzelner Persönlich-
keiten, in einem weiteren Sinne aber auch die Folgen diskutieren, die eine solche
Berichterstattung für „Pictures in our heads" haben kann. Viel deutlicher wird die
Bedeutung von Medien und Macht vor Augen geführt, wenn auf verschiedenen
Seiten unterschiedliche Interessendurchsetzungen am Werk gesehen werden. Georg

Simmel (vgl. Simmel 1900/1989) hat von dem Geld einmal gesagt, dass es Nähe und Distanz gleichermaßen schaffe. Dies kann man auch in Bezug auf Medien und die Art und Weise, wie die Politik damit umzugehen versucht, sagen. Das erste Beispiel soll diesen Sachverhalt verdeutlichen. Es handelt sich um ein älteres Beispiel aus der amerikanischen Zeitgeschichte, in dem bestimmte Medien zunächst eine Kontroll- und Wächterfunktion übernommen haben, dadurch aber zugleich eine Entwicklung in Gang setzten. Es wird durch Hinweise auf aktuelle Entwicklungen ergänzt, in denen die Medien jeweils die Rolle eines Katalysators übernommen haben: die Veröffentlichung der Pentagon Papers.

3.1 Pentagon Papers

Elfenbein (1996) schreibt in seinem Buch über die New York Times, dass die Veröffentlichung der Pentagon Papers und die danach ebenso spektakuläre Aufdeckung der Watergate-Affäre den amerikanischen Journalismus nachhaltig beeinflusst hat und als symbolisches Phänomen für das Spannungsverhältnis zwischen Regierung und Medien steht.

Das Misstrauen in die Indochina-Politik der amerikanischen Regierung erreichte mit der Veröffentlichung dieser Papiere ihren Höhepunkt. Vorausgegangen waren jedoch keineswegs von Beginn an klar erkennbare Strategien auf beiden Seiten. Zu behaupten, dass die Veröffentlichung der Pentagon Papers ein Schulbeispiel für die Dokumentation der Pressefreiheit in den USA darstellt, verkennt, dass die Veröffentlichung dieser Papiere das Ergebnis nicht präzise kalkulierbarer Entwicklungen gewesen ist. Es zeigt auch, dass, wenn man über Journalismus redet, man nicht nur über die schreibende Zunft, sondern auch über Herausgeber und ihre Netzwerke diskutieren muss. Von Interdependenzen zu sprechen, macht die Sache nicht klarer, weist aber auf die Kräftefelder hin, die sich um ein solches Ereignis aufbauen. Gatekeeping heißt dann nicht nur den Blick auf die Rolle des Journalisten zu richten, sondern auf das organisatorische und gesellschaftliche Umfeld. Shoemaker hat folgende Umschreibung vorgeschlagen: „Simply put, gatekeeping is the process by which the billions of messages that are available in the world get cut down and transformed into the hundreds of messages that reach a given person on a given day." (1991, S. 1) Ihr Mehrebenenmodell sieht fünf zu berücksichtigende Stufen vor:

- Individualebene
- Kommunikationsroutinen
- die Organisationsebene
- der Einfluss von Institutionen und sonstigen Faktoren der Umwelt
- der Einfluss des Gesellschaftssystems (vgl. Shoemaker 1991, S. 33ff.)

Dass sich Macht aus Interaktionsketten ergibt, lässt sich beispielsweise an dem Umstand erkennen, dass jene, die in den 1950er Jahren im Umfeld der Politik agierten, sei es als Repräsentanten oder als Beobachter des politischen Lebens, häufig auf eine gemeinsame Sozialisation an bedeutenden Fakultäten der USA verweisen konnten. So stellt Elfenbein fest: „Obwohl die führenden amerikanischen Medien durch ihre guten Verbindungen zum Weißen Haus bestens über die außenpolitischen Aktivitäten der Regierung informiert waren, hatte die amerikanische Öffentlichkeit kaum eine Chance, die wahren Vorgänge in Vietnam nachzuvollziehen." (Elfenbein 1996, S. 23) Was die Veränderung in der Berichterstattung bewirkte, war nicht nur, dass der Vietnam-Krieg unübersehbare Schäden angerichtet hatte, sondern dass sich innerhalb der Führungsspitze von Zeitungen, aber insbesondere auch innerhalb des Journalismus, ein Generationenwandel vollzog. Engagierte Journalisten, z. B. David Halberstam, avancierten zu bekannten Vertretern einer neuen Journalisten-Generation. Eine Zunahme kritischer Stimmen gegenüber der amerikanischen Intervention in Vietnam ist also nicht nur das Resultat einer einzigen Konfliktlinie, sondern resultierte aus der Verkettung verschiedener Konfliktlinien zwischen Politik und Medien. Aber eben auch innerhalb der Medien selbst: zum Beispiel zwischen Verleger, Chefredakteur und Journalisten. Wie die geheimen Papiere in die Hände von Journalisten gerieten, ist selbst ein Thema, das für Mythenbildungen geeignet ist. Fest steht, dass die Pentagon Papers auf einen Auftrag zurückgehen, den der damalige Verteidigungsminister McNamara im Jahr 1967 vergab. Darin sollten die Ursachen und die Auswirkungen der amerikanischen Intervention in Vietnam detailliert untersucht werden. Diese Papiere dokumentierten somit, dass die amerikanische Regierung über Entwicklungen informiert war, die sie der öffentlichen Meinung Amerikas vorenthielt. Eine Veröffentlichung hätte fatale Konsequenzen gehabt. Der Chefredakteur der New York Times äußerte sich zu der Entscheidung, diese Papiere zu publizieren, wie folgt: „Dieser Kram wird Leuten helfen, mit denen ich in keiner Weise übereinstimme. Aber das ist eine andere Sache – darüber kann man sich jetzt keine Gedanken machen." Und weiter soll er gesagt haben: „Obwohl ich das Zeug lieber nicht gedruckt sehen würde, sind wir gezwungen, es zu veröffentlichen." (zit. nach Elfenbein 1996, S. 45) Von wem auch immer dieser Zwang ausgegangen sein mag - auch hier wird Macht offensichtlich entpersonalisiert. De facto aber muss man sagen, dass es ein riskanter Versuch der Machtdemonstration gewesen ist. Schließlich war zwei Jahre zuvor bereits eine Debatte darüber entbrannt, ob angesichts der Verschiebungen im Meinungsspektrum der führenden amerikanischen Medien durch diese die Meinung der Mehrheit des amerikanischen Volkes überhaupt noch adäquat widergespiegelt werde. Der damalige Vizepräsident Agnew hat dazu deutliche Worte gefunden, die eine verschärfte Medienkontrolle befürchten ließen. Spätestens diese Kontroverse hat den Grundstein dafür gelegt, dass man neben dem Verhältnis von Politik und Medien in den Vereinigten Staaten nunmehr auch in besonderer Weise den Einfluss der wachsenden „Mediengiganten" unter die Lupe nahm. Paradigmatisch hierfür sind die Arbeiten von Ben H. Bagdikian („The Media Monopoly", 1983) und „Manufacturing Consent" von Herman und Chomsky (1988). Gleichwohl wird in diesen Arbeiten ein eher undifferenzierter Machtbegriff favorisiert, der sich im Falle Chomskys auf eine generelle Kulturimperialismus-These zu reduzieren scheint.

Dieses erste Beispiel sollte zeigen, dass das Auftreten eines bestimmten Ereignisses keineswegs in einem linearen Sinne erklärbar ist, oder anders formuliert: auf klare Ursache-Wirkungsbeziehungen zurückgeführt werden kann. Ein journalistisches Selbstverständnis, das sich nicht auf die Beobachtung von Politik reduzieren lässt, führt in die Nähe der Macht und produziert gleichsam auch eine Distanz zu ihr. Zugleich vermittelt die in den USA nach wie vor populäre „Watchdog"-Metapher den niemals explizit erteilten Auftrag, der Gesellschaft zu dienen.

Die moralischen Zweifel, die den damaligen Chefredakteur Rosenthal geplagt haben, tauchen unter anderen Bedingungen immer wieder auf, besonders deutlich beispielsweise unter einem völlig überhitzten Patriotismus in Folge der Ereignisse, die durch den 11. September 2001 ausgelöst wurden. Nachrichtensprecher wurden mit dem Satz zitiert: „George Bush ist der Präsident. Und wenn er mich zur Pflicht ruft, ich bin bereit." (Rosenbach 2001, S. 74) John le Carré hat in einem Essay mit dem Titel „Bekenntnis eines Terroristen" darauf hingewiesen, dass Amerika nach seiner Auffassung in eine weitere Phase historischen Wahnsinns eingetreten sei, die noch schlimmer als der „McCarthyismus", schlimmer als die im Umfeld der Schweinebucht-Invasion und noch schlimmer als die im Umfeld des Vietnam-Kriegs stattgefundenen Ereignisse seien. Nach seiner Auffassung sei es Präsident Bush und seinem Umfeld gelungen, „den Zorn der Amerikaner von Osama bin Laden auf Saddam Hussein umzulenken [...]. Laut einer kürzlich durchgeführten Meinungsumfrage glaubt jetzt jeder zweite Amerikaner, dass Saddam für den Angriff auf das World Trade Center verantwortlich war." (Le Carré 2003, S. 139) Das war im Januar 2003. Im Mai 2004 hat sich der in Princeton lehrende Paul Krugman in einem Interview des Magazins stern über die Zurückhaltung der US-Medien mit der Kritik an Bush wie folgt geäußert: „Einige sind Teil der Maschinerie: Eine Hand voll wütender Milliardäre hat ein rechtes Netzwerk aufgebaut, zu dem Sender wie Rupert Murdochs Fox News und Zeitungen wie die „Washington Times" gehören. Die übrigen Medien gehen auf Nummer sicher und berichten nach dem Schema „einerseits-andererseits"." (Klare/Lemm 2004, S. 37f.)

Es wird somit deutlich, dass in der Tat eine vermachtete Arena vorliegt, die auch von einer kämpferischen Sprache durchsetzt ist. Dies lässt sich auch an einem anderen Beispiel erläutern: „Spin doctoring".

3.2 *„Spin doctoring"*

Bezüglich des Verhältnisses von New York Times und Regierung ist noch einmal festzustellen: Die New York Times, ebenso wie die Washington Post oder andere führende amerikanische Medien, beherrschten nicht die Regierung. Hier besteht kein Gefolgschaftsverhältnis im Sinne der von Max Weber vorgeschlagenen Definition. Die Entscheidung zur Publikation eines mehr oder weniger dramatischen Sachverhalts hat zur Konsequenz, dass man einer Entscheidung treu bleiben muss. Man kann nicht am nächsten Tag so tun, als hätte es dieses Thema nicht mehr gegeben. Zumindest würde hier das Setzen auf Diskontinuität (in der Berichterstattung) Glaubwürdigkeit kosten. Die Frage der Verantwortung wird quasi sozialisiert, sobald das Thema in der öffentlichen Meinung auftaucht. Der Glaube an die Beeinflussbarkeit dieser öffentlichen Meinung ist nicht erst im 20. Jahrhundert groß gewesen (vgl. z .B. Mill 1859/1974). Dennoch bleibt es ein nicht leicht zu durchschauender Vorgang. Baecker hat in seinem Beitrag „Die vierte Gewalt" zum Beispiel festgestellt: „Wir wären froh, wenn wir wüssten, dass und wie die Manipulation funktioniert. Wir wären froh, wenn wir wüssten, dass und wie hier tatsächlich jemand die Hände im Spiel hat." (Baecker 2004, S. 8) Der Versuch, die politische Agenda zu kontrollieren bzw. nach den eigenen Vorstellungen zu lenken, ist hierfür ein gutes Beispiel. Spin doctoring, ein Phänomen, das nicht völlig neu ist, aber spätestens seit dem US-amerikanischen Wahlkampf von Clinton im Jahr 1992 in aller Munde ist, steht wortwörtlich für Dreh bzw. Drall. Gemeint ist damit die Fähigkeit, Dinge in eine bestimmte Richtung lenken zu können. Erstmals aufgetaucht ist dieser Begriff wohl in einem Editorial der New York Times am 21. Oktober 1984 im Zusammenhang mit einer Fernsehdebatte zwischen den damaligen Präsidentschaftskandidaten Ronald Reagan und Walter Mondale. Spätestens im Wahljahr 1998 wurde „Spin Doctoring" auch in Deutschland zu einem Schlüsselwort. Müller stellte dazu fest: „Das ist ein aus den USA und Großbritannien übernommener Begriff, der die Tätigkeit von Menschen im Hintergrund der Wahlkämpfe beschreiben soll, die den Wahlkämpfen ihrer Partei den entsprechenden Dreh (=spin) geben, also bestimmte erwünschte Botschaften unter die Journalisten bringen." (1999, S. 51) Für dieses Spin doctoring gilt das Prinzip „Instant reaction". Der politische Gegner wird beobachtet, kommentiert, mit unangenehmen Fragen bombardiert, jede Pressekonferenz erhält eine Gegenpressekonferenz, jede Stellungnahme erhält eine Gegenstellungnahme. Die Sprache im Umfeld des Spin doctoring ist kämpferisch. Man sitzt in „War Rooms" und arbeitet an Strategien. Da dieses Phänomen bekannt ist – insbesondere unter Journalisten – (die ja zum Teil selbst die Branche gewechselt haben und aus den Redaktionen in diese „Kampf"arenen gewandert sind) – entsteht eine wiederum sehr merkwürdige Konstellation: Spin doctors können nicht ernsthaft erwarten, dass man ihren Aussagen Glauben schenkt. Sie arbeiten unaufrichtig und wissen gleichzeitig, dass die Gegenseite weiß, dass sie unaufrichtig arbeiten. Ein leitender Redakteur der Sunday Times meinte einmal, dass sich die Reporter mittlerweile selbst als professionelle Decodierer der politischen Sprache des Spin empfinden: „The more journalist feels here she's been ‚spun' the less likely that an event will be reported at face value." (Scammell 2001, S. 515) Es genügt somit nicht zu sagen, dass Medien beobachten, wie andere beobachten im Sinne von „Wer redet wie darüber, was andere beobachten?" Es geht - bildlich gesprochen - um die Lufthoheit über die Medien. Spin doctoring ist ein Versuch der Instrumentalisierung von Medien gegen Dritte[3]. Im Wahlkampf Bush sen. gegen Clinton (vgl. zum Folgenden Maltese 1994) rief Clintons damaliger Kommunikationsdirektor, George Stephanopoulos, den Sender CNN an und beschwerte sich bei der Produzentin der Sendung Larry King live, Tammy Haddad, über den Frageablauf während der Talkshow, die gerade stattfand. Stephanopoulos wusste, dass Bush sen. bei einer bestimmten Thematik widersprüchlich argumentierte. Da King das Thema während der Sendung nicht vertiefte, versuchte er sich über die Beschwerde bei der Produzentin in die laufende Sendung einzuschalten, was ihm auch gelang. So konnte Stephanopoulos den amtierenden Präsidenten live aufgrund selbst recherchierter Fakten herausfordern. Die Liste solcher Beispiele ließe sich verlängern. Ebenso sind dramatische Nebenerscheinungen, die im Umfeld politischer Kampagnen (man denke beispielsweise an die Nachwirkungen der Beteiligung Großbritanniens am 2. Irak-Krieg und die Demission des Blair-Vertrauten Alistair Campbell) stattfinden können. All dies verstärkt den Verdacht einer vermachteten Arena. Es trägt aber auch zu weiteren Mythenbildungen bei, die das Amt eines Politikers umgeben. Auch in diesem Falle sind unmittelbare Erfahrungen selten, als Quellen dienen zumeist wiederum Berichterstattungen in den Medien. Zu der Berufswahl in der Familie Clinton schrieb ein Reporter der Washington Post, dass nach seiner Auffassung sowohl für Bill als auch für Roger Clinton (letzterer wurde Rockmusiker) der gemeinsame Wunsch galt, vor großen Publika glänzen zu wollen. Dies wiederum führte man auf den Wunsch der Mutter zurück: „Like her son Roger, she loved to jump on stage and sing alone with the band; and like her son Bill, she would walk into a room and try to win over every person there." (Maraniss, zit. nach Winterhoff-Spurk 1999, S. 9)

Dies ist nur ein Beispiel für den in den letzten Jahren zunehmend beobachtbaren Versuch, eine Verbindung zwischen Narzissmus und Macht herzustellen (siehe hierzu insb. Bourdieu 1998). Eine Schlussfolgerung darf man aber aus diesen Beobachtungen ziehen: „Offenbar müssen Menschen, die sich Politik als ihren Beruf

---

[3] Eine nähere Beschäftigung mit diesen Taktiken führt unweigerlich zu der Frage: Warum eigentlich soll man noch Politiker werden, wenn Spin doctoring ein solch skrupelloses Geschäft geworden ist? Kann man die Entscheidung für ein solches Amt oder die Ambition auf ein entsprechendes Amt eigentlich noch rational erklären? Diese Frage stellt sich in den USA und Großbritannien anders als in Deutschland. Dies wiederum hängt mit der Rolle politischer Parteien zusammen, was hier nicht näher erläutert werden kann.

ausgesucht haben, auf eine Privatsphäre weitgehend verzichten." (Winterhoff-Spurk 1999, S. 10) In diesem Zusammenhang erweisen sich Medien als gute Freunde, die nicht selbst ausgesucht wurden. Politiker sind dankbar für eine gute Presse. Aber die Medien wissen gerade in diesem Kontext um ihre Freiheit. In diesem Zusammenhang sei auf ein interessantes britisches Phänomen hingewiesen: das „Endorsement". Einen Tag vor der jeweiligen Parlamentswahl sprechen sich die nationalen britischen Zeitungen für eine bestimmte Partei aus. Bezüglich des Begriffs der vierten Gewalt wurde von Baecker festgestellt: „Die Medien sind frei, müssen sich ihre Rolle selbst suchen, die anderen drei Gewalten sind bereits definiert und haben ihren verfassungsmäßig verankerten Status." (2004, S. 4)

Es geht somit auch um die Frage, ob Privatheit im Bereich des Politischen noch möglich ist, folglich um den Umgang der Medien mit Persönlichkeiten.

3.3 Öffentliches Amt und Privatleben

Die Medien erlangen ihre heutige Bedeutung nicht nur aus der Tatsache, dass sie einen wesentlichen Einfluss auf die Karriere bestimmter Themen haben. Viel grundsätzlicher muss man sagen, dass die Macht der Medien schlicht aus ihrer Dauerbeobachtung resultiert. Carl Schmitt hat einmal gesagt, dass auch Machthaber müde werden und vielleicht sogar schnarchen (vgl. hierzu Schmitt 1954/1994, S. S. 16). Medien „schnarchen" selten.

Joshua Meyrowitz (1990) hat dies sehr deutlich formuliert. Die Medien können sich dieser Erwartung der Dauerbeobachtung selbst gar nicht entziehen. Der Zwang der Publizität mischt sich mit den Freiheitsgraden der Themenauswahl. Jeder, der sich heute den „Spiegel" gekauft hat, weiß, dass es nächste Woche wieder einen geben wird. Wer am Samstag die „Zeit" noch nicht gelesen hat, hebt sich die (Lese-) Zeit für die nächste Ausgabe auf. Zugleich verstärkt sich das Bedürfnis nach nichtöffentlicher Kommunikation der Politik, damit nicht jedes Wort die öffentliche Wirkung antizipieren muss (vgl. Münch 1995): Arkanpolitik ohne unmittelbares Schielen auf das Publikum bzw. „informelle Runden als letztes Refugium des offenen Wortes" (Niejahr 2004, S. 3). Aber das ist nur ein Aspekt der Dauerbeobachtung. Immer häufiger wird das Menschliche in der Politik bemüht (zum Beispiel kurz einmal ohne Krawatte und Jackett am Strand während eines Treffens der Staats- und Regierungschefs).

Die menschliche Frage, ob Politiker auch Menschen sein dürfen, weist auf das Verschwinden einer Trennung hin, die bis in das 20. Jahrhundert hinein als ein konstitutives Element der bürgerlichen Gesellschaft bezeichnet wurde: die Trennung zwischen privater und öffentlicher Sphäre. Habermas hat diesen Strukturwandel der Öffentlichkeit bereits Anfang der 1960er Jahre ausführlich beschrieben. Strukturwandel der Öffentlichkeit heißt in diesem Zusammenhang eben auch: „Offensichtlich haben wir es nicht mehr mit den freien Bürgern zu tun, die auf der Agora der

Polis ihre Meinung vertreten und dabei verschweigen, wie sie zuhause, in ihren Häusern (Oikoi) über ihre Frauen, Kinder, ihr Gesinde und ihre Tiere herrschen. All dies war ja Gegenstand der „Ökonomie" und nicht der „Politik". (Baecker 2004, S. 6) Die Rolle des modernen Politikers ist ein Drahtseilakt zwischen Profession und Person, eine Art moderne Persönlichkeitsspaltung. Als der frühere Verteidigungsminister Rudolf Scharping sein Bedürfnis artikulierte, doch in irgendeiner Weise auch ganzheitlich, nämlich als Mensch, wahrgenommen werden zu wollen, wollte er damit sagen, dass der selbstlose, sich aufopfernde Dienst für die res publica doch nicht bedeuten müsse, auf private Bedürfnisse und Interessen verzichten zu müssen. Mit „seinem öffentlichen Privatleben" überforderte er, so Hanfeld „Kollegen wie Journalisten [..], obwohl er sich zugleich als Verkörperung des Mediokraten gibt und fühlt, den unsere Mediengesellschaft hervorbringt." (2001, S. 50)

Dieses Beispiel illustriert die Konsequenzen einer Delegation der Macht. Jost Kaiser schrieb hierzu: „Das ‚Mysterium des Ministeriums' hat Pierre Bourdieu einst das genannt, was so klar und doch so geheimnisvoll ist: die Delegation der Macht, die nicht nur bei den Delegierenden das ungute Gefühl des Ausgeliefertseins an die hohen Herren hervorruft, sondern bei den Delegierten die Bemühungen, nicht ganz so abgelöst vom wahren Leben zu erscheinen, sondern als ‚Mensch' und nicht Funktionsträger eben jenes ‚Mysteriums Ministerium', einer black box." (Kaiser 2001, S. 13) In einer Mediengesellschaft stehen die Chancen für die Politik schlecht, das letzte Wort in einer bestimmten Sache zu haben. Es ist symptomatisch, wie sich dabei die Orientierungsmaßstäbe verschieben: Als der brandenburgische Ministerpräsident Platzeck eine Finnland-Reise plante, wurde diese nicht als Dienstreise, sondern als Urlaub deklariert. Man befürchtete, dass die heimischen Boulevardblätter die Fahrt „als Lustreise" (Niejahr 2004, S. 3) darstellen könnten. Ein politischer Beamter soll sich dazu wie folgt geäußert haben: „Früher haben wir uns bei unseren Planungen gefragt: Was sagen die Gewerkschaften dazu? [...] Jetzt fragen wir zuerst: Macht uns eine Bild-Schlagzeile alles kaputt?" (Niejahr 2004, S. 3)

Gleiches gilt für Rufmord-Kampagnen und Gerüchte. Auch hierzu gibt es eine Vielzahl von Beispielen, die immer wieder eines bestätigen: Ob berechtigt oder nicht berechtigt: Vorwürfe, die in den Medien lanciert werden, sind stigmatisierend. Die Schuld daran darf nicht nur den Medien selbst gegeben werden. Gerüchte haben ihren Ursprung häufig in anderen Bereichen. Diese versuchen dann wiederum die Medien für bestimmte Zwecke zu instrumentalisieren. Der (ehemalige) Hamburger Innensenator Schill drohte dem Ersten Bürgermeister von Beust mit einem Skandal, der sich angesichts einer veränderten gesellschaftlichen Sichtweise auf Homosexualität zu einem Bumerang-Effekt entwickelte: Eine Instrumentalisierung der öffentlichen Meinung über eine gezielte Kampagne misslang, auch weil das „Opfer" die zugedachte Rolle nicht annahm. In einem stern-Interview mit Ole von Beust antwortete dieser auf die Frage: „Zu Gerüchten, die über Sie kursieren, schweigen Sie grundsätzlich in der Öffentlichkeit. Machen Sie sich nicht wehrlos, wenn Sie alles hinnehmen?" wie folgt: „Wenn man sich wehrt, thematisiert man den Unsinn noch mehr, und wenn man gerichtlich vorgeht, dann gibt es eine Verhandlung mit Zeugen und Blitzlichtgewitter. Da nutzt es dann schon fast nichts mehr, wenn man den Prozess gewinnt. Man ist als Person des öffentlichen Lebens total wehrlos." (Hinzpeter/Schmitz 2003, S. 4) Mehr als 20 Jahre zuvor musste der Vier-Sterne-General Kießling noch einen Rufmord ertragen. Im Jahr 1983 wurde behauptet, er sei homosexuell. Ob dieser Unterstellung eine Verwechslung zugrunde lag bzw. wie es zu dieser Behauptung gekommen ist, ist bis heute nicht eindeutig geklärt. Aber die Verbreitung eines Gerüchts ist nicht vom Wahrheitsgehalt abhängig. (siehe Textkasten).

Die Ohnmacht der Opfer

[...] „Das Lehrstück Kießling zeigt, wie wenig es dem Opfer des Gerüchts hilft, empört den Wahrheitsgehalt der Vorwürfe zu bezweifeln – weil das dazu führt, dass diese Vorwürfe immer und immer wieder wiederholt und dem Beschuldigten vorgehalten werden, und weil Medien sich dann mit noch größerer Intensität dem Milieu widmen, in dem sie das Opfer des Gerüchts wähnen.

Das Lehrstück Kießling zeigt, wie hilflos ein Opfer dem Gerücht ausgesetzt ist, es zeigt, wie diese Ohnmacht das Opfer in Verzweiflung stürzt, weil juristische Mittel lange brauchen, bis sie greifen. [...]

Günter Kießling war Vier-Sterne-General und Stellvertreter des Obersten Alliierten Befehlshabers in Europa, der ranghöchste deutsche Nato-Offizier. Urplötzlich waren Gerüchte auf dem Markt, er sei homosexuell, er treibe sich in einschlägigen Szenelokalen herum, das „Cafe Wüsten" und die Disco „Tom Tom" wurden über Nacht weltberühmt."

Quelle: Prantl 2003, S. 2

Jedes Mal, wenn das Thema erörtert wird, werden die Vorwürfe wiederholt. Die Rehabilitierung interessiert kaum noch jemanden. Auch in diesem Fall kann an die Metapher des Katalysators erinnert werden. Klatsch und Gerücht haben ihren festen Platz in der Alltagskommunikation: Fama crescit eundo. Die Medien helfen bei der Verbreitung der Neuigkeiten mit und sie sorgen auch dafür, dass sie in Vergessenheit geraten können. Sie haben auch die Möglichkeit, Dinge, die schon weit zurückliegen, zu einem Thema zu machen, bei dem das Publikum selten fragt: Warum eigentlich gerade jetzt? Hier offenbart sich eine Variante der Gatekeeper-Funktion. Political Correctness wird als Resonanzboden für Ressentiments eingesetzt (vgl.

auch Bolz 2004). Das über Medien vermittelte Gerücht erhebt die aus einem Mikrokosmos des Dorflebens bekannten Phänomene in einen diffusen Gesamtzusammenhang: die öffentliche Meinung. Diese öffentliche Meinung wehrt sich im Grunde genommen nicht als Kollektiv, sie konstituiert sich über aktive und passive Öffentlichkeiten. Die Spectators dominieren, die Gladiatoren agieren im näheren Umfeld der Politik. Hier wird auch ein Organisationsdefizit der Masse evident, das in Verantwortungsdiffusion münden kann. Mit der Rolle des Publikums bzw. der Öffentlichkeit soll sich der abschließende Teil der Ausführungen beschäftigen.

4 Exit, Voice, Loyalty - das Publikum und die Macht der Medien

In der eingangs zitierten Definition von Max Weber ist von „Widerstreben" die Rede. Wenn also abschließend auch die Rolle des Publikums thematisiert werden soll, ist zu fragen, wie in einem relationistischen Konzept von Macht (Giddens, Simmel) die Rolle des Publikums zu definieren ist. In historischer Perspektive hat die Medienwirkungsforschung die Rolle des Publikums zunächst als die des Opfers definiert. Der Beitrag „Audience Activity and Passivity: an historical Taxonomy". (Power u.a. 2002) skizziert in sehr komprimierter Form, wie aus der Idee eines eher passiven Publikums ein aktives Publikum wurde. Man könnte auch sagen: Aus dem Vorwurf, dass das Publikum manipuliert wird, wird sukzessive die Aussage, dass das Publikum aufgrund seiner eigenen Selektionsleistungen in besonderer Weise in der Lage ist, die Botschaften selbst zu manipulieren, die es erhält. Diese Debatte führt unweigerlich in das Feld von Konstruktion und Dekonstruktion, in semiotische Kämpfe um die Bedeutung von Zeichen usw.. Hinsichtlich der Publikumsaktivität lassen sich im Wesentlichen vier Perspektiven unterscheiden:

1. Die Idee des widerspenstigen Publikums, die insbesondere aus der Auseinandersetzung mit einem simplifizierenden Ursache-Wirkungs-Modell hervorging und zunächst unterschiedliche Grade des „Widerstands" auf Seiten des Publikums (Joseph T. Klapper sprach von „Mediating Factors", Raymond Bauer von „Obstinate Audience") thematisierte.
2. Die Idee des aktiven Publikums, die den Bedürfnissen und Interessen der Rezipienten maßgeblichen Einfluss auf die Auswahl und Verarbeitung der vorhandenen Optionen zuschreibt. Dies ist insbesondere im Rahmen des sogenannten Nutzen- und Belohnungsansatzes diskutiert worden (vgl. Rubin 2002).
3. Der Cultural-Studies-Ansatz, der ebenfalls das „Container-Modell" der frühen Wirkungsforschung verwirft und anstelle eines Transfers von Botschaften (Sender → Empfänger) den Prozess der Bedeutungsgenese von Medieninhalten in den Vordergrund stellt. Den Medien wird dabei die größte Signifikationsmacht zugeschrieben. Dies bedeutet: Der Beitrag zu kollektiv geteilten so-

zialen Bedeutungen ist ungleich größer als jener des Publikums. Das schließt unterschiedliche Lesarten (man denke an Halls Encoding/Decoding-Modell) der Angebote nicht aus.

4. Die Idee des entfremdeten Publikums, das durch die Permanenz der medialen Aufbereitung von Wirklichkeitsentwürfen Vorstellungen von dieser vor allem im Sinne des Angebotenen kultiviert. Diese aus der Tradition der Kritischen Theorie herrührende Sichtweise auf das Publikum ist heute insbesondere noch auf der feuilletonistischen Ebene der Medienkritik zu beobachten, aber auch – zumindest in Teilen – in der so genannten Vielseher-Debatte.

Fest steht, dass der Vorwurf der Manipulation leicht formuliert, aber schwierig nachzuweisen ist. Angesichts der Permanenz von Medienangeboten ist man häufig widerspenstig, beklagt die Qual der Wahl und ärgert sich über die Art und Weise, wie das „Leben" in den Medien gespiegelt wird. Es ist insofern kaum vorstellbar, dass man nur in der Rolle des passiven Publikums verharrt.

Watzlawicks Beobachtung, dass man nicht nicht kommunizieren kann, bedeutet in diesem Zusammenhang zwar, dass jene, die ihre Stimme nicht erheben, dadurch entweder Zustimmung oder – in Anlehnung an die Schweigespirale – Isolationsfurcht dokumentieren. In jedem Falle aber verfügt das Publikum kaum über Institutionen und Verbindungen, die es rasch aktivieren könnte. Dieser Nicht-Organisationsstatus des Publikums, den Maletzke mit dem Begriff „disperses Publikum" verdeutlicht, ist ein zentraler Faktor, der die Gegenbildung von Netzwerken im Sinne einer Kontrolle von Autoritätskartellen kaum möglich macht. Das erklärt auch, warum Publika in der Regel einen geringen Einfluss auf den Themenwechsel der Medienagenda nehmen können. Weil das Publikum sich in dieser Rolle befindet, erweist es sich in der Bereitschaft zum Themenwechsel wiederum als sehr beweglich. Aus dieser Konstellation hat Baecker eine Art Komplizenschaft abgeleitet. Er stellt fest: „Die Massenmedien bewegen sich in diesem turbulenten Feld des Themen-, Tonfall- und Meinungswechsels. Sie tun es nach eigenen Kriterien, sie tun es unter scharfer Beobachtung ihrer eigenen Marktseite, das heißt ihrer Konkurrenten im selben Medium und in Nachbarmedien, [...] und sie tun es mit einer ständig hochgradig irritierbaren Aufmerksamkeit für das, was die schweigenden Mehrheiten für interessant halten und was nicht." (Baecker, 2004, S. 9) Der Begriff der vierten Gewalt erfährt über diese Konstruktion eine neue Bedeutung: Obwohl Medien und Publika niemals einen Vertrag miteinander geschlossen haben, bilden sie eine ungleiche Allianz, die ihre Macht aus ihrer Unberechenbarkeit ableiten kann. Das scheint in der Summe ein Modell politischer Kybernetik zu ergeben, das dem Publikum letztlich nur wenig Spielraum lässt. Lang und Lang haben diese Beobachterrolle des Publikums pointiert in dem Begriff „bystander" zusammengefasst: „Most of the time, these bystanders do little more than observe and form opinions. Unlike those who make political decisions and formulate policies, their action has no practical relevance. Even when they write letters, sign petitions, join a demonstration, go on strike, or participate in an organized campaign, they are only concerned about how others should act or whether these others have acted correctly." (Lang/Lang 1981, S. 48)

Das von Bourdieu beschriebene ‚Diktat der Einschaltquoten' (1998) signalisiert durchaus, dass das Publikum Zufriedenheit und Unzufriedenheit artikuliert. Wer darüber hinaus auch seine Stimme erhebt, geht zumindest noch von der Erwartung aus, dass sich die Umstände auch ohne Abschalten, Umschalten, Abbestellen, Frequenzwechsel usw. verändern lassen. Insbesondere Albert O. Hirschman hat in seiner Analyse „Exit, Voice, and Loyalty" (dt.: Abwanderung und Widerspruch, 1970) verschiedene Reaktionsformen differenziert.

Das Grundthema Hirschmans ist: Wie reagieren Mitglieder unterschiedlicher Sozialverbände auf das Phänomen, dass zwischen den Vorstellungen von einer idealen Funktionsweise und den Metamorphosen der sozialen Wirklichkeit mehr oder wenige große Lücken klaffen können? Wenn diese Fehler oder Fehlentwicklungen sich nicht von selbst beheben, bleiben zwei Möglichkeiten:

• Exit: Man „steigt aus" oder wandert ab, z.B. als Kunde oder Mitglied einer politischen Partei
• Voice: Man protestiert, artikuliert also Widerstand in der Hoffnung auf Besserung.

Die zunehmende Medialisierung des Alltags führt immer häufiger dazu, dass uns Dinge zu Bewusstsein kommen, die uns eigentlich überhaupt nicht interessieren. Aus Beteiligung (lat. interesse = teilnehmen an, dabei sein) wird eine Art Zwangsveranstaltung. Vorausschauend stets dem Unzumutbaren zu entgehen, ist eine Überforderung, gerade im Umgang mit Medienangeboten. Gegebenenfalls werden einem die Zweifel abgenommen, wenn in Redaktionen über „Senden oder Nicht-Senden" debattiert wird. Da man aber Medien nicht in der sicheren Erwartung des Erhaltens bzw. Ausbleibens bestimmter Stimuli nutzt, wird die Paradoxie evident. Es erinnert an das Beispiel von Watzlawick: „Ignore this sign". Die Anweisung der Nichtbeachtung funktioniert nicht. Im Gegenteil: Die Dinge, die uns eigentlich sprachlos machen sollten, setzen Prozesse sekundärer Zirkulation in Gang. Darin steckt auch etwas von Befreiung, Luft ablassen – aber am Ende normalisieren sich die Dinge, weil sie durch Penetranz alltäglich werden. Selbst die Exit-Option, also das Nicht-Hinsehen, das Nicht-Lesen, ändert die Dinge nicht wirklich. Es wird auch hingeschaut, obwohl man sich dem widerspenstigen Publikum zurechnet. Die „Voice"-Option bleibt nicht ohne Wirkung, verändert aber nicht erkennbar den Markt, sondern eher die Art und Weise, wie dieser öffentlich wahrgenommen und gesehen wird.

Als Lieferant für Gespräche sind die Medienangebote ein Streitfeld, das integriert. Aufregung selbst wird programmtauglich und Medien kanalisieren den Protest gegen sich selbst, indem sie ihn integrieren: eine Art (medien-)öffentlicher Dialog, der die Bereitschaft zur Selbstkontrolle signalisieren soll. Die Unzufriedenheit, die dadurch evoziert werden mag, hat in der Regel keinen langen Atem. Die Enttäuschung von Publikumserwartungen kann auf diese Weise zur Normalität werden und Ansprüche an die Qualität des Angebots reduzieren. Gerade die Vervielfachung der „Voices" (Ausweitung des Angebots) gewährleistet auf den ersten Blick, sozusagen als manifeste Funktion, Pluralismus. Die latente Funktion könnte aber eine pluralistische Ignoranz der besonderen Art sein, nämlich, dass nicht Wissensenklaven entstehen, sondern defaitistische Haltungen, die dieser Vielfalt mit Überdruss begegnen. Man erträgt zum Beispiel diese Mischung aus Expertokratie, Talkshow, Round Table, Think Tanks etc. nicht mehr. Die Expertokratie blockiert sich gegenseitig, weil sie nicht diskursfähig ist, das Publikum resigniert, weil ihm ohnehin die Möglichkeiten eines effektiven Zugriffs auf die Änderung der Gesamtzustände fehlen. Insofern trifft Mayhews Beobachtung zu: „In the New Public, communication is dominated by professional specialists." (1997, S. 4) Aber es ist eine merkwürdige Dominanz, die eben nachhaltige Veränderungen in der Öffentlichkeit verfehlt und in der eigenen Sphäre zu Nullsummen-Spielen tendiert. Zugleich bleibt viel Raum für die Frage: Wer hat da seine Hände im Spiel?

5   Fazit

Für das Verhältnis von Medien und Macht kann daher abschließend festgestellt werden, dass deren Nennung in einem Atemzug eine sozialwissenschaftlich geleitete Präzisierung der Relationen umso erforderlicher macht. Hier können Überlegungen, die Hennen (1995, S. 401) zu Macht und Moral formulierte, paraphrasiert werden: Der alltagssprachliche Umgang mit dem Begriffspaar ist trotz des Bemühens um eine wissenschaftlich geleitete Differenzierung durch Unbekümmertheit gekennzeichnet, beide Begriffe in Kombination sorgen für eine Potenzierung von Aufgeregtheiten.

Hinzu kommt, dass sich das Verhältnis von Medien und Macht nicht auf einen Endzustand zubewegt, sondern eher als das Wahren einer Machtbalance erscheint. Zusammenfassend lässt sich zunächst feststellen (vgl. auch Hösle 1995, S. 381):

- Macht hat man nicht schlechthin, sondern über etwas.
- Macht muss nicht ausgeübt werden, sie hat wirkungsvolle latente Eigenschaften.
- Macht kann etwas verändern oder dafür sorgen, dass sich nichts verändert.
- Macht kann per definitionem kein symmetrisches Verhältnis beschreiben.

Damit wird der in Max Webers Definition verwandte Hinweis auf die „Chance" in ein relationales Konzept eingebettet, dessen Rahmenbedingungen sich aus den vorhandenen Akteuren und Bedingungen ableiten lassen. Bourdieu hat das Spiel mit der Regel einmal als die Regel des Spiels bezeichnet (vgl. Bourdieu 1976, S. 206). Für das Verhältnis von Medien und Macht gilt Ähnliches, weil ihre Verquickung die Ungleichverteilung des Einflusses auf die Spielregeln deutlich werden lässt. Wer nur die Rahmenbedingungen akzeptieren kann, hat weniger Handlungsspielraum als ein Gegenüber, das noch nicht alle Karten ausgespielt hat. Eine zu starke Asymmetrie aber sorgt zugleich für Gegenbewegungen, die eine ansonsten nicht in Koalition befindliche Gegenseite vorübergehend zusammenführt. So kann Medienmacht im Mediensystem selbst für Unruhe sorgen, die Politik auf den Plan rufen und das Publikum sensibilisieren. Ebenso können Versuche seitens der Politik, den Medien einen Verzicht auf Teilhabe an der Politik nahezulegen, deren Unabhängigkeitsempfinden besonders hervortreten lassen. Die in diesem Beitrag genannten Beispiele sind jedenfalls kaum als Beleg für unausweichliche Ergebnisse gezielter Machtstrategien zu interpretieren. In diesen Kräftefeldern kann sich ungleicher Einfluss geltend machen. Die Rahmenbedingungen, die dieses Feld definieren, werden davon aber kaum berührt.

Die Rolle der Presse im Vorfeld des Spanisch-Amerikanischen Kriegs (1898) veranschaulicht beispielsweise auch, dass eine einseitige Berichterstattung (Man denke an das berühmte Telegramm von William Hearst [„You furnish the pictures. I'll furnish the war."] an einen Korrespondenten in Havanna) nicht als unumstößlicher Beleg für die Ursache des Krieges bezeichnet werden kann. Youichi meinte hierzu: „However, it would be incorrrect to think that the war was caused by American „yellow journalism" only. [...] The general public is needed as an indispensible partner for it to occur." (2002, S. 275) Auch in diesem Falle wird die Katalysator-Vorstellung bestätigt.

Alexis de Tocqueville hat sich in dem zum Klassiker der politischen Theorie gewordenen Erfahrungsbericht „Über die Demokratie in Amerika" zur Pressefreiheit unter anderem wie folgt geäußert: „Ich gestehe, für die Pressefreiheit keineswegs die uneingeschränkte und unwillkürliche Liebe zu empfinden, die man für Dinge hegt, die ihrem Wesen nach unbestreitbar gut sind. Ich schätze sie weit mehr in Erwägung der Übel, die sie verhindert, als wegen des Guten, das sie leistet." (Tocqueville 1835/1840//1976, S. 206) Dieses Schwanken zwischen „unschätzbaren Wohltaten" und „unvermeidliche[m] Übel" (ebd., S. 209f.) gehört auch in modernen Mediensystemen im Rahmen einer freiheitlichen Grundordnung zum Alltag. Wenn sich die „Stimmen der Medien" widersprechen, werden dominierende Einflüsse kaum antizipiert. Anders dagegen im Falle eines „Gleichklangs": „Gelingt es einer großen Zahl von Presseorganen, in gleicher Richtung zu gehen, wird ihr Einfluß auf die Dauer fast unwiderstehlich und die öffentliche Meinung, auf die immer an der gleichen Stelle eingehämmert wird, gibt schließlich ihren Schlägen nach." (ebd., S. 213) In solchen Fällen wird evident, dass Macht asymmetrisch verteilt ist.

6   Literatur

Aron, Raymond (1974): Zwischen Macht und Ideologie. Politische Kräfte der Gegenwart. [Aus dem Franz.]. Wien.

Baecker, Dirk (2004): Die vierte Gewalt. Massenmedien und Demokratieverständnis. In: Funkkorrespondenz, Heft 8-9, 20. Februar, S. 4-9.

Bagdikian, Ben H. (1983): The Media Monopoly. Boston.

Bolz, Norbert (2004): Warum Denken unmodern ist. In: KulturSpiegel, Nr. 6, S. 16-19.

Bourdieu, Pierre (1976): Entwurf einer Theorie der Praxis. [Aus dem Franz.] Frankfurt am Main.

Bourdieu, Pierre (1998): Über das Fernsehen. [Aus dem Franz.]. Frankfurt am Main.

Elfenbein, Stefan W. (1996): The New York Times. Macht und Mythos eines Mediums. Frankfurt am Main.

Esser, Frank (1999): Ursachen größerer Recherchebereitschaft im britischen Pressejournalismus. Eine Analyse aus vergleichender Perspektive. In: Rundfunk und Fernsehen 47, Heft 2, S. 200-219.

Galbraith, John Kenneth (1983): The Anatomy of Power. Boston.

Giddens, Anthony (1979): Central Problems in Social Theory. London.

Habermas, Jürgen (1990): Strukturwandel der Öffentlichkeit. Untersuchungen zu einer Kategorie der bürgerlichen Gesellschaft. [Zuerst 1962]. Frankfurt am Main.

Hanfeld, Michael (2001): Der Taucher. In: Frankfurter Allgemeine Zeitung, Nr. 190, 28. August, S. 50.

Hennen, Manfred (1990): Soziale Motivation und paradoxe Handlungsfolgen. Opladen. (Studien zur Sozialwissenschaft, Band 92).

Hennen, Manfred (1995): Versuch sozialwissenschaftlicher Begriffsarbeit für Macht und Moral – Kritisches Koreferat. In: Ethik und Sozialwissenschaften 6, Heft 3, S. 401-403.

Hennen, Manfred; Prigge, Wolfgang-Ulrich (1977): Autorität und Herrschaft. Darmstadt.

Herman, Edward S.; Chomsky, Noam (1988): Manufacturing Consent. The Political Economy of the Mass Media. New York.

Hinzpeter, Werner; Schmitz, Stefan (2003): „Man ist total wehrlos". Interview mit Ole von Beust. In: www.stern.de. 27. August.

Hirschman, Albert O. (1970): Abwanderung und Widerspruch. Reaktion auf den Niedergang von Unternehmungen, Organisationen und Staaten. [Aus d. Engl.]. Frankfurt am Main.

Hösle, Vittorio (1995): Macht und Moral. In: Ethik und Sozialwissenschaft 6, Heft 3, S. 379-387.

Innis, Harold A. (1950): Empire and Communications. Toronto.

Jarren, Otfried (1994): Politische Kommunikation in Hörfunk und Fernsehen. Elektronische Medien in der Bundesrepublik Deutschland. In: Gegenwartskunde, Sonderheft 8, S. 23-34.

Kaiser, Jost (2001): Bürger oder Ballermann. In: Süddeutsche Zeitung, Nr. 202, 3. September, S. 13.

Klare, Hans-Hermann; Lemm, Karsten (2004): „Bösartiger als Reagan". Interview mit Princeton-Professor Paul Krugman. In: Stern, Nr. 22, 19.Mai, S. 36-38.

Kraus, Karl (1919): Die letzten Tage der Menschheit. Wien. (Die Fackel, Band 12).

Lang, Kurt; Lang, Gladys Engel (1981): The Public as Bystander. Its Political Influence. In: Baier, Horst u.a. (Hrsg.): Öffentliche Meinung und sozialer Wandel. Opladen, S. 39-49.

Le Carré, John (2003): Bekenntnis eines Terroristen. In: Der Spiegel Nr. 4, S. 138-140.

Luhmann, Niklas (1975): Macht. Stuttgart.

Maltese, John Anthony (1994): Spin Control. The White House Office of Communications and the Management of Presidential News. Chapel Hill.

Marger, Martin N. (1993): The Mass media as a Power Institution. In: Olsen, Marvin E.; Marger, Martin N. (Hrsg.): Power in Modern Societies. Boulder usw., S. 238-249.

Mayhew, Leon H. (1997): The New Public. Professional Communication and the Means of social Influence. Cambridge.

Meyrowitz, Joshua (1990): Überall und nirgends dabei. Die Fernseh-Gesellschaft I. [Aus dem Amerik.]. Weinheim, Basel.

Mill, John Stuart (1974): Über die Freiheit. [Aus dem Engl., zuerst 1859]. Stuttgart.

Müller, Albrecht (1999): Von der Parteiendemokratie zur Mediendemokratie. Beobachtungen zum Bundestagswahlkampf 1998 im Spiegel früherer Erfahrungen. Opladen.

Münch, Richard (1995): Dynamik der Kommunikationsgesellschaft. Frankfurt am Main.

Niejahr, Elisabeth (2004): Handwerk hat doppelten Boden. In: Die Zeit, Nr. 25, 9. Juni, S. 3.

Parsons, Talcott (1965): Structure and Process in Modern Societies. 4th Edition. New York.

Power, Paul u.a.: Audience Activity and Passivity: An Historical Taxonomy. In: Gudykunst, William B. (ed.): Communication Yearbook 26. Mahwah (New Jersey), London 2002, S. 117-159.

Prantl, Heribert (2003): Rufmord leicht gemacht. In: Süddeutsche Zeitung, 24. Juni, S. 2.

Rogers, Everett M. (2002): Intermedia Processes and Powerful Media Effects. In: Bryant, Jennings; Zillmann, Dolf (Hrsg.): Media Effects. Advances in Theory and Research. 2nd Edition. Mahwah, New Jersey, S. 199-214.

Rosenbach, Marcel (2001): „Das ist Propaganda." Interview mit dem amerikanischen Publizisten John MacArthur. In: Der Spiegel, Nr. 41, S. 74.

Rubin, Alan M.: The Uses-and-Gratifications Perspective of Media Effects. In: Bryant, Jennings; Zillmann, Dolf (Hrsg.): Media Effects. Advances in Theory and Research. 2nd Edition. Mahwah (New Jersey), S. 199-214.

Russell, Bertrand (1947): Macht. [Aus dem Engl.]. Zürich.

Sarcinelli, Ulrich (1998): Politikvermittlung und Demokratie: Zum Wandel der politischen Kommunikationskultur. In: Sarcinelli, Ulrich (Hrsg.): Politikvermittlung und Demokratie in der Mediengesellschaft. Bonn. (Schriftenreihe der Bundeszentrale für politische Bildung, Band 352), S. 11-23.

Scammell, Margaret (2001): The Media and Media Management. In: Seldon, Anthony (ed.): The Blair Effect. London, S. 509-533.

Schmitt, Carl (1994): Gespräche über die Macht und den Zugang zum Machthaber: Gespräch über den Neuen Raum. [Zuerst 1954]. Berlin.

Schumpeter, Josepf A. (1950): Kapitalismus, Sozialismus und Demokratie. [Aus d. Engl.]. Tübingen.

Shoemaker, Pamela J. (1991): Gatekeeping. Newbury Park. (Communication Concepts, 3).

Simmel, Georg (1989): Philosophie des Geldes. [Zuerst 1900]. Frankfurt/Main. (Georg Simmel-Gesamtausgabe, Band 6).

Teichert, Will (1997): Kritik als Beruf. Vom Nutzen der „Quasi-Profession" Journalismus. In: Weßler, Hartmut u.a. (Hrsg.): Perspektiven der Medienkritik. Opladen, S. 69-74.

Tocqueville, Alexis de (1976): Über die Demokratie in Amerika. Zwei Bände. [Aus dem Franz., zuerst 1835/1840]. München.

Youichi, Ito (2002): Climate of Opinion, Kuuki, and Democracy. In: Gudykunst, William B. (ed.): Communication Yearbook 26. Mahwah, New Jersey, S. 266-296.

Weber, Max (1984): Soziologische Grundbegriffe. [Zuerst 1921]. Tübingen.

Weber, Max (1992): Politik als Beruf. [Zuerst 1919]. Stuttgart.

Weber, Max (1999): Zu einer Soziologie des Zeitungswesens. [Zuerst 1911]. In: Gottschlich, Maximilian; Langenbucher, Wolfgang R. (Hrsg.): Publizistik- und Kommunikationswissenschaft. Ein Textbuch zur Einführung. 2., überarbeitete Auflage. Wien. (Studienbücher zur Publizistik- und Kommunikationswissenschaft, Band 1), S. 148-154.

Winterhoff-Spurk, Peter (1999): Politiker in der Mediengesellschaft: Eine Annäherung aus medienpsychologischer Perspektive. In: Winterhoff-Spurk, Peter; Jäckel, Michael (Hrsg.): Politische Eliten in der Mediengesellschaft. Rekrutierung, Darstellung, Wirkung. München, S. 9-30.

Wrong, Dennis H. (1979): Power. Its Forms, Bases and Uses. Oxford.

Empfehlungen zum Weiterlesen:

Baecker, Dirk (2004): Die vierte Gewalt. Massenmedien und Demokratieverständnis. In: Funkkorrespondenz, Heft 8-9, S. 4-9.

Tocqueville, Alexis de (1976): Über die Demokratie in Amerika. Zwei Bände. [Aus dem Franz., zuerst 1835/1840]. München, Erster Band, II. Teil, Kapitel 3.

Wrong, Dennis H. (1979): Power. Its Forms, Bases and Uses. Oxford.

Medien und soziale Netzwerke

Christian Stegbauer

Zusammenfassung: Wenn man soziale Netzwerke untersucht, werden im Grunde soziale Beziehungen untersucht bzw. die Strukturen sozialer Beziehungen. Dabei wird nicht einfach die Beziehung zwischen zwei Personen betrachtet, sondern deren Einbettung in ein Beziehungsgefüge. Handlungsoptionen hängen aus Sicht der Netzwerkperspektive von diesem Beziehungsgefüge ab. Das heißt, Handlungen stehen mit der Position, die jemand in einem sozialen System einnimmt, in Verbindung. Im vorliegenden Beitrag werden Medien unter dem Netzwerkaspekt untersucht – Beziehungen zwischen Menschen werden im Verhältnis zu den Medien oder vermittelt durch die Medien thematisiert. Im ersten Teil werden dabei soziologische Klassiker als Vorläufer der Netzwerkperspektive vorgestellt, im zweiten Teil werden Anwendungen dieser Perspektive in Bezug auf Medien aufgezeigt.

1 Soziale Netzwerke

Die sozialwissenschaftliche Beschäftigung mit sozialen Netzwerken erlaubt zwei unterschiedliche und dennoch zusammenhängende Perspektiven: Der eine Blickwinkel fokussiert die Beziehungen und die Beziehungsstruktur theoretisch und firmiert unter dem Begriff der Netzwerktheorie; der andere erhebt den Anspruch der empirischen Untersuchung von Netzwerken und nennt sich daher Netzwerkanalyse.

Der Begriff des Netzwerks zur Beschreibung von Beziehungsstrukturen wird ursprünglich Radcliffe-Brown zugerechnet, der im folgenden Zitat auf den Unterschied zwischen Beziehungen und Struktur aufmerksam macht:

> „It should be noted that to say we are studying social structures is not exactly the same thing as saying that we study social relations, which is how some sociologists define their subject. A particular social relation between two persons (unless they be Adam and Eve in the Garden of Eden) exists only as a part of a wide network of social relations, involving many other persons, and it is this network which I regard as the object of our investigations." (Radcliffe-Brown 1940, S. 3)

Radcliffe-Brown betont, dass Strukturen zwar Veränderungen hinsichtlich der Zugehörigkeit von Einzelnen unterlägen, die grundsätzliche Struktur („the general structural form," Radcliffe-Brown 1940, S. 4) in der Regel jedoch länger erhalten bleibe.

Solche grundsätzlichen sozialen Strukturen kann man als Formen bezeichnen. Die Formen, die in den Beziehungen auf Wechselwirkungen beruhen, nimmt Georg Simmel zum Ausgangspunkt seiner Begründung der Soziologie. Dies macht ihn zu einem der Vorläufer der Netzwerkperspektive. Simmels Soziologie unterscheidet Form und Inhalt; dabei geht es ihm um die Analyse von Formen zum „Auffinden zeitloser Gesetzlichkeiten" (Simmel 1992 [zuerst 1908], S.26). Eine Voraussetzung für das Erkennen von Gesetzmäßigkeiten in Beziehungsstrukturen ist, „dass die gleiche Form der Vergesellschaftung an ganz verschiedenem Inhalt, für ganz verschiedene Zwecke auftritt" (Simmel 1992 [1908], S. 21). Simmel benutzt aber darüber hinaus Bilder, die das Netzwerkdenken anregten und auch heute noch in der Netzwerkanalyse von Bedeutung sind, etwa das der „Kreuzung sozialer Kreise" (1908, bzw. 1890) oder eine Analyse der möglichen Beziehungskonstellationen mit Berücksichtigung der Gruppengröße. Letztere wurde später von Sozialpsychologen aufgenommen (Heider 1946; 1958) und von Davis (1963, 1970) als strukturelle Balance zu einer einfachen Theorie weiterentwickelt, mit der sich die Strukturierung von Beziehungen erklären lässt und die man auch empirisch überprüfen kann. Das Bild der Kreuzung sozialer Kreise kann auf zweierlei Weise verstanden werden. Am häufigsten wird die Kreuzung sozialer Kreise als ein Modus aufgefasst, durch den der Prozess der Individualisierung vorangetrieben wird. Da die Kreise zwischen zwei Personen kaum genau deckungsgleich sein werden, ist die Sozialisation jedes Einzelnen unterschiedlich. Bei der anderen Interpretation wird nicht nach dem Einzelnen gefragt. Die Individuen wirken lediglich wie „Transmissionsriemen", die den Kontakt zwischen den verschiedenen Kreisen herstellen.

Die von Simmel noch eher essayistisch und unsystematisch formulierte Idee wird von Leopold von Wiese (1967 [zuerst 1924]) aufgegriffen und in seinem „System der Allgemeinen Soziologie als Lehre von den sozialen Gebilden der Menschen" geordnet. Er trennt ebenfalls zwischen Form und Inhalt, führt aber des Weiteren den Begriff der Distanz ein, um Beziehungen zu qualifizieren und verbindet damit gleichzeitig auch ein Konzept zur „Messung" dieser Distanz mittels Indikatoren. Eine seiner vier Hauptkategorien – neben dem „sozialen Prozess", dem „Abstand (Distanz) und dem „sozialen Raum" – ist das „soziale Gebilde": „Ein soziales Gebilde ist eine Mehrzahl von sozialen Beziehungen, die so miteinander verbunden sind, dass man sie im praktischen Leben als Einheiten deutet" (Wiese 1967 [zuerst 1924], S. 114). Mit diesen vier Grundkategorien wird ein Konzept für empirische Untersuchungen von Beziehungsstrukturen angeboten.

Eine der ersten Untersuchungen von solchen Strukturen wurde durch Jakob Moreno (1934) durchgeführt. Moreno führte für diesen Untersuchungsansatz, bei dem soziale Beziehungen quantifiziert und grafisch dargestellt werden, den Begriff der Soziometrie ein. Eine weitere frühe Untersuchung zu sozialen Netzwerken ist eine Studie von Elisabeth Bott (1971 [zuerst 1957]), in welcher sie die Bedeutung von Beziehungsnetzwerken für das Verhalten in Paarbeziehungen nachweisen konnte.

Der Durchbruch der empirischen Netzwerkforschung erfolgte aber erst durch Harrison White (1963). John Scott (vgl. 1991, S. 33) interpretiert diesen Erfolg vor dem Hintergrund des zeitnahen Zusammentreffens mehrerer Innovationen: zum einen Entwicklungen in der Mathematik – hier die Anwendung von algebraischen Modellen um Verwandtschaftsbeziehungen im Geiste von Lévi-Strauss[1] zu modellieren – und zum anderen eine Anwendung der Graphentheorie.[2] White entwickelte ein Verfahren mit dem sich das Konzept der „Positionen" und der zugehörigen „Rollen" innerhalb einer sozialen Struktur empirisch untersuchen ließ. Die skizzierten Ideen wurden später ausgebaut und zur Blockmodellanalyse (vgl. White und Breiger 1975) weiterentwickelt. Viele der heute bekannten Netzwerkforscher waren „teaching assistants" in Whites Einführungskurs Nr. 10 zu Social Relations (vgl. Mullins 1973). Ron Breiger machte in diesem Zusammenhang White auf die Nähe seiner Überlegungen zu Simmel und von Wiese aufmerksam (vgl. White 1992).[3]

Für die positionale Analyse wurde von Harrison White und Kollegen Anfang der 1970er Jahre der Concor-Algorithmus entwickelt. Dabei werden die Netzwerkmatrizen so umsortiert, dass Bereiche mit hoher struktureller Ähnlichkeit zusammen angeordnet werden. Die Matrix wird partitioniert (eingeteilt), wodurch aufgrund des Beziehungsmusters der Teilnehmer sogenannte Blöcke entstehen.[4] Das Besondere an dem Verfahren ist, dass durch die Umsortierung strukturell ähnliche Blöcke entstehen – Blöcke, in denen Teilnehmer mit ähnlichen Beziehungen zusammengefasst werden. Modellhaft bedeutet dies, dass diese Blöcke Positionen entsprechen. Das Verhalten, welches zu den Positionen gehört, wird als Rollenverhalten bezeichnet.

An einen Zusammenhang zwischen Mediensoziologie und Netzwerken bzw. der Analyse von Netzwerken dachte man in dieser Frühphase allerdings kaum. Bis zur Innovation von Harrison White wurden aber bereits eine Reihe von Netz-

---

[1] Lévi-Strauss (1993 [zuerst 1949]) stellte in seinem Buch „Die elementaren Strukturen der Verwandtschaft" die Verwandtschaftsstrukturen mit Hilfe mathematischer Formeln dar.

[2] Frank Harary leistete bedeutende Beiträge für die Anwendung der Graphentheorie in der Netzwerkanalyse (Harary u.a. 1965; Harary 1969).

[3] Er kannte sie mindestens mittelbar, denn der ursprünglich aus Österreich stammende und nach Großbritannien emigrierte Siegfried Nadel (1957), den White selbst als einen seiner Inspiratoren begreift, argumentiert mit Simmel. Ron Breiger, einer seiner damals engen Mitarbeiter kannte Simmel durch seine Zusammenarbeit mit Lewis Coser an der Brandeis University. Man kann Zitate von wichtigen Grundbegriffen Whites (1992) denen von Simmel und von Wiese gegenüberstellen und findet eine deutliche Verwandtschaft (vgl. Stegbauer 2001, S. 128ff.).

[4] Der Name des Verfahrens ist davon abgeleitet und nennt sich Blockmodellanalyse. Für eine genauere Erklärung des Verfahrens siehe White u.a. (1971), Stegbauer/Rausch (1999), oder Wasserman/Faust (1994).

werkuntersuchungen mit Medienbezug durchgeführt, auch wenn der „Netzwerk-begriff" noch keine Verwendung fand.

2 Netzwerkanalysen im Feld der Mediensoziologie

Im Folgenden sollen Netzwerkuntersuchungen aus drei für die Mediensoziologie bedeutenden Bereichen näher vorgestellt werden. Es handelt sich um die Meinungs-führerforschung, um Untersuchungen zur Kommunikationsstruktur und um die empirische Untersuchung eines großen technischen Systems (WorldWideWeb). Die Beispiele sind so gewählt, dass sie für die Mediensoziologie bedeutsame Inhalte mit unterschiedlichen Formen der Netzwerkforschung verbinden.

Im ersten Beispiel zum Thema Meinungsführerforschung – dem interpersona-len Fluss von Kommunikation über massenmedial verbreitete Inhalte – handelt es sich um eine egozentrierte Netzwerkanalyse. Im zweiten Beispiel geht es um medial vermittelte Gruppenkommunikation, wobei die Beziehungsstrukturen mittels Blockmodellanalyse untersucht werden. Im dritten Beispiel werden Untersuchungen zur Netzwerkstruktur des WordWideWeb präsentiert. Dort spielen persönliche Be-ziehungen nicht mehr eine so prominente Rolle. Im Mittelpunkt der Untersuchun-gen stehen die durch Hyperlinks hergestellten Strukturen.

2.1 Netzwerke und Meinungsführerforschung

Erste Anfänge der Meinungsführerforschung finden sich in den 1940er Jahren mit den sogenannten Columbia Studies, an denen eine Reihe heute als Klassiker der empirischen Sozialforschung und der Medienforschung bekannter Soziologen betei-ligt waren. Hierzu gehörten u.a. Paul Lazarsfeld, Robert K. Merton, Elihu Katz, Ja-mes Coleman. Ausgangspunkt war eine empirische Studie, die anlässlich des ameri-kanischen Präsidentschaftswahlkampfes 1940 durchgeführt wurde (vgl. Lazarsfeld u.a. 1948). In dieser Untersuchung wurde das Konzept des „Two-step flow of Communication" entwickelt. Medienwirkung erschien weit komplexer als das bis dorthin vorherrschende Manipulationsmodell vorgab, denn die Befragten nannten andere Personen ebenso wie die Massenmedien selbst, wenn sie ihre Informations-quellen explizieren sollten. Das Manipulationsmodell der Medien wurde deshalb hinterfragt. Im Einklang mit dem damaligen Stand der Gruppensoziologie wurden sogenannte Meinungsführer gesucht. Diese nahmen in einem ersten Schritt Themen und Ideen aus den Medien auf und gaben sie in einem zweiten Schritt an die weni-ger aktiven Teile der Gesellschaft weiter: „Ideas often flow from radio and print to the opinion leaders and from them to the less active sections of the population" (Lazarsfeld u.a. 1948, S. 151).

Es wurde festgestellt, dass Meinungsführer Medien intensiver nutzen, sie wirken wie eine Verbindung zwischen den Massenmedien und den Menschen, sie können als eine Quelle für Informationen betrachtet werden und sind von Bedeutung für die Meinungsbildung und Meinungsänderungen innerhalb von Gruppen. Durch diese Untersuchung wird der Fokus auch auf die interpersonale Kommunikation und damit auf die Beziehungen gerichtet, d.h., nicht der atomisierte Medienkonsument mit einer von den Medien manipulierten Meinung steht im Mittelpunkt, sondern die Meinungsbildung in Gruppenbeziehungen.

Die Meinungsführer verfügten nicht unbedingt über ein höheres Sozialprestige, sondern sie kamen in allen Schichten und Milieus vor und Meinungsführerschaft war meist auf eine Gruppe beschränkt (vgl. Katz/Lazarsfeld 1962). Mittels zweier Fragen wurden die Meinungsführer identifiziert: „Have you recently tried to convince anyone of your political ideas? und „Has anyone recently asked you for your advice on a political question?" An diesem Vorgehen wurde Kritik geübt. Insbesondere wurde die Frage gestellt, ob dadurch valide Ergebnisse zu erzielen seien, denn auf diese Weise ließen sich die Befragten lediglich in zwei statistische Gruppen aufteilen: die eine, die sich aus den als Meinungsführern identifizierten zusammensetzt und die andere, die nach diesem Indikator keine Meinungsführer sind (vgl. Katz 1957). Heute werden vor allem nicht ausreichende empirische Belege und die zum damaligen Zeitpunkt noch mangelhafte Methodenentwicklung kritisiert. Es wird argumentiert, dass die damals erhobenen Daten kaum ausreichen, um eine so starke Wirkung des Einflusses von Netzwerkpersonen nachzuweisen. Die Verallgemeinerung der Idee, dass Medien kaum direkten Einfluss auf das Verhalten hätten, wird als „limited effects myth" bezeichnet (vgl. Chaffee/Hocheimer 1982; Brosius/Esser 1998). Anzeichen für direkte Medienwirkungen wird heute wieder vermehrt nachgegangen (vgl. Jäckel 2005). Obgleich es den Anschein hat, als käme es zu einer Abkehr von den Überlegungen zur Bedeutung des interpersonalen Einflusses bei Wirkungsuntersuchungen, handelt es sich dennoch um einen explizit soziologischen Ansatz. Der Ansatz ist darüber hinaus für die Forschung produktiv, denn er gibt Anlass zur Anwendung von neuen Methoden in diesem Feld.

Schenk (1995) kritisiert vor allem, dass die Columbia-Forscher einem damals modischen Kleingruppenparadigma verhaftet blieben und Netzwerkaspekte unbeachtet ließen, denn damit hätte man ganz unterschiedliche soziale Beziehungen und damit Beeinflussungssphären fassen können. Schenk untersucht in seiner 1995 veröffentlichten Studie „Soziale Netzwerke und Massenmedien" den noch immer nicht vollständig geklärten Einfluss von Medien und persönlicher Kommunikation. Er arbeitet mit der Methode der egozentrierten Netzwerke. Dabei wird in Interviews nach den Netzwerkbeziehungen gefragt. In einem weiteren Schritt werden dann die von den Zielpersonen genannten zum Netzwerk gehörenden Personen ebenfalls interviewt. Im Falle der zitierten Untersuchung wurden diese schriftlich befragt. Diese Untersuchung wurde kombiniert mit einer Inhaltsanalyse der wichtigsten Nachrichtenmedien im Untersuchungsgebiet. Bei der egozentrierten Netzwerkanalyse kommt es darauf an, von einer Zielperson ausgehend die Netzwerkpersonen zu erfassen. Dies geschieht mittels eines Namens- oder Netzwerkgenerators. Damit sind im vorliegenden Beispiel Fragen gemeint, die dazu dienen, die zum sozialen Netz der Zielperson gehörenden Alteri zu erfassen. Schenk bedient sich einer Kombination von teilweise bereits erprobten Fragen.

Tabelle: Fragestellungen im Kontext von Netzwerkgeneratoren[5]

Stimulus	Dimension	Netzspezifika
Diskussion wichtiger persönlicher Angelegenheiten (Vertrautheit)	Vertrautheit	Starke Beziehungen, Kernnetz
Diskussion über allgemeinpolitische Ereignisse (politische Kommunikation)	Interpersonale Kommunikation und Meinungsbildung	Konsens/Dissens im Netzwerk
Gemeinsame Unternehmungen (Geselligkeit)	Aktivität	Multiplexität der Beziehungen
Personen, die auf dem Laufenden sind und Bescheid wissen (informierte Bekannte)	Interpersonale Kommunikation / Quellen von Information und Einfluss	Schwache Beziehungen[6]

Quelle: Schenk 1995, S. 96.

Schenks Analyse offenbart, dass, wer in einem sozialen Kontext Meinungsführer ist, beispielsweise im Kollegenkreis, nicht unbedingt auch in anderen Kontexten Meinungsführer sein muss, beispielsweise in der Fußballmannschaft. Allerdings besitzen Meinungsführer größere Netzwerke und verfügen über einen höheren Bildungsabschluss. Während die Netzwerke der Meinungsempfänger und derjenigen, die Meinungen austauschen, eher homogen sind, können die Netzwerke der Meinungsführer als heterogener angesehen werden. Politische Meinungsführer beachten die politischen Inhalte der Massenmedien stärker. Meinungsführer sind persönlichkeitsstärker als etwa Meinungsempfänger. Dies weist auf individuelle Eigenschaften als Teil-

[5] Mit den synonym gebrauchten Begriffen „Netzwerk- und Namensgenerator" werden Fragen bezeichnet, die zur Identifikation von Netzwerkpersonen und zur Spezifikation der Beziehungen einer Zielperson dient.

[6] Schenks Studie zeigt, dass sich mit diesem Namensgenerator kaum schwache Beziehungen erfassen lassen. Ein wesentliches Merkmal schwacher Beziehungen ist es gerade, dass diese kaum systematisch mittels einer Befragung erfassbar sind. Eine Befragung ist wahrscheinlich nicht die geeignete Methode, die eher beiläufigen schwachen Beziehungen zu erfassen.

erklärung für die Meinungsführerschaft hin. Eine solche Interpretation ist jedoch umstritten, gilt doch bei den strukturalistischen Netzwerkforschern das Individuum gerade als nicht von vornherein feststehend, sondern es konstituiert sich erst als Produkt seiner Beziehungen (vgl. Mayhew 1980).

Die Meinungsbildung entsteht in sozialen Netzwerken, wobei den Medien die Funktion der Lieferung von Erstinformationen zukommt. Diese bilden den Rahmen für die daran anknüpfenden persönlichen Gespräche (Schenk 1995, S. 231). Welche Themen wichtig sind, erscheint ebenfalls nicht durch die Medien gesetzt, sondern als sozial interpretiert.

Was lange noch als persönliche Eigenschaften von Meinungsführern interpretiert wurde, etwa die Beobachtung, dass diese aufgrund ihrer Fähigkeiten die Diskussion beeinflussten, wird von Burt (1999) bestritten. Für ihn handelt es sich bei Meinungsführern eher um solche Personen, die aufgrund ihrer Position im Netzwerkgefüge Informationen und Meinungen aus anderen kohäsiven Kleingruppen in eine Gruppe, in der sie stark vernetzt sind, hineintragen können. Für diese These spricht auch die von Schenk festgestellte größere Heterogenität der Netzwerke von Meinungsführern. Hierbei kommt das von Burt (1992) unter Rückgriff vor allem auf Granovetter (1973) entwickelte Konzept der strukturellen Löcher zum Tragen. Über mehr soziales Kapital, also über einen Wettbewerbsvorteil auch hinsichtlich der Möglichkeit, Informationen und Meinungen zu verbreiten, verfügen diejenigen, die sogenannte „strukturelle Löcher" überbrücken können. Man geht davon aus, dass in kohäsiven Kleingruppen mit engem gegenseitigem Kontakt der Mitglieder untereinander sowohl die Meinungen als auch die meisten Informationen geteilt werden. Dies ist der Fall, weil in Gruppen die Pflege der Beziehungen viel Zeit in Anspruch nimmt und daher die Möglichkeiten Beziehungen zu Personen außerhalb der Gruppe einzugehen, limitiert sind. Ähnlich ergeht es auch den Mitgliedern anderer Gruppen. Die Folge ist, dass sich die Gruppen tendenziell gegeneinander abschließen. Derjenige, dem es gelingt, eine Verbindung zwischen einander relativ abgeschlossenen Gruppen herzustellen, kommt in eine herausgehobene Position. Er hat dann die Möglichkeit, die jeweils andere Gruppe mit neuen Informationen und Anschauungen zu versorgen. Strukturell gesehen kann man auch argumentieren, dass solche Akteure, denen es gelingt, die beschriebenen Brückenpositionen zu besetzen, über ein höheres Ausmaß an sozialem Kapital verfügen.

Festzuhalten bleibt: Die Verbreitung von massenmedialen Mitteilungen ist westentlich von den Beziehungsstrukturen zwischen den Menschen abhängig.

2.2 Netzwerke und Gruppenkommunikation

Ein weiteres Anwendungsfeld für die Netzwerkanalyse sind Medien, in denen Kommunikation zwischen mehreren stattfindet. Solche Medien sind beispielsweise Chats, Newsforen oder Mailinglisten. Die Einführung der internetbasierten Kommunikationsmedien war – wie die Einführung vieler neuer Medien – mit der Hoffnung verbunden, endlich über eine technische Grundlage für die gleichberechtigte Teilhabe aller am Kommunikationsgeschehen zu verfügen.

Eine solche Anschauung passte sehr gut zu den damals aktuellen und vielfach diskutierten Überlegungen zu einer Diskursethik (Stichwort: deliberativer Diskurs), wie sie etwa von dem Hauptvertreter der Kritischen Theorie Jürgen Habermas (siehe hierzu den Aufsatz von Peters 1994) vertreten wurde. Die erwartete Gleichberechtigung stellte sich jedoch nicht ein. Eine technische Erklärung für die fehlende gleichberechtigte Teilhabe schied dabei eher aus, weshalb die Eigenschaften der Nutzer in den Blick gerieten: Individuelle Unterschiede hinsichtlich der Computerversiertheit, Ausdrucksfähigkeit, Kreativität und des Hintergrundwissens waren spontan genannte Ursachen, um zu erklären, warum sich die erwünschte Gleichheit nicht einstellte.

In empirischen Untersuchungen zeigte sich jedoch, dass individuelle Kompetenzunterschiede nicht ausreichten, um das Bestehen von Ungleichheiten zu erklären. Zu unterschiedlich erschienen die Interessen der Teilnehmer, die computervermittelten Kommunikationsmedien zu nutzen. Manche nutzten die elektronische Kommunikation wie ein Werkzeug, andere waren mehr an der Erforschung der Möglichkeiten und am Zeitvertreib interessiert und ein anderer Teil engagierte sich für die Sache selbst (vgl. z.B. Wetzstein/Dahm 1996). Die angeführten Argumente mögen eine gewisse Erklärungsrelevanz besitzen, erfordern aber aus Sicht der Netzwerkanalyse eine Erweiterung.

Betrachtet man ein internetbasiertes interpersonales Kommunikationsmedium, beispielsweise ein Forum, fällt auf, dass, obschon eine größere Anzahl an Autoren auftritt, bestimmte Autoren öfters, manche sogar sehr oft agieren. Die Beiträge sind keineswegs gleich verteilt, in der Ungleichheit finden sich aber Regelmäßigkeiten, die Zweifel an der Erklärung mittels individueller Merkmale aufkommen lassen. So zeigt sich beispielsweise, dass der Anteil der Lurker, also derjenigen Teilnehmer, die keine Mitteilungen schreiben, von der Nachrichtenmenge in den Mailinglisten abhängig ist. Trotzdem ist die Position der „Lurker", immer in der Mehrheit (vgl. Stegbauer/Rausch 2001). Ein Großteil der Aktiven schreibt nur eine einzige Mitteilung und nur wenige schreiben sehr viele Beiträge. Diejenigen, die auf eine hohe Beteiligungsfrequenz kommen, dominieren aber die Foren. Bei einer Untersuchung von 14 unterschiedlichen Mailinglisten zeigte sich, dass der Anteil der Teilnehmer, der zusammen mehr als die Hälfte aller Nachrichten beitrug, zwischen 3% und 16% lag. Im Durchschnitt betrug der Wert etwa 6% (vgl. Stegbauer 2001).[7]

---

[7] Solche Verteilungen, bei denen viel auf einen Einzelnen entfällt und auf die Masse wenig, werden unter dem Stichwort „power law" behandelt. Im Gegensatz zur Normalverteilung, die als Glockenkurve bekannt sein mag, haben „power law"-Verteilungen keine Spitze. In einem Histogramm bezeichnet es vielmehr eine absteigende Kurve, wobei im Beispiel mit der Anzahl der Beiträge zu Mailinglisten wenige viele Mitteilungen schreiben und die Masse nur eine oder gar keine Nachricht.

Mit Hilfe der Netzwerkanalyse lässt sich die Struktur der Beziehungen näher bestimmen. Hierfür muss eine Beziehung, ein „Type of Tie" definiert werden. Als „Tie" wurde in der Untersuchung die gemeinsame Teilnahme an einem „Thread" definiert. Dies meint, dass zwischen allen Teilnehmern, die sich zu einem bestimmten Betreff geäußert haben, eine Beziehung konstituiert wird. Diese Definition hat zur Folge, dass die Beziehungen symmetrisch gemessen werden. Zudem nimmt die Anzahl der gemessenen Beziehungen mit der Zahl der Teilnehmer an einem Thread enorm[8] zu: Wird beispielsweise eine Frage gestellt und darauf nur eine Antwort gegeben, entsteht nur eine Beziehung; sind vier Personen beteiligt, entstehen bereits sechs Beziehungen, bei zehn Teilnehmern sind es 45 Beziehungen.

Wenn man die Struktur der Kommunikation mit Hilfe der positionalen Netzwerkanalyse über einen längeren Zeitraum und über eine Reihe von unterschiedlichen internetbasierten Kommunikationsräumen analysiert, zeigen sich einige besonders auffällige und immer wiederkehrende Strukturmerkmale: Es finden sich Teilnehmer, die zwar einen oder mehrere Beiträge leisten, aber keine Antwort bekommen. In vielen Fällen erwarten diese auch gar keine Antwort, denn bei ihrem Beitrag handelt es sich lediglich um eine Ankündigung o.ä.

Aber selbst diejenigen, die sich in Diskussionen einschalten, lassen sich mittels der strukturellen Analyse unterscheiden. Wenn man den Zeitverlauf analysiert, finden sich temporär auftretende Multiloge.[9] Damit sind Cluster von Teilnehmern gemeint, die eine gewisse Zeit meist über mehrere Themen stabil bleiben, später aber nicht mehr oder nur noch sehr selten in Erscheinung treten. In einem längeren Zeitraum bilden sich immer wieder solche Multiloge, oft treten diese sogar parallel zueinander auf. Dabei sind die Multiloge gegeneinander relativ abgeschottet.

Einzig über ein Zentrum, welches von Teilnehmern gebildet wird, die einen längeren Zeitraum regelmäßig aktiv sind, und sich auch an der Diskussion in den Multilogen beteiligen, kommt ein Kontakt zwischen den einzelnen ansonsten isolierten Multilogen zustande. Das Zentrum stellt aber auch so etwas wie ein historisches Gedächtnis des Forums her. Ohne dieses wäre die Geschichte mit ihren im Miteinander erbrachten Leistungen, dem sozialen Gedächtnis über die geführten Verhandlungen über Verhaltensregeln, der entstandenen Schließungen etc. nicht oder nur noch viel schwächer vorhanden.

Die positionale Netzwerkanalyse hilft dabei die Kommunikationsstruktur innerhalb von Kommunikationsräumen im Internet aufzuklären. Es zeigt sich, dass unterschiedliche Positionen auch in Medien entstehen, die scheinbar eine Gleichheit der Teilnehmer gewährleisten. Die Einzelnen handeln aber, wie sonst im Leben auch, unter Bezug auf diese positionale Struktur, d.h. auch ohne es explizit zu wol-

---

[8] Die Formel für die Anzahl der Beziehungen lautet: Anzahl Beziehungen = $n*(n-1)/2$.

[9] Der Begriff Multilog wurde von Dialog abgeleitet und bezeichnet einfach, dass eine Vielzahl (mehr als zwei) an der Kommunikation teilnehmen.

len, ergeben sich Zuständigkeiten und Nichtzuständigkeiten und es entstehen Schließungen, zum Beispiel gegenüber Neulingen.

2.3 Netzwerke und World Wide Web

Einzelne Foren sind noch relativ gut zu überschauen und auch zu analysieren. Was ist aber mit dem gesamten Internet (hier das WWW)? Was kann man unter der Struktur des WWW verstehen? Könnte man die Struktur des WWW ebenfalls als Netzwerk beschreiben? Unter Struktur wird ein Muster von Relationen (Beziehungen) verstanden. Diese Relationen können auch als ein Netzwerk aufgefasst werden. Da man Beziehungen nicht einfach messen kann, ist man auf einen Indikator angewiesen. Hierfür werden Hyperlinks herangezogen. Beim Hyperlink werden bestimmte Stellen eines Textes hervorgehoben, sei es durch eine andere Farbe, Unterstreichung oder sog. Buttons. Wenn eine solche Stelle im Dokument angeklickt wird, dann wird meist ein Sprungbefehl ausgeführt. Sie führen auf eine andere Stelle im Dokument, auf mit dem Dokument verbundene Seiten auf derselben Internetsite oder auf ganz andere Sites. Links sind Verweise, die mit Fußnoten oder Literaturangaben vergleichbar sind. Die Verweise im Internet werden in den meisten Fällen von den Autoren der Seiten zusammengestellt.

Nun findet sich aber eine sehr große Bandbreite an Autoren von Internetseiten. Diese reichen von Privatpersonen, die einen Bericht über ihren letzten Urlaub veröffentlichen, über Vereine, die ihre Aktivitäten einer Öffentlichkeit bekannt machen, Unternehmen, die etwas verkaufen wollen, bis zu Webkatalogen, die thematisch sortierte Linkquellen zusammenstellen.

Wenn beispielsweise in den privaten Urlaubserinnerungen Links zu finden sind, die über die eigene Site hinausreichen, finden sich Verweise auf Hotels, Verkehrsmittel etc., manchmal auch Hinweise auf ein Gästebuch, in das man Eintragungen vornehmen kann.[10]

Eben wurde behauptet, dass es sich bei der Linkstruktur um eine Beziehungsstruktur handelt. Sind solche Links als Beziehungen oder gar als soziale Beziehungen zu betrachten? In einem formalen Sinne können Links auf jeden Fall als Beziehungen angesehen werden, denn es wird eine direkte Beziehung zwischen Webseiten hergestellt. Eine soziale Beziehung besteht nun insofern, als beide Seiten meist von Menschen erstellt wurden. Links zwischen den Websites von Freunden sind

---

[10] Vom Autor wurden etwa ein Dutzend Seiten analysiert. Der Suchbegriff bei Google war „Urlaubserinnerungen". Es wurden nur private Seiten einbezogen. Das Spektrum reichte vom Trip mit Freunden nach Mallorca mit Ballermann-Bildern, über den Familienurlaub in den Alpen bis hin zu Tagebüchern von Fernreisen.

nicht selten. Dennoch könnte man sagen, dass oft das Merkmal des gegensitigen Bezugs aufeinander fehlt. Dann handelt es sich um einseitige Beziehungen.[11]

Zwischen Unternehmen oder wichtigen Institutionen eingeführte Verlinkungen sind nicht zwangsläufig einseitig. Oft repräsentieren diese eine Beziehungsstruktur, wie sie auch außerhalb des Internet vorzufinden ist. Auf den Internetseiten von Städten finden sich beispielsweise Hinweise für Touristen, für Investoren und für Bürger, also für unterschiedliche Typen der Beziehung zu der Organisation „Stadt". In den meisten der Untersuchungen zum gesamten WWW werden solche inhaltlichen Differenzen nicht beachtet.

Broder u.a. 2000 führten eine empirische Untersuchung des WWW durch, in die 200 Millionen Webseiten mit 1,5 Milliarden Links einbezogen wurden. Hauptziel solcher Analysen ist die Verbesserung der Algorithmen von Suchmaschinen, dennoch ergaben sich einige im hier diskutierten Zusammenhang wichtige Resultate (vgl. Abbildung 1).

Abbildung 1: Grafische Darstellung der Webstruktur

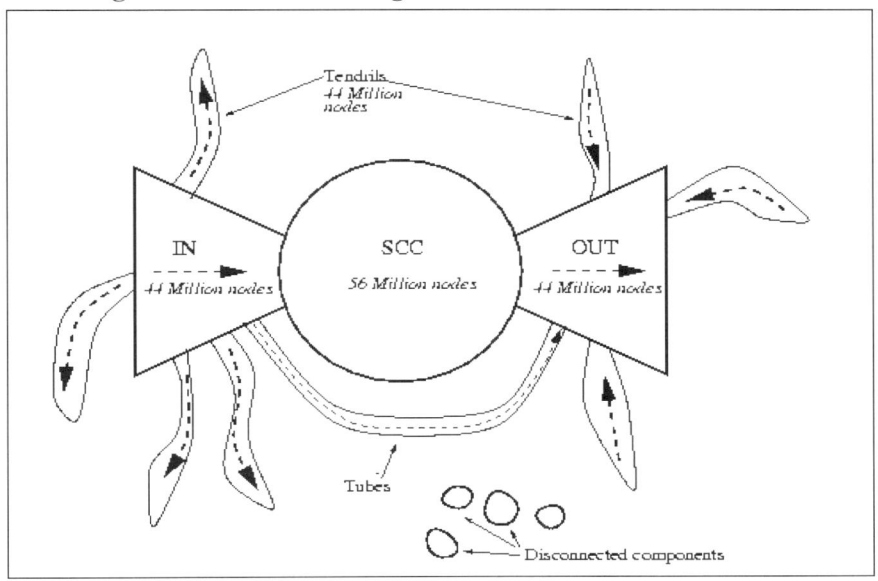

Quelle: Broder u.a. 2000.

---

[11] Diese „soziale Bewertung" von Webseiten durch andere Anwender machen sich Suchmaschinen wie Google zunutze, um die Wichtigkeit von Seiten zu bewerten. Einseitige Beziehungen sind in der Soziologie nichts Ungewöhnliches und treten in verschiedensten Feldern auf. Häufig sind sie mit Beziehungsasymmetrien verbunden, etwa beim Kult um Popstars.

Von den untersuchten 200 Mio. Webseiten bilden 56 Mio. das Zentrum (hier genannt SSC – strongly connected component). Die beiden anderen Hauptelemente werden als „In" und „Out" bezeichnet. „In" bedeutet, dass man von den Seiten, die in dieser Kategorie zusammengefasst sind, das Zentrum erreichen kann, aber vom Zentrum aus nicht die Seiten dieser Kategorie. Bei der Kategorie „Out" hingegen verhält es sich umgekehrt: Diese Seiten sind zwar vom Zentrum aus zu erreichen, der Weg von diesen Seiten zum Zentrum ist aber verschlossen. Außer diesen Kategorien enthält die Grafik noch die so genannten „Tendrils". Von den in dieser Kategorie zusammengefassten Seiten aus kann das Zentrum nicht erreicht werden und diese können nicht vom Zentrum aus erreicht werden. Interessant daran ist, dass es sich nur um ein relativ kleines Zentrum handelt, in dem nur etwa ein Viertel der Seiten zusammengefasst wird.

Abbildung 2: Grafische Darstellung der Selbstähnlichkeit im WWW

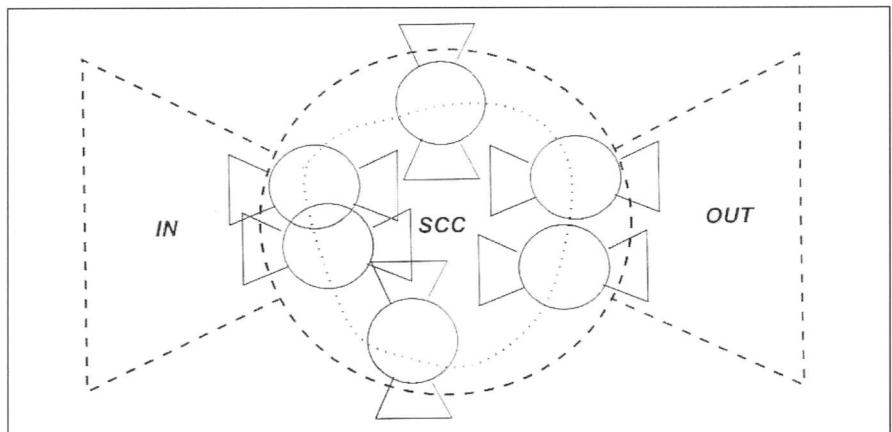

Quelle: Dill u.a. 2002, S. 221.

Betrachtet man kleinere Ausschnitte des Web, stößt man auf das Phänomen der Selbstähnlichkeit.[12] Das Web besteht aus einer Reihe relativ unabhängiger thematisch zusammengehöriger Teile. Jedes dieser Teile besitzt eine Struktur, die dem gesamten WWW ähnelt. Sie sind nämlich nach einem Zentrum-Peripherie-Schema geordnet: Die Zentrum-Peripherie-Struktur wiederholt sich in allen thematisch zu-

---

[12] Das strukturelle Muster der Selbstähnlichkeit wurde bereits von Simmel thematisiert. Es findet sich eine „häufig beobachtete Eigentümlichkeit komplizierter Gebilde; dass das Verhältnis eines Ganzen zu einem anderen sich innerhalb der Teile eines dieser Ganzen wiederholt". (Simmel 1989 [zuerst 1890], S. 115)

ordnungsfähigen Teilen in gleicher Weise (Dill u.a. 2001). Auch in kleineren Ausschnitten finden wir immer wieder dieselbe Struktur.

Zentren entstehen dadurch, dass viele Links auf diese Seiten zeigen. Bestehen erst einmal zahlreiche solcher Verbindungen, dann werden diese auch am ehesten gefunden und besitzen dadurch die höchste Chance, noch häufiger auf neu eingerichteten Seiten verlinkt zu werden. Hierdurch wird ihre zentrale Stellung verstärkt. Ähnlich wie bei persönlichen Beziehungen, können bei Neueinrichtungen nur bereits bestehende einbezogen werden.

3   Resümee

Die Netzwerktheorie und Netzwerkanalyse stellt auf eine explizit soziologische Betrachtung ab, da Beziehungen im Mittelpunkt der Betrachtungen stehen. Das Besondere daran ist, dass das Verhalten der Menschen nicht aus einem einzigen Prinzip erklärt wird, z.B. der Maximierung ihrer individuellen Interessen,[13] sondern als sozial begründet angesehen wird. Dies stellt eine Erweiterung der Perspektive dar und folgt dem Diktum Durkheims, wonach Soziales nur aus Sozialem erklärt werden solle.

In den letzten Jahren erfahren Netzwerkbetrachtungen vor allem international einen großen Aufschwung. Zeichen hierfür sind eine Vielzahl von Veröffentlichungen zu sozialen Netzwerken und die rasante Entwicklung der Methoden der Netzwerkanalyse. Auf diesem Gebiet ist die deutsche Soziologie und die Mediensoziologie bislang nur vereinzelt vertreten. Oft kommt die Netzwerkperspektive nicht über einen metaphorischen Gebrauch der Begriffe hinaus. Hier besteht weiterer Forschungsbedarf, zumal in Deutschland an die Klassiker Georg Simmel und Leopold von Wiese angeknüpft werden kann, von denen grundlegende Ideen zur Netzwerkanalyse schon vor der Entwicklung geeigneter Methoden zur empirischen Analyse geäußert wurden.

Die drei im Text behandelten Beispiele stellen in ganz unterschiedlichen Kontexten der Mediensoziologie die Nützlichkeit der Netzwerkperspektive und der Netzwerkanalyse dar. Damit ist kein Anspruch auf Vollständigkeit verbunden – vielmehr sollte die Leistungsfähigkeit der Netzwerkanalyse an verschiedenen Studien aufgezeigt werden. Wenn die Potenziale dieser Perspektive in der deutschen Forschung entdeckt werden, ist auch hier mit einer Welle an neuen Forschungen und mit Fortschritten bei der soziologischen Erklärung von zahlreichen, heute noch nicht ausreichend untersuchten Medienphänomenen zu rechnen.

---

[13] So beispielsweise Coleman (1991, S. 46): „Akteure handeln nach einem einzigen Prinzip, das sie bewegt, so zu handeln, dass die Befriedigung ihrer Interessen maximiert wird."

4   Literatur

Barabási, Albert-László (2002): Linked. The New Science of Networks. Cambridge, MA.

Batagelj, Vladimir; Mrvar, Andrej (2001): A subquadratic triad census algorithm for large sparse networks with small maximum degree. In: Social Networks 23, 3, S. 237-243.

Bott, Elizabeth (1971): Family and social network. Roles, Norms, and External Relationships in Ordinary Urban Families. 2. Auflage. [Zuerst 1957]. London.

Broder, Andrei u.a. (2000): Graph structure in the web. Internetquelle: http://www9.org/w9cdrom/160/160.html, geprüft am 16.03.05.

Brosius, Hans-Bernd; Esser, Frank (1998): Mythen der Wirkungsforschung: Auf der Suche nach dem Stimulus-Response-Modell. In: Publizistik 43, 4, S. 341-361.

Burt, Ronald S. (1992): Structural holes: The social structure of competition. Cambridge MA.

Burt, Ronald S. (1999): The Social Capital of Opinion Leaders. In: The ANNALS of the American Academy of Political and Social Science 566, 1, S. 37-54.

Chaffee, Steven H.; Hochheimer, John L. (1982): The beginnings of political communication research in the United States: Origins of the „limited effects" model. In: Rogers; Everett; Balle, Francis (Hrsg.): The media revolution in America and in Western Europe. Norwood, S. 267-296.

Coleman, James (1991) Grundlagen der Sozialtheorie. Band I: Handlungen und Handlungssysteme. München.

Davis, James A. (1963): Structural Balance, Mechanical Solidarity, and Interpersonal Relations. In: American Journal of Sociology 68, S. 444-463.

Davis, James A. (1970): Clustering and Hierarchy in Interpersonal Relations: Testing Two Graph Theoretical Models on 742 Sociomatrices. In: American Sociological Review 35, S. 843-851.

Dill, Stephen u.a. (2002): Self-similarity in the web. In: ACM Transactions on Internet Technology 2, 3, S. 205–223.

Granovetter, Mark S. (1973): The Strength of Weak Ties. In: American Journal of Sociology 78, S. 1360-1380.

Harary, Frank u.a. (1965): Structural Models. New York.

Harary, Frank (1969): Graph Theory. Reading.

Heider, Fritz (1958): The Psychology of Interpersonal Relations. New York.

Heider, Fritz (1946): Attitudes and Cognitive Organization. In: Journal of Psychology. 21, S. 107-112.

Jäckel, Michael (2005): „Oprah's Pick", Meinungsführer und das aktive Publikum. In: Media Perspektiven 2/2005, S. 76-90.

Katz, Elihu (1957): The Two-Step Flow of Communication: An Up-To-Date Report on an Hypothesis. In: The Public Opinion Quarterly, 21, 1, S. 61-78.

Katz, Elihu; Lazarsfeld, Paul F. (1962): Persönlicher Einfluss und Meinungsbildung [Aus dem Amerik.]. Wien.

Lazarsfeld, Paul F. u.a. (1948): The People's Choice. How the voter makes up his mind in a presidential campaign. New York.

Linton, Ralph (1936): The study of man. New York.

Linton, Ralph (1967): Rolle und Status. [Aus dem Amerik.]. In: Hartmann, Heinz (Hrsg.), Moderne amerikanische Soziologie. Neuere Beiträge zur soziologischen Theorie. Stuttgart, S. 251-254.

Mayhew, Bruce (1980): Structuralism versus Individualism. Part 1: Shadowboxing in the dark. In: Social Forces 59, 2, S. 335-375.

Moreno, Jacob L. (1934): Who Shall Survive? Washington.

Mullins, Nicolas (1973): Theory and Theory Groups in Contemporary American Sociology. New York.

Nadel, Siegfried F. (1957): The theory of social structure. New York.

Peters, Bernhard (1994): Der Sinn von Öffentlichkeit. Kölner Zeitschrift für Soziologie und Sozialpsychologie, Sonderheft 34, S. 42-76.

Radcliffe-Brown, Alfred R. (1940): On Social Structure. In: The Journal of the Royal Anthropological Institute of Great Britain and Ireland 70, S. 1-12.

Schenk, Michael (1995): Soziale Netzwerke und Massenmedien. Untersuchungen zum Einfluss persönlicher Kommunikation. Tübingen: Mohr.

Scott, John (1991): Social Network Analysis. A Handbook. London: Sage.

Simmel, Georg (1989): Über sociale Differenzierung [Zuerst 1980]. In: Rammstedt, Otthein (Hrsg.): Georg Simmel, Gesamtausgabe Bd. 2. Frankfurt am Main 1989, S. 109-295.

Stegbauer, Christian; Rausch, Alexander (1999): Ungleichheit in virtuellen Gemeinschaften. Soziale Welt 50, S. 93-110.

Stegbauer, Christian (2001): Grenzen virtueller Gemeinschaft. Strukturen internetbasierer Kommunikationsforen. Wiesbaden: Westdeutscher Verlag.

Lévi-Strauss, Claude (1993): Die elementaren Strukturen der Verwandtschaft. [Aus dem Franz.]. Frankfurt am Main.

Wasserman, Stanley; Faust, Katherine (1994): Social Network Analysis. Methods and Applications. Cambridge.

Wetzstein, Thomas A.; Dahm, Hermann (1996): Die Nutzer von Computernetzen – eine Typologie. In: Rost, Martin (Hrsg.), Die Netzrevolution. Auf dem Weg in die Weltgesellschaft. Frankfurt am Main, S. 37-50.

Wiese, Leopold von (1967): Soziologie. Geschichte und Hauptprobleme. 8. Auflage. Berlin.

White, Harrison C. (1963): An Anatomy of Kinship. Mathematical Models for Structures of Cumulated Roles. Englewood Cliffs.

White, Harrison C.; Breiger, Ronald L. (1975): Pattern Across Networks. In: Society 12, S. 68-73.

White, Harrison C. u.a. (1976): Social Structure from Multiple Networks I. Blockmodels of Roles and Positions. In: American Journal of Sociology 81, S. 730-780.

White, Harrison C. (1992): Identity and Control. A Structural Theory of Social Action. Princeton.

Empfehlungen zum Weiterlesen:

Barabási, Albert-László (2002): Linked. The New Science of Networks. Cambridge MA.

Stegbauer, Christian (2001): Grenzen virtueller Gemeinschaft. Strukturen internetbasierer Kommunikationsforen. Wiesbaden.

Wasserman, Stanley; Faust, Katherine (1994): Social Network Analysis. Methods and Applications. Cambridge.

Internetressourcen zur Netzwerkanalyse:
Die Homepage der INSNA (International Network for Social Network Analysis) bietet Informationen und weiterführende Hinweise zu Netzwerktheorie, Anwendungsfeldern und für Programme zur Netzwerkanalyse und graphischen Darstellung von Netzwerken: http://www.insna.org/, geprüft am 7. September 2005.

Medien und virtualisierte Vergesellschaftung

Udo Thiedeke

Zusammenfassung: Der neue, computerbasierte Medientyp der Interaktionsmedien erlaubt, neben der Vermittlung von Informationen und den Anschluss von Kommunikationen, telepräsente und telematische Interaktionen. Nutzer dieser Medien sind nicht nur Medienrezipienten, sondern -produzenten, die mit ihren medialen Kommunikationen die mediale Interaktionsumwelt verändern. Der hierbei entstehende Sinnhorizont des Cyberspace ist virtualisiert. Er konkretisiert sich in vermöglichten Erlebnis- und Handlungserwartungen der Vergesellschaftung. Das Entstehen dieser Erwartungen ist weder technik- noch sozialdeterministisch bedingt, sondern durch komplexe, soziotechnische Umweltbedingungen konditioniert.

1 Einleitung

Die Gesellschaft hat sich verändert. Angesichts einer funktional differenzierten (Welt-)Gesellschaft, die sich als „moderne Gesellschaft" selbst beschreibt, mag das nicht weiter überraschen. Treten hier doch ständig neue Möglichkeiten und Probleme des Umweltbezugs, der sozialen Grenzbildung sowie kultureller Selbst- und Fremddefinitionen in Erscheinung. Die Veränderung, um die es hier geht, äußert sich jedoch in einem tiefgreifenden Perspektivwechsel auf die sinnhaften Grundlagen der Vergesellschaftung.

So lässt sich besonders für die letzte Dekade des 20. Jahrhunderts nicht nur eine quantitative Expansion der globalen Kommunikation feststellen, sondern auch eine qualitative Exteriorisierung des Sinnhorizonts, auf den gesellschaftliche Kommunikationen Bezug nehmen. Die Folgen der Expansion schlagen sich in einer Zunahme und wachsenden Verflechtung globaler Kommunikationsströme, erweiterter Beobachtungs- und Steuerungskapazität sowie in der wachsenden Informationsabhängigkeit der Gesellschaft nieder (siehe z.B. Castells, 2001-2003). Die Exteriorisierung verdeutlicht sich darin, dass bei der sinnhaften Beobachtung von Umwelt und Gesellschaft durch die Gesellschaft zunehmend Aspekte der selbstbezüglichen Konstruktion und Steuerung hervortreten (Thiedeke 1999, 34f.). Der Zusammenhang tritt etwa in Gestalt „reflexiver Risiken" (Beck 1986) oder allgemeiner in der Problematik der „Beobachtung von Beobachtungen" (Luhmann 1998, 313) zu Tage, die dann u.a. eine „Ökologie des Nichtwissens" (Luhmann 1992, 149ff.) erfordert.

Als Hintergrund beider, korrespondierender Entwicklungen fällt eine grundlegende Erweiterung der medialen gesellschaftlichen Kommunikation durch computergestützte Medien auf. Diese scheinen wesentliche „Bedingungen der Möglichkeiten" für die Expansion globaler Kommunikation und die Exteriorisierung des gesellschaftlichen Sinnhorizonts bereit zu stellen. Hinweise auf die Expansion der Kommunikationsinfrastruktur liefern das Entstehen und die Ausbreitung von Computernetzen, besonders des Internets und seiner hypermedialen Organisationsstruktur des World Wide Web (WWW) (zu sozialen Implikationen siehe DiMaggio u.a. 2001). Debatten um die mediale Konstruktion des Weltzugangs, besonders aber Vorstellungen vom Entstehen eines Cyberspace (siehe bspw. die Beiträge in Featherstone/Burrows 1995) und einer damit einhergehenden Virtualisierung der Vergesellschaftung (siehe bspw. die Beiträge in Becker/Paetau 1997; Thiedeke 2004), d.h., einer virtualisierten Inklusion der Gesellschaft, deuten auf einen Wandel der sinnhaften Selbstwahrnehmung und -beschreibung der (Welt-)Gesellschaft hin.

Um zu zeigen, wie Medien an der virtualisierten Vergesellschaftung beteiligt sind, soll dargestellt werden, in welcher Beziehung computergestützte Medien (besonders das Internet) mit dem Cyberspace und der Virtualisierung stehen.

2   Interaktionsmedien

Kaum etwas hat in den letzten Jahren so viel öffentliche Aufmerksamkeit erfahren wie die Ausbreitung des Internets. Seit zu Beginn der 1990er Jahre am Cern in Genf das World Wide Web (WWW) als Ordnungsstruktur verknüpfter (verlinkter) Web-Sites entstand und leicht bedienbare Navigationsprogramme (Browser) zum „Surfen im Netz" Verbreitung fanden, wurde das Internet zum Massenphänomen. Die experimentellen Ursprünge des Internets datieren jedoch zurück auf das Ende der 1960er Jahre (vgl. Hafner/Lyon 1996).

An dieser Stelle soll keine Geschichte des Internets erzählt werden (vgl. hierzu z.B. ISOC, o.J.; Hafner/Lyon 2000). Es lassen sich jedoch anhand von medialen Strukturmerkmalen, Nutzungsbedingungen, gesellschaftlicher Verbreitung und typischen Protagonisten Phasen der medialen Entwicklung des Internets unterscheiden (siehe Tabelle auf der nächsten Seite).

Als Ergebnis dieser noch andauernden phasenweisen Entwicklung ist eine globale Verbreitung des Internets festzustellen, wobei die Industrienationen Schwerpunkte der Vernetzung bilden. Das Netz wächst allerdings über diese Zentren der Vernetzung hinaus (siehe z.B. Herzog 1999, Online). In jüngster Zeit fällt zudem eine Ausdehnung der computermedialen Vernetzung auf mobile Zugangsgeräte und Teilnetze auf.

Tabelle: Phasen der Internet-Entwicklung

Phasen	Struktur-merkmale	Nutzungs-bedingungen	Verbreitung	Protagonisten
1. Entwicklungs- Phase (ca. Ende 1960er – Anfang 1980er Jahre)	rudimentäres Netz	experimentell	Experten-kreise	Internet-entwickler
2. Experimentier- Phase (ca. Anfang 1980er – Anfang 1990er Jahre)	parzelliertes Netz	anspruchsvoll	Spezialisten-kreise	Hacker, Netizens
3. Expansions- Phase (ca. Anfang 1990er – Ende 1990er Jahre)	globales Netz	anwender-freundlich	breite Öf-fentlichkeit	User, Vertreter der New Eco-nomy
4. Konsolidierungs- Phase (ca. ab Ende 1990er Jahre)	universelles Netz	selbstverständ-lich	Weltgesell-schaft	Interessen-gruppen, Insti-tutionen, Soft-ware-Agenten

Quelle: Eigene Erstellung.

So sind etwa „Wireless Local Area Networks" (WLAN) entstanden, die einen draht-losen Internetzugang „von unterwegs", z.B. mittels WLAN-Notebook, erlauben. Es ist aber auch eine zunehmende Einbindung von PDAs (Personal Digital Assistents) sowie von mobilen Telefonen in die Netzstruktur des Internets zu beobachten (vgl. Reischl/Sundt 1999). Einerseits werden dabei die Organizer, Navigationsgeräte oder Handys selbst immer mehr zu kleinen Multimediacomputern mit Kapazitäten zum Surfen im Internet. Andererseits kommen Schnittstellen und Datenprotokolle zur Anwendung, die Kommunikationsbrücken zwischen mobiler Telefonie, E-Mail-Diensten und dem WWW bilden.

Die computermediale Vernetzung ist demnach noch nicht an ihr Ende ge-kommen. Die Entwicklungstendenz scheint hin zur Einbindung in ein ubiquitäres, in allen Lebensbereichen präsentes, Netzwerk zu gehen (siehe zur Ubiquität digita-ler Medien Thimm 2004, S. 52ff.). Hier sind die Nutzenden permanent online, und nicht nur lokal oder funktional, sondern thematisch und informationell verortet. Man „geht" nicht mehr ins Internet, man „ist" im Internet.

Möglich wird diese universelle Vernetzung, weil das Internet auf digitaler Computertechnik basiert. Computer übersetzen die zu vermittelnden Inhalte in ei-nen einfachen, computierbaren Digitalcode, der fast beliebig manipulier- und kom-binierbar ist und z.B. unterschiedliche Medienformen darstellen kann. Computer-technik erlaubt so die multimediale Verknüpfung verschiedenster Medien und In-halte. Gleichzeitig bietet der Digitalcode die Grundlage für ein universelles Daten-protokoll, wie z.B. das einheitliche TCP/IP-Protokoll, auf dem die Verknüpfungs-fähigkeit des Internets basiert. Jeder Computer, jedes Programm, das TCP/IP „ver-steht" kann in das Internet eingebunden werden. Jedes Medium und jeder mediale Inhalt können, sofern digitalisierbar, im Computer erzeugt, aber auch manipuliert werden. Computertechnik ist die Basis für die Konnektivität und Varietät vernetzter Kommunikation.

So ist festzuhalten, dass das Internet in seinen verschiedenen Ausprägungen die mediale Infrastruktur eines multimedialen, digitalen Computernetzwerks bereitstellt. Dieses Netzwerk ist tendenziell ubiquitär verfügbar und erlaubt den globalen, individuellen Zugriff über dezentral und preisgünstig verfügbare Computertechnik. Da die Computertechnik neben der Auswahl und Vermittlung von Information auch deren Konstruktion erlaubt, sind die Nutzenden nicht nur Medienrezipienten, sondern auch -produzenten.

Das Internet und andere Netzwerke verbinden Computer miteinander. D.h., sie beziehen die Kapazitäten der Digitalisierung, Algorithmisierung und Rekombination von Informationen der einzelnen Computer aufeinander. Dadurch können nicht nur Informationen vermittelt, sondern wechselseitig oder gleichzeitig auch bearbeitet werden. Teilnehmer der vernetzten computermedialen Kommunikation sind dadurch nicht nur telepräsent, sondern auch in der Lage, telematisch zu interagieren.

Es steht z.B. offen, sozial geteilte digitalisierte Handlungsszenarien zu entwerfen, darin als digitalisierte Figuren zu agieren, digitalisierte Objekte zu manipulieren etc. Das ist nicht nur im Internet möglich, sondern auch auf nicht vernetzten Computern, auf denen Simulationen ablaufen, oder in lokal begrenzten Netzwerken (Intranets, Local Area Networks), in denen verschiedene Akteure ein Computerspiel gemeinsam spielen etc. Im Internet können aber sehr ausgedehnte, global verfügbare computermediale Welten entstehen, in denen ferngesteuerte, aber auch selbstgesteuerte Objekte und Akteure operieren und sich gegenseitig beeinflussen, wobei der Kreis der beteiligten Akteure potenziell unbegrenzt ist (siehe mit Beispielen Döring 2003, S. 49ff. und S. 80ff.).

Mit dem Computer und den Computernetzen sind im Zuge der Medienevolution nach den Individualmedien (z.B. Gesten, Sprache, Schrift) und den Massenmedien (z.B. Druck, Rundfunk, Fernsehen) immersive Interaktionsmedien entstanden. Verkürzt gesagt, kann man jetzt nicht nur „mit" den Medien leben, sondern „in" den Medien.

3   Cyberspace und Virtualisierung

Die Immersion, die Einbindung in ein solches Medium, erfolgt jedoch nicht körperlich, physikalisch, sondern sinnhaft, informationell. Erleben und Handeln beziehen sich auf spezifische sinnhafte Wirklichkeitsakzente und Eigengesetzlichkeiten. Sie konstituieren einen eigenen Sinnhorizont, der in Erwartungen bezüglich der Entgrenzung und Manipulierbarkeit der digitalisierten Wirklichkeit zugänglich wird (vgl. Thiedeke 2004, S. 129). Mit diesem Cyberspace entsteht eine eigene sinnhafte Realität, deren soziale, sachliche, zeitliche und räumliche Sinndimensionen im Unterschied zur aktuellen Wirklichkeit virtualisiert sind.

Es ist somit nicht erforderlich, dass man völlig in einen virtuellen Raum eintritt und seine Existenz im „realen" Raum aufgibt. Man orientiert sich vielmehr auf eine computermediale Kommunikationssituation hin, in die man – beispielsweise im Zuge der Internetnutzung – bewusst eintritt. „Immersion in den Cyberspace" beschreibt folglich weniger die Veränderung einer räumlichen Erfahrung, als vielmehr die Überschreitung der Sinngrenze eines Erwartungsbereichs (vgl. Thiedeke 2004, S. 133).

Hinter dieser Grenze gelten die in der aktuellen Wirklichkeit erfahrenen und erwartbaren Begrenzungen nicht mehr. Warum sollte man bspw. mit dem Geburtsnamen im Cyberspace agieren, warum mit dem angeborenen Geschlecht oder dem sozial zugeschriebenen Status? Warum sollte man nur als ein Individuum an einem Ort auftreten? Wieso sollten Eigentumsgrenzen gelten, wenn sich Ressourcen im Zugriff nicht verknappen, sondern z.B. als digitale Kopie vervielfältigen? Warum sollte man virtuelle Biographien nicht löschen und neu schreiben? Warum sollte man nicht durch Wände gehen? Zumindest scheinen die bisher geltenden Begrenzungen sozialer Ordnung – die in einer physikalischen Umwelt entstanden sind – manipulierbar zu sein, da hier kybernetische Objekte und Akteure in einer digital codierten Umwelt interagieren.

Diese für den Cyberspace kennzeichnenden Entgrenzungserwartungen sind nicht einfach mit Erwartungen der Grenzaufhebung gleichzusetzen. Die Option der Aufhebung von Wirklichkeitsbeschränkungen ist verbunden mit Möglichkeiten zur Gestaltung und Steuerung.

Entgrenzungserwartungen im Cyberspace zielen auf eine Potenzialität der permanenten Setzung, Aufhebung oder Umgestaltung von Wirklichkeitsgrenzen. Ihr aktuell handlungsbestimmender und potenziell handlungsverändernder Charakter oszilliert und mündet in die Erwartung der Virtualisierung aller Wirklichkeitsbedingungen bzw. der Virtualität aller Realitätsbezüge (vgl. Thiedeke 2001, S. 21ff.). Diese Bezüge bleiben, auch wenn sie realisiert werden, im Zustand der Vermöglichung, d.h., leicht realisierbaren Veränderung. Anders gesagt: Die Sinnorientierung der Vermöglichung ist auf eine Wirklichkeit der faktischen Möglichkeiten bezogen, die bei Bedarf jederzeit realisierbar sind.

Diese Erweiterung der Erlebnis- und Handlungsorientierung lässt sich nicht in den Gegensätzen von virtueller Realität (Cyberspace) und realer Realität (physikalische Welt) fassen. Der vermöglichte Sinnhorizont, der mit den immersiven Interaktionsmedien entstehen kann, hat für die Kommunizierenden, die sich auf ihn beziehen, die Qualität einer eigenen Realität (siehe auch Paetau 1997, S. 119). Er weist eine autonome Sinnqualität auf, die sich vom aktuellen Sinnhorizont der physischen Realität unterscheidet, in die wir hineingeboren wurden, in der wir sozialisiert werden und in der wir für gewöhnlich unsere Erfahrungen machen.

Mit der interaktionsmedialen Kommunikation entsteht ein Sinnhorizont virtualisierter, d.h., in den sozialen, sachlichen, zeitlichen und räumlichen Sinnperspektiven vermöglichter Erwartungen. Virtualisierte Erwartungen zielen in diesem Cyberspace auf eine Potenzialität der permanenten Setzung, Aufhebung oder Umgestaltung von Wirklichkeitsgrenzen.

4   Virtualisierte Vergesellschaftung

Die Vermöglichung durch den Cyberspace erfasst alle Sinndimensionen, wobei die sozialen Erwartungen und Erwartungsstrukturen in doppelter Weise vermöglicht sind. Sie sind zum einen unwahrscheinlicher und somit möglichkeitsreicher als in der aktuellen Wirklichkeit, zum anderen aber auch unsicherer, das heißt, voraussetzungsreicher. Die Virtualisierung ist zumindest „im" Cyberspace Grundlage einer komplexeren Vergesellschaftung, die aber auch anspruchsvollere Problemlösungen für die Inklusion in eine offensichtlich konstruierte und gesteuerte soziale Wirklichkeit erfordert.

Diese komplexere Vergesellschaftung ist an den auftretenden Paradoxien der strukturellen oder semantischen Inklusion zu erkennen. So zeigen sich etwa ein struktureller Inklusionsmodus „mittelbarer Unmittelbarkeit" (vgl. Thiedeke 2003 und 2004) oder Semantiken der „unverbindlichen Verbindlichkeit" (vgl. Höflich/ Gebhardt 2001, S. 37ff.) sowie der „Freiheit durch Technik, vom Diktat der Technik" (vgl. Brill 2003, S. 90).

Sie ist aber auch daran zu beobachten, dass der Reflexionsbedarf steigt. Unter Bedingungen der Virtualisierung wird erkennbar, dass die soziale Handlungswirklichkeit nicht nur explizit konstruiert und gesteuert ist, sondern sich auch implizit durch jede Bewegung, jede Aussage, jede neue Beschreibung verformt (siehe als Beispiele für Webchats Beißwenger 2000, S. 87ff.; für Newsgroups Hoffmann 2003, S. 168f.; für Computerspiele Stern 2002, Online). Kommunikation ist nicht nur symbolisch sinnhafte, sie ist im Cyberspace faktisch materielle Welterzeugung. Mit Blick auf die digitale Codierung lässt sich schlagwortartig sagen: Daten sind Taten!

Diese Komplexitätsbedingungen virtualisierter Vergesellschaftung erfordern adäquate, d.h. selbst vermöglichte Problemlösungen, wenn eine soziale Ordnung der Erwartungen von relativer Dauer entstehen soll. Beispielsweise ist das Problem des Einbezugs von Individuen in den Cyberspace zu lösen, oder das Problem der unmittelbaren sozialen Interaktion vermittelter Akteure, die noch dazu von Personen oder von Computern konstruiert und gesteuert sein können. Weiter stellen sich Probleme der sozio-technischen Selbstregulation und des Übergangs von Normen, Institutionen oder symbolisch generalisierten Medien in den Cyberspace, sowie Probleme der Verbindlichkeit bei potenzierten Handlungs- oder Mitgliedschaftsalternativen etc. (siehe zu den Problemen mit verschiedenen empirischen Beispiele z.b. Helmers u.a. 1998; Jones 1998; Döring 2003; Thiedeke 2003; 2004).

Die an die sinnhaften Bedingungen des Cyberspace „angepassten" Vergesellschaftungslösungen sind demzufolge auf diese Probleme der virtualisierten, sozialen Inklusion bezogen. So sind z.b. spezifische Formen der virtualisierten Vergesellschaftung (z.b. virtualisierte Personen, virtualisierte Institutionen), virtualisierte soziale Systembildungen (virtuelle Gemeinschaften, Gruppen oder Organisationen), symbolisch generalisierte Kommunikationsmedien (Cyberliebe, -eigentum, -macht etc.) oder vermöglichte Regulationsverfahren (z.b. selbstorganisierte evolutionäre Entscheidungsverfahren des „rough consensus") zu beobachten, die eine an sich unwahrscheinliche soziale Ordnung wahrscheinlicher machen sollen.

Gelingen diese Problemlösungen, so kann eine virtualisierte Vergesellschaftung im Cyberspace entstehen, die sich mit ihrer Orientierung an informationell vermöglichten Bedingungen von der aktuellen Vergesellschaftung, mit ihrer sinnhaften Bindung an begrenzte Bedingungen, unterscheidet. Bei virtualisierter Vergesellschaftung verändern sich die Sinnperspektiven der Sozialität.

Das meint nicht, dass bei virtualisierter Vergesellschaftung keine Konflikte, Liebschaften, Vertrauenserweise, Täuschungen und sogar Verbrechen möglich wären. Ebenso ist nicht davon auszugehen, dass infolge der interaktionsmedialen Gestaltungs- und Steuerungsoptionen eine „bessere" Vergesellschaftung realisierbar wäre, wie vor allem zu Beginn der Expansionsphase des Internets und der Konkretisierung des Cyberspace immer wieder in utopischen Erwartungen angenommen wurde (Beispiele hierzu etwa bei Rheingold 1993; Barlow 1996). Sowohl die Ursachen, die Entfaltung, als auch die Folgen virtualisierter Vergesellschaftung unterliegen jedoch in stärkerem Maße, als bei der aktuellen Vergesellschaftung der Variabilität faktischer Möglichkeiten. Im Ergebnis entsteht damit mehr Raum für ungewöhnliche Sozialität, es entstehen aber auch virtualisierungsspezifische Koordinierungs-, Kompetenz- oder Stabilitätsprobleme.

Vor diesem Hintergrund bleibt festzustellen, dass derzeit nicht die Rede davon sein kann, dass virtualisierte Vergesellschaftung aktuelle Vergesellschaftung ersetzt. Vielmehr ist hier, ähnlich der Medienentwicklung, bei der Individual-, Massen- und Interaktionsmedien koexistieren, eine Koevolution beider Vergesellschaftungswirklichkeiten festzustellen. Die Gesellschaft löst sich nicht in der Hyperrealität auf (vgl. Baudrillard 1978), es entsteht keine virtuelle Gesellschaft (vgl. Bühl 1997), die nur „der Möglichkeit nach" vorhanden wäre, und es entsteht auch keine Cybersociety (vgl. Jones 1998), bei der die aktuellen Wirklichkeitsbedingungen und physikalischen Grundlagen vollständig kybernetisch verfügbar wären.

Die Neuerung der Virtualisierung liegt in Bezug auf das Verhältnis von aktueller (Welt-)Gesellschaft und Cyberspace darin, dass der Sinnhorizont der Gesellschaft mit der interaktionsmedialen Kommunikation um die Dimension einer kybernetisch realisierbaren Vermöglichung von Wirklichkeitsbedingungen erweitert wird. Aus der aktuellen Vergesellschaftungsperspektive stellt Virtualisierung somit die Herausforderung dar, einen Modus im Umgang mit der jetzt nicht nur imaginierten, sondern faktisch gegebenen Differenz von aktuellen und virtuellen Sachverhalten zu entwickeln.

Notwendig ist eine Positionsbestimmung der Gesellschaft im Verhältnis zu „ihrem" Cyberspace und der erkennbaren Vermöglichung von Wirklichkeitsbedingungen bei interaktionsmedialer Kommunikation (vgl. Thiedeke 2004, S. 137f.). Das meint, es ist zu klären, wie aktuelles Handeln und Erleben an den Cyberspace angeschlossen wird, wie weit „man" in den Cyberspace eindringen will, was „dort" und was „hier" an Verhaltensregeln zu gelten habe. Und es ist wichtig festzustellen, welche Bedeutung der Cyberspace für das Selbstverständnis einer Gesellschaft haben kann, die sich im gesellschaftlichen Maßstab Perspektiven der Selbstvirtualisierung eröffnet hat.

Die „Positionierung" gegenüber dem Cyberspace als Sinnhorizont der Virtualisierung kann demnach unterschiedlich ausfallen. Virtualisierte Vergesellschaftung kann als Spezialbereich der sozialen Wirklichkeit erscheinen, als experimentelle Erweiterung. Ein Beispiel hierfür sind die Szenarien der virtuellen Realität (zu den Visionen vgl. Lanier 1991), die etwa von der Wissenschaft, der Kunst, der Medizin etc. genutzt werden, um Wirklichkeitsmöglichkeiten zu erproben, die in der aktuellen Wirklichkeit keine irreversiblen Folgen haben. Die Vergesellschaftungsmöglichkeiten des Cyberspace können ebenso als utopische Parallelwelten erscheinen, wie sie etwa im Zusammenhang mit Online-Computerspielen, virtuellen Gemeinschaften oder gar Nationen im Internet diskutiert werden, und die einen alternativen Erlebnis- und Handlungsbereich zur aktuellen Wirklichkeit eröffnen. Schließlich bedeutet Positionierung zum Cyberspace auch eine sinnhafte Irritation von Erwartungen, d.h. die Wahrnehmung der Fremdartigkeit des Cyberspace.

Der Übergang oder Nichtübergang in den Cyberspace, d.h. der Grad der Vermöglichung aktueller Vergesellschaftung, wird demzufolge daran kenntlich, dass die Möglichkeiten der virtualisierten Vergesellschaftung als kuriose Spielerei abgetan, als neuer Entwicklungsschritt in der Evolution von medialer Kommunikation und Sozialität oder als Bedrohung der bisherigen, verlässlichen sozialen Wirklichkeit verstanden und erwartet werden. All dies ist erwartbar und zu einem irritierenden Teil der Realität des 21. Jahrhunderts geworden, seit wir interaktionsmedial kommunizieren.

Virtualisierung ist Grundlage einer komplexeren Vergesellschaftung „im" Cyberspace. Diese ist möglichkeitsreicher, aber auch voraussetzungsreicher als aktuelle Vergesellschaftung. Für die Inklusion in eine solche offensichtlich konstruierte und gesteuerte soziale Wirklichkeit entstehen spezifische soziale Formbildungen, Systembildungen, Wertperspektiven und Semantiken. Mit Bezug „auf" den Cyberspace erscheint virtualisierte Vergesellschaftung als experimentelle Erweiterung der aktuellen sozialen Wirklichkeit, aber auch als Irritation von Normalitätserwartungen.

5   Schluss

Mit den computerbasierten Medien, besonders mit den Computernetzen, ist der neue Medientyp der Interaktionsmedien entstanden. Über die Vermittlung von Informationen und den Anschluss von Kommunikationen hinaus erlauben Interaktionsmedien telepräsente und telematische Interaktionen. Es entstehen kybernetische Umwelten als informationell gestalt- und steuerbare Beschreibungen, in denen und mit denen kybernetische Akteure interagieren.

Damit sind Möglichkeiten für die umfassende Virtualisierung von Wirklichkeitsbedingungen und das Entstehen eines darauf bezogenen Sinnhorizonts gegeben. Dieser Cyberspace konkretisiert sich in den Erwartungen einer, gegenüber den Beschränkungen der aktuellen sozialen Wirklichkeit umfassenden Vermöglichung sozialer Erlebnis- und Handlungsmöglichkeiten sowie in den darauf aufbauenden Erwartungsstrukturen einer virtualisierten sozialen Ordnung.

Virtualisierung der Vergesellschaftung tritt demzufolge bei der Bildung sozialer Formen, Systeme und Normen, aber auch hinsichtlich der kulturellen Praxen sowie Beschreibungen „im" Cyberspace auf. Sie ist darüber hinaus anhand einer Irritation der gewohnten Realität aktueller gesellschaftlicher Wirklichkeit „in Bezug" auf den Cyberspace zu beobachten. Unter dieser Sinnperspektive konkretisiert sich der Cyberspace als Experimentalbereich sowie als Ausgangspunkt utopischer oder bedrohlicher Entwicklungen und bedingt eine Virtualisierung von Normalitätserwartungen.

Dennoch stehen Virtualisierung und die Entwicklung der Interaktionsmedien in keinem technikdeterministischen Zusammenhang. Bereits die infrastrukturelle Entwicklung des Internets bietet zwar Optionen der Vernetzung und Interaktivität, weist aber so vielfältige Anknüpfungspunkte für unterschiedliche Nutzungsmöglichkeiten auf, dass keine bestimmte Nutzung vorgegeben ist.

So können die interaktionsmedialen Kommunikationsmöglichkeiten im Sinne einer Medienabstinenz individuell ausgeblendet werden. Techniken, die zur Steuerung gedacht waren, können für die Konstruktion von virtuellen Welten oder zur Organisation von Flirtgruppen „zweckentfremdet" werden, wie etwa im Fall der Servicetechnik des SMS (Short Message Service) bei Mobiltelefonen, die als bi- und multilaterales Kommunikationsmedium genutzt wird. Selbst Problemsituationen der informationellen Selbstbestimmung, wie das Ausforschen der Privatsphäre über das Internet, können, in der bereitwilligen Öffnung für Eingriffe durch die Netzöffentlichkeit, in ihr Gegenteil verkehrt werden. Das zeigen Webcams, die das Privatleben aufzeichnen oder Webtagebücher (Weblogs), die Unbekannte zum Kommentar und Mitschreiben auffordern. All diese Nutzungen sind technisch weder intendiert noch festgelegt.

Die computermedialen Kommunikationsbedingungen legen keinen Erlebnisoder Handlungsbereich der Kommunikationsteilnehmer kausal fest. Sie bieten Möglichkeiten für spezifische Sinnbeziehungen der Virtualität, die kontingent entfaltet werden. Anders als bei anderen Medien sind die Nutzer hier konstruierende und gestaltende Teilnehmer - manchmal auch unbeabsichtigt. Daher sollte auch der sozialdeterministische Umkehrschluss vermieden werden. Interaktionsmedien realisieren sich nicht erst in ihrer Nutzung und sozialen Aneignung. Ihre Eigengesetzlichkeit ist z.b. bereits wegen ihrer dezentralen und individuellen Umsetzung nur bedingt durch soziale Planungsvorgaben zu kontrollieren. Die Erwartungen virtualisierter Vergesellschaftung können sich nur im Rahmen der medialen Umweltbedingungen entfalten und aneinander anschließen. Die Art der Erwartungen und die Bildung sozialer Ordnungen sind jedoch ein emergentes, nicht kausal vorherbestimmtes und durch komplexe, sozio-technische Umweltbedingungen konditioniertes Phänomen.

6   Literatur

Barlow, John Perry (1996): A Declaration of the Independence of Cyberspace. Internetquelle: http://www.eff.org/~barlow/Declaration-Final.html, geprüft am 17.08.2005.

Baudrillard, Jean (1978): Agonien des Realen. [Aus dem Franz.]. Berlin.

Beck, Ulrich (1986): Risikogesellschaft. Auf dem Weg in eine andere Moderne. Frankfurt am Main.

Beißwenger, Michael (2000): Kommunikation in virtuellen Welten: Sprache, Text und Wirklichkeit. Eine Untersuchung zur Konzeptionalität von Kommunikationsvollzügen und zur textuellen Konstruktion von Welt in synchroner Internet-Kommunikation, exemplifiziert am Beispiel eines Webchats. Stuttgart.

Bühl, Achim (1997): Die virtuelle Gesellschaft: Ökonomie, Politik und Kultur im Zeichen des Cyberspace. Opladen, Wiesbaden.

Brill, Andreas (2003): Paradoxe Kommunikation im Netz: Zwischen Virtueller Gemeinschaft, Cyberspace und virtuellen Gruppen. In: Thiedeke, Udo (Hrsg.): Virtuelle Gruppen. Charakteristika und Problemdimensionen. 2., überarbeitete und aktualisierte Auflage. Opladen, Wiesbaden, S. 88-106.

Castells, Manuel (2003): Das Informationszeitalter, 3 Bd. [Aus dem Amerik.].: Bd. 1 Der Aufstieg der Netzwerkgesellschaft, Bd. 2 Die Macht der Identität, Bd. 3 Jahrtausendwende. Wiesbaden. (2001-2003)

DiMaggio, Paul u.a.. (2001): SOCIAL IMPLICATIONS OF THE INTERNET. In: Annual Review of Sociology, 27. S. 307-336. Internetquelle: http://www.princeton.edu/~artspol/workpap/WP17%20-%20DiMaggio,%20Hargittai,%20Neuman,%20Robinson.pdf, geprüft am 17.08.2005.

Döring, Nicola (2003): Sozialpsychologie des Internet. Die Bedeutung des Internet für Kommunikationsprozesse, Identitäten soziale Beziehungen und Gruppen. 2., vollständig überarbeitete und erweiterte Auflage. Göttingen usw.

Featherstone, Michael; Burrows, Roger (1995): Cyberspace, Cyberbodies, Cyberpunk. London, Thousand Oaks.

Hafner, Katie; Lyon, Matthew (1996): Where Wizards Stay Up Late: The Origins of the Internet. New York.

Hafner, Katie; Lyon, Matthew (2000): ARPA Kadabra oder die Geschichte des Internet. Heidelberg.

Herzog, Roman (1999): Internet in Lateinamerika. Zwischen e-commerce und angepasster Nutzung. Institut für Iberoamerika-Kunde der Universität Hamburg. Intermetquelle: http://www.rrz.uni-hamburg.de/IIK/brennpkt/bpk9913e.pdf, geprüft am 11.08.2005.

Höflich, Joachim R.; Gebhardt, Julian (2001): Der Computer als Kontakt- und beziehungsmedium. Theoretische Verortung und explorative Erkundungen am Beispiel des Online-Chats. In: Medien & Kommunikationswissenschaft, Jg. 49, Heft 1, S. 24-43.

Hoffmann, Ute (2003): Neues vom Baron Münchhausen. Die institutionelle Selbstorganisation bei der Bildung virtueller Gruppen im Usenet. In: Thiedeke, Udo (Hrsg.): Virtuelle Gruppen. Charakteristika und Problemdimensionen. 2., überarbeitete und aktualisierte Auflage. Wiesbaden, S. 168-179.

ISOC, Internet Society, o.J.: Archiv zur Geschichte des Internet. Online: http://www.i-soc.org/internet/history, geprüft am 11.08.2005.

Jones, Steven G. (Hrsg.) (1998): Cybersociety 2.0. Revisiting Computer-Mediated Communication and Community. Thousand Oaks.

Lanier, Jaron (1991): Was heißt „Virtuelle Realität". Ein Interview mit Jaron Lanier. In: Waffender, Michael (Hrsg.): Cyberspace. Ausflüge in virtuelle Wirklichkeiten. Reinbek, S. 67-87.

Luhmann, Niklas (1992): Beobachtungen der Moderne. Opladen.

Luhmann, Niklas (1998): Die Gesellschaft der Gesellschaft. 1. Halbband. Frankfurt am Main.

Paetau, Michael (1997): Sozialität in virtuellen Räumen, in: Becker, Barbara; Paetau Michael (Hrsg.): Virtualisierung des Sozialen. Die Informationsgesellschaft zwischen Fragmentierung und Globalisierung. Frankfurt am Main., New York, S. 103-134.

Reischl, Gerald; Sundt, Heinz (1999): Die mobile Revolution. Das Handy der Zukunft und die drahtlose Informationsgesellschaft. Wien.

Rheingold, Howard (1993): The Virtual Community: Homesteading on the Electronic Frontier. New York.

Stern, Eddo (2002): A Touch of Medieval: Narrative, Magic and Computer Technology in Massively Multiplayer Computer Role-Playing Games. Online: http://ic.media.mit.edu/courses/mas878/pubs/stern-cgdc02-touch-of-medieval.pdf, geprüft am 11.08.2005.

Thiedeke, Udo (1999): Der Schein des Seins. Mediale Kommunikation und informationelle Differenzierung der Gesellschaft. In: Medien Journal, Jg. 39, Heft 1, S. 29-40.

Thiedeke, Udo (2001): Fakten, Fakten, Fakten. Was ist und wozu brauchen wir Virtualität? In: DIE Zeitschrift, 8/III/2001, S. 21-24.

Thiedeke, Udo (Hrsg.) (2003): Virtuelle Gruppen. Charakteristika und Problemdimensionen. 2., überarbeitete und aktualisierte Auflage. Wiesbaden.

Thiedeke, Udo (2004): Cyberspace: Die Matrix der Erwartungen. In: Ders. (Hrsg.): Soziologie des Cyberspace. Medien, Strukturen und Semantiken. Wiesbaden, S. 121-143.

Thimm, Caja (2004): Mediale Ubiquität und soziale Kommunikation. In: Thiedeke, Udo (Hrsg.): Soziologie des Cyberspace. Medien, Strukturen und Semantiken. Wiesbaden, S. 51-69.

Empfehlungen zum Weiterlesen:

Becker, Barbara; Paetau, Michael (Hrsg.) (1997): Virtualisierung des Sozialen. Die Informationsgesellschaft zwischen Fragmentierung und Globalisierung. Frankfurt am Main, New York.

Castells, Manuel (2001): Der Aufstieg der Netzwerkgesellschaft, Bd. 1 der Reihe: Das Informationszeitalter. Wiesbaden.

Thiedeke, Udo (Hrsg.) (2004): Soziologie des Cyberspace. Medien, Strukturen und Semantiken. Wiesbaden.

Medien und Transnationalisierung

Tanjev Schultz und Hartmut Weßler

Zusammenfassung: Welche Rolle spielen die Massenmedien im Prozess der Globalisierung, und wie wirkt die wirtschaftliche, technologische, politische und kulturelle Transnationalisierung auf die Massenmedien zurück? Der Beitrag gibt zunächst einen Überblick über die Globalisierungsdiskussion in der Soziologie sowie ihre prominenten Vertreter und skizziert dann empirische Ergebnisse aus den Cultural Studies und der Öffentlichkeitssoziologie. Im Ergebnis zeigt sich ein uneinheitlicher Befund: Verschiedene Formen und Bereiche massenmedialer Kommunikation sind ungleich stark transnationalisiert. Während beispielsweise globale Medienereignisse wie die Olympischen Spiele weltweite Resonanz auslösen, erhalten sich in der politischen Kommunikation durchaus national spezifische Diskurskulturen.

1 Einleitung

Die Welt der Medien liefert viele Belege dafür, wie schnell und leicht heute über die Grenzen von Nationen und Staaten hinweg kommuniziert wird. Täglich rasen Millionen E-mails um den Globus, Bilder von Katastrophen und Kriegen aus fernen Kontinenten flimmern in heimischen Wohnzimmern. Terroristen verbreiten Botschaften über weltweit operierende Nachrichtensender. Jugendliche in Afrika tauschen untereinander Kopien amerikanischer Popsongs. Im chinesischen Fernsehen boomen Koch-Shows, in denen die westliche Küche propagiert wird. Und in Europa veranstalten Clubs „Bollywood-Partys" mit Videos und Musik aus Indien.

Bereits in den sechziger Jahren, als die Globalisierung noch gar nicht in aller Munde war, prägte der Medientheoretiker Marshall McLuhan den Begriff des „globalen Dorfs" (global village), das sich auf Grundlage moderner Kommunikationstechnologien forme (McLuhan 1967). Die Welt als Kommune, die Menschheit als medial sich versammelnde Dorfgemeinschaft – das provoziert trotz aller Beispiele für ein weltweites Zusammenrücken Missverständnisse und Widerspruch. Denn es erinnert an die klassische Unterscheidung von Gemeinschaft und Gesellschaft. Soziologen verstehen unter moderner Gesellschaft ein komplexes Gebilde, in dem soziale Beziehungen weniger durch traditionelle Bindungen gesteuert werden als durch anonyme Rollen, funktionale Erfordernisse und rationale Abwägungsprozesse. Gemeinschaften dagegen sind durch starken Zusammenhalt ihrer Mitglieder, geteilte Werte und Gefühle der Solidarität geprägt. Im Weltmaßstab aber gibt es eine solche

Gemeinschaft allenfalls in Ansätzen. Nicht nur, dass die Erde weiter von räumlichen, materiellen und wertbezogenen Barrieren und Konflikten, von staatlichen Grenzen, nationalen und ethnischen Bewegungen und Identitäten „durchfurcht" ist. Viele mediale Kommunikationen überschreiten zwar Grenzen, ziehen jedoch gleich wieder neue. Manche Regionen sind weitgehend abgekoppelt von den neuesten Medientechniken und sogar vom Strom der Nachrichten. In weiten Gebieten Afrikas sind Computer rar, und in Ländern wie Liberia, in denen ein Bürgerkrieg tobte, haben die wenigsten überhaupt Zugang zu Strom, einem Telefon, Fernseher oder einer Zeitung. In anderen Fällen verbinden und vernetzen die Medien räumlich getrennte Menschen, die besondere Interessen oder Merkmale teilen: Experten zirkulieren ihre Studien in internationalen Fachzeitschriften; Fangemeinden ohne Ortsbindung suchen und finden sich im Internet; Migranten richten Satellitenschüsseln gen alte Heimat. An diesen Kommunikationen nehmen nur bestimmte Kreise teil – umfassend global sind sie nicht, transnational allemal: Sie überschreiten, unterlaufen oder überwinden die Grenzen des Nationalstaats. „Globalisierung" wird oft als übergreifendes Schlagwort verwendet, das solche begrenzteren transnationalen Phänomene ebenso einschließt wie wirklich globale Entwicklungen. Es handelt sich dem Begriff nach um einen Prozess, der in die Richtung zunehmender Globalität weist.[1]

Mit medialer Hilfe können transnationale Räume und Gemeinschaften entstehen, die das territoriale Prinzip nationaler Gesellschaften durchkreuzen, ergänzen oder ersetzen. Lange Zeit hat die Soziologie Vergemeinschaftung und Vergesellschaftung vorwiegend in den Grenzen und Kategorien des Nationalstaats und räumlich eingehegter Gesellschaften thematisiert. Die Ausbildung einer komplexen Gesellschaft war ja auch einhergegangen mit der Gründung und Festigung moderner Nationalstaaten im 19. Jahrhundert. Zwar haben schon die Klassiker der Soziologie gesehen, dass die Modernisierung nicht an politischen Grenzen endete, die wirtschaftliche Verflechtung zunahm und neue Medien und Transportmittel den Austausch zwischen Staaten und Kontinenten in Schwung brachte. „Alles Ständische verdampft", der Weltmarkt bestimme die Produktion und Konsumtion aller Länder, heißt es bei Karl Marx. Der amerikanische Sozialtheoretiker John Dewey sprach Anfang des 20. Jahrhunderts von einer „physischen Vernichtung des Raums" (Dewey 1993 [zuerst 1916], S. 120). Doch erst seit einigen Jahren hat sich die Frage nach dem Ausmaß, den Formen, Faktoren und Effekten der Globalisierung, nach der Existenz einer Weltgesellschaft und der Quantität und Qualität transnationaler Kommunikation zu einem eigenen Schwerpunkt der Soziologie entwickelt. Im Vergleich zur wirtschafts- und politikwissenschaftlichen Globalisie-

---

[1] In der Literatur tauchen noch andere Termini auf, etwa „transkulturell", „Denationalisierung", „postnational". Mit der Wortwahl verbinden sich mitunter spezielle Vorstellungen und Abgrenzungen. Gemeinsam ist allen diesen Bezeichnungen, dass sie über den klassischen Begriff des "Internationalen" hinausgehen, der die Beziehungen zwischen National*staaten* in den Mittelpunkt stellt.

rungsliteratur laden soziologische Ansätze besonders dazu ein, den Beitrag und die Bedeutung der Medien in den Blick zu nehmen. Die empirische Medienforschung wiederum kann mit ihren Ergebnissen und Differenzierungen helfen, verallgemeinernde Diagnosen sowohl anzuleiten als auch zu konkretisieren oder zu korrigieren. In Diskussionen über Globalisierung spielen eine Reihe unterschiedlicher Fragen und Probleme eine Rolle. Um hier Übersicht zu schaffen, unterscheidet der folgende Abschnitt vier Hauptachsen, in denen sich Beiträge zum Thema typischerweise bewegen. Anschließend werden einflussreiche Vertreter einer soziologischen Theorie der Transnationalisierung kurz vorgestellt. Darauf folgt ein Überblick über Dimensionen und Befunde der empirischen Forschung zur transnationalen Medienkommunikation.

2   Hauptachsen in Debatten über Transnationalisierung

Die wissenschaftliche Literatur und der öffentliche Diskurs über Globalisierung bzw. Transnationalisierung beziehen sich auf eine Fülle an Aspekten – von Problemen des Devisenhandels, über ökologische Fragen bis zur Bedeutung der „Weltmusik". So vielfältig wie die behandelten Phänomene sind die Positionen und Perspektiven, die eingenommen werden. Dabei gibt es aber einige grundlegende Achsen, die das weite Feld durchziehen.

2.1   *Historische Einordnung, Quantität und Qualität*

Immer wieder wird erörtert, wie Globalisierung historisch einzuordnen ist (vgl. Osterhammel/Petersson 2003), d.h. wann sie einsetzte, welche Perioden sich ausmachen lassen und ob heute eine besondere Qualität erreicht ist – und damit womöglich sogar eine neue Epoche („Postmoderne", „Informationszeitalter" o.ä.). Mit der historischen Einordnung verbunden sind Fragen nach der Dynamik, dem Ausmaß und der Relevanz grenzüberschreitender (bzw. Grenzen aufhebender) Phänomene. Es ist offensichtlich, dass es einen internationalen Austausch und transnationale Interaktionen bereits in vergangenen Jahrhunderten gegeben hat. Viele Autoren sehen die Anfänge der Globalisierung im 15. und 16. Jahrhundert, Robertson spricht von einer „Keimungsphase" (Germinal Phase, Robertson 1992, S. 57ff.). Manche Forscher weisen darauf hin, dass es Zeiten gab (z.B. Anfang des 20. Jahrhunderts), die in vielen Hinsichten so globalisiert waren wie die Gegenwart, etwa im Vergleich etlicher Wirtschaftsindikatoren (vgl. Ferguson 2005; Hirst/Thompson 1996; Zevin 1992). Bei einer Betrachtung sämtlicher Indikatoren (auch solcher aus Politik, Kultur und Medien), besteht aber weitgehend Einigkeit darüber, dass transnationale Prozesse zugenommen haben (vgl. Zürn 1998, S. 77ff.). Welche Bedeutung einzelne Phänomene haben, bleibt indes genauso umstritten wie das Verhältnis der Globalisierung zur Moderne und die Wahl einer Theorie, mit der sich der Wandel am besten fassen lässt.

2.2 Verhältnis zwischen Ökonomie, Technologie, Politik und Kultur

Viele Studien zur Transnationalisierung beziehen sich lediglich auf einen bestimmten sozialen Bereich. Oft ist das lediglich Folge einer Spezialisierung und der forschungspragmatischen Notwendigkeit, sich auf einen Ausschnitt zu beschränken. Teilweise stehen dahinter aber grundsätzliche Überlegungen zur Bedeutung und Beziehung verschiedener Sphären. In Globalisierungstheorien kehren nämlich Auseinandersetzungen wieder, die Soziologen auch mit Blick auf nationale Gesellschaften schon lange führen: Wo liegen die Ursachen und Antriebskräfte für soziale Entwicklungen – wie sind ökonomische Faktoren, technologische Innovationen, politische Eingriffe und kulturelle Strömungen zu gewichten, wie spielen sie ineinander? Während sich beispielsweise marxistisch inspirierte Ansätze auf die materielle Basis der Globalisierung konzentrieren und der Ökonomie einen Vorrang gegenüber kulturellen Prozessen zusprechen, vertreten andere eher eine „kulturalistische" Sichtweise. Wieder andere betonen vor allem technologische Trends. Bei allen solchen Gewichtungen besteht die Gefahr, dass sie reduktionistisch werden und unzureichend auf die Komplexität der Wirklichkeit eingehen.

2.3 Normative, beschreibende und erklärende Perspektiven

Das Verhältnis verschiedener Sphären zueinander spielt eine große Rolle, wenn soziale Entwicklungen erklärt werden sollen. Einerseits geht es darum, die Antriebslogik zu erkennen, die hinter transnationalen Prozessen steht. In der Sprache der empirischen Sozialforschung gerät Globalisierung in den Rang einer abhängigen Variable. Andererseits stellen sich Forscher auch die Frage, welche Folgen transnationale Prozesse haben, zum Beispiel für die Identität einer Gruppe. Hier wird Globalisierung zu einer unabhängigen Variable. Entsprechendes gilt für das Verhältnis sozialer Teilbereiche zur Globalisierung als Gesamtkonstrukt: So können Medien als Faktoren betrachtet werden, die (weitere) Globalisierungsprozesse in Gang setzen. Aber es kann zum Beispiel auch untersucht werden, wie Massenmedien auf die voranschreitende politische Integration der EU reagieren oder wie sich die ökonomische Globalisierung auf die Entwicklung der Medienangebote auswirkt. Viele empirische Studien bewegen sich aber zunächst ausschließlich auf der Ebene der Beschreibung. Sie wollen erfassen, wie soziale Phänomene und Prozesse, die Ausdruck der Globalisierung sind, im Detail aussehen oder in welcher Häufigkeit sie auftreten. Umfassende, treffende empirische Beschreibungen sind bereits eine große Herausforderung. Ohne sie bewegen sich Bewertungen auf wackligem Grund. Transnationale Prozesse sind bekanntlich auch ein Politikum; Urteile über ihre Gefahren und

Chancen bestimmen die öffentliche Diskussion. Davon bleibt die Wissenschaft nicht unberührt. In Studien zur Globalisierung spielen neben empirischen auch normative Fragen eine Rolle, also die Bewertung bestimmter Phänomene als wünschenswert oder problematisch und die Orientierung an Werten, politischen Zielen und moralischen Forderungen. Mit dem Thema verbinden sich am einen Ende optimistische bis euphorische Einschätzungen, am anderen Ende kritische, skeptische bis düstere Sichtweisen. Viele nehmen eine ambivalente Haltung ein und differenzieren zwischen verschiedenen Facetten und Folgen der Globalisierung.

2.4   Homogenisierung versus Ausdifferenzierung, Globalisierung und Lokalisierung

In der Globalisierungsdebatte taucht oft die Idee einer Homogenisierung auf, also einer zunehmenden Ähnlichkeit der sozialen Wirklichkeit in den verschiedenen Weltteilen. Vielfach geht diese These mit kapitalismus- und kulturkritischen Urteilen einher, indem die Macht großer Konzerne, kultureller Imperialismus, eine Amerikanisierung oder „McDonaldisierung" beklagt werden (vgl. z.B. Barber 1996; Ritzer 1993). Die empirischen Diagnosen verbinden sich mit bestimmten normativen Vorstellungen, sodass Einwände sowohl die Gültigkeit der Realitätsbeschreibung als auch die Angemessenheit der normativen Maßstäbe betreffen können. Dabei ist der Anwendungsbereich genau zu beachten. Beispielsweise betrachten viele eine weltweite Ausbreitung bestimmter Gesellschaftsprinzipien (Demokratie, Menschenrechte) durchaus als wünschenswert, wenden sich aber gegen den Verlust kultureller Eigenheiten. Auf der empirischen Ebene zeigen zahlreiche Studien, dass die Globalisierung mit einem gleichzeitigen Erstarken regionaler und lokaler Kulturen, Bewegungen und Identitäten einhergeht. Deshalb sprechen einige Autoren von einer „Glokalisierung" (vgl. Robertson 1995). Zunehmend richtet sich das Augenmerk der Forschung auf die kreativen Prozesse, die in verschiedenen Weltregionen bei der Aneignung weltweiter oder westlicher Standards und Produkte zu beobachten sind und die darauf hindeuten, dass die Entwicklung eher in den Bahnen einer Ausdifferenzierung als einer Homogenisierung verläuft. Darüber hinaus betonen Forscher aus unterschiedlichen Richtungen die Beharrlichkeit und Zunahme von Ungleichheiten und Asymmetrien, weshalb die Welt geradewegs als „Inbegriff struktureller Heterogenität" gelten könne (vgl. Senghaas 2004, S. 9f.).

3   Theoretische Ansätze in der Soziologie

Unter den soziologischen Theorien zur Transnationalisierung gibt es eine Reihe besonders bekannter und einflussreicher Ansätze und Autoren, von denen einige hier kurz vorgestellt werden.

3.1   Weltsystem und Weltgesellschaft (Wallerstein, Luhmann / Stichweh)

Systemtheoretiker haben schon früh die Existenz eines Weltsystems oder einer Weltgesellschaft postuliert. In den siebziger Jahren entwickelte Immanuel Wallerstein sein Konzept eines Weltsystems (Wallerstein 1974). Es hat neomarxistische Züge: Wallerstein orientiert sich an den Kategorien der Kapitalismusanalyse und verbindet sie mit einer sozialhistorischen Perspektive. Demnach gebe es seit dem 16. Jahrhundert ein kapitalistisches Weltsystem, das eine internationale Arbeitsteilung hervorgebracht hat, die den einzelnen Staaten und Regionen eine Rolle im Zentrum oder der Peripherie des Gesamtsystems zuweist. Im Zentrum stehende Staaten haben komplexe Ökonomien. Sie beherbergen transnationale Konzerne und dominieren jene Regionen, die an die Peripherie gedrängt sind. Wallersteins Ansatz ist ökonomistisch angelegt und blendet die Ebene handelnder Akteure zugunsten der Analyse des Gesamtsystem aus (vgl. auch Sklair 1991).

Einen anderen Typ von Systemtheorie vertritt Niklas Luhmann, der ebenfalls bereits in den 1970er Jahren den Begriff der „Weltgesellschaft" prägte (vgl. Luhmann 1975).[2] Neomarxistische Ideen sind Luhmann fremd. Seine Theorie geht davon aus, dass die moderne Gesellschaft durch eine Form der Differenzierung bestimmt wird, die sich an Funktionen orientiert. Dabei hätten sich „autopoietische" (operational geschlossene und sich selbst reproduzierende) Teilsysteme wie das Wirtschafts- oder das Politiksystem entwickelt, die unterschiedliche Funktionen erfüllen, dafür mit Leitcodes operieren und sich nicht in eine hierarchische Ordnung bringen lassen. Für Luhmann vollziehen sich sämtliche soziale Prozesse als Kommunikation. Die Weltgesellschaft ist dann das Sozialsystem, das alle Teilsysteme und Kommunikationen einschließt. Die Existenz eines „weltweiten Kommunikationssystems" sei unabweisbar (vgl. Luhmann 2002, S. 220).

> „Geht man von Kommunikation als der elementaren Operation aus, deren Reproduktion Gesellschaft konstituiert, dann ist offensichtlich in jeder Kommunikation Weltgesellschaft impliziert, und zwar ganz unabhängig von der konkreten Thematik und der räumlichen Distanz zwischen den Teilnehmern. Es werden immer weitere Kommunikationsmöglichkeiten vorausgesetzt und immer symbolische Medien verwendet, die sich nicht auf regionale Grenzen festlegen lassen" (Luhmann 1998, S. 150).

Weltgesellschaft als die einzige Gesellschaft, die es heute gebe, sei „das Sichereignen von Welt in der Kommunikation" (ebd.). Sie setzt nicht voraus, dass überall ähnliche soziale Verhältnisse herrschen. Vielmehr geht es darum, dass alle

---

[2]   Mittlerweile nutzen auch andere verstärkt den Begriff, ohne unbedingt die systemtheoretische Perspektive, die Luhmann und Stichweh leitet, zu teilen (vgl. Beck 1997a). Ursprünglich entstammt die Idee der Weltgesellschaft bereits dem 18. Jahrhundert (vgl. Stichweh 2000, S. 7ff.; vgl. auch Wobbe 2000).

Kommunikationen in einem Gesamtsystem erfolgen und prinzipiell füreinander anschlussfähig sind. Entscheidend ist die kommunikative Erreichbarkeit. Unter Kommunikation versteht Luhmann wohlgemerkt nicht allein sprachliche, schriftliche und massenmediale Kommunikationen. Er fasst darunter auch Prozesse, die sich symbolisch generalisierter „Medien" wie Geld oder Macht bedienen. Dennoch betont Luhmann den Zusammenhang zwischen Massenmedien und Weltgesellschaft. Seit der Erfindung des Buchdrucks komme es zu einer enormen Vermehrung und Verdichtung des Kommunikationsnetzes. Vor allem das Fernsehen habe zur „Bagatellisierung des Standorts" beigetragen (vgl. Luhmann 1998, S. 152). Luhmanns Theorie wird heute von Rudolf Stichweh weitergeführt (vgl. Stichweh 2000). Er schlägt dabei teilweise Brücken zu anderen Ansätzen, etwa wenn er als Formen, die für die Strukturbildung der Weltgesellschaft entscheidend seien, außer Funktionssystemen auch Organisationen, Netzwerke und Ereignisse von globaler Bedeutung aufführt (vgl. Stichweh 2004).

3.2 Globalisierung in einer reflexiven Moderne (Beck / Giddens)

Anthony Giddens und Ulrich Beck haben die Diskussion über Globalisierung nicht nur durch wissenschaftliche Studien geprägt, sondern ebenso durch Beiträge für eine breitere Öffentlichkeit. In einem 1990 erstmals publizierten Text definiert Giddens Globalisierung als „Intensivierung weltweiter sozialer Beziehungen, durch die entfernte Orte in solcher Weise miteinander verbunden werden, dass Ereignisse am einen Ort durch Vorgänge geprägt werden, die sich an einem viele Kilometer entfernten Ort abspielen, und umgekehrt" (Giddens 1996, S. 85). Giddens legt einen Schwerpunkt auf die Institutionenanalyse und unterscheidet vier Dimensionen: das System der Nationalstaaten, die Weltwirtschaft, die militärische Weltordnung und die internationale Arbeitsteilung. Dazu kommen Erfahrungen mit ökologischen Problemen und globalen Risiken, die Beck in den achtziger Jahren in seiner Diagnose der „Risikogesellschaft" thematisierte (vgl. Beck 1986; Giddens 1996, S. 16ff.). Die Dynamik der Moderne sei ihrem Wesen nach auf eine Globalisierung angelegt und führe zur Trennung von Raum und Zeit und zur Entbettung (disembedding) sozialer Systeme – dem Herausheben sozialer Beziehungen aus ortsgebundenen Interaktionszusammenhängen (vgl. Giddens 1996, S. 33). Beck und Giddens sprechen – sich von der Idee der Postmoderne absetzend – von einer „reflexiven Moderne" oder einer „Zweiten Moderne", in der die ungewollten Nebenfolgen der Modernisierung verstärkt Anlass zur kritischen Reflexion und zur Überprüfung sozialer Praktiken geben (vgl. Beck u.a. 1997). Eines der Merkmale dieser reflexiven Moderne sei aber die „Unrevidierbarkeit entstandener Globalität", unter anderem wegen einer „informations- und kommunikationstechnologischen Dauerrevolution" (Beck 1997b, S. 29). Mit Globalität bezeichnet Beck die Realität transnationaler Prozesse und die objektiven Tatsachen weltweiter Verflechtung. Sein Ansatz geht dann aber in normative und politische Stellungnahmen über, indem sich Beck mehr oder weniger deutlich auf die Seite globalisierungs- und kapitalismuskritischer sozialer Bewegungen stellt und neoliberale Positionen kritisiert. Er spricht in diesem Zusammenhang von einem problematischen „Globalismus", definiert als die Auffassung, „dass der Weltmarkt politisches Handeln verdrängt oder ersetzt, d.h. die Ideologie der Weltmarktherrschaft, die Ideologie des Neoliberalismus" (Beck 1997b, S. 26).

3.3 Transnationale Kultur und Identität (Robertson/Cultural Studies)

Auch Roland Robertson zählt zu den Vorreitern der Globalisierungsdiskussion. Seine Arbeiten sind beeinflusst von der Religionssoziologie; als Prozess sei Globalisierung so alt wie die Weltreligionen. Sie beziehe sich sowohl auf die faktische, materielle Kompression der Welt als auch auf ein wachsendes globales Bewusstsein. Robertson spricht von Globalität (globality) als „extensive awareness of the world as a whole" (Robertson 1992, S. 78). Er grenzt sich von den materialistischen, funktionalistischen und institutionalistischen Orientierungen ab, die für Wallerstein, Luhmann und Giddens leitend sind, und propagiert eine „kulturelle Kehre" (cultural turn), also die Hinwendung zu den kulturellen Voraussetzungen und Implikationen transnationaler Entwicklungen. Robertson legt einen Schwerpunkt auf die Handlungen, kulturellen Praktiken und Identitäten von Individuen und Kollektiven und öffnet die Analyse damit für die Verarbeitung des gesellschaftlichen Wandels in den Einstellungen und Identitäten sozialer Akteure und für ihr Einwirken auf den Prozess der Globalisierung:

> „When we speak of contemporary globalization we are very much concerned with matters of consciousness, partly because that notion carries reflexive connotations. Globalization does not simply refer to the objectiveness of increasing interconnectedness. It also refers to cultural and subjective matters" (Robertson 1992, S. 183).

Nicht zuletzt durch die Massenmedien und ihre Berichte könnten Menschen aus verschiedenen Weltregionen trotz unterschiedlicher sozialer Lebensverhältnisse einen Sinn für Gemeinsamkeiten und ein geteiltes Schicksal entwickeln. Die vielfältige Strömung der Cultural Studies, die unter anderem von den Soziologen Stuart Hall, Douglas Kellner und Raymond Williams bestimmt oder inspiriert worden ist, hat dann allerdings auch verstärkt die Widerstände, die Bedeutungsvielfalt und die kreativen kulturellen Transformationen in den Blick genommen, die in transnationalen Prozessen eine Rolle spielen (vgl. die Texte in Hepp/Löffelholz 2002).

3.4 Weltumspannende Netzwerke im Informationszeitalter (Castells)

Manuel Castells nutzt das Konzept des Netzwerks für seine Analyse eines neuen Zeitalters, in das die Gesellschaft mit den neuen Informationstechnologien getreten sei. Seine empirisch angeleitete Untersuchung des „Informationszeitalters" ist sozialökonomisch ausgerichtet. Sie betont die Macht eines als revolutionär wahrgenommenen technologischen Wandels, der sich seit den 1970er Jahren entfalte und zu einer neuen Form des Wirtschaftens und einer „Generalüberholung des kapitalistischen Systems" führe. Das neue techno-ökonomische System bezeichnet Castells als „informationellen Kapitalismus" (Castells 2001, S. 19ff.). Damit knüpft Castells an frühere soziologische Theorien zum Wandel des Industriekapitalismus in Richtung einer Dienstleistungs- und Informationsgesellschaft an (z.b. Bell 1976). Prägend für die neue Wirtschafts- und Gesellschaftsform sei ihr globaler Charakter. Castells betont einen Unterschied zwischen der Weltwirtschaft, wie sie früher bestand, und der neuen „globalen Wirtschaft". Diese habe jetzt „die Fähigkeit, als Einheit in Echtzeit oder gewählter Zeit auf globaler Ebene zu funktionieren" (Castells 2001, S. 108). Es sei außerdem ein elektronisches Kommunikationssystem von globaler Reichweite entstanden; transnationale Netzwerke breiteten sich aus – es ist das Heraufziehen einer „Netzwerkgesellschaft", in der sich Macht und Identitätsbildung immer weniger in Institutionen und Organisationen konzentriere, sondern auf die lockere und dynamische Form der Netzwerke verteile. Dabei laufe die gleichzeitige Globalisierung und Lokalisierung der Medien auf eine „Entnationalisierung und Entstaatlichung der Information" hinaus (Castells 2002, S. 275).

4   Dimensionen und Befunde der Medienforschung

Die empirische Forschung über Transnationalisierungsprozesse im Bereich der sozialen Kommunikation und der Massenmedien hat zum einen an den weiteren Kontext einer Transnationalisierung von Kultur angeknüpft (vgl. Hepp 2005; Hepp, Krotz/Winter 2005). Dabei stehen die kulturellen Folgen grenzüberschreitender „komplexer Konnektivität" im Mittelpunkt. Diskutiert wird insbesondere, ob es eine Homogenisierung kultureller Phänomene im Weltmaßstab gibt (Theorie des cultural imperialism) und inwieweit lokal und national spezifische kulturelle Aneignungen und Brechungen erhalten bleiben. Hepp (2005, S. 352ff.) unterscheidet verschiedene „Verdichtungen von Repräsentationen" (nationale, lokale, regionale), die transnational verfügbare Medienprodukte mit unterschiedlichen, territorial bestimmten Sinnbezügen versehen. Darüber hinaus habe der Globalisierungsprozess aber auch „deterritoriale Verdichtungen" hervorgebracht (ebd., S. 354), also etwa Medienprodukte und -ereignisse für Fan- und Jugendkulturen, die ihre Mitgliedschaft und ihre Zugehörigkeitsgefühle von geografischen Orten lösen. Diese Formen ortsungebundener Zugehörigkeit, wie sie in Giddens' Begriff des disembedding anklingen (siehe oben; vgl. auch Tomlinson 1999), werden als das Neue der globalisierten Kultur betrachtet.

Parallel zu dieser Diskussion hat sich zum anderen ein Forschungsstrang innerhalb der Öffentlichkeitssoziologie entwickelt, der sich speziell mit der Transnationalisierung von Öffentlichkeiten befasst (vgl. Weßler/Peters 2005; Peters u.a. 2005). Öffentlichkeiten werden dabei verstanden als historisch spezifische Konfigurationen von gesellschaftlichen Akteuren („Sprechern"), Medien und Publika, in denen auf der Grundlage unterstellter oder faktisch geteilter Gemeinsamkeiten kulturelle Resonanzen in öffentlichen Diskursen ausgelöst werden. Historisch hat sich der Nationalstaat als dominanter sozial-räumlicher Bezugspunkt der Öffentlichkeit herausgebildet. Im Rahmen nationaler Öffentlichkeiten werden Publika in ihrer Bürgerrolle angesprochen (nicht nur in der Konsumentenrolle), weil der Nationalstaat traditionell zugleich der dominante Ort politischer Entscheidung und demokratischer Entscheidungslegitimation ist. Die sozialräumliche Ausdehnung medienvermittelter öffentlicher Kommunikationsflüsse über Ländergrenzen hinweg ist deshalb vor allem im Bereich der politischen Kommunikation und dort bisher vornehmlich bezogen auf die Europäische Union untersucht worden (Herausbildung einer „europäischen Öffentlichkeit"). Dabei zeigt sich, dass sich die komplexen Konfigurationen von Sprechern, Medien und Publika nur langsam und ungleichmäßig auf transnationaler Ebene reproduzieren lassen, weil sich die kulturellen Selbstverständlichkeiten, die für kulturelle Resonanz notwendig sind, nur zögerlich herstellen (vgl. Weßler/Peters 2005).

Im Folgenden werden exemplarisch Befunde aus beiden genannten Forschungssträngen präsentiert, sofern sie sich direkt auf Inhalte und Formen massenmedialer Kommunikation beziehen. Diese Befunde lassen sich auf den folgenden drei Dimensionen von Transnationalisierung verorten:

1. Transnationale Gegenstände der medialen Kommunikation
2. Internationale Zirkulation von Medienprodukten und -inhalten
3. Transnationale Identifikationsangebote in Medienprodukten

Zunächst ist daran zu erinnern, dass Transnationalisierung ein Prozess ist. Es geht auf allen drei Dimensionen daher um die Frage eines mittel- bis langfristigen Anstiegs entsprechender Indikatoren. Momentaufnahmen, die ein bestimmtes Niveau der Transnationalisierung zu einem bestimmten Zeitpunkt nachweisen, sind dementsprechend nur bedingt aussagekräftig. Wirklich bedeutungsvoll werden die Befunde erst, wenn in ihnen eine Entwicklung deutlich wird, die beispielsweise mit Prozessen der politischen und wirtschaftlichen Transnationalisierung verglichen und etwa als „Hinterherhinken" oder „Voranschreiten" interpretiert werden könnten. Gemessen an diesem Anspruch ist die vorliegende Forschung noch lückenhaft und wenig eindeutig.

4.1 Transnationale Gegenstände der medialen Kommunikation

Die Transnationalisierung der Massenmedien im Hinblick auf Kommunikationsgegenstände hat eine horizontale und eine vertikale Dimension. In horizontaler Richtung stellt sich die Frage, wie stark in den Massenmedien eines Landes Phänomene, Akteure und Sichtweisen anderer Länder Berücksichtigung finden. In vertikaler Richtung steht die Beachtung internationaler und supranationaler Institutionen (z.b. UN, EU) und internationaler Ereignisse in nationalen Medien zur Debatte (z.b. Sportwettkämpfe, Kriege, Terrorakte, Tod bekannter Persönlichkeiten).

4.1.1 Horizontale Dimension

Eine frühe Wurzel der Transnationalisierungsforschung findet sich in der Forschung zur Auslandsberichterstattung in nationalen Massenmedien (vgl. als Überblick Rössler 2004). Es ist derzeit noch nicht ganz klar, ob sich in Reaktion auf politische und wirtschaftliche Transnationalisierungsprozesse auch der Anteil der Auslandsberichterstattung in den nationalen Massenmedien langfristig erhöht hat und wenn ja, in welchen Ländern. Für die USA wurde mehrfach eine Abnahme des Anteils der Auslandsnachrichten festgestellt (vgl. Utley 1997; Schulz 2001) – ein Hinweis darauf, dass es parallel zur Transnationalisierung Abschließungstendenzen geben kann. In den deutschen Medien hat sich das Ausmaß der Auslandsberichterstattung von 1979 bis 1995 nur wenig verändert. Hagen (2002) weist einen schwachen Abwärtstrend bei den deutschen Qualitätszeitungen und der Bild-Zeitung, aber einen leichten Aufwärtstrend für das öffentlich-rechtliche Fernsehen nach. Im Ausmaß wie in den thematischen und geographischen Verteilungsmustern dieser Transnationalisierung von Kommunikationsgegenständen gibt es offenbar interessante Differenzen zwischen Ländern, die auf die Existenz eher „internationalistischer" und eher „isolationistischer" Öffentlichkeiten hindeuten.

4.1.2 Vertikale Dimension

Der Bezug auf internationale oder supranationale Institutionen in nationalen Medien ist ein weiterer Indikator für Transnationalisierung. Er betrifft vor allem die Funktion der Medien für das Monitoring internationaler politischer Prozesse, die auf die Nationalstaaten zurückwirken. Dieser Aspekt ist am besten untersucht für die Thematisierung der Europäischen Union in den Medien ihrer Mitgliedsländer, speziell in nationalen Qualitätszeitungen. Entgegen früheren Befunden (z.B. Gerhards 2000) zeigt sich inzwischen in nationalen Medien ein Anstieg der Beiträge, in denen die Institutionen und die Politik der EU behandelt werden (vgl. Peters u.a. 2005). Zumindest in dieser Hinsicht – einer speziellen Dimension von Transnationalisierung – ist es nicht ganz unberechtigt, von der Entstehung einer europäischen Öffentlichkeit zu sprechen. Internationale Medienereignisse fokussieren ein herausragendes Geschehen, das für Publika in vielen (oder sogar allen) Ländern und Regionen von hohem Interesse ist. Diese Ereignisse haben oft regelbestätigende und rituell integrierende Funktionen. Dies gilt besonders für die von Dayan und Katz (1992) unterschiedenen Medienereignis-Typen „Wettbewerb" (z.B. Olympische Spiele, Fußball-Weltmeisterschaften) und „Krönung" (hierzu zählen auch Hochzeiten und Begräbnisse wie das Papstbegräbnis im Frühjahr 2005). Ereignisse vom Typ „Eroberung" (etwa der erste Besuch des Papstes Johannes Paul II. im kommunistischen Polen oder die Ankunft Anwar el Sadats in Israel nach jahrlanger kriegerischer Feindschaft) haben dagegen eher einen regel- und realitätskonstitutierenden Charakter; aber auch sie zielen auf „suprapartisan identification" (Dayan/Katz 1992, S. 35). Hepp (2005, S. 329) zählt im Rückgriff auf Weimann die Live-Berichterstattung über internationale Terrorakte ebenfalls zu den rituellen Medienereignissen. „Rituell gesehen haben sie [...] die Aufgabe, in Momenten außergewöhnlicher Gefährdungen den Fortbestand der Regeln des Alltags und ihrer Erwartbarkeiten zu bestätigen: Die Entführung von Flugzeugen ist die seltene Ausnahme, ebenso wie die Explosion von Bomben vor Regierungsgebäuden oder der Anschlag auf Prominente der Ausnahme- und nicht der Regelfall ist."

Das herausragende Beispiel eines solchen Medienereignisses sind die Terroranschläge des 11. September 2001. Je nach der Art des zugrunde liegenden Konflikts können solche Ereignisse im internationalen Maßstab eher disruptive und polarisierende statt integrierende Auswirkungen haben. In jedem Fall sind sie Elemente eines vertikalen Transnationalisierungsprozesses, weil sie die Medien- und Publikumsaufmerksamkeit nahezu monopolartig, wenn auch vorübergehend auf einen gemeinsamen Bezugspunkt von internationaler Bedeutung lenken. Ob allerdings solche transnationalen Medienereignisse in Zeiten eines stärker globalisierten Nachrichtenwesens tatsächlich häufiger auftauchen als in früheren Zeiten, ist weniger gewiss.[3]

4.2   Internationale Zirkulation von Medienprodukten und –inhalten

Medienprodukte und -inhalte können auf verschiedene Weise zirkulieren. Die klassische Form besteht im Export von Medien und Medienprodukten. Die vier größten Exportnationen für Printmedien sind (in dieser Reihenfolge) Deutschland, die

---

[3]   Neben den rituellen Medienereignissen bezieht Hepp (2005, S. 340ff.) auch sogenannte „populäre Medienereignisse" wie die Inszenierung des „Titanic"-Film-Releases, den „Hype" um die Real Life Soap „Big Brother" sowie das „Live Aid"-Konzert (mit schätzungsweise zwei Milliarden Zuschauern weltweit) in die Betrachtung mit ein. Diese Ereignisse können Kristallisationspunkte für deterritorialisierte segmentäre Teilpublika sein (*special interest*) und nehmen offenbar quantitativ zu.

USA, Großbritannien und Frankreich (vgl. Thussu 2000, S. 148). Bestimmte Presseorgane wie der „Economist", die „Financial Times" oder die „International Herald Tribune" haben eine relativ große internationale Zirkulation (zumindest relativ zu ihrer Gesamtauflage), während ihre Produktionsstruktur (Redaktionen, Mitarbeiter usw.), ihre Agenda und ihre typischen Interpretationen und Positionen in den Artikeln weiterhin national geprägt sind. Beim Buchexport ist die Reihenfolge der wichtigsten Exporteure USA, Großbritannien, Deutschland, Frankreich, wobei die beiden englischsprachigen Länder mit weitem Abstand vor den beiden anderen liegen (ebd., S. 144). Von den zehn am häufigsten übersetzten Autoren weltweit kommen sechs aus Großbritannien, drei aus den USA und einer aus Frankreich (ebd., S. 182). Die traditionell herausragende Rolle der USA beim Export von Fernsehunterhaltung wurde in jüngerer Zeit etwas abgeschwächt; die USA sind aber nach wie vor der größte Exporteur in diesem Bereich. Im Handel mit Fernsehprogrammen zwischen den USA und der EU haben die USA ein Übergewicht von 20:1 (ebd., S. 175). Daneben spielen Koproduktionen, vor allem in Form der Kofinanzierung einzelner nationaler TV-Produktionen, eine gewisse Rolle (vgl. Hallenberger 2005, S. 168).

Eine besondere Form des Programmexports stellt der Formathandel dar. „Als Fernsehformate werden erstens allgemein bereits in Sendungsform vorliegende serielle Fernsehproduktionen bezeichnet, konkret bezieht sich der Begriff zweitens auf die unveränderlichen Elemente serieller Produktionen – also auf alles, was einzelne Folgen als Episoden der Gesamtproduktion erkennbar macht." (ebd., S. 169) Gehandelt wird das Know-how für die Produktion eines Erfolgsformats vor allem im Bereich von Spielshows, Serien und Real Life Soaps (z.B. „Big Brother"), die dann allerdings nationalen Formatadaptionen unterliegen. Jenseits des Handels mit Medienprodukten und -formaten stellt die Direktausstrahlung von Hörfunk- und Fernsehprogrammen über Ländergrenzen hinweg eine zweite wichtige Form der internationalen Zirkulation dar. Die wichtigsten international ausstrahlenden Radiosender, die insbesondere außerhalb der westlichen Welt als wichtige Quelle unabhängiger Information gelten können, stammen ebenfalls aus den genannten vier westlichen Ländern: BBC World Service, Voice of America, Deutsche Welle, Radio France Internationale (vgl. Thussu 2000, S. 161). Bei den international operierenden Fernsehnachrichtenkanälen spielen Deutschland und Frankreich eine geringe Rolle; der Markt wird hier beherrscht durch CNN International und BBC World (ebd., S. 155; siehe auch Hepp 2005, S. 300-309). In jüngerer Zeit spielen auch die arabischsprachigen TV-Nachrichtensender Al-Jazeera und Al-Arabiya eine Rolle im internationalen Nachrichtengeschehen. Al-Jazeera hat international vor allem durch Exklusivmaterial aus dem Umfeld des Terrornetzwerks Al-Qaida auf sich aufmerksam gemacht. Darüber hinaus hat der Sender zur Herausbildung einer panarabischen Öffentlichkeit wie vor allem zur Förderung von Meinungsvielfalt und Meinungsstreit in der arabischen Welt beigetragen (vgl. El-Nawawy/Iskandar 2002). Eine ebenfalls relativ neue Form der internationalen Zirkulation besteht in der Versorgung weit verstreuter Diaspora-Gemeinschaften durch Medienangebote aus der Heimatregion, wie im Falle der indischen oder türkischen Minderheiten in Europa durch Satelliten-Fernsehprogramme (vgl. Thussu 2000). Was solche Diasporaversorgung für die betreffenden Gruppen selbst sowie für ihr Verhältnis zum neuen Heimatland bedeutet, wird vielfach kontrovers diskutiert und muss jeweils im Einzelfall untersucht werden. Abschließungstendenzen der Diasporagemeinschaften sind nicht auszuschließen, lassen sich aber nicht pauschal auf den Medienkonsum zurückführen.

Eine noch speziellere Form der internationalen Zirkulation kann in der kulturellen Diffusion bestimmter Diskursgehalte und Ideen gesehen werden (vgl. Weßler/Peters 2005; Peters u.a. 2005). Diese Dimension von Transnationalisierung ist vor allem aus öffentlichkeitstheoretischer Perspektive interessant. Ideen, die in öffentlichen Diskursen eines Landes artikuliert werden (in Massenmedien, Versammlungsöffentlichkeiten etc.), können von Diskursteilnehmern eines anderen Landes individuell rezipiert werden – durch Lektüre, Teilnahme an öffentlichen Diskussionen, informelle Kontakte und Gespräche – und dann in der eigenen Öffentlichkeit in Umlauf gebracht werden. Hierfür können soziale Infrastrukturen verschiedener Art eine Rolle spielen: Institutionen, die kulturellen Austausch organisieren, internationale kulturelle oder intellektuelle Assoziationen, Auslandskorrespondenten. Solche Formen der kulturellen Diffusion oder Ideenmigration können sich in öffentlichen Diskursen sozusagen versteckt vollziehen (wenn Ideen ohne Quellenangabe weiterverbreitet werden) oder explizit ausgewiesen werden; hier reicht das Spektrum von der einfachen Zitierung über Presseschauen und explizitere Referate bis hin zu kritischen oder unterstützenden Auseinandersetzungen oder Repliken. Der bevorzugte Ort für solche Formen der Ideenzirkulation sind sicherlich die nationalen Qualitätszeitungen. Während sie in ihrer Berichterstattung schon immer einen relativ hohen Anteil ausländischer Akteure zu Wort kommen lassen, ist für die Frage nach der Transnationalisierung wiederum interessant, ob auch hier ein mittel- bis langfristiger Anstieg zu verzeichnen ist. Dies ist zwischen nationalen Qualitätszeitungen in der Europäischen Union nicht der Fall (vgl. Peters u.a. 2005); bei relativ hohem Ausgangsniveau lässt sich ein zusätzlicher Schub der Transnationalisierung hier also nicht ausmachen.

4.3 Transnationale Identifikationsangebote in Medienprodukten[4]

Öffentliche Kommunikation unterstellt ein bestimmtes Publikum, das Adressat und Träger der Kommunikationen ist. Im Bereich der politischen Kommunikation im weiteren Sinn setzen öffentliche Diskurse in nationalen Massenmedien in der Regel

---

4 Der Abschnitt stützt sich auf die Argumentation in Weßler/Peters 2005.

unhinterfragt und unthematisiert voraus, dass sich diese Debatten in einer nationalen Öffentlichkeit abspielen, also ein nationales Publikum Träger solcher Diskurse ist. Dabei wirken in der Regel bestimmte Formen kultureller Gemeinsamkeit und kollektiver Identität als unterstellter oder faktisch geteilter Hintergrund, beispielsweise selbstverständliche Bezugnahmen auf geteilte historische Erfahrungen (z.b. auf den Nationalsozialismus in der deutschen Öffentlichkeit). Dies geht häufig, aber nicht immer einher mit der Abgrenzung oder Kontrastierung gegenüber anderen Kollektiven. In praktisch-politischen Fragen wird die nationale politische Gemeinschaft darüber hinaus vielfach als Handlungsträger oder Problemlösungsgemeinschaft unterstellt, oder nationale politische Instanzen werden als Adressaten von Forderungen oder Handlungsaufforderungen gesehen (soweit es nicht spezifischere Adressaten gibt, etwa Organisationen, Verbände, Berufsstände o.ä.). In bestimmten Fällen wird diese unterstellte Kommunikations- und Handlungsgemeinschaft auch ausdrücklich benannt oder thematisiert, zum Beispiel in Adressierungen eines „Wir" oder einer inklusiven Verwendung von Kollektivnamen („die Deutschen" im Sinne von „wir Deutschen"). Empirisch offen ist bisher weitgehend, wie stark solche Selbstreferenzen einerseits enger geschnitten (z.B. „wir Ostdeutschen") sowie andererseits weiter geschnitten und transnational sind: „wir Europäer", „die westliche Welt", „die Menschheit" (in einem identifizierenden Sinn gebraucht als „unsere westliche Welt", „wir als Mitglieder der Menschheit"). Im Rahmen der Herausbildung einer „europäischen Öffentlichkeit" lässt sich in den nationalen Qualitätszeitungen bisher (auf sehr niedrigem Niveau) nur ein leichter Anstieg von expliziten Wir-Bezügen auf Europa als Problem- und Handlungsgemeinschaft verzeichnen (vgl. Peters u.a. 2005). Die dominanten Wir-Bezüge sind weiterhin national. Dabei ist zu beachten, dass solche Identifikationen oder Bezugnahmen auf unterstellte Kommunikations-, Problemlösungs- oder politische Handlungsgemeinschaften ineinander geschachtelt sein können. Europäische und nationale Wir-Bezüge beispielsweise schließen sich keineswegs gegenseitig aus. Von einer generellen Auflösung nationaler Identifikationen in den nationalen Massenmedien im Zuge von Transnationalisierungsprozessen kann bisher keine Rede sein.

Während kollektive Identität im Falle der politischen Kommunikation noch mit einigem Recht in Form expliziter Wir-Bezüge untersucht werden kann, ist dieser methodische Weg bei populären, insbesondere fiktionalen Medieninhalten wenig erfolgversprechend. Hier müssen kollektive Identifikationen über Handlungsorte, Personal, Produkte, Rolleninterpretationen usw. eher implizit erschlossen werden; eine entsprechende Forschung steckt jedoch erst in den Anfängen (vgl. Hallenberger 2005, S. 166).

5   Schlusswort

Das Feld der Transnationalisierung massenmedialer Kommunikation bleibt vorerst
unübersichtlich. Ein abschließendes, differenziertes empirisches Urteil über den
Stand der Transnationalisierung ist bisher nicht möglich, auch wenn es durchaus
schon wichtige Teilbefunde in den beiden skizzierten Forschungstraditionen gibt.
Auch die kulturellen und politischen Folgen der Transnationalisierungstendenzen
sind vielfach noch eher Gegenstand von Spekulationen als von begründeten wissenschaftlichen Urteilen.

Allerdings bedeutet dies nicht, dass sich die Grenzen zwischen den Transnati-
onalisierungsbefunden in unterschiedlichen Teilbereichen einfach verwischen ließen, wie dies Hepp nahe zu legen scheint:

> „Zugehörigkeiten entstehen gleichzeitig sowohl als politische wie auch als populäre kul-
> turelle Zugehörigkeiten, und die verschiedenen, in diesem Zusammenhang relevanten
> Repräsentationen gehen bei der Allgegenwart von Enfotainment fließend ineinander
> über. Entsprechend verweist die Unterscheidung von zwei auf Öffentlichkeiten und
> Populäres bezogenen ‚Projekten' auf Systematiken differenter wissenschaftlicher Dis-
> kurse, die beide zwar ihre Relevanz haben, gleichzeitig aber den Entgrenzungen und
> Kommerzialisierungen gegenwärtiger medialer Repräsentationen in Zeiten der Globali-
> sierung von Medienkommunikation nicht gerecht werden. Empirisch gesehen verwei-
> sen sie auf ein und dasselbe Konnektivitätsnetzwerk medialer Repräsentationen mit sei-
> nen unterschiedlichen Verdichtungen." (Hepp 2005, S. 352f.).

Die Begrifflichkeit von einem einzigen globalisierten „Konnektivitätsnetzwerk" sollte nicht den Blick dafür verstellen, dass innerhalb dieses Netzwerks nach wie vor
unterschiedliche Mediengattungen (z.B. Printmedien versus Fernsehen), unterschiedliche Organisationsformen von Medien (z.B. öffentliche versus kommerzielle
Angebote) und unterschiedliche Mediengenres (z.B. Information versus Unterhaltung, „Fact" versus „Fiction") sehr unterschiedliche Transnationalisierungsgrade im
Hinblick auf Kommunikationsgegenstände, internationale Zirkulation und kollektive Identifikation aufweisen können. Nicht alles unterliegt in gleicher Stärke und in
gleicher Weise den „Entgrenzungen und Kommerzialisierungen", wie sie für markt-
gesteuerte globalisierte Angebote typisch sind. Transnationale populäre Medienereignisse hier und nationale politische Diskurse dort, um nur zwei Extrembeispiele
zu nennen, werden in ihrer jeweiligen Bedeutung für Transnationalisierungsprozesse
nicht dadurch besser verstanden, dass sie als Beispiele ein und desselben Konnekti-
vitäts-Mechanismus gesehen werden. Benötigt wird zunächst eine möglichst differenzierte und nüchterne Bestandsaufnahme der Transnationalisierung einschließlich
ihrer Grenzen und Schranken in den genannten (und möglicherweise weiteren) Dimensionen. Ein empirisch abgesicherter Brückenschlag zu den verschiedenen Theo-
rierichtungen der Globalisierungsanalyse bleibt so ebenfalls eine Zukunftsaufgabe.

6 Literatur

Barber, Benjamin (1996): Jihad vs. McWorld. New York.

Beck, Ulrich (1986): Risikogesellschaft. Auf dem Weg in eine andere Moderne. Frankfurt am Main.

Beck, Ulrich (Hrsg.) (1997a): Perspektiven der Weltgesellschaft. Frankfurt am Main.

Beck, Ulrich (1997b): Was ist Globalisierung? Frankfurt am Main.

Beck, Ulrich u.a. (1997): Reflexive Modernization. Politics, Tradition and Aesthetics in the Modern Social Order. Cambridge.

Bell, Daniel (1976): The Coming of Post-industrial Society: A Venture in Social Forecasting. New York.

Castells, Manuel (2001): Der Aufstieg der Netzwerkgesellschaft. Das Informationszeitalter I. [Aus dem Amerik.]. Opladen.

Castells, Manuel (2002): Die Macht der Identität. Das Informationszeitalter II. [Aus dem Amerik.]. Opladen.

Dayan, Daniel; Katz, Elihu (1992): Media Events. The Live Broadcasting of History. Cambridge MA, London.

Dewey, John (1993): Demokratie und Erziehung. [Zuerst 1916]. Weinheim, Basel.

El-Nawawy, Mohammed; Iskandar, Adel (2002): Al-Jazeera. How the free Arab news network scooped the world and changed the Middle East. Cambridge MA.

Ferguson, Niall (2005): Sinking Globalization. In: Foreign Affairs 84 (2), 64-77.

Gerhards, Jürgen (2000): Europäisierung von Ökonomie und Politik und die Trägheit der Entstehung einer europäischen Öffentlichkeit. In: Bach, Maurizio (Hrsg.): Die Europäisierung nationaler Gesellschaften. Sonderheft 40 der Kölner Zeitschrift für Soziologie und Sozialpsychologie. Wiesbaden, S. 277-305.

Giddens, Anthony (1996): Konsequenzen der Moderne. [Aus dem Engl.]. Frankfurt am Main.

Hagen, Lutz M. (2002): Foreign News in German Media. Unveröffentlichtes Manuskript.

Hallenberger, Gerd (2005): Vergleichende Fernsehprodukt- und Programmforschung. In: Andreas Hepp u.a. (Hg.): Globalisierung der Medienkommunikation. Eine Einführung. Wiesbaden, S. 165-185.

Hepp, Andreas (2005): Netzwerke der Medien. Medienkulturen und Globalisierung. Wiesbaden.

Hepp, Andreas; Löffelholz , Martin (Hrsg.) (2002): Grundlagentexte zur transkulturellen Kommunikation. Konstanz.

Hepp, Andreas u.a. (Hg.) (2005): Globalisierung der Medienkommunikation. Eine Einführung. Wiesbaden.

Hirst, Paul; Thompson, Grahame (1996): Globalization in Question: The International Economy and the Possibilities of Governance. Cambridge.

Luhmann, Niklas (1975): Die Weltgesellschaft. In Ders.: Soziologische Aufklärung, Bd. 2, Opladen, S. 51-71.

Luhmann, Niklas (1998): Die Gesellschaft der Gesellschaft. Frankfurt am Main.

Luhmann, Niklas (2002): Die Politik der Gesellschaft. Frankfurt am Main.

McLuhan, Marshall (1967): Understanding Media. The Extension of Man. London.

Osterhammel, Jürgen; Petersson, Niels P. (2003): Geschichte der Globalisierung. Dimensionen, Prozesse, Epochen. München.

Peters, Bernhard u.a. (2005): National and Transnational Public Spheres. In: Leibfried, Stefan; Michael Zürn (Hrsg.): Beyond the Nation State? Cambridge, S. 139-160.

Ritzer, Georg (1993): The McDonaldization of Society. An Investigation into the Changing Character of Contemporary Social Life. London.

Robertson, Roland (1992): Globalization. Social Theory and Global Culture. London.

Robertson, Roland (1995): Glocalization: Time-Space and Homogeneity-Heterogeneity. In: Featherstone, Mike (Hrsg.): Global Modernities. London, S. 15-30.

Rössler, Patrick (2004): Political Communication Messages. Pictures of Our World on Television News. In: Esser, Frank; Pfetsch, Barbara (Hrsg.): Comparing Political Communication. Cambridge, S. 271-292.

Schulz, Winfried (2001): Foreign News in Leading Newspapers of Western and Post-Communist Countries. Paper presented at the 51st Annual Conference of the International Communication Association.

Senghaas, Dieter (2004): Zum irdischen Frieden. Frankfurt am Main.

Sklair, Leslie (1991): Sociology of the Global System. London.

Stichweh, Rudolf (2000): Die Weltgesellschaft. Soziologische Analysen. Frankfurt am Main.

Stichweh, Rudolf (2004): Kulturelle Produktion in der Weltgesellschaft. Working Paper, Institut für Weltgesellschaft. Bielefeld.

Thussu, Daya Kishan (2000): International Communication. Continuity and Change. London.

Tomlinson, John (1999): Globalization of Culture. Chicago.

Utley, Garrick (1997): The Shrinking of Foreign News. From Broadcast to Narrowcast. In: Foreign Affairs 76 (2), S. 2-10.

Wallerstein, Immanuel (1974): The Modern World-System: Capitalist Agriculture and the Origins of the European World-Economy in the Sixteenth Century. New York.

Weßler, Hartmut; Peters, Bernhard (2005): Transnationale Öffentlichkeiten. Analytische Dimensionen, normative Standards, sozialkulturelle Produktionsbedingungen. In: Imhof, Kurt u.a. (Hg.): Demokratie in der Mediengesellschaft. Wiesbaden (im Erscheinen).

Wobbe, Theresa (2000): Weltgesellschaft. Bielefeld.

Zevin, Robert B. (1992): Are World Financial Markets More Open? If so, why and with which Effects? In: Banuri, Tariq; Schor, Juliet B. (Hrsg.), Financial Openness and National Autonomy. Oxford, S. 43-83.

Empfehlungen zum Weiterlesen:

Hepp, Andreas; Löffelholz, Martin (Hrsg.) 2002: Grundlagentexte zur transkulturellen Kommunikation. Konstanz.

Thussu, Daya Kishan (2000): International Communication. Continuity and Change. London.

Tomlinson, John (1999): Globalization of Culture. Chicago.

Die Medien der Gesellschaft

Cornelia Bohn

Der Beitrag geht davon aus, dass sich die gesellschaftliche Bedeutung der Medien nicht auf das System der Massenmedien reduzieren lässt. Er unterscheidet zwischen Verstehens-, Verbreitungs- und Erfolgsmedien und versucht diese in eine Matrix der wechselseitigen Ermöglichung und Belastung einzutragen. Eine These ist, dass Medien sich nicht verdrängen, sondern sich verändern, indem sie sich zu ersetzen scheinen. Besonderes Gewicht liegt auf der Darstellung der symbolisch generalisierten Kommunikationsmedien, die von Parsons als Tauschmedien entwickelt wurden und von Luhmann als Kommunikationsmedien mit einem noch unausgeschöpften analytischen Potential versehen wurden.

1 Vorbemerkung

Medien werden gemeinhin im Alltag und in der Forschungsliteratur mit Massenmedien gleichgesetzt. Wenn von Medien in diesem unausgesprochen eingeschränkten Sinne die Rede ist, ist das Fernsehen oder das Zeitungswesen gemeint. Bei genauerem Hinsehen zeigt sich aber, dass die soziologische Theorie viel weiter gefasste Medienkonzepte mitführt. Massenmedien sind dann nur ein Fall des Möglichen. Hier soll es nicht um diesen Fall, sondern um den Raum des Möglichen gehen. Die Medien der Gesellschaft im hier verstandenen Sinne umfassen sowohl Sprache, Schrift, Buchdruck, elektronische Medien, Bildmedien und symbolisch generalisierte Kommunikationsmedien wie Geld, Macht, Liebe und Wahrheit. Im Folgenden soll eine Skizze eines derartigen erweiterten soziologischen Medienkonzepts präsentiert werden, das vor allem in der neueren Systemtheorie weiterentwickelt wurde. Die Tradition ließe sich vermutlich danach ordnen, ob der gesellschaftliche Verkehr über Mediensymbole vermittelt gedacht wird oder ob diese Dimension vernachlässigt wird. Die Geldtheoretiker Marx und Simmel, der Symboltheoretiker Mead und der Erfinder der symbolisch generalisierten Medien Parsons fänden sich auf einer Seite, während Durkheim und Weber eher auf der anderen Seite einzutragen wären, um nur einige mögliche Zuordnungen zu nennen.

Folgt man dem Vorschlag einer Theorie der Medien der Gesellschaft, so lässt sich die gesellschaftliche Bedeutung der Medien nicht auf das System der Massenmedien reduzieren. Ausgeschlossen ist damit auch die in den Kommunikationswissenschaften vertretene These einer „Mediengesellschaft", die eine von den Massenmedien ausgehende Medialisierung immer weiterer gesellschaftlicher Teilbereiche behauptet, diese als Signum unserer Zeit begrüßt oder vor der Dominanz der Massenmedien kulturkritisch warnt. Massenmedien greifen demnach durch die Bündelung gesamtgesellschaftlicher Aufmerksamkeit mehr und mehr in das Geschehen anderer Felder wie Politik, Recht, Erziehung oder Familie ein und gefährden deren Autonomie. Der Vorteil der hier vorgestellten Theorie besteht nun darin, über die Verallgemeinerung gegenwärtiger Befunde hinausgehend eine gesellschaftstheoretische Verankerung des Medienproblems denken zu können. Widersprochen wird aber auch der klassisch phänomenologischen Sicht, dass alle Sozialität in face-to-face-Situationen gründe und alle interaktionsunabhängige Kommunikationen bloße Derivate seien, die sich in einem „als ob"-Modus abspielten. Für die Gegenwart soll hier vielmehr von einer Gleichursprünglichkeit und Gleichbedeutsamkeit von kopräsenter Sozialität und Sozialität im Modus der Abwesenheit ausgegangen werden. Schließlich wird drittens die Auffassung vertreten, dass Medien niemals Substitute sind. Vielmehr wird hier differenztheoretisch argumentiert: dass Medien verändern, indem sie zu ersetzen scheinen. Eine Leitfrage der Mediensoziologie ist dann, wie sich eine bestehende Matrix gesellschaftlicher Kommunikation verändert, wenn neue Medien in sie eingeführt werden.

2   Verstehensmedien, Verbreitungsmedien, Erfolgsmedien

Begreift man Gesellschaft und ihre Veränderung nicht als Resultat veränderter Produktionsweisen wie das marxistische Denken, oder veränderter Herrschaftsformen, wie von Weber her gedacht werden kann, sondern wesentlich als Veränderung ihrer Kommunikationsweisen und Kommunikationsmedien, so ist die ausgezeichnete Theoriestelle in der Systemtheorie Luhmanns, die dieses Problem behandelt, die in eine Medientheorie mündende Kommunikationstheorie (vgl. Luhmann 1981; ders., 1984, Kap.4).

Sie ist mit einer evolutionstheoretischen und systemtheoretischen Überlegung gekoppelt und formuliert sich von dem zunächst methodischen Ausgangsproblem her, wie Unwahrscheinlichkeit in Wahrscheinlichkeit überführt wird. Einfacher noch: Wie ist das Normalfunktionieren von Kommunikation überhaupt möglich? Das Anliegen der Theorie ist es nicht, Kommunikationsprobleme zu lösen, vielmehr werden die kommunikativen Praktiken einer gegebenen Gesellschaft als Lösungen behandelt, für vorhandene Lösungen werden die dazugehörigen Probleme gesucht.

Die kommunikativen Unwahrscheinlichkeiten, nämlich: Verstehen, Erreichen des Adressaten und Erfolg der Kommunikation, werden, so die Annahme, mittels der Kommunikationsmedien Sprache, Schrift, Buchdruck, elektronische Medien und symbolisch generalisierter Kommunikationsmedien in Wahrscheinlichkeiten transformiert. Während Sprache koextensiv mit Gesellschaft existiert, ist bereits die Schriftlichkeit eine evolutionäre Errungenschaft gesellschaftlicher Kommunikation. Dies ist kein linearer Prozess der Perfektionierung zunehmender Problemlösekapazitäten – vielmehr entstehen mit der Lösung eines Problems neue Probleme und Unwahrscheinlichkeiten, die wiederum Re-Normalisierungen gesellschaftlicher Kommunikation mit anderen Medien erfordern. Man könnte von einem Gesetz der wechselseitigen Ermöglichung und Belastung sprechen. Die kommunikative Normalität einer basal instabilen Gesellschaft wird also durch erwartungsleitende Wahrscheinlichkeiten stabilisiert.

Mit der Sprache ist erst die Möglichkeitsbedingung für das Verstehen geschaffen. Das zugrunde liegende Problem bleibt die Intransparenz der beteiligten Bewusstseine füreinander, und diese Möglichkeit bleibt doch auf die im Wahrnehmungshorizont befindlichen Anwesenden beschränkt. Können mit dem Gebrauch der Schrift auch Abwesende und mit der Einführung des Buchdrucks und anderer Verbreitungsmedien auch anonyme Publika erreicht werden, so entfällt aber die Wirkung der an Mündlichkeit orientierten Persuasivtechniken – wie der Rhetorik, die den kommunikativen Erfolg der Rede erst stützt. Die kommunikative Operation der Schriftlichkeit unterscheidet sich von der Mündlichkeit ja gerade durch Auflösung von Gleichzeitigkeit und Gleichräumlichkeit von Mitteilung und Verstehen (vgl. Bohn 1999; 2005). Eine durch Schrift und Druck ermöglichte und institutionalisierte Kritik-, Vergleichs- und Unterscheidungskultur fördert im Gegenzug aber die Ablehnungswahrscheinlichkeit der Kommunikation (Eisenstein 1993). Voraussetzung hierfür ist wiederum die binäre Codierung der Sprache, die erst präzise Ja/Nein-Stellungnahmen bezüglich einer Mitteilung ermöglicht. Darin liegt vermutlich das evolutionäre Potential der Sprache gegenüber einer durchaus reflexiven und daher sozialitätsstiftenden Wahrnehmungswahrnehmung. Erst mit der Einführung der Schrift und verstärkt durch den Buchdruck kommt es zu der Steigerung der Ablehnungswahrscheinlichkeit der Kommunikation, auf die symbolisch generalisierte Kommunikationsmedien wie Geld, Macht, Liebe, Wahrheit reagieren. Sie sind eigenständige Medien, die zwar die Ja/Nein-Codierung der Sprache voraussetzen, aber selbst mit Hilfe binär codierter Präferenzcodes operieren. Jene symbolisch generalisierten Kommunikationsmedien sind ohne Rekurs auf präformierte individuelle Motivlagen Garanten für die Verschränkung von Mitteilung und Folgehandlung. Es geht also bei diesem dritten Typ von Kommunikationsmedien nicht mehr nur darum zu verstehen, was Alter mitgeteilt hat, oder darum, für zeitlich und räumlich entfernte Botschaften überhaupt erreichbar zu sein, vielmehr geht es darum, dass die Mitteilung zur Prämisse weiteren Handelns wird, es geht um die Übernahme von Selektionen für Anschlusskommunikationen. Darauf wird später noch einmal eingegangen. Festhalten können wir an dieser Stelle, dass das Bezugsproblem des hier verwendeten kommunikationstheoretischen Medienbegriffs in der Überbrückung der Alter-Ego-Divergenz besteht. Kommunikationsmedien in diesem Sinne

sind also nicht, wie im klassischen Transmissionsmodell, Stoffe oder technische
Apparaturen, die eine möglichst störungsfreie Informationsübertragung garantieren,
noch sind sie schon selbst die „Massage", wie Mc Luhan formuliert hat, oder auf ihre technischen Möglichkeiten, etwa die der Speicherung, reduziert. Vielmehr überbrücken sie mittels generalisierter Symbole immer eine Differenz. Im gleichsinnigen
Bezug Alters und Egos auf die verschiedenen Mediensymbole liegt schließlich die
Chance zu verstehen - das immer ein Missverstehen einschließendes Verstehen ist -,
zeitlich und räumlich Abwesende zu erreichen und Kommunikation mit Annahme-
chancen auszustatten. Medien im beschriebenen Sinne sind somit Orte der Hervor-
bringung generalisierter Symbole.

3   Gebrauchsweisen, Operationsweisen und Medienmetamorphosen

Die Normalisierung von Geld-, Macht- und Wahrheitskommunikation auf der
Grundlage von Codes und Programmen beruht nun ihrerseits in diachroner und in
synchroner Perspektive auf der Textabhängigkeit der Kommunikation und auf der
Genese von Sondersemantiken in den zugehörigen Systemen Wirtschaft,
Recht/Politik, Wissenschaft, Kunst, Intimität. Kommunikative Praktiken der Gegenwartsgesellschaft sind insofern durch das Zusammenwirken aller Kommunikationsmedien: Sprache, Schrift, Buchdruck, elektronische Medien, Bildmedien und
symbolisch generalisierte Kommunikationsmedien charakterisiert. Sie setzen sich
wechselseitig voraus und veranlassen zu einem differentiellen Gebrauch. Um einige
Beispiele zu nennen: Seit das Telefon Eingang in die Privathaushalte gefunden hat,
ist es normal und gilt es als Zeichen sozialer Nähe, dass man telefoniert, wenn man
sich gut kennt. Der Brief für alltägliche Mitteilungen würde als Distanzierungsgeste
verstanden. Ganz anders in der höfischen Gesellschaft, die von einer generellen
Präsenzpflicht geprägt war. Hier war der Brief gerade das Medium der Intimität
trotz wechselseitiger Anwesenheit. Mit zunehmender Verbreitung der E-Mail-
Kommunikation verändert sich der Gebrauch der verfügbaren Medien ein weiteres
Mal. Neu ist die weltumspannende Erreichbarkeit von Adressaten im Modus der
Gleichzeitigkeit. Daneben können jedoch eine Fülle sozialer Gebrauchsweisen beo-
bachtet werden: So wählen gleichzeitig Anwesende jetzt den Modus der fingierten
Abwesenheit und kombinieren die potentielle Gleichzeitigkeit von Mitteilung und
Verstehen mit der Möglichkeit der Abwesenheit des Adressaten, bei Wahrung der
Zeitautonomie von Alter und Ego. Craig Calhoun hat für den sich daraus neu ent-
wickelnden Beziehungstyp den Begriff der „tertiary relationships" geprägt (Calhoun
1998: 380ff.).

Wie aber haben sich die vorhandenen Medien selbst verändert durch das Aufkommen jeweils „neuer Medien"? Zwei sehr verschiedene Beispiele sollen hierzu
vorgestellt werden.

Durch die Einführung der Schrift hat sich Sprache verändert. Raible (2001) betont diese Differenz durch die Begriffe „konzeptionell schriftlich" und „konzeptionell mündlich". Damit ist gemeint, dass Veränderungen, die durch ein neues Medium in die Kommunikation eingeführt werden, nicht an dessen mediales Substrat – Akustik oder Optik – gebunden bleibt. In der Schriftlichkeit entstandene neue sprachliche Möglichkeiten können auch in der Mündlichkeit Verwendung finden. Ebenso lassen sich typisch mündliche Sprachformen und Redeweisen in die Schriftlichkeit hinüberkopieren. Der gut ausgearbeitete wissenschaftliche Vortrag ist, obgleich er mündlich vorgetragen wird, eine konzeptionell schriftliche Kommunikationsweise.

Ein anderes Beispiel ist die Veränderung der Malerei durch die Einführung der Fotografie. Imdahl (1996: 192) kann sogar zeigen, dass die Malerei zuerst die mit der Fotografie ermöglichten Darstellungsformen realisiert, dass es die Malerei ist, welche die Repräsentationsmöglichkeiten der Momentfotografie erst einlöst, „daß die Malerei die charakteristischen Grenzfälle erfindet und erschafft, in denen die Momentfotografie kategorial sich erfüllt, und daß – womöglich – erst durch die Malerei die mittels der Momentfotografie fixierte kontingente Wirklichkeit als eine eben durch dieses Medium repräsentierbare bewußt wird."

4 Symbolisch generalisierte Kommunikationsmedien und die Medium/Form-Differenz

Für die kommunikative Normalität der Gegenwartsgesellschaft ist nun neben dem Gebrauch elektronischer Medien als neuer Typ von Verbreitungsmedien der Gebrauch symbolisch generalisierter Kommunikationsmedien charakteristisch. Sie haben sich mit der Differenzierung der Gesellschaft nach Sachgesichtspunkten herausgebildet (vgl. Luhmann 1997, bes. Kap 2). Dass Zahlungsfähigkeit über den Besitz von Gütern und Bedürfnisbefriedigung entscheidet, ist die Folge einer gesellschaftsweiten Anerkennung des Geldmediums. Das Akzeptieren einer wissenschaftlichen Erkenntnis, die wir nur gelesen, keineswegs aber durch eigene Wahrnehmung überprüft haben, ist Folge der Institutionalisierung der Wahrheit als Kommunikationssymbol. Wenn Wahrheiten feststehen, kann man von ihnen ausgehen, ohne sie erneut prüfen zu müssen. Wenn das Seegrundstück Eigentum eines Anderen ist, kann es ein Zweiter nicht erwerben. Symbolisch generalisierte Kommunikationsmedien sind darauf angelegt, dass man mit den erreichten Festlegungen etwas anfangen kann. Sie dienen als schon reduzierte Komplexität, als Absorption von Ungewissheit, als Prämisse für weitere Operationen.

Erfolgsmedien nehmen in der neueren Systemtheorie die Theoriestelle ein, die in der soziologischen Tradition Normativität im Sinne der gesellschaftsuniversellen Wertbindung als Garanten für soziale Ordnung innehatte. Nun werden Normen nicht einfach durch Medien ersetzt, sondern das Problem wird auf eine andere Weise gelöst. Die Überbrückung der Divergenz zwischen Ego- und Alter-Positionen ist daher nicht an die Übereinstimmung mit Werten gebunden, vielmehr übernehmen Medien situativ und kontextspezifisch die Konditionierung von Motivation und Selektion. Dabei stehen Selektion und Motivation in einem zirkulären Verhältnis, da jede die andere bedingt, und zwar dadurch, wie Luhmann formuliert, „daß die Konditionierung zum Motivationsfaktor gemacht wird." (Luhmann 1997: 321)

Im Unterschied zum Modus der Normativität behauptet der Modus der mediatisierten kommunikativen Normalität eine funktionsspezifisch differenzierte Codierung und Programmierung der kommunikativen Operationen der modernen Gesellschaft. Die Funktionsstelle der Sicherung von kommunikativen Anschlüssen wird in der Moderne, so die Theorie, gleich mehrfach besetzt.

Die Theorie symbolisch generalisierter Kommunikationsmedien schließt an die Theorie der Tauschmedien – Geld, Macht, Einfluss und Wertbindung – bei Talcott Parsons an.[1] Anders aber als Parsons, der Tauschmedien auf die Vermittlung von Input/Output –Prozessen zwischen Systemen bezogen sieht, analysiert Luhmann symbolisch generalisierte Kommunikationsmedien als systeminterne Mechanismen. Geld wird jetzt nicht wie bei Parsons – etwa in Form von Steuerzahlungen – als Interaktionsmedium zwischen Wirtschaft und Politik begriffen, sondern immer wenn Geld im Spiel ist, handelt es sich um wirtschaftliche Kommunikation. Die weitreichenden Theorieentwicklungen, die solche Umstellungen motivieren, sollen hier nicht erörtert werden.

Im nächsten Schritt ist vielmehr zu betrachten, wie die bei Parsons im Ansatz entwickelte Theorie der Tauschmedien in der Systemtheorie Luhmanns als Theorie der Kommunikationsmedien ausgearbeitet wird. Die Erläuterung wird sich auf wenige Gesichtspunkte beschränken. Abschließend wird auf einen weiteren Medienbegriff, wie er in der Medium/Form-Differenz formuliert wird, eingegangen.

Es wurde bereits festgehalten, dass die Funktion der symbolisch generalisierten Kommunikationsmedien darin besteht, die Annahme von Kommunikation erwartbar zu machen in Fällen, in denen die Ablehnung wahrscheinlich ist. Jene unwahrscheinlichen Zumutungen der Selektionsübernahme lassen sich für die einzelnen Medien noch einmal spezifizieren:

Warum soll ich einer unwahrscheinlichen Behauptung zustimmen, warum soll ich akzeptieren, dass ein anderer auf Güter zugreift, die ich auch gerne hätte, warum soll ich eine willkürliche Verhaltensanweisung befolgen, warum mich am Erleben und unter Umständen höchst eigenwilligen Verhalten eines anderen orientieren?

---

[1] Parsons verwendet die Begriffe „generalized media of interchange", „circulating media", „symbolic media" or „mechanisms of interaction" fast austauschbar. Die wichtigsten Studien zu den einzelnen Medien sind zusammengefasst in: Parsons, Talcott: Politics and Social Structure, New York 1969. Eine Debatte der Theorie findet sich in Jan J. Loubser et al. (Hg.): Explorations in General Theory in Social Science, New York 1976.

Die Antwort der Theorie lautet nun, dass ich Alters unwahrscheinliche Behauptung dann akzeptiere, wenn er mir eine Selbstfestlegung durch den Gebrauch bestimmter Symbole signalisiert, sich nämlich auf Wahrheit beruft. Den Akt des Zugriffs auf wirtschaftliche Güter werde ich dann erlebend hinnehmen, wenn dafür Bezahlung angeboten wird und damit gleichzeitig die im generalisierten Medium Geld garantierte Freiheit der Wiederverwendung als Freiheit des Zugriffs auf andere Güter in Aussicht gestellt wird. Analoges lässt sich für Liebe und Macht zeigen. Der Liebende (Ego) bestätige den Weltentwurf Alters (Geliebter), obwohl impliziert ist, dass dieser einzigartig und womöglich eigenartig ist. Er lässt sich zu unwahrscheinlichen Handlungen motivieren und setzt den paradoxen Beginn jeder Liebeskommunikation fort, indem er auf Erleben mit Handeln reagiert und auf Schongebundensein mit Sichbinden. Schließlich folgt der Machtunterlegene einer Anweisung, motiviert durch die Möglichkeit negativer Sanktion, die er gerne als durchaus reale Handlungsalternative vermeiden möchte.

Die Skizze des kommunikationstheoretischen Grundproblems wird nun im Zuge der Theorieentwicklung durch systematische Analysen einer Fülle von Medieneigenschaften ergänzt, von denen nur einige genannt werden sollen. Symbolisch generalisierte Kommunikationsmedien benötigen einen einheitlichen binären Code für den gesamten Medienbereich: zahlen/nicht-zahlen für die Wirtschaft, schön/hässlich für die Kunst, wahr/unwahr für die Wissenschaft, recht/unrecht für das Rechtssystem. Die Codierung ist die wesentliche Voraussetzung dafür, dass sich symbolisch generalisierte Kommunikationsmedien als geschlossene Operationszusammenhänge ausdifferenzieren. Im Unterschied zu dem Ja/Nein-Code der Sprache handelt es sich hier um Präferenzcodes mit einem positiven und einem negativen Wert. Unter welchen Bedingungen aber die Zuordnung zum negativen oder positiven Wert erfolgt, entscheiden Programme. Jene Programmierung kann nur codespezifisch erfolgen. So entscheiden Theorien und Methoden darüber, ob ein wissenschaftlicher Befund wahr oder unwahr ist; Gesetze und Gerichtsentscheidungen darüber, ob eine Tat als recht oder als unrecht behandelt wird; Investitionsprogramme und Konsumprogramme respezifizieren das Geldmedium und motivieren die Zahlung oder eben nicht. Während Codes durch Einfachheit und Invarianz gekennzeichnet sind, bedürfen die Programme eines umfangreichen semantischen Apparats, der hochkomplex, umweltoffen und durchaus variabel ist. Zwischen den Mediensymbolen allerdings besteht eine Konvertibilitätssperre: Man kann Liebe weder kaufen noch mit Macht durchsetzen, gleiches gilt für die Wahrheit, so wie sich Macht dem Urteil wahr oder nicht wahr entzieht.

Eine weitere Medieneigenschaft besteht in ihrer Distanz zur Moral. In fast allen Mediensymbolen tauchen Semantiken auf, die betont metamoralische Konnotationen mitführen, etwa Staatsräson im Machtbereich, Profit im Feld von Eigentum

und Geld oder die quasi-krankhafte Passion in der Liebessemantik, auch differenziert sich das ästhetische Urteil gegen jeden moralischen Beigeschmack.[2]
Die Funktionsweise Symbolisch generalisierte Kommunikationsmedien ist nun
keineswegs an die leibliche Präsenz der Kommunizierenden gebunden, sie scheinen
für potentielle Interaktionsunabhängigkeit geschaffen. Bankgeschäfte lassen sich am
Computer erledigen, ein relevanter Teil der Wahrheitskommunikation findet über
Publikationen und deren Lektüre und sich daran anschließende Forschungen statt,
auch für Liebeskommunikation ist Schrift, Telefon und das Internet unverzichtbar.
Dennoch können symbolische Kommunikationsmedien von einer systematischen
Berücksichtigung der körperlichen Wirklichkeit der Beteiligten nicht abstrahieren.
Luhmann hat dafür den Begriff der symbiotischen Symbole oder Mechanismen ge-
prägt. Analog zur Differenzierung der Medien wird auch die Differenzierung der im
Medienbereich verwendeten symbiotischen Symbole vorgeschlagen. Denn, so die
Annahme, die Bezugnahme auf Körperlichkeit werde in hoch spezialisiertem Sinne
erforderlich. Während sich das Wahrheitsmedium auf Wahrnehmung als letzte Evi-
denz stützt, beschafft sich das Liebessymbol mit der Referenz auf Sexualität eine
‚körperliche Erdung', das Geldmedium spezifiziert sich auf Bedürfnisse und Macht
bedient sich des Drohpotentials der physischen Gewalt. Eine wichtiger Zusatz besteht darin, dass allen symbiotischen Symbolen ein Selbstbefriedigungsverbot aufer-
legt ist. Körper brechen nicht als vitalistische Instanzen in den Kulturraum Kommunikation ein, die Kommunikationssymbole sind vielmehr darauf angewiesen,
dass Körper nach Maßgabe sozialer Konditionierungen benutzt werden. Für das
Liebesmedium lässt sich die soziale Konditionierung der Sexualität in den umfangreichen Studien Foucaults nachlesen (Foucault 1983). Wissenschaftshistorische Studien zeigen, dass sich neuzeitliche Wissenschaft auf Methoden kontrollierter Wahrnehmung festgelegt und jede Art der Intuition als Evidenzbeschaffung abgewiesen
hat. Schließlich sind die inkorporierten Geschmacksvorlieben, die unsere Konsum-
bedürfnisse motivieren – wie Bourdieu gezeigt hat - in hohem Maße sozial konditioniert (Bourdieu 1982). Eine weitere Medieneigenschaft, die bereits bei Parsons erwähnt wird, sind die Inflations- und Deflationsrisiken des Mediengebrauchs. Die
soziale Deckung eines Mediums – und das trifft auch auf das Geldmedium zu – besteht nun im Vertrauen in die weitere Verwendung des Mediums in einem bestimmten Sinne. Von einer Inflation des Geldmediums und in der Folge von dessen Ent-
wertung kann man sprechen, wenn sich Geld nicht zu dem Wert weiterverwenden
lässt, zu dem man es angenommen hat. Politische Macht wird inflationiert, wenn
z.B. das Erbringen staatsbürgerlicher Pflichten nicht mehr durch die Gewährung
der entsprechenden Rechte retourniert wird oder wenn politische Programme sich
als nicht umsetzbar erweisen.

---

[2] Detaillierte semantische Analysen zu diesen Themen finden sich in Luhmann 1982; 1989; zur Ausdifferenzierung von Ästhetik und Moral siehe auch Bourdieu 1999.

Eine letzte Medieneigenschaft, die erwähnt werden soll, ist ihre Reflexivität. Entwickelte Medien zeichnen sich dadurch aus, dass sie auf sich selbst und auf ihre Resultate anwendbar sind. Man kann Geld für Geld beschaffen und es mit einem Preis ausstatten, im Feld des Wahrheitsmediums findet Forschung über Forschung statt und die Liebessemantik sieht vor, dass man die Liebe, jedenfalls aber den Anderen als Liebenden liebt. Wenn Medien auf ihre eigenen Prozesse und Resultate angewandt werden können, bedeutet das im Umkehrschluss aber auch, dass Resultate eines Medienbereichs nur durch Operationen des gleichen Mediums geändert werden können. So lässt sich eine Wahrheit nur durch eine Wahrheit ablösen. Der bereits erwähnten Konvertibilitätssperre korrespondiert die Annahme, dass die Medienbereiche auch ihre eigenen Stoppregeln hervorbringen und insofern für ihre eigenen Resultate zuständig sind.

Die Fülle der Analysemöglichkeiten, die die Theorie symbolisch generalisierter Kommunikationsmedien bereithält kann hier nur angedeutet werden. In den letzten Dekaden hat sich mit dem Begriffspaar Medium und Form eine neue Beschreibungssprache für mediensoziologische Befunde herausgebildet. Es gibt bereits in der philosophischen Tradition eine Reihe ähnlicher Formulierungen, die davon ausgehen, dass Medien nur von einer Form aus gesehen beschreibbar sind, dass Formen sich in Medien strukturbildend einschreiben, diese aber nicht verbrauchen. Medien werden für die Bildung von Form gebunden, aber wieder freigegeben. Formen hingegen können zerfallen und verbraucht werden. Am Beispiel von Wahrnehmungsmedien hat sich die Formulierung ‚mediales Substrat und Form' entwickelt, die neuere Fassung geht zusätzlich von der Unterscheidung von lose und strikt gekoppelten Elementen aus. Ein Medium besteht aus lose gekoppelten Elementen, eine Form fügt dieselben Elemente hingegen zu strikter Kopplung zusammen. Schließlich geht es darum, dass nicht jedes Element mit jedem verknüpft werden kann, mit einem technischen Begriff kann man das als das Problem der strukturierten Komplexität bezeichnen.

Die Unterscheidung mediales Substrat und Form löst die vorgestellte kommunikationstheoretische Medientheorie, deren Bezugsproblem als die Überwindung der Alter/Ego-Divergenz herausgearbeitet wurde, keineswegs ab. Die Differenz Medium und Form lässt sich aber mit der Theorie symbolisch generalisierter Kommunikationsmedien verbinden. Das gemeinsame Problem ist die Unwahrscheinlichkeit der operativen Kontinuität von Systemen. Während sich die Anschlussproblematik als Selektionsübernahme bei den Erfolgsmedien ganz und gar auf die Sozialdimension konzentriert - es ging um höchst unterschiedliche Figuren der Motivationsbeschaffung in Alter/Ego-Konstellationen – formuliert die Medium/Form-Differenz das Problem als zeitlichen Vorgang des laufenden Koppelns und Entkoppelns. Neben dem Medienbegriff, der die Alter /Ego-Divergenz durch die Generierung von Symbolen überbrückt, steht nun ein sehr viel allgemeinerer Medienbegriff, dessen Dynamik in der Kopplung von Elementen und der Wiederauflösung

der Resultate dieser Kopplungsvorgänge besteht. „Wenn wir von ‚Kommunikationsmedien' sprechen", so Luhmann, „meinen wir immer die operative Verwendung
der *Differenz* von medialem Substrat und Form." (Luhmann 1997: 195) Wie aber
lässt sich nun die Differenz von medialem Substrat und Form auf symbolisch generalisierte Kommunikationsmedien anwenden? Mediale Substrate von lose gekoppelten Elementen sind dann z.b. Geldsummen, die gezahlt werden können oder nicht
gezahlt werden können, die aber nur bestimmte Formen strikter Kopplung tolerie-
ren. Im Fall des Geldmediums wäre eine solche Form eine Transaktion zu bestimmten Preisen. Symbolisch generalisierte Kommunikationsmedien sind demnach als
eine lose gekoppelte Menge von Elementen gegeben. Sie erreichen eine strikte
Kopplung nur durch die für das jeweilige Medium spezifische Form – etwa Theorien, Liebesbeweise, Rechtsgesetze oder Preise.

5   Fazit

Worin genau aber liegt nun die eingangs angekündigte gesellschaftstheoretische
Verankerung der vorgestellten Medienkonzepte? Die erste Antwort ist, Gesellschaft
selbst ist nichts anderes als ihre kommunikativen Operationen. Die zweite besteht
darin, dass es offenbar Zusammenhänge zwischen der Differenzierung der Medien
und der Differenzierung der Funktionssysteme der modernen Gesellschaft gibt. Eine dritte ist, dass sich das Gesellschaftliche in der Gesellschaft nur auf dem Wege
des Vergleichs ihrer Subsysteme, ihrer Medien und Formen erschließt.

6   Literatur

Bohn, Cornelia (1999): Schriftlichkeit und Gesellschaft. Opladen.
Bohn, Cornelia (2005): Literacy. In: Encyclopedia of Social Theory. London (im Erscheinen).
Bourdieu, Pierre (1982): Die feinen Unterschiede. Kritik der gesellschaftlichen Urteilskraft.
    [Aus d. Franz.]. Frankfurt/Main.
Bourdieu, Pierre (1999): Die Regeln der Kunst. Genese und Struktur des literarischen Feldes.
    [Aus d. Franz.]. Frankfurt/Main.
Calhoun, Craig (1998): Community without Propinquity Revisited: Communication Technol-
    ogy and the Transformation of the Urban Public Sphere. In: Sociological Inquiry Vol.
    68, Heft 3, S. 373-397.
Eisenstein, Elizabeth L. (1993): The Printing Press as an Agent of Change. Communications
    and Cultural Transformations in early-modern Europe, Vol. I u. II. Cambridge.
Foucault, Michel (1983): Sexualität und Wahrheit, Band 1. [Aus d. Franz.]. Frankfurt/Main.
Heider, Fritz (1926): Ding und Medium, In: Symposion I, S. 109-157.
Imdahl, Max (1996): »Die Momentfotografie und ›Le Comte Lepic‹ von Edgar Degas«. In:
    ders.: Zur Kunst der Moderne. Gesammelte Schriften, Band 1. Frankfurt am Main, S.
    181-194.

Loubser, Jan, et al.(Hrsg.) (1976): Explorations in General Theory in Social Science. New York.

Luhmann, Niklas (1981): Die Unwahrscheinlichkeit der Kommunikation. In: ders.: Soziologische Aufklärung 3. Opladen, S. 25-35.

Luhmann, Niklas (1982): Einführende Bemerkungen zu einer Theorie symbolisch generalisierter Kommunikationsmedien. In: ders.: Soziologische Aufklärung 2, 2. Aufl. Opladen, S. 170-193.

Luhmann, Niklas (1982): Liebe als Passion. Zur Codierung von Intimität. Frankfurt/Main.

Luhmann, Niklas (1984): Soziale Systeme. Grundriß einer allgemeinen Theorie. Frankfurt/Main.

Luhmann, Niklas (1989): Gesellschaftsstruktur und Semantik. Studien zur Wissenssoziologie der modernen Gesellschaft, Band III. Frankfurt/Main 1989.

Luhmann, Niklas (1997): Die Gesellschaft der Gesellschaft. 2 Bände. Frankfurt/Main.

Meyrowitz, Joshua (1994): Medium Theory. In: Crowley, David; Mitchell, David (Hrsg.): Communication Theory Today. Cambridge, S. 50-78.

Parsons, Talcott (1969): Politics and Social Structure. New York.

Raible, Wolfgang (2001): Literacy and Orality. In: International Encyclopedia of the Social & Behavioral Sciences, Vol. 13. Amsterdam usw., S. 8967-8971.

Empfehlungen zum Weiterlesen:

Bohn, Cornelia (1999): Schnittstellen: Konversation und Schriftlichkeit im Übergang zur Moderne. In: Berliner Journal für Soziologie 9, Heft 2, S. 213-232.

Luhmann, Niklas (1982): Liebe als Passion. Zur Codierung von Intimität. Frankfurt/Main.

Stichweh, Rudolf (2005): Setzt die „Weltgesellschaft" auf „Weltkommunikation"? In: Jäckel, Michael; Haase, Frank (Hrsg.): In medias res. Herausforderung Informationsgesellschaft. München, S. 171-186.

Sachregister

Das Sachregister ergänzt das Inhaltsverzeichnis. Begriffe wie Massenmedien oder Gesellschaft werden auf Grund ihrer häufigen Verwendung nicht aufgeführt.

Autorenverzeichnis

Cornelia Bohn, Dr. rer.soc., Professorin für Soziologie mit dem Schwerpunkt Kommunikationsmedien an der Universität Luzern. Forschungsschwerpunkte: Soziologische Theorien, Gesellschaftstheorie, Kommunikationsmedien, Historische Semantik, Kultursoziologie.
E-Mail-Adresse: cornelia.bohn@unilu.ch

Hans-Jürgen Bucher, Dr. phil, Professor für Medienwissenschaft mit dem Schwerpunkt Print- und Online-Medien an der Universität Trier. Forschungsschwerpunkte: Medienrezeption, Internet-Forschung, Online-Journalismus, E-Learning, Theorien der Medienwissenschaft.
E-Mail-Adresse: bucher@uni-trier.de

Thomas Döbler, Dr. oec, Dipl.-Soz., Leiter der IT- und Medienforschung bei der MFG-Stiftung (Medien- und Filmgesellschaft) Baden-Württemberg, Stuttgart. Forschungsschwerpunkte: Mediennutzung und –akzeptanz, Einsatz und Verbreitung neuer IuK-Technologien, Technikfolgen und Medienmanagement.
E-Mail-Adresse: doebler@mfg.de

Amelie Duckwitz, M.A., wissenschaftliche Mitarbeiterin in der Medienwissenschaft (Bereich Print- und Onlineforschung) an der Universität Trier. Forschungsschwerpunkte: Globale und interkulturelle Medienkommunikation, Online-Kommunikation, Nutzung und Rezeption Neuer Medien.
E-Mail-Adresse: duckwitz@uni-trier.de

Thomas Grund, Dipl.-Soz., Graduate Student University of Cambridge. Forschungsschwerpunkte: Ernährungssoziologie, Konsumsoziologie, Mediensoziologie und Methoden der empirischen Sozialforschung.
E-Mail-Adresse: thomas.grund@gmx.de

Udo Göttlich, Dr. phil., Wissenschaftlicher Mitarbeiter am Rhein-Ruhr-Institut für Sozialforschung und Politikberatung an der Universität Duisburg-Essen, Campus Duisburg. Forschungsschwerpunkte: Mediensoziologie, Kultursoziologie und Cultural Studies Approach.
E-Mail-Adresse: goettlich@uni-duisburg.de

Joachim R. Höflich, Dr. rer. pol., Professor für Kommunikationswissenschaft mit dem Schwerpunkt Medienintegration an der Universität Erfurt. Forschungsschwerpunkte: Mediatisierte interpersonale Kommunikation, Mediennutzung und –wirkung, Medienentwicklung und mobile Kommunikation.
E-Mail-Adresse: joachim.hoeflich@uni-erfurt.de

Kurt Imhof, Dr. phil., Professor für Publizistikwissenschaft und Soziologie an der Universität Zürich. Forschungsschwerpunkte: Öffentlichkeits- und Mediensoziologie, Gesellschaftstheorie, Soziologie sozialen Wandels, Minderheitensoziologie.
E-Mail-Adresse: imhofk@access.unizh.ch

Michael Jäckel, Dr. phil., Professor für Soziologie mit dem Schwerpunkt Konsum- und Kommunikationsforschung an der Universität Trier. Forschungsschwerpunkte: Mediensoziologie, Konsum- und Wirtschaftssoziologie, neue IuK-Technologien und Arbeitsorganisation.
E-Mail-Adresse: jaeckel@uni-trier.de

Angela Keppler, Dr. rer. soc., Professorin für Medien- und Kommunikationswissenschaft an der Universität Mannheim. Forschungsschwerpunkte: Medien- und Kultursoziologie, Film- und Fernsehtheorie, Film- und Fernsehanalyse, qualitative Methoden der empirischen Sozialforschung, Rezeptionsforschung, Kommunikations- und Wissenssoziologie.
E-mail-Adresse: keppler@rumms.uni-mannheim.de

Thomas Lenz, M.A., Wissenschaftlicher Mitarbeiter am Lehrstuhl für Soziologie (Schwerpunkt Konsum- und Kommunikationsforschung) an der Universität Trier. Forschungsschwerpunkte: Konsumsoziologie, Theorien sozialen Wandels und Methoden der empirischen Sozialforschung.
E-Mail-Adresse: thomas.lenz@uni-trier.de

Manfred Mai, Dr. phil, apl. Professor an der Universität Duisburg-Essen. Forschungsschwerpunkte: Technik, Medien und Theorien der politischen Steuerung. Zurzeit tätig in der Staatskanzlei Nordrhein-Westfalen.
E-Mail: Manfred.Mai@stk.nrw.de

Richard Münch, Dr. phil., Professor für Soziologie mit dem Schwerpunkt Soziologische Theorie und komparative Makrosoziologie an der Otto-Friedrich-Universität Bamberg. Forschungsschwerpunkte: Soziologische Theorie, historisch-vergleichende Soziologie.
E-Mail-Adresse: richard.muench@sowi.uni-bamberg.de

Jan D. Reinhardt, Dr. phil., Berlin. Forschungsschwerpunkte: Kultursoziologie, Kommunikationstheorie, Mediensoziologie, Systemtheorie, Medizinsoziologie.
E-Mail-Adresse: jan_d_reinhardt@hotmail.com

Jan Schmidt, Dr. rer. pol., Wissenschaftlicher Mitarbeiter an der Forschungsstelle „Neue Kommunikationsmedien" an der Universität Bamberg. Forschungsschwerpunkte: Soziologie der neuen Medien und des Internet, Social Software.
E-Mail-Adresse: jan.schmidt@split.uni-bamberg.de

Tanjev Schultz, MA (USA), M.A., Journalist der Süddeutschen Zeitung, assoziiertes Mitglied des Instituts für Interkulturelle und Internationale Studien der Universität Bremen. Forschungsschwerpunkte: Öffentlichkeitstheorie, Politische Kommunikation, Migrationssoziologie, Politische Theorie.
Email-Adresse: tanjev_schultz@yahoo.de

Christian Stegbauer, Dr. phil., Privatdozent für Soziologie an der Universität Frankfurt. Forschungsschwerpunkte: Mediensoziologie, Netzwerkforschung, empirische Sozialforschung, Sozialstrukturforschung und soziale Grundprozesse.
E-Mail-Adresse: stegbauer@soz.uni-frankfurt.de

Udo Thiedeke, Dr. phil., Lehrbeauftragter an den Universitäten Mainz und Bonn. Forschungsschwerpunkte: Allgemeine Soziologie, Mediensoziologie, Politische Soziologie und Bildungssoziologie.
E-Mail-Adresse: thiedeke@uni-mainz.de

Waldemar Vogelgesang, Dr. habil., Privatdozent an der Universität Trier. Forschungsschwerpunkte: Jugend-, Medien- und Migrationssoziologie sowie Kultur- und Lebensstilforschung.
E-Mail: vogelges@uni-trier.de

Hartmut Weßler, Dr. phil., Professor of Mass Communication an der International University Bremen. Forschungsschwerpunkte: Vergleichende und transnationale Kommunikationsforschung, Politische Kommunikation, Öffentlichkeitsforschung.
Email-Adresse: h.wessler@iu-bremen.de

Herbert Willems, Dr. phil., Professor für Soziologie mit dem Schwerpunkt Mikrosoziologie und qualitative Sozialforschung an der Justus-Liebig-Universität Gießen. Forschungsschwerpunkte: Mediensoziologie, Werbung, kultureller Wandel.
E-Mail: herbert.willems@sowi.uni-giessen.de

Rainer Winter, Dr. phil, Professor für Medien- und Kulturtheorie an der Alpen-Adria Universität Klagenfurt. Forschungsschwerpunkte: Medien- und Kommunikationssoziologie, Filmanalyse, qualitative Sozialforschung.
E-Mail-Adresse: rainer.winter@uni-klu.ac.at

Nicole Zillien, Dipl.-Soz., Wissenschaftliche Mitarbeiterin am Lehrstuhl für Soziologie (Schwerpunkt Konsum- und Kommunikationsforschung) an der Universität Trier. Forschungsschwerpunkte: Medienwirkungsforschung, Techniksoziologie und Theorien sozialer Ungleichheit.
E-Mail-Adresse: nicole.zillien@uni-trier.de